Charles Higounet

Die deutsche Ostsiedlung im Mittelalter

Charles Higounet

Die deutsche Ostsiedlung im Mittelalter

im
Siedler Verlag

Erster Teil

Vorstoß und Wanderung

Zweiter Teil

Geographie der Kolonisation

Vorwort

Eigentlich war meine erste Begegnung mit der Geschichte Osteuropas eine ganz unfreiwillige, und zwar an einem Septembertag des Jahres 1940 in Lamsdorf in Oberschlesien. Lamsdorf, heute Lambinowice in Polen, liegt zwischen Neisse (Nysa) und Oppeln (Opole). In diese entlegene Gegend hatte es mich verschlagen, nachdem ich mit vielen anderen am 21. Juni in den Vogesen in Kriegsgefangenschaft geraten war. Wir waren nacheinander nach Châtenois, nach Châlons-sur-Marne und Montreuil-sous-Laon verlegt worden und endlich nach einer umständlichen Bahnfahrt quer durch Deutschland hier angelangt. Immerhin half mir unterwegs mein geographisches Wissen, unseren Reiseweg auszumachen, der über Köln am rechten Rheinufer entlangführte, durch das Maintal, über Hof, Plauen und Görlitz. So konnte ich meinen Kameraden die Angst nehmen, die einen überkommt, wenn man so roh aus seiner Heimat gerissen wird.

Einige Wochen später wurde unser Lager mit gefangenen Offizieren (Oflag VIIIG) etwa dreißig Kilometer weiter südlich um vieles behaglicher in den Gebäuden des Breslauer Diözesanseminars untergebracht, vor den Toren des Städtchens Weidenau (Vidnava, Tschechoslowakei) im ehemaligen Neisser Bistumsland. Nach Süden hin ist der Horizont, beherrscht von den Waldesrücken des Altvater und des Reichensteiner Gebirges, zwar streng, entbehrt aber nicht einer großartigen Schönheit. Und trotz der Düsternis des Augenblicks war ich ihm bald zugeneigt – eine Zuneigung, die sich rasch in einer Panorama-Zeichnung der Gegend niederschlug, was mir eine heimlich beschaffte Karte erlaubte.

Nach langen Wochen, in denen jeder versuchte, der erzwungenen Untätigkeit Herr zu werden, der eine mit Spielen, der andere mit Musik und Theater, der dritte durch die Gründung einer »Universität« im Kleinen, erhielten wir im Zuge einer Kampagne der Freundlichkeit, mit der das Dritte Reich auf gefangene Offiziere einwirken wollte, das Privileg, Bücher aus der Universitätsbibliothek Breslau auszuleihen. Alle vierzehn Tage mußte ein junger Feldwebel, im Zivilberuf Lehrer im Badischen, für uns den Chauffeur spielen. Doch mußten wir ihm einstweilen noch die Buchtitel nennen.

Oft schon habe ich darauf hingewiesen, daß Geschichte für den Historiker nicht nur in schriftlichen Quellen zu finden ist[1], sondern sie begegnet ihm überall im Räumlichen, auf dem Boden, auf dem sie geschieht. Gerade die Geschichte der deutschen Ostsiedlung, dieser großen Wanderung, ist hervorragend geeignet, aus der Sicht des Geographen untersucht zu werden. Da uns das Los der Waffen vorläufig in das ferne Schlesien verbannt hatte, warum nicht seine Geschichte entdecken? Ich entsann mich eines Werkes, das kurz vor dem Krieg erschienen war: Die *Geschichte Schlesiens*, herausgegeben von Professor Hermann Aubin[2]. Dessen Lektüre wurde für mich die Offenbarung einer Vergangenheit, die ich kaum kannte, zugleich die Offenbarung einer Methode, durch die gerade die Geographie eines Landes zutage trat, in dem es für die mittelalterliche Siedlung zahlreiche Beispiele gibt. Von da an nahmen die Dinge ihren Lauf. Ich schlug nach in den alten Werken von Bachmann über Böhmen[3], von Witte über Mecklenburg[4], von Wehrmann über Pommern[5]. Auch lieh ich mir, um meine neuen Kenntnisse zu vertiefen, die Einzeluntersuchungen von Hauck über die Geschichte der Kirche[6] aus, von Curschmann über die Ortsnamen[7], von Heil über die Städte[8], und endlich die Abhandlungen und Aufsätze von Pelzer über die Politik Friedrich Barbarossas im Osten[9], von Panzram über die Kirchengemeinden Schlesiens[10] und von Keyser über die Bevölkerung Danzigs[11]. Ein Teil dieser Literatur war zwar bereits veraltet und nicht frei von tendenziösen Ausrichtungen, doch was machte das schon? Etwas mehr als ein Jahr später hatten sich so Hefte mit Übersetzungen und handgeschriebenen Notizen angehäuft; eine Materialsammlung, die mich schon damals an die Möglichkeit denken ließ, eines Tages, was auch immer kommen mochte, selber über das Abenteuer der Germanisierung des Ostens zu schreiben.

Wir hatten auch Gelegenheit, gegen Lagermarken Bücher zu kaufen. So beschaffte ich mir das kleine, klassische Lehrwerk von Karl Hampe, das gleichfalls da und dort sehr engagiert auftritt, *Der Zug nach dem Osten*[12], die kurze Geschichte Deutschlands im Mittelalter von Haller[13] und die Faszikel der *Historischen Zeitschrift* von 1941, die Aufsätze enthielt, die, wenn sie nicht Propaganda waren, sich doch zumindest den Zeitumständen anpaßten. All das sammelte sich bei mir an bis zu dem Tag, an dem die Flucht von General Giraud aus der Festung Königstein (17. April 1942) diesen Vergünstigungen ein Ende machte und meine Einlieferung ins Lagerlazarett von Sagan (heute Zagań, Polen) in Niederschlesien (2. Juli 1942) alle weiteren »Forschungen« unterband.

Außer den Büchern hatte ich noch eine gewisse Kenntnis des Landes erworben. Weidenau, das ich viermal durchquerte, hatte mir ein liebenswürdiges Gesicht und die Gestalt einer planmäßig gegründeten kleinen Stadt gezeigt. Sodann folgten Warmwasserbehandlungen und Besuche bei einem Optiker, was meine Reise bis nach Neisse ausdehnte, dessen Anlage und bauliche Schönheit mich ebenfalls beeindruckt hatten. Von Neisse ging es weiter über Breslau (Wrocław) nach Sagan, und ich versäumte nicht, unterwegs die Struktur der schlesischen Landschaft aufmerksam zu beobachten. Bei einem Arztbesuch hatte ich, von Sagan aus, dann das Glück, in Begleitung eines verständnisvollen, gutmütigen Postens die Stadt Liegnitz (heute Legnica) zu durchwandern.

Am 14. Oktober 1943 mit einem der letzten Sanitätszüge vor den schweren Niederlagen im Osten krank heimgekehrt – wobei ich meine Hefte mit Aufzeichnungen und meine kleine »Gefangenenbibliothek« mit nach Hause nehmen konnte –, wurde ich bald wieder von meinem Beruf und meinen Verpflichtungen an der Universität Bordeaux gänzlich vereinnahmt, und mein Projekt blieb, von der Lektüre einiger neuer Bücher abgesehen, bis 1959 liegen.

Zwei Ereignisse bewirkten damals, daß ich meine Forschungen wieder aufnahm. Das internationale Colloquium über »Handwerk und städtisches Leben im mittelalterlichen Polen«, veranstaltet vom Historischen Institut der Universität Warschau in der ersten Septemberhälfte 1959[14], ein Colloquium, zu dem mich Aleksander Gieysztor freundlicherweise eingeladen hatte, brachte mich erneut mit der Geschichte des Ostens in Berührung, diesmal unter dem Blickwinkel jüngerer polnischer Forschungen und in viel engerer Beziehung zu seinen Landschaften. Unsere internationale Gruppe, bestehend aus Archäologen, Kunst- und Stadthistorikern – viele von ihnen wurden mir zu Freunden, viele sind auch nicht mehr unter uns –, hatte den Auftrag, die Anfänge und die mittelalterliche Entwicklung der meisten polnischen Städte eingehend zu untersuchen, namentlich Płock, Thorn (Toruń), Danzig (Gdańsk), Gnesen (Gniezno), Posen (Poznań), Trebnitz (Trzebnica), Breslau (Wrocław), Kalisch (Kalisz), Sieradz, Warschau (Warszawa), Kielce und Krakau (Kraków).

Am zwanzigsten Jahrestag des Ausbruchs des Zweiten Weltkriegs waren wir in Danzig. Zusammen mit meiner Frau konnte ich sogar nach Lamsdorf wallfahrten, das kaum mehr erkennbar im neu aufgeforsteten Wald lag, nach Neisse, das noch immer zu zwei Dritteln zerstört war, nach Ottmachau (heute Otmuchów), jener alten schlesischen *castellania*, und bis an den Ortsrand von Weidenau, welches heute von der polnisch-tschechischen Grenze entzweigeschnitten wird.

Im Wintersemester 1960/61 lehrte ich als Gastprofessor an der Universität zu Hamburg, das kurz zuvor eine Partnerstadt von Bordeaux geworden war, und vertiefte mich dort in die deutsche Fachliteratur. Ich schaute mir die Mündungsgebiete von Weser und Elbe gründlich an, auch Holstein, von wo im 12. Jahrhundert die ersten Wanderungsbewegungen nach dem Osten ausgegangen waren. Von da an brauchte ich die systematische Erforschung der Literatur über diesen Gegenstand nicht mehr zu unterbrechen, einer Literatur, die jedoch so umfangreich ist, daß ich wenig Hoffnung hatte, sie jemals vollständig durchsehen zu können. Ich habe also bei verschiedenen Gelegenheiten in den Spezialbibliotheken der Universitäten Hamburg, Marburg und Münster geforscht und mich vor allem der Bestände des Deutschen Historischen Instituts in Paris bedient, wo man mich überall herzlich aufnahm. Besonderen Dank schulde ich meinen ersten Kollegen und Freunden aus Hamburg, Professor Walter Kuhn und Dr. Hugo Weczerka, deren Arbeiten der deutschen Geschichtsforschung über die Ostsiedlung eine neue Richtung gegeben haben, und in Paris Professor Karl Ferdinand Werner, der stets bereit war, die Hilfe seines Instituts, das er mit tatkräftiger Hand leitet, zur Verfügung zu stellen.

Zwei weitere Aufenthalte in Deutschland und in Polen haben viel dazu beigetragen, meine Erkenntnisse und Forschungen zu vertiefen: Zum einen ein weiteres Gastsemester, diesmal im Sommer 1973, an der Universität Hamburg, wo ich mit den Hörern meines Seminars eine vergleichende Untersuchung von neugegründeten Siedlungsdörfern in Frankreich und in Deutschland vornehmen konnte; zum anderen im Juni 1974 drei Studienwochen an der Universität Warschau, auch diesmal wieder eingeladen und aufgenommen von dem unvergleichlichen Freund A. Gieysztor, ferner von J. Kłoczowski in Lublin und von K. Górski in Thorn (Toruń) und Marienburg (Malbork). Ich muß hinzufügen, daß mir einer meiner ehemaligen Studenten in Bordeaux, A. Mailles, von den wichtigsten polnischen Arbeiten, zu denen ich weder über das Deutsche, Englische oder Französische noch durch Resümees Zugang fand, gute und nützliche Übersetzungen angefertigt hat.

Meine Vorlesungen über die historische Geographie des Abendlandes an der École Pratique des Hautes-Etudes waren seit 1963 häufig der Prüfstein der vorliegenden Arbeit[15], und ich hatte das Glück, einige Jahre lang Dietrich Lohrmann als treuen, aufmerksamen Hörer um mich zu haben, aus dessen scharfsinnigen Bemerkungen ich viel Nutzen zog.

So ist der Plan, der zwischen 1940 und 1942 in Weidenau gefaßt und flüchtig entworfen wurde, zu diesem Buch geworden, das zweifellos noch immer unvollkommen ist, dem ich jedoch – möglicherweise zu Unrecht – etwa vierzig Jahre meines Lebens gewidmet habe.

Man möge meine Absicht nicht verkennen. Dies ist das erste Werk über die Geschichte dieses Raumes, das ursprünglich in französischer Sprache verfaßt wurde, und es war zunächst für den französischen Leser bestimmt, der im allgemeinen nur bruchstückhafte Kenntnisse besitzt von der Geschichte Zentraleuropas im Mittelalter und der nur schwierig Zugang findet zu der reichhaltigen deutschen und slawischen Literatur über diesen Gegenstand. Aber das heißt nicht, daß es sich nicht auch an die Leser auf der anderen Seite des Rheins wendet, denen die deutsche Geschichtsschreibung, die so viele hervorragende Untersuchungen hervorgebracht hat, seit dem 1937 erschienenen Buch von R. Kötzschke und W. Ebert, *Geschichte der Ostdeutschen Kolonisation*,[16] keine Zusammenfassung dieser Art mehr vorgelegt hat. Und es wäre mein größter Wunsch, daß auch die Leser jenseits von Elbe, Oder und Weichsel damit eine leidenschaftslos geschriebene Geschichte erhalten.

Man sollte sich aber auch nicht täuschen über den Inhalt dieser Seiten. Es handelt sich ausschließlich um die mittelalterliche deutsche Kolonisation jenseits der Elbe und nach Südosten. Nicht behandelt werden die slawische Besiedlung und Kultur im frühen Mittelalter – deren Kenntnis gerade in den letzten Jahren auf neue Grundlagen gestellt wurde –, die innere Geschichte des polnischen, des tschechischen und des ungarischen Staates sowie der Fürstentümer, deren Entstehung eine Folge des deutschen Vordringens war, nicht die Ausbreitung der Hanse, die mein Freund und Kollege Ph. Dollinger[16] dargestellt hat – dies alles wird hier nur insoweit berücksichtigt, als diese Aspekte die Zusammenhänge und die Erscheinungsformen der eigentlichen Kolonisation erhellen können. Es ist überdies notwendig, sich zu einigen, was unter diesem Begriff Kolonisation zu verstehen sei. Er wird hier in seinem bevölkerungswissenschaftlichen und erdkundlichen Sinne verwendet, das heißt, er umfaßt die Wanderungsbewegungen, die Landnahme und die Erschließung von Grund und Boden, die Besiedlung von Stadt und Land; er bedeutet, in einem Wort, das gleiche wie *settlement* im Englischen oder *Siedlung* im

Deutschen. »Siedlungsgeographie« ist, so verstanden, der wesentliche Kern dieses Buches.

Die Schilderung dieser deutschen Kolonisation folgt naturgemäß der Bewegungsrichtung. Aber wenn die Geschichte die Richtung vorschreibt, dann versteht man leicht, daß ich mich nicht in den – von der Politik noch vertieften – Meinungsstreit hineinziehen lassen möchte, in dem die Verfechter des Germanismus und des Slawismus seit mehr als hundert Jahren miteinander liegen. Ich habe versucht, die Dinge leidenschaftslos zu sehen und darzustellen, mit der Objektivität des Historikers und Franzosen, der dieser schmerzlichen Konfrontation fernsteht, und ich habe auch vermieden, zu Schlußfolgerungen zu kommen, die ein Urteil ausdrücken könnten. Dies ist ein gefährliches Unterfangen, und man riskiert, niemanden zufriedenzustellen und zur Zielscheibe beißender Kritik zu werden. Wenn ich trotzdem dieses Risiko auf mich genommen habe, dann aus folgendem Grund: Ich glaube aufrichtig, daß ich weder die Quellen noch die historischen Fakten verfälscht habe, denn ich empfinde, trotz meines persönlichen Schicksals, viel Mitgefühl für diese Gebiete im Osten und für seine Menschen, die allzulange umstritten und hin und her gerissen wurden; ich achte und schätze meine deutschen und meine polnischen Freunde gleichermaßen, und ich hege die Hoffnung, daß dieses ehrlich gemeinte Buch dazu beitragen könnte, weiteres Unheil zu verhüten.

Dieses Buch behandelt die *deutsche* Ostsiedlung im Mittelalter, daher habe ich die Ortsnamen in ihrer deutschen Schreibweise angegeben und beim ersten Vorkommen die heutige Form in Klammern vermerkt, desgleichen auch die heutige Staatszugehörigkeit.

Einleitung

Es gibt kaum eine historische Frage, die so viele Kontroversen und Polemiken hervorgebracht, soviel heftige und gegensätzliche Propaganda, so viele nationalistische und ideologische Leidenschaften entfacht hat wie die deutsche Kolonisation im Osten, die meistens mit dem inzwischen als pejorativ empfundenen Begriff *Der Drang nach Osten* bezeichnet wird. Wer diesen Streit vermeiden will, für den ist es schwierig zu unterscheiden zwischen einer wissenschaftlich lauteren Geschichtsschreibung und unterschwellig – oder ganz offen – tendenziösen Werken, so sehr sind manche Autoren ihren natürlichen oder aufgesetzten Sentiments gefolgt, und selbst den Richtigstellungen, die sich versöhnlich geben möchten, gelingt es nicht immer, zwischen beidem zu trennen[1].

Die Chronisten des 12. und des 13. Jahrhunderts, die ihr Augenmerk auf die Ereignisse in ihrem Dorf oder in ihrer nächsten Nachbarschaft richteten, hatten nicht den Eindruck – oder sie haben dies nicht zu erkennen gegeben –, eine große historische Bewegung mitzuerleben. Helmold von Bosau, der seine *»Slawenchronik«*[2] vor dem Jahr 1177 niederschrieb, sah dort, in Holstein, wo der große Drang nach dem Osten seinen Anfang nahm, nichts weiter als nur die Schicksale einzelner; desgleichen hat Heinrich in seiner »Livländischen Chronik«[3] zu Beginn des 13. Jahrhunderts nur die Schilderung der Mission und eines Kreuzzugs gesehen. Die literarischen Quellen des Mittelalters haben die Kolonisation im eigentlichen Sinne nie zum Gegenstand ihrer Darstellung, und sie drücken erst recht keine »nationalen« Empfindungen aus. Die anti-slawischen oder anti-prussischen Äußerungen waren im wesentlichen religiös begründet: Kampf gegen die Heiden oder die schlechten Christen. Für die polnische Chronik des *Gallus anonymus*[4] oder die des Cosmas von Prag[5] sind die Zerwürfnisse mit den Deutschen im 12. Jahrhundert Sache der Fürsten. Dennoch klagt derselbe Cosmas, die Deutschen schätzten die Sprache der Slawen gering, und anno 1285 äußert der Erzbischof von Gnesen seinen Ärger über die Ritter des Deutschen Ordens, »welche viele Orte besetzten und die Polen unterdrückten«[6].

Im 14. Jahrhundert wandelten sich die politischen und sozialen Spannungen zwischen deutschem »Bürgertum« und tschechischem Adel zu einem vielleicht »national« zu nennenden Gegensatz, und eine anti-deutsche Schmähschrift lief um, die die aufrührerische Hussitenflut ankündigte. Doch wiewohl es am Ende des Mittelalters einen deutsch-polnischen Gegensatz gab, findet sich die Vorstellung vom kolonialen Vorstoß der Deutschen bei dem großen polnischen Chronisten Jan Dlugosz nicht[7].

Dieser Vorgang, der »Zug nach Osten« und die Kolonisation, wurde von den Historikern erst am Ende des 18. Jahrhunderts wahrgenommen. Erst um die Wende vom 18. zum 19. Jahrhundert haben einige deutsche Historiker, angesichts der kurz zuvor stattgefundenen Kolonisation in Teilen Preußens und Schlesiens, die alte Eroberung und die Kolonisation der slawischen Räume von einst »entdeckt«. Ernst Moritz Arndt hat damals die These von der »germanischen Mission« des deutschen Volkes in Europa in die Welt gesetzt, und W. Menzel hat 1818 als erster auf die »Ausbreitung der Deutschheit gen Osten«[8] hingewiesen. Ziemlich genau zur gleichen Zeit hat auch der bedeutende polnische Historiker Joachim Lelewel (1786–1861), zum erstenmal in der polnischen Geschichtsschreibung, die Frage der Kolonisation und des deutschen Rechts aufgeworfen, in kritischer Manier zwar, aber ohne polemische Absicht[9]. Mit dem Schulbuch von F. Kohlrausch [10] beginnt die Vorstellung vom deutschen Bevölkerungswachstum – »eine Vielzahl von Menschen begab sich vom Norden Deutschlands nach dem Osten«; und die beiden schlesischen Historiker Tzschoppe und Stenzel[11] betreiben ein Forschungsvorhaben von hohem Niveau, das dem Verlauf der Kolonisation nachspürt. Der Einfluß ihrer Forschungen zeigt sich bei den Historikern beider Nationalitäten[12].

Erst in der Mitte des 19. Jahrhunderts, zwischen 1843 und 1863, nahm die so gestellte Frage eine offen nationalistische Tönung an. Die einen versuchten, die zeitgenössische Germanisierungspolitik mit einem Verweis auf die Lehren der Vergangenheit zu rechtfertigen; die anderen forderten, namentlich nach dem revolutionären Schwung der Jahre 1830 und 1848, die Wiedergeburt Polens und die Erneuerung des »Slawentums«. Die deutsche Historiographie stellte manchmal unhaltbare Thesen auf – so meinte etwa Heffter, der Slawe sei, bevor ihm das Deutschtum »Zivilisation und Kultur« gebracht habe, »nichts anderes gewesen als der wilde Nomade Asiens oder der Indianer Amerikas«; und für Wuttke war die Ausdehnung nach Osten nichts weiter als die Rückgewinnung von Land, das früher einmal deutsch gewesen war[13]. Stenzel, der 1853 seine Geschichte Schlesiens wiederaufnahm, schlug nun einen neuen Ton an[14], und Grünhagen ging sogar noch ein Sück weiter und schilderte die Gesellschaft der Slawen vor der Germanisierung des Ostens als »äußerst primitiv«[15]. Mit Wattenbach gelangte 1863 das Thema der deutschen Ostsiedlung schließlich in die allgemeine Geschichtsschreibung unter dem Vorwand, daß dieser Vorgang alle Schichten des deutschen Volkes betreffe und er in der Gegenwart zu einem guten Ende käme dank »dem Erwachen eines starken Nationalempfindens, welches den ununterbrochenen Zug nach Osten wiederbelebt hat«[16].

Von slawischer Seite schrieb nach den aufsehenerregenden Vorlesungen des Adam Mickiewicz im Collège de France, veröffentlicht 1843/44, Szajnocha, ein Schüler Lelewels, Polen habe im Mittelalter der Deutschen wegen Schlesien und andere Gebiete verloren, und einer ganzen Generation polnischer Romanciers war der Deutsche Orden der Inbegriff des aggressiven Deutschtums. In der tschechischen Historiographie zog das Werk des František Palacký noch ganz andere Register: Die Deutschen gehörten wie die Hunnen und die Awaren zu den Raubvölkern; sie seien über das friedliche tschechische Volk und dessen »urtümliche slawische Demokratie« hergefallen und hätten ihm das Land weggenommen und ihm einen – ihm innerlich fremden – Feudalismus aufgezwungen[17] – dies zweifellos eine romantische Legende, aber doch ernsthafter Ausdruck eines historisch begründeten Slawismus. Der Slowake Stur ging noch viel weiter und verkündete, die Slawen müßten sich an Rußland anschließen, um sich gegen den Expansionismus der Deutschen zu schützen, und ihnen gehöre die Zukunft, wenn sie sich unter dem Szepter Rußlands vereinigten[18] – Deklaration eines Panslawismus, der nun seinerseits zum Angriff überging. Übrigens wurde seit den 1860er Jahren die Kritik am deutschen *Drang nach Osten* zur beliebtesten Zielscheibe der panslawistischen Publizistik.

Das Ende des 19. Jahrhunderts und die Zeit vor dem Ersten Weltkrieg vermöchten den Anschein erwecken, die nationalistische Polemik habe eine Pause gemacht, in der die Gelehrsamkeit wieder zu ihrem Recht gekommen sei. Weinhold, ein Germanist, Professor an der Universität Breslau, gab sich alle Mühe, das deutsche Vordringen in Schlesien auf der Grundlage auch der slawischen Vergangenheit darzustellen[19]. In diesen Jahren entstehen die großen Regionalgeschichten Pommerns und Posens[20], die zwar sachkundig sind, gleichwohl aber die deutsche Ostsiedlung feiern. Dann zeichnet der große Historiker Karl Lamprecht (1856–1915) in seiner »Deutschen Geschichte« den maßgeblichen Rahmen dieser »Deutschen Bewegung nach Osten«, und seine Nachfolger haben sich lange daran gehalten – auch in der Verwendung der Begriffe »Kolonisation«, »Germanisierung«, »Grundtatsache unserer Geschichte«[21]. Darauf antworten die Polen mit einer pompösen Feier zum 500. Jahrestag ihres Sieges bei Grunwald (Tannenberg) über den Deutschen Orden (1910)[22]. Kaindls Thesen über die Deutschen in den Karpaten[23] lösen eine lebhafte Replik des polnischen Historikers Balzer aus[24]. Angesichts des Aufschäumens des slawischen Nationalismus und der größer werdenden Kriegsgefahr, 1899 bis 1914, treten französische Historiker, namentlich R. Chéradame und Ernest Denis[25], der Vorstellung vom *Drang nach Osten* entgegen. Und mitten im Krieg legt der Russe Jegorov eine »Geschichte der Kolonisation Mecklenburgs im 13. Jahrhundert« vor[26] und verwirrt damit die Zeitgenossen nur noch mehr, denn sein auf Quellenstudium fußendes Werk unterstreicht ganz besonders die Rolle, welche die Slawen bei der Binnenkolonisation dieses Landes gespielt haben. Aber auch dieses Werk war Teil des weltanschaulichen Streites zwischen Deutschen und Russen.

Nach 1918 hat die Wiederherstellung der slawischen Staaten die Natur dieses Streits über die Ostkolonisation in gewisser Weise verändert. Das Lehrbuch von Karl Hampe, gut aufgebaut, inspiriert von Lamprecht, verhüllt weder seine Tendenzen noch die Sehnsucht des Verfassers nach der weit zurückliegenden wie der jüngsten Vergangenheit (1920)[27]. Die neue polnische Schule ihrerseits, mit Tymieniecki und seinen Epigonen, versucht, die Thesen über die Kolonisation zu revidieren, und zwar vor allem jene, die sich auf den Ursprung der slawischen Städte beziehen[28]. Aber das 1933/34 von mehreren Autoren verfaßte deutsche Werk *Deutschland und Polen*[29] und die Repliken, die es von polnischer Seite hervorruft, lassen beide Parteien auf ihren Standpunkten beharren. Die Zusammenfassung von Kötzschke und Ebert, die kurz darauf erscheint (1937), findet trotz der vielen

Fakten, die sie zusammenträgt, keine Gnade, weder bei Deutschen noch bei Polen, die diesem Buch vorwerfen, es verwende die doppelsinnigen Begriffe *Lebensraum* und *Wiedergewinnung des Ostens*[30]. Freilich war Hitler bereits an der Macht damals, und die Geschichtsschreibung räumte nolens volens – trotz einigen wertvollen Arbeiten – der Propaganda und dem ideologischen Programm, das einen neuerlichen Imperialismus im Osten verkündete[31], einen immer größeren Raum ein.

Es kann nicht verwundern, daß sich nach den tragischen Jahren des Zweiten Weltkriegs und nach dem Sturz des Dritten Reiches in beiden Teilen Deutschlands eine Reaktion einstellte, und zwar sowohl im Hinblick auf die Vorstellung vom *Drang nach Osten* als auch die Fragestellungen der Forschung in diesem Bereich. Im politischen Denken der DDR wurde der Zug nach Osten der »falsche Weg« der deutschen Nation, die Tat einer Junkerklasse, das Produkt einer »bürgerlichen« Geschichtsschreibung, die imperialistisch oder revanchistisch war[32]. Aber die ostdeutschen Historiker haben den Unterschied zwischen der Aggression der deutschen »Feudalherren« und der friedlichen Tätigkeit der Bauern und Handwerker, die in den Osten gingen, hervorgehoben und versucht, die Frage der slawischen Besiedlung zwischen Elbe, Saale und Oder erneut in den Vordergrund zu stellen[33].

In der Bundesrepublik ist eine Entwicklung im gleichen Sinne eingetreten, vielleicht infolge einer Art Schuldgefühl; auch hier legt die Forschung Wert auf die ersten slawischen Besiedler in diesem Raum. Diese Richtung ist vertreten vor allem durch die Arbeiten von H. Ludat und W. H. Fritze und die Reihe *Germania Slavica*[34]. Die »traditionalistischen« Thesen haben auch allmählich an Boden verloren, wiewohl die »Ostforschung« weiterhin sehr rührig ist. Schon 1957 verwarf Walter Schlesinger die Vorstellung, die deutsche Kolonisation des Mittelalters habe ein Zurück in den germanischen Osten bedeutet; er hob den friedlichen Aspekt der Landnahme der slawischen Gebiete hervor und regte an, nicht mehr von *ostdeutscher Kolonisation* zu sprechen, was einen »kolonialistischen« Nachklang habe und überdies unzutreffend sein, sondern statt dessen wieder den Ausdruck *Ostbewegung* zu verwenden[35]. Bereits 1963 gab er auf einer öffentlichen Veranstaltung seinem Wunsch Ausdruck, die Diskussion möge infolge einer »unpolitischen« Einstellung leidenschaftslos verlaufen, und man möge den Gegenstand aus einer europäischen Perspektive betrachten[36]. Walter Kuhn, der aus Bielitz stammt (Bielsko-Biała, Polen), hat das wechselnde Geschick der Deutschen in dieser deutschen Sprachinsel in den Beskiden[37] miterlebt und trotzdem einen Beitrag geleistet zur Annäherung der Standpunkte von Polen und Deutschen, zuerst in einem umfangreichen Aufsatz über die Ostsiedlung vom Mittelalter bis zum 18. Jahrhundert[38], später dann in zahlreichen anderen wissenschaftlichen Arbeiten[39].

Als die ersten Jahre der lebhaften nationalistischen und ideologischen Reaktion nach der Befreiung vom Faschismus vorbei waren, kamen die polnischen Historiker von selbst zurück zur Forschung, wo der Dialog leichter zu führen ist. Das Colloquium von Warschau im Jahre 1959 über das städtische Leben im mittelalterlichen Polen bedeutet eine in diesem Sinne bemerkenswerte Wende[40]. Polnische

Mediävisten wie W. Hensel, A. Gieysztor, G.Labuda und B. Zientara arbeiten heute vorzugsweise über Archäologie, die slawische Kultur, den Ursprung der Städte und über regionale Probleme, die von den großen ideologischen Zerwürfnissen über die Kolonisation wegführen. Auf tschechischer Seite, wo der akademische Marxismus fordernder auftritt, scheint man sich auf die inneren Probleme der Kolonisation des 13. Jahrhunderts zu beschränken und überläßt es F. Graus und J. Kejr, diese Fragestellungen zu erweitern.

So scheint sich im Herzen der deutsch-slawischen Wissenschaftsgemeinde ein gewisses Einvernehmen hergestellt zu haben, das Kriegsbeil zu begraben, auf dem *Drang nach Osten* geschrieben steht, und die Fragen der deutschen Kolonisation unparteiisch anzugehen. Einen großen Schritt nach vorn auf diesem Weg bedeuteten die beiden Begegnungen auf der Reichenau, 1970 und 1972, wo sich unter der Fahne *Die deutsche Ostsiedlung des Mittelalters als Problem der europäischen Forschung* deutsche, polnische, tschechische, jugoslawische und französische Historiker zusammenfanden[41].

Um das vorliegende Werk in diese Diskussion einzubeziehen, behaupte ich – wobei ich übrigens einige Wendungen von anderen übernehme –, daß der *Drang nach Osten* »eine Realität war, deren Existenz man schwerlich bestreiten kann«, daß aber dieser mittelalterliche Vorgang gänzlich frei von Ideologie war[42]. Dennoch muß man unterscheiden zwischen den militärischen Unternehmungen und Eroberungen im frühen Mittelalter und dem Zug der Bevölkerung, der *Ostbewegung*, von Westen in Richtung slawischer Gebiete – ob diese nun erobert wurden oder nicht –, einer Wanderungsbewegung, die ebenso wie die Ausbreitung der Normannen, die Kreuzzüge, das Vordringen der Franzosen nach Spanien ein Teil der europäischen Bevölkerungsexplosion des 11. bis 13. Jahrhunderts ist. Das Siedeln der Deutschen östlich von Elbe, Oder und Weichsel und, weiter noch, in Galizien, der Slowakei und in Siebenbürgen war nicht eine *Re*kolonisation, sondern eine echte Gewinnung von Grund und Boden, eine Neubesiedlung, häufig im Zusammenleben mit der einheimischen Bevölkerung, so daß im Laufe der Jahrhunderte eine eigenständige Kultur entstand. Erst der Gebrauch, der davon im 19. Jahrhundert und 20. Jahrhundert durch die verschiedenen Regierungen und die nationalen Bewegungen zu politischen Zwecken gemacht wurde, ließ dieses mittelalterliche Phänomen zur Ideologie werden. Die Historiker leisten häufig gute Arbeit, doch die Geschichte ist zu ernst und zu gefährlich, als daß man sie dann den Politikern überlassen dürfte.

Der große französische Historiker Marc Bloch schrieb bereits 1934 am Schluß einer aufsatzartigen Rezension[43] folgende Zeilen von ungewöhnlicher Klarheit, an denen es so gut wie nichts zu deuteln gibt: »Die deutsche Ausbreitung ist nicht nur als solche eine der Grundtatsachen der europäischen Geschichte. Sie stellt uns eines der packendsten Experimente vor Augen, von der Sozialwissenschaftler nur träumen dürfen: die Begegnung und die Wechselwirkung von zwei verschiedenen Kulturen. Aber in diesem Winkel des Labors vermag man heute schwerlich klarzusehen. Die fast regelmäßige Uneinigkeit . . . zwischen den Gelehrten deutscher und denen polnischer Zunge bezeugt, wie unsicher unser Wissen ist. Sie erklärt es auch, wenigstens zum Teil. Auf beiden Seiten sind Eifer, Intelligenz, Aufrichtigkeit oft bewundernswert. Von daher rührt auch der Wunsch, den ich schon einmal geäußert habe und den ich hier wiederhole: den Tag noch zu erleben, wo dieses herrliche Thema einen Forscher findet, dem es seine Abkunft gestattet, bis auf den Grund zu graben, weil sie ihm das göttliche Privileg verleiht, gleichgültig zu sein . . .« Ob man mir glaubt oder nicht, ich habe diese Zeilen erst im Juli 1983 gelesen, als ich die Niederschrift dieses Werkes gerade zu Ende führte.

Erster Teil

Vorstoß und Wanderung

1. Wanderungen und Landesbeschaffenheit

Völkerwanderungen

Die Ebenen Nordeuropas und das mitteleuropäische Gebiet waren seit frühgeschichtlicher Zeit Schauplatz großer Bevölkerungsbewegungen.

In der jüngeren Bronzezeit (1250–750 v. Chr.) breiteten sich die Völkerschaften der *Urnenfelderkultur*, die vermutlich aus der Lausitz und Klein-Polen stammen (zwischen Elbe, Weichsel und Karpaten), in ganz Mitteleuropa entlang der Donau und in den Ebenen zur Linken des Rheins bis in die Nähe der Seine und Aquitaniens aus. Die Völker dieser Kultur tragen diesen Namen, weil sie ihre Toten verbrannten und die Asche in großen Urnenfeldern bestatteten. Die Lausitzer Gruppe dieser Kultur wird häufig als proto-slawisch angesehen[1].

In historischer Zeit verließen die Kelten auf den sogenannten keltischen Wanderungen (um 475/450–250 v. Chr.) den nördlich der Alpen gelegenen Teil Mitteleuropas und gelangten im Westen bis an den Atlantik und auf die Britischen Inseln; sie drangen in kleinen Gruppen in den Osten vor in das Gebiet der Lausitz; Ausläufer reichten bis in die Iberische Halbinsel, nach Italien, Griechenland und Anatolien. Sie drückten der Bevölkerung Mitteleuropas, namentlich in Böhmen und Mähren, ihren Stempel auf[2].

Mit den Germanen tritt man in die eigentliche »deutsche« Geschichte ein. Den Ebenen Norddeutschlands, dem Baltischen Landrücken, Jütland und dem südlichen Skandinavien entstammend, nahmen sie zu Beginn unseres Zeitalters den Platz der Kelten ein und hatten im größeren Teil des mitteleuropäischen Raumes deren Kultur übernommen. Um 200 v. Chr. hatten die Germanen den unteren Main erreicht, wo sie sich Reste keltischer Stämme eingliederten. Sie waren auch in die Ebenen und Niederungen zwischen Weser, Saale, Elbe und Oder vorgedrungen, und im Süden durch Böhmen und die Slowakei bis an die mittlere Donau. Am Ende des ersten Jahrhunderts gab ihnen Tacitus in seiner »Germania« den Namen *Germani*, den Namen eines Stammes, nicht den eines Volkes; die so bezeichneten Stämme hatten sich selber niemals so genannt[3].

Doch andere Völker mußten sich, kurz zuvor, in diesem riesigen Raum in Bewegung gesetzt haben, die Slawen. Die deutsche Geschichtsschreibung der Zwischenkriegszeit siedelte ihren ursprünglichen Siedlungsraum östlich der Weichsel an, im Pribjet-Becken und am Oberlauf des Dnjepr, um den zeitlichen Vorrang der Germanen in diesem östlichen Raum zu begründen[4]. Heute sieht es so aus, als sei auch das Einzugsgebiet der Weichsel zumindest Teil dieses proto-slawischen Siedlungsraumes gewesen[5]. Der Begriff Sklave, *Sclaveni*, begegnet erst in der Mitte des

6. Jahrhunderts, auch er wird anfangs nur für einen Stamm gebraucht, bevor er allgemeinere Verwendung findet. Man weiß nicht, warum die Slawen den Zug nach Westen angetreten haben; es ist nur eine Annahme, daß sie sich von dem Durchzug der Goten gestört fühlten, der von Skandinavien nach Südosten führte, sodann von den Awaren, die aus dem asiatischen Osten kamen. Sie rückten zuerst sporadisch vor, überschritten die Oder und verteilten sich dann, zwischen dem 4. und dem 6. Jahrhundert, in verschiedene Richtungen, die einen elbwärts und auf das Böhmische Becken zu, die anderen gen Süden und Osten.

Es scheint, daß die große mittelalterliche germanische Kolonisationsbewegung nach Osten insgesamt ein Teil jener riesigen Völkerwanderung war. Im allgemeinen verliefen die frühgeschichtlichen und antiken Wanderungsbewegungen nach Westen (Urnenfelder, Kelten, Slawen) oder Südwesten (Germanen); der deutsche Zug im Mittelalter war, in diesem großen Zusammenhang, wie das Zurückschwingen des Pendels nach Osten, unter offensichtlich anderen Voraussetzungen, diktiert von neuen historischen Umständen.

Wanderungen und Landesbeschaffenheit

Diese Wanderungen von Völkerschaften und Stämmen, die Entwicklung ihrer Kultur und selbst ihrer Geschichte wurden gelenkt und mehr oder weniger stark geprägt von der geographischen Umgebung[6]. Ob zur Zeit der frühen Wanderungen, als der Boden zum erstenmal in Besitz genommen wurde, oder ob im Laufe der mittelalterlichen Ostbewegung, immer hatte sich die Kolonisation nach der geographischen Beschaffenheit Mittel- und Ostmitteleuropas einerseits zu richten, deren Relief eine Ost-West-Gliederung zeigt, zum andern mußte sie sich ständig an die Böden und die ursprüngliche Vegetation anpassen[7]. Die Völkerschaften der Antike und auch noch die Slawen haben sich zuerst in den von Natur aus waldlosen Gegenden niedergelassen. Im Laufe der mittelalterlichen Kolonisation fanden die Deutschen im allgemeinen kaum »gute« Böden vor, da dort bereits die früheren Siedler saßen; ihnen fiel es daher zu, Bodenmeliorationen und Rodungen durchzuführen, namentlich in den Regionen, die ihrer kalten Böden, ihrer Feuchtigkeit und ihrer dichten Waldbedeckung wegen bis dahin von jeglicher Kolonisation verschmäht worden waren. Was die Gesamtheit dieser Besiedlung und Nutzbarmachung anlangt, gab es fünf Längszonen, die dank ihrer besonderen Eignung die Ostbewegung aufgenommen, angezogen und verteilt haben. Das waren: 1. der baltische Höhenrücken und die Küsten der Ostsee; 2. die Niederung der europäischen Ebene, die südlich daran angrenzt; 3. die herzynischen Gebirge mit ihren von Nordwesten nach Südosten verlaufenden Mittelgebirgen samt den Becken und Ebenen dazwischen; 4. die Alpen- und Karpatenländer; 5. die Steppen des Pannonischen Beckens und Südosteuropas[8].

Der baltische Höhenzug

Die nördliche Zone entspricht beinahe vollständig dem hügeligen Land südlich der Ostsee, einer eingedellten Moränenlandschaft mit Hügeln dazwischen, ein Produkt der letzten skandinavischen Eisbedeckung, die von Schleswig-Holstein über Mecklenburg, Pommern und Westpreußen hinweg bis nach Ostpreußen reicht. Das Relief ist ungleichmäßig, erreicht in Mecklenburg 180 m Meereshöhe, 330 m im Osten Pommerns und 310 m in Preußen. Zwischen den Kuppen und Hügeln bilden Ebenen und Niederungen eine von zahlreichen Seen durchsetzte Landschaft; die Seen sind von länglicher, feingliedriger Gestalt: etwa der Plöner See und die holsteinischen Seen, wie der Ratzeburger See und die Seen an der mecklenburgischen Grenze, die Müritzer Seenplatte und die zahllosen Seen des Ermlandes, Preußens und Masurens. Im Westen hat der Vorstoß des Meeres die unter dem Eise gelegenen Flußbetten behindert und die niederen Flußtäler zu tiefen Förden geformt: die Schlei und die Kieler Förde, die Mündung der Trave in Lübeck; die Förden von Wismar und Rostock. Im Osten waren die Flüsse außerstande, ihre Mündungen offenzuhalten; sie sind versperrt von Nehrungen, die riesige, seichte Buchten umschließen, sogenannte Haffe, wie das Haff der Oder, versperrt von den Inseln Usedom und Wollin, oder die Haffe und Nehrungen der Danziger Bucht und das Kurische Haff, in dem sich der Njemen verliert.

Die lehmigen Böden der Grundmoränen, bedeckt mit Steinblöcken jeder Größenordnung, besitzen an der Oberfläche jedoch eine sich zersetzende Schlammschicht, die der Landwirtschaft von Nutzen ist. Die Endmoränen aber und ihre Sanderflächen davor bilden häufig große, unfruchtbare Räume. Ursprünglich trugen die ersteren dieser Böden Wälder, während die anderen mit Heide bedeckt waren und nur karges Buschwerk hervorbrachten. Zu Beginn unseres Zeitalters jedoch hatte die Kolonisation bereits vor allem in Mecklenburg der Landwirtschaft ziemlich große Lichtungen erschlossen; aber es war noch reichlich Platz für eine dichtere Bebauung des Bodens.

Das nordeuropäische Flachland

Die große norddeutsche und die polnische Tiefebene waren durch die skandinavischen Eismassen samt ihren Ablagerungen und Moränen geformt, vor allem aber durch das Gewirr von Wasserläufen, die sich vor dem Eis gebildet hatten. Diese Wasser beförderten große Mengen Sand und gruben sich Furchen, die man Urstromtäler nennt, riesige Täler, die von Kiesterrassen und von morastigen Gründen durchsetzt sind. So sehen die Furchen aus, in denen heute Weser und Aller fließen, die untere Elbe, die Havel und die Spree, die mittlere Oder und die Warthe, Weichsel und Bug. So sind besonders das Havelland, Brandenburg, Mittel- und Neumark sowie das Land Posen beschaffen.

Westlich der Elbe liegt Niedersachsen, eine vollkommene Ebene, darin die kleine Sanderhebung der Lüneburger Heide (136 m). Auch östlich der Elbe ist das Relief geringfügig erhaben, doch alle Erhebungen (150 bis 200 m) sind gleichfalls mit Heideflächen bedeckt, wie die dürren Bergrücken des Fläming. Im Gegensatz dazu regieren unterhalb von 20 m Meereshöhe der Sumpf und das Moor. Die mittelpolnische Ebene setzt diese Niederung fort, mit einer mittleren Höhe von 150m, mit Seen, Mooren, sandigen Böden mittlerer Güte, mit Kieselsteinen und Tonböden. Die alte Kolonisation hat diese Talgründe und diese trockenen unfruchtbaren Höhen gemieden, mithin boten sie, trotz ihrer geringen Eignung zum Ackerbau, der Expansion des Mittelalters ein weites Feld.

Doch im Süden, wo sie mit den herzynischen Gebirgsstöcken in Berührung kommt, hört diese Niederung auf, geht über in eine leicht ansteigende Zone, die überlagert ist von mehr oder weniger dicken Lößschichten. Das beginnt in Thüringen, setzt sich fort in der Magdeburger Börde, an der Saale, im Meißnischen, auf der Ebene um Dresden, in der Oberlausitz und der schlesischen Ebene südlich der Oder und bei Breslau (Wrocław). Diese fruchtbaren, leichten Böden waren seit dem Neolithikum von Menschen besetzt und wurden sehr bald zu großen Inseln der Kolonisation, sowohl in vorgeschichtlicher Zeit als auch während der Ausbreitung der Slawen – ohne daß jedoch der gesamte Raum bevölkert und landwirtschaftlich genutzt worden wäre.

Die mitteleuropäischen Gebirge

Die dritte geographische Zone Mitteleuropas richtet sich an der Masse des böhmischen Gebirgsstockes und an den Bergketten aus, die ihn begleiten. Dieses herzynische Massiv, dessen Ränder im Süden das zu Österreich gehörende Granitplateau des Böhmerwaldes bilden, im Nordwesten die erzhaltigen Berge des Erzgebirges, im Norden die Kuppen des Riesengebirges und im Nordosten die Höhen der Sudeten, deren mittlere Höhenlage zwischen 1200 und 1400 m schwankt (Schneekoppe 1603m, Altvater 1490 m), besitzt nur unergiebige Böden und ist von dichtem Wald bedeckt (früher waren es im wesentlichen Laubwälder). Für die alte Kolonisation bildete dieses Gebirge ein großes Hindernis. Leichter war das Eindringen im Nordwesten, wo die schlesischen Bergketten für die tiefen Täler der beiden Neißeflüsse und der Oder Durchgänge bilden. Nach Südosten geht dieses alte Hochland in den mährischen Karst über und fällt gen Süden ab zu den Becken von Elbe, Moldau und Eger, deren Lößböden als erste Siedler angezogen haben. Aber auf diesen Flächen standen noch immer große Wälder zum Abholzen bereit, als die Siedler des Mittelalters nach Osten aufbrachen.

Hier könnten übrigens auch andere Dinge als die landwirtschaftliche Erschließung zur Ausbeutung gelockt haben: reiche Adern von Gold, Silber, Kupfer und Zink, an den Hängen im Nordwesten ebenso wie an den Hängen Schlesiens und im Innern der Hochflächen. Nach Osten hin verlängert sich der herzynische Gebirgsstock, geht sodann über in die Ebenen und die sanften Anhöhen Oberschlesiens und Kleinpolens (am Łysogóry tritt er noch einmal mit 611 m in Erscheinung) und stellt erzträchtige Lagerstätten zur Verfügung, die die deutschen Bergleute angezogen haben.

Donau und Alpen

Das Tal der Donau und die Ostalpen bildeten den vierten großen Korridor, durch den die Deutschen vorstießen. Zwischen Bayern und der Pannonischen Tiefebene gewährt der Lauf der Donau keinen leichten Zugang. Bald zwängt sich der Fluß durch mächtige Felsschründe, tief in den Stock des Gebirges gegraben, bald ergießt er sich, bis gegen Wien, durch kleine Becken. In dieser Zone, in alter Zeit kaum von Menschen besiedelt, ist das Vorrücken der Germanen durch die Flußgrenzen von Inn und Enns, Leitha und – im Norden Wiens – der Thaya bestimmt.

Trotz ihrer Masse setzten die österreichischen Alpen der Kolonisation kein Hindernis entgegen: Tief eingeschnitten durch breite Täler, durch niedere Gebirgssättel miteinander verbunden, die 1000 m nicht übersteigen, öffnen sie sich zum Brenner (auch er nur 1360 m hoch) gen Süden. Gleichwohl haben sich die ersten deutschen und slawischen Siedler in der Talsohle und unterhalb der Waldgrenzen niedergelassen. Unter diesen Umständen mußte sich die Besiedlungswelle des Mittelalters auf die Hänge und die oberen Bereiche der Täler richten.

Hinter der Donau-»Pforte« bei Preßburg (Bratislava) setzt sich der Alpenstock im Karpatenbogen fort, teilt sich in Ost- und Südkarpaten. Die Gebirgsmassive im Westen, Beskiden und Tatra, sind von tiefen Kerbungen gezeichnet, ihre mittlere Höhe bewegt sich um die 1800 m; doch die Hohe Tatra ragt über 2600 m auf. Dank der Nebenflüsse der Donau im Südwesten wie der oberen Theiß im Osten war das Eindringen hier nicht schwierig, und auch hier haben vor allem die erzhaltigen Lagerstätten die deutschen Siedler des Mittelalters angelockt. Die Ostkarpaten, genannt Waldkarpaten, waren im Mittelalter außerhalb der Reichweite der Siedler. Nur im Innern dieses Alpenbogens, in Transsylvanien, auf einer Hochfläche, die vom Bihor-Gebirge abgeschlossen wird – die Deutschen nennen sie Siebenbürgen –, waren die Bedingungen für Landwirtschaft und Bergbau gleichermaßen gut, so daß sie deutsche Kolonisatoren anzogen.

Die südosteuropäischen Ebenen

Die ungarische Donauebene, das Feld der Magyaren – Menschen asiatischen Ursprungs, die sich dort vor dem Jahr 1000 ansiedelten –, ließ der deutschen Ausdehnung im Mittelalter wenig Raum, sieht man ab von einigen Randgebieten. Erst viel später, erst als das Land von den türkischen Eindringlingen befreit (1683–1699) und in habsburgische Herrschaft übergegangen war, wurde die deutsche Siedlungspolitik an den Hügeln des Bakonywaldes, nordwestlich des Plattensees, und namentlich im Süden des ungarischen Zweistromlandes und im Banat Wirklichkeit. Dieser Vorstoß hat sich dann im 18. und 19. Jahrhundert fortgesetzt, als sich deutsche Kolonisten und Auswanderer auf den Lößböden und den schwarzen Erden Galiziens, Wolhyniens, Podoliens, Südrußlands, im nördlichen Kaukasus und im mittleren Wolgabecken niederließen. Aber diese Bewegung hat nichts mehr zu tun mit der Kolonisation des Mittelalters . . .

In diesem gewaltigen geographischen Raum – eine echte *frontier* in der amerikanischen Bedeutung dieses Wortes[9] – fand die Bewegung statt, die für die Geschichte dieses Kontinents so wichtig war. Allzuoft hat man die deutsche Geschichte des Mittelalters in einer Nord-Süd-Achse betrachtet, sie als den Gegensatz zwischen Kaiser und Papsttum verstanden. Die Ostbewegung mit all ihren Erscheinungen hat das Schicksal der Deutschen und ihrer Nachbarvölker auf andere Weise geprägt, auch die Anthropogeographie und die Kultur Mitteleuropas[10].

Man darf dies alles nicht als isolierte Tatsache sehen, sondern vielmehr mit dem Bewußtsein, daß es sich – ebenso wie bei der spanischen Reconquista oder dem europäischen Vordringen im Mittelmeer – um einen Vorgang von größerer Allgemeingültigkeit handelt: um den Ausdruck der Vitalität und des Aufbruchs des mittelalterlichen Abendlandes.

2. Germanen, Slawen und Awaren vom 6. bis zum 8. Jahrhundert

Eine geographische Übersicht über die Völker und Stämme im großen mitteleuropäischen Raum während des frühen Mittelalters ist die unerläßliche Voraussetzung zu einer Geschichte der deutschen Ostbewegung.

Die Ostgermanen

Nach den großen Völkerwanderungen des 5. Jahrhunderts, nach der Errichtung eines fränkisch-merowingischen Staates in Westeuropa im 6. Jahrhundert und dem Vordringen der Slawen fanden sich die germanischen Stämme östlich des Rheins, die zum Teil unter der Herrschaft oder der Aufsicht des Königreiches Austrien standen, in mehr oder weniger enger Berührung mit der Welt der Slawen im Osten[1].

Im 8. Jahrhundert erstreckte sich das Gebiet der Friesen in der norddeutschen Tiefebene von Flandern im Westen bis zur Westküste Jütlands im Osten; sie hatten ihr altgermanisches Recht bewahrt, waren einem König untertan und widersetzten sich den Angriffen der Merowinger.

Auch die Sachsen blieben, sieht man von einer kleinen Region im Norden Thüringens ab, außerhalb des Frankenreiches. Sie kannten keinen König; und einen Herzog ernannten sie nur in Kriegszeiten. Im 8. Jahrhundert versammelten sich die Stämme alljährlich an der Weser, bei Markloh, mit ihren Gaufürsten und den Vertretern der drei »Stände« – Adel, Freien und Liten. Im Westen erreichten sie die Ems und die Ausläufer des Rheinischen Schiefergebirges, im Süden den Zusammenfluß von Fulda und Werra. Unweit der Elbe gerieten sie in die Nähe slawischer Stämme.

Nach der Niederlage, die ihnen Childebert II. (595) bei Warne beigebracht hatte,

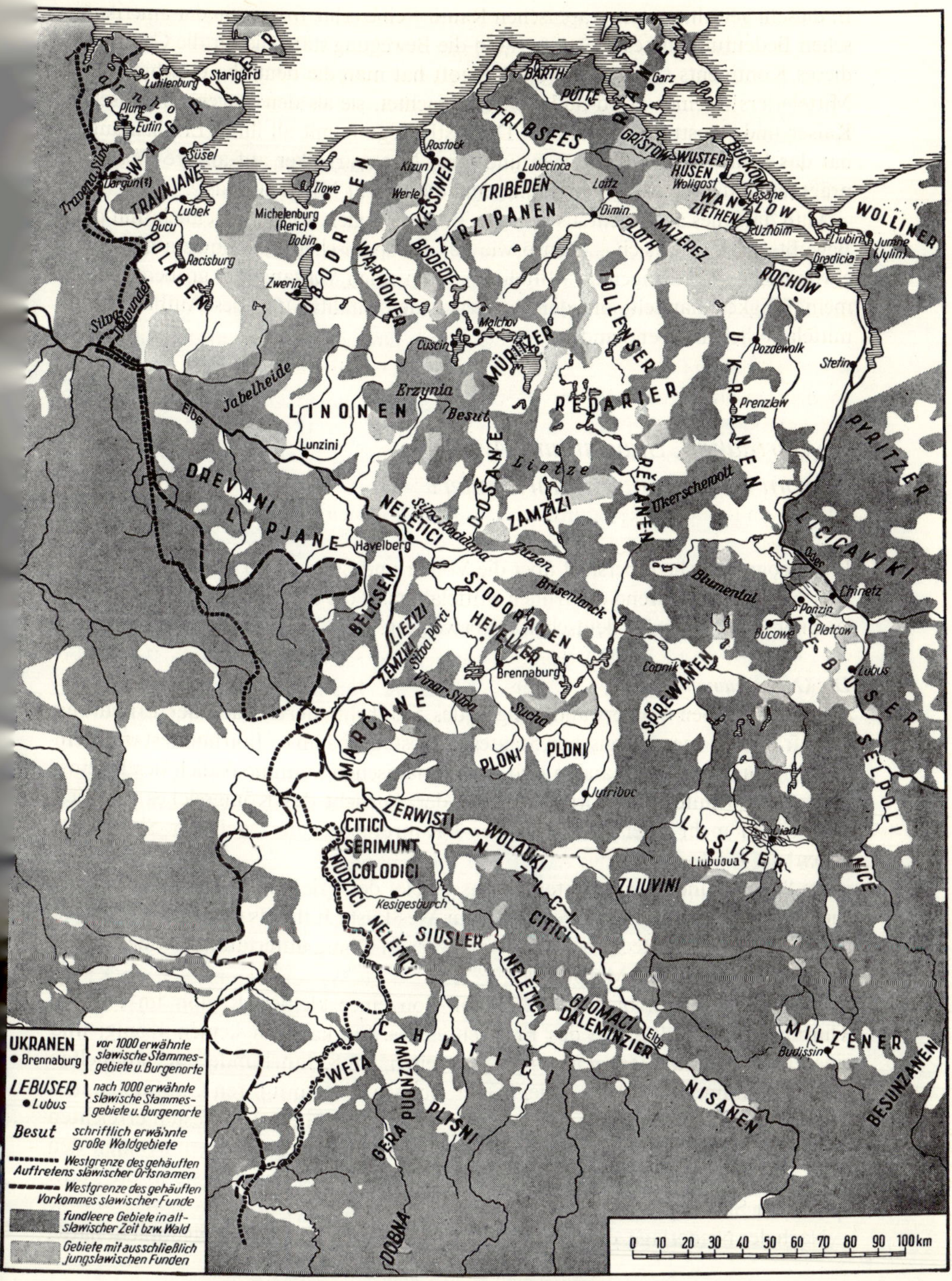

Die slawischen Siedlungs- und Stammesgebiete westlich von Oder und Neiße.

waren die Thüringer unter fränkische Herrschaft gekommen. Ihre Herzöge, deren politisches Zentrum nördlich des Thüringer Waldes lag, bekamen den Auftrag, an der mittleren Elbe und an der Saale die Grenze gegen die Slawen zu sichern und von den Sorben und Sachsen, die im Norden Thüringens hausten, Tribut einzutreiben.

Die oberdeutschen Stämme, Alamannen und Bajuwaren, besaßen im Inneren des fränkisch-merowingischen Staates ein stärkeres Eigengewicht. Die Alamannen standen mit dem Osten nicht in unmittelbarer Berührung. Die Bajuwaren hingegen, deren Herkunft noch immer umstritten ist und die zuerst Nachbarn der Langobarden auf deren Zug nach Italien waren, sahen sich bald Auge in Auge mit den Slawen und Awaren[2]. Mit den Slawen stießen sie im Pustertal (592/596) zusammen, als Tassilo I. an ihrer Spitze stand. Drei Jahre später traten die asiatischen Horden auf den Plan. Zwischen den beiden Kulturen erstreckte sich um 600 an der Donau, unterhalb von Regensburg, eine unbestimmte Zone. Aber im 7. Jahrhundert lehnten sich die Bajuwaren unter der Dynastie der Agilolfinger gegen die fränkische Herrschaft auf und rüsteten sich zu einem Vorstoß gen Südosten. Gegen 700 hatte sich an der Ennsgrenze, trotz der Zerstörung des Castrum Lauriacum (heute Lorch) durch die Awaren, das Gleichgewicht fast wieder hergestellt.

Die Westslawen

Dies war die Lage der Germanen – im Vergleich damit waren auch die slawischen Völkerschaften, die nach Westen vorgerückt waren, eine ungeeinte Reihe von Stämmen[3]. Die deutschen Chronisten des 12. Jahrhunderts bezeichneten die Westslawen im Nordwesten mit verschiedenen Namen. Zunächst mit dem allgemeinen Begriff Wenden (was soviel heißt wie »blond«), der alle Stämme umschloß, die zwischen Holstein und der Senke der Havel saßen, also die Wagrier im Osten Holsteins, die Polaben am unteren Flußlauf der Elbe, die Wilzen oder Liutizen und die Heveller in der Niederung zwischen Elbe und Oder und vor allem die Obodriten in Mecklenburg. Dies ist das Gebiet, in dem die Elbe von einem wenig bedeutenden Geographen im 6. Jahrhundert als die Grenze zwischen den slawischen Völkern und den Germanen bezeichnet wird. Nördlich der Elbmündung bewahrten die Sachsen sogar eine Verbindung mit den Friesen und Dänen. Auf ihren Vorstößen nach Westen gelangten die Wenden im Westen kaum über die Kieler Bucht, den Plöner See und die Waldregion des Sachsenwaldes hinaus. Hingegen wurde zwischen Lauenburg und Magdeburg die Elbe auf breiter Front überschritten, namentlich im Tal der Jeetze in der Gegend von Lüchow, und in dem Land, das sich den Namen »Hannoversches Wendland« bewahrt hat, wo es noch slawische Ortsnamen gibt.

In dem Raum zwischen der Saale, den Nordhängen des Erzgebirges und der oberen Spree und am Unterlauf der Elbe hatten sich die Sorben niedergelassen. Spätere deutsche Quellen unterscheiden bei ihnen vielerlei Stämme, deren Anführer sie bald als *dux,* bald als *rex* bezeichnen. Da es in dieser Gegend relativ wenig

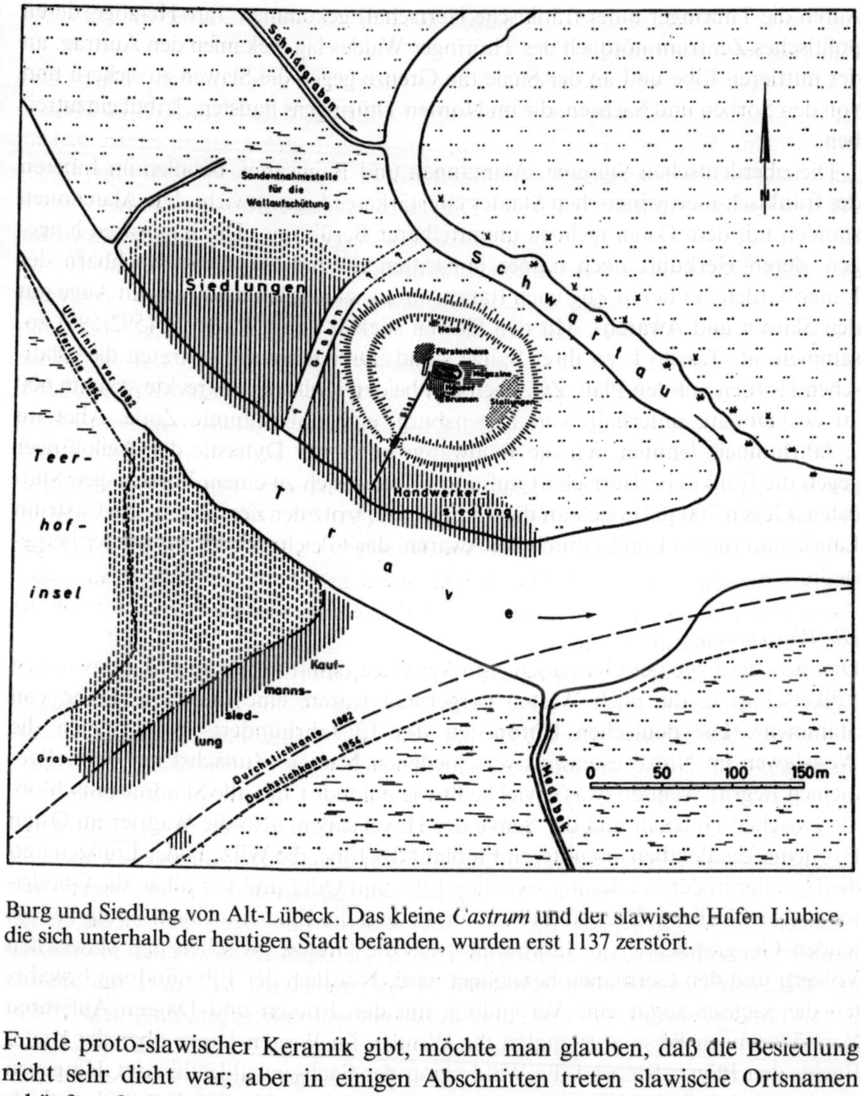

Burg und Siedlung von Alt-Lübeck. Das kleine *Castrum* und der slawische Hafen Liubice, die sich unterhalb der heutigen Stadt befanden, wurden erst 1137 zerstört.

Funde proto-slawischer Keramik gibt, möchte man glauben, daß die Besiedlung nicht sehr dicht war; aber in einigen Abschnitten treten slawische Ortsnamen gehäuft auf[4]. Es waren auch die Sorben, die anno 632 einen Angriff auf die Elbe und die Grenzen des fränkischen Reiches in Thüringen unternahmen und die sich im 8. Jahrhundert in den Streit zwischen Franken und Sachsen einmischten. Ihretwegen hat sich die Frage gestellt, in welchem Maße die Slawen in Thüringen, am Oberlauf des Mains und in den nördlichsten Teilen Bayerns eingedrungen sind. In dieser Gegend entstammen nicht nur die Ortsnamen dem Slawischen, sondern auch die Flurnamen. Aber es scheint sich ein Einvernehmen herzustellen, daß es nicht im 6. oder 7. Jahrhundert zu einer Besetzung kam, sondern daß sich die sogenannten Reichswenden dort, wahrscheinlich nach 740, niederließen, auf jeden Fall aber im 8. Jahrhundert.

Die Tschechen und Slowaken, die sich auf ihren Zügen mit älteren Völkerschaften vermischten, ließen sich in der zweiten Hälfte des 6. Jahrhunderts im Herzen Böhmens nieder[5]. Sie waren die ersten, die sich eine Organisation gaben, welche über den Stamm hinausging. Diese Umstände sind uns aus der fränkischen Chronik des Pseudo-Fredegar bekannt[6]. Die Tschechen und Slowaken waren damals noch den Angriffen der plündernden Awaren ausgesetzt. Ein gewisser Samo, aus dem der Chronist einen fränkischen Kaufmann macht, wiewohl der Name eher an eine slawische Abstammung denken läßt, nahm den Kampf gegen die Awaren in die Hand, und die Slawen machten ihn (um 623/4) zu ihrem »König«. Das Herzland dieser Stammesvereinigung war zweifellos Mähren. Samo und die Seinen stießen bald auf ihre westlichen Nachbarn, das fränkische Königreich Dagoberts. Wenn die Franken, unterstützt von den Langobarden, zuerst auch siegreich waren, so erlitt die austrasische Armee vor dem Castrum *Wogastisburc* eine vernichtende Niederlage; der Ort wurde bis heute nicht näher bestimmt, liegt aber wahrscheinlich im Tal der Eger oder im Obermaingebiet (631/2)[7]. Das etwaige Todesdatum Samos liegt um 658/60, und man weiß nicht, welches Schicksal seinem kurzlebigen Stammesbündnis widerfuhr[8]. Die Tschechen haben damals den Böhmerwald nach Westen und Süden hin überschritten und die Donau zwischen Linz, Vindobona (Wien) und Preßburg erreicht[9].

Hinter diesen Völkern gab es noch im Hügelland südlich der Ostsee, zwischen Oder und Weichsel, im Süden bis an die Netze, die Pomeraner, die gleichfalls zu den nördlichen Slawen zählten. Die Stämme, die sich in den Ebenen Schlesiens niedergelassen hatten: die Dedosize in Niederschlesien, die Sleenzane und Trebowane im mittleren Teil, die Opolane in Oberschlesien, sind uns überliefert durch die Völkertafel des sogenannten Bayerischen Geographen, der in der Mitte des 9. Jahrhunderts schrieb[10]. Auf der großen polnischen Ebene unterschied man: die Polanen, die in der Ebene *(pole)* an der Warthe hausten, in der Gegend des heutigen Gnesen, ferner die Masowier am mittleren Lauf der Weichsel, die erstgenannten Ackerbauern, die zweiten Jäger und Viehzüchter; schließlich in Galizien die Wislanen: Spuren einer ständigen Besiedlung lassen sich dort nur bis ins 8. Jahrhundert zurückverfolgen; aber es ist sehr wahrscheinlich, daß diese Völker aus proto-historischen Kulturen hervorgingen[11].

Der südliche Zweig der Slawen ist zuerst in kleinen Gruppen und da und dort auf den Spuren der Awaren in die Ostalpen eingedrungen[12]. Ihre ältesten Niederlassungen finden sich in Westkärnten und in der Steiermark. Jüngeren Datums ist die Wanderung der Kroaten, die im 7. Jahrhundert begann und nach und nach gleichfalls in die Steiermark führte, die Slowenen vor sich hertreibend. Diese Besiedlung läßt sich heute durch slawische Ortsnamen belegen, welche die älteren illyrischen und keltischen Namen für Berge und Flüsse überlagern. Im 8. Jahrhundert kam es zwischen den Slawen und den Bayern im oberen Tal der Drau, an der Mur und in den Bergen östlich der Enns zu Berührungen.

Silbermünzen slawischer Fürsten: Jaxa von Köpenick, um 1150; Heinrich von Brandenburg und seine Gemahlin, vor 1150.

Die Awaren

Es ging auf den Vorstoß der Awaren zurück, daß Samo tschechische Stämme miteinander verbündete und daß Slawen an die Donau und in die Alpen vordrangen[13]. Die Awaren kamen aus den Steppen Zentralasiens; den Chinesen waren sie in der Mitte des 4. Jahrhunderts unter dem Namen Yuan-Yuan bekannt. Wie die Hunnen besaßen sie eine starke Militärorganisation, mit der sie fremde Völker unter ihr Joch zwangen. Unter dem Druck der angreifenden Türken hatten sie anno 552 ihre alten Wohngebiete verlassen müssen, zusammen mit hunnischen und bulgarischen Stämmen ließen sie sich 558 als »Verbündete« von Byzanz unweit des Schwarzen Meeres nieder. Doch dann machten sie sich wieder auf nach Westen, erreichten 562 und 565/566 Thüringen und breiteten sich nach dem Wegzug der Langobarden (567/568) im Pannonischen Becken aus. Sie machten die Gegend von Alföld, zwischen Donau und Theiß, bald zum Mittelpunkt ihres Staates: der Ring, der Sitz ihres Khagans, befand sich im Süden, unweit des Ortes, wo die beiden Flüsse zusammenkamen; ein weiterer befand sich im Nordwesten, auf der Ebene von Raab (Györ). Auf diese Weise schob sich dieses Steppenvolk zwischen die Slawen des Nordens und die des Südens und übte seine schrecklich drohende Gewalt gegen Slawen wie gegen das Reich der Germanen aus.

Abgesehen von Grenzzwischenfällen und Gebietsüberschreitungen wie auch von jenem kurzen kriegerischen Aufeinandertreffen der Franken und Samos kann man in dieser frühen Zeit wahrlich nicht von einem germanisch-slawischen Antagonismus sprechen. Denn in der Welt des 6. bis 8. Jahrhunderts gingen die Triebkräfte der Geschichte weder von germanischen noch von slawischen Völkern aus. Es waren das herrschwillige Reich der Franken und die angriffslustigen Awaren, die sich von beiden Seiten des germanisch-slawischen Raumes gegeneinander richteten.

In relativ kurzer Zeit hatten die Slawen somit einen Raum besetzt, der wesentlich größer war als ihr ursprüngliches Siedlungsgebiet; im Zuge dieser erstaunlichen Ausbreitung hatten sie die dort bereits ansässige Bevölkerung ethnisch aufgesogen. Trotz alledem aber muß man sich im klaren sein, daß auch danach die mitteleuropäischen Lande östlich von Elbe, Saale und Enns nur spärlich besiedelt waren. Die Karten, die die Verteilung der Ortsnamen und archäologischen Funde zeigen, mögen aufschlußreich sein, doch dürfen sie uns, namentlich was die frühe Periode der Besiedlung anlangt, nicht täuschen. Es scheint, daß die Kuppen im Osten von Holstein und in Mecklenburg, einige Gebiete zwischen Saale und Elbe, sorbisches Land, das Becken der Elbe in Böhmen, das mittlere Schlesien und die polnische Ebene an Warthe und mittlerer Weichsel relativ dicht besiedelte Kolonisationskerne bildeten. Aber man soll von diesem Raum nicht sagen, er sei »leer« gewesen, denn was wir über die Besiedlung Germaniens östlich des Rheins, zwischen 500 und 750 n. Chr. wissen, läßt uns nicht glauben, daß diese Region »voller« war[14].

3. *Der Vorstoß nach Osten unter den Karolingern*

Karl der Große und die Slawen

Nachdem Karl der Große in sehr grausamen Feldzügen die Sachsen besiegt und die Ostfriesen und Bayern in den Jahren 787/788 unterworfen hatte, stand sein Reich an der Elbe und Donau in unmittelbarer Berührung mit den Slawen und Awaren. Mehrere Aufstände der Sachsen, 793 und 794 bis 797, machten die nördlichen Grenzen des Frankenreiches einige Jahre lang unsicher, und Karl sah sich in den Jahren 789/791, auf dem Höhepunkt seiner Macht, an seinen Ostgrenzen ständiger Bedrohung gegenüber. Im Jahr 789 überschritten fränkische Soldaten zum erstenmal die Elbe, um eine Strafexpedition gegen die Wilzen zu führen, die die Obodriten, Verbündete Karls des Großen, angegriffen hatten. Obwohl dies nur ein unbedeutendes Ereignis war, wollte Karl Hampe doch darin den Anfang der deutschen Ausbreitung nach Osten sehen[1]. Um den Übergang über den Strom zu sichern, wurde auf dem Höhbeck unweit von Gartow ein Castrum angelegt. In den Folgejahren halfen die Wilzen und die Obodriten dem fränkischen König, die aufständischen Sachsen nördlich der Elbe niederzuwerfen (798).

Gegen 808 wurden alle slawischen Völker des Nordwestens, die zwanzig Jahre lang die fränkische Aufsicht scheinbar hingenommen hatten, unruhig. In den Jahren 808 bis 811 führte Karl, ein Sohn Karls des Großen, mehrere Feldzüge gegen die Linonen und Wilzen an, und der Kaiser richtete, um die sächsische Grenze zu sichern, zwei Marken ein, die eine diesseits der Elbe, die Jeetzemark, in der Gegend von Salzwedel, die andere jenseits, die Tangermark, bei Tangermünde[2]. Damals, spätestens unter den Nachfolgern des großen Kaisers, wurde auch der *Limes Saxoniae* gegen die Obodriten errichtet, und zwar in Gestalt einer Reihe kleiner Forts und befestigter Verhaue, von Lauenburg an der Elbe bis zur Kieler Förde – zumindest wenn man der Beschreibung eines Chronisten des 11. Jahrhunderts, Adam von Bremen, glauben darf[3].

Dem jüngeren Karl wurde ein weiterer Feldzug anvertraut, und zwar gegen die Sorben, die den Sachsen tatkräftig zur Seite gestanden hatten. Der Feldzug war kurz, aber entscheidend: einer der sorbischen Herzöge wurde getötet, und das Land geriet unter fränkische Aufsicht (806). Eine Revolte im Jahre 816 scheiterte, und die Franken errichteten hier ein weiteres Castrum am rechten Flußufer der Saale, bei Halle, von dem aus sie die Zugänge der umliegenden Gegend kontrollieren konnten. Die Feldzüge gegen die Tschechen, die in konzentrischen Angriffen auf die Mitte Böhmens erfolgten (805–806), scheinen nicht von großem Erfolg gekrönt gewesen zu sein, wiewohl es 817 heißt, dieses Land sei für den künftigen Ludwig den Deutschen bestimmt. Auf jeden Fall gestattete es die Grafschaftsverfassung im bayerischen Nordgau, daß die Karolinger seit 806 den Zugang zum Böhmerwald überwachen konnten.

Kurzum, dank seiner zahlreichen Feldzüge jenseits der Elbe und Saale und in die böhmischen Wälder hinein, gelang es Karl dem Großen immerhin, daß die slawischen Völker die Grenzen des Reiches achteten; die Errichtung kleiner Marken und militärischer Stützpunkte festigte die Grenzen des Reiches. Man kann bezweifeln, daß er nach mehr trachtete; auf jeden Fall ist es bedenklich, ihn zum bewußten Initiator der Ostbewegung zu machen[4].

Nach der Eroberung Bayerns erlaubten die großen Siege über die Awaren dem fränkischen Königreich weitaus größere Vorstöße nach Südosten. Der Feldzug von 791 führte Karl den Großen bis an die Raab; 795 erzwang ein kühner Schlag des Herzogs von Friaul, Eric, zum erstenmal den *Ring* des Awarenkhans, und 796 warf Pippin, der König von Italien, die Awaren über die Theiß zurück und richtete sich nun seinerseits in dem *Ring* des Awarenfürsten ein. Von da an hörte dieser Stamm auf, eine Bedrohung zu sein, und nach den letzten Scharmützeln, 802 und 803, unterwarf sich ihr Anführer Karl dem Großen. Zwei große »Reichsprovinzen«, Bayern und Friaul, verwalteten gemeinsam die Alpenländer; aber die ihnen vorgelagerte Ostmark und Karantanien sicherten den Schutz bis an die Raab, den Bakonywald und die mittleren Täler von Drau und Save, wo kleine slowenische Fürstentümer dem Reich einverleibt wurden[5].

Ludwig der Fromme und die Slawen

Unter der Herrschaft Ludwigs des Frommen wurde dieser Vorstoß nach Südosten gesichert. Nach einem Aufstand der Slowenen, 819, streckten die Franken in drei Feldzügen (820–822) ihre Hand bis ins Tal der Drau und in die Pannonische Ebene aus. Aber dieser Vorstoß zog schwere Auseinandersetzungen mit den Bulgaren nach sich, deren Khan Omortag anno 827 die Grenzregionen des Reiches verwü-

Tassilokelch. Tassilo (769–788), Herzog von Bayern und Gründer der Abtei Kremsmünster, hat als einer der ersten Fürsten die Besiedlung der Donau- und Alpengebiete gefördert.

stete. Ludwig, »König von Bayern«, zog ihm entgegen, und es dauerte bis 838, daß der Friede wiederhergestellt war.

In den Grenzgebieten im Nordosten gab es immer wieder Zusammenstöße mit den Obodriten, die einem gewissen Sclaomir unterstanden (817), und mit den Wilzen (823). Die Slawen wußten die Unruhen im Reich am Ende von Ludwigs Herrschaftszeit auszunützen und drangen ihrerseits in Sachsen und Thüringen vor. Es bedurfte zweier Feldzüge (838/839), um sie wieder hinauszuwerfen.

Erste Christianisierungs- und Kolonisierungsversuche

Diese Feldzüge, mit denen man die Grenzen zu den Slawen festigen wollte, waren von ersten, zaghaften Versuchen begleitet, diese Regionen zu christianisieren und sie sogar zu kolonisieren. Die Gründung des Erzbistums Hamburg im Jahre 831/833 mit einem Sprengel, der auf heidnischem Gebiet erst noch zu schaffen war, und dessen Bischofsstuhl Ansgar (Anschaire) anvertraut wurde, der in den vorhergehenden Jahren Missionen nach Dänemark und Schweden durchgeführt hatte, zeugt von der Absicht, auch nach Nordosten hin zu missionieren. Im Jahr 832 erhielt Ansgar in Rom von Papst Gregor IV. außerdem die Vollmachten eines apostolischen Legaten, und zwar nicht nur für ganz Skandinavien, sondern auch im »Land der Slawen«. Doch der neue Erzbischof besaß in diesem ungesicherten Lande, wo man ständig von Einfällen aus Skandinavien bedroht war, nicht die Mittel, seinen Auftrag zu erfüllen[6].

Im Südosten war es die bayerische Kirche, die im Rücken der fränkischen Heere den Slowenen das Christentum brachte. Die Diözese Passau breitete sich nach Osten aus. Die Salzburger Kirche entsandte ihre Missionen seit dem 8. Jahrhundert nach Karantanien, Mähren und in die Slowakei[7], wo der zum Christentum übergetretene slawische Fürst Pribina in Nitra (um 830) eine Kirche errichten ließ, später in Moosburg (ungar. Zalavár) an den Ufern des Plattensees (850) eine zweite[8]. Südlich der Drau war es der Patriarch von Aquileja, der die Christianisierung vorantrieb.

Im Bereich der großen Domänen, mit welchen die Karolinger die bayerischen Kirchen und Abteien ausgestattet hatten, begann in diesen Alpenländern eine erste Kolonisierung. Den Anfang machte Herzog Tassilo, der im Jahre 777 die Abtei von Kremsmünster gründete und ihr riesige Wälder schenkte[9]. Während der Herrschaft Ludwigs des Frommen bestätigte dessen Sohn Ludwig, König von Bayern, die Schenkungen Karls des Großen nach der Eroberung des Landes der Awaren und machte seinerseits, zwischen 830 und 837, aus den Gebieten der Awaren und der Sclavonen, den Abteien von Altaich und Herrieden (namentlich in Melk) und den Kirchen von Regensburg, Passau und Salzburg (in Ybbs und in Kärnten) Stiftungen. Muß man diese Kolonisierung, die da und dort erfolgte, lediglich als ein Vorspiel betrachten, oder war sie bereits der erste Ausdruck einer Siedlungsbewegung nach Osten[10]?

Die Ostpolitik Ludwigs des Deutschen

Nachdem Ludwig König des Ostfränkischen Reiches geworden war, gelang es ihm, wenigstens in der ersten Zeit seiner Herrschaft, mit Kraft und auch mit Erfolg eine energische Politik gegenüber dem Osten zu führen. Die Beziehungen zu den Nordslawen nahmen allerdings nur eine untergeordnete Stellung ein. Zwei Feldzüge gegen die Obodriten und die Stämme an der unteren Elbe, 844 und 846, und zwei weitere gegen die Sorben, 851 und 856, scheinen diese Stämme, rechtlich betrachtet, unterworfen zu haben. Aber schon seit 849 findet man einen *comes et dux Sorabici limitis*, und vor allem gab Ludwig der Deutsche im Jahr 852 den Oberbefehl über die sächsischen und wendischen Grenzen an den Grafen Liudolf, dem bereits die dänische Mark unterstand. Bei seinem Tod im Jahre 866 wurde Liudolf als *comes a septentrione* und sogar als *dux orientalium Saxonum* bezeichnet; daher also entstammt das königliche Haus, das spätere sächsische Kaiserhaus. Die Vereinigung der Bischofssitze von Hamburg und Bremen (864) und der Umstand, daß Papst Sergius III. Erzbischof Adalgar (880–909) die Mission in den Ländern des Nordens bestätigte, festigte diese Richtung[11].

In den tschechischen Landen zeichnete sich nach der Bildung eines neuen Staates und durch den »Wettlauf«, dort zu christianisieren, eine entschiedenere Bewegung ab. Während sich in Böhmen weiterhin mehrere kleine Fürsten die Macht teilten, gelang es in den Jahren 830 bis 836 einem Anführer an der mittleren Donau namens Mojmir, die Stämme Südmährens und der westlichen Slowakei unter seiner Leitung neu zu formieren und seine Macht auf einen Teil der ungarischen Ebene auszudehnen. Die Bildung dieses Großmährischen Reiches mußte, wie zuvor der Staat des Samo, die fränkischen Könige beunruhigen. Und mochte auch eine Gruppe von etwa fünfzehn tschechischen Anführern am Hofe Ludwigs in Regensburg die Taufe empfangen, so führte Ludwig im Jahr darauf trotzdem einen Angriff gegen Mojmir durch und setzte einen seiner Neffen, einen Christen namens Rastislaw, den er für willfähriger hielt, an dessen Stelle. In Wirklichkeit bemühte sich der neue Fürst jedoch bald, die Tschechen und Pribinas Fürstentum seinem Staat einzuverleiben und sich der fränkischen Bevormundung zu entledigen. Ein neuerlicher deutscher Feldzug, 855, zwang ihn jedoch, sich zu unterwerfen. Während aber bayerische Missionare bereits in der Slowakei angelangt waren, hatte Rastislaw Byzanz ersucht, den Völkerschaften Böhmens und Mährens das Evangelium zu bringen. Und diese Mission der beiden Griechen aus Saloniki, Cyrill und Methodius, die 863 in Mähren eintrafen, hatte tatsächlich Erfolg. Es scheint, daß Rastislaw damit ein Gegengewicht herstellen wollte zur deutschen Bevormundung; doch in Wirklichkeit gingen die beiden Apostel zu dem Zeitpunkt, als sich die neue christliche Provinz Byzanz zuzuwenden schien, nach Rom, um dort die Weihe des Papstes zu erhalten (867 und 880).

Während dieser Jahre wurden die Grenzen in den Alpen durch bulgarische Überfälle erschüttert, welche durch die Außenpolitik Karls des Kahlen (853) herausgefordert wurden. Von da an legte der König (856) die Verteidigung dieser Grenzländer im Südosten (die bayerische Mark, Kärnten, Pannonien) in die Hände seines Sohnes Karlmann.

Kolonisation im Südosten

Dank der Ruhe jener Jahre 840 bis 860 konnte man die ersten Bemühungen um Kolonisierung, die zur Zeit Ludwigs des Frommen jenseits der Enns begonnen hatten, weiterverfolgen. Diese Kolonisation an den Südgrenzen des karolingischen Ostreiches zeigt eine gewisse Ähnlichkeit mit der in Septimanien und in Katalonien im westlichen Reichsteil: Beide Regionen hatte man erst kurz zuvor erobert, die eine von den Awaren, die andere von den Mauren, und beide waren nahezu menschenleer. Um diese eroberten Länder zu besiedeln, ließ sie der König an die Kirche oder an weltliche Vasallen ausgeben und gestattete ihnen, die unbebauten angrenzenden Gebiete zu besetzen. Ludwig der Deutsche begünstigte weiterhin die Abtei von Niederaltaich im Ennswald (863), die Salzburger Kirche im kärntischen Gurk und im Tal der Lafnitz, eines Nebenflusses der Raab, in der Steiermark (864); ein Kanoniker aus Passau erhielt am Fuß des Wienerwaldes eine Domäne, ein weltlicher *fidelis* erhielt Besitztitel im Admonttal in der Steiermark (859)[12]. Die Siedler kamen teils aus den österreichischen Alpen, teils aus Bayern. Diese Kolonisation in der Mitte des 9. Jahrhunderts hat sich an der Donau bis an die Raab ausgebreitet und in den Alpenländern namentlich in die höheren Lagen erstreckt, wo sie in der Folgezeit den ungarischen Stürmen besser widerstanden als die tiefergelegenen Wohnstätten. Eine Urkunde aus dem Jahr 864 zugunsten der Kirche von Salzburg ist für diese Art Besiedlung bezeichnend: Zur Errichtung eines Dorfes werden auf einer bereits gerodeten Lichtung, die für den Feldbau geeignet ist, acht Hufen (*mansi*) gestiftet, ferner der Wald ringsumher, in einem Umkreis von einer römischen Meile[13].

Die germanische Notlage

In der zweiten Hälfte der Herrschaft Ludwigs des Deutschen überwogen, seit 861/863, Schwierigkeiten im Inneren und Sorgen hinsichtlich der Lage im Westen; der fränkische Druck nach außen ließ an den Ostgrenzen nach, und zugleich ging die Initiative des Handelns über an die slawischen Völker.

Seit 858 hatte Ludwig der Deutsche drei Armeen an die Ostgrenzen schicken müssen: Die eine, unter seinem Sohn Karlmann, wandte sich gegen Rastislaw; die andere, unter Ludwig dem Jüngeren, gegen die Obodriten; die dritte unter Herzog Thaculf gegen die Sorben. Mit dem Jahr 861 begann der Rückgang: Karlmann revoltierte und tat sich mit Rastislaw zusammen; der Aufstand dauerte bis 863/864, als der König siegte, seinem Sohn das Kommando über die Mark im Südosten entzog und es dem Herzog von Kärnten, Gundacher, anvertraute; Rastislaw schlug er in dessen Fort Devin an der Donau. Doch Karlmann zögerte nicht, das Gebiet zurückzuerobern, und 865 mußte ihm sein Vater bei einer neuerlichen Teilung dieses und auch Bayern zugestehen. Infolge dieser Ereignisse ging Mähren dem deutschen Zugriff beinahe gänzlich verloren. Rastislaws Nachfolger, Swatopluk (870), nahm schließlich den Forchheimer Frieden an (874), der ihm die jährliche Zahlung eines Tributs auferlegte. Aber in den Jahren 862, 869 und 874 gingen die Obodriten und die Sorben ihrerseits zum Angriff über.

Für die Söhne Ludwigs des Deutschen und die letzten Karolinger im Ostreich bedeutete das Ende des Jahrhunderts eine Katastrophe. Ein weiterer Aufstand in Bayern, der sich diesmal gegen Karlmann richtete, gestattete es Swatopluk, in die Ostmark und das obere Pannonien einzufallen (882/884). Dank der Schwäche des karolingischen Reiches unterwarfen die Mähren das Land Böhmen und erstreckten ihren Einfluß auf die Slawen an der Elbe und bis zur Weichsel. Nach 887 unternahmen die Slawen Jahr für Jahr Überfälle, im Südosten ebenso wie an der Saale und der Elbe. Swatopluk weigerte sich, gegenüber König Arnulf die Unterwerfung zu wiederholen, die er Karl dem Dicken geleistet hatte.

Die Ungarn

Das mährische Reich vermochte den Hammerschlägen der neuen Eindringlinge aus dem Osten nicht zu widerstehen: Die Magyaren, auch sie ein Steppenvolk, der finnisch-ugrischen Sprachfamilie zugehörig, mit türkischen Lebensweisen, hatten unter dem Druck der Petschenegen ihr Siedlungsgebiet im Norden des Schwarzen

Meeres aufgegeben und waren in Richtung Kiew und die Karpatenpässe abgezogen. 905 und 906 zerbrachen die Magyaren den mährischen Staat, der bereits geschwächt war infolge der Streitereien, die nach dem Tod Swatopluks (894) unter dessen Söhnen ausgebrochen waren. Danach stürzten sie sich auf Thüringen und auf Bayern. Zusammen mit den Kirchenfürsten von Salzburg und Freising versuchte der bayerische Markgraf Luitpold, diesen Vorstoß aufzuhalten; aber er fand unweit von Preßburg am 4. Juli 907 in der Schlacht den Tod. Ein Heer, das der junge König Ludwig persönlich anführte, wurde in der Nähe von Augsburg (910) aufgerieben. Daraufhin wurden die Verteidigungslinien von der Raab und vom Wienerwald wieder zurückgenommen an die Enns; das Siedlungsgebiet der Ostmark erlitt in den nächsten Jahrzehnten noch schlimmere Verwüstungen.

So waren die Slawen im Jahr 911, beim Tode des letzten Karolingers, im Besitz der Gebiete, die sie bereits im 8. Jahrhundert eingenommen hatten, während die Ungarn in der Reihe der Völkerschaften Mitteleuropas Rang und Rolle der Awaren übernahmen. Dennoch warfen die Angriffe der Karolinger, um das Jahr 860, und die Anfänge der Kolonisation im Südosten ihr Licht voraus auf das große Abenteuer, das dann im 12. und 13. Jahrhundert Wirklichkeit wurde.

4. Die innere Kolonisation im Westen Deutschlands

Zunahme der Bevölkerung

Sicherlich zählten der starke Bevölkerungsdruck und die immer dichter werdende Besetzung des Bodens im Westen Deutschlands, zwischen dem 9. und dem 12. Jahrhundert, zu den wichtigsten Ursachen für die Wanderungen des 12. und des 13. Jahrhunderts, denn sie bewirkten ein demographisches Ungleichgewicht gegenüber den slawischen Ländern oder verstärkten es doch zumindest.

Es ist schwierig, dieses Wachstum exakt zu erfassen[1]. Man geht etwa von folgenden Gesamtzahlen aus: zweieinhalb bis drei Millionen Einwohner im Ostfränkischen Reich *(Francia orientalis)* des 9. Jahrhunderts, und sieben bis acht Millionen unter Friedrich Barbarossa, in der zweite Hälfte des 12. Jahrhunderts. Diese Zahlen sind allerdings kein Beweis für die wirkliche Zunahme der Besiedlungsdichte, denn sie beziehen sich auf unterschiedliche Räume. Untersuchungen, die sich auf alte Traditionsbücher aus Fulda, Würzburg und weiteren Kirchen stützen, ergeben einen Überschuß an männlicher Bevölkerung; sie zeigen ferner, daß in einem Haushalt im Durchschnitt die Eltern mit 2,6 Kindern lebten. Dieser Mittelwert ist zwar niedrig, aber für die westliche Reichshälfte wurden ähnliche Zahlen ermittelt. Der Wert könnte allerdings beträchtlich höher sein, wenn man die erwachsenen Töchter und die Zunahme der Klostereintritte in die Rechnung einbezieht. Hingegen muß es in der zweiten Hälfte des Jahrhunderts einen ansehnlichen Niedergang gegeben haben. Viel aufschlußreicher ist auf jeden Fall die Zahl der Ortsnamen, die uns überliefert sind: in der Moselgegend sind es um 900 n.Chr. 250, gegen 1100 sind es 590, und im Jahr 1200 sind es 990[2]. Es fehlt an halbwegs zuverlässigen Bevölkerungsschätzungen, aber man stellt fest, daß die Zahl der Wohnorte – die sich im wesentlichen über die Ortsnamen erfassen lassen – Aufschluß geben kann über die Bevölkerungsentwicklung des frühen Mittelalters. Diese Untersuchungen müßten jedoch durch zahlreiche zeitgenössische Texte gestützt werden und sollten mithin nur sicher datierbare Quellen zur Grundlage haben.

Die Ortsnamen im urbar gemachten Land

Am bezeichnendsten sind in dieser Hinsicht die Ortsnamen, die auf -rode, -rade oder -reuth enden, denn diese Endungen zeigen, daß in der betreffenden Gegend tatsächlich gerodet wurde[3]. Sie erscheinen im mittleren Teile Deutschlands zur Zeit der Karolinger; in Norddeutschland etwas später, wo immerhin Hohenrode bei Braunschweig bereits für 896 bezeugt ist. Zwar sind viele von ihnen in der Periode der großen Wüstungen des späten Mittelalters wieder verschwunden, aber in ihrer Mehrzahl bestehen sie noch heute. Ihre Endung leitet sich von dem althochdeutschen Verb *riuten* ab, woraus *reuten* und später *roden* wurde. Je nach Region haben die Dialekte die Endung geformt: -rode kommt hauptsächlich in Niedersachen, in Hessen und auch in Thüringen vor; -rade findet man in Westfalen und im Rheinland; die alte Endung -ing und diese weitere Partikel ergaben -ingerode im Harz; -reuth, -reut, -ried und -rieth begegnet man in Süddeutschland. Die Stammformen dieser Ortsnamen gehen häufig auf den Namen eines Menschen zurück, auf den ersten Siedler oder auf die Lage des Ortes, seine Flora oder eine bestimmte Farbe in der Umgegend.

Zu dieser großen Gruppe kann man noch eine Reihe weiterer Ortsnamen hinzuzählen, deren Endungen an andere Formen der Rodung und der Erschließung des Bodens denken lassen. So weist beispielsweise -schlag auf das Fällen von Bäumen hin; -stock und -schwand umreißen das Gebiet, in dem Bäume gefällt wurden, und -brand deutet an, daß Gehölz abgebrannt wurde. Diese Endungen treten im allgemeinen später auf als die erstgenannten. Aber man darf auch nicht die vielen Namen auf -hagen vergessen, die ebenfalls eine gerodete Ortschaft bezeichnen und im weiteren Sinne ein Dorf oder eine im Wald erfolgte Kolonisation unter einer Rechtsform, die man als Hagenrecht bezeichnet.

In gewissen Teilen Hessens gibt es all diese Namensformen zuhauf. Dort findet man an die 400 Orte auf -rode und 150 auf -hagen. Die Ortsnamen auf -rode bezeugen, daß die Jahre zwischen dem Ende des 10. Jahrhunderts und dem Ende des 12. Jahrhunderts die Epoche der großen Rodungen war; die anderen Ortsnamen stammen im allgemeinen aus einer späteren Zeit.

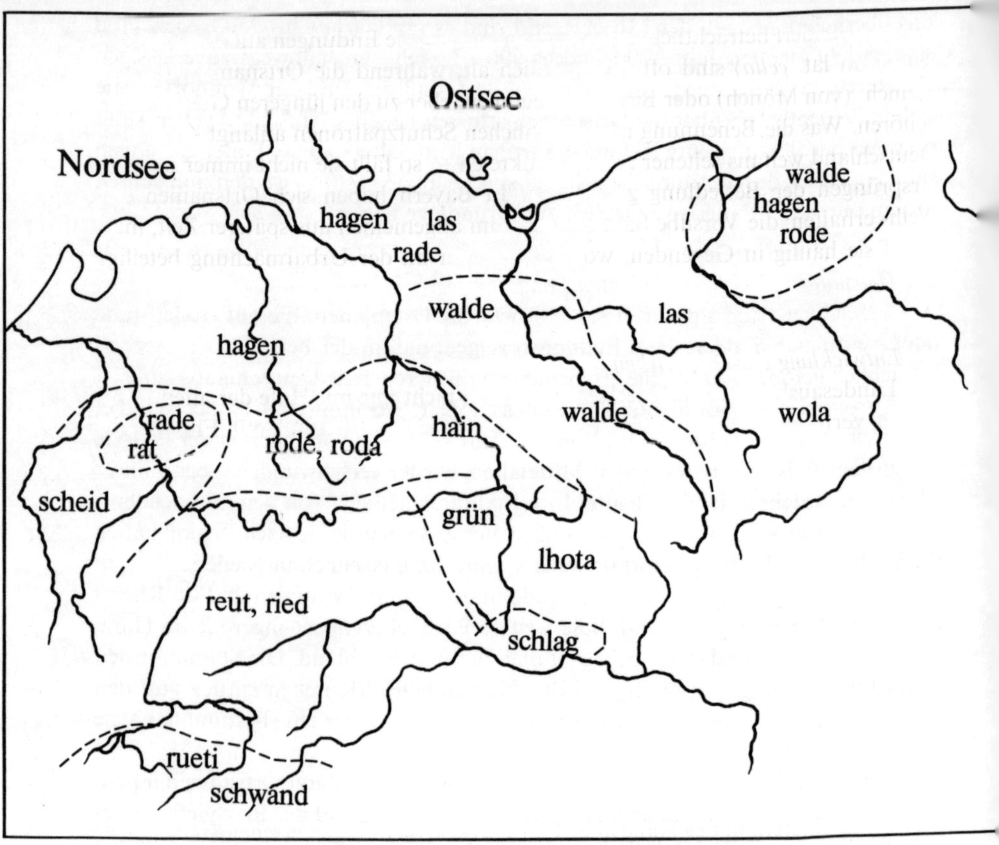

Deutsche und slawische Rodungsnamentypen. Diese – sehr vereinfachte – Karte der häufigsten deutschen und slawischen Endsilben, welche auf Rodungen hinweisen, zeigt die Zunahme der Besiedlung zwischen Mosel und Njemen vom 9. bis 13. Jahrhundert.

Namen von Siedlungen und Gemeinden

Die menschlichen Siedlungen, die die Endungen -dorf, -hausen, -hof oder Endungen mit Flurbezeichnungen tragen, wie -wald, -loh, -feld, -berg, -bach und -stein, lassen sich zeitlich weniger leicht einordnen. Diese Formen können bereits im 7. Jahrhundert entstanden sein, aber auch erst im 12. Jahrhundert. Ganz allgemein gesagt, sind diese Namen im Rheinland und in Westfalen älteren Ursprungs, sie haben sich im Laufe des Mittelalters in den Ländern der Binnenkolonisation verbreitet. Das gleiche trifft auf die Namen kirchlichen Ursprungs zu, von denen einige für das 8. Jahrhundert bezeugt sind, die aber zwischen dem 10. und dem

12. Jahrhundert beträchtlich zugenommen haben. Die Endungen auf -kirchen und -zell (von lat. *cella*) sind oftmals ziemlich alt, während die Ortsnamen, die mit Münch- (von Mönch) oder Bischofs- beginnen, eher zu den jüngeren Gründungen gehören. Was die Benennung nach kirchlichen Schutzpatronen anlangt – sie ist in Deutschland weitaus seltener als in Frankreich –, so fällt sie nicht immer mit den Ursprüngen der Besiedlung zusammen. In Bayern haben sich Ortsnamen mit Weih- erhalten; die Vorsilbe Sankt stammt im allgemeinen aus späterer Zeit, man findet sie häufig in Gegenden, wo auch Klöster an der Urbarmachung beteiligt waren.

Die Entwicklung der Feldmarken

Der Landesausbau in Altdeutschland läßt sich nicht nur mit Hilfe der alten Ortsnamen verfolgen. Die deutsche Forschung hat sich eingehend mit Flurformen beschäftigt, also mit der Aufteilung, der Form und Größe von Ackerland. Die Ergebnisse dieser Forschung gestatten es bis zu einem gewissen Grad, die Fortschritte der mittelalterlichen Landgewinnung darzustellen. Bei den alten Flurnamen kennt man das erst kurz zuvor erschlossene »Gewann« – beispielsweise im südlichen Niedersachsen, in der Gegend von Northeim –, das in Form von Parzellen in kurzen Streifen angelegt ist, die sogenannte Kurzstreifenflur. In den Gegenden, wo die Urbarmachung im großen Rahmen stattfand, erscheinen Felder im Fischgrätenmuster mit breiten und sehr langen Flurstreifen, die sogenannte Breitstreifenflur, sie nimmt nach Osten hin gewaltig zu. Man bezeichnet diesen Typus als Waldhufen oder Marschhufen, je nachdem, ob sie dem Walde oder sumpfigen Böden abgerungen wurden[4].

Charakteristisch für diese Zeit des Landesausbaus ist auch, daß nun am Rande von Wohngebieten, in der Nähe alter Dörfer, neue Siedlungen erscheinen und daß die Streusiedlungen mit offenen Feldern zunehmen. Im hessischen Hofgeismar, westlich des Reinhardswalds, wo es um 500 kaum siebzehn vereinzelte Dörfer gab mit nur schwach ausgeprägten Fluren, gab es am Ende des Landesausbaus, das war hier gegen 1290, ein Netz von etwa einhundert menschlichen Siedlungen[5].

Die Rolle der Grundherren

Dieser Landesausbau erfolgte sehr langsam und offenbar ganz planlos. Dennoch kann man unterscheiden zwischen den wilden Rodungen einzelner Bauern und größeren Unternehmungen, die vermutlich unter der Leitung von weltlichen oder geistlichen Grundherren vonstatten gingen. Die Landgrafen von Thüringen waren gezwungen, gegen die unerlaubten Übergriffe der Bauern in den Wäldern einzuschreiten[6], und in den Schweizer Bergen kam es zwischen der Benediktinerabtei Einsiedeln und den Leuten des Kantons Schwyz bezüglich der Wälder in der Nähe des Klosters sogar zu blutigen Händeln. Aber meistens mußte der Grundherr eingreifen, um den Boden zum Feldbau vorzubereiten oder Siedler anzulocken. In sumpfigen Gegenden mußte man Entwässerungskanäle ausheben und Deiche

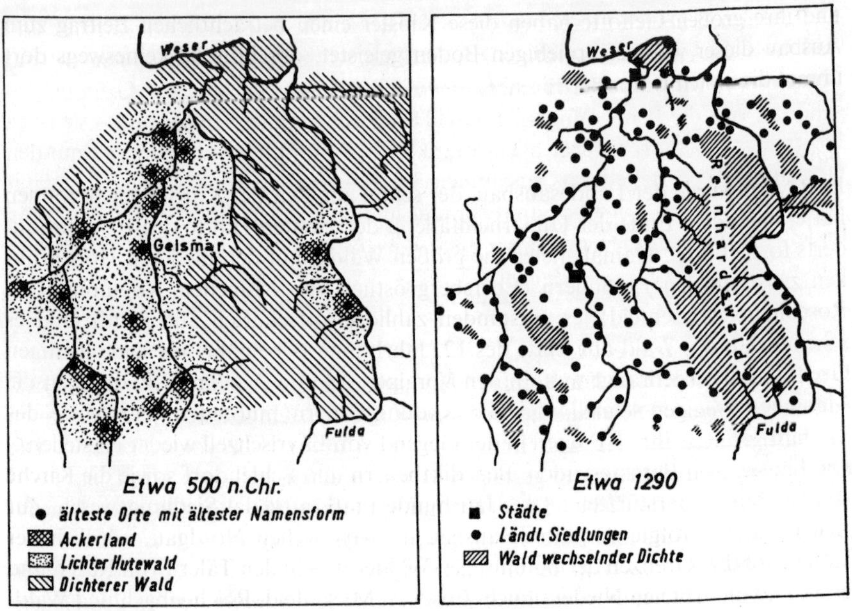

Die Siedlungsausbreitung im Kreis Hofgeismar (Hessen) vom 6. bis 13. Jahrhundert.

bauen. In Waldgebieten machte die Rodung Werkzeuge und menschliche Arbeitskraft erforderlich; die Vorstellung, die Abholzung habe stattgefunden, indem man die Wälder einfach niederbrannte, wurde selbst für das früheste Mittelalter aufgegeben. Manchmal stand das Königtum als treibende Kraft hinter der Kolonisation, häufiger war es die Kirche, besonders, wie wir noch sehen werden, die Abtei Lorsch und die alten Klöster im Schwarzwald und in Bayern, später die neuen Gründungen des 12. Jahrhunderts.

Die Rodungstätigkeit der Zisterzienser spricht für sich[7]. Die weißen Mönche kamen ursprünglich aus Morimond in Lothringen und ließen sich zuerst in den Rheinlanden und in Franken nieder, in Altenkamp (1125), Ebrach (1127), Altenberg (1133) und Eberbach (1135). Sie begaben sich bald in Landesgegenden, wo Pioniere gesucht waren: nach Walkenried am Fuß des Harzes (1129), Volkenroda am Oberlauf der Werra (1131) und Waldsassen in der Waldeseinsamkeit des Stiftslands an der Grenze zu Böhmen (1133) – diese übrigens Wegweiser, die das Vorrücken in allen Teilen des Ostens anzeigen. Diesseits von Elbe, Saale und Böhmerwald gab es um 1200 ungefähr fünfzig Zisterzienserabteien, dazwischen lagen, in den gleichen Regionen, aber auch in Westfalen und in Bayern, etwa siebzig neugegründete Prämonstratenserklöster. Durch ihre Wirtschaftshöfe, die »Grangien«, und ihre großen Gehöfte haben diese Klöster einen beträchtlichen Beitrag zum Ausbau dieser weniger ergiebigen Böden geleistet, obschon sie keineswegs dort immer die ersten waren[8].

Bayern

In Bayern wurde der Landesausbau, der schon zur Zeit der Karolinger begonnen hatte, nach dem Ende der Ungarneinfälle in der zweiten Hälfte des 10. Jahrhunderts fortgeführt[9]. Damals fielen die großen Wälder auf den niederen Höhenrükken zwischen den Flußtälern (Ebersberg östlich von München, Vogtareuth bei Rosenheim, Geisenfeld); es entstanden zahllose Ortschaften auf -reuth, und es scheint, daß der Wald am Ende des 12. Jahrhunderts beinahe auf seine heutigen Grenzen zurückgedrängt war. In den Voralpen und im Alpenmassiv drangen die Menschen weniger schnell vor: die Rodungsbauern mußten in der Mitte des 11. Jahrhunderts ihre Arbeiten in der Gegend von Bayrischzell wieder einstellen[10]. Die Klöster von Berchtesgaden, Benediktbeuern und Schlehdorf sowie die Kirche von Salzburg unterstützten im 12. Jahrhundert tatkräftig das Siedlungswesen. Zur gleichen Zeit erfolgte der Landesausbau im bayerischen Nordgau, nördlich der Donau, an den Grenzen der böhmischen Wälder und in den Tälern von Regen und Naab, wo die Abteien Niederaltaich, Ensdorf, Michelfeld, Reichenbach und Waldsassen sowie eine Reihe kleiner Ministerialer den Ausbau vorantrieben[11]. Da es an Quellen von weltlicher Seite im allgemeinen mangelt, wissen wir nicht genau, welcher Anteil an diesem Kolonisierungswerk den adeligen Grundherren zufällt.

Schwarzwald

Mehrere Generationen Rodungsarbeit führte die Rodungsbauern im 12. Jahrhundert bis hinauf zu den Gipfeln des Schwarzwaldes [12]. Ausgangspunkt waren die Besitzungen der Abteien Hirsau im Norden und Sankt Georgen und Sankt Blasien im Süden, aber auch entferntere Klöster wie Rheinfelden, Reichenau und Sankt Gallen waren beteiligt. Die Errichtung der Benediktinerabtei Sankt Peter, ein Werk Bertholds von Zähringen (1093), und die Abtei von Sankt Märgen, gegründet um 1120 als Lehen der Grafen von Hohenburg, haben viel dazu beigetragen, auch das Kerngebiet dieses Gebirgsstocks unter den Pflug zu nehmen. Die weltlichen Grundherren leisteten dabei einen wesentlich größeren Beitrag als es scheint, denn sie gaben den Klöstern Land zur Bebauung, vor allem in den Tälern der Wiese, der Dreisam und der Kinzig. Aber der Landesausbau erfolgte nur zum kleineren Teil von freien Bauerngemeinden, und es gingen daraus kaum größere Ortschaften hervor: die Siedlungen, die daraus entstanden, nahmen fast überall die Form von Weilern oder Einzelhöfen an. Außerdem hatte das Kloster Lorsch bereits im 8. Jahrhundert im Odenwald Dörfer in Form kleiner Waldhufendörfer gegründet[13], und gegen 1050 errichtete die Abtei Amorbach im gleichen Mittelgebirgsmassiv Reihendörfer mit langgestreckten Parzellen und im 12. Jahrhundert eine Reihe von Waldhufendörfern[14].

Die Klosterkirche von Eberbach nach Westen. Das Zisterzienserkloster, 1135 gegründet, hatte bedeutenden Anteil an der Blüte bäuerlichen Lebens, vor allem an der Entwicklung des Weinbaus am Rhein im 12. und 13. Jahrhundert.

Mitteldeutschland

Es sieht so aus, als hätten im Süden die Höhen der Schwäbischen und der Fränkischen Alb weniger Siedler angezogen als das Alpenvorland und der Schwarzwald. Die großen Straßendörfer entlang dem Neckar entwickelten sich aus kleinen mittelalterlichen Siedlungen, erst später erhielten sie ihre heutige Gestalt[15]. Dagegen bietet der Taunus das typische Bild eines Raumes, in dem eine anwachsende Bevölkerung einen Ausfluß suchte[16]: Die Ortsnamen auf -heim aus der ältesten Siedlungszeit finden sich nur im Vorland und übersteigen nicht die 200 Höhenmeter; Siedlungen aus den Anfängen des mittelalterlichen Landesausbaus auf -hausen drangen tiefer in die Täler vor und reichen bis zu 300 oder 400 Höhenmeter; die neuen Rodungen, mit Ortsnamen auf -rode oder-scheid, liegen in Höhenlagen bis zu 500 Metern. Diese Gruppe auf -scheid verbreitet sich übrigens zur gleichen Zeit auf all den Hochplateaus der rheinischen Mittelgebirge, im Siegerland, im Hunsrück und in der Eifel.

In den übrigen Regionen des mittleren Deutschlands, auf den Bergesrücken und in den Tälern Hessens, Thüringens und des Harzes, hat sich die mittelalterliche Besiedlung gleichfalls auf die mittleren Höhenlagen erstreckt. Das sächsische Kaiserhaus, das einen Großteil seiner Domänen in diesen Regionen hatte, begünstigte den Landesausbau, und war es auch nur durch die Einrichtung von *agrarii milites*, die Heinrich I. beauftragt hatte, die Befestigungen, die er an den Grenzen Sachsens und Thüringens hatte errichten lassen, mit Proviant zu versorgen[17]. Im Becken der Fulda haben die alten Abteien Fulda und Hersfeld bei der Rodung im Nordwesten der Rhön eine führende Rolle gespielt, die Rodungen stießen bis in Höhenlagen von 1160 Meter vor. Im Norden Thüringens und um den Harz waren es vornehmlich die Zisterzienser, die Hand anlegten: Pforta, Michaelstein, Riddagshausen, Amelungsborn und vor allem Walkenried und sein Filialkloster Sittichenbach. Die Abtei Walkenried errichtete im Wald Grangien, aber ihr größtes Werk bestand darin, die Sümpfe und Niederungen am südlichen Harzrand, das Obere und das Untere Riet, trockenzulegen, und somit ist die Goldene Aue, die gegen 1144/80 hier entstand, ihnen zu verdanken. Um diese Gegend zu entwässern und sie unter den Pflug nehmen zu können, rief die Abtei flämische Siedler herbei, die dort Marschhufendörfer gründeten (Martinsrieth, Katharinenrieth, Nikolausrieth)[18].

In diesem gesamten Raum finden sich unzählige Ortsnamen, die auf Rodungen hinweisen. Diese Dörfer waren jedoch häufig ungegliedert, außer in den Wäldern Thüringens und im Umland des Harzes, dessen Höhen übrigens noch heute wenig bevölkert sind.

Norddeutschland

Auch in der norddeutschen Tiefebene nahm die Zahl der Dörfer zu, und zwar sowohl im Umkreis der alten Gebirgsstöcke wie in den Sumpfgebieten an den großen Flußmündungen. Das Hagendorf, eine Art Dorf aus der Zeit des Landesausbaus, gewann zu beiden Seiten des Oberlaufs der Enns an Boden, ferner in den Grafschaften Schaumburg und Lippe[19]. Die Zisterzienser von Loccum begünstigten die Neulandgewinnung an den Sümpfen des Steinhuder Meeres, die Rodungen im Grindelwald und an den Hängen der Berge südlich von Hannover, wo die Bischöfe von Hildesheim gleichfalls Flamen angesiedelt hatten. Das 12. und 13. Jahrhundert sah weitere Neuerschließungen im Norden von Hannover und in den Mooren an der Aller[20]. Vor dem 13. Jahrhundert gewann man auch in der Geest von Ostfriesland neues Land. Der Landesausbau im unteren Tal der Weser und an den niedriggelegenen Küstenstreifen der Nordsee war, wie wir noch sehen werden, das Werk holländischer Zuwanderer des 12. Jahrhunderts, die schon vor der deutschen Ostbewegung ostwärts gezogen waren.

Das Anwachsen der Städte

Das Bevölkerungswachstum Altdeutschlands findet seinen Niederschlag in eindrucksvollen Fortschritten im Landesaubau. Aber das Wachstum der alten Städte, die Entstehung zahlreicher Marktsiedlungen und die Gründung neuer Städte bezeugen gleichfalls die große Kraft des Bevölkerungswachstums[21].

Im 10. und 11. Jahrhundert erlebten die alten Bischofs- und Klosterstädte, wie sich vor ihren Mauern Handwerker und Händler ansiedelten und Vorstädte gründeten, so daß ihr Stadtgebiet zunahm. In Mainz reichte am Ende des 10. Jahrhunderts ein neuer Mauergürtel bis an den Rhein hinunter; in Trier bildete sich westlich der Domstadt, wo Erzbischof Heinrich 958 einen Markt gegründet hatte, eine Vorstadt; in Regensburg tritt im 11. Jahrhundert ein *pagus mercatorum* in Erscheinung, der bald von einer neuen Mauer umgeben ist, die bis an die Donau reicht. Vor allem aber Köln schwillt an, zuerst seine Rheinvorstadt, dann die Vorstädte im Norden und Süden, um die Kirchen St. Ursula und St. Georg, 1106 werden sie von einer Mauer umgeben. Desgleichen sieht man, wie sich nach den Überfällen der Normannen in der Mitte des 9. Jahrhunderts an die Mauern der kleinen Bischofsstadt Hamburg ein *vicus* mit Handwerkern und Händlern anlehnt.

Auch zwischen Rhein und Elbe wuchsen die Städte[22]. Die Bischofsstadt Würzburg, gegründet 742, erweiterte sich um den Domberg und, im 12. Jahrhundert, zu beiden Seiten des Mains[23]. Erfurt, zur gleichen Zeit entstanden, erlebte im 12. Jahrhundert ebenfalls, wie sich am Ufer der Gera eine Kaufmannssiedlung ausbreitete. Merseburg erscheint im 10. Jahrhundert mit einer Mauer, die Heinrich I. um die Siedlung an den Ufern der Saale und das Kloster St. Peter hatte errichten lassen. In Magdeburg schließlich wuchsen der *mercatus* neben dem Elbhafen mit der Pfalz und dem neuen Bischofssitz (962/68) zusammen und bildeten somit den Anfang seiner städtischen Entwicklung[24].

Das Marktrecht zu gewähren, etwa an Trier oder an Magdeburg (965), bedeutete keineswegs die Gründung einer neuen Stadt. Dieses Marktrecht mit seinen vielerlei Freiheiten – der Marktaufsicht, der Polizeigewalt, mit dem Wegzoll und manchmal auch mit einer eigenen Münze – konnte sehr wohl an eine ältere Stadt, eine Burg, eine Abtei oder an ein grundherrschaftliches Dorf verliehen werden. Daraus wurde sodann ein Ort, den man bevorzugt aufsuchte, wenn man Geschäften nachgehen wollte. Bei Verleihung des Marktrechts ging es also nicht unbedingt

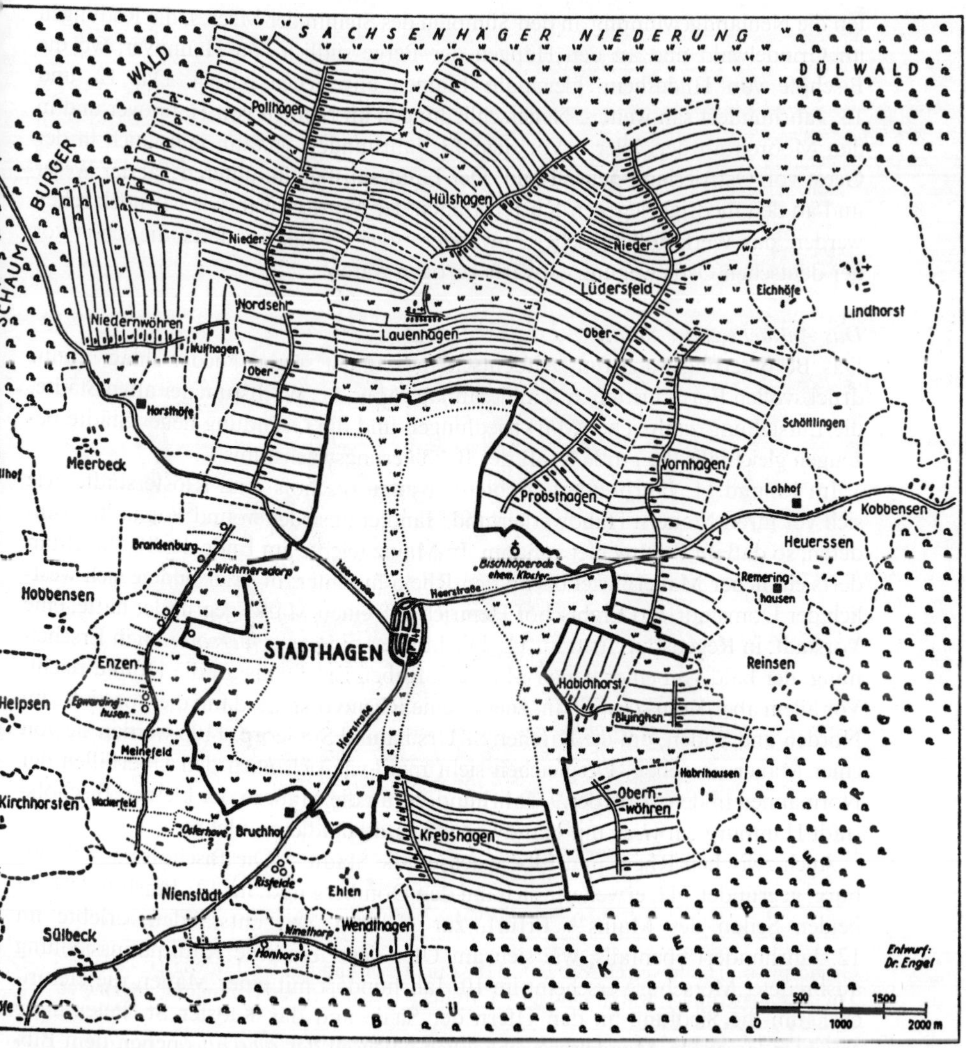

Die Hagendörfer um Stadthagen. Diese Rodungsdörfer, Mitte des 12. Jahrhunderts in Schaumburg-Lippe entstanden, waren Vorbild für zahlreiche Siedlungen zwischen Holstein und Pommern.

darum, eine neue Siedlung ins Leben zu rufen. Aber die Marktorte haben natürlich die Kaufleute angezogen, und dort ist dann oft eine Kirche emporgewachsen und hat den Kern einer dauerhaften Siedlung gebildet. So wurden zwischen dem 10. und dem 12. Jahrhundert aus etlichen Märkten Städte, während andere Märkte weiterhin einfache Orte des Warentausches blieben. Zu den ältesten Marktorten,

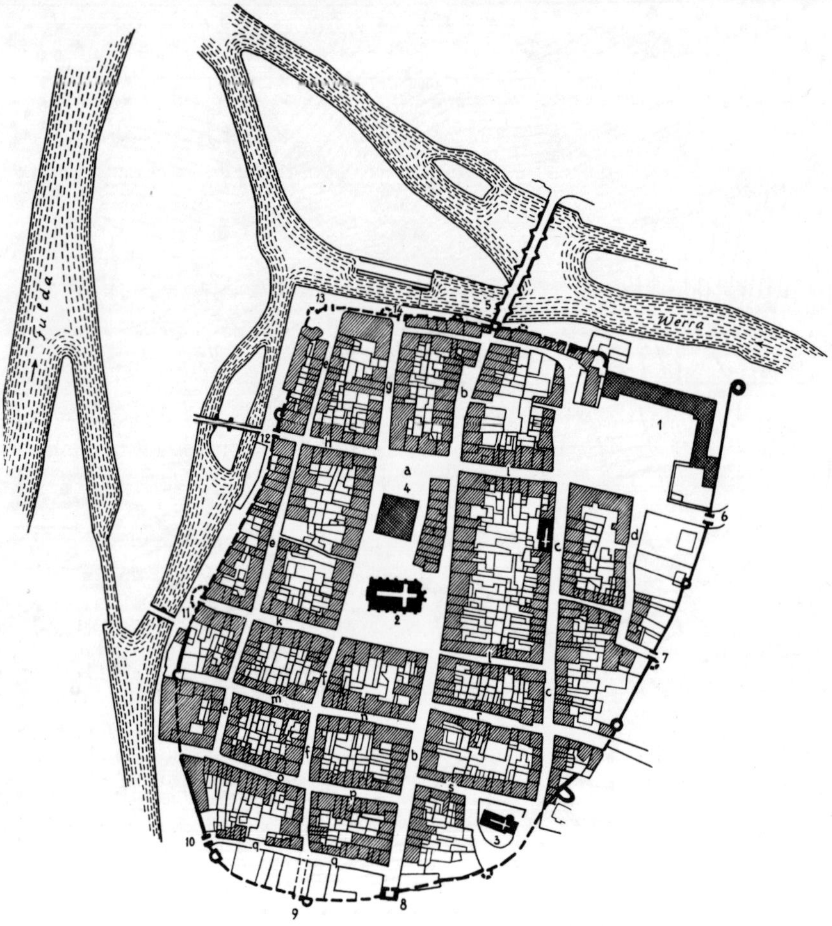

Grundriß von Hannoversch Münden. 1183 durch den Landgrafen Ludwig III. von Thüringen gegründet, war Hannoversch Münden eine der ersten planmäßig angelegten Städte westlich der Elbe.

die mehr oder weniger florierten, muß man in Westfalen Meppen und Wiedenbrück (952) zählen; nicht zu vergessen den Markt Kassel (950). Man kann die Bedeutung dieser Marktflecken daran ermessen, daß bis zum Beginn des 12. Jahrhunderts etwa zwei- bis dreihundert davon bekannt sind.

Der Übergang vom Markt zur planmäßig gegründeten Stadt vollzog sich zu Anfang des 12. Jahrhunderts. Radolfzell im äußersten Nordwesten des Bodensees war eine der ersten Siedlungen dieser Art; sie erhielt gegen 1100 das Marktrecht sowie eine Zahl von Grundstücken, woraus eine Stadt erwuchs. Einige Jahre später gründete Konrad von Zähringen durch ein Privileg von 1120 im Breisgau einen Markt und wies einer Gruppe von Kaufleuten Baugrund zu; zugleich räumte er auch späteren Bewohnern dieser Siedlung gewisse Rechte ein und machte damit Freiburg zum Prototyp einer neugegründeten Stadt[25]. Die Zähringer verfolgten diese Politik weiter und gründeten Villingen, Rottweil und Neunburg. In Bayern war es Herzog Heinrich der Löwe, der diesem Beispiel folgte und in den Jahren 1157/58 den Markt und die Stadt München gründete. Doch beginnt auf dieser Seite der Elbe die Zeit der planmäßig angelegten Städte eigentlich erst mit der Gründung von Hannoversch Münden (1183)[26] und von Lippstadt in Westfalen (gegen 1185), und sie setzt sich im 13. Jahrhundert fort.

Die zügig voranschreitende Erschließung von Neuland und das rasche Städtewachstum erwecken den Eindruck, daß das Bevölkerungswachstum in Altdeutschland seinen Höchststand im 12. Jahrhundert erreichte. Zu Beginn des Jahrhunderts hatte übrigens Bischof Otto von Bamberg die Übervölkerung übel vermerkt und seine Zeitgenossen zu einem mönchischen Leben ermahnt, »weil die Menschen sich anschicken, sich grenzenlos zu vermehren«. Die Überschüsse an ländlicher Bevölkerung sind zum größeren Teil in die Städte und Marktflecken abgewandert. Aber jenseits der Elbe und Saale, und später auch jenseits der Oder, waren in den riesigen Räumen des Ostens ihrem Verlangen nach Neuland kaum Grenzen gesetzt.

5. *Die Ostpolitik der sächsischen und salischen Kaiser*

Die sächsischen und fränkischen Herrscher (919–1125) machten im Lauf des 10. und 11. Jahrhunderts mehrere Vorstöße nach Osten. Diesen militärischen Unternehmungen waren übrigens mehr oder weniger Erfolg und Dauer beschieden. Die Politik der Könige und Kaiser bestand zu einem gut Teil in der Kriegführung: Angriffe und Gegenangriffe, Landnahme, Übergriffe auf slawisch besiedelte Räume, Kämpfe gegen die im Entstehen begriffenen Staaten Polen und Ungarn, Kampf um die Vorherrschaft – es besteht kein Zweifel, daß all dies stattfand, bevor das Land im Osten von Deutschen erschlossen wurde. Die Ereignisse im Inneren des Reiches und das Auf und Ab der großen Politik in Italien sorgten immer wieder für Ablenkungen, aber die Ereignisse im Osten haben doch ansehnliche militärische Streitkräfte auf die Beine gebracht. Wenn die Landgewinne auch nicht von Dauer waren, haben sie doch Schritt für Schritt die Bastionen und Einflußzonen jenseits der Elbe gestärkt und Umstände geschaffen, die dem deutschen Bevölkerungszustrom günstig waren.

Die Ostoffensive Heinrichs I.
Die Thronbesteigung der sächsischen Familie im Jahr 919 war das Signal für eine neue Offensive gegen die Slawen[1]. Zu Beginn des 10. Jahrhunderts, nach dem Scheitern der Karolinger, war es fraglich, ob die Elbe-Saale-Enns-Linie gegen den Druck der Slawen und der Magyaren noch zu halten war. Auf diese Fragen – wie auf viele andere – gab Heinrich I., der Vogler, der Sohnessohn Liudolfs, des Herzogs von Sachsen, eine Antwort, und er zeigte seinem Sohn Otto I. und dessen Nachfolgern eine Politik für die Zukunft auf.

Als Heinrich den Thron bestieg, war jedoch die ungarische Gefahr größer als die von seiten der Slawen. 912 verwüsteten die Ungarn Schwaben und Franken, im Jahr darauf waren sie wieder in Schwaben und in Bayern, wo sie jedoch, am Inn, eine Niederlage einstecken mußten; 915 plünderten sie Thüringen und Sachsen; 917 drangen sie sogar bis nach Lothringen vor, zerstörten Basel und verwüsteten bei ihrem Durchzug auch das Elsaß. König Konrad I. (911–918) besaß viel Mut; aber die Hilfsmittel seines fränkischen Herzogstums waren oftmals höchst unzulänglich, und so mußte er diese alljährlichen Überfälle hinnehmen.

Kurze Zeit nach der Königswahl Heinrichs I., im Jahr 919, stießen die Ungarn sogar nach Sachsen vor und machten viele Gefangene. 924 fielen sie erneut ein und verwüsteten Deutschland und Italien, ohne daß der König dies abzuwenden vermocht hätte. 925 kam schließlich ein großer Ansturm, der ganz Deutschland und Lothringen, ja selbst Italien in den Grundfesten erschütterte. Gleichwohl gelang es Heinrich, gegen Zahlung eines Tributs einen auf neun Jahre befristeten Waffenstillstand auszuhandeln. Er nützte diese Jahre zu seinem Vorteil und traf Verteidigungsvorkehrungen, wenn nicht im ganzen Reich, so doch an den östlichen und den thüringischen Grenzen seines Herzogtums Sachsen: der König läßt zum einen Befestigungen anlegen[2], zum andern macht er eine allgemeine Aushebung, und er verstärkt die sächsische Reiterei. Zu seinen neuen »Burgen« zählen die Königspaläste von Grona und Werla, vielleicht auch Dahlum, ferner die Abteien Corvey, Gandersheim, Quedlinburg, Duderstadt, Nordhausen, die Orte Merseburg und Meißen – sie bilden eine Art Igelstellung um den Harz und an Saale und Elbe und sind gegen die ungarische Gefahr sowie gegen die Bedrohungen der Slawen gerichtet.

Auch als im Winter 932/33 ein neuerlicher Einfall der Ungarn über Sachsen hereinbricht – der König hat die Zahlung des Tributs verweigert –, gelingt es Heinrich, die Ungarn zum Stehen zu bringen, und am 15. März 933 wirft er sie in Thüringen siegreich zurück, an einem Ort namens Riade[3] am Ufer der Unstrut, eines Nebenflusses der Saale. Krieger aus dem ganzen Königreich sind seinem Aufruf gefolgt. Dieser Sieg war zwar nicht entscheidend, aber er hat doch zum erstenmal die Streitkräfte aus allen Herzogtümern zur Verteidigung zusammengebracht und die Schlagkraft der schweren deutschen Reiterei unter Beweis gestellt.

In den Jahren dazwischen hat Heinrich der Vogler, wenn die Angreifer aus dem Osten ihm eine Verschnaufpause gaben, bereits kraftvolle Aktionen gegen die Slawen in die Wege geleitet. Er führt seine neue Reiterei gegen Völkerschaften ins

Feld, die zu Fuß antreten – ein ungleicher Kampf. Im Frühjahr 928 unternimmt Heinrich zwei Angriffe gegen die Havellanen und die Daleminzen. Er zerstört die beiden Fliehburgen dieser Stämme, Brennaburg (Brandenburg) und Gana[4], läßt ihre Einwohner niedermetzeln oder als Sklaven fortführen. Im folgenden Frühjahr wirft sich der König, begleitet vom bayerischen Herzog, auf das Böhmen des Herzogs Wenzel, Wratislaws' Sohn, und zwingt ihn zur Zahlung eines Tributs. Wenzel bleibt ihm bis zu seinem Tod »treu«, also bis zum Jahr 935, als er von seinem eigenen Bruder Boleslaw ermordet wird.

Heinrich I. vertraut die Verteidigung der Grenzen und die Angriffsvorkehrungen gegen die Völker des Nordens den Markgrafen Bernhard und Thietmar an. Die Einnahme des befestigten Ortes Lenzen am rechten Ufer der Elbe, gegenüber dem Höhbeck, im Jahr 929, läßt die Wilzen den Mut verlieren. In zwei weiteren Feldzügen gegen die starke Festung Liubusua in der Niederlausitz (932)[5], die auch als Zufluchtsort dient, und gegen die Stämme der Ucker (934) erreicht der König sozusagen die Unterwerfung aller Elbslawen.

Dies alles sind weniger Eroberungen als vielmehr – wie zur Zeit Karls des Großen – Feldzüge, die dem Ziel dienen, daß die Ungarn ebenso wie die slawischen Stämme die Grenzen des Ostfränkischen Reiches achten. Daß sie alljährlich Tribut zu entrichten hatten (Vieh, Feldfrüchte, Honig, Edelmetalle), bedeutete nicht, daß sie Vasallen waren; aber sie erkannten doch die Überlegenheit des Reiches an sowie das Recht, sich überwachen zu lassen, welches die Markgrafen an den Grenzen ausübten. Heinrich vervollständigte übrigens noch im gleichen Jahr 934 diese Anordnung, indem er das Reich des Dänenkönigs Knuba unterwarf und den Dänen gegenüber, zwischen Eider und Schlei, eine Mark errichten ließ. Bei Konrads I. Tod (918) war die Lage im Osten des Reiches bedenklich gewesen; 936 war sie wieder gefestigt.

Otto der Große, die Ungarn und die Slawen

Wie sein Vater, so mußte auch Otto I. (936–73) zunächst gegen die Ungarn ins Feld ziehen, die die Schwierigkeiten gleich zu Beginn seiner Herrschaft dazu benützten, wieder in Süddeutschland und in Sachsen einzufallen (937/38). Mit diesem Übel wurde man erst einige Jahre später endgültig fertig. Der Herzog von Bayern, Berthold, schlug die Ungarn im August 944 bei Wels an der Traun zum erstenmal schwer aufs Haupt; sodann besiegte sie sein Nachfolger Heinrich III. gleich zweimal, 948 und 950. Nach dem großen Aufstand seines Sohnes Liudolf gegen ihn versetzte schließlich Otto I. selber ihnen den entscheidenden Schlag.

Kurze Zeit nachdem die Ungarn ein weiteres Mal Bayern geplündert hatten, belagerten sie die Stadt Ausburg, die von ihrem Bischof Ulrich verteidigt wurde. Der König rief Truppen aus Franken, Schwaben, Bayern und Böhmen zu Hilfe; Sachsen und Lothringer blieben zum größten Teil in ihren Wohngebieten, um ihre Grenzen nicht gegen die Slawen beziehungsweise nach Westen hin zu entblößen. Als Otto sich den Magyaren nähert, heben sie die Belagerung Augsburgs auf und ziehen sich auf das Lechfeld im Süden der Stadt zurück. Mit acht Reihen eröffnen die Deutschen von verschiedenen Seiten den Angriff. Boleslaws böhmische Truppen werden von diesem Manöver überrascht, aber die Franken und Herzog Konrad, der im Kampf fällt, retten den Tag. Beherzt marschiert Otto an der Spitze seiner Sachsen in den Kampf. Am Abend des 10. August 955 ist Augsburg wieder entsetzt, tags darauf werden die Ungarn, die schon den Rückzug angetreten haben, völlig aufgerieben. Dieser Sieg beeindruckt die Zeitgenossen gewaltig: alle Chronisten erzählen davon, und Widukind von Corvey macht das Auf und Ab dieses Kampfes dem Volk bekannt[6]. Allenthalben hatte man sofort den Eindruck, der große König habe das Abendland von einer furchtbaren Geißel befreit.

Es dauerte nicht lange und Slawen und Dänen, die schon Heinrich der Vogler geduckt hatte, wurden erneut zusammengeschlagen. In den Jahren 939/40 wandte sich der König von neuem gegen die Heveller. 950 sind es die Tschechen, die versuchen, sich ihren Tributverpflichtungen zu entziehen: Otto schickt eine große Strafexpedition nach Böhmen und verpflichtet Boleslaw, seine Unterwerfung zu erneuern und ihm militärischen Beistand zu versprechen, den dieser 955 auch schickt. Trotzdem erheben sich in diesen Jahren die Obodriten – sie wollen die inneren Schwierigkeiten des Königs ausnützen –, später, eine nach der anderen, die Völkerschaften zwischen Elbe und Oder, die zwar nicht den Tribut verweigern, aber der Unterwerfung widerstehen wollen, die Otto noch drückender zu machen versucht als sein Vorgänger.

Bald nach seinem Sieg über die Ungarn eilt der König also nach Sachsen und stößt zusammen mit Markgraf Gero ins Land der Obodriten vor. An der Raxa (heute Recknitz) in Mecklenburg kommt es am 16. Oktober 955 zum Kampf. Dem Markgrafen gelingt es, drei Brücken über den Fluß zu schlagen und die Slawen aus ihren Stellungen zu vertreiben, die sich jenseits des Flusses verschanzt haben. Der Anführer der Obodriten, Stoinef, wird hingerichtet, die Überlebenden dieser militärischen Niederlage werden bis an die Oder verfolgt[7]. Zwei weitere Expeditionen säuberten in den folgenden Jahren das Havelgebiet. Die beiden aus der Verteidigung heraus gewonnenen Siege des Jahres 955 markieren den Höhepunkt der militärischen Fortüne, die Otto dem Großen im Osten beschieden war, und dieser Triumph hat ihm bekanntlich viel genützt bei den psychologischen Vorbereitungen, die 962 zur Erneuerung des Reiches führten. Auf jeden Fall bahnte sich hier eine Wendung an: die Verteidigung sollte fortan nicht mehr innerhalb des Reiches erfolgen, sondern jenseits seiner Grenzen. Hier eröffnete sich, mit anderen Worten, der Weg zu territorialen Eroberungen.

Neue Perspektiven im Osten: die Marken

Heinrich I. hatte das Kommando über die Grenze an der Saale dem Grafen Siegfried anvertraut, die mittlere Elbe Graf Bernhard. 937 überließ Otto I. die Saale Gero, von dessen Heldentaten wir gehört haben; und er bestätigte, daß Markgraf Hermann Billung weiterhin die Wacht an der nördlichen Elbe halten solle. Gero war ein Mann, der sich hochgearbeitet hatte; er hatte bis dahin die kleine Grafschaft Bode südlich von Magdeburg verwaltet, während Hermann einem der be-

Siegel des Markgrafen Gero. Als Statthalter Ottos des Großen und erster Markgraf des Nordens führte Gero die Kämpfe gegen die Wenden in Mecklenburg von 955 bis 965.

deutendsten sächsischen Geschlechter angehörte, das in Sachsen und Thüringen Ländereien besaß, vornehmlich an der unteren Elbe, wo Hermann die Burg Lüneburg hatte errichten lassen. In Wirklichkeit war er im Norden weit mehr als nur Markgraf: Otto hatte ihn in Sachsen verschiedentlich zu seinem Stellvertreter ernannt, ja sogar im ganzen Königreich, und ihm schließlich für den nördlichen Teil des Herzogtums, wo die Billunger sich bis zum Erlöschen ihrer Familie im Jahr 1106 wie »richtige« Stammesherzöge aufführten, den Herzogstitel verliehen.

Als Gero am 20. Mai 965 starb, wurde das kurz zuvor jenseits der Elbe eroberte Land in sechs Marken aufgeteilt und kampferprobten Männern übertragen. Die nordsächsische Mark, wo die Heveller saßen, das heutige Brandenburg, ging an Thierry, der hier bereits im Kampf gestanden hatte. Südlich davon, vom Norden Thüringens bis zur Lausitz, erstreckte sich die ostsächsische Mark, die Ostmark, sie wurde dem Markgrafen Hodo anvertraut. Noch weiter südlich, in den slawischen Landen zwischen der unteren Saale und der Elbe, setzte Otto Thietmar ein, einen Neffen Geros und Schwiegersohn Hermann Billungs. Schließlich wurden um

Magdeburg, Zeitz und Meißen noch drei kleine Marken angelegt; ihre Markgrafen hießen Gunther, Wigger und Wigbert. Meißen und die Lausitz bildeten die Front dieser vorgerückten Verteidigungsbastion, die nach Böhmen und Polen blickte. Im Innern dieser Marken entstanden befestigte Orte mit Burgwarden, wie Rochlitz und Colditz an der Mulde, Grimsleben, Havelberg und Brandenburg. Diese Stützpunkte hatten den Auftrag, die slawischen Anführer in Schach zu halten und den Frieden an der neuen Grenze zu sichern. Als Wagrier und Obodriten miteinander handgreiflich wurden, riefen die einen nach Hermann Billung, die anderen fanden die Unterstützung eines aufrührerischen sächsischen Grafen namens Wichman, der diesen Streit zu seinem eigenen Vorteil nutzen wollte, sich des Handelsortes Wollin an der Odermündung bemächtigte und gegen den Herzog von Polen, Miesko, ins Feld zog (967). So überschritt 972 Markgraf Hodo die Oder, wurde aber von besagtem Miesko unweit von Zehden zurückgeworfen.

Unter den schweren Schlägen der Ungarn und infolge des Niederganges der Karolinger waren im Südosten die alpenländischen Marken zu bloßen örtlich begrenzten Widerstandsnestern heruntergekommen (Kärnten, Pettau, Krain, Sann). Nach der Schlacht auf dem Lechfeld gingen sie aufs neue an das Herzogtum Bayern, das 952 auch die Mark Verona mit dem Trentino und die Mark Friaul samt Istrien erhielt. Aber Otto II. wußte den gefährlichen Aufstand seines Vetters Heinrichs des Zänkers, der sich mit Boleslaw von Böhmen verbündet hatte, zu seinem Vorteil zu nutzen. Er machte aus Kärnten und den kleinen Markregionen ein eigenes Herzogtum und belehnte damit den jungen bayerischen Fürsten Heinrich III. (974–76).

Die alte bayerische Ostmark an der Donau hatte Otto I. zunächst Burkhard anvertraut, dem Markgrafen von Regensburg. Aber nach dem Aufstand Heinrichs des Zänkers trifft Otto II. auch diesbezüglich eine Änderung. Im Jahr 976 erscheint als Besitzer dieser Mark Markgraf Luitpold (oder Leopold). Dieser war Graf im Donaugau, stammte aus der Gegend von Schweinfurt in Franken und war Bruder des Grafen im bayerischen Nordgau. Er hatte gegen die Ungarn gekämpft, und er war bereit, den Kampf an der Grenze wiederaufzunehmen. In den Jahren 985/87 wurde tatsächlich Melk zurückerobert[8]. So begann der Aufstieg des Hauses Babenberg in dem Land, das man damals gerade anfing kurzweg *Ostarrichi* zu nennen, das heißt Österreich[9].

Die Bistümer

Als christlicher Fürst, der er war, hätte Otto der Große sich eines Pflichtversäumnisses schuldig gemacht, wenn er den noch immer heidnischen Slawen nicht das Evangelium gebracht hätte. Falls seine Eroberungspolitik sein Gewissen beunruhigte, konnte er es damit wieder beschwichtigen. 948 erhielten die Nordslawen drei Bistümer: Stargard–Oldenburg für Wagrier und Obodriten, es gehörte zur Kirchenprovinz Bremen–Hamburg; sowie Havelberg und Brandenburg für die Wilzen und Heveller. Dieses Bistum gehörte zur weit entfernten Metropole Mainz.

Doch das Meisterstück dieser Politik war die Gründung des Erzbistums Magdeburg, dessen weitläufige kirchliche Jurisdiktionsgewalt von der Elbe bis nach Polen reichte[10]. Dies führte zu Schwierigkeiten mit dem Erzbischof von Mainz und dem Bischof von Halberstadt, in dessen Diözese der neue Bischofssitz lag. Magdeburg hatte seit 937 eine Abtei St. Moritz, deren Auftrag die Missionierung war; die Lage der kleinen, im Entstehen begriffenen Stadt war wie geschaffen dafür, sich diesen Aufgaben im Osten zuzuwenden. Kurz nach der Kaiserkrönung Ottos I. durch Papst Johannes XII., 962, bestätigte dieser Papst, wie später sein Nachfolger Johannes XIII. auf den Synoden von Ravenna (967 und 968), die Gründung dieser Provinz. Die Klosterkirche wurde zur Kathedrale erhoben, und als erster Erzbischof wurde Adalbert eingesetzt, Abt des elsässischen Klosters Weißenburg. Die Bischöfe von Havelberg und Brandenburg unterstanden seiner Jurisdiktionsgewalt; zugleich wurden die Bistümer Merseburg, Zeitz und Meißen im sorbischen Land neu errichtet. Der Papst stattete den Erzbischof von Magdeburg mit gewaltigen Vorrechten aus: er erhielt den Primat über alle deutschen Kirchen rechts des Rheines, und er war den alten Kirchenfürsten von Mainz, Trier und Köln ebenbürtig. Dies unterstreicht die Bedeutung, die der Kaiser dieser Neugründung beimaß (Oktober 968). Man wird noch sehen, welche Rolle Magdeburg bei der Christianisierung der Slawen im Nordosten gespielt hat. Man sollte allerdings nicht vergessen, daß durch die Errichtung der ersten polnischen Kirche in Posen (Poznań) zum selben Zeitpunkt, wenn auch deren erste Bischöfe Jordan und Unger Deutsche waren, der Wirkungskreis Magdeburgs von vorneherein eingeschränkt wurde. Dies war ständige Ursache von Streitigkeiten, durchaus beabsichtigt von der römischen Kurie, die so auf die jungen slawischen Staaten Einfluß nehmen wollte.

Die moderne Geschichtsschreibung hat dem großen Kaiser des 10. Jahrhunderts manchmal den Vorwurf gemacht, er habe Deutschland den Weg nach Rom und nach Italien gewiesen und habe es dadurch in zermürbende Auseinandersetzungen hineingezogen, über die es seine eigentliche Bestimmung vergaß. Es scheint jedoch, daß Otto I. seine Reichspolitik mit gleicher Kraft verfolgte wie seine Politik gegenüber dem Osten. Die ersten beiden sächsischen Kaiser trafen dem Osten gegenüber mehr als nur Verteidigungsanstrengungen: die Errichtung der Marken und die Gründung mehrerer Bistümer jenseits der Elbe ist bezeichnend für ihren Willen, im Osten vorzurücken[11]. Und ist es im übrigen nicht noch bezeichnender, daß der Gründer des Römischen Reiches in der Kirche von Magdeburg begraben werden wollte, die er hatte errichten lassen, damit sie als Vorposten des Deutschtums an den Pforten der slawischen Welt stehe?

Der Rückzug von 983

Mit der Herrschaft Ottos II. und Ottos III. traten die Schwierigkeiten in Erscheinung, an allen Fronten zugleich zu stehen und dazu noch die Präsenz im Osten zu wahren. Anfangs schien es, als wolle Otto II. der Linie seines Vaters folgen: Im September 975 ging er nach Böhmen, um den Sachsen Thietmar auf den neuen Bischofsstuhl von Prag zu setzen, dessen Errichtung er vielleicht schon 973 ins Auge gefaßt hatte; außerdem wollte er Herzog Boleslaw dafür bestrafen, daß er

Kaiser Otto II. auf dem Bronzeportal des Domes von Gnesen, das die Investitur St. Adalberts als Bischof von Prag im Jahre 983 zeigt (zweite Hälfte des 12. Jahrhunderts).

den aufständischen Bayernherzog unterstützt hatte. Die Tschechen beantworteten dies mit der Plünderung Passaus und der Abtei Niederaltaich, und Thietmar konnte nicht in seine Diözese einziehen. Im Jahr darauf fand eine weitere Strafexpedition statt, sie war nicht erfolgreicher; und dieses Mal holten die Tschechen zum Gegenschlag auf Zeitz in der sorbischen Mark aus.

Doch als Otto II. seine große Reise nach Italien machte und den Byzantinern und der sarazenischen Reiterei in der denkwürdigen Schlacht am Cap Colonne südlich von Cotrone unterlag (15. Juli 982), setzten sich die Slawen in Bewegung. Die Obodriten und Liutizen erhoben sich 980 als erste gegen die Unterdrückung des Markgrafen Thierry, sagt der Chronist Thietmar von Merseburg – und gegen die Forderungen des Herzogs Bernhard von Sachsen, fügt Adam von Bremen hinzu. In den Jahren 982/83 kommt es zum Sturm auf die ungeschützten Grenzen. Die Liutizen und Heveller zerstören die beiden Bistümer in ihrem Gebiet; die Garnisonen von Havelberg und Brandenburg werden massakriert. Unter der Führung ihres Fürsten Mstivoj überschreiten die Obodriten die Elbe und stoßen nach

Sachsen hinein, wo sie das Kloster Calbe an der Milde einäschern. Im Sommer 983 ist sogar die Stadt Magdeburg bedroht. Es gelingt Markgraf Thierry, diese Gefahr zu bannen, aber er muß alle Burgen am anderen Elbufer aufgeben.

Der Tod Kaiser Ottos II. (7. Dezember 983) und die Thronbesteigung durch einen dreijährigen Knaben geben dem Aufstand neue Nahrung. Die Sorben greifen in die Kämpfe ein. Zusammen mit den Dänen unternimmt Mstivoj einen neuerlichen Plünderangriff auf Hamburg. Sodann werden die Bischöfe von Oldenburg und Schleswig sowie die dänischen Bischöfe von Ribe und Aarhus von ihren Sitzen vertrieben. In den folgenden Jahren verdoppeln die Markgrafen Bernhard von Sachsen, Thierry (gest. 985), Hodo und Rikdag von Meißen ihre Anstrengungen, um der Lage Herr zu werden. Glücklicherweise macht der Herzog von Polen, Miesko, von Osten her einen Ablenkungsangriff auf die Liutizen. Dem blutjungen Otto III. gelingt es in den Jahren 991 bis 993, Brandenburg zurückzuerobern; und der Konflikt zwischen Polen und Böhmen gestattet es den Deutschen, sich in Meißen und der Lausitz schließlich zu behaupten. Aber überall sonst war gegen Ende des Jahrtausends die Elbe die Grenze zwischen Deutschen und Slawen.

Kämpfe mit Polen

Seit dem 11. Jahrhundert sahen sich die deutschen Könige im Osten nicht mehr bloß unorganisierten slawischen Stämmen und Völkerschaften gegenüber, sondern jungen, gerade im Entstehen begriffenen Staaten. Gegen die neuerwachte Macht Polens und das neue christliche Königreich Ungarn war der Kampf schwieriger geworden. Da sie nun mächtige Gegner vor sich hatten, mußten sie fortan regelrechte Feldzüge durchführen und alle Reserven an Militär und Diplomatie zum Einsatz bringen, wenn sie diese Völker beaufsichtigen oder gegen sie zu neuen Eroberungen schreiten wollten.

Im Lauf des 10. Jahrhunderts gelingt es Polen, seinen Zustand der kleinstaatlichen Zersplitterung zu überwinden und unter Führung eines dieser Teilstaaten zur Einigung zu finden. Dies war das Werk der Polanen, die an der mittleren Warthe saßen[12]. Ihre Hauptstadt war das Castrum Gniezno (Gnesen), gegründet am Ende des 8. Jahrhunderts; weitere wichtige Orte waren Poznan (Posen), Kruszwica (Kruschwitz) an der Netze und Kalisz (Kalisch). Ihre Fürsten traten mit Mieszko I. im Jahr 963 ins Licht der Geschichte. Mieszkos erste Sorge war es, sich seiner Herrschaft über Groß-Polen, Masowien und das östliche Pommern zu versichern; sodann, zwischen 989 und 992, seine Herrschaft nach Westen auszudehnen bis an die Mündung der Oder und, nach Süden, bis an die Grenzen Böhmens und die Karpaten. Auf seinem Marsch nach Westen stieß er auf Unternehmungen der Deutschen, und im Süden mußte er gegen die Tschechen um den Besitz von Schlesien und Krakau kämpfen. Um seinen Staat zu festigen, ließ Miesko mehrere befestigte Orte errichten beziehungsweise erneuern, und er vollzog die Handlung, die ihm die Zustimmung und die Unterstützung der Kirche sicherte: er ließ sich taufen (966). Als der Herzog von Polen 992 das Zeitliche segnete, sprachen die adeligen Herren sich für die Aufrechterhaltung der Einheit des Staates unter dessen älterem Sohn Boleslaw aus; auch er sollte sich als eine Persönlichkeit erweisen, der kein anderer gewachsen war.

Boleslaw Chrobry (der Kühne)[13] erhielt im Jahr 1000 von Otto III. und von Papst Silvester II. die Errichtung Gnesens als ein von Magdeburg unabhängiges Erzbistum zuerkannt, mit den Suffraganen Wrocław (Breslau), Kołobrzeg (Kolberg) und Krakau. Er wußte die Gunst der Stunde – Unruhen am Ende der Herrschaft Ottos III. – für sich auszunützen, indem er die Gegend von Bautzen und Strehla besetzte, die Eingangspforten in die Lausitz und ins Meißnische. Aber für den neuen Kaiser Heinrich II. wurde die Lage noch viel gefährlicher, als sich der polnische Herzog 1003 auf Böhmen warf, um es unter seiner Herrschaft mit Polen zu vereinigen.

Heinrich II. war fast während seiner ganzen Regierungszeit (1002–24) von diesem Feind bedroht. Seine Kriege bestehen aus drei großen Feldzügen: 1004/05, 1007/13, 1015/18. Bei ihrem ersten Angriff gelingt es den Deutschen, Böhmen zu befreien und in Prag den Tschechen Jaromir einzusetzen, den Bruder Boleslaws III. (August 1004); aber Mähren bleibt in den Händen der Polen, desgleichen die Lausitz, in die diese gleich zu Beginn der Feindseligkeiten eingedrungen waren. Der Vertrag von Bautzen (1018) macht diesem Krieg ein Ende, er überläßt den Polen die umstrittenen Territorien – die Lausitz und das Milzener Land –, aber als Lehen des Reiches. Am Ende seines Lebens läßt sich Boleslaw der Kühne zum König krönen (1025); sein Sohn Mieszko II. wiederholt diese Geste und beansprucht damit für Polen einen Rang unter den Mächten im Nordosten Europas.

Unter Konrad II.[14] kommt es erneut zum Kampf, als Mieszko II. die Oberherrschaft (Suzeränität) des Reiches nicht länger anerkennt. Aber der neue polnische König muß sich gegen den Aufstand seiner Brüder und das gemeinsame Vorrücken der Böhmen und der Deutschen zur Wehr setzen (1031). So erobern die Tschechen Mähren zurück und die Deutschen die Lausitz. Wenn Mieszko II. letztendlich auch die polnischen Gebiete behält, so muß er doch die Macht mit seinen beiden Brüdern teilen und die Suzeränität des Reiches anerkennen (1033). Konrad II. zog daraus seinen Vorteil: Er griff in Böhmen ein und verpflichtete Herzog Bretislaw, ihm an seinem Hof in Bamberg die Treue zu schwören (18. Mai 1035). Nach dem Tod Mieskos II. zerbrach der polnische Staat in autonome Herrschaftsgebilde, in denen sich mehrere Familien die Macht teilten; und Bretislaw von Böhmen plünderte Groß-Polen und bemächtigte sich Schlesiens. Somit schwand für das Reich von dieser Seite für einige Zeit die Gefahr. Außerdem fand Kasimir, der Sohn Mieskos II. und der Richeza, Tochter des Pfalzgrafen von Lothringen, der zeitweilig aus Polen vertrieben worden war, Beistand bei seinen deutschen Onkeln und Vettern, so daß er sich daranmachen konnte, seinen Staat aufs neue zu errichten.

Kriege mit Ungarn

Im Südosten des Reiches wurde zu Beginn des 11. Jahrhunderts auch Ungarn zu einem christlichen Reich[15]. Nicht nur die Gründung eines Erzbistums Gnesen und eines christlichen Staates in Polen gehörte zu den imperialen Vorstellungen Ottos III., er wollte auch in Ungarn eine Kirche und einen christlichen Staat ins Leben rufen. 994 ließ sich Waik, Sohn des Herzogs Geisa, der wiederum ein Abkömmling Arpads war – Arpad hatte zu Beginn des 10. Jahrhunderts die Ungarnstürme angeführt –, auf den Namen Stephan taufen, damit war der erste Schritt getan. Dann vermählte sich Stephan mit Gisela, der Schwester Heinrichs II., und rief die deutschen Ritter auf, ihm bei der Bildung seines Staates zu helfen. Schließlich setzte er sich, wahrscheinlich am 15. oder 17. August 1001, in Gran (Estergom) – mit Zustimmung des Kaisers – die ungarische Königskrone aufs Haupt. Der Papst gründete zugleich eine unabhängige ungarische Kirche und setzte als deren Metropoliten den Erzbischof von Gran ein. Während der folgenden Jahrhunderte blieben die Beziehungen zwischen der österreichischen Ostmark und dem neuen Königreich von gutnachbarschaftlicher Art.

Aber nach seinen ersten Siegen über Miesko II. unternahm Konrad aus dem Haus der Salier eine Offensive gegen das Königreich an der Donau, um ihm die Oberherrschaft des Reiches aufzuzwingen. Doch der Angriff blieb in den morastigen Wäldern stecken, und der deutsche König mußte den Ungarn den Streifen Landes zwischen Leitha und Fischa abtreten (1031). Heinrich III. (1039–1056) erneuerte die Angriffe gegen die Nachfolger des hl. Stephan (gest. 1038). Im Juni/Juli 1044 trägt er einen entscheidenden Sieg davon: Mit einem großen bayerischen Heer und einem böhmischen Kontingent fällt er über Odenburg (Sopron) her und schlägt König Abasamuel in der Schlacht von Ménfo an der Raab in die Flucht. Nun setzt er Peter, den Neffen Stephans, in Szekesfehérvar (Stuhlweißenburg) auf den ungarischen Thron und erreicht damit, daß dieser die Suzeränität des Reiches anerkennt.

Damit war jedoch der Zwist noch nicht aus der Welt geschafft, denn eine nationale Reaktion der Ungarn brachte Andreas I. an die Macht, den Sohn Vaszolyis, einen Nachkommen Stephans (1046). Heinrich unternahm damals zwei weitere Feldzüge, 1051 und 1052. Sie fanden ihren Höhepunkt in der Belagerung von Preßburg; aber am Ende bildete doch die Leitha weiterhin die Grenze.

Die Babenberger und die österreichische Mark

Während diese Ereignisse an ihrer Ostgrenze ihren Lauf nahmen, festigten die Babenberger ihre Herrschaft in der Ostmark[16]. Auf Markgraf Leopold I. war dessen ältester Sohn Heinrich I. (994–1018) gefolgt, der an den Kriegen Heinrichs II. gegen Polen teilgenommen hatte. Heinrichs I. Nachfolger war dessen Bruder (oder Sohn?) Adalbert (1018–55), der sich mit der Tochter des Dogen von Venedig, Otto Orseolo, vermählte und die Kaiser Konrad II. und Heinrich III. bei all ihren Unternehmungen gegen Böhmen und Ungarn begleitete. Seine Nachkommen Ernst (1055–75), vor allem aber Leopold II. (1075–95) blieben zunächst dem

Kaiser treu, und dies sogar, als die Bischöfe von Salzburg und Passau während des Investiturstreits gegen Heinrich IV. die Partei Papst Gregors VII. ergriffen. Aber 1078 machte Leopold II. eine Kehrtwendung und wechselte ins Lager der Reformer hinüber. Die stärkste Persönlichkeit der Babenberger war indessen Leopold III. (1095–1136), der sein Haus mit den bedeutendsten deutschen Familien verband: er selbst vermählte sich mit Agnes, einer Tochter Heinrichs IV., der Witwe Friedrichs von Hohenstaufen; und sein Sohn Leopold IV. nahm Maria, die Tochter des Herzogs von Böhmen, Sobieslaw, zur Frau.

Nach Ungarn hin festigte sich also in der Mitte des 11. Jahrhunderts die Grenze der Ostmark an der Leitha. Aber nördlich der Donau blieb die Grenze zu den Tschechen lange Zeit unentschieden[17]. 985 kamen die Deutschen kaum über Wagram hinaus, 1014 war Stockerau erreicht, und das war immer noch in nächster Nähe von Wien. Gegen 1050 verlief die Grenze zu Böhmen *in medias silvas,* inmitten großer Wälder. Um die Verteidigung der Reichsgrenzen besser zu sichern, errichtete Heinrich III. hier zwei schmale Marken: im Norden die böhmische Mark, die vom Pulkautal im Norden bis zum Mailberger Wald an der Thaya reichte, sie wurde (nach 1039–55) Graf Adalberon anvertraut; im Südosten, entlang der Leitha und der mährischen Grenze, die Neumark, die einen Babenberger zum Markgrafen hatte, später Siegfried, den Schwiegersohn Adalberons (1045). Zur gleichen Zeit belehnten die Babenberger die Teile des Nordwaldes, die zu den Quellenflüssen der Thaya hin gelegen sind, mit einem ihrer Ministerialen, Azzo, der ein Urahn der Familie Kuenring ist (1056)[18]. Überall in Niederösterreich ließen die Babenberger nun Burgen errichten, eine der ersten war Hainburg, eine Schlüsselstellung an der Donau, gerade gegenüber von Preßburg (gegen 1050). Sie selber lebten damals in Tülln und nach 1108 in Klosterneuburg, unweit der Abtei.

Die letzten Salier und die Slawen

Solange die deutschen Heere die Mächte im Osten in Schach hielten, konnten sie nicht nach Nordosten vorrücken. Selbst im Norden mußte Konrad II. Knut dem Großen, dem Herrn über Dänemark, Norwegen und England, die Mark Schleswig jenseits der Eider abtreten (1035), denn er bedurfte dessen Neutralität, derweil er die Polen mit Krieg überzog. Doch dank des Einflusses des Erzbischofs von Bremen Adalbert schienen sich mit den Obodriten gutnachbarschaftliche Beziehungen anzubahnen. Deren Füst Godescalc (gegen 1043–66) hatte die Taufe empfangen und die Gründung zweier neuer Bistümer in Mecklenburg und Ratzeburg gestattet[19]. Die Billunger, Heinrich III. treu ergeben und von ihm mit Wäldern und Erzgruben in der Nähe von Goslar reich belohnt, bewachten überdies die Grenze an der Elbe. Aber die Heiden erhoben sich unter der Führung eines gewissen Cruto; der Obodritenfürst wurde bei Lenzen getötet, die Christen niedergemetzelt und die Bistümer und Kirchen geplündert. Der Aufstand breitete sich über das ganze wendische Land aus, ja bis in die Gegend von Hamburg. Er setzte den Billungern schwer zu, und die Gegenmaßnahmen, die der König im Winter 1068/69 ergriff, waren ziemlich erfolglos. In den letzten Jahren des Jahrhunderts gelang

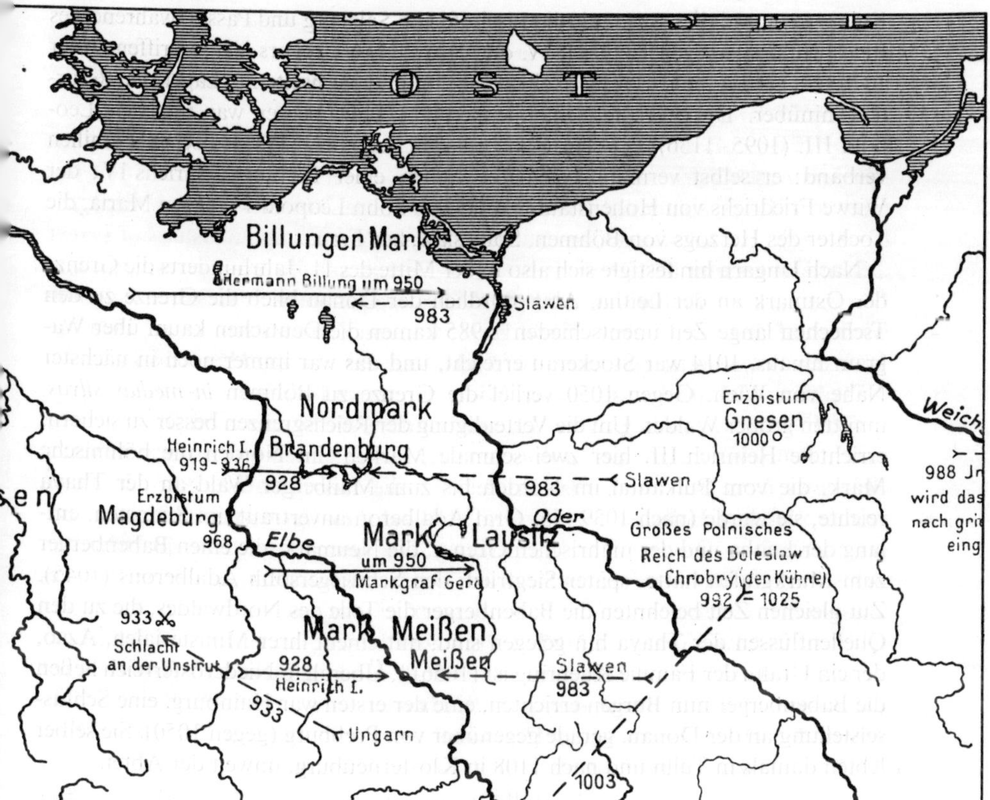

Feldzüge nach Osten und Rückzüge, 919–1125.

es jedoch Heinrich, Godescalcs Sohn, das Land der Obodriten wieder in seinen Besitz zu bringen, und er errichtete dort ein slawisch-christliches Fürstentum, in dessen Mittelpunkt die Burg Alt-Lübeck stand, etwas flußabwärts vom heutigen Lübeck an der Trave gelegen[20].

Die schier endlose Regierungszeit Heinrichs IV. (1056–1106) war voller schlimmer Überraschungen: Aufstände Sachsens und Bayerns, ein schwerer Streit mit Gregor VII. und später mit Urban II., Bürgerkriege, Absetzung und Abdankung des Königs – unter diesen Umständen vermochte der König im Osten auf Dauer die Initiative kaum an sich zu reißen. Der Herzog von Bayern war es, Otto von Nordheim, der sich 1063 an die Spitze eines Heeres stellte, um König Salomon wieder auf den ungarischen Thron zu setzen, von dem ihn sein Onkel Bela mit Hilfe der Polen vertrieben hatte. 1073 scheiterte ein Feldzug Heinrichs IV. gegen die Polen angesichts des sächsischen Widerstandes im Innern des Reiches.

Gleichwohl war zu Beginn des 12. Jahrhunderts die Situation im Osten günstig für ein deutsches Eingreifen. In Böhmen stritten sich Ulrich von Brünn, ein Vetter Boleslaws, und Bořivoj, dessen Bruder, um die Herzogskrone. Auch in Polen wütete zwischen Boleslaw III., dem Sohn Wladislaw-Hermanns, und einem Bastard desselben, Zbigniew, ein Bürgerkrieg. Die beiden Ereignisse überschnitten sich sogar, als der Vetter des böhmischen Bořivoj, Swatopluk, an der Spitze eines böhmischen Heeres gleichfalls in den Kampf eintrat, die polnischen Aufständischen unterstützte und sich 1107 in Prag zum Herzog ausrufen ließ. Schließlich gerieten sich auch in Ungarn König Coloman, seit 1102 Herr über Kroatien und Dalmatien, und sein Bruder Almus in die Haare.

Von den ersten Tagen seiner Herrschaft an stellte Heinrich V. (1106–25) die Auseinandersetzungen mit Rom zurück, weil er zuerst die Dinge an den Ostgrenzen in die Hand nehmen wollte. In Böhmen unterstützte er den Usurpator Swatopluk (1107) und danach dessen Nachfolger Otto von Mähren, der infolge dieses Umstandes wieder ein Vasall des deutschen Königs wurde. Dagegen blieben Heinrichs Feldzüge gegen Coloman von Ungarn (1108) und gegen Boleslaw III. (1109)[21] erfolglos, denn der polnische Fürst tat sein Bestes, um den polnischen Einfluß wieder auf Westpommern auszudehnen.

Es unterliegt keinem Zweifel, daß die ersten Frankenkaiser gegen die Mächte im Osten eine starke Hand zeigten; die letzten Frankenkaiser hingegen konnten sich nicht im Investiturstreit durchzusetzen versuchen und zugleich ihre universalen Ziele sowie eine Eroberungspolitik im Osten verfolgen: Sie besaßen offenbar nicht die Zeit und die Machtmittel, derer sie bedurft hätten, um in beiden Bereichen siegreich zu sein. Im Osten endete die Politik der Sachsen- und der Frankenkaiser unentschieden, das Deutschtum drang zwischen Elbe und Oder vor und wurde wieder zurückgeworfen, indes das Reich seit Otto III. die Königreiche und Herzogtümer des Ostens unter seine Suzeränität bringen wollte. Zu Beginn des 12. Jahrhunderts konnte das Reich kaum ein Ergebnis vorweisen; aber es deutete sich doch eine Möglichkeit und die Richtung an, welche die Fürsten und die Siedler des 12. und 13. Jahrhunderts einschlagen sollten.

Man sollte indessen nicht vergessen, daß während dieser sächsisch-fränkischen Periode, die so reich an verschiedenartigen Unternehmungen in Richtung Osten war, niemals die Rede gewesen ist von ›Deutschen‹ oder von ›Deutschland‹. Ebenso wie die Übersetzung von *Ludovicus, rex Germaniae* durch ›Ludwig der Deutsche‹ seiner Zeit nicht im mindesten entspricht, so beruht auch die Erwähnung von Arnulf als dem König *in regno Theutonicorum,* bezogen auf das Jahr 919, nur auf einer Sekundärquelle des 12. Jahrhunderts. Bis zum Ende des 11. Jahrhunderts kannten die Nachbarländer Germaniens ausschließlich Sachsen, Franken und Bayern. Das Adjektiv ›deutsch‹ bezeichnete anfangs nur die Sprache, und erst im 11./12. Jahrhundert erweckte der Begriff *regnum Theutonicorum* eine politische Vorstellung von »deutsch«, die über Sachsen, Bayern etc. hinausgeht[22].

6. *Die Christianisierung der Nordslawen*

Wie die Eroberung des Landes zwischen Elbe und Oder war auch die Christianisierung der Nordslawen ein Werk von langer Dauer, das sich vom 9. bis zum 12. Jahrhundert hinzog. Anders als die Bekehrung der Südslawen hat sie zwischen Rom und Byzanz keine Kluft aufgerissen. Die Länder Nordosteuropas waren vom griechischen Reich allzu weit entfernt, um dessen Aufmerksamkeit zu finden; und wenn Rom sich auch manchmal eingeschaltet hat, so war die Missionsarbeit im heidnischen Nordosten doch fast ausschließlich das Werk des deutschen Klerus. Die Bischöfe im Grenzgebiet, die Missionare, Benediktinermönche, später die Zisterzienser und Prämonstratenser, Prediger der alten Orden und der Bettelmönche – sie alle fanden die Unterstützung des Kaisers und der Fürsten, die das slawische Land ausbauen wollten; und nicht selten nahmen sogar die slawischen Fürsten sie freundlich auf. Im großen ganzen war ihre Arbeit jedoch hart, denn »für die Slawen war Christus damals nichts weiter als ein deutscher Gott«. Das Heidentum setzte sich gegen die Missionierung heftig zur Wehr, häufig kam dazu noch der nationale Widerstand[1]. Auf beiden Seiten griff man schnell zu den Waffen, das machte die Tätigkeit der Missionare nicht eben leicht. Markgraf Gero ließ eines Tages slawische Fürsten, die er einer Verschwörung verdächtigte, bei einem Gastmahl totschlagen; und die Slawen achteten ihrerseits auch nicht immer die Verträge. Den Erfolg bezahlte man nicht selten mit Blutvergießen. Trotzdem wird der flammende Aufruf des hl. Bernhard zum Kreuzzug gegen die Wenden – »Ausrottung oder Bekehrung« – nicht buchstabengetreu verstanden worden sein[2]. Das Missionierungswerk wurde von Deutschen teils vor, teils nach der Eroberung unternommen; es war ein Vehikel des Deutschtums, und es hat in hohem Maße zum Landesausbau beigetragen.

Die Religion der Westslawen

Über die Religion, welche die alten Slawen pflegten, als man ihnen das Christentum brachte, ist wenig bekannt. Es gibt zwar christliche, byzantinische und deutsche Quellen, aber es fehlt ihnen an Gegengewicht[3]. Die Annalisten und Chronisten aus dem Westen verwenden im 10. Jahrhundert die Begriffe ›Wenden‹ und ›Heiden‹ immer wie Synonyme. Bei allen Stämmen findet man Verehrung der Naturkräfte und die Personifizierung der natürlichen Erscheinungsformen: des Feuers, der Bäche und Seen, Bäume und Sträucher. Ziemlich spät, unter dem Einfluß des Christentums, haben die Völker in Nordosteuropa einen religiösen Kult mit Tempeln und einer Priesterschaft hervorgebracht, aber man weiß kaum etwas darüber. Svarazic, ein Sonnengott, Schutzherr der Liutizen in seinem Tempel bei Rethra, war vielleicht eine panslawische Gottheit[4]; an den Südufern der Ostsee verehrte man Svantovit; Triglav war eine Gottheit, die an einem Heiligtum im Nordosten der Insel Rügen Verehrung fand – er war ein dreiköpfiger Gott, Schutzherr der Pommern. Einige weitere Kultstätten sind uns bekannt: Siling (Zobten), eine entlegene Anhöhe mitten in der Ebene im Südwesten von Breslau. Dort folgten aufeinander eine prähistorische Kultstätte, ein slawisches Heiligtum und ein christliches Kloster. Der heilige Wald östlich von Lützen und die Höhe des Petersberges im Land der Sorben sowie das alte Brennaburg der Wilzen[5] waren weitere altslawische Kultstätten. Noch im ersten Drittel des 12. Jahrhunderts spricht der Chronist Helmold von Bosau von Gottheiten wie Prove im heiligen Wald bei Stargard, von Siwa, einer Göttin der Polaben, vor allem aber von Radegast, einem Gott der Obodriten, von Tieropfern und einer Kommunion, wo man Blut als Trank reichte[6]. Im großen und ganzen war es ein »lebendiges und bewußtes Heidentum«.

Die Christianisierung Böhmens

Mitteleuropa war der Ausgangspunkt, von dem aus das Christentum zu den Slawen gelangte. Es hatte zwar schon erste Bemühungen bayerischer Missionare gegeben, aber Mähren wurde im letzten Drittel des 9. Jahrhunderts erstmals wirklich von den beiden byzantinischen Aposteln Cyrillus und Methodius christianisiert. Doch als das Großmährische Reich unter den Schlägen der Ungarn zerbrach, wurde dieser neugewonnene Teil der Christenheit dem deutschen Bistum Regensburg angeschlossen.

Von Mähren gelangte das Christentum nach Böhmen. Die religiösen Ursprünge der Tschechen sind eng verbunden mit den Anfängen der Herzogsfamilie der Přemysliden – zahlreiche Legenden und Heiligengeschichten tauchen ihre Anfänge in ein schwer durchschaubares Dunkel. (Die älteste Geschichte, geschrieben in altem Kirchenslawisch, stammt aus dem 10. Jahrhundert; der Chronist Cosmas von Prag hat sie zu Beginn des 12. Jahrhunderts aufs neue erzählt. Es ist bislang nicht gelungen, sich über die Entstehungszeit und die Echtheit vieler dieser Geschichten klar zu werden[7].) Diese Erzählungen handeln im wesentlichen vom Herzog Wenzel. Seine Großmutter Ludmilla, die Gemahlin des Herzogs Bořiwoj, soll bereits Christin geworden sein, und sein Onkel Spytihniew und sein Vater Wratislaw sollen angeblich einige Kirchen haben errichten lassen, namentlich die Georgskirche auf dem Prager Hradschin. Dagegen soll seine Mutter Gradomira, die beim Tod Wenzels die Regentschaft übernahm, dem Heidentum treu geblieben sein; angeblich hat sie die Rebellion geschürt und seinem Bruder Boleslaw die Waffe in die Hand gedrückt, damit er Wenzel töte (28. September 929). Alle Biographen stellen Wenzel als einen eifrigen Christen inmitten einer heidnischen Umwelt dar und damit auch als das Ideal eines heiligen Fürsten, der nur an das Wohl seines Volkes denkt. Boleslaw I., sein Mörder, gerührt und erschreckt, als er der Wunder ansichtig wurde, die am Grabe des Märtyrers stattfanden, ließ die Leiche in den St. Veits-Dom nach Prag schaffen (938) und empfing dann selber die Taufe.

Auf jeden Fall gewann das Christentum unter Boleslaw II., dem Heiligen (967/72–999), an Boden. Damals sollen etwa zwanzig Kirchen gegründet worden sein. Mlada, die Schwester des Königs, war die erste Tschechin, die nach Rom pilgerte. Die ersten tschechischen Christen gehörten zunächst, wie zuvor schon die mährischen, zur Diözese Regensburg. Die Gründung des Bistums Prag, vielleicht schon am Ende der Herrschaft Ottos des Großen ins Auge gefaßt, verursachte Schwierigkeiten, wie wir gesehen haben, als Thietmar, der erste deutsche Bischof, in Prag eingesetzt werden sollte. Dennoch wurde die neue böhmische Diözese der großen Kirchenprovinz Mainz zugeschlagen. Die Wahl des Slawen Vojtěch zum Bischof, 983, der bei seiner Taufe den Namen Adalbert empfangen hatte, stellte die Tschechen zufrieden, ohne den Kaiser zu verdrießen, denn Adalbert war mit dem sächsischen Kaiserhaus versippt und in Magdeburg erzogen worden. Zweimal zog er sich nach Rom zurück, als es mit dem Herzog zu einem Zerwürfnis kam, und er erlitt schließlich den Märtyrertod, als er den Pruthenen das Evangelium bringen wollte (997). Doch zu Lebzeiten scheute Adalbert keine Mühe, seine Kirche aufzubauen. Er gründete das Benediktinerkloster von Brevnov bei Prag, und dank seiner Milde und seiner Religiosität bleibt er zusammen mit Wenzel einer der meistverehrten Heiligen aus der Frühzeit Böhmens[8].

Die Christianisierung Polens

Über Mähren und Böhmen kam das Christentum auch nach Polen. Die Begleiter des Methodius hatten vielleicht schon im 9. Jahrhundert Krakau und das Land an der oberen Weichsel erreicht. Aber der entscheidende Schritt geschah, als sich Dobrawa, eine Tochter Boleslaws I. von Böhmen, 966 mit Mieszko I. vermählte. Noch im gleichen Jahr ihrer Hochzeit bekehrte die Fürstin ihren Gemahl, und die tschechischen und deutschen Priester, die in ihrem Gefolge gekommen waren, setzten das Werk der Christianisierung des Volkes fort[9].

Die erste polnische Kirche stand somit in Posen, errichtet 968 von Mieszko. Aber die ersten beiden Bischöfe kamen, wie in Prag, aus dem Westen. Jordan, der erste, der die Diözese aufbaute, stammte vermutlich aus Niederlothringen. Doch auch der Einfluß Regensburgs und Augsburgs auf die junge Kirche hat sich geltend

Svantovitstein von Altenkirchen (Rügen).

gemacht. Mieszkos Sohn empfing bei der Taufe den Namen Lambert, das war der Schutzpatron der Kirche von Lüttich; und Mieszko selbst begründete die Verehrung des hl. Ulrich von Augsburg (heiliggesprochen 993).

Als Kaiser Otto III. zum Grab des hl. Adalbert von Prag nach Gnesen pilgerte, nahm er Verhandlungen auf über die Errichtung eines polnischen Erzbistums[10]. Adalbert, ein Freund Ottos, hatte kurz zuvor in Preußen den Tod gefunden und war vorläufig in der polnischen Hauptstadt beigesetzt worden. Der Kaiser traf im März des Jahres 1000 in Gnesen ein und wurde von Unger empfangen, einem ehemaligen Abt von Memleben, der nun der zweite Bischof von Posen war. Zwischen dem Kaiser und Boleslaw stellte sich bald Einvernehmen her, denn Kaiser Otto III. wollte Polen mit gleichen Rechten wie die anderen Königreiche in sein Reich aufnehmen. Die neuen Bistümer, die nun gegründet wurden, nahmen nur langsam Gestalt an; und erst ein Jahrhundert später, unter Boleslaw III. (1102–38), wurden die Grenzen der Diözese festgelegt. Schritt für Schritt entstand

Der Burgwall von Arkona auf Rügen, an der nordöstlichen Spitze der Insel gelegen, schützte das Heiligtum der Ranen, wo Svantovit und Triglav verehrt wurden.

ein Netz aus Kirchengemeinden und Erzdiakonaten, und sie haben später, vor allem in Schlesien, dem deutschen Landesausbau als Grundlage gedient[11].

Die Bekehrung der Ungarn

Nach der Niederlage auf dem Lechfeld setzten sich die Ungarn auf der weiten pannonischen Tiefebene fest und empfingen dort im letzten Drittel des 10. Jahrhunderts die ersten Missionare aus Deutschland und Böhmen: Pilgrim von Passau, den hl. Wolfgang aus Regensburg und Adalbert von Prag[12].

Pilgrim (971–991) war Bayer, seine Bildung hatte er in der Abtei Niederaltaich erhalten; als er die Rechte seiner Diözese zu verbreiten suchte, streute er auch den Samen des Evangeliums aus. Vor 976 begünstigte er die Missionsarbeit Brunos von Verden, später begab er sich selber nach Ungarn und begann dort zu taufen und Kapellen zu errichten. Wolfgang, ein Benediktinermönch und später Bischof von Regensburg (972), durchwanderte gleichfalls die ungarischen Weiten, oftmals nur von einem oder zwei Priestern begleitet. Was nun Adalbert von Prag und seinen Freund Radla angeht, so traten sie in Verbindung mit Herzog Geisa, der Missionare aus dem Westen suchte als Gegengewicht zu dem Einfluß griechischer Mönche in Siebenbürgen. Aber selbst nach der Taufe des Waik-Stephan und der Gründung des Erzbistums Gran (1001) mit Ascharius, wahrscheinlich einem Deutschen, als erstem Erzbischof waren die Missionsreisen Brunos von Querfurt nötig (1004, 1007), um das Land für das Christentum zu gewinnen.

So wirft die Christianisierung der neuen slawischen und des ungarischen Staates ein Licht auf die Missionstätigkeit des deutschen Klerus und darüber hinaus auf

Der Hl. Adalbert tauft die Pruthenen. Relief am Portal des Domes von Gnesen mit einer Darstellung der Christianisierung der Pruthenen. Der Hl. Adalbert von Prag fand dabei den Märtyrertod (997).

den Einsatz von Fürsten wie Wenzel, Mieszko und Stephan. Aber es waren die Kirchen Süddeutschlands – Salzburg, Passau, Regensburg –, die in diesem Kampf an der Spitze standen. Beim Kampf um die Seelen der Slawen im Nordosten gingen vor allem die neugegründeten Kirchen an der Elbe und in den Marken ans Werk.

Die Missionierung im Land der Wenden

Ansgar von Hamburg trug zwar den päpstlichen Titel eines Legaten der Slawen, aber er hatte die Wenden nicht zu bekehren versucht. Diese kamen zum erstenmal zur Zeit Ottos des Großen wirklich mit der römischen Religion in Berührung, als die Bistümer Havelberg, Brandenburg, Oldenburg und Magdeburg mit ihren Suffraganbistümern Merseburg, Zeitz und Meißen gegründet wurden; aber der große Aufstand von 983 hatte dem jungen Missionswerk einen entsetzlichen Schlag versetzt.

Doch da und dort hielten Bischöfe auf ihren bedrohten Sitzen aus, wie Eid in Meißen (er starb 1015 in Leipzig) und Wigbert in Merseburg. Zwei Missionare setzten sogar ihre Arbeit bei den Liutizen fort: Bruno von Querfurt, der bereits in

Ungarn gepredigt hatte, und der Eremit Gunther. In der Mitte des 11. Jahrhunderts gewann Godescalc, der Fürst der Obodriten, der von den Mönchen von St. Michael zu Lüneburg erzogen worden war und einige Zeit in England gelebt hatte, Teile des slawischen Nordwestens für das Evangelium. Doch ein weiteres Mal machte eine Erhebung der Heiden (1066) diesen Erfolg zunichte.

Erst im 12. Jahrhundert setzte die Missionstätigkeit wieder ein, diesmal unter der Leitung des Hamburger Erzbischofs Adalberon. Sie wurde 1126 dem Domkapitular von Bremen, Vizelin, anvertraut sowie seinen Gefährten Rudolf von Hildesheim und Ludolf von Verden, die bei Heinrich, dem Sohn des Godescalc, und später bei den Kanonikern von St. Augustin im holsteinischen Neumünster Unterstützung fanden. Sie gingen mit unermüdlichem Eifer ans Werk, ohne freilich bei den Wagriern immer großen Erfolg zu erzielen.

Der Kreuzzug gegen die Wenden

Unter diesen Umständen – und auch vor einem Hintergrund neuer Eroberungen – begann der Kreuzzug gegen die Wenden[13]. Der Kreuzzugsgedanke war schon ein Jahrhundert zuvor bei Bruno von Querfurt angeklungen[14]. Nach dem ersten Kreuzzug hatten im Jahr 1108 die Bischöfe der Kirchenprovinz Magdeburg den Ruf nach einem heiligen Krieg gegen die Slawen erhoben, wobei sie übrigens religiöse und materielle Bestrebungen miteinander verquickten. Von einem heiligen Krieg sprach man 1146, als der zweite Kreuzzug gerade aufbrach, im ganzen Abendland. Als Konrad III. und der deutsche Adel wenig Begeisterung zeigten, sich an der Fahrt in den Orient zu beteiligen, kam der hl. Bernhard nach Frankfurt am Main und predigte dort am 19. März 1147; er verkündete, der Kreuzzug in den Norden habe den gleichen Wert wie die »Pilgerfahrt« zu den heiligen Stätten[15], und nicht nur Deutsche, sondern auch Dänen, Polen und Tschechen folgten seinem Ruf.

Zwei mächtige Heere, wie man sie niemals zuvor gegen die Wenden ausgesandt hatte, taten sich nun zusammen. Das eine, 60000 Mann stark, unterstand dem Markgrafen Albrecht dem Bären und versammelte sich bei Magdeburg; das andere, mit 40000 Kreuzfahrern, zog sich am Unterlauf der Elbe zusammen, sein Führer war der Sachsenherzog Heinrich der Löwe. Eine dänische Flotte unterstützte die beiden Heere über die Ostsee. Zu seinem Legaten hatte der Papst Anselm bestimmt, den Bischof von Havelberg. Im Juli unterwarf sich Niklot, der Fürst von Mecklenburg, der im Norden operierenden Armee und ließ sich taufen. Das weiter südwärts vordringende Heer erreichte im August das Land der Liutizen und verwüstete es.

Für die Christenheit war das Ergebnis dieses schnellen Feldzuges mager, schreibt Helmold von Bosau, denn viele Slawen waren »falsche Täuflinge«, die rasch zu ihrem alten Glauben zurückkehrten. Doch das Blutvergießen erregte den Haß der wendischen Bevölkerung, so daß sie sich dem Christentum noch lange widersetzten. Den Oldenburger Bischofsstuhl bestieg Vizelin und Emmehard den mecklenburgischen (1149), sie begegneten auf ihren Missionen viel Widrigkeiten. Im Land der Wagrier wurden zwar neue Kirchen erbaut, aber nur für die deutschen Siedler. Oldenburg nahm die Anwesenheit eines Bischofs nur hin, solange sich dieser innerhalb seiner Mauern aufhielt, und Vizelins Bischofsstuhl wurde nach dessen Tod (1154) nach Lübeck zurückgenommen. Etwa zur gleichen Zeit ging der mecklenburgische Sitz nach Schwerin, und das alte Bistum Ratzeburg wurde wiederhergestellt. Als Niklot starb, begann unter den Obodriten eine neue Welle der Christianisierung, diesmal unter der Führung des Zisterziensers Bernon. Auf der Insel Rügen machte der König von Dänemark, Waldemar I., dem Heidentum ein Ende und gliederte die Insel in die Kirchenprovinz Lund ein (1168). Erst zu Beginn des 13. Jahrhunderts wurde das Land zwischen Elbe und Oder für die Kirche gewonnen, und zwar sowohl durch die Fortschritte des Landesausbaus wie durch die Tätigkeit der Missionare.

Die Bekehrung der Pommern

Weniger Mühsal bereitete die Bekehrung der Pommern östlich der Oder; dank der hilfreichen Hand, die die Missionare bei Herzog Boleslaw III. von Polen fanden, der 1120 die Gebiete an den Mündungen der Flüsse unterworfen hatte, und des bereits getauften Warcislaw I. ging sie rasch vonstatten[16]. Es scheint, daß es seit 1058 einen »polnischen« Bischof namens Franco gab, der aus Lüttich stammte. Er hatte den Auftrag, den Glauben in Pommern zu verbreiten. Später führte ein italienischer Bischof spanischen Ursprungs namens Bernhard eine erste, erfolglose Predigerreise durch. Bischof Otto von Bamberg, der seine Mission mit unermüdlichem Eifer und mit dem Begehr durchführte, die einfachen Seelen dieser Menschen an der Ostsee durch sein Ansehen und seine strahlende Größe zu beeindrucken, errang binnen einiger Jahre (1124–28) große Erfolge. Otto hatte sich bereits einige Jahre in Polen aufgehalten; unter Heinrich IV. war er Kanzler des Römischen Reiches. Als Bischof von Bamberg hatte er sich durch seine Klostergründungen und seine frommen Werke ausgezeichnet. In der Begleitung von zwanzig Priestern und einer großen Dienerschaft betrat er bei Pyritz pommerschen Boden, reiste sodann über Cammin, Wollin und Stettin durch das Land, taufte binnen weniger Monate mehr als 22000 Menschen, gründete Kirchen und förderte das religiöse Leben. Seine Gefährten setzten sein Werk in Usedom und Wolgast fort.

Wenn ein neues Bistum gegründet wurde, stellte sich die Frage, welcher der beiden Kirchenprovinzen es zugeschlagen werden sollte: Magdeburg oder Gnesen. Der hl. Norbert von Xanten, der damals auf dem erzbischöflichen Stuhl zu Magdeburg saß, hatte Ottos Treiben zunächst mit scheelen Blicken zugeschaut; nun setzte er sich dafür ein, daß diese Frage zur Zufriedenheit der deutschen Kirche entschieden wurde. Nach Ottos Tod (1139) machte der Papst der Auseinandersetzung ein Ende, indem er Wollin zum Bistum erhob und es dem Heiligen Stuhl unmittelbar unterstellte (1140). Damit war diese Angelegenheit noch nicht zu Ende, der Bischofssitz wurde 1174 von Wollin nach Cammin verlegt, und dort blieb er schließlich; zu dieser Zeit hatte sich übrigens das westliche Pommern von Polen losgesagt und war unter dänische Herrschaft gelangt.

Der Aufschwung der Mönchsorden im Osten

Missionen, Kreuzzüge, neue Kirchen und Bistümer haben das Christentum jenseits der Elbe dennoch nur sehr langsam vorangebracht. Erst mit dem Eintreffen der Mönche und, später, der deutschen Siedler wurden die Gebiete im Osten wirklich für das Evangelium gewonnen. Mit Unterstützung der ersten Bischöfe und insbesondere der Přemysliden und Piastenfürsten gelang den Benediktinern der erste Durchbruch. Damit war die Stellung der beiden jungen christlichen Staaten gesichert. Die ersten großen Klöster in Böhmen waren Brevnov (um 993) und Ostrov (um 1000), beide in nächster Nähe von Prag. In Polen waren es vor allem die drei von Boleslaw dem Kühnen (1058–79) überreich ausgestatteten Mönchsgemeinschaften von Tyniec, knapp oberhalb von Krakau an der Weichsel gelegen, Mogilno, unweit von Gnesen, und Lubin bei Posen. Die Mönche dieser polnischen Klöster kamen aus dem Rheinland, aus Lothringen und aus Bayern[17].

Es waren jedoch die Zisterzienser und Prämonstratenser, welche die große Masse der Arbeitskräfte herbeibrachten, und sie erschlossen das Land, wie sie auch die Seelen der Menschen öffneten. In Altdeutschland war die erste Ausbreitung der Zisterzienser zwischen 1130 und 1150 in kleinen Etappen geschehen; der Sprung ins Neuland erfolgte vornehmlich in der zweiten Hälfte des 12. und zu Beginn des 13. Jahrhunderts. Die Mehrzahl der Zisterzen des Ostens ging unmittelbar – oder mittelbar, nämlich durch Filialklöster und deren Filialen – aus Morimond hervor; nur einige weitab gelegene entstammten dem alten Mutterhaus von Clairvaux[18].

Zur gleichen Zeit, da sie in Mitteldeutschland vorrückten, zog es die Zisterzienser erstmals auch in die Mark Österreich. Es war der Freisinger Bischof Otto, der seinen Vater, Markgraf Leopold III., 1135 dazu bewog, die Abtei Heiligenkreuz in einem Tal des Wienerwaldes zu gründen und dort Mönche aus Morimond anzusiedeln. Kurz darauf errichtete dieses Kloster eine Filiale in Zwettl im Waldviertel (1138).

In Böhmen und in Polen, die bereits christianisiert waren, breiteten sich die Mönchsgemeinschaften schnell aus: in Sedletz (1143), das zur Diözese Prag gehörte, einer Filiale von Waldsassen, sowie in Ląd (Lond, 1155) und in Łekno (gegen 1140), beides Filialklöster von Altenberg. Zwischen Elbe, Saale und Oder verliefen Klostergründungen und Ausbreitung des Christentums Hand in Hand. Reich beschenkt mit Grund und Boden und begünstigt von den Markgrafen und den slawischen Fürsten, errichteten die Zisterzienser damals neue Klöster, sofern sie nicht in ältere Häuser der Benediktiner einzogen: Reinfeld in Holstein (1190); Doberan und Dargun in Mecklenburg (1171, 1172); Colbaz und Eldena in Pommern (1173, 1199); Zinna und Lehnin in Brandenburg (1171, 1180); Altenzelle in Meißen (1140); Dobrilugk in der Lausitz (1165); Leubus in Schlesien (1175); dazu noch die abgelegenen Klöster von Oliva bei Danzig (1186) und Dunamünde bei Riga (1204/08). Diese Blüte brachte wiederum eine große Zahl von Filialklöstern hervor, von denen hier nur genannt seien: Neuenkamp in Mecklenburg (1234); Pelplin und Buckow in Pommern (1258, 1260); Chorin in Brandenburg (1260); Heinrichau und Kamenz in Schlesien (1221, 1239); Mogiła in Klein-Polen (1218/

22). Es dauerte seine Zeit, aber zu Beginn des 14. Jahrhunderts zählte man zwischen der Elbe und dem östlichen Polen und Ungarn etwa siebzig Abteien.

Wo diese Klöster sich niederlassen, werden sie zu Zentren der Neulanderschließung und der Besiedlung. Aber jede Abtei verbreitete auch, zumindest zu Beginn, den christlichen Glauben. So haben beispielsweise Bern und Fürst Pribislaw ihr Kloster Doberan gleich von Anfang an mit pastoralen Aufgaben betraut. Noch vor dem Auftreten der Dominikaner in Westeuropa hat Papst Honorius III., 1220, einen Brief an die Bischöfe gerichtet, in dem er sie bittet, vornehmlich mit den Zisterziensern zusammen in ihren Diözesen Missionen durchzuführen.

Vielleicht noch mehr als die Zisterzienser waren die Prämonstratenser rührige Verbreiter ihres Glaubens, und sie haben in den Ländern der Slawen vor allem zahlreiche Kirchengemeinden gegründet. Obschon der Orden aus Frankreich kam, aus Prémontré, wurde er dank seines Gründers und Förderers, Norbert von Xanten, eine »sehr deutsche« Ordensgemeinschaft. Diesseits der Elbe hat dieser Orden schnell Fortschritte gemacht. Als der hl. Norbert den Bischofsstuhl von Magdeburg bestieg (1126), gingen seine Jünger in den weiten slawischen Siedlungsraum. Bald nach der Gründung des Klosters St. Maria zu Magdeburg (1129) folgten die Gründungen Gottesgnaden (1131) in der gleichen Diözese, Leitzkau (1133), Jerichow (1144), Broda (1181) in Brandenburg, Grobe (gegen 1155) auf der Insel Usedom, vor allem aber St. Vinzenz in Breslau (1120/28). Am Ende des 12. Jahrhunderts richtete sich ein neuerlicher Einsatz auf die Länder der Tschechen und Mähren, wo sie in der Diözese Prag Sylo und Strahov gründeten, ferner Hradisch (1151), Bruck (1190) und Zabrdowiz (1211) in der Diözese Olmütz. In der Mitte des 13. Jahrhunderts gab es im Osten beinahe ebensoviele Ordenshäuser der Norbertiner wie der Zisterzienser.

Ein dritter Orden gesellte sich noch zu diesen beiden großen Streitern des Herrn, einer, der vielleicht unauffälliger auftrat, aber in einigen Gebieten nicht minder erfolgreich war, die Augustiner-Chorherren. Die Missionsgegenden im Nordosten vermochten sie wenig anzuziehen. St. Maria in Breslau, Kamenz und Naumburg am Bober zeigen zwar, daß sie auch dorthin ihre Fühler ausstreckten; aber im großen ganzen zogen sie doch die Alpenländer und die Donauebene vor, wo sie die großen Chorherrenstifte St. Nikolaus zu Passau, St. Florian, St. Pölten und Klosterneuburg gründeten.

Dennoch bedurfte es noch im 13. Jahrhundert der neuen Welle der Bettel- und Predigerorden, um die letzten Inseln, die sich dem Christentum widersetzten, zu gewinnen. Die Franziskaner, auch in Österreich groß an Zahl, öffneten 1223 in Magdeburg ein Haus, bald darauf auch in Brandenburg, Torgau, Stettin und Greifswald. Im Jahr darauf ließen sich die Dominikaner in Magdeburg nieder und wandten sich sodann nach Schlesien, wohin die Gemahlin des Grafen Heinrich I., die hl. Hedwig, sie rief, wie auch Bischof Lorenz, der ihnen 1226 die Kirche St. Adalbert zu Breslau schenkte. 1227 richteten sie sich in Danzig ein, im Jahr darauf in Cammin und nach und nach in allen Städten des Ostens.

Gegen Mitte des 13. Jahrhunderts war die Christianisierung der Nordslawen vollendet. Zwar gab es östlich von Oder und Weichsel und an den Gestaden der Ostsee noch immer Heiden, wie es dort auch noch freien Boden gab für die deutschen Siedler. Von da an sind es, wie wir sehen werden, nicht mehr verschiedene Kräfte, die die Eroberung einerseits und die Verbreitung des christlichen Wortes andererseits betreiben. Schwert und Kreuz liegen nunmehr in ein und derselben Hand, in der Hand der Ritter vom Deutschen Orden.

7. *Der Vorstoß an die Oder*

Mit dem Aussterben des fränkischen Kaiserhauses ging die Krone im August 1125 an den Sachsenherzog Lothar von Süpplingenburg. Damit eröffneten sich im Osten neue Aussichten. Lothar, Nachfolger der sächsischen Billunger (1106), hatte bereits aufgrund der Lage seines Herzogtums und seines Hausgutes seine Blicke in Richtung Elbgrenze schweifen lassen. Im Osten war nunmehr die Lage die gleiche wie zu Beginn des ottonischen Zeitalters. Und dennoch: wenn Lothar der einzige gewesen wäre, der dem deutschen Streben nach Osten einen neuen Antrieb vermittelte, dann hätten sein Tod und der Regierungsantritt Konrads III. im Jahr 1138 diesen Schwung schnell zum Erliegen gebracht, denn das neue Geschlecht der Staufer zeigte für den Nordosten kein Interesse und wandte sein Augenmerk zunächst anderen Himmelsrichtungen zu. Die Fürstenfamilien, denen Lothar die Wache über die neuen Marken anvertraut hatte, die Wettiner, Askanier und das Haus Schauenburg, setzten Lothars Politik jedoch fort, und nach seinem Tode oblag es ihnen, die Eroberungen neuer Ländereien im Osten selber in die Hand zu nehmen. Schließlich gingen Lothars Enkelsohn, der Sachsenherzog Heinrich der Löwe, und sein Gegenspieler, Kaiser Friedrich Barbarossa, im Osten selber zum Angriff über. Ihre Politik brachte Landgewinne und außenpolitische Erfolge und ließ die Deutschen bis an die Oder vorrücken[1].

Lothar III. und die Marken im Osten

Schon als Herzog von Sachsen war Lothar mit den Nordslawen in Berührung gekommen, als diese sich anläßlich einer Fürstenrevolte gegen Heinrich V. erhoben. 1114 führte er eine Expedition ins Feld, die sich bis in die Nähe von Rügen vorwagte. Im Jahr darauf brachte Otto von Ballenstedt einen großen Angriff der Sorben vor Köthen an der Saale zum Stehen (9. 2. 1115).

Wir haben gesehen, daß die beiden großen Missionare des Nordostens, Vizelin im Land der Wagrier und Otto von Bamberg im westlichen Pommern, die kurze Schönwetterzeit von Lothars Herrschaft ausnützten und ihr Unternehmen zum Erfolg führten. Der Kaiser ließ auf einer Anhöhe bei Segeberg an der Grenze zu den Wagriern eine Burg bauen und nicht weit davon ein Augustinerstift einrichten, welches er Vizelin anvertraute (1134).

Nachdem Lothar III. von seiner ersten Romreise zurückgekehrt war und die Lage im Reich friedlich gefunden hatte, richtete er sein Augenmerk vornehmlich auf die Organisation der Länder jenseits der Elbe und die Beziehungen zu den östlichen Staaten. Der König belehnte zwei treue Vasallen, Albrecht den Bären, einen Sohn Ottos von Ballenstedt, und Konrad von Wettin mit den beiden wichtigsten Marken, die die Front an der mittleren Elbe sicherten. Albrecht erhielt die Nordmark; Konrad, der bereits die Mark Meißen besaß, vereinigte diese 1136 mit der Lausitz. Dies war für beide Geschlechter der Beginn einer lange währenden Blütezeit. Auch im Südosten griff der Kaiser ein und setzte König Bela II. auf den ungarischen Thron. Und was den Herzog von Polen anlangt, Boleslaw III., Schiefmund genannt, so mußte dieser 1135 auf dem Reichstag von Merseburg erscheinen, um Tributzahlungen und – für Pommern und die Insel Rügen – den Lehnseid zu leisten. Damit knüpfte Lothar an die Tradition der Ottonen an.

Die Schauenburger

Zu den Familien, die ihren Aufstieg Lothar von Süpplingenburg zu verdanken hatten und beim Landesausbau im Osten eine wichtige Rolle spielten, zählten in erster Linie die Schauenburger[2]. Sie kamen aus Westfalen, wo sich die Burg, die ihnen den Namen gab, die Schaumburg, über den Südflanken des Wesergebirges erhebt, östlich der heutigen Stadt Rinteln. Beim Tod des Grafen Gottfried von Hamburg hatte Lothar als Herzog von Sachsen im Jahr 1111 Adolf mit der Grafschaft Holstein und Stormarn belehnt – echten Grenzmarken –, und Adolf hatte den Auftrag, die Wagrier sowie die Obodriten, aber auch, nach Norden hin, die Dänen in Schach zu halten. Die drei Herrscher nach ihm erlebten ungewöhnlich lange und ereignisreiche Regierungszeiten.

Adolf II. (1128–64) kolonisierte das östliche Holstein, indem er westfälische, flämische und holländische Siedler ins Land rief. Beherzt stieß er bis an die Mündung der Trave vor und gründete dort 1143 die deutsche Stadt Lübeck. Aber er mußte sich dem Ansturm Heinrichs des Löwen beugen, der sich dieser neuen Ansiedlung bemächtigte (1157). Adolf III. (1164–1225) stand zwar zunächst unter der Vormundschaft seiner Mutter, wußte sich aber später, als Friedrich Barbarossa mit Heinrich dem Löwen stritt, doch auf die Seite des Kaisers zu stellen, so daß er bei Heinrichs Sturz (1180) praktisch ein unmittelbarer Vasall des Reiches wurde. Als der dänische König Waldemar II. Holstein und Lübeck eroberte und Adolf 1203 in Gefangenschaft geriet, mußte er auf alle Länder jenseits der Elbe verzichten und sich auf seine Schaumburg zurückziehen. Es war nur gerecht, daß Waldemar zwanzig Jahre später von Graf Heinrich dem Schwarzen von Schwerin gefangengenommen und nach Mecklenburg gebracht wurde. Wollte der Däne wieder frei werden, mußte er sämtliche Eroberungen aufgeben. Adolf IV. von Holstein erhielt seine Grafschaft zurück (1225). Waldemar wollte den Kampf wieder aufnehmen, doch der Graf schlug ihn an der Spitze der sächsischen Fürsten am 22. Juli 1227 in der Schlacht von Bornhöved, zwischen Neumünster und Plön, und befreite somit den deutschen Norden von dänischer Bevormundung.

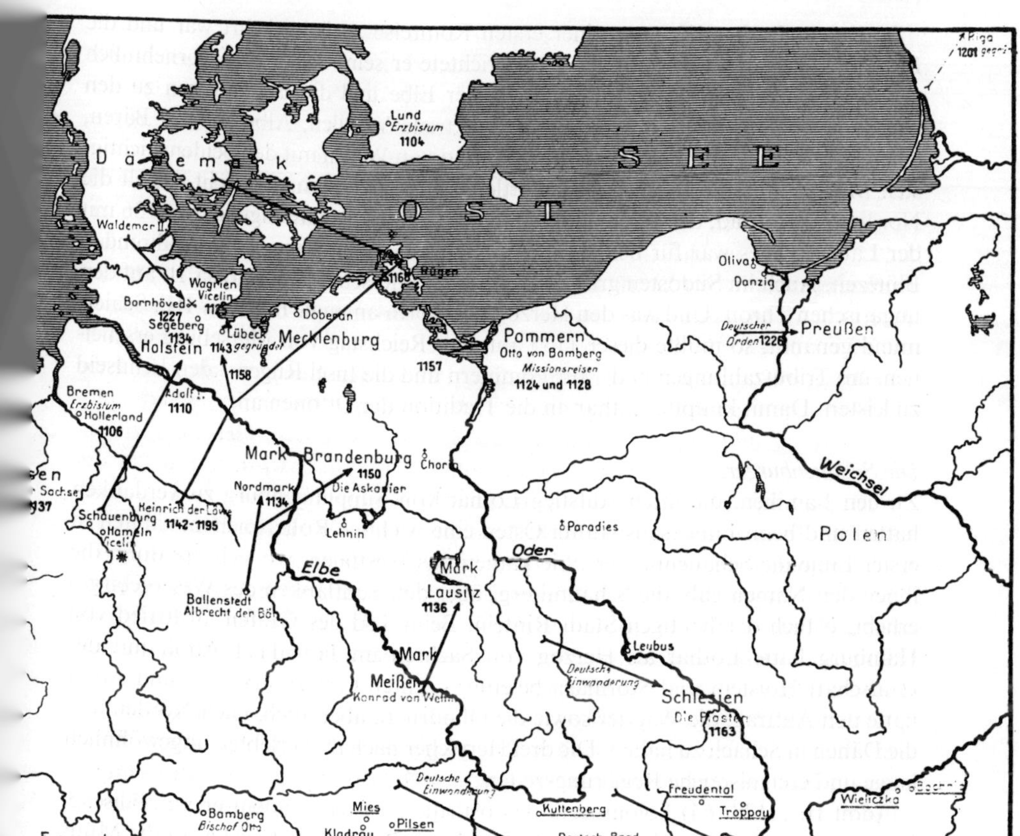

Das deutsche Vordringen bis zur Weichsel und nach Siebenbürgen, 1125/1226.

Albrecht der Bär

Albrecht der Bär[3] war eine nicht weniger bemerkenswerte Persönlichkeit als der Schauenburger; er hat der Nordmark die Dynastie der Askanier gegeben. Seinen Namen führte er nach seinem Stammschloß Aschersleben (*Ascaria, Ascania*), das an den östlichen Hängen des Harzes lag. In dieser Gegend und im Thüringischen hatte Albrecht die Güter der Ballenstedt übernommen; in Sachsen fiel ihm durch seine Mutter ein Teil des Billungererbes zu. 1125 hatte Lothar ihn mit der Niederlausitz belehnt; um ihn für seine Treue während der Italienreise zu belohnen, überließ er ihm die Nordmark, jenen schmalen Streifen Land zwischen den Flüssen Ohre und Aland, am linken Ufer der Elbe (Altmark). Aber dieses Gebiet galt es erst zu erwerben, ja zu erobern. Albrecht überlegte nicht lange: 1136 nahm er Havelberg, im Jahr darauf eroberte er die Prignitz – das Land zwischen der Elbe und Mecklenburg, zwischen den Flüssen Elde und Dosse. Geschmeidig und diplomatisch ging Albrecht der Bär vor, und so gelang es ihm, seine Gebiete abzurunden. Er suchte freundschaftliche Verbindungen zu Pribislaw, dem Fürsten der Heveller, der sich nach seinem Übertritt zum Christentum Heinrich nannte. Anläßlich seiner Taufe schenkte er Albrecht Land im Süden der Havel, und da er keine Nachkommen hatte, überließ er ihm später sogar sein gesamtes brandenburgisches Erbe (1150)[4]. Obwohl Jaxa von Köpenick, ein Anführer der Wenden (beziehungsweise der Polen), bis 1157 seine gesamte Widerstandskraft aufbot, errichtete der Markgraf in dieser Region östlich der Elbe seine Residenz, und damals fing man an, ihn Markgraf von Brandenburg zu nennen.

Wie Albrecht 1147 am Wendenkreuzzug teilgenommen hatte, so folgte er 1157 auch Barbarossa auf dessen großem Ritt gegen Polen. 1163, als Niklots Söhne während eines Aufstands versuchten, sich des Obodritenlandes zu bemächtigen, unterstützte er zwar vorübergehend Heinrich den Löwen, aber nur aus eigenem Interesse. Solange der Brandenburger lebte, gab es für den Herzog von Sachsen kein Weiterkommen, weder in Richtung Oder noch zur Ostsee hin. Die Anfänge von Albrechts neuem Staat waren schwierig; es gab Reibereien mit dem Erzbischof von Magdeburg und Wirren in der Niederlausitz. Aber Albrecht wußte sich zu helfen: Er ermutigte deutsche Siedler, Dörfer und Städte zu gründen und seine neuen Ländereien nutzbar zu machen. So machte er die Mark zum Keim jenes brandenburgischen Staates, aus dem in der Neuzeit das Deutsche Reich hervorging[5].

Heinrich der Löwe

Eine Generation jünger als Adolf II. und Albrecht der Bär, war Heinrich der Löwe, der dritte große Vorkämpfer dieser »Ostpolitik«, ein Mann von ganz anderem Format[6]. Durch seinen Vater Heinrich den Stolzen gehörte er zur alten Linie der bayerischen Welfen, und durch seine Mutter Gertrud war er der Enkel Lothars von Süpplingenburg. Nach dem Tod seines Vaters, der neben seinem Herzogtum Bayern 1136 auch noch das Herzogtum Sachsen erhalten hatte, trotzte der neue Herzog sowohl König Konrad III. als auch Heinrich, dem Markgrafen von Österreich, dem zweiten Gatten seiner Mutter; so behielt er die beiden Herzogtümer.

Siegel von Albrecht dem Bären.

Heinrich der Löwe nahm die alte Kolonialtradition wieder auf. Er strebte nach Landerwerb und unmittelbarem materiellem Gewinn ebenso wie nach dem Zugang Sachsens zur Ostsee. Der Löwe beherrschte die Ebene zwischen Rhein, Harz und Elbe, und er wollte das Land zwischen dem des Schauenburgers und dem des Markgrafen von Brandenburg erobern und germanisieren, wobei er mit beiden wetteifern mußte. Der Schlag gegen das neue Lübeck und die Abtretung, zu der Adolf II. (1157) gezwungen wurde, schob dem Schauenburger einen Riegel vor und öffnete dem Herzog den Zugang zum Meer. Kaiser Friedrich Barbarossa ließ den Sachsen in den neuen Bistümern im Nordosten – Oldenburg, Ratzeburg und Mecklenburg – nach Belieben schalten und walten und verlieh ihm das Recht, die Bischofsstühle zu besetzen und mit Einkünften zu versehen (1154). So setzte Heinrich in Ratzeburg Bischof Evermond ein, den Schützling Wichmanns von Magdeburg. Die eroberten Territorien, die Gunzelin, dem Ahnherrn des gräflichen Hauses von Schwerin, und Heinrich von Schooten in Mecklenburg unterstanden, begann Heinrich 1160 neu zu ordnen. Sieben Jahre später jedoch mußte er den größten Teil Mecklenburgs an Orbislaw, den Sohn des Niklot, zurückerstatten; er behielt nur die Stadt und die Grafschaft Schwerin.

Heinrich der Löwe war ein Fürst, der neue Räume erschließen wollte, und seine

Grabplatte Heinrichs des Löwen im Braunschweiger Dom.

Nachfolger eiferten ihm darin nach. In den Jahren 1160 und 1170 war er von dem Gedanken beherrscht, Flamen, Holländer, Westfalen und Niedersachsen im östlichen Holstein und in Niedersachsen anzusiedeln. Wichtig war ihm dabei vor allem, daß dieser neuerschlossene Teil Sachsens eine Domäne des Herzogs wurde und nicht etwa ein Reichslehen.

Aber mußten diese Unternehmungen des Löwen nicht den Rahmen des Reiches sprengen?[7] Der Staat, der sich unter den Händen des ehrgeizigen und klugen Herzogs zu formen begann und der von Bayern bis zur Ostsee reichte, war zu groß, um nicht bei jedermann Anstoß zu erregen. Das Interesse der Krone gebot dem Kaiser, den Löwen zu stürzen. So kam es – ohne auf die Wechselfälle dieses gewaltigen Ringens eingehen zu wollen – zum Prozeß wegen Landfriedensbruchs, zu der Verbannung des Löwen sowie der Einziehung seiner Lehen. Auf dem Reichstag von Gelnhausen (13. April 1180) wurde das Herzogtum Sachsen geteilt: den westlichen Teil, Westfalen, erhielt der Erzbischof von Köln, Philipp; der östliche Teil ging an Bernhard von Anhalt, den Sohn Albrechts des Bären, des alten Widersachers des Löwen; Otto von Wittelsbach wurde etwas später mit Bayern belehnt. Friedrich Barbarossa mußte den Welfen allerdings mit Waffengewalt aus seinen Besitzungen im Nordosten vertreiben. Lübeck und die nordelbischen Landstriche fielen im Sommer 1181; Lüneburg und Ratzeburg durfte Heinrich behalten.

Nach seiner Rückkehr aus dem englischen Exil versuchte er zwar, Sachsen zurückzuerobern (1190), aber damit war dieses Abenteuer auch zu Ende. Das Verschwinden des großen Herzogs hinterließ allerdings im Norden ein Machtvakuum, was die Herrschaft Knuts begünstigte, später die des Dänenkönigs Waldemar II.

Das Herzogtum Österreich

Während sich im Nordosten diese Ereignisse von weitreichender Bedeutung vollzogen, wurde aus der alten Mark der Babenberger im Südosten das Herzogtum Österreich. Einen Augenblick lang befanden sich diese Ereignisse sogar in enger Verbindung miteinander. Der Markgraf von Österreich, Heinrich Jasomirgott genannt[8], Sohn Leopolds III. und Gemahl Gertrudes, der Witwe Heinrichs des Stolzen, hatte dank der Gnade Konrads III. das Herzogtum Bayern erhalten, und er hatte es geschafft, daß der junge Heinrich der Löwe auf die Nachfolge in Bayern verzichtete. Aber nach dem Tode seiner Mutter hatte der Löwe diesen Verzicht für null und nichtig erklärt und dieses Erbe für sich beansprucht (1147). Um diesen Zwist beizulegen, hatte Barbarossa gleich zu Beginn seiner Herrschaft Verhandlungen in die Wege geleitet, die der Freisinger Bischof Otto, Jasomirgotts Bruder, führte (1152/54). Schließlich erhielt Heinrich der Löwe 1155 das Herzogtum Bayern, und als Ausgleich bekam der Markgraf der Mark Österreich den erblichen Herzogstitel.

Im September 1156 fand in Regensburg die feierliche Zeremonie statt: Jasomirgott wurde in sein neues Herzogtum eingeführt; ein Privileg, am 17. September gleichen Jahres ausgestellt, führte sämtliche Rechte Österreichs[9] auf: Das Herzogtum war erblich, obschon die anderen Herzogtümer theoretisch Lehen waren und wieder eingezogen werden konnten; das Nachfolgerecht in der männlichen wie der weiblichen Linie; das Recht, einen Nachfolger vorzuschlagen *(jus affectandi)*, falls das Haus ohne eigene Nachkommenschaft war; die Heeresfolgepflicht beschränkte sich auf die Feldzüge innerhalb der Provinzen und Königreiche, die an Österreich angrenzten; unumschränkte Rechtsgewalt innerhalb des Herzogtums. Dies war die unerwartete Belohnung für die Babenberger, und zwar dafür, daß sie anderthalb Jahrhunderte lang unermüdlich dem Deutschtum im Donautal gedient hatten. Für das Reich bedeutete dies den Beginn des Zerfalls in Territorien; für Österreich hingegen war es die eigentliche Geburtsstunde.

Nach dieser weitreichenden Verwandlung der Mark war Heinrich Jasomirgott erst recht darauf bedacht, seine Grenzen zu festigen. Und so war es auch auf einem Zug gegen die Böhmen zur Sicherung des Gebietes von Weitra, daß er zwischen dem Nordwald und dem heutigen Budweis (České Budějovice, ČSSR) mit seinem Pferd einem Unfall zum Opfer fiel (1177). Sein Sohn Leopold V. (1177–94) setzte den Kampf fort und behauptete sich in dieser Gegend. Er war Österreichs großer Städtegründer und der Erschließer seiner Grenzräume. Als Residenz wählte er sich Wien, wo Jasomirgott bereits die Burg *Am Hof* hatte erbauen lassen. In Verhandlungen mit dem Herzog der Steiermark, Ottokar IV., erhielt er von diesem die Erbfolge in diesem Herzogtum; 1192 trat er das Erbe an. Er war es auch, der

Herzog Leopold VI. von Österreich (1198–1230). Glasgemälde, früher im Kloster Lilienfeld, jetzt in der Stadtpfarrkirche Steyer.

Richard Löwenherz auf seiner Rückkehr vom Kreuzzug festnehmen ließ (1192) und ihn erst gegen Zahlung der enormen Summe von 150000 Silbermark aus seinem Gefängnis in Dürnstein freiließ. Das Lösegeld soll er dazu verwendet haben, neue Städte und Burgen zu bauen. Doch mit diesem Verrat scheint er einen Fluch auf sich und das Land gezogen zu haben: Wien brannte ab, die Donau trat über die Ufer, es folgte eine Hungersnot, schließlich ein Unfall beim Turnier. Und sein ältester Sohn Friedrich I. (1194–98) verlor kurz darauf sein Leben im Heiligen Land.

Die polnische Krise von 1138–1146

Um richtig zu verstehen, was Friedrich Barbarossa neben seinen großen Lehnsleuten, diesen Eroberern und Kolonisatoren im Osten, alles geleistet hat, muß man auf die politischen Ereignisse in Polen nach 1138 zurückkommen. Boleslaw III. wollte den polnischen Staat vor Unruhen bewahren, die bei jedem neuen Herrscherwechsel eintraten. Daher hatte er in seinem Testament verfügt, daß der älteste seiner Söhne das »Seniorat« besäße, das heißt, die Würde des Großherzogs und die Oberherrschaft über seine Brüder, die gleichfalls als Erbe einen Teil Polens erhielten. Infolge dieser Bestimmung wurde das Regnum 1138 in vier Herzogtümer aufgeteilt, und Ladislas II. erhielt neben dem Seniorat Krakau und Schlesien (1138–46)[10].

Ladislas war mit Agnes von Babenberg verheiratet. Er war bereit, um seine Autorität zu vergrößern, den Treueid gegenüber dem Reich zu erneuern, den sein Vater 1135 geleistet hatte. Dagegen erhoben sich, mit Unterstützung des Adels und des Erzbischofs von Gniezno, alsbald die anderen Fürsten.

In dieser Krise rückte der Burgvogt von Wrocław, Peter Wlast, Ladislas' Onkel und faktisch der Herr über Schlesien, vor. Er begab sich nach Magdeburg, um, so scheint es, Konrad III. für die Revolte von Ladislas' Brüdern zu gewinnen, an deren Seite er übrigens später kämpfte. Ladislas ließ ihn wegen Hochverrats festnehmen und blenden, was ihm nun seinerseits die Exkommunikation des Erzbischofs von Gniezno und die Vertreibung aus Polen einbrachte. Nun erhielt der älteste seiner Brüder, Boleslaw IV., die großherzogliche Würde (1146–72). Doch der gestürzte Herzog erschien im April 1146 auf dem Reichstag im sächsischen Kaina und stellte ganz Polen wieder unter die Lehnsherrschaft des Reiches. König Konrad III. blieb nichts weiter übrig, als ihm beizustehen, seine Krone wiederzugewinnen. Ein Feldzug scheiterte an der Oder, und nun schalteten sich Albrecht der Bär und Konrad von Wettin als Vermittler ein. Das Ergebnis: Die eine Schwester Boleslaws IV. heiratete Otto von Brandenburg, eine andere Dietrich, den Markgrafen von Meißen; Ladislas erhielt seinen Thron allerdings nicht zurück. Boleslaw IV., dessen Mutter eine Deutsche war, die Tochter des Grafen von Berg, bemühte sich nach diesem Übereinkommen um ein besseres Einvernehmen mit den deutschen Fürsten, daher nahm er in zweiter Ehe Christine zur Frau, die Tochter Albrechts des Bären (1153). Es war der Fortgang dieser Ereignisse, der Friedrich Barbarossa dazu bewog, in Polen und in Schlesien einzugreifen.

Friedrich Barbarossa und Polen

Boleslaw IV. erneuerte den Treueid seines Vaters nicht; 1154 weigerte er sich, den fälligen Tribut zu entrichten und Friedrich Barbarossa einen Trupp Soldaten für dessen erste Italienreise zur Verfügung zu stellen. Dies war ein weiterer Grund, warum sich der neue Kaiser für das Schicksal Ladislas' interessierte. Er sandte

Boleslaw eine Gesandtschaft und forderte ihn auf, die Herzogskrone abzulegen. Das war ein Ultimatum; danach kam der Krieg. Im August 1157 traf der deutsche Adel in Halle ein: Heinrich der Löwe, Albrecht der Bär, Heinrich von Thüringen, der Markgraf der Lausitz, Erzbischof Wichmann von Magdeburg, die Bischöfe von Meißen und Merseburg, auch tschechische und mährische Verbände. Am 22. August überschritt dieses Heer die Oder. Die Polen verfuhren nach dem Rezept des »Krieges der verbrannten Erde« und zogen sich zurück, die brennenden Städte Głogów (Glogau) und Bythom (Beuthen) hinter sich lassend. Die kaiserliche Armee zerstörte ihrerseits Wrocław und Poznań. Daraufhin mußte Boleslaw sich fügen. Er kam ins Lager der Deutschen nach Krzyszkowo, unweit von Poznan, und versprach, den rückständigen Tribut zu entrichten und dreihundert bewaffnete Reiter für die Italienfahrt zu stellen. Außerdem schwor er dem Reich die Treue. Barbarossa hatte sein wichtigstes Ziel erreicht – für den Augenblick kam es nicht mehr auf die Rechte Ladislas' an, der übrigens kurz darauf verstarb (1159)[11].

Friedrich Barbarossa und Schlesien

Ladislas hinterließ aus seiner Ehe mit Agnes von Österreich drei Söhne: Boleslaw, Mieszko und Konrad; und wenn sie auch nicht die großherzogliche Krone für sich beanspruchten, verlangten sie doch den Teil des Erbes, der ihrem Vater zugestanden hätte. Friedrich war unzufrieden darüber, daß Boleslaw IV. die dreihundert bewaffneten Reiter doch nicht nach Italien geschickt hatte und unterstützte diese Forderung. Der Herzog von Polen, Schlimmeres fürchtend, gab seinen Neffen nach und trat ihnen, ein paar Orte ausgenommen, Schlesien ab, das aber weiterhin seiner Suzeränität unterstellt blieb (1163). Die drei Brüder teilten das Land nun unter sich auf: Boleslaw, der älteste, erhielt Wrocław, Legnica (Liegnitz) und Opole; Mieszko erhielt Ratibor und Konrad, etwas später, Głogów.

Zunächst verstanden sich die neuen Herzöge mit Boleslaw IV., aber bald trachtete Boleslaw von Wrocław nach der Würde des Großherzogs, und er trieb es so weit, daß seine Brüder und der Bischof von Wrocław sich mit dem Großherzog gegen ihn verbündeten und ihn aus seinem Fürstentum verjagten. Da er mit einer Deutschen verheiratet war, mit Adelaide von Sulzbach, zog er sich nach Westen zurück und bat Barbarossa um seinen Beistand. Erst 1172 entschloß sich der Kaiser, diese Angelegenheit nicht länger schwelen zu lassen. Am 31. Juli zog er erneut ein großes Heer zusammen und drang ein weiteres Mal in Polen ein. Der neue Großherzog Mieszko III., der soeben Boleslaw IV. auf dem Thron gefolgt war, bot bald seine Unterwerfung an. Er zahlte den Tribut für die vergangenen zwanzig Jahre nach und erkannte die Lehnsherrschaft des Reiches an. Friedrich brachte die Verhältnisse Schlesiens wieder in Ordnung. Boleslaw der Lange erhielt Wrocław zurück; Mieszko mußte sich mit dem Herzogtum Ratibor zufriedengeben.

Nach einem weiteren Bürgerkrieg in Polen, der mit der Vertreibung Mieszkos III. und mit dem Anspruch seines jüngeren Bruders Kasimir III. (1177–94) auf den großherzoglichen Thron endete, wurde die Teilung nunmehr endgültig (1178).

Der Bischof von Wrocław erhielt zeitweilig Opole und bleibend das Land am Oberlauf der Glatzer Neiße (das Becken, in dem die Stadt Neisse liegt, war davon ausgenommen, es blieb bei der Diözese Prag). 1201 folgte Heinrich I. seinem Vater Boleslaw in Breslau auf den Thron; er wurde, wie wir noch sehen werden, der große Erschließer des schlesischen Landes[12].

Das Ende der Eroberungen

Die Tschechen machten Friedrich Barbarossa zu Beginn seiner Herrschaft bei seinem aktiven Vorgehen im Osten keine Schwierigkeiten. Herzog Wratislaw II. (1140–73) stand ihm sogar während seines Feldzugs in Polen bei, wofür ihm der Kaiser die persönliche Königswürde verlieh (1158). Im gleichen Jahr griff Barbarossa in Ungarn in die Kämpfe König Geisas II. (1141–61) gegen seinen Bruder Stephan ein, ohne allerdings eine Entscheidung herbeizuführen, denn »sein Herz war übervoll mit anderen Dingen«: eine weitere Reise nach Italien stand bevor, namentlich gegen die Stadt Mailand; außerdem bedrückte den Kaiser die Lage im Reich.

Der Strudel der politischen Ereignisse in Italien und die Kreuzzugsvorbereitungen nahmen den Kaiser gegen Ende seiner Herrschaft so sehr in Anspruch, daß er den Osten immer mehr aus den Augen verlor. Seine Politik gegenüber dem Osten wurde von den Historikern unterschiedlich beurteilt. Zweifellos hat das Auf und Ab im Streit zwischen Sacerdotium und Imperium diese Politik in den Hintergrund gedrängt. Um so wichtiger wird Barbarossas Eingreifen in die Angelegenheiten Schlesiens, denn dies war der erste Schritt zur Germanisierung dieses Landes[13].

Der Wettbewerb um die Thronfolge, der nach dem Tod von Barbarossas Sohn, Heinrich VI. (1190–97), einsetzte, machte es schwierig, die Absichten der deutschen Könige im Osten weiterzuverfolgen. Philipp von Schwaben, Heinrichs Bruder, verlieh 1198 dem Přemysliden-Herzog Ottokar I. den Königstitel, um die Tschechen auf seine Seite zu ziehen, und Böhmen stieg somit in den Rang eines Königreichs auf. Aber vier Jahre später lief Ottokar ins Lager Ottos von Braunschweig über, des Sohnes Heinrichs des Löwen. Die beiden Fürsten waren außerstande, die dänischen Angriffe auf Holstein, Mecklenburg und Pommern abzuwehren. 1203 erkannte Otto die neuen Machtverhältnisse an, und Philipp hatte vor seinem Tod (1208) keine Gelegenheit mehr, sie wieder umzukehren. Auch der junge Friedrich II., 1211 zum deutschen König gewählt, sah sich Ende 1214 gezwungen, »auf alle Grenzregionen jenseits von Elde und Elbe zu verzichten, die Teil des Römischen Reiches sind«, also auf die nordelbischen Gebiete und das »Slawenland«, das die Dänen erobert hatten. Als Waldemar II. Heinrich von Schwerin gefangensetzte, griff natürlich der Kaiser ein und ersuchte Bischof Konrad von Hildesheim in einem Schreiben, alles zu tun, damit dieser Gefangene befreit werde. Zugleich setzte Friedrich sich dafür ein, daß sich der Deutsche Orden im Kulmer Land niederließ (1226). Aber die Kette von Ereignissen, die nach 1227 begann – der Kreuzzug, der unaufhörliche Zwist mit dem Papsttum, die Unruhen in Deutschland und Italien, schließlich des Kaisers Tod im Jahr 1250 –, machte es erneut unmöglich, daß der deutsche König im Osten vorstieß.

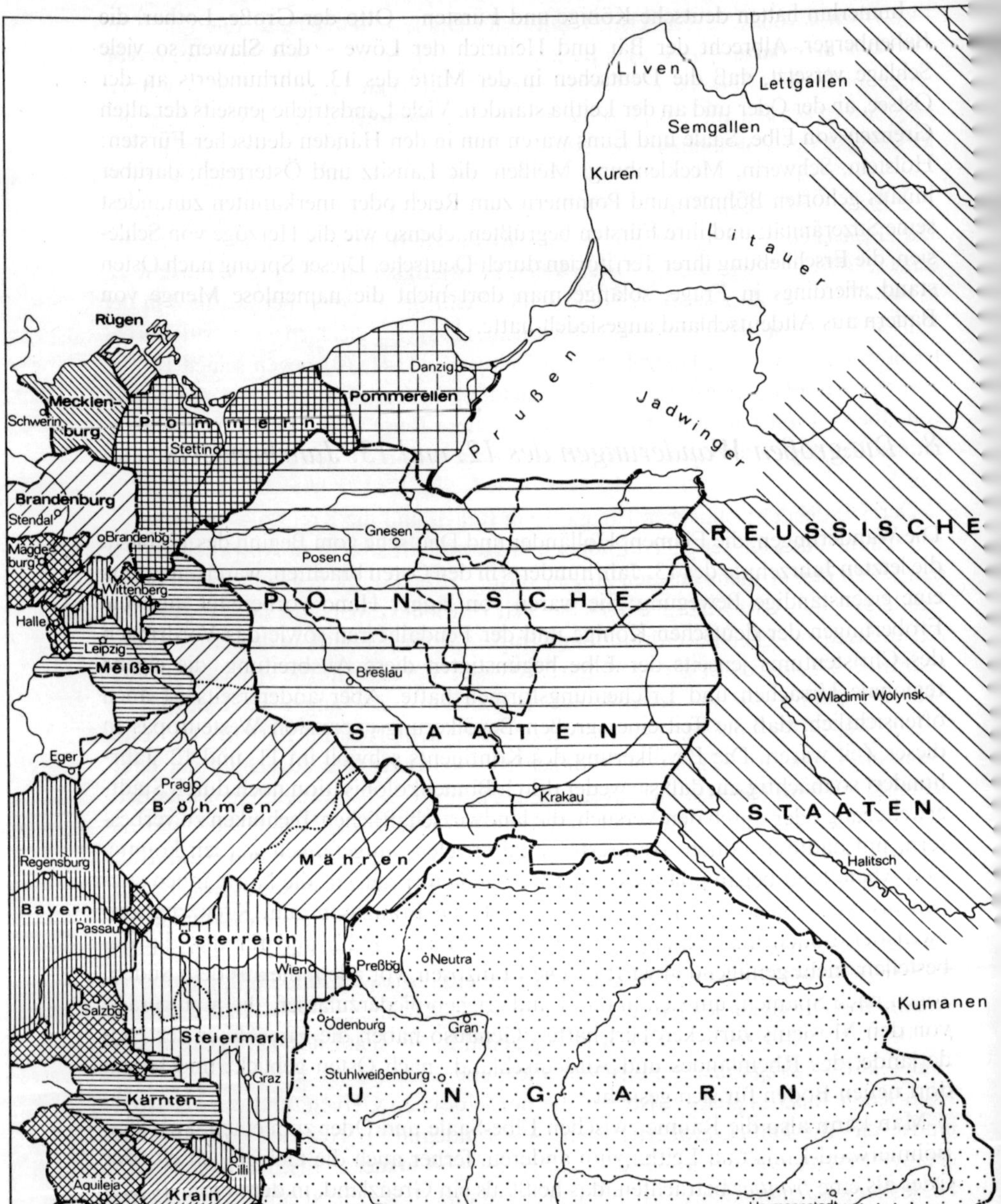

Osteuropa um 1200

Immerhin hatten deutsche Könige und Fürsten – Otto der Große, Lothar, die Babenberger, Albrecht der Bär und Heinrich der Löwe – den Slawen so viele Schläge versetzt, daß die Deutschen in der Mitte des 13. Jahrhunderts an der Ostsee, an der Oder und an der Leitha standen. Viele Landstriche jenseits der alten Grenzen von Elbe, Saale und Enns waren nun in den Händen deutscher Fürsten: Holstein, Schwerin, Mecklenburg, Meißen, die Lausitz und Österreich; darüber hinaus gehörten Böhmen und Pommern zum Reich oder anerkannten zumindest seine Suzeränität; und ihre Fürsten begrüßten, ebenso wie die Herzöge von Schlesien, die Erschließung ihrer Territorien durch Deutsche. Dieser Sprung nach Osten stand allerdings in Frage, solange man dort nicht die namenlose Menge von Bauern aus Altdeutschland angesiedelt hatte.

8. *Die großen Wanderungen des 12. und 13. Jahrhunderts*

Die Wanderungen, die Flamen, Holländer und Deutsche vom Beginn des 12. bis in die letzten Jahrzehnte des 13. Jahrhunderts in den Osten brachten, waren einerseits eine eigenständige Bewegung: Sie waren von langer Hand vorbereitet, und die Eroberungen der deutschen Könige und der Feudalherren sowie das Vordringen des Christentums jenseits der Elbe begünstigten diese Ausbreitung, die eigene regionale Ursachen und Erscheinungsformen hatte. Aber andererseits ist auch offensichtlich, daß sie Teil einer großen Bevölkerungsexpansion Westeuropas in dieser Zeit waren. Die Bevölkerung des Kontinents schwoll im 11. und 12. Jahrhundert so mächtig an, daß sie weder durch Binnenkolonisation noch durch Stadterweiterung oder durch den Versuch, die landwirtschaftlichen Techniken zu verbessern, um dadurch höhere Agrarerträge zu erzielen, aufgefangen werden konnte. Das Abendland begann damals, seine Grenzen zu sprengen: die Normannen stießen ins Mittelmeer vor; 1095 rief Urban II. die Franzosen zum Kreuzzug auf, »weil der Boden allzu knapp geworden ist für ihre Zahl, und für die, die ihn bestellen, nicht genügend abwirft«[1]. Die Franzosen, vor allem die aus dem Süden, zogen nach Spanien, um sich in den Landstrichen niederzulassen, die man gerade von den Moslems zurückerobert hatte[2]. Genauso haben die Einwohner der Niederlande, des Rheinlandes und Altdeutschlands nach Osten geblickt und haben dort neuen Boden für sich gesucht.

Man kann also die Räume zwischen Elbe-Saale und Oder zum einen, zwischen Böhmerwald-Enns und Leitha zum anderen, ferner auch die Gebiete jenseits der Oder als eine *frontier* betrachten, das heißt als ein Grenzland, in dem Pioniere sich niederließen – so haben die Amerikaner im 19. Jahrhundert die unbesiedelte »Grenz«-Region im Westen bezeichnet. Aber hier muß man hinzufügen, daß diese Grenze sich vorschob in ständigem Kontakt mit Völkerschaften, deren Zivilisation fast ebenso hochentwickelt war wie die der Siedler, und daß ihre staatlichen Einrichtungen – zumindest in Polen, Böhmen und Ungarn – den Vergleich mit dem Westen nicht zu scheuen brauchten. Die Slawen haben, bis zu einem gewissen Grad, die deutschen Siedler auf ihren wenig besetzten und bewirtschafteten Territorien willkommen geheißen, und die Deutschen ließen sich an ihrer Seite nieder. Der *Drang nach Osten*, das war der kriegerische, eroberungslüsterne Drang der Fürsten; daneben erfolgte der *Zug nach Osten* der Bauern und Handwerker. Das langsame Einsickern Tausender friedlicher kleiner Gruppen hat, als Ganzes betrachtet, auf Jahrhunderte die ethnische Zusammensetzung und die Landschaft Ostmitteleuropas von der Ostsee bis zu den Karpaten und zur Drau tiefgreifend verändert.

Zustrom von Menschen in den Osten

Ohne die politischen Reibereien, von denen wir bereits erfahren haben, und ohne die leeren Räume in dem Gebiet jenseits der Elbe wären diese Wanderungsbewegungen nicht möglich gewesen[3]. Große Wälder und riesige unbebaute Landstriche trennten die bereits von Slawen besiedelten Gebiete voneinander. In Mecklenburg stand zwischen dem Siedlungsraum der Obodriten und dem der Liutizen ein großer Wald[4]. Zwischen den Hevellern und den mecklenburgischen Stämmen breiteten sich beispielsweise die Wälder von Besut, Lietze und Uckerschewolt in einer Breite von 15 bis 25 Kilometern aus; zwischen die genannten Heveller und die Sorben schob sich ein weiterer Gürtel aus Heide und Wald, der von der Lüneburger Heide bis zur Görlitzer Neiße reichte. In Schlesien hatten die Slawen die Lößböden und die leicht bebaubaren Böden von Glogau, Trebnitz, Breslau, Oppeln und Beuthen besiedelt, aber riesige dichte Wälder trennten das untere vom oberen Land und bedeckten die Sudeten und ihre Vorberge sowie Teile Ostschlesiens und den Grenzsaum des Warthe-Tals[5]. Auch einige Gebiete im Vogtland und im oberen Sachsen waren vor der deutschen Besiedlung bar jeder menschlichen Wohnstätte.

Es ist allerdings kaum anzunehmen, daß dieser Zustand immer so geblieben wäre, und es hat sich gezeigt, daß die Slawen im 11. und 12. Jahrhundert sich gleichfalls an der Urbarmachung und der Erweiterung der Anbauflächen in ihren Gebieten beteiligt haben. Dies trifft vor allem für die Gegend zu, wo Polaben, Obodriten und Wagrier zusammenkamen, im Tal der Peene ebenso wie im westlichen Pommern und in der Oberlausitz; und derweil die Deutschen kolonisierten, fuhren auch die Slawen fort, neue Gebiete urbar zu machen und Dörfer zu gründen[6]. Trotz alledem blieb die allgemeine Besiedlungsdichte dort derart dünn, daß das Eindringen und die Ansiedlung von Siedlern aus dem Westen unbehindert weiterging.

Man muß auch darauf hinweisen, daß die Kriege zwischen den Stämmen, die Einfälle der Ungarn sowie die Feldzüge der Sachsen und, später, die der Markgrafen das Ihre beigetragen haben, die Bevölkerung im Osten zu vermindern. Ein so blutiges Ereignis wie der Wendenkreuzzug hat einige Landstriche Mecklenburgs und Pommerns buchstäblich entvölkert. Der Einfall der Mongolen in der Mitte des

13. Jahrhunderts, der sie bis an den Oberlauf der Oder brachte, war ähnlich verheerend (1243). Wenn die Feudalherren in den nördlichen Marken nach Siedlern riefen, hoben sie immer wieder hervor, daß diese Räume menschenleer seien, um Zuwanderer anzulocken.

Die sozialen und ökonomischen Umwälzungen des 12. Jahrhunderts

Im Verlauf des 12. und des 13. Jahrhunderts kam es vor allem in Niederdeutschland zu Veränderungen im sozialen und landwirtschaftlichen Bereich, und diese Umwälzungen waren ebenfalls ursächlich beteiligt an der Wanderungsbewegung nach Osten. Die großen Güter der Karolingerzeit, die Villikationen, die der grundherrschaftlichen Wirtschaft lange als Grundgerüst gedient hatten, waren, hier wie in Westeuropa, überlebt und begannen sich aufzulösen. Die meisten dieser weltlichen oder geistlichen Wirtschaftshöfe sahen sich ihrer Ländereien beraubt, sei es, daß ihre Verwalter (Meier), Vögte oder Waldaufseher sich einfach des Bodens bemächtigten, sei es, daß diese Ländereien als Lehen ausgegeben wurden und der Lehnsträger verpflichtet wurde, das Land an mehrere Untervasallen auszugeben, die dem König dienen mußten.

Unter dem Druck der anwachsenden Bevölkerung verschwand der Überschuß an Grund und Boden beinahe vollkommen; die Zuteilungen an Boden wurden immer kleiner, und die Größe der Höfe schrumpfte zusammen: ein Pächter hielt oftmals nur eine halbe, ein viertel oder nur ein achtel Hufe, ja manchmal sogar noch weniger, gar nur zehn oder fünfzehn Morgen[7]. Vor dem 12. Jahrhundert waren die gepachteten Güter und Höfe beinahe alle festen Abgaben unterworfen. Aber der vermehrte Geldumlauf – dies ein Charakteristikum der Wirtschaft des 12. Jahrhunderts – und der wachsende Wert von Grund und Boden verzerrten die Relation zwischen Bodenpreis und Pachtzins und führten dazu, daß das Einkommen der Grundherren verfiel. Die Grundeigentümer gaben sich nun auch alle Mühe, ihre Güter anders aufzuteilen, um die neu entstandene Situation zu ihren Gunsten zu meistern. Freiwillig oder erzwungenermaßen fiel nun das Land von den Pächtern an die Grundherren zurück, diese teilten es in zwei, drei oder vier große Meierhöfe auf und vergaben es in Halbpacht oder verliehen es nur auf Widerruf. Die Halbpacht bedeutete, daß der Pächter jährlich ein Drittel bis zur Hälfte der Ernte abliefern mußte; wer ein Stück Land zeitlich befristet pachtete, leistete dafür nicht mehr Abgaben in Naturalien wie zuvor, sondern zahlte eine feste Summe in barer Münze. Es gab kaum Leibeigene, die verjagt worden waren und dennoch soviel Geld besaßen, um die nach den neuen Kontrakten geforderten Geldsummen zu zahlen; und wenn man ihnen ihre persönliche Freiheit gab, besaßen sie weder Land noch irgendwelchen anderen Rückhalt. Die Vögte ihrerseits zwangen ihre Pächter, den Pachtzins in Silber zu erhöhen[8].

Dann gab es noch besondere Fälle: Bauern, die die Zisterzienser verjagt (»gelegt«) hatten, weil sie auf ihrem Boden Grangien anlegen wollten[9]. Berichte über die »Wunder« des hl. Anno, Erzbischof von Köln, spiegeln am Ende des 12. Jahrhunderts diese Ereignisse wider: »Die Besitzgier und die Diebereien der Mächtigen waren so groß, daß sie die Armen und die Bauern unterdrückten und sie vor ungerechte Richter schleppten. Viele mußten ihr Erbe verkaufen und in fremdes Land gehen«[10]. Man versteht nun, daß die freien Ländereien im Osten, die als fruchtbar galten, die Blicke dieser Bauernmassen auf sich zogen, zumal der niederdeutschen, die dem Elend besonders ausgeliefert waren. Auch im Rheinland und in Westfalen gibt es bis ins 13. Jahrhundert hinein Beispiele solcher »Fluchten« von Bauern[11].

Aufrufe zur Kolonisation

War der Boden der Neubesiedlung auch schon durch die Eroberungen bereitet, so bedurfte es doch eines äußeren Anstoßes, um die große Masse in Bewegung zu setzen. Dieser Anstoß kam selten von oben. Nur Heinrich III. hat, wie die Karolinger im 9. Jahrhundert, die bayerischen Auswanderer ermutigt, indem er der Kirche und großen weltlichen Vasallen in den Donauländern Grund und Boden zuwies. Die Markgrafen im Nordosten haben im 12. Jahrhundert die Neubesiedlung slawischer Erde unmittelbarer vorangetrieben. Sie wollten ihre Finanzmittel stärken, indem sie mehr Grund und Boden verpachteten; und sie wollten ihre Stellung in den eroberten Gebieten festigen, daher mischten sie unter das dort einheimische Element deutsche Siedler, die sie ins Land riefen. Helmold von Bosau berichtet in seiner »Slawenchronik« davon, daß Adolf II. von Schauenburg 1143 aufgerufen habe, Holstein zu erschließen: »Da das Land verlassen war, schickte er Boten in alle Lande, nämlich nach Flandern und Holland, Utrecht, Westfalen und Friesland, daß jeder, der zu wenig Ackerboden hätte, mit seiner Familie herbeikommen solle, um hier das schönste, geräumigste, fruchtbarste, an Fisch und Fleisch überreiche Land nebst günstigen Weidegründen zu finden«[12] – dies ein sehr schönes Beispiel, wie man erfolgreiche Propaganda macht und damit Siedler anlockt.

Namentlich die kirchlichen Amtsträger riefen nach Siedlern. Die Bischöfe im Osten waren ebenso daran interessiert wie die Markgrafen und deren Vasallen, die Zahl der neuen Pächter zu erhöhen, denn dann stiegen auch die Erträge des Kirchenzehnten. Die Abteien besaßen Land im Überfluß – oftmals sogar unbebautes –, sie brauchten starke Arme, um die Wälder und Sümpfe zu erschließen. Die ersten Rufe kamen von den Bremer Erzbischöfen und den Bischöfen der Kirchenprovinz Magdeburg. Als diese letztgenannten 1108 zu einem Kreuzzug gegen die Heiden im Osten aufriefen, versprachen sie den Kreuzfahrern nicht nur Seelenheil, sondern hoben auch die Fruchtbarkeit des Bodens hervor, den es zu erobern galt: »Die Heiden sind schlimm, aber ihr Land ist sehr gut an Fleisch, Honig, Mehl… und Vögeln und, wenn es bebaut wird, voller Reichtum der Ernten vom Lande, so daß ihm keines verglichen werden kann. So sagen die, denen es bekannt ist. Daher, o ihr Sachsen, Franken, Lothringer und Flamen, ihr berühmten Männer und Bezwinger der Welt, hier könnt ihr eure Seelen retten und, wenn es euch so gefällt, das beste Land zum Bewohnen gewinnen.«[13] Ehe man sich's versah, nahm der Aufruf zum Kreuzzug die Gestalt eines Siedlungsplanes an[14]. So wurden Bischöfe wie Arnold von Merseburg, Walram von Naumburg und vor allem Wichmann von Magdeburg (1152–92)[15] die tatkräftigsten Kolonisatoren des Nordostens, und ihnen zur Seite standen die meisten der Äbte der Zisterzienser- und Norbertinerklöster.

Die Initiative der Könige war selten frei von politischen Hintergedanken; aber im großen und ganzen kam die Aufforderung zur Wanderung nach Osten von so verschiedenen Seiten, daß diese Bewegung, die beinahe ausschließlich aus gesellschaftlichen Gründen erfolgte, den Charakter der Freizügigkeit bewahrte. Aus dem gleichen Grund hielt sie sich im Osten gegen alle nationalistischen Reaktionen, ja sie fand mitunter sogar freundliche Aufnahme bei den slawischen Fürsten.

Nachfrage aus dem Osten

Die slawischen Gebiete warben also in Wirklichkeit auch selber um den Zustrom von Siedlern[16]. Den Fürsten der großen slawischen Adelshäuser war es nicht entgangen, daß es sich für sie auszahlte, Siedler aus dem Westen ins Land zu holen. In Böhmen haben zunächst die Přemysliden deutsche Kaufleute in Prag willkommen geheißen; sodann gestatteten sie den Zisterziensern und Prämonstratensern, Bauern aus dem Westen in das bergige, waldreiche Umland ihrer Domänen zu holen. In der Mitte des 13. Jahrhunderts war es vor allem Ottokar II., der den Deutschen besonders wohlgesinnt war, und sein Ratgeber Bruno, Bischof von Olomuc (Olmütz), der aus dem gräflichen Geschlecht der Schauenburger kam, förderte die Kolonisation Mährens. Obwohl die polnischen Herzöge des 11. und 12. Jahrhunderts mit großen deutschen Familien durch eheliche Bande verbunden waren, war die Ansiedlung von Deutschen dort zuerst nur das Werk kleiner Grundherren und Klöster. Aber im 13. Jahrhundert standen die Tore Schlesiens weit offen. In Ungarn zogen die Arpadier deutsche Bauern und Bergleute ins Land, und noch in der Mitte des 13. Jahrhunderts schickte Bela IV. Werber nach Deutschland, damit der Zustrom von Menschen in sein Königreich reichlicher flösse.

Wie viele andere fürstliche Familien und große Grundherren waren neben den Königshäusern Wegbereiter der deutschen Besiedlung ihrer Heimatlande? Erwähnt sei noch einmal Heinrich I. von Breslau (1201–38), der die Besiedlung Schlesiens vorantrieb. 1221 betrachtete der slawische Fürst der Insel Rügen, Wislaw, die Vertreibung deutscher Siedler durch die Dänen und die Rückkehr von wendischen Bauern als ein großes Unglück. In der Mitte des 13. Jahrhunderts öffneten zwei Pommernfürsten ihr Land dem Einfluß der Deutschen: Sambor von Lubiszewo (Liebschau) und sein Bruder Swantopolk, Herzog von Gdansk (Danzig). Sie schenkten den Zisterziensern des Klosters Oliva ihre Gunst, wiewohl sie dem Deutschen Orden feind waren. Wenn Fürsten so handelten, dann oft deswegen, weil sie sich um die Entwicklung ihres Landes sorgten, und es war das Ergebnis dieser Politik der offenen Arme, daß der Zustrom niemals abbrach, sondern immer tiefer und weiter in den slawischen Osten vordrang.

Flämische und holländische Wanderungen

Zu den Pionieren der Ostsiedlung zählten, Ende des 11., Anfang des 12. Jahrhunderts, die Flamen und die Holländer. Ihre Ursprungsländer waren wirklich schon dichter bevölkert als alle anderen Gebiete. Bis ins 11. Jahrhundert, so scheint es, genügte die Binnenkolonisation im Inneren Flanderns, das Wachstum der Bevölkerung aufzufangen[17]. An der Meeresküste, in Flandern, Seeland, Holland und in den Niederungen der großen Ströme hatte die Errichtung eines ganzen Netzes von kleinen Schutzdeichen und Befestigungen ein gewisses Maß an Landgewinnung ermöglicht. Wenn auch die großen Überschwemmungen gegen Mitte des 11. Jahrhunderts diese Eroberungen einen Augenblick lang gefährdeten, bewirkten sie doch andererseits auch die Errichtung weiterer Deiche und die Entwicklung verbesserter Techniken der Trockenlegung. Um 1100 standen überzählige Flamen und Holländer zur Auswanderung bereit, und sie wußten, was man brauchte, um die sumpfigen Niederungen im nördlichen Deutschland und in den Landen jenseits der Elbe landwirtschaftlich nutzbar zu machen. Zwischen 1100 und 1180 verheerten noch unzählige Flutwellen die Küstenstreifen an der Nordsee – man darf nicht vergessen, daß sich die Zuidersee erst 1135 bildete. Dies waren weitere Gründe dafür, daß niederländische Auswanderer scharenweise abzogen. Gewiß hat auch die Hungersnot der Jahre 1144/47 dazu beigetragen, daß viele Menschen ihre Heimat verließen[18].

Der erste bekannte Ansiedlungs-Kontrakt wurde um 1106/13 zwischen Friedrich I., dem Erzbischof von Hamburg, und einer Gruppe von niederländischen Siedlern geschlossen[19]. Da er keinen Ort bestimmt, zögert man, die Gegend östlich von Bremen als die in Betracht kommende anzusehen, die seit 1188 als *Hollandria* bezeichnet wird, heute als Hollerland, oder an das Alte Land am Südufer der Elbe zu denken, wo zwischen 1140 und 1148 niederländische Siedler bekannt sind. Eine Urkunde von 1149 spielt auf *Hollandensis populus circa Stadium* an (Stade; südöstlich davon liegt ein Ort Hollenstedt). Der Erzbischof, der Grundherr, scheint von den Siedlern um Land gebeten worden zu sein – oder hat vielleicht er selber die Initiative ergriffen? Das Gebiet, das er ihnen überließ, lag brach und war sumpfig. Die Niederländer kamen zweifelsohne aus der Diözese Utrecht, ein Priester führte sie an. Der Kontrakt legte fest, daß das Maß der Zuteilungen die Hufe sei, 720 königliche Ruten lang und 30 Ruten breit, also ungefähr 3384 mal 141 Meter, was einer Oberfläche von knapp 48 Hektar entspricht, und zwar in sehr langen Streifen. Das waren sehr großzügige Bedingungen, zumal auf diesen großen Pachtflächen nur die Last eines nominellen Pachtzinses und des Kirchenzehnten ruhte: ein Pfennig Pachtzins pro Jahr. Die Gerichtsbarkeit und die Gemeindeverwaltung war den Betroffenen selber überlassen. Jede Kirche, die auf diesem Neusiedlungsland entstand, erhielt ebenfalls eine Hufe Land, sie war für den Unterhalt des Priesters bestimmt. Die Herrschaftsform, die sich in diesem Vertrag abzeichnet, läßt zwar an die Gepflogenheiten im Ursprungsland dieser Einwanderer denken, aber der Vertrag enthielt auch ansatzweise eine gewisse Anzahl von Einrichtungen, wie sie neuen »Kolonialgesellschaften« eigen sind.

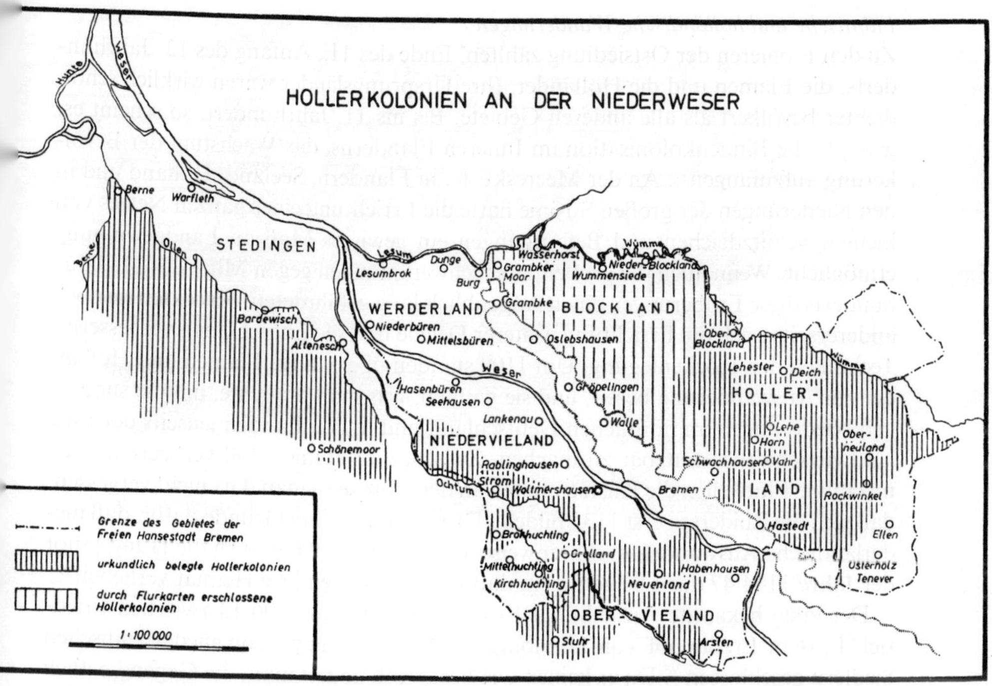

Holländische Kolonisation an der Niederweser. Holländer und Flamen waren Anfang des 12. Jahrhunderts in der Gegend von Bremen die ersten Pioniere der Ostsiedlung.

Diesem ersten Vertrag folgten sechs weitere, gegeben von den Erzbischöfen und dem Domkapitel von Bremen. Sie zeigen viel Ähnlichkeit miteinander und zogen noch weitere holländische Zuwanderer an. So wurde zwischen 1142 und 1149 die Gegend am linken Flußufer des Ollen erschlossen, damals ein Arm der Weser im Süden von Vieland, *insula Bremensis* Erzbischof Siegfried bewilligte 1181 einen neuen Vertrag, weil er die Wüstenei von Oberneuland – östlich der zuerst erschlossenen Gegend gelegen – bevölkern und landwirtschaftlich nutzbar machen lassen wollte. Im Jahr 1201 gewährte Erzbischof Hartwig II. schließlich das Vorrecht, die Sümpfe von Neuenland im Süden von Bremen zu erschließen. So entstand im Mündungsbereich der Weser und gewiß auch am Südufer der Elbe ein ganzer Landstrich, der von holländischen Siedlern beherrscht wurde, die ihre großen, zu Erbpacht ausgegebenen Hufen dem Sumpf oder dem Heideboden abgerungen hatten und deren geradlinige Dörfer und langstreifige Parzellen noch in den Katastern des 19. Jahrhunderts und manchmal sogar noch in unseren Tagen zu erkennen sind.

Die Belehnung östlich der Saale. Die Illustration aus dem *Sachsenspiegel* (Lehnrecht, IV, 1) besagt, daß derjenige, welcher ein Lehen jenseits der Saale erhielt (rechts), seinem Herrn eine Heeresfahrt von sechs Wochen schuldete.

Auch Mitte des 12. Jahrhunderts wurde der Aufruf der Grafen von Holstein von den Holländern und deren Nachbarn in Friesland und in Westfalen vernommen. Die ersteren ließen sich in der Gegend von Eutin nieder, die Friesen bei Süsel und die Westfalen wohl in der Gegend von Ahrensbök, das heißt in dem Raum zwischen Lübeck und dem Mittelpunkt Holsteins[20]. An der mittleren Elbe waren es Flamen und Holländer, die als erste dem Aufruf Albrechts des Bären gefolgt waren. »Schließlich [gegen 1159/60]«, so schreibt Helmold, »schickte er, als die Slawen allmählich abnahmen, nach Utrecht und den Rheingegenden, ferner zu denen, die am Ozean wohnen und unter der Gewalt des Meeres zu leiden hatten, den Holländern, Seeländern und Flamen, zog von dort viel Volk herbei und ließ sie in den Burgen und Dörfern der Slawen wohnen. Durch die eintreffenden Zuwanderer wurden auch die Bistümer Brandenburg und Havelberg sehr gekräftigt, denn die Kirchen mehrten sich und der Zehnt wuchs zu ungeheurem Ertrage an. Zugleich begannen die holländischen Ankömmlinge aber auch das südliche Elbufer zu besiedeln«[21]. In der Altmark erstreckte sich die Neulandgewinnung auf die Brüche und Heideflächen in der Gegend von Salzwedel und Stendal. Jenseits der Elbe berichten Quellen aus der zweiten Hälfte des 12. Jahrhunderts von *mansi hollandienses* und von Abgaben *rite hollandigene*. Das Studium der Dialekte hat gezeigt, welche Rolle Niederländer bei der Entwicklung der Landwirtschaft in diesem Raum gespielt haben[22].

Flamen und Niederländer zogen auch in die Niederung der Elbe bei Magdeburg und weiter stromaufwärts, ferner an die Saale, in die Gebiete der Pleiße und der

Mulde. 1152 bestätigte Wichmann, Bischof von Naumburg, ein Privileg, das sein Vorgänger zugunsten einiger aus Holland stammender Siedler ausgestellt hatte. Etliche weitere Dokumente aus späterer Zeit bestätigen ihren Zuzug, der übrigens auch dem Ort Flemmingen den Namen gab. Wenig später war es der Bischof von Meißen, Gerung, der in dem Dorf Kühren, im Bezirk Wurzen östlich von Leipzig, (1154) »tüchtige Menschen, die aus dem Land Flandern gekommen«, ansiedelte. Als Wichmann Erzbischof von Magdeburg geworden war, ermunterte er gleichfalls Niederländer dazu, nach Krakau und Groß-Wusterwitz an die Havel zu ziehen. Von dort pflanzte sich die Bewegung nach Südosten fort, bis zu den heidebedeckten Kuppen des Fläming, einer Anhöhe, die ihren Namen von ihrer niederländisch-flämischen Besiedlung erhalten hat. Karl Hampe berichtet von einem alten flämischen Lied, das einstmals zu hören war, und die Hoffnung dieser Auswanderer auf ein besseres Leben spüren läßt: »Naer Oostland willen wy ryden,/Naer Oostland willen wy mee[23]«. Niederländer und Flamen sind bis nach Schlesien, Österreich und Ungarn gezogen. Aber der Hinweis ist schon hier angebracht, daß Begriffe wie »flämische Hufe« oder »flämisches Recht« keineswegs immer den Schlüssel zur Herkunft einer Niederlassung liefern, für die sie angewandt werden, weil sich ihre ursprüngliche Bedeutung rasch auch auf andere Siedlungen ausdehnte.

Die Franken

Zu Beginn der großen Wanderbewegung muß man auch die Siedler aus Franken erwähnen. Ein Grundherr slawischer Abstammung namens Wiprecht von Groitzsch lud sie zu sich ein, in die Gegend zwischen der Mulde und der Wyhra, zur Diözese Merseburg gehörig. Er wollte diesen Landstrich erschließen und mit Menschen bevölkern. Die »Annalen von Pegau« berichten, er sei persönlich nach Franken gegangen, woher seine Mutter stammte, und habe mehrere Siedler aus diesem Land herbeigeführt, sie verpflichtet, den Wald gänzlich zu roden und sich in diesem Land niederzulassen; der Boden wurde ihnen zu Erbpacht überlassen[24]. Ein Privileg des Bischofs von Merseburg, im Jahr darauf ausgestellt (1105), wies den Kirchenzehnt aus diesen neuerschlossenen Gebieten der Abtei Pegau zu und führte siebzehn Kirchengemeinden im Umkreis von Lausick auf, südöstlich von Leipzig. Viele weitere Siedler folgten dieser ersten Gruppe, und das Dorf Frankenheim bei Leipzig weist durch seinen Namen auf den fränkischen Ursprung seiner Siedler hin, aber auch durch seine streifenförmig angelegten Parzellen.

Wir werden noch sehen, daß sich die Siedler aus der Mitte Deutschlands, die Franken und Thüringer, von Meißen nach Südosten gewandt haben, nach Böhmen und Österreich, wie sich die Flamen, die Westfalen und die Niedersachsen vorzugsweise in den freien Nordosten begeben haben. Und die Bayern zogen ins Becken der Donau und in die Alpenländer. Aber im allgemeinen erreichten die Siedler mit ihren Familien den Ort ihrer endgültigen Niederlassung nicht in einem einzigen großen »Sprung«. Die Besiedlung des Ostens durch Deutsche hat sich wie ein großer Staffellauf abgespielt, ein Vorrücken in Etappen, wobei bestimmte ethnische Elemente immer die Vorhut bildeten. Die von der Lühe haben Niedersachsen im 13. Jahrhundert in Richtung Mecklenburg verlassen, von dort zogen sie weiter nach Pommern und schließlich bis ins Baltikum. Im östlichen Pommern gab es im 13. Jahrhundert Familien, die ihr Ursprungsland mehrere Generationen zuvor verlassen hatten. Unter den Siedlern, die im gleichen Zeitraum in Schlesien eintrafen, waren Deutsche, die sich davor in Meißen angesiedelt hatten. Die Ritter vom Deutschen Orden sowie die Bischöfe suchten nach 1300 in der Gegend von Lübeck, in den mittleren Marken und in Schlesien nach Siedlern, die sie in den Dörfern an der Weichsel und in Ostpreußen ansiedeln wollten. Noch im 14. Jahrhundert zogen Siedler aus Oberschlesien fort, um sich in Polen und Oberungarn niederzulassen. So hat dieses Vorrücken wahrhaftig dem Zug der amerikanischen Pioniere nach Westen geähnelt. Der Menschenstrom, der um die Wende vom 11. zum 12. Jahrhundert aufbrach, ist nicht vor dem 14. Jahrhundert versiegt.

Die Zahl der Auswanderer

Man hat zu schätzen versucht – nur ungefähr, wohlgemerkt –, wie hoch die Zahl der Auswanderer war, die von Altdeutschland in Richtung Osten abzog. Die ersten Berechnungen von A. Meitzen stützen sich ausschließlich auf Beispiele aus Schlesien und Siebenbürgen; sie kommen zu etwa einer Million Auswanderern, was heute übertrieben hoch erscheint. W. Kuhn hat sich später mit dieser Frage beschäftigt und dabei Region für Region untersucht; er hat mit so unterschiedlichen Quellen gearbeitet wie Urbaren, Katasterbüchern und Dorfgrößen. Er gibt, zumindest für das Land zwischen Elbe und Oder, ziemlich genaue Zahlen an[25].

Demnach sollen sich nördlich der Elbe im 12. Jahrhundert etwa 6200 deutsche Hofstellen angesiedelt haben, in der Altmark 6100 und in Brandenburg, östlich der Elbe, weitere 7200. In dem Land zwischen Fläming und Meißen sollen 19200 neue Hofstellen entstanden sein, 12300 weitere in den Vorbergen des Erzgebirges. Dies alles soll insgesamt 51000 neue Wohnstätten für diese erste Kolonisationswelle ausgemacht haben, oder etwa 200000 deutsche Bauern aus dem Westen, die im Lauf des 12. Jahrhunderts nach Osten gegangen sein sollen. W. Kuhn schätzt, daß die Auswanderungswelle des 13. Jahrhunderts, welche Pommern, Schlesien und die Gebiete weiter östlich erreichte, etwa in der gleichen Größenordnung gelegen haben könnte.

Diese Zahlen mögen verhältnismäßig niedrig erscheinen, wenn man sie beispielsweise neben die gut 250000 deutschen Auswanderer hält, die allein in den Jahren 1881/82 in die USA gingen. Aber man muß diese Zahlen in Beziehung setzen zur mittelalterlichen Bevölkerung. Wenn man die Bevölkerung Altdeutschlands auf fünf oder sechs Millionen schätzt, dann betrug die Abwanderung im 12. und im 13. Jahrhundert jeweils ungefähr 7% des Ganzen. Das heißt, daß ein Großteil des Bevölkerungsüberschusses im Westen die Binnenkolonisation und das Wachstum der Städte förderte und daß nur die Spitze des Überschusses die große Wanderungsbewegung nach Osten speiste. Aber die westeuropäische und die deutsche Besiedlung des Ostens erfolgte nicht allein durch den steten Zustrom von Einwanderern. Dieser Kern von ungefähr 400000 Erstzuwanderern hat sich entwickelt, und das natürliche Wachstum dieser Bevölkerung wurde größer und größer, bis es, nach einigen Generationen, neue Kolonisations- und Besiedlungsunternehmungen gestattete[26].

Zweiter Teil

Geographie der Kolonisation

1. Holstein und Lauenburg

Da Holstein gleich an Sachsen angrenzt und Deutsche schon lange zuvor die Elbe nordwärts überschritten hatten, war Holstein eines der ersten Länder, das die deutsche Kolonisation des 12. und 13. Jahrhunderts erreichte[1].

Der östliche Teil Holsteins, Wagrien, bildet ein kleines Anhängsel der Halbinsel Jütland; während des frühen Mittelalters war es der Ort, wo Dänen, Sachsen und Slawen aufeinandertrafen. Im eigentlichen Teil Holsteins, zwischen Lübecker Bucht, der unteren Elbe und, nach Norden hin, der Eider, fanden sich die ersten sächsischen Dörfer, zumeist auf den leichten Böden der alten Moräne im Südwesten des Landes angesiedelt, zwischen (den heutigen Orten) Bergedorf und Geesthacht vor allem. Die Slawen, Polaben und Wagrier, zum Stamme der Obodriten gehörig, besetzten mit ihren kleinen Wohnstätten den östlichen Landesteil; sie ließen sich auch auf sandigen Böden nieder, manchmal auf den Mergelflächen der Moräne aus der letzten Eiszeit, und sie siedelten im Umkreis von Burganlagen, wie der von Ratzeburg, Farchau, Steenborg und Oldenburg[2]. Ein großer Wald sowie der *Limes Saxoniae* schoben sich zwischen die beiden Völker, hielten sie auseinander, von der Elbe bis zur Trave bei Bad Oldesloe.

Im Osten Holsteins bereitete der Missionar Vizelin der deutschen Besiedlung den Boden, ein ehemaliger Scholaster aus Bremen, der 1127 Pfarrer zu Wippendorf wurde, einem Ort an der Grenze zu den Wagriern. Die beiden Schauenburger Adolf I. und, mehr noch, Adolf II. (1130–64), die Kaiser Lothar von Süpplingenburg in ihre Grafenämter Holstein und Stormarn eingesetzt hatte, haben die Erschließung dieser Gegend mächtig vorangetrieben. Ihr Widersacher Heinrich von Badewide, ein Schützling der Staufer, hatte in den Jahren 1137 bis 1143 diese Grafenämter inne und wurde danach mit der Grafschaft Ratzeburg entschädigt. Er war nicht weniger rührig. Als der Obodritenfürst Pribislaw die Burg Segeberg schleifen ließ, die Lothar 1143 errichtet hatte, ging Heinrich, von Vizelin gerufen, zum Gegenangriff über, drang ins Land der Wenden ein und eroberte es (1138/39) von der Schwale bis an die Ostsee. Daraufhin gingen die Holsten ihrerseits zum Angriff über und brachten Plön in ihren Besitz.

Nachdem Adolf II. wieder mit Holstein belehnt worden war, unternahm er es, das Land von Grund auf zu kolonisieren, und zwar in der Absicht, so scheint es, sich nördlich der Elbe einen richtigen Territorialstaat auszubauen. Der erwähnte Aufruf an die Niederländer und Westfalen datiert aus dieser Zeit, desgleichen die Gründung von Lübeck.

Kolonisation an der unteren Elbe

Es war damals nichts Neues, daß Niederländer und Niederdeutsche zur Auswanderung Zuflucht nahmen, denn am Unterlauf der Weser und der Elbe hatte der Zuzug ja schon gegen 1106–1113 begonnen. Während der ganzen zweiten Hälfte des 12. und des ersten Drittels des 13. Jahrhunderts wurden die niedriggelegenen Landstriche an der Elbe, unterhalb wie oberhalb von Hamburg, neu erschlossen, und zwar vornehmlich von Siedlern holländischer Abstammung. Am linken Ufer der Elbe, in der Gegend von Stade und im Alten Land, findet man Flurformen und Ortsnamen, die typisch niederländisch sind; dort wurden die Sümpfe von Winsen und von Artlenburg trockengelegt (1164). Die Erschließung und Besiedlung des reichen Bauernlandes Vierlande, am rechten Elbufer unmittelbar südöstlich vor den Toren Hamburgs gelegen, gehört durch seine Charakteristika (Ortsnamen, Mundart, Siedlungsweise und Brauchtum) gleichfalls zu dieser frühen Phase des holländischen Landausbaus, wiewohl keine schriftliche Quelle davon sichere Kunde gibt. Elbabwärts siedelten die Holländer, hinter Hamburg, noch seit der Mitte des 12. Jahrhunderts in den Sümpfen um Haseldorf, 1174 in der Wilster Marsch. Hingegen wurde das große Sumpfgebiet von Krempe erst gegen 1230 erschlossen[3].

Kolonisation Nordholsteins

Nach den ersten Niederlassungen holländischer, westfälischer und friesischer Kolonisten um Eutin, Süsel und Ahrensbök zur Zeit Adolfs II. setzte sich die Erschließung des Landes Wagrien langsam fort: durch Urbarmachung, den Bau von neuen Kirchen und die Anlage neuer Pfarreien. Weder der Tod des Grafen (1164) noch die Fährnisse der Politik, als Heinrich der Löwe für Unruhen sorgte, ja nicht einmal die Herrschaft der Dänen vermochten diese Fortschritte zu hindern. Die Siedler aus dem Westen errichteten zur Zeit Vizelins in Segeberg, Oldesloe und Bosau die ersten Kirchen aus Stein, später, unter Vizelins Nachfolger Gerold (1154–63), nahmen sie statt dessen in Oldenburg und Altenkrempe Ziegelstein. Schließlich bauten sie gegen 1200 das kleine romanische Kirchlein von Ratekau aus Naturstein und aus gebranntem Stein, typisch für diese Zeit.

Die Gegend um den Bungsberg, zwischen Eutin im Süden und der Linie Oldenburg-Lütjenburg im Norden, ist ein charakteristisches Beispiel für die Erschließung neuer Räume in den Jahren 1150 bis etwa 1230. Dies ist ein sanft gewelltes Land, dessen Wälder vor dem 12. Jahrhundert noch völlig unberührt waren[4]. Im 13. Jahrhundert werden die ersten Pfarrgemeinden erwähnt: Hansühn (vor 1210) und Lensahn (1259); sie entsprechen den älteren Rodungsdörfern Nienrade, Sievershagen und Manhagen. Gegen 1200 siedelt Graf Adolf III. Zuwanderer auch auf der Johannesbek zwischen Altenkrempe und Oldenburg an. Viele weitere Dorfnamen – Petersdorf, Sipsdorf, Johannesdorf, Lübbersdorf – erinnern an den Namen eines Siedlers oder eines Lokators; Halendorf etwa hieß ursprünglich Hollanderdorf (gegen 1200). In den Jahren 1224 und 1229 schenken Abel, der Herzog von Schleswig, und Adolf IV. von Schauenburg in zwei Urkunden dem

Die Kirche von Bosau, eine der ältesten Kirchen Holsteins (1151/52), erinnert auch an den Namen des Missionars Vizelin († 1177), den Autor der Slawenchronik. Aufnahme vor der Restaurierung.

St. Johanniskloster zu Lübeck etwa dreißig Quadratkilometer »Wüstenei« zum Urbarmachen; so entstanden die Orte Schönwalde, Schierencke und, später, Langenhagen. Etwas weiter westlich war es Graf Albert von Orlamünde, der 1216 einem Lokator namens Marquard von Stenwer einen großen Wald zwischen Schwartbuck und der Hagener Au zur Erschließung gab. Daraus entstanden, im Umkreis der Ortschaft Schönberg, zwölf Dörfer; das Land ringsumher heißt Probstei[5]. Desgleichen wurden auf den Ländereien der Benediktinerabtei Preetz, auch sie eine Gründung des Grafen Albert (1211), im Laufe dieser Epoche etwa zwanzig Dörfer errichtet.

Kolonisation Lauenburgs

Derweil die ländliche Erschließung im nördlichen Holstein Fortschritte machte, trieben die Siedler auch den Landesausbau in Ratzeburg und in Lauenburg voran. Es begann kurz nach 1143, als Heinrich von Badewide Polabien erhielt, vor allem aber nach der Gründung des Bistums Ratzeburg (1154). Der Chronist Helmold berichtet, in den Jahren nach dem Tod des Slawenfürsten Niklot (1160) habe der Graf nach westfälischen Siedlern rufen lassen und ihnen Land geschenkt, damit sie es urbar machten[6]. Die deutschen Dörfer Lütau und Kirchdorf gibt es seit 1164. Als im Jahr 1194 die Einkommen der Diözese zwischen dem Fiskus des Bischofs und dem des Domkapitels aufgeteilt wurden, waren davon allein im Lande Ratzeburg 35 Dörfer betroffen. 1230 verzeichnet ein kirchliches Urbar im gleichen Raum 125 Dörfer: Das vermittelt einen Eindruck davon, welchen gewaltigen Fortschritt der Landesausbau machte – zumindest wenn die ältere Liste vollständig ist. Nach 1230 erhöhte sich die Zahl der Siedlungen ungefähr noch um ein Drittel, und zwar vor allem im alten Grenzwald gegen Stormarn zu. In der Gegend von Riekenhagen wurde noch gegen 1310 gerodet[7].

Ein Drittel der deutschen Dörfer im Lauenburgischen aus dieser Zeit enden auf -dorf; häufig tragen sie einen Personennamen davor, wie Abbendorf, Bartelsdorf oder Gottschalkdorf. Die anderen, im allgemeinen etwas später entstanden, enden auf -hagen oder -rade, auf -thal, -see oder -bach. So lassen sich diese Ortsnamen des 12. und 13. Jahrhunderts leicht von den älteren sächsischen Namen mit der Endung -ede oder den jüngeren Ortsnamen im benachbarten Stormarn auf -büttel unterscheiden.

Die Herkunft der Bevölkerung

Neben dem ersten Zustrom aus Holland, der die Marschen an der Elbe erschloß und bis nach Eutin, Oldenburg und zu einigen Punkten im nördlichen Holstein vorstieß, scheint es, daß das Gros der Menschen, die Holstein und Lauenburg erschlossen, aus Westfalen und vor allem aus dem nähergelegenen Ostfalen kam. Familien aus dem sächsischen Adel um Bardowick und Lüneburg sowie die Badewide selbst, die aus Bodwide bei Uelzen stammen, erhielten oder erwarben Güter nördlich der Elbe und holten viele Siedler herbei. Die Familie der Markrad, eine der ältesten des Landes, hat die Gegend von Westensee im Südwesten von Kiel erschlossen; die Shacks, die aus dem Lüneburger Adel hervorgingen, taten ein gleiches auf ihren Ländereien in Südlauenburg und Mölln. Diese Herren traten auch als Lokatoren auf, das heißt, sie waren Unternehmer, die Bauern herbeiholten, neue Dörfer gründeten und den urbar gemachten Boden unter ihnen aufteilten.

Um den Landesausbau genauer bestimmen zu können, stellt sich jedoch die Frage, in welcher Beziehung die neuen Siedler zu der slawischen Bevölkerung in diesem Raum standen. Einige wendische Gruppen verließen ihre Wohngebiete, und Adolf II. wies ihnen die Gegend von Oldenburg mit der Insel Fehmarn als »Reservat« zu. Anderwärts mußten sich Wenden und Polaben wenigstens zu Beginn dieser Binnenkolonisation in ihren Dörfern in der Nähe deutscher Wohngebiete neu einrichten; so entstanden die Dörfer, die auf Wendesch- beginnen oder manchmal einen Doppelnamen tragen[8]. Aber danach haben Slawen und Deutsche Seite an Seite in den gleichen Dörfern zusammengehaust, und die slawischen Wohnstätten bestanden im großen und ganzen weiter. In den Urbaren von Ratze-

Mölln, Gründungsstadt aus dem späten 12. Jahrhundert; Blick vom See auf Altstadt und Nikolaikirche. Seinen Reichtum verdankte Mölln seiner geographischen Lage an der Salzstraße von Lübeck nach Lüneburg.

burg kann man für das Jahr 1230 einundzwanzig Dörfer feststellen, die *villae slavicae* hießen, aber möglicherweise gab es noch weitere, die infolge des Zuzugs ihren slawischen Charakter verloren[9].

Siedlungsdörfer

Wenn man die Dörfer, die Ratzeburg zehntpflichtig waren, auf ihre Dorfformen hin untersucht, so stößt man auf etwa fünfzig, die bis in die slawische Zeit zurückreichen könnten. Die seit dem 12. Jahrhundert angelegten Kolonistendörfer weisen dagegen die regelmäßigen Formen von Straßendörfern auf oder von Dörfern mit einem Platz in der Mitte, Angerdörfer, sowie die Form von Sackdörfern, die sozusagen wie eine Sackgasse enden. Das runde Dorf, der Rundling, scheint in Lauenburg ursprünglich nicht vorgekommen zu sein. Folgt man W. Prange, so ist in Klinkrade und in Labenz (westlich von Ratzeburg) die Form des Rundling-Angerdorfes, wie auch in anderen Fällen, das Ergebnis neuerer Umgestaltungen[10]. Nur selten hat sich die Verteilung der Felder in den Kolonisationsdörfern seit ihrer Gründung nicht verändert; dies ist jedoch in Lükau und in Wangelau der Fall, beide in der Nähe von Lauenburg. Man muß schließlich noch die Dörfer auf der Insel Fehmarn als Ausnahmen ansehen, die sogenannten Fortadörfer, die sich in regelmäßiger Anordnung um einen großen rechteckigen Platz stellen und aus einer

Umgestaltung in der Zeit der dänischen Vorherrschaft stammen, also um das Jahr 1200 entstanden.

Die Gründung Lübecks

In dieses ein wenig glanzlose Werk des steten Urbarmachens und der Dorfgründungen brachte erst die Gründung Lübecks etwas Neues und Großartiges; es war eine Stadtgründung, der ein außergewöhnlicher Erfolg beschieden war.

Helmolds Chronik, die einzige Quelle, welche von den Ursprüngen Lübecks berichtet, läßt keinen Zweifel daran, daß Adolf II. von Schauenburg sich nichts sehnlicher wünschte, als für seine neue Stadt einen vortrefflichen Standort zu finden. Zuvor schon bestand übrigens, flußabwärts von der heutigen Stadt, auf dem linken Ufer der Trave, ein slawisches Castrum mit einem kleinen Hafen, das Liubice (Alt-Lübeck) hieß und 1137/38 zerstört worden war[12]. Und die »Landinsel«, welche der Zusammenfluß von Trave und Wakenitz bildet, hatte auch schon einen Mauergürtel getragen, damals Buku genannt. Über die Gründung von 1143 wissen wir bedauerlicherweise nichts. Diese Stadt entwickelte sich jedoch so prächtig, daß sie dem Sachsenherzog Heinrich dem Löwen ein Dorn im Auge war und er ihren Kaufleuten vorwarf, sie ruinierten seine Stadt Bardowick, worauf er ihnen untersagte, einen Markt abzuhalten. Als ein Brand die im Entstehen begriffene Stadt einäscherte (1157), versuchte der Herzog sogar, an der Wakenitz, weiter südwärts, eine neue Siedlung zu errichten, die er Löwenstadt taufte. Bei genauerem Hinsehen erwies sich dieser Ort freilich als wenig geeignet, und der Löwe verpflichtete den Grafen von Holstein, ihm die »Landinsel« von Lübeck abzutreten und schickte sich an, die neue Stadt Lübeck zu gründen (1158/59). Helmold berichtet lediglich, daß die Kaufleute anfingen, Kirchen und Mauern zu errichten, und daß der Herzog dem Handel aus dem Norden freien Zutritt und Durchfahrt gestattete, eine Münzstätte errichten ließ und einen Zoll, und daß er ihr die wichtigsten Rechte gewährte.

Der Historiker F. Rörig nahm an, der Herzog habe den Siedlungsplatz der Stadt einem »Konsortium von Unternehmern« übertragen, Kaufleuten aus Westfalen, und sie beauftragt, ihn in Grundstücke aufzuteilen und sie zu vermieten[13]. Diese These wurde seither, zumindest teilweise, heftig angegriffen. Wenn es stimmt, daß eine Gruppe von Leuten das Land erhielt, wie dies einige Jahre später auch in Neustadt bei Hamburg geschah, dann ist doch die Vorstellung, dieses Eigentum sei an sie gemeinsam gegangen, unhaltbar. Man glaubt heute eher – und auch das steht im Widerspruch zu Rörigs Auffassung, diese Unternehmergruppe habe gleich von Anfang an gemeinsam einen Stadtplan entworfen –, daß die Bauten des Jahres 1158 sich nur auf die unmittelbare Umgebung des rechteckigen Marktes erstreckten und daß, da und dort verstreut, gleich ein paar Stadtkerne entstanden, nahe der alten Herzogsburg im Norden und im Süden, wo die Flüsse Wakenitz und Trave zusammenfließen, die zweifellos auf die ursprüngliche Besiedlung von 1143 zurückzuführen sind[14]. So ist der Plan dieser großartigen Inselstadt nicht in seiner Gänze dem Haupt des Herzogs von Sachsen und dem Unternehmergeist seiner

Ratzeburg, Dom. Kurz nach 1062 gegründet, bald darauf zerstört, ist das Bistum Ratzeburg 1149 neu entstanden. Heinrich der Löwe war der Initiator des Dombaus.

ersten Kaufleute entsprungen, und die Frage ist sogar gestattet, ob die Gründer wirklich die Errichtung eines Fernhandelskontors vor Augen hatten. Aber die Geographie und die Geschichte haben ihnen recht gegeben.

Auf jeden Fall verlegte der Bischof von Oldenburg 1160 seinen Sitz in den Süden der neuen Stadt. Nach dem Sturz Heinrichs des Löwen bestätigte Friedrich Barbarossa der Stadt ihre »ansehnlichsten« Rechte (19. September 1188)[15]: Befreiung von Zoll- und Schutzgebühr *(hansa)* für ihre Einwohner im ganzen Herzogtum

Sachsen, und für Russen, Gotländer und Skandinavier im Hafen; und er bestimmte vor allem ihre Feldmark und ihren Zugang zum Meer. Nichtsdestoweniger hat es den Anschein, als habe die Stadt damals noch keinen Stadtrat gehabt; die ersten *consules* sind erst für 1201 verbürgt[16]. Sodann erhob Friedrich II. 1226 Lübeck in den Rang einer freien Reichsstadt, was ihr einen hervorragenden Platz unter den Städten nördlich der Elbe gab[17]. In all diesen Jahren nahm die Bevölkerung Lübecks zu. Man begann mit dem Bau einer romanischen Kirche (1174–1220/30) sowie mit der Marienkirche (ungefähr seit 1200). Ohne hier die bewegte Geschichte und den enormen Aufschwung seiner Handelstätigkeit im einzelnen zu verfolgen, stellen wir fest, daß Lübeck am Ende des 13. Jahrhunderts die zweitgrößte deutsche Stadt war (nach Köln), und daß es – um seine Bevölkerung zu bilden – eine große Zahl Westfalen, Ostfalen und selbstverständlich auch Holsten angezogen hat[18].

Die Neustadt von Hamburg

Nachdem Lübeck sie endgültig abgewiesen hatte, wandten sich die Schauenburger an die alte Bischofsstadt Hamburg. Sie wollten dort eine neue gräfliche Stadt gründen.

Höchstwahrscheinlich geht der Kern der alten Stadt auf eine karolingische Befestigung und eine erste Kirche zurück, die im Jahre 811 auf einer kleinen Anhöhe am Einfluß der Alster in die Elbe errichtet wurde. Aber der Name Hammaburg taucht erst bei der Gründung des Bistums auf (831). Während des frühen Mittelalters beschränkt sich die mehrmals geplünderte und zerstörte Stadt auf die Umgegend der Domburg. Im 11. Jahrhundert dehnt sie sich nach Westen aus, um ein kleines Handwerkerviertel (Altstadt), und nach Süden, wo die Kaufleute einen *vicus* unterhalten[19]. Auch läßt der Graf seit 1061 eine »neue Burg« errichten, und zwar an einem gewundenen Seitenarm am rechten Ufer der Alster, um die größer werdende Stadt auch nach Westen zu schützen.

Diese Gegend um die Burg, die in Trümmern lag, überließ Adolf II. 1188/89 einer Gruppe von Zuwanderern, angeführt von einem gewissen Wirad von Boizenburg zur Errichtung einer neuen Siedlung[20]. Sie erhielt das gleiche Statut, das kurz zuvor Lübeck empfangen hatte. Auf etwa fünfzig Grundstücken wuchs sie heran, mit einer Kapelle, die dem Schutzherrn der Seefahrer, dem hl. Nikolaus, geweiht war, und einem neuen Markt. Ihre Einwohner, bald waren es Kaufleute (1195), erhielten innerhalb der Grafschaft Zollfreiheit, und kurz darauf bestätigte der Kaiser ihre Rechte, auch ihren freien Zugang zum Meer (7. Mai 1189)[21]. Dies war der Anfang von Hamburgs Reichtum im Mittelalter. Die beiden Gemeinden, Altstadt und Neustadt, schlossen sich wahrscheinlich 1216 zusammen, unter ein und demselben Stadtrat, und bald entstanden weitere Vorstädte: St. Katharina im Süden der alten Stadt, St. Jakob im Osten und der Rödingsmarkt mit seinen Holländern im Westen. Gegen 1260 zog sich eine Mauer um die gesamte Stadt, die etwas später an die 5000 Seelen zählte. Die Geschicke Hamburgs verliefen zwar anders als die Lübecks, aber die Stadt schloß sich ebenfalls der Hanse an.

Diesen beiden Städten stand eine große Zukunft bevor; aber darüber hinaus gab es in Holstein und in Lauenburg gegen Ende des 12. Jahrhunderts noch weitere Stadtgründungen[22]. So ließ Bischof Gerold unweit seiner bischöflichen Gutswirtschaft einen Markt und eine Kirche errichten, das waren die Anfänge der Stadt Eutin, die 1257 lübisches Recht erhielt. Als Herzog Bernhard aus dem Haus der Askanier nach dem Sturz Heinrichs des Löwen mit dieser Region belehnt wurde, ließ er 1182 eine Burg errichten, woraus die Stadt Lauenburg entstand, die sich am Nordufer der Elbe hinzieht. Adolf III. gründete 1195 den Hafen von Krempe (heute Altenkrempe), vielleicht deswegen, weil Lübeck für ihn verloren war; erfolgreich war er damit nicht. Und wenn auch das Gründungsdatum von Mölln unbekannt ist, so bestand diese kleine Stadt, wunderschön gelegen an der Salzstraße von Lüneburg nach Lübeck, doch gegen 1200, und ihr regelmäßiger Grundriß bezeugt, daß sie *a novo* geplant wurde; mit dem Bau der Kirche St. Nikolai wurde um 1210/20 begonnen.

Das Ende der dänischen Vorherrschaft und die Territorialpolitik der Schauenburger brachten eine Reihe weiterer Stadtgründungen mit sich, alle an der Ostsee – als ob die Grafen ein weiteres Mal versucht hätten, Lübeck das Handelsmonopol mit dem Norden streitig zu machen. Um den Mißerfolg Krempe wettzumachen, erfolgte noch vor 1226 die Gründung von Neustadt – dies war eine typische geplante Stadt mit regelmäßigem Grundriß; sie erhielt 1244 lübisches Recht und wurde zum Warenumschlagplatz für das südliche Wagrien. Etwas später entstand förmlich aus dem Nichts Kiel (Kiel, von Kyle, der Förde in Gestalt eines Keils), eine Gründung Adolfs IV. Die Stadt wird 1232 erstmals erwähnt; auch sie zeigt einen regelmäßigen Grundriß, mit einem Markt in der Mitte, von der gleichen Art wie Neustadt. Graf Johann I., der Nachfolger Adolfs IV., gibt der Stadt ihr Recht und legt 1242 ihre Grenzen fest; die Kirche St. Nikolai und die gräfliche Burg entstehen gegen Mitte des Jahrhunderts[23]. Die Einwohnerzahl scheint bald 3000 erreicht zu haben, wovon zwischen 1264 und 1289 ein Drittel aus Holstein stammte. Die letzte Gründung, die die Schauenburger zwischen 1249 und 1259 vollzogen, ist Heiligenhafen an der Nordküste von Oldenburg: Sie wollten dort viel Volk zusammenziehen. Einige Dörfer mit holländischen Siedlern sind daraufhin verschwunden[24]. Daraus wird deutlich, daß die Zeit des Landesausbaus im oberen Holstein vorbei ist. Jetzt beginnt die Stunde der Organisatoren und der Verwalter, und für diese Zeit ist charakteristisch, so scheint es, daß eine gewisse Kontinuität zwischen alten slawischen Burgbezirken und neuen deutschen Vogteien bestanden hat.[25]

2. *Zwischen Saale und Elbe*

Das Land zwischen der Saale und der mittleren Elbe, das heißt die alte Mark Meißen samt ihren Nachbarländern, die bis zu den Nordhängen des böhmischen Kessels reichten, zählte zu den ersten, die von der deutschen Kolonisation in Besitz genommen wurden, und zwar aufgrund seiner Nähe zu Sachsen und Franken und infolge des leichten Zugangs, den es zu Osteuropa bot[1].

Die sorbische Bevölkerung

In diesem Land lebten, wie wir gesehen haben, seit dem 6. Jahrhundert slawische Volksstämme, die einen sorbischen Dialekt sprachen. In Wirklichkeit bildeten die Sorben keineswegs einen einzigen großen Stamm, sie zerfielen vielmehr in kleine Gruppen. An ihrer Spitze stand ein *dux* oder *rex*, der unter gewissen Umständen den ganzen Stamm führte. Man unterscheidet etwa 24, benannt nach den Gauen, die sie einnahmen; die bekanntesten waren die eigentlichen Sorben östlich der mittleren Saale, dann gab es die Siusli an der Mulde, die Daleminci und die Nisani zu beiden Seiten der Elbe und am Oberlauf der Strehla, ferner die Lusici und die Milcieni in der Lausitz.

Das sorbische Siedlungsgebiet erstreckte sich vor allem auf die seit alters her bekannten Landstriche und die Lößgebiete: das mittlere Tal der Elster, das Tal der Mulde und der Elbe zwischen Strehla und Pirna, die Ebene der Lausitz zwischen der Görlitzer Neiße und der oberen Spree. Hingegen machen die Funde der Archäologen das ganze Vogtland und das Erzgebirge zu einem Niemandsland, die Gegend von Plauen ausgenommen. Ihre Ortsnamen bildeten sich häufig nach Personennamen mit der Endung -ice oder -ici. Wo die Sorben Landwirtschaft trieben, traten die Felder nicht deutlich hervor, und auch ihre Drubbel und Weiler sind eine zufällige Ansammlung einzelner Gehöfte. Doch die Rundlinge in dieser Gegend könnten bis in diese Epoche zurückreichen; außerdem zeugen sogenannte Burgwälle in jedem Bezirk von der Schutzherrschaft, manchmal sogar von der Anwesenheit eines Fürsten. Einige dieser Örtlichkeiten, die lateinischen Quellen des Mittelalters nennen sie *civitates*, waren an älteren Standorten aus vor- und frühgeschichtlicher Zeit wieder errichtet worden. In ihrer Nähe bildeten sich untergeordnete Siedlungen; diese Orte trugen Namen wie Groitzsch, Greiz oder Gröditz (vom Slawischen *gród*). Ein gutes Beispiel für einen solchen befestigten Ort bietet die Beschreibung, die Thietmar von Merseburg, ein Chronist des 11. Jahrhunderts, von Liubusua gibt, wiewohl dessen Lage unsicher bleibt: Dessen *urbani* hatten zunächst vor den Festungsmauern Schutz gesucht und sich sodann in der Stadt niedergelassen; mit seinen zwölf Toren konnte dieser Ort angeblich mehr als zehntausend Menschen aufnehmen[2].

Das Meißen der Wettiner

Die Eroberungen im Osten, die Bildung der kleinen Marken Merseburg, Zeitz und Meißen in der zweiten Hälfte des 10. Jahrhunderts, die herrschaftliche Durchdringung und schließlich die Einsetzung der Wettiner in Meißen – dies alles erfolgte vor der eigentlichen deutschen Besiedlung dieser sorbischen Gebiete. Die sächsischen und später die salischen Herrscher hatten den Kirchen und etlichen Rittergeschlechtern in den Waldregionen riesige Güter geschenkt. So hatte die Kirche von Merseburg schon 974 von Otto II. den unermeßlich großen Wald zwischen Leipzig und Zwenkau sowie Kühren und Rochlitz erhalten. Die Wettiner, ein thüringisches Geschlecht, welches sich nach seiner Burg an der Saale benannte, erwarben früh Güter auf der östlichen Seite des Flusses und beteiligten sich an den Kämpfen gegen die Polen in der Lausitz. Eine weitere Familie slawisch-pommerschen Ursprungs, die aber eingedeutscht war, ließ sich schon im 11. Jahrhundert in der Burg von Groitzsch an der Weißen Elster nieder. Aber erst als Lothar von Süpplingenburg Konrad von Wettin 1123 mit der Mark Meißen belehnte, öffnete sich diesem Haus und der deutschen Kolonisation ein weites Feld.

Fast zweihundert Jahre lang übten die Wettiner in diesem Raum ihre Herrschaft unbestritten aus und trieben die deutsche Landnahme voran. Konrad (1123–56) erwarb die Gegend von Bautzen in der Oberlausitz, er erhielt einen Teil des Erbes der Groitzsch, und die Kirche von Naumburg-Zeitz anerkannte ihn als ihren Lehnsherrn. Er setzte unzählige Burggrafen ein und sicherte damit den Landfrieden; selber nahm er den Titel eines Markgrafen von Sachsen an[3]. Vor allem sein älterer Sohn Otto – in der Linie des jüngeren Heinrichs setzten sich die Wettiner bis ins Jahr 1217 fort – förderte als Landesherr den Landesausbau, zum einen, indem er durch seine Politik die Urbarmachung begünstigte, zum andern durch seine Städtegründungen (1156–90). Später, als die Spannungen zwischen seinen Söhnen Albrecht (gest. 1195) und Dietrich (gest. 1221) vorbei waren, erreichte die Herrschaft der Wettiner unter Heinrich dem Erlauchten (1221–88) dank der Vereinigung von Thüringen mit Meißen, dank einer letzten großen Besiedlungswelle und schließlich durch den Glanz des Dresdener Hofes ihren Höhepunkt[4].

Erste fränkische und flämische Siedlungen

Die frühen Unternehmungen eines Wiprecht von Groitzsch, die für 1104/05 bezeugt sind, haben wir bereits erwähnt. Wiprecht führte fränkische Rodungsbauern in die Waldgebiete zwischen Elster und Mulde, in die Gegend von Lausigk (heute Bad Lausick). Wenn auch einige dieser neugegründeten Dörfer nicht mehr näher zu bestimmen oder heute verwüstet sind, so haben doch Orte wie Schönau, Roda, Ottenhain, Ballendorf, Etzoldshain, Großzössen oder Drossdorf lange ihren ursprünglichen Charakter als Pionierdörfer bewahrt[5]. In der gleichen Gegend setzt sich ein halbes Jahrhundert später die Neuerschließung fort, als der Bischof von Meißen, Gerung, diesmal flämische Siedler in Kühren, nordöstlich von Lausigk, ansiedelt. Die Urkunde, die er diesen Leuten am 22. November 1154[6] ausstellen läßt, ist ganz und gar typisch: die Kolonisten erhalten 18 Hufen, von denen eine für ihre Kirche bestimmt ist, zwei weitere für den *magister incolarum* – das war, wie bei der Besiedlung des bremischen Hollerlandes, höchstwahrscheinlich der Anführer dieser Zuwanderer, der zum Dorfschulzen wurde; der jährliche Pachtzins betrug 30 Schilling, für die Gerichtsbarkeit zahlten sie 20 Heller; der Kirchenzehnt belastete ihr Pachtland und ihre Feldfrüchte. Weitere Abgaben hatten sie nicht zu leisten, im bischöflichen Herrschaftsbereich waren die Siedler vom Wegegeld befreit; Marktzoll hingegen mußten sie bezahlen. Auch besaß das neue Dorf kein eigenes Marktrecht. Die Gerichtsbarkeit war zwischen einem Vogt des Bischofs und dem Dorfschulzen aufgeteilt[7].

Gerung siedelte 1160 eine weitere Kolonie an, nicht weit entfernt von der ersten, in Buchwitz, auf einem Stück gerodeten Landes, das seit vielen Jahren ungenutzt lag. Schon 1159 hatte der Abt von Ballenstedt zwei sorbische Gehöfte an Flamen verkauft, die dort 24 Hufen einrichten sollten. Flamen siedelten sich gegen 1166 auch in Vockerode bei Dessau an.

Kolonisatoren und Kolonisten

Diese ersten Unternehmungen zeigen, daß der Landesausbau voranschritt, sei es durch neuerlich erschlossene Landgebiete und neugegründete Dörfer, die man förmlich aus dem Boden stampfte, sei es durch die Übernahme älterer slawischer Wohnstätten. An diesem Landesausbau waren sowohl weltliche Grundherren als auch die Kirche beteiligt. Die Wettiner haben nicht selber eingegriffen, wie es die Schauenburger in Holstein taten; sie beschränkten sich darauf, Grund und Boden an Abteien, an Ritter und Ministerialen zu verschenken. Die Benediktiner von Pegau (die Abtei wurde 1096 gegründet) und von Bosau (1121) wußten aus der Gründung neuer *cellae*, wie Lausigk oder Riesa, Wirtschaftsunternehmen zu machen. Zwar hatte der Markgraf die 800 Hufen, die die Abtei Altzella (1162–70) als Geschenk erhielt, bereits auf eigene Kosten urbar machen lassen, und man hat die Rolle der Zisterzienser in dieser Gegend vielleicht übertrieben[8]; aber es steht doch fest, daß die Abteien mit ihren Grangien das Land landwirtschaftlich nutzbar machten.

Vor allem die Kopialbücher und die Urbare der Kirchen und Klöster weisen auf die unzähligen Landkäufe und Schenkungen von Grund und Boden hin, auch auf Dörfer, die ursprünglich im Besitz kleiner Grundherren waren und den Auftrag hatten, das Land zu erschließen: Kattersnaundorf zum Beispiel, das, von einem gewissen Rotlin gegründet und mit 19 Hufen ausgestattet, nach dessen Tod an die Kirche von Weißenfels fiel (1158); oder auch das neugegründete Dorf eines Grundherrn namens Gebhard im Pleißengau (vor 1166) sowie das Dorf Conradig, das Konrad Spansel, ein Ministeriale des Markgrafen, vor 1190 gründete. Auch die Burggrafen von Altenburg, von Leisnig, Meißen und von Dohna, trieben den Landesausbau voran, wobei sie freilich nicht selten versuchten, ihre eigenen Grundherrschaften auszudehnen. Ganz bestimmt haben gerade diese kleinen Grundherren am häufigsten die Erschließungen und die Dorfgründungen durchgeführt.

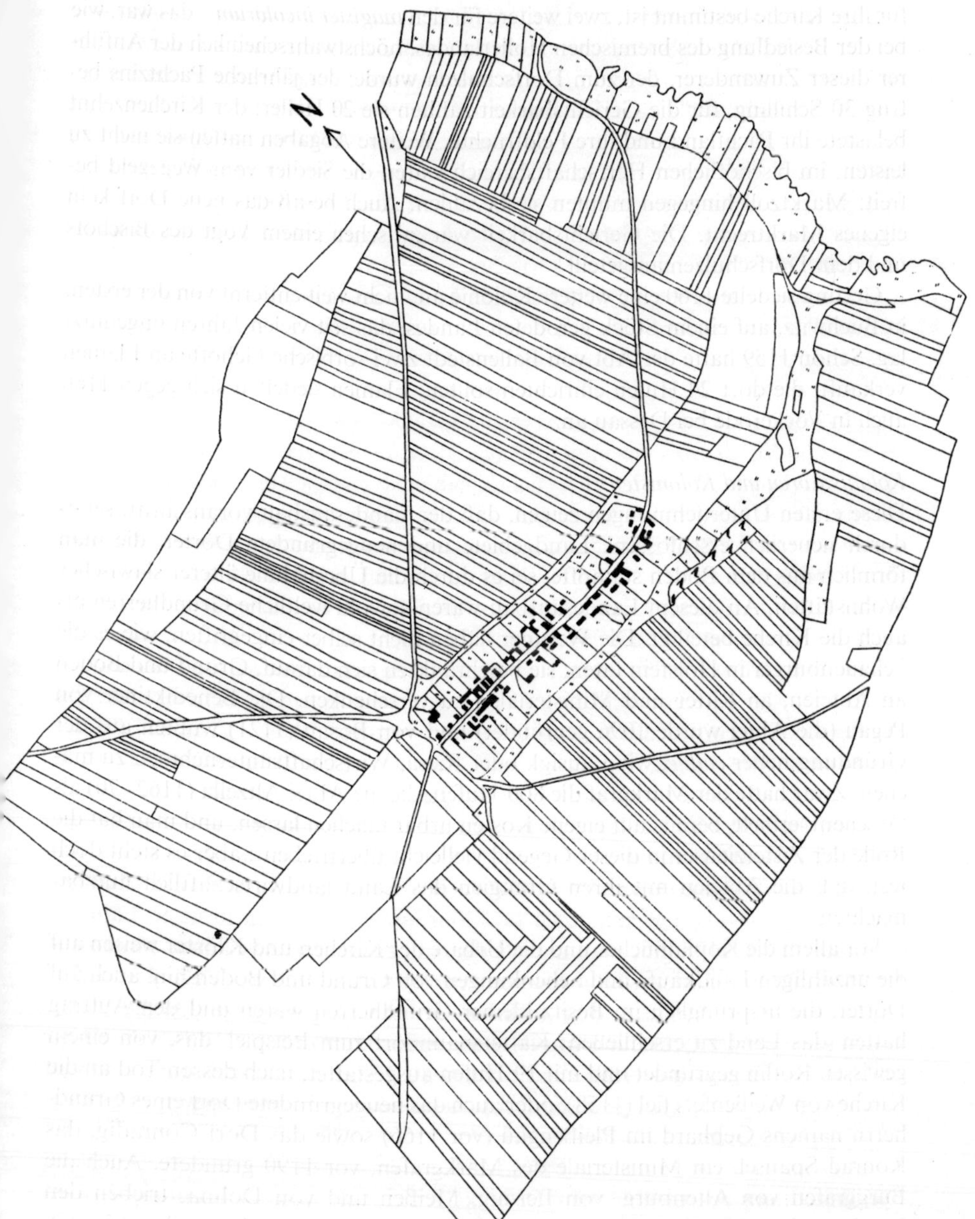

Frankenheim bei Miltiz. Straßendorf der fränkischen Kolonisation im Westen von Leipzig, 12. Jahrhundert.

Die Siedler kamen nicht bloß aus einer Gegend. Flamen und Niederländer, die ein wichtiges Element bilden, lassen sich vorzugsweise im flachen Land nieder oder auf waldbestandenen Hügeln: Dörfer wie Flemsdorf und Flemingsthal (gegen Löbnitz zu) sowie die drei Flemmingen – je eines bei Kösen, Altenburg und Waldheim – zeigen, daß ihre ersten Zuwanderer aus Nordwesteuropa kamen. Auf Franken und Thüringer stößt man besonders häufig an der oberen Saale sowie im mittleren und höheren Bergland. Auf den Gütern der Abtei Altzella erscheint 1185 ein Ort Frankenstein. Adalbert von Taubenheim siedelte vor 1186 Franken in der Gegend südlich von Meißen an. Ortsnamen wie Frankendorf oder Frankenberg sind in dieser Gegend Legion. Schließlich lassen Ortsnamen wie Beiersdorf oder Beierfeld an bayerischen Zuzug denken, der zweifellos aus der benachbarten Oberpfalz kam[9].

Die Kolonisation des Vogtlandes und des Pleißenlandes

In den Landstrichen zwischen der oberen Saale, dem Erzgebirge und der oberen Mulde, im Vogtland und im Pleißenland, gab es so gut wie keine slawische Bevölkerung. Diese Landstriche waren bedeckt mit dichten Wäldern und gehörten zu den Domänen der Hohenstaufen oder den fränkischen und thüringischen Kirchen und Abteien wie Bamberg und Saalfeld. Der Landesausbau erfolgte dort etwas später als in der Ebene[10]. Zuerst sickerten thüringische Siedler in der Gegend von Gera ein, daraufhin Franken bei Dobna, Elsterberg, Greiz und Mylau. Die Pfarrgemeinden Plauen und Zwickau sind für 1118 beziehungsweise 1123 urkundlich bezeugt. Weiter östlich wies König Lothar den Weg, indem er 1136 inmitten der Wälder des Erzgebirges das Kloster Chemnitz gründete. Wenig später siedelte sich das Kloster Rense an der Mulde *in regali sylva* an; es besaß 100 Hufen, die es zu roden galt, dies war ein Geschenk Konrads III. an die Abtei Bürgel (1143).

Nach der Mitte des 12. Jahrhunderts ging die Erschließung der Wälder besonders lebhaft vonstatten; diese Arbeiten standen unter der Leitung der Reichsministerialen Waldenburg (1165–72), später derer von Rabenstein und von Scharfenstein. Die Herren von Weida, auch sie Ministerialen, siedelten in ihren Ländern Zuwanderer an. 1173 gibt man die Wälder an der Oberen Zwickauer Mulde zur Kultivierung frei, dort wird, unweit von Aue, das kleine Kloster Zelle gegründet. An der Freiberger Mulde und im östlichen Teil des Erzgebirges helfen die Markgrafen auch bei der Gründung von Burgen, und sie unterstützen die Peuplierungsmaßnahmen ihrer Ministerialen in Frauenstein, Lauenstein und Bärenstein. Von da an wird das Mittelgebirge ständig von Rodungsbauern angegangen.

Vorstöße ins Egerland und in die Oberlausitz

Die Besiedlung des meißnischen Dreiecks setzte sich in zwei Richtungen fort: zunächst in das obere Böhmische Becken hinein, entlang der Eger; später jenseits der Elbe in Richtung Lausitz.

Die Überquerung der Berge zwischen dem Egerland, dem Oberlauf der Elster gegen Norden zu und dem Tal der Raab gegen Süden, ist vergleichsweise einfach.

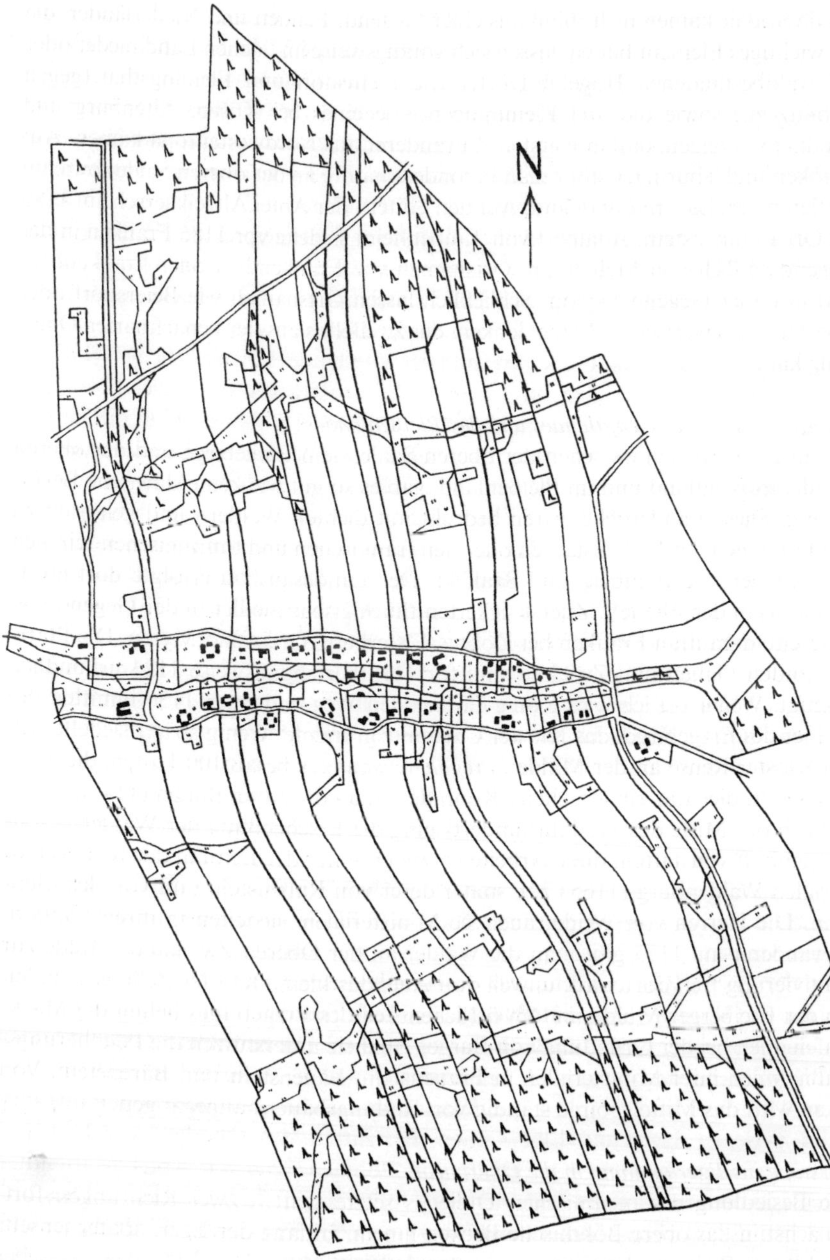

Röllingshain bei Clausnitz. Waldhufendorf der Waldsiedlung im Südwesten von Rochlitz, 12. Jahrhundert.

Der Name der Stadt Eger (Cheb, ČSSR) erscheint zum ersten Mal im Jahr 1061; sie liegt auf einer Straße, die von Regensburg kommt. Sodann treffen vom Vogtland her Siedler ein. Unweit einer Burg, die zwei Ministerialen des bayerischen Markgrafen Diepold gehört, erscheinen 1135 eine Reihe von Rodungsdörfern mit deutschen Gemeinden: Dippersreuth, Frauenreuth, Großkonreuth. Die Zisterzienserabtei Waldsassen, die ganz in der Nähe liegt, 1133 gegründet, hat von sich aus die Erschließung des Landes begünstigt. So wird Eger in der Mitte des 12. Jahrhunderts zum Zentrum einer kleinen deutschen Rodungsregion, die die Verbindung herstellt zwischen dem Landesausbau im Vogtland und dem Angriff auf die Wälder im bayerischen Nordgau und im Fichtelgebirge. Und politisch gesehen, hat Friedrich Barbarossa nach dem Erlöschen der Diepoldinger dieses Gebiet zu den königlichen Ländereien des Pleißen- und des Vogtlandes hinzugeschlagen (1167)[11].

Die Lausitz, um die sich im 10. und 11. Jahrhundert Deutsche, Polen und Tschechen stritten, ging zu Beginn des 12. Jahrhunderts als Lehen an die Familie Groitzsch, später an die Wettiner. Schließlich zerteilte sich das Land, wie es von seiner Geographie vorbestimmt war: die Niederlausitz blieb von 1156 bis 1304 bei den Wettinern und folgte dem gleichen »kolonialen« Weg, den auch Brandenburg beschritt; die Oberlausitz gab Barbarossa 1158 als Reichslehen an den König von Böhmen, und zwar zum Dank dafür, daß er dem Kaiser bei seiner Italienpolitik geholfen hatte; 1253 fiel sie an das Haus der Askanier, und nach 1319 wurde sie zerstückelt. In der lößbedeckten Zone im Herzen der Oberlausitz, in der Gegend von Bautzen (Budissin im 11. Jahrhundert; heute Budyšin), siedelten viele Sorben; doch nach Norden hin nahm ihre Dichte rasch ab, und im Süden herrschte, als man das Jahr 1200 schrieb, ab einer Höhe von 500 Metern, wie auch im Erzgebirge, die Einsamkeit der Wälder vor[12]. Die Kirche von Meißen machte als erste von deutscher Seite einen Vorstoß in die Gegend von Bischofswerda. Sodann errichteten die Könige von Böhmen einige kleine Grundherrschaften zugunsten deutscher Ritter entlang der *antiqua strata* (1241), welche man später die Hohe Straße nannte und die das Land von Königsbrück bis Görlitz durchzieht. Diese deutschen Herren kamen ursprünglich aus dem Pleißenland oder aus dem benachbarten Meißen.

In der ersten Zeit bewegte sich der Landesausbau nach Norden zu, wo die Herren von Kamenz 1248 die Abtei Marienstern gründeten und Siedler ermunterten, den Nordwesten des Landes urbar zu machen. Die bewaldete Zone im Süden wurde während des ganzen 13. Jahrhunderts und noch später erschlossen. Vor allem Thüringer und Franken wanderten dort zu, die aber nicht selten aus dem Land zwischen Saale und Elbe kamen. Bei Zittau, am Oberlauf der Lausitzer Neiße, gründete Königin Kunigunde von Böhmen 1234 die Abtei Marienthal, deren Ländereien zu einer bedeutenden Hofwirtschaft heranwuchsen. Dies hinderte den askanischen Markgrafen Otto IV. jedoch nicht daran, nördlich wie südlich davon die Urbarmachung unter der Aufsicht seiner Vasallen voranzutreiben (1268)[13].

Trotz dieser deutschen Besiedlung hat sich die Oberlausitz bis in die Gegenwart einen starken Bevölkerungskern slawischer Zunge erhalten. Natürlich gab es ethnische Vermischungen, »sorbisierte« Deutsche und umgekehrt; aber im ganzen Gebiet von Bautzen und im Norden der Lausitz überwiegen die sorbische Sprache und sorbische Flurformen. Woher rührt diese Beständigkeit? Man hat vielerlei Gründe geltend gemacht: die relative Dichte der altslawischen Besiedlung; den unbehinderten Durchgang, den das Land bietet, so daß nur selten Auswanderer, die in Richtung Schlesien zogen, zurückblieben; ferner die Rolle der tschechischen Vögte im Spätmittelalter, die sich für die Erhaltung der slawischen Sprache einsetzten. Eigentlich ist keine Erklärung für sich allein vollkommen überzeugend, so daß das »Sorbenproblem« noch immer vielen ein Rätsel ist[14].

Die Anfänge der Bergbaukolonisation

Seit Ende des 12. Jahrhunderts mischt sich ein neues Element in die sich beschleunigende Erschließung der sächsischen Mittelgebirge: die Entdeckung erzhaltiger Adern. 1168 entdeckt man auf den Liegenschaften, welche die Zisterze Altenzella sechs Jahre zuvor als Geschenk erhalten hat, eine große Silberlagerstätte. Der Markgraf, der das Schürfrecht unter der Erde als Reichslehen innehat, übernimmt die bereits besiedelten Dörfer und gründet an ihrer Stelle einen »herrschaftlichen« Bergwerksbetrieb mit 118 Hufen, der rasch erblüht und an dessen Seite bald eine Bergbausiedlung entsteht. Wegen der zahlreichen Bergleute, die vornehmlich aus dem Harz kommen, wird der Ort bald Sächsstadt genannt. Jahre später, aber vor 1218, gesellt sich zu diesem ersten Siedlungskern eine planmäßig angelegte Stadt hinzu, Neustadt, und als die Stadt ihren städtischen Verwaltungsapparat aufgebaut hat, nimmt sie den Namen Freiberg an – die erste freie Bergstadt in Deutschland.

In der zweiten Hälfte des 13. Jahrhunderts werden zwei weitere Silbervorkommen entdeckt, das eine in den neu gerodeten Gebieten von Dippoldiswalde, das andere nur einen Steinwurf von der Bischofsburg Scharfenberg bei Meißen entfernt; ausgebeutet werden sie seit 1266 beziehungsweise 1294. Und zu Beginn des 14. Jahrhunderts führt der Abbau von Silber und Zink zur Gründung von Neustädel, die Gewinnung von Gold führt zur Gründung von Neustadt – beide Städte stehen dort, wo zuvor, in den Bergen der Lausitz, Walddörfer standen.

Diese Abbaustätten und Stadtgründungen waren nur die erste Welle, die auf die Bergbaugebiete des Erzgebirges zurollte. Eine zweite große Welle setzte im 15. und 16. Jahrhundert ein, als die Gruben von Altenberg, Annaberg, Bärenstein, Buchholz, Ehrenfriedersdorf, Marienburg, Scheibenberg, Schneeberg und Zinnwald in Erscheinung traten. Aber damals war die Germanisierung des Landes längst abgeschlossen.

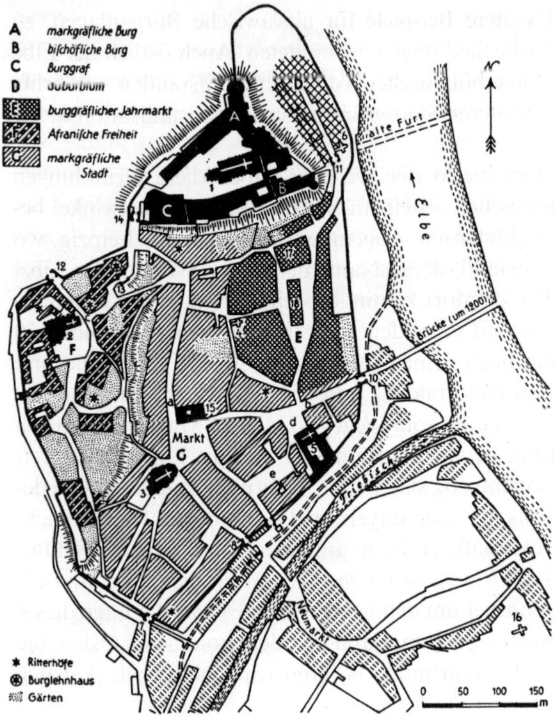

Stadtplan von Meißen. Der 929 von Heinrich I. erbauten Burg folgten im 11. und 12. Jahrhundert ein *suburbium* und zwei Marktsiedlungen.

Das Wachstum der Städte

Die Städte, die in dieser Zeit des Landesausbaus, während des 12. und 13. Jahrhunderts, entstanden, weisen unterschiedliche Anfänge und Entwicklungen auf[15].

Es gab bereits slawische Ansiedlungen von unterschiedlicher Größe: im 10. Jahrhundert im nordwestlichen Teil der späteren Altstadt von Leipzig; zu Beginn des 11. Jahrhunderts am linken Elbufer bei Dresden; vor dem 12. Jahrhundert in Zwickau. Die erste sorbische Siedlung in Bautzen wird 1002 erwähnt, und als diese Stadt sich weiter ausdehnt, umfaßt sie zwei weitere alte slawische Dörfer, Brodwitz und Goschwitz.

Burgen waren zunächst ideale Siedlungskerne für neue deutsche Städte. Die Burg von Meißen, auf einem hohen Felsen den Zusammenfluß von Triebisch und Elbe beherrschend, an einem Ort also gelegen, an dem man sonst keine slawische Wohnstätte fand, von Heinrich I. im Jahr 929 gegründet, mehrmals von Tschechen und Polen besetzt und dann aufgeteilt zwischen den Markgrafen und den Bischöfen, hat sich im 11. Jahrhundert unten am Fluß um ein *suburbium* erweitert; sodann entstanden im Lauf der Zeit zwei Marktsiedlungen (11. Jahrhundert bzw. 1205), die die Stadt nach Süden hin beträchtlich vergrößerten. Auch die Burg von Leisnig, urkundlich bezeugt seit 1046, ist älter als die Siedlung samt ihrem Markt.

Rochlitz und Groitzsch sind weitere Beispiele für altslawische Burganlagen, zu deren Füßen sich später städtische Siedlungen ausbreiteten. Auch östlich der Elbe haben die Burgen, die dort unter böhmischer Verwaltung entstanden – Görlitz (1126–31) und Königsbrück –, späteren Stadtgründungen als Kristallisationskerne gedient.

Die Markgrafen aus dem Geschlecht der Wettiner haben diese Gründungen sicherlich eher unter einem politischen als einem wirtschaftlichen Blickwinkel begünstigt[16]. Konrad und Otto richteten ihr Augenmerk zunächst auf Leipzig, wo sich eine deutsche Befestigung befand, deren Name dem Slawenstamm der Libzi entlehnt war, sowie eine Kirche, die dort zumindest seit 1015 oder 1017 stand[17]. 1134 ließ Konrad einen Erdwall und Palisaden anlegen; zwischen 1161 und 1170 gab Otto dem an Bevölkerung noch armen Ort das Stadtrecht von Halle und Magdeburg[18] und bestimmte sein Weichbild. Den Bewohnern wies er Baugrund zu und einen Markt; es folgte die Befreiung vom Wegegeld, die der Markgraf Dietrich 1216 bestätigte. Noch gegen Ende des 12. Jahrhunderts wird die Einwohnerschaft als stark slawisch geschildert; sodann zog sie aus der Bauernschaft und dem niederen Adel im Umland vielerlei Volk an, auch Bayern und Alamannen. Die Entwicklung der Stadt folgte keinem regelmäßigen Plan; auf einer Fläche von 48 Hektar, einer Königshufe, wuchs 1216 der Mauergürtel der Altstadt in die Höhe, und die Straßen legten sich halbwegs geordnet um den Marktplatz. Es war die Lage dieser Stadt, zwischen dem alten deutschen Siedlungsland und dem kolonialen Osten, die ihr seit der zweiten Hälfte des 13. Jahrhunderts ihren wirtschaftlichen Aufstieg bescherte.

Wir haben gesehen, daß es der gleiche Markgraf Dietrich war, der Meißen größer machte, indem er ihm das Markt- und das Stadtrecht übertrug (zweifelsohne vor 1208); und aus dem gleichen Grund sind auch Rochlitz und Bautzen gediehen. Die Verleihung des Marktrechts war nur ein Mittel, neue Einwohner anzuziehen; dem folgte die Gründung einer neuen, auf dem Reißbrett entworfenen Stadt, die sich vielleicht an ältere Bauteile anschmiegte.

In Chemnitz (heute Karl-Marx-Stadt) tritt dieser Vorgang noch nicht in voller Deutlichkeit vor unser Auge. Dort entstand im letzten Drittel des 12. Jahrhunderts gleich neben der Langengasse, die sich nach 1143 unweit der Abtei gebildet hatte, eine unregelmäßig geformte Stadt. In Zwickau erweiterte sich der kleine Straßenmarkt, der in dem Jahrzehnt nach 1135 entstand, noch vor 1200 gegen Nordnordwest zu einer vorgeplanten Siedlung. Aber das beste Beispiel für eine solche Entwicklung ist doch Dresden: Neben seinem alten slawischen Dorf und der etwas jüngeren Burg wurde eine neue Stadt angelegt (die heutige Altstadt), nach rechtwinkeliger Projektion und mit einem Zentralmarkt; schon 1216 bezeichnete man sie als *civitas*. In der Verlängerung seiner wichtigsten Straße wurde die Brücke über die Elbe geschlagen, sie ist für 1275 bezeugt. Pirnas Ursprünge waren ganz ähnlich, und diese Entwicklung verlief zur gleichen Zeit.

Buchstäblich aus dem Nichts wurde Bischofswerda nach einem Plan gegründet, eine gegen Ende des 12. Jahrhunderts nach schachbrettartigem Muster angelegte

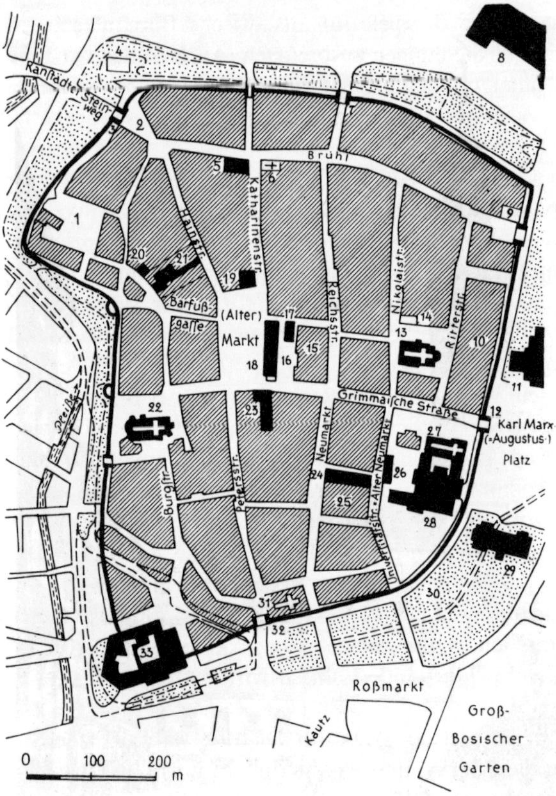

Stadtplan von Leipzig. Die Stadt, zu Anfang des 11. Jahrhunderts eine kleine Festung slawischen Namens, *Libzi,* hat 1216 ihre Befestigung erhalten. Der wirtschaftliche Aufschwung setzte in der zweiten Hälfte des 13. Jahrhunderts ein.

Bischofsstadt. Ähnliche Anfänge kannten, gegen 1200, die Städte Roßwein und das heutige Großenhain[19]; sie sind allerdings markgräfliche Gründungen.

Siedlungslandschaften

Die Formen der Dörfer und der Fluren wurden in diesem Raum zwischen Saale, Elbe und Neiße schon gründlich untersucht[20]. Die Forschungsergebnisse lassen die Eigentümlichkeiten des Landesausbaus des 12. und 13. Jahrhunderts packend zutage treten. Man bemerkt vor allem den großen Gegensatz zwischen den Landstrichen, in denen es bereits viele sorbische Siedlungen gab, und den völlig neu erschlossenen Räumen. In den alten slawischen Siedlungsgebieten gab es neben den fortbestehenden slawischen Dörfern Erweiterungen der alten Siedlungen unter Wiederherstellung der Flurformen, oder es entstanden neue, von Deutschen bewohnte Dörfer. So haben beispielsweise die Dörfer in der Umgebung von Rochlitz, die slawische Namen tragen, ihre Form (Rundlinge) beibehalten, desgleichen ihre Fluren mit unregelmäßigen Feldern. Im Bautzener Land gehören zu den sorbi-

Das Rathaus von Görlitz.

schen Weilern unregelmäßige Felder oder schmale Streifenfluren, während die neuen Dörfer der Deutschen kleine Straßen- oder Angerdörfer sind. In der Umgebung von Leipzig ist diese Mischung von Siedlungs- und Flurformen noch charakteristischer[21]. Bewegt man sich von dort flußaufwärts in das Tal der Pleiße und der Elster, findet man dicht gedrängt die Weiler auf unregelmäßigen Flurformen, kleine Dörfer, die blind enden und weiter hinauf Rundlinge; derweil man auf den alten, waldbestandenen Hochflächen gegen die Mulde hin Straßen- und Angerdörfer aus der Zeit des deutschen Landausbaus findet mit langen, in Streifen unterteilten Fluren. Aber da und dort schieben sich auch Haufendörfer dazwischen, grundherrschaftliche Domänen und ethnisch gemischte Siedlungen.

In den großen Waldgebieten und Mittelgebirgen südlich davon, an der böhmischen Grenze, herrschen fast ausschließlich lange Waldhufendörfer vor. Im Vogtland treten sie neben mancherlei Weilern und Rundlingen in Erscheinung, vor allem im Osten und Süden von Plauen und zwischen Plauen und Zwickau[22]. Die Sächsische Schweiz und das Mittelgebirge der Oberlausitz kennen keine anderen Dörfer, sieht man von der Handvoll slawischer Siedlungen bei Pirna ab. Altmittweida, südöstlich von Rochlitz gelegen, ist ein typisches Beispiel eines Dorfes, das bei der Erschließung einer Waldregion angelegt wurde: Seine beiden Häuserzeilen ziehen sich über dreieinhalb Kilometer hin, und seine Hufen von 1800 Meter Länge und 80 bis 100 Meter Breite erstrecken sich bis in den Wald hinein[23]. Rodungsdörfer wie dieses, mit deutscher Bevölkerung, gibt es dort zu Hunderten; sie machen zwei Drittel des obersächsischen Landes aus und verleihen ihm noch immer einen sehr kolonialen Anstrich.

3. Brandenburg und seine Marken

Den Landen in der nordostdeutschen Tiefebene, die durchzogen wird von Elbe, Havel, Spree und Oder und in deren Herzen sich gegen Ende des Mittelalters die Markgrafschaft Brandenburg bildete, war es infolge ihrer schlecht entwässerten und großenteils sandigen Böden erst merklich später beschieden als Holstein oder Meißen, deutsche Siedler anzuziehen[1].

Die Askanier

Die ersten Eroberungsversuche gehen zurück auf Otto den Großen, auf die Gründung der Bistümer Havelberg und Brandenburg (948) und die Erschaffung der Nordmark. Aber im 11. Jahrhundert erhoben sich die slawischen Liutizen und Heveller und warfen die Sachsen über die Elbe zurück. Erst mit der Offensive Albrechts des Bären und mit dem Wendenkreuzzug (1136–47) kam die Stunde der endgültigen Landnahme. Die Wiedereroberung Brandenburgs (11. Juni 1157) wurde zur Geburtsstunde der Mark; und wenn auch das Reich den Titel eines Markgrafen von Brandenburg nicht anerkennen wollte, den Albrecht der Bär sich zulegte, so war der zweite Askanier, Otto I. (1170–84), doch befugt, diesen Titel für sich in Anspruch zu nehmen[2].

Eine der vordringlichsten Aufgaben dieser Askanierdynastie bestand darin, Befestigungen anzulegen und Ritter dort einzusetzen, um die Sicherheit des Landes zu gewährleisten. Seit etwa 1150 schien den Askaniern – wie schon den Schauenburgern und Wettinern – die Anwerbung von Siedlern der geeignete Weg zu sein, einen soliden Territorialstaat zu errichten. Nachdem der Erzbischof von Magdeburg Zisterzienser in die Moorgebiete von Zinna geführt hatte (1170), siedelte Otto I. sie nun in Lehnin an, in dem Heideland, das man als Zauche bezeichnet

(1180)[3]. Aber wenn man von der Erschließung dieses alten Kerns im Herzen der Mark absieht, dem Havelland, so war die Landnahme und der Ausbau von Barnim, Teltow (gegen 1230), des Uckerlandes (1250) und der Vorstoß bis in die südwärts gelegene Oberlausitz und über die Oder hinweg doch erst das Werk Albrechts II. (1205–20) und seiner Söhne Johann und Otto III., die gemeinsam regierten, ohne das Land unter sich aufzuteilen, sowie seiner Enkelsöhne[4].

Kolonisation der Altmark

Die Kolonisation der Altmark nahm ihren Anfang da und dort im Tal der Elbe, vom Zufluß der Saale bis zu den tiefgelegenen Landstrichen der Aland im Westen und zwischen Elbe und Havel im Osten. In der Altmark, wo die Askanier Allodialgüter besaßen und als Grafen regierten[5], erschienen, dem Unterlauf der Elbe folgend, die ersten flämischen Siedler. In Werben, wo die Havel in die Elbe mündet, sind sie seit 1160 bezeugt, zehn Jahre später in Drüsedau und Dalchau. Das gesamte Entwässerungssystem an der Wische, zwischen Aland und Elbe, die »Wäteringe«, sind das Werk dieser flämischen und niederländischen Siedler; und unzählige Flurnamen – wie Upstall (ein Viehstall auf der Heide), Dunk (kleine, sandige Anhöhe) und Fenn (kleiner Sumpf) – sind dem Wortschatz Flanderns, Brabants oder Hollands entlehnt[6].

Nach 1160 gründete Albrecht der Bär unweit seines Dorfes Stendal im Balsamerland einen Markt und verlieh den künftigen Bewohnern dieser Siedlung das Magdeburger Stadtrecht[7]; dort entstand eine holländische Niederlassung, später eine weitere in Seehausen.

Der Kolonisator Wichmann von Magdeburg

Bald nach der zweiten Eroberung Brandenburgs machte sich Erzbischof Wichmann, der bereits als Bischof von Naumburg flämische Siedler bei sich aufgenommen hatte, daran, auf den rechtselbischen Besitzungen der Kirche von Magdeburg den Landesausbau voranzutreiben; sein Domherr Gerhard hatte selbst mit angesehen, wie Friedrich von Bremen und Hamburg Holländer auf seinen Ländereien angesiedelt hatte[8]. Gegenüber von Magdeburg, wo Gerhard an einem Ort namens Krakau selber Holländer aufgenommen hatte (1158), schenkte der Erzbischof drei Lokatoren – zwei Paderbornern namens Herbert und Werner sowie einem Gottfried – zwei alte slawische Dörfer: Pechau und Poppendorf (1159 und 1165), südöstlich der Bischofsstadt[9]. Der Vertrag für Poppendorf ist eine typische *locatio*, in welcher sich die Lokatoren verpflichten, Siedler anzuwerben, damit diese das morastige Gebiet trockenlegen, es kultivieren und fruchtbar machen. Jeder Zuwanderer erhielt eine Hufe, für die er einen jährlichen Pachtzins von zwei Pfennig zahlte sowie je zwei Scheffel Roggen und Hafer; außerdem mußte die Gemeinde Deiche anlegen, um die Felder vor Überschwemmungen zu schützen. Dem Lokator standen die Erträge aus seinen beiden Hufen zu; er durfte die niedere Gerichtsbarkeit ausüben, und ein Drittel aus den Geldstrafen floß in seine Tasche. Geradeso wurden im Wald von Schartau nordwestlich von Burg Rodungsbauern angesiedelt; auch sie waren verpflichtet, Deiche anzulegen.

Weiter ostwärts, zwischen Genthin und Brandenburg, schloß der Erzbischof mit einem Lokator namens Heinrich und einer Gruppe von Flamen einen weiteren Kolonisationsvertrag ab; diese Gruppe sollte Groß-Wusterwitz besiedeln (Juni 1159)[10]. Die künftigen Bewohner mußten erst einmal einen Erdwall ausheben, um sich gegen die Heiden des Umlands zu sichern. Der Ort war für den Handel günstig gelegen, und so wurde er vom Wegegeld befreit und bekam das Recht, jährlich einen Markt abzuhalten. Zwischen Magdeburg und Groß-Wusterwitz zeigten sich Flamen, einige Jahre später auch noch im Fiener Bruch (1178) und in Burg (1179), und viele unbedeutendere Orts- und Flurnamen gehen hier wie in der Altmark auf niederländische Ursprünge zurück. Die Rodung und Erschließung des sumpfigen Waldgebiets bei Fiene vertraute Wichman der Prämonstratenserabtei Jerichow an[11], die Hertwig von Bremen 1144 gegründet hatte.

Weiter ostwärts, wo die Heideflächen allmählich zu den sandigen Hügeln des Fläming ansteigen, begann Wichmann schließlich ein Unternehmen, das sich mit der Anlage von Wusterwitz vergleichen läßt. Er gründete 1174 in nächster Nähe einer Burg und einer alten slawischen Siedlung den Marktflecken Jüterbog und befreite dessen neue Einwohnerschaft sowie die Kaufleute von Magdeburg, Halle, Calbe, Burg und Taucha vom Wegegeld; er verlieh der neuen Siedlung das Stadtrecht von Magdeburg und legte die Gemarkung seiner Weideflächen fest[12]. An einer Stelle dieser Grenze lag bereits eine Brücke, die nach den Flamen benannt war. Aber Ortsnamen wie Rothe oder Rothwinersthorp in der nahen Umgebung zeigen, daß auch Deutsche hier gerodet haben, und die beiden Dörfer Frankenförde und Frankenfelde weisen deutlich auf fränkische Erschließer hin. Es unterliegt keinem Zweifel, daß sich der große Kirchenfürst aus Magdeburg seines Werkes bewußt war, in dem sich religiöse mit wirtschaftlichen Beweggründen verquickten. Sein Vorgänger, Friedrich, hatte nicht gezögert, »ungläubige« slawische Bauern zu verjagen, weil er an ihrer Statt christliche Bauern ansiedeln wollte[13]. Wichmann ging es vor allem darum, die Wälder und Sümpfe landwirtschaftlich nutzbar zu machen; er ahnte, welche Bedeutung die Öffnung dieses Korridors nach Osten hatte; und er bereitete der Verbreitung des Magdeburger Stadtrechts den Weg.

Prignitz und Havelland

Gleichwohl war Wichmanns Landesausbau nichts weiter als nur ein Schritt in einem ziemlich begrenzten Gebiet. Die Kirche von Havelberg und die Markgrafen lenkten ihre Schritte in andere Richtungen. Nördlich der Elbe, in der Prignitz, wo die tiefen Wunden aus dem Wendenkreuzzug noch immer sichtbar waren, hatten sich seither deutsche Grundherren mit ihren Familien niedergelassen, die Gans und die von Plotho etwa, um nur zwei der wichtigeren namentlich zu erwähnen; sie hatten Burgen errichtet wie die Wittenberge, Perleberg und Putlitz. Die Bischöfe von Havelberg hatten schon auf dem rechten Elbufer, im Tal der Dosse, ein weltliches Gut erworben, das noch darauf wartete, bewirtschaftet zu werden. Es war gerade in dieser Zeit, daß König Konrad III. Bischof Anselm ein Schutzprivileg verlieh und ihm erlaubte, viele Kolonisten in dieses Land zu rufen, »wo niemand lebt oder doch nur ganz wenige« (1150). Diese wichtige Urkunde erwähnt übrigens ein deutsches Dorf namens Thadendorp (Tetschendorf), das nahe Wittstock im Dossegau liegt. Die dann folgenden Rodungsdörfer enden auf die Silbe -hagen[14]. Bis in die Niederlande und ins Rheinland[15] hatte man den Ruf Albrechts des Bären nach Siedlern vernommen (1159/60), und davon profitierten die beiden Diözesen Havelberg und Brandenburg, ohne daß man diesen Zuzug mit schriftlichen Quellen im einzelnen belegen könnte.

Erst im Jahr 1210 findet sich ein weiteres Zeugnis für den Fortgang des Landesausbaus in der Mark, nämlich der Brief, den Papst Innozenz III. an den Zisterzienserabt von Sittichenbach richtete (das war das Mutterkloster von Lehnin) sowie an den Dechanten des Halberstadter Domkapitels: Sie sollten Nachforschungen anstellen, schreibt der Papst, bezüglich der Forderung von Markgraf Albrecht II., daß zwei Drittel der Einkünfte aus dem Kirchenzehnt der Diözese Brandenburg ihm zustehe[16]. Der Markgraf hatte tatsächlich dem Papst kundgetan, daß er die Absicht hege, einen nicht unerheblichen Teil – *non modica pars* - der öd und wüst liegenden Mark zu kolonisieren, die er, sein Bruder, sein Vater und dessen Vater den Klauen der Heiden entrissen hätten, und in diesem Land eine Kirche zu errichten, die dem Heiligen Stuhl unmittelbar unterstellt sein sollte, um hier die heilige Religion zu verbreiten; um aber diese Kirche errichten und unterhalten und die Gegend gegen den Angriff der Slawen halten zu können, bat er, daß man ihm zwei Drittel des Kirchenzehnten überlasse, dafür wolle er jährlich für je fünfzig Hufen dem Heiligen Vater eine Silbermark schicken. Der Papst beauftragte seine Boten ausdrücklich, sich gründlich zu informieren, ob diese Lande wirklich »öd und wüst« und seit Menschengedenken nicht von Christen besiedelt worden seien. Aber damit hatte es vorläufig sein Bewenden, und erst 1238 ging der Kirchenzehnt teils an den Markgrafen, teils an den Bischof von Brandenburg, der damals Bezug nahm auf das alte und auf das »neue Land« seiner Diözese. Es ist zu vermuten, daß die *nova terra*, die zu erschließen Albrecht II. im Sinn hatte, östlich der oberen Havel bis gegen Spandau hin gelegen war und nördlich der Spree – dies waren die riesigen Wälder des Barnimer Landes und vielleicht auch der Uckermark[17].

Barnim und Teltow

Die Chronik der Markgrafen von Brandenburg berichtet, die beiden Brüder Johann I. und Otto III. hätten Barnim und Teltow von einem Fürsten Barnim erworben *(obtinuerunt)*, höchstwahrscheinlich von dem gleichnamigen Herzog von Pommern-Stettin, Barnim[18]; dieser Erwerb muß gegen 1220/30 stattgefunden haben. Die beiden Landstriche liegen zu beiden Seiten der unteren Spree, Barnim im Norden, ein leichtes Sandplateau, Teltow im Süden, niedriger gelegen. Heute bedeckt der große Ballungsraum Berlin weite Teile dieser beiden Landstriche[19].

Es scheint sogar, daß die Deutschen dort einsickerten – wie es der Brief von 1210

Die Templerordenskirche in Tempelhof. Noch vor 1230 gegründet, ist Tempelhof eine der ersten deutschen Anlagen in Teltow.

an den Papst nahelegt –, ehe das Land politisch zum Reich gehörte. Schon 1214 hat Albrecht II., ehe man sich's versah, die Festung Oderburg errichten lassen *(super Oderam contra Slavos)*. Archäologische Funde erlauben es uns, die ersten Anfänge von Berlin und Cölln gleich zu Beginn des 13. Jahrhunderts zu datieren; sie zeigen ferner, daß Tempelhof in Oberteltow schon vor 1230 gegründet wurde. Zweifellos hat es sogar schon am Ende des 12. Jahrhunderts und auf jeden Fall vor 1220 dorfähnliche Ansiedlungen gegeben, ob sie nun auf Drängen slawischer Fürsten oder der Askanier errichtet wurden; im Süden Teltows gehen sie vielleicht sogar auf eine Initiative der Wettiner zurück. Trotz der Wüstungen des ausgehenden Mittelalters und des Dreißigjährigen Krieges sowie der Wirren unseres eigenen Zeitalters lassen die Anger- und Straßendörfer von Teltow und Barnim mit ihren breiten Straßen und ihren Fluren mit drei großen Feldern an eine planmäßige Kolonisation dieses Raumes denken, die sich über das ganze 13. und sogar ins 14. Jahrhundert hinzog. Neben Tempelhof findet man in Teltow noch weitere Gründungen des Templerordens, nämlich Mariendorf und Marienfelde sowie Rixdorf (Richardsdorf), das 1360 aus einem kleinen Bauerngehöft entstand[20]. Im Nordosten von Barnim trifft man diese neuen deutschen Kolonisationsdörfer namentlich im Umkreis von Oderberg an. Die Grangien der Abtei Zinna, wie Neuhof etwa, haben sich gleichfalls schnell zu Dörfern verwandelt[21].

Der Vorstoß bis zur Oder

In der zweiten Hälfte des 13. Jahrhunderts schob sich die Kolonisation der Askanier entschlossen bis an die Oder vor. Die Gebiete nördlich von Barnim, die Lande der wendischen Vucrani und Uchri, die den Namen *terra ukera* (1178) und später Uckerland annahmen[22], waren im 11. Jahrhundert zwischen den Obodritenfürsten Mecklenburgs und den Herzögen von Pommern umstritten, später, zu Beginn des 13. Jahrhunderts, zwischen den Pommernherzögen und den Askaniern. 1250 kam es schließlich zu einer Einigung, sie bescherte dem Markgrafen von Brandenburg den südlichen und östlichen Teil um Pasewalk. Die Erschließung dieses Landes hatte jedoch unter Barnim I. begonnen. Seit 1236 findet man hier deutsche Herren wie Konrad von Schönwalde, Albert von Sperrenwalde und Reinke von Basedow. Die Herzöge haben auch Siedler herbeigerufen, die im allgemeinen aus der Altmark kamen, angeführt von Lokatoren, deren Namen sich in Dorfnamen wie Lambertsdorf, Wichmannsdorf oder Claushagen wiederfinden. Gegen Ende des 13. und im Laufe des 14. Jahrhunderts nahm diese Bewegung noch beträchtlich zu, denn nun wurden zahlreiche Wälder abgeholzt und Dörfer gegründet, die heute auf -walde (z.B. Fahrenwalde, ein großes Dorf mit 60 Hufen im Caselower Wald) und auf -hagen enden (Falkenhagen, Sterhagen, Langenhagen, Frauenhagen, Bischofshagen; dieses letztgenannte ist erst für 1375 bezeugt)[23]. Bemerkenswert ist auch, daß die Gründung der Zisterze Chorin, einer Filiation von Lehnin, im Jahr 1260 nach dem Erwerb des Landes durch die Markgrafen stattfand.

Die Landschaft Lebus, südöstlich von Barnim, mit ihrem alten slawischen Ort Lebus an der Oder, hat ein bewegtes Schicksal durch ihre Lage, die sie zum Ziel polnischer und deutscher Ansprüche machte. 1109 schenkte Heinrich V. Lebus dem Magdeburger Domkapitel; aber in Wirklichkeit blieb dieses Land im Besitz der Polen, und kurz darauf gründete Boleslaw III. dort ein kleines Bistum (zwischen 1112 und 1133)[24]. 1207 erneuerte der Kaiser die Schenkung an die Kirche von Magdeburg; aber diesmal waren es die Wettiner, die, aus der Lausitz vorstoßend, sich in Lebus niederließen (1209), nur für kurze Zeit allerdings, denn die Polen vertrieben sie bald wieder. 1225 war das Land noch immer zwischen dem Markgrafen von Meißen, dem Erzbischof von Magdeburg Adalbert und Heinrich I. von Breslau umstritten, der es schließlich in seinen Besitz brachte[25]. Unter Heinrich begannen die Klöster mit dem Landesausbau: die schlesischen Zisterzienserabteien Leubus und Trebnitz und die Augustiner von Naumburg am Bober erhielten 200 Hufen (1225/26); etwas später gingen weitere 250 Hufen zwischen Falkenhausen und Müncheberg und 300 Hufen zwischen Spree und Oder an die Templer (1229). Doch die Erzbischöfe von Magdeburg zogen Nutzen aus dem Zwist zwischen den Enkelsöhnen Heinrichs I. und brachten schließlich die Hälfte des Lebuser Landes in ihren Besitz (1249/52)[26].

Kolonisation der Niederlausitz

Die Niederlausitz, das flache Land südöstlich von Brandenburg mit seinen sandigen, morastigen Böden und seinen Wäldern, mit schlecht bestimmten Grenzen, war wie die Gegend von Lebus zwischen den angrenzenden Mächten umstritten, bevor sie 1156 an die Wettiner ging, bei denen sie bis 1304 verblieb[27]. Die slawischen Lusitzer saßen hier vornehmlich in der Niederung an der mittleren Spree, im Spreewald, an der Berste und im unteren Tal der Görlitzer Neiße.

Über Dahme, Luckau und Sonnewalde drangen die Deutschen im Jahr 1200 in diese Gegend vor und setzten die Magdeburger Kolonisation am Fläming nach Osten hin fort. Auch die Politik des kleinen meißnischen Adels hat den Landesausbau hier mächtig gefördert. Die Cottbus kamen ursprünglich aus Franken; die Familie Dewin, die im Meißnischen unweit von Grimma Güter besaß, erwarb auch Grundbesitz in Sorau. Gegen 1200 hatte die Kolonisation im Umkreis der Zisterzienserabtei Dobrilugk (gegründet 1165) kaum begonnen. Eines der ältesten deutschen Dörfer in dieser Gegend ist Kirchhain, dessen Kirche ins späte 12. Jahrhundert zurückreicht. Aber die Ansiedlung von Kolonisten nahm seit etwa 1217 bis 1231 zu, sowohl durch Umwandlung sorbischer Siedlungen wie auch durch Gründung neuer Dörfer. Die Gründung von Friedland und der Abtei Neuzelle (1268) stellte in der zweiten Hälfte des Jahrhunderts die Verbindung mit dem nordostwärts gelegenen Lebus her.

Höchst anschaulich verlief weitab östlich davon, an den Grenzen Schlesiens, der Landesausbau in der Gegend von Sorau. Dies war das Werk der Dewin, denen die Burg seit 1250 gehörte. Im Umkreis von Sorau, Triebel und Sommerfeld (Lubsko), wo es slawische Wohnstätten gab, siedelten sich kleine Gruppen deutscher Zuwanderer auf flämischen Hufen an. Nach dem Landregister von 1381 hatte die Hälfte der 55 Dörfer Flurformen dieser Art (beispielsweise Gurkau, Pitschkau, Guschau).

Anderwärts breiteten sich mitten im Wald lange Waldhufendörfer aus, mit typischen Ortsnamen und Flurformen: Schönwalde, Waltersdorf, Goldbach, Linderode, Benau[28].

Die ersten Zuwanderer, die gleich zu Beginn des Landesausbaus dort eintrafen, kamen vornehmlich aus Niederdeutschland; gegen Mitte des 13. Jahrhunderts waren es hauptsächlich Thüringer und Franken, die das bereits erschlossene Land zwischen Saale und Elbe wieder verlassen hatten. Aber gegen 1300 war diese Wanderungsbewegung noch nicht zu Ende, denn die Mönche von Dobrilugk erhielten noch einen großen Teil der Markgrafenheide mitsamt dem Recht, sie urbar zu machen und dort Dörfer zu gründen.

Slawen und Deutsche

Die Beziehungen zwischen Slawen und deutschen Siedlern hingen in diesen großen Weiten Brandenburgs von der jeweiligen Besiedlungsdichte eines bestimmten Raumes vor dem 12. Jahrhundert ab sowie davon, wie gewaltsam das Eindringen der Deutschen verlaufen war.

Die Völkerschaft, die in der Niederung zwischen Havel und Spree saß, waren die Wilzen, die man im 11. Jahrhundert häufiger Liutizen nannte; sie unterteilten sich wiederum in Stämme wie die Heveller, die Ranen, die Redarier und einige weitere, weniger wichtige[29]. Im Südosten saßen die Slawen an der mittleren Spree in nächster Nähe zu den Sorben. Eine Karte mit den Fundorten slawischer Artefakte zeigt, daß die Funde hier stärker verstreut sind als im Meißnischen oder auf den Kuppen am Südrand der Ostsee. Dies läßt an eine sehr dünne Besiedlung denken, aber darin lagen auch Kerne mit dichterer Menschenzahl. Das Tal der Havel war das Herz des slawischen Landes, von der heutigen Stadt Potsdam bis nach Havelberg reichend; und mitten darin lag Brennaburg (Brandenburg), das bereits vor der deutschen Eroberung einen befestigten Burgwall auf einer Insel in der Havel und ein *suburbium* für Kaufleute besaß, das auf dem linken Flußufer lag und Parduin genannt wurde[30]. Ein weiterer Bevölkerungskern war im Spreewald in der Niederlausitz. Hingegen waren die Prignitz und vor allem Barnim und Teltow ausgesprochen dünn besiedelt; die Bitte Albrechts II. an den Papst war also mitnichten nur ein Vorwand[31]. Auf die Oder zu, nordöstlich von Oderberg und vor allem um Lebus, nahm die slawische Bevölkerung zu. In Lebus, dem Mittelpunkt dieser Region, gab es eine große polnische Befestigungsanlage. Weniger Slawen, so scheint es, hausten im Umkreis der mächtigen Burg Köpenick, die am Zusammenfluß von Dahme und Spree lag[32]. Die Verheerungen des Wendenkreuzzugs und der Eroberungsfeldzüge haben die ohnehin schwache Besetzung des Bodens in einigen Regionen, wie in der Prignitz und dem Havelland, bestimmt noch mehr ausgedünnt; desgleichen, könnte man denken, die Vertreibungen, die etwa ein Friedrich von Magdeburg durchführen ließ.

Das Problem der Kietze

Das Problem des Kietzes steht im Mittelpunkt der Frage, wie die Beziehungen zwischen slawischer Bevölkerung und deutschen Zuwanderern wohl ausgesehen haben mögen[33]. Kietze sind kleine Behausungen, der Name entstammt zweifelsohne dem Slawischen (vielleicht von *chyca*, was Haus oder Hütte bedeutet). In der Regel standen sie an See- oder Flußufern, häufig auch in der Nähe von Befestigungsanlagen oder Städten – später übertrug man diese herablassende Bezeichnung auf die Elendsviertel am Rand der großen Städte (Kietz). Die wissenschaftliche Diskussion bewegt sich um die Frage, ob diese Kietze slawischen oder deutschen Ursprungs waren.

Anfangs lautete die vorherrschende Auffassung, die Kietze seien kleine Fischerdörfer oder andere Dörfer gewesen, deren Einwohner Hörige der Burgherren waren, denen sie Dienstverpflichtungen und Abgaben schuldeten; der Kietz finde seinen Ursprung in der slawischen Zeit und sei schon vor dem Erscheinen der Deutschen seltener anzutreffen gewesen. Die Kietze, die einer Burg unterstanden, bedeuteten – samt ihrer Handwerkerschaft – den Anfang einer frühen städtischen Entwicklung der Slawen[34].

Eine archäologische Studie, deren Forschungsfeld allerdings begrenzt war, kam unlängst zu gegenteiligen Schlußfolgerungen: in der Mehrzahl der Fälle sei man nur auf frühe deutsche Keramikgegenstände gestoßen, mithin hätten diese Behausungen nicht mit slawischen Befestigungen in Verbindung gestanden, sondern, im Gegenteil, mit den ersten deutschen Burgen[35].

Schließlich gelangte man zu der weniger dezidierten Auffassung, welche besagt, daß ein Teil der Kietze sich erst nach der deutschen Landnahme gebildet haben könnte, was aber den slawischen Ursprung nicht unbedingt ausschließe: die Ortsnamen, die slawischen Fundgegenstände in Brandenburger und Lebuser Kietzen und der Umstand, daß in diesen Siedlungen und städtischen Frühformen stets Slawen lebten, lasse aufs neue an eine »slawische Wurzel dieser Art von Wohnstätte« denken[36].

Landschafts- und Besiedlungstypen

Dieser Meinungsstreit weist darauf hin, daß die neuen deutschen Siedlungen sich immer wieder an älteren slawischen Formen ausrichten mußten. Ein ähnlicher Anpassungsvorgang zeigt sich im westlichen Teil der Prignitz, wo die deutschen Siedler, so scheint es, die wendischen Weiler zu Rundlingen umgewandelt haben und die unregelmäßigen Flurformen der Slawen ohne jede Fruchtwechselwirtschaft beibehielten. Ein gutes Beispiel dafür bietet, nach dem Kataster von 1825, das Dorf Boddin.

Im Gegensatz dazu haben in den Waldregionen, in den großen Heiden und in den Feuchtgebieten – wie in Barnim, Teltow und einem Teil des Uckerlandes sowie der Niederlausitz – die von Deutschen neubesiedelten Dörfer die Landschaft in Vierecke zerschnitten. Zu den Angerdörfern von Barnim gehören landwirtschaftliche Anbauflächen mit Fruchtwechselwirtschaft; dort tragen die Fluren charakte-

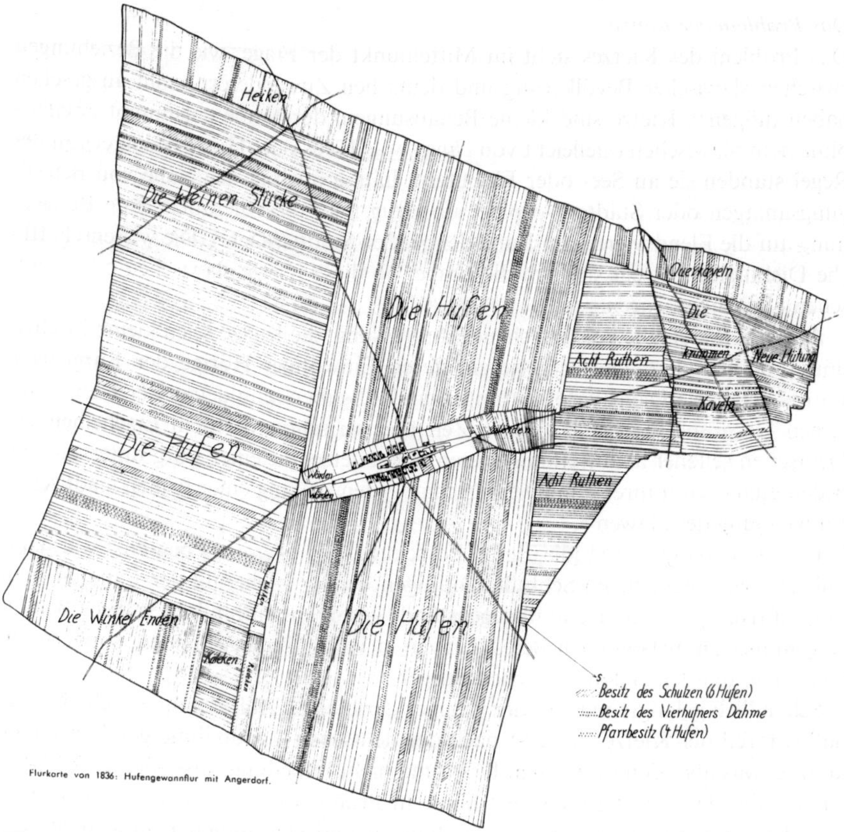

Flurkarte von 1836: Hufengewannflur mit Angerdorf.

Schönfeld. Angerdorf, dessen Dreiviertelaufteilung des Grunds typisch ist für die planmäßige Siedlung in Brandenburg im 13. und 14. Jahrhundert.

ristische Bezeichnungen wie »Hufen«, »Große Stücke« oder einfach »Felder«[37]. Im Uckerland herrschen die Waldhagendörfer vor, während man in der Umgebung von Sorau langgestreckte Waldhufendörfer findet.

Obschon die Siedlungsdichte auf dem sorbischen Boden der Niederlausitz weniger groß ist als im Bautzener Umland, ist die deutsche Kolonisation auch dort manches Mal in der Minderheit geblieben. Es scheint sogar, daß es zur Zeit der deutschen Landnahme ein rasches Wachstum der slawischen Bevölkerung gab, infolgedessen die Weiler zu Dörfern umgewandelt wurden, die in »Sackgassen« enden, beziehungsweise zu kleinen Straßendörfern, und daß dies nach Süden hin – in den Kreisen Lockau, Calau und Sorau – weiter zunahm. Auf jeden Fall bestanden slawische Dörfer Seite an Seite mit deutschen Dörfern, beispielsweise der Ort Kuntzendorf (Kreis Sorau). In Luckau war noch im 16. Jahrhundert die halbe

Einwohnerschaft sorbisch, in Calau war es sogar etwas mehr als die Hälfte. So hat auch hier bei den Sorben der Lausitz die slawische Bevölkerung weiterbestanden.

Die ersten Städte

Sehr bald schon haben die Fürsten-Kolonisatoren zwischen Elbe und Oder die Notwendigkeit verspürt, nicht nur den Landesausbau voranzutreiben, sondern zugleich Städte zu gründen. Als Wichmann von Magdeburg 1174 Jüterbog gründete, hieß es in der Urkunde, die Stadt sei als *caput provincie* gegründet worden, ja mehr noch: *ad edificandum provinciam*[38].

Aber die brandenburgischen Städte schossen nicht aus dem Nichts empor. Manchmal dienten ihnen ältere Schutzwälle oder slawische Kietze als Kristallisationskerne; in anderen Fällen waren es deutsche Burgen, um die sich die neuen Siedlungen legten. Manchmal blühten an wirtschaftlich günstigen Orten auch schon stadtähnliche Siedlungen, bevor dort planmäßig Städte angelegt wurden, welche sodann die Fürsten oder die Lokatoren wirtschaftlich ausbeuteten[39]. Albrecht der Bär hatte den Weg gewiesen, indem er Stendal das Markt- und Stadtrecht verlieh, was dieser neuen Stadt erst zu ihrer Entstehung verhalf[40]. Sie hat sich im Lauf der zweiten Hälfte des 12. Jahrhunderts entlang der Breiten Straße, um den Markt und die Marienkirche herum entwickelt. Kurz darauf folgte Wichmann von Magdeburg, wie gesagt, mit der Gründung Jüterbogs (1174).

Aber von den früheren Städten jenseits der Elbe zeigt doch Brandenburg die charakteristischste Entwicklung. 928 erstmals urkundlich erwähnt, war Brennaburg zunächst der Wohnsitz eines slawischen Fürsten, bevor es (auf der Dominsel) einen Bischof beherbergte; der Hügel im Nordwesten der Stadt war andererseits eine heidnische Kultstätte, ehe er der Marienberg wurde; am rechten Havelufer stand schließlich in dem *suburbium* Parduin wenigstens seit 1132 die Kirche St. Gotthard. Offensichtlich war hier schon vor dem Landesausbau eine wichtige Stadt im Entstehen begriffen. Aber es ist nicht weniger offensichtlich, daß nach der Eroberung des Jahres 1157 viele Kaufleute und andere Teile der deutschen Bevölkerung nach mehr Rechten verlangten, was den Markgrafen Otto I. dazu bewog, 1170 den *cives* von Brandenburg Freiheit von Wege- und Marktzoll zu gewähren, allerdings nicht auf den Fisch. Damals entstand, in enger Verbindung mit dem Kietz Parduin, das neue Viertel am rechten Flußufer, das sich um einen Markt scharte und sich später zur Altstadt entwickelte. Doch die Fortschritte des Landesausbaus brachten es mit sich, daß am Südufer der Havel schnell eine neue, weitaus größere Siedlung entstand, die Neustadt, die 1196 erstmals erwähnt wird. Wenn man über diese neue »Gründung« auch nichts weiß, so läßt ihre auf zwei Achsen beruhende Anlage doch an erste Ansätze einer geplanten Stadt denken. Binnen eines halben Jahrhunderts hat sich die Fläche dieser Doppelstadt Brandenburg ungefähr vervierfacht[41].

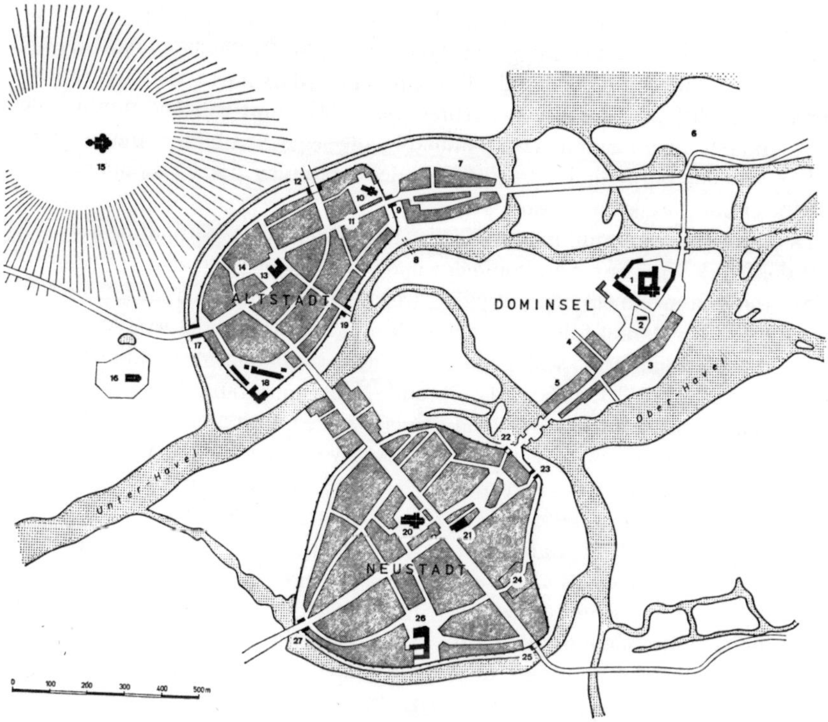

Grundriß von Brandenburg. Brandenburg ist das charakteristische Beispiel früher städtischer Kolonisation östlich der Elbe: slawischer Fürstensitz (928) und Bistum; Kietze auf dem rechten Flußufer, Markt-Altstadt nach der Eroberung (1157–1170), Neustadt (ab 1196).

Die Städte des 13. Jahrhunderts

Der große Aufschwung der Stadtgründungen geschah nichtsdestoweniger unter der Herrschaft der beiden Brüder Johann I. und Otto III., und dies nicht nur im Brandenburgischen, sondern auch in den umliegenden Landen[42]. Dreißig Städte verdanken den Markgrafen ihre Entstehung. Bedauerlicherweise haben sich nur zehn Gründungsurkunden erhalten und gar nur sechs, die das Stadtrecht verleihen. Hier muß man unterscheiden zwischen den Städten, die um eine Kaufmanns- oder Handwerkersiedlung herum wuchsen und kein größeres Stadtgebiet hatten, und jener zweiten Gruppe, die anläßlich ihrer Gründung riesige landwirtschaftliche Anbaugebiete erhielten, die ihnen den Lebensunterhalt sichern sollten. Diese letztgenannten findet man zuvörderst in den »neuen« Regionen des Uckerlandes und im Umland von Lebus.

Die wirtschaftlichen Konzessionen, die Spandau am 7. März 1232 gemacht wurden – insonderheit die Befreiung vom Wegzoll, das Stadtrecht sowie Ackerland –, leiteten die markgräfliche Städtepolitik ein[43]. Die Markgrafen statteten westlich der Elbe auch Salzwedel mit Vorrechten aus (1247); dort entstand nördlich der Burg und der alten Siedlung eine planmäßig angelegte Neustadt. Sodann breitete sich – seit der Öffnung Pommerns und der Abtretung des Uckerlandes – die Stadtgründungswelle nach Osten aus.

Den Fall Prenzlau muß man hier ausnehmen, denn diese Gründung von 1234 war das Werk Arnims I. von Pommern und einer Gruppe von acht *promotores*[44]; 1251 erhielt Prenzlau ein neues Privileg, welches im wesentlichen die alten Rechte bestätigte. Aber darauf folgten, in der Wald- und Seenplatte des westlichen Pommern und Mecklenburgs, Schlag auf Schlag neue Gründungen: Friedland (1244), Mittenwalde (1245), Lynchen (1247) und Neubrandenburg (1248). Friedland bekam landwirtschaftliches Nutzland von 200 Hufen, davon 50 Hufen als Weideland, 150 zum Bebauen, ferner das Stadtrecht von Stendal; die Ansiedlung von Zuwanderern wurde fünf Lokatoren anvertraut[45]. In Neubrandenburg, das Johann allein gegründet hatte, betrug die ursprüngliche Schenkung 250 Hufen, wovon 50 Hufen Wiesen waren; der Lokator Herbord erhielt einen Dritteil des Pachtzinses, welchen der Boden eintrug, sowie einen Dritteil aus den Erträgen der Gerichtsbarkeit; die neuen Einwohner dieser Stadt sollten fünf Jahre nach ihrer Gründung das Brandenburger Stadtrecht bekommen[46].

Die Gründung von Frankfurt an der Oder (1253) befestigt die Stellung Brandenburgs im Lande Lebus, dem Schlüssel zu Polen *(clavis terre)*. Diese Unternehmung führte ein Lokator namens Gottfried von Herzberg aus; das Ackerland, auf zweimal ausgegeben, betrug 124 beziehungsweise 60 Hufen; den Bewohnern wurde »erlaubt«, auf eigene Kosten eine Brücke über die Oder zu bauen; um aber die Kosten, die bei Errichtung der Stadt anfielen, möglichst gering zu halten, wurde ihnen sieben Jahre Abgabenfreiheit bewilligt. Schließlich erhielten sie noch das Stadtrecht von Berlin[47]. Heute glaubt man jedoch, daß an diesem wichtigen Übergang über den Fluß schon vor der Gründung, und zwar seit der Zeit Heinrichs I. von Schlesien, eine kleine deutsche Marktsiedlung bei der Kirche St. Nikolai, im Norden der Stadt, bestanden hat[48]. Die großzügigen Ausmaße des neuen Stadtplanes samt seiner geometrischen Linienführung haben jedoch mit dem ursprünglichen Kern nichts mehr gemein. Man steht hier offensichtlich vor einer »kolonialen« deutschen Stadtgründung, welche sich an die Stelle des slawischen Ortes Lebus setzte[49].

Unabhängig von diesen Askanierstädten entstanden noch weitere Städte oder wurden von Territorialherren gegründet. Dies trifft beispielsweise für Perleberg in der Prignitz zu, das 1239 in Erscheinung tritt, sich aber schon zuvor unweit einer Burg der Gans von Putlitz gebildet hat, ohne daß man im einzelnen wüßte, wie dies geschah. Eine solche Entwicklung zeigt auch Beeskow in der Niederlausitz, 1272 auf einer Spreeinsel unweit von zwei slawischen Kietzen gegründet, und zwar nach einem rechteckigen Stadtplan und mit breiten, rechtwinkelig angelegten Straßen;

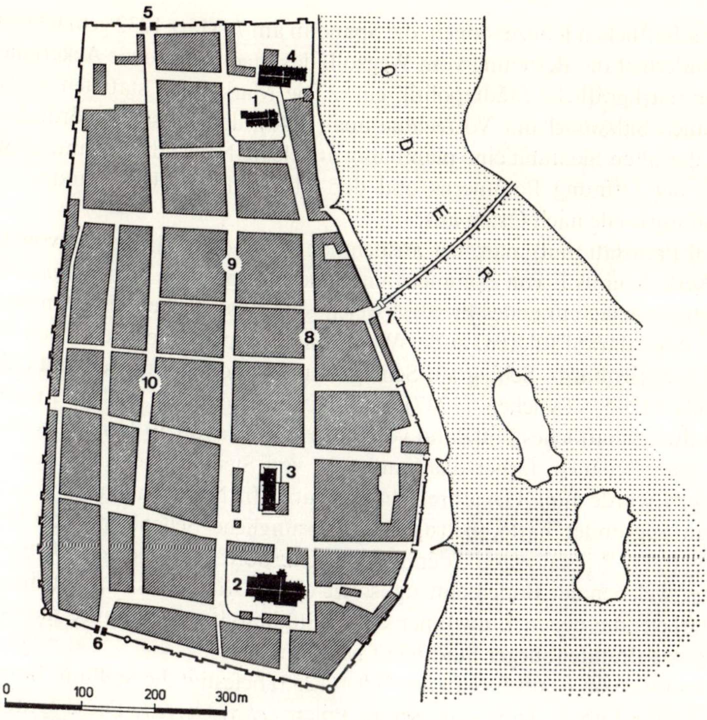

Grundriß von Frankfurt an der Oder. Obwohl nahe der Nikolaikirche (1) ein kleiner Markt existiert hat, ist Frankfurt, das 1253 durch den Markgrafen Johann I. Stadtrecht erhielt, eine typische Stadtgründung der Ostkolonisation.

schließlich sei noch Cottbus genannt, das unter seinen Herren Stück für Stück von einer Burg zu einer geplanten Siedlung heranwuchs (zwischen 1280 und 1300).

Die Ursprünge Berlins

In dieser Darstellung verdienen die Anfänge von Berlin und seiner Schwesterstadt Cölln einen besonderen Platz, da dieser Siedlung eine große Zukunft beschieden war: sie wurde zur Weltstadt[50].

In den Quellen taucht der Name Cölln (*Colonia*) 1237 auf, der von Berlin 1244; die markgräfliche Chronik weist die Gründung Berlins zusammen mit der von Frankfurt an der Oder, Stargard, Neubrandenburg und mehrerer anderer den beiden Brüdern Johann und Otto zu, ohne – leider – ein Datum dafür anzugeben. Ohne genauere Bestimmung hat man die Anfänge Berlins unter diesen Umständen um 1230 gesehen, das heißt zwischen dem Erwerb Barnims und der Verleihung des Spandauer Stadtrechts. Die Askanier sollen zwischen Barnim und Teltow einen Übergang über die Spree gesucht haben, der günstiger gelegen und leichter zugäng-

Die Marienkirche in Frankfurt an der Oder. Der Bau, in der zweiten Hälfte des 13. Jahrhunderts begonnen, zog sich bis ins 16. Jahrhundert hin. Nach 1945 teilweise rekonstruiert.

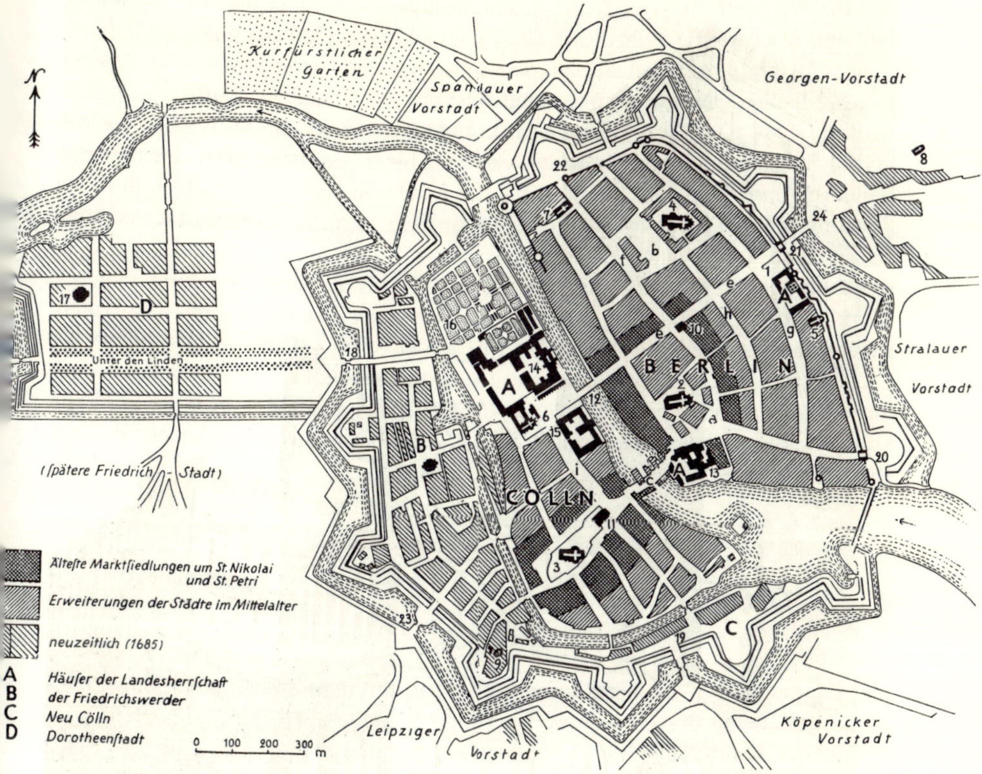

Grundriß von Cölln-Berlin. Die Stadt, von den Markgrafen von Brandenburg gegründet, wird in den Schriften unter der Doppelform erwähnt – 1237 (Cölln) und 1244 (Berlin). St. Nicolai scheint die älteste Siedlung zu sein. Die Neustadt mit Markt und Marienkirche sowie die *Aula* am linken Ufer gehen auf fürstlichen Beschluß zurück.

lich war als der bei der slawischen Burg Köpenick, der weiter flußaufwärts lag. Das archäologische Fundmaterial slawischen Ursprungs zeigt zwar, daß die Gegend keineswegs bar jeder menschlichen Besiedlung war; aber daß es bei Cölln ein Fischerdorf und auf dem rechten Ufer der Spree einen Rundling gab, bleibt im Bereich des Hypothetischen, und die Funde an den Kirchen St. Nikolai und St. Peter stellen höchstwahrscheinlich nur die Gräber von deutschen Siedlern dar[51].

Der ursprüngliche Plan der Doppelstadt zeigt deutlich drei Stadtviertel: im Norden, am Übergang über den Fluß, einen Markt und die Kirche St. Nikolai, ringsumher eine kleine städtische Siedlung; weiter draußen einen Markt um die Marienkirche, ringsumher ein weitläufiges Viertel mit regelmäßigen Straßenzügen – dieses Viertel ist jünger als das zuerst genannte; schließlich im Süden Cölln, eine

Art Brückenkopf, und es scheint gleichfalls jünger zu sein als die Siedlung um St. Nikolai. Aber welche Teile dieser Stadt wurden gegen 1230 gegründet?

Die Ausgrabungen bei St. Nikolai förderten eine frühe romanische Basilika zutage, die den gleichen Grundriß aufweist wie die Kirche von Rathenow, welche man um 1190 einschätzt[52]. Demnach könnte das Viertel von St. Nikolai vor das »Gründungsdatum« zurückreichen, vielleicht bis in die ersten Jahre des 13. Jahrhunderts, und ebenso alt sein wie die alte Kirche in Tempelhof. Lebten in dieser Siedlung Kolonisten oder Kaufleute? Man weiß es nicht. Aber als die Askanier Barnim und Teltow nahmen, waren damit die Bedingungen geschaffen, diese ersten Anfänge einer Stadt weiterzuentwickeln. Es war die Neustadt mit ihrem neuen Markt und der Marienkirche, dem Hof *(aula)* der Markgrafen mit 120 Hufen, welche der Entscheidung der beiden Fürsten entsprang. Diese markgräfliche Behausung wird 1261 anläßlich einer Stiftung an die Stadt Cölln – es handelte sich um Heideland – erwähnt: *apud aulam Berlin*; ein weiteres Mal im Jahre 1277 von Otto IV. Dies war der erste Schritt, der es Berlin bestimmte, eines Tages fürstliche Residenzstadt und deutsche Hauptstadt zu werden.

4. Die Ostseeländer

Der Landesausbau von Mecklenburg und Vorpommern bildete gleichsam die östliche Fortsetzung der Besiedlung Holsteins und des Spree- und Havellandes; er vollzog sich hauptsächlich im Lauf des 13. Jahrhunderts[1].

Die Besitzergreifung slawischen Bodens

Während der slawischen Epoche saßen zwei größere Bevölkerungsgruppen in diesem Gebiet: die Obodriten im Westen, die Liutizen im Osten; daneben gab es eine Reihe locker miteinander verbundener Stämme wie die Ranen auf der Insel Rügen und die kleinen Völkerschaften an der Odermündung. Zwischen Mecklenburg und Werle trennte ein großer Wald die beiden obengenannten Hauptstämme, er wurde erst zur Zeit der deutschen Besiedlung gelichtet[2]. Nach den archäologischen Funden zu urteilen waren die Flecken der Landnahme in Mecklenburg größer als in der Niederung Brandenburgs. Besonders zahlreich waren die Funde im Osten der Wismarer Bucht, im unteren Tal der Warnow, auf der Insel Rügen und vor allem in der Gegend von Wollin (Wolin, Polen). Die gerodeten und schon bestellten Lichtungen machten kaum 5 bis 10% der Gesamtfläche aus. Selbst wenn slawische Flurnamen vielleicht im nachhinein auf Urbarmachungen hinweisen – wie Wodrowi Laz (von *laz*, Rodung), Naudin (neue Erde) oder Demmin (der »Ort des Rauches«, also der Brandrodung) – und damit an eine gewisse Zunahme der obodritischen Bevölkerung denken lassen, so standen den deutschen Siedlern doch noch riesige Wälder offen[3].

Berlin, Marienkirche. Erstmals im Jahr 1292 geweiht, nach dem Brand der Stadt von 1380 wiedererbaut, letzte Restaurierung 1969.

Grabstein Ottos IV. von Brandenburg im Zisterzienserkloster von Lehnin. Das Kloster, 1180 von Markgraf Otto I. gegründet, war die Nekropole der Askanier. Otto IV. († 1303) ist als Ordensbruder abgebildet.

Die Herzöge von Mecklenburg und Pommern

Die Eigentümlichkeit dieser beiden Herzogtümer bestand jedoch darin, daß ihre Erschließung nicht unter der Leitung deutscher Fürsten stattfand, sondern unter slawischen. Schon zwischen dem 10. und dem 12. Jahrhundert hatten sich die Obodritenfürsten darum bemüht, die slawischen Stämme in Nordosteuropa möglichst geschlossen unter ihrer Führung zu halten[4]. Gegen Ende des 10. Jahrhunderts wurde ein Mstivoj als ein ebenso großer Herr angesehen wie Mieszko von Polen oder Boleslaw von Böhmen, und wir haben schon erfahren, welche Rolle

Gottschalk und sein Sohn Heinrich im 11. und zu Beginn des 12. Jahrhunderts gespielt haben. Der Wendenkreuzzug und die Angriffe Heinrichs des Löwen (1160 bis 1166) haben diese jungen Staaten schwer angeschlagen, aber der große Sachsenherzog mußte Pribislaw den größten Teil Mecklenburgs zurückgeben. Von da an blieb die Grafschaft Schwerin in den Händen der Nachfolger des Gunzelin von Hagen, die Heinrich 1161 einsetzte, indes die Nachfolger Pribislaws Mecklenburg behielten. Heinrich Borwin (1197–1227) wurde verpflichtet, die dänische Oberherrschaft anzuerkennen, aber er gewann im Westen Gadebusch und im Osten das pommersche Land der Zirzipanen. Seine Enkelsöhne zerlegten das Fürstentum in vier Teile: Mecklenburg, Werle, Rostock und Parchim.

Das Herzogtum Pommern breitete sich zu beiden Seiten der unteren Oder aus, nach Westen bis Demmin, Wolgast und zur Mündung der Recknitz, nach Osten hin weit über Köslin (Koszalin, Polen) hinaus. Die pommersche Küste östlich der Oder war Teil von Mieszkos erstem polnischen Staat; Mieszko II. (1025–34) hatte sie verloren[5]. Der erste Herzog, der uns mit Sicherheit bekannt ist, ist Wartislaw I. (1121/22), und sein Haus beherrschte Vorpommern trotz etlicher Teilungen bis zum Jahr 1637. 1181 hatte Bogislaw I. die deutsche Oberherrschaft anerkannt; aber 1185 erstreckte sich die dänische Herrschaft auch über das Herzogtum Pommern. Zwar erreichten die Askanier, daß Friedrich II. 1231 mit dem Herzogtum belehnt wurde, und sie gewannen auch das Uckerland hinzu, aber die Linie Barnims I. (1220–78) zu Stettin und Wartislaws II. (1220–64) zu Demmin vermochten sich doch in diesem stark slawisch besiedelten Raum an der Küste zu halten.

Fortschreiten der Kolonisation in Mecklenburg

Mit der Niederlassung der Grafen und der sächsischen Burgherren Heinrichs des Löwen begann in Mecklenburg die Zuwanderung aus dem Westen. Heinrich von Scathen, Burgherr von Mecklenburg (1160–64), führte aus Flandern eine »Vielzahl« von Menschen herbei und siedelte sie rings um die Burg an[6]. Wie Heinrich von Badewide in Ratzeburg, so führte auch Gunzelin von Hagen *advenae* auf sein neues Land in Schwerin[7], und zwar dergestalt, daß ein Chronist 1171 meint, das gesamte wendische Land zwischen Eider und Schwerin sei *in unam Saxonum coloniam*[8] verwandelt worden. Dieser Landesausbau, der der Erschließung Holsteins und Lauenburgs folgte, berührte also vor allem die Gebiete Gadebusch und Wittenburg und, in den Jahren um 1190, die Ländereien des Grafen Heinrich von Dannenberg im Südwesten.

Des slawischen Fürsten Pribislaws Bestreben scheint es gewesen zu sein, die einheimische Bevölkerung im Umkreis von Mecklenburg, Ilow und Rostock zu stärken. Aber sein Nachfolger Heinrich Borwin rief 1210 deutsche Siedler auf die Insel Poel (nördlich von Wismar) – »weil es ihm bei den Seinen an Menschen gebrach« –, und die Kolonisation weitete sich von dort auf die Küste im Nordwesten aus. Die Rodungsarbeiten und die Hagendörfer in den Wäldern von Klütz und Tarnewitz müssen aus der Zeit um 1220 herrühren. Gegen 1218/19 drangen Rodungsbauern auch in die Gegend von Bukow und zur Abtei Doberan vor. Fürst

Die Klosterkirche von Doberan, Westfassade. Das 1171 von dem Obodritenfürsten Pribislaw in Althof gegründete Zisterzienserkloster wurde 1186 nach Doberan verlegt. Die Abtei, die Anfang des 13. Jahrhunderts begonnen wurde, ist 1368 vollendet worden – im gotischen Stil französischer Kathedralen.

Heinrich erlaubte diesem 1171 gegründeten Zisterzienserkloster förmlich, das Land zu erschließen, wo es noch keine Wendendörfer gab; er beschenkte auch die Zisterze von Sonnenkamp (Neukloster) mit Wäldern, in denen deutsche Dörfer wie Malpendorf, Jörnsdorf und Wichmanndorf entstanden. Es waren also die schweren Böden und die bewaldeten Küstenstreifen, welche die ersten Siedler aufnahmen.

Gegen 1220/22 schlug die Binnenkolonisation ihre ersten Schneisen. So richtet Heinrich Borwin in Tempzin ein Antoniusspital ein, welches die Umgebung von Brüel nordwestlich von Schwerin erschließt. 1224 entsteht das Kirchspiel von Satow mit seinen sieben Dörfern. 1233 treffen deutsche Siedler bei Bützow und Schwann ein, südlich von Rostock an der Warnow gelegen. Etwas weiter südwärts begünstigen die Abteien Dobbertin (gegr. 1222) und die Stiftskirche Güstrow (1226) das Vordringen der Deutschen. Zur gleichen Zeit erscheinen in der Umgebung von Parchim neue deutsche Wohnstätten. 1236 lassen sich Holsten in Holzendorf bei Sternberg nieder.

Wenn auch die Bewohner Holsteins und Lauenburgs viel dazu beigetragen haben, Mecklenburg zu bevölkern, so darf man doch den Zuzug der Westfalen nicht unterschätzen. Von Eutin nach Wismar und von Boizenburg ins Hinterland von Parchim war es nur ein kurzes Stück Weg. Aber die religiösen Bande zwischen Mecklenburg und Kloster Amelunxborn (nördlich von Kassel), die Wanderung einzelner Ritter, die Ortsnamen, die Form der Hagendörfer und schließlich die niederdeutsche Mundart verklammern doch die mecklenburgische Bevölkerung mit dem großen Raum zwischen Weser, Harz und Niederrhein[9].

Dörfer und Feldmarken in Mecklenburg

Die Dorfformen und ihre Lage vermitteln ein gutes Bild von den Wellen und dem zeitlichen Ablauf der Besiedlung[10]. Die Dörfer zeigen eine sehr unterschiedliche Gestalt. Die erste Frage, die sich diesbezüglich stellt, lautet: In welchem Maße haben die slawischen Siedlungen die deutsche Kolonisation überlebt? Diese Frage zu beantworten fällt um so schwerer, als die ersten deutschen Siedler häufig slawische Formen übernommen oder ihre Dörfer den slawischen angepaßt haben, beispielsweise den Rundling oder das kleine Sackdorf, die vor allem im Westen des Landes sehr zahlreich sind. Sie können ebensogut aus vorkolonialer Zeit stammen wie aus dem 12. oder dem frühen 13. Jahrhundert. Das gleiche trifft für die Ortsnamen zu: einige neue Dörfer erhielten slawische Namen, obschon Deutsche in ihnen hausten; während wiederum andere, an deren Gründung Slawen sogar maßgeblich – beispielsweise als Lokatoren – beteiligt waren, die Endung -dorf tragen.

Oftmals haben die Grundherren das Risiko des Landesausbaus selbst getragen; aber man findet auch Lokatoren, die hier *cultores* hießen. Normalerweise zerschnitt man die Hufen in große Felder, und jeder Siedler erhielt eine längliche Parzelle daraus. Ein Drittel oder die Hälfte der Fläche wurde für die Herden als Weide vorbehalten. Die typische Form der deutschen Kolonisation war im 13. Jahrhundert das Angerdorf und das Hagenhufendorf. Das Angerdorf wurde nach einem Plan angelegt, die landwirtschaftliche Anbaufläche in Felder zerteilt; das Hagenhufendorf stand in engem Zusammenhang mit der Rodung, seine landwirtschaftliche Nutzfläche war nur lose angeordnet, in langen Streifen hinter den Häusern.

In Anbetracht dieser Siedlungsformen und anderer, datierbarer Ereignisse kann man annehmen, daß der deutsche Landesausbau wie folgt voranschritt: Die erste Welle kam vor 1200, ihre Rundlinge und Sackdörfer erreichten die Linie Wismar-Schweriner See, zwischen 1200 und 1230 sind noch einige Angerdörfer hinzugekommen; die zweite Welle rollte nach 1216/20 an und bedeckte das mittlere Mecklenburg, die Gegend nördlich von Parchim, mit ihren großen planmäßig angelegten Dörfern. Diese zweite Woge zeitigte gewaltige Fortschritte im Landesausbau und dauerte bis 1260; sie gelangte bis nach Vorpommern, wo man noch gegen Ende des 13. Jahrhunderts mittelmäßige Böden urbar machte.

Der Aufstieg der Städte

Die Fortschritte des Landesausbaus und die Entwicklung der Städte ging Hand in Hand. Die erste, Schwerin, wurde in den Jahren nach 1160 auf deutschem Boden errichtet; die zweite, Rostock, viele Jahre später, vor 1218, auf dem Territorium der Obodriten. Sodann erfolgten die Gründungen Schlag auf Schlag, vor allem zwischen 1225 und 1275. Die großen Territorialherren machten es sich zur Aufgabe, neue Städte zu gründen, und zwar ebenso aus finanziellen und wirtschaftlichen wie aus strategischen Gründen.

Der Chronist Helmold schreibt die Errichtung von Schwerin Heinrich dem Löwen zu[11]. Eigentlich stand dort aber schon früher eine slawische Burg, und wenn es auch keine Quelle unmittelbar bezeugt, so wurde unter dem Einfluß von F. Rörig doch die Hypothese aufgestellt, es habe dort eine Kaufmannssiedlung gegeben[12]. Daß der mecklenburgische Bischofsstuhl nach Schwerin verlegt wurde, dort eine Kathedrale emporwuchs und Bischof Bernon (1160–91) auch im Land missionierte, gab der Stadt eine zusätzliche Bedeutung. Sodann erhielt sie das gleiche Stadtrecht, das später auch Güstrow (1228), Malchow (1235) und Malchin (1236) bekamen[13].

Unweit der alten Wendenburg Rozstoch hat sich an der Mündung der Warnow die Stadt Rostock entwickelt. Auch hier hat man die These gewagt, dort habe, im Umkreis der Kirche St. Clemens aus dem letzten Jahrzehnt des 12. Jahrhunderts, eine Kolonie rheinländischer und niedersächsischer Kaufleute bestanden. Es steht fest, daß es bei dem slawischen Oppidum eine deutsche Bevölkerung gab, noch ehe Heinrich Borwin am 14. Juni 1218 der neuen Stadt die Zollfreiheit, das Recht auf einen Rat und das lübische Stadtrecht verlieh[14]. Nach dieser Privilegierung wuchs die Stadt schnell heran, so daß sie sich bereits gegen 1230 um eine neue Siedlung erweiterte, die sich in planmäßiger Anordnung um den Marktplatz und die Marienkirche legte. Schließlich, nach zwei weiteren Stadterweiterungen, legte der Herzog 1262 das Ganze zusammen und unterstellte es einer Verwaltung, und gegen 1300 ließ er es von einer Stadtmauer umschließen[15].

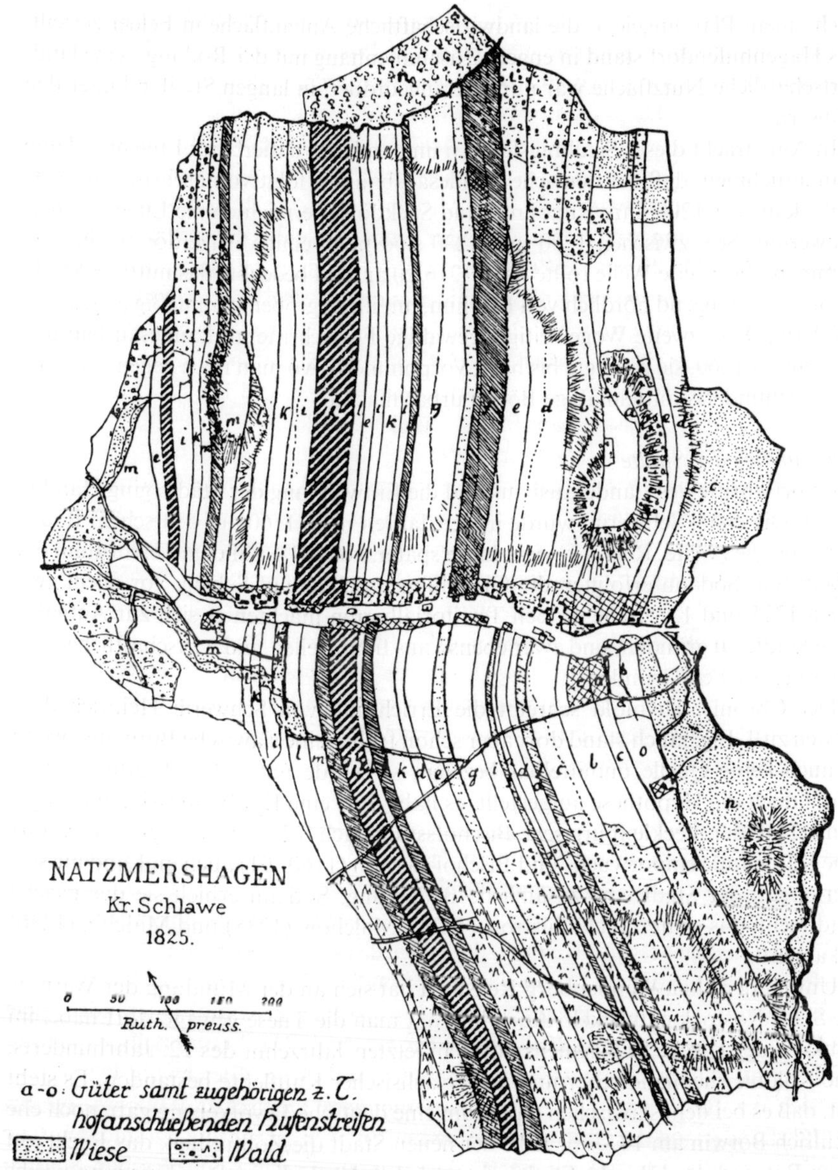

Natzmershagen, Kreis Schlawe (Sławno). Typ einer Hagenhufenflur der Waldsiedlung in Ostpommern, Ende des 13. Jahrhunderts.

In dem Jahrzehnt nach der Privilegierung der Stadt Rostock erfolgten drei weitere Stadtgründungen: Parchim, Plau und Wismar. Zweifellos gab es auch in Parchim an der Elde schon eine wendische Burg, womöglich sogar eine Kirche. Aber das Privileg Heinrich Borwins von 1225/26 spielt auf eine gottverlassene *(deserta)* Gegend an, wo man dem Heidentum huldige und in die der Fürst christliche Siedler von nah und von fern eingeladen habe; außerdem ging es wohl darum, eine Stadt zu bauen, die zum Mittelpunkt dieser Region werden sollte[16]. Diese Entscheidung führte zur Gründung der Altstadt, die sich zwischen die Mäander der Elde drängt; 1249 kam ein zweites Stadtviertel hinzu, die Neustadt, und 1282 taten sich die beiden Gemeinden zu einer einzigen zusammen[17]. Unter ähnlichen Umständen wurde 1226 Plau gegründet. Schließlich entstand 1228 in Wismar, wo es bereits eine Marienkirche mit einer Siedlung gab, eine Stadt, die sich bis zur Mitte des Jahrhunderts verdoppelte. Viele ihrer Einwohner kamen aus dem benachbarten Holstein, aus Sachsen und Westfalen.

Ob nun in der Grafschaft Schwerin oder im Fürstentum Mecklenburg, allenthalben wuchsen neue Ortschaften aus dem Boden, bekamen das Stadtrecht oder nahmen sonstwie am städtischen Leben teil, mit mehr oder weniger großem Erfolg übrigens. Erwähnt seien hier nur Güstrow, das kümmerlich dahinsiechte, Neustadt-Glewe und, nicht zu vergessen, Neukalen, wo nach einem Übereinkommen zwischen dem Herzog und dem Kloster an der Stelle einer Burg, die 1174 der Abtei Dargun geschenkt wurde, und eines Dorfes 1244 eine völlig neue Stadt entstand, die 1253 das lübische Stadtrecht erhielt. Der Stadtplan von Neukalen zeigt die typische Anlage einer Kolonistenstadt nach geometrischem Muster: in der Mitte ein Marktplatz, von dem die Straßen im rechten Winkel abgehen; der Durchmesser der kreisrunden Stadt betrug etwa zweihundert Meter.

Kolonisation in Pommern

Die frühe Christianisierung Pommerns begünstigte den Landesausbau. Die Mission des »Apostels der Pommern«, Otto von Bamberg, hatte in den Jahren 1124 bis 1128 den Anfang gemacht; das Christentum siegte endgültig, nachdem Waldemar I. von Dänemark und Heinrich der Löwe das slawische Heiligtum Arcona auf der Insel Rügel zerstörten (1168). Der ursprüngliche Bischofssitz zu Wollin wurde nach Cammin (Kamien, Polen) verlegt. Im gleichen Zeitraum entstanden viele neue Klöster: Grobe (1154), Kolbatz (1173), Gramzov (1178) und Belbuck (1180); sie unterstützten die Eindeutschung Pommerns tatkräftig. Gleichwohl beschränkten sich die Beziehungen, die Pommern mit dem Deutschtum pflegte, bis ins 13. Jahrhundert auf die Christianisierung und auf wenige Siedlungen und deutsche Handwerker, die sich, wie wir noch sehen werden, in den pommerschen Städten niederließen[18].

Nur für wenige Gebiete und nur für einige adelige deutsche Familien sind uns die folgenden Wanderungsbewegungen bekannt. Herzog Kasimir forderte schon 1176 die Zisterzienser von Kolbatz dazu auf, das Land zu erschließen, indem er ihnen erlaubte, Deutsche anzusiedeln. Aber diese Bewegung kam erst im 13. Jahr-

Greifswald, Marienkirche und Nikolaikirche. Beide Bauwerke entstanden, genau wie die Stadt, in der zweiten Hälfte des 13. Jahrhunderts.

hundert so richtig in Schwung, unter den Fürsten Barnim I. und Wartislaw III. sowie den Bischöfen von Cammin. Die Herzöge des 13. Jahrhunderts riefen sogar deutsche Ritter ins Land, um sich einer großen Zahl von Vasallen zu versichern, die pommersche Familien nicht beizubringen vermochten, und es waren hauptsächlich diese Ritter, die die Germanisierung und den Landesausbau vorantrieben. Im Gebiet von Loitz, an der Peene, unweit der kleinen Stadt Demmin, welche der Ritter Detlev von Gadebusch gegründet hatte, bestand 1244 eine deutsche Siedlung[19]. Die Ländereien der Abtei Belbuck nahmen Siedler aus Westfalen auf, die Abtei Kolbatz Bauern aus der Altmark. Als 1248 das Zisterzienserkloster Eldena (gegründet 1207) seine Liegenschaften bestätigt erhielt, traten viele Dörfer mit Endungen auf -hagen und dem Namen eines Pioniers davor in Erscheinung (Friedrichshagen, Bernhardshagen, Bartholomäushagen, Boltehagen)[20]; und die Ortsnamenforschung bestätigt, daß diese Namen im ganzen Hinterland von Greifswald und Stralsund verbreitet waren. Ein brandenburgischer Ritter namens Gerbord von Köthen überließ 1262 drei Lokatoren nördlich von Stettin den Wald von Halteshagen unter der Bedingung, daß sie ihn urbar machten und die Siedler neben dem Kirchenzehnten pro Hufe einen Schilling bezahlten[21]. Barnim, der Bischof und das Domkapitel von Cammin teilten den Zehnt unter sich auf (1273) und einigten sich, weitere Dorfgründungen vornehmen zu lassen[22].

Ganz allgemein gesagt, ließen sich die Kolonisten in Vorpommern in Anger- oder Straßendörfern nieder, während viele Hagenhufendörfer im Fürstentum Demmin auf Rodungsinseln im Wald standen. Allerdings gab es die runden Dorfformen auch weiterhin, etwa in Kalen in der Gegend von Cammin, ob sie nun deutsch waren oder slawisch[23]. An dieser Stelle scheint der Hinweis angebracht, daß viele Dörfer mit deutschem Recht weiterhin von Slawen bewohnt wurden. Die deutschen Siedler ließen sich hauptsächlich in neugegründeten Dörfern nieder. Schließlich bezeugen die Ortsnamen auch, daß die Zahl der Siedlungen mit deutschen Namen nach Osten hin rasch abnahm. Die von Lokatoren neugegründeten Siedlungen – die *locationes* –, die sich bis ins 14. Jahrhundert hinein fortsetzten, bewirkten auch eine Umformung der slawischen Dörfer und ihrer Fluren[24].

Städte in Pommern

Obschon die pommerschen Herzöge die Errichtung von Städten nicht ungern gesehen haben, wurde Pommern kein Land der großen Städte. Und die wichtigste der großen Städte in diesem Raum, Stettin (Szczecin, Polen), ist auch die älteste[25].

Den ursprünglichen Kern von Stettin bildete ein slawisches Castrum aus dem 10. Jahrhundert, das auf der hochgelegenen Terrasse des linken Oderufers stand. Dort standen später auch die herzogliche Burg und die Marienkirche. Darauf entwickelten sich in Flußnähe ein *suburbium* und ein Mauergürtel. Wahrscheinlich hatte Otto von Bamberg hier deutsche Priester angesiedelt, denen sodann deutsche »Kaufleute« folgten, denn anno 1187 ließ ein Deutscher namens Beringer im Südwesten dieser Siedlung zu Ehren des hl. Jakobus eine Kirche errichten, *ecclesia Theutonicorum*, deren Patronatsrecht bei der Bamberger Michaelskirche lag[26]. In den ersten Jahrzehnten des 13. Jahrhunderts scheint die deutsche Einwohnerschaft dieser Stadt mächtig gewachsen zu sein, denn Barnim I. übertrug dem Oppidum das deutsche Recht und nicht das polnische, und er teilte 1237 die beiden Volksgruppen zwischen den Pfarreien St. Jakobus und St. Peter und Paul auf[27]. Die Stadtgeschichte erfuhr eine weitere Zäsur, als Stettin im Jahre 1243 förmlich das Magdeburger Stadtrecht übertragen erhielt und dazu noch 100 Hufen anbaufähigen Bodens. Aber es sieht nicht so aus, als habe man bei dieser Gelegenheit die Stadt um eine geplante Anlage sichtbar erweitert[28].

Schon vor Stettin erhielt Prenzlau als erste Stadt in Pommern von Barnim deutsches Stadtrecht (1235). Hier standen früher einmal zwei kleine slawische Niederlassungen[29]. Der Herzog vertraute die Errichtung einer neuen Stadt acht Lokatoren an, von denen zumindest einer aus Stendal stammte. Die Stadt bekam ein Areal von 300 Hufen; 80 Hufen erhielten die Lokatoren, außerdem noch ein Dritteil der Erträge des Pachtzinses sowie weitere Vergünstigungen[30]. Anders als in Stettin spiegelt der Grundriß von Prenzlau den geplanten Charakter wider; diese große neue Siedlung stand im Widerspruch zu ihren älteren slawischen Ursprüngen.

Die Mehrzahl der Siedlungen, die eines Tages das Stadtrecht bekamen, ging aus einem Castrum oder einer kleinen slawischen Siedlung in der Art eines Kietz hervor[31]; Ausnahmen bilden Stralsund (vor 1248) und Greifenberg (1262), wo es keinerlei solche Vorläufer gab. Das direkt am Meer gelegene Stralsund war ursprünglich eine Niederlassung Rostocker Kaufleute, die sich von den Heringsschwärmen rund um die benachbarte Insel Rügen anlocken ließen. Zwischen 1270 und 1310 bestand die Einwohnerschaft der neuen Stadt zur Hälfte aus Zuwanderern niederdeutscher Herkunft. Greifswald war von Wartislaw III. auf dem Grund und Boden des Zisterzienserkloster Eldena gegründet worden, das aber hierüber mit dem Herzog im Jahr 1249 zu einer Einigung kam[32]. In Greifenhagen, südlich von Stettin, war die slawische Siedlung sehr klein und verbietet jeden Vergleich mit der späteren Stadt. Die Gründung hatte Barnim Rodolph von Belckow und seinen beiden Söhnen anvertraut, sie bekamen 100 Hufen Wiesen und 100 Hufen bebaubaren Landes (1. März 1254)[33], der rechtwinkelige Bebauungsplan, mit Straßen, die sich im rechten Winkel kreuzen, zeigt gleichfalls den Gründungscharakter an. Der Lokator, der Greifenberg (Gryfice, Polen) an der Rega ins Leben rief, ein Stück östlich von Cammin, war ein gewisser Jakob von Treptow. Schließlich machte der Bischof von Cammin es den Herzögen nach und gründete 1266 mit Hilfe zweier Lokatoren auf einem Areal von 100 Hufen die Stadt Köslin (Koszalin, Polen); ein gleiches tat der Ritter Dubislaw von Woedtke, indem er, durch zwei andere Lokatoren, auf einer Fläche von 160 Hufen Plathe (Ploty, Polen) errichten ließ[34].

Sieht man einmal ab von der Gründung der Stadt Schwerin und der frühen Christianisierung, so kann man sagen, daß die deutsche Kolonisation in Pommern auf dem Land wie in der Stadt hauptsächlich in den Jahren zwischen 1210 und 1280 erfolgte, also zur gleichen Zeit wie im Brandenburgischen. Für viele Zuwan-

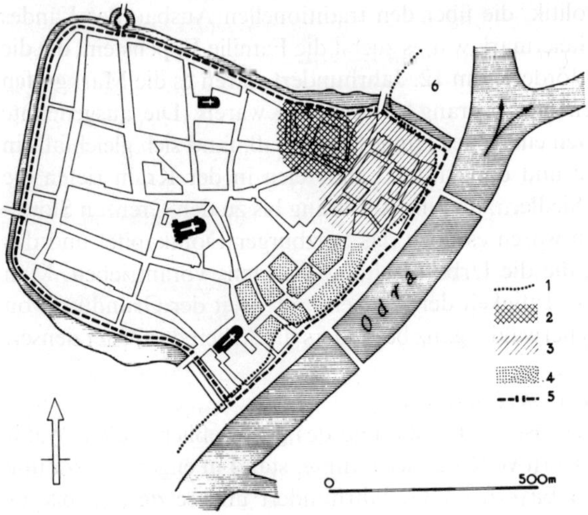

Stadtplan von Stettin im Hochmittelalter. Ein slawisches *Castrum* aus dem 10. Jahrhundert, später Herzogsitz (2) mit *suburbium* (3), wurde Stettin 1187 von Deutschen erstmals besiedelt (4). Im 13. Jahrhundert entwickelte sich die Stadt.

derer war dies nicht das erste Mal, daß sie ihre Heimat verließen. Und ein weiterer Vorstoß, über Oder und Weichsel hinweg, mußte weitere Siedler nach Osten bringen.

5. *Österreich und die Alpenländer*

Grundkräfte der Kolonisation

Schon vor dem Sprung über die Elbe waren Deutsche in das Becken der Donau und in die Ostalpentälern vorgedrungen und hatten dort zu kolonisieren begonnen – wir haben bereits von den Bemühungen in dieser Hinsicht insbesondere unter Ludwig dem Deutschen im 9. Jahrhundert östlich der Enns und in der Steiermark erfahren. Aber wir wissen auch, daß der ungarische Ansturm sich in der ersten Hälfte des 10. Jahrhunderts diesem Vormarsch in den Weg stellte[1]. Der deutsche Sieg auf dem Lechfeld, der Verbleib der Ungarn im Pannonischen Becken, die Wiedererrichtung der Mark Verona mit dem Trentin, die Erschaffung kleiner Marken sowie des Herzogtums Kärnten (974) und vor allem natürlich die Einsetzung der Babenberger in der Ostmark – das alles muß das Signal gewesen sein, die Kolonisierung wieder aufzunehmen, und zwar ebensosehr in den Donaulanden wie in den Bergen und Tälern der Ostalpen.

Im 11. und 12. Jahrhundert vollzog sich der Landesausbau innerhalb der entstehenden Fürstentümer und im Einvernehmen mit der Salzburger Kirche sowie der bayerischen Kirchen und Klöster. In der Ostmark folgte die Kolonisation dem Vorrücken der Babenberger, sie und ihre Vasallen begünstigten den Landesausbau. Kaum war die Mark ein erbliches Herzogtum geworden (1156), da ersann Leopold V. auch schon eine Politik, die über den traditionellen Ausbau des Landes hinausging. In der oberen Steiermark war es zuerst die Familie Eppenstein, die die Ansiedlung von Deutschen förderte; im 12. Jahrhundert waren es die Markgrafen von Steier, die 1180 in den Herzogsrang aufgestiegen waren. Die ausgedehnte Diözese Passau, die gen Osten ein weites Hinterland besaß, fand sich gleichfalls in der Rolle des Kolonisators; und dank ihrer Ländereien in der Krain riefen die Bischöfe von Freising nach Siedlern, und ihr Ruf drang bis zu den Grenzen Sloweniens. Aber im wesentlichen waren es doch das Salzburger Domkapitel und das kleine Nebenbistum Gurk, die die Urbarmachung Kärntens vorantrieben. Man übersehe schließlich nicht die Tätigkeit der Abteien und – seit der Gründung von Heiligenkreuz (1136) im Wienerwald – ganz besonders die Arbeit der Zisterzienser.

Urbarmachung in Ober- und Niederösterreich

Die Erschließung der österreichischen Länder und des unermeßlich großen Waldgebiets, das Böhmen und Bayern voneinander trennte, stand in enger Verbindung mit den Rodungsarbeiten in Bayern im 11. Jahrhundert und setzte sich bis ins dritte Viertel des 13. Jahrhunderts fort[2].

Das Becken der Donau mit seinen fruchtbaren Braunerden setzte dem Landesausbau keinen größeren Widerstand entgegen; anders die schiefrigen Hochflächen im Norden des Flusses: sie hemmen da und dort seinen Lauf und bereiteten auch mit ihren Wäldern den Pionieren manches Hindernis – wiewohl dieser mittelalterliche Laubwald aus Eiche und Buche leichter zu durchdringen war als die dichten Nadelwälder von heute, und obschon nach Osten hin die Lößregionen zur menschlichen Ansiedlung einluden[3].

Im 11. Jahrhundert richtete sich die Kolonisation auf zwei Punkte: nach Westen, dem Lauf der Donau folgend – dort wetteiferten das Passauer Domkapitel und die Abtei Niederaltaich miteinander, wem hier die Leitung zukam; sodann im Tal der Kamp (Waldviertel), wo die Babenberger Gars (1041/45), den Wald von Gföhl und die Gegend um Eggenburg (1051) erworben hatten und, zusammen mit dem Passauer Bischof Altmann und dem Geschlecht der Eppensteiner, den Landesausbau vorantrieben. Wie es zwischen diesen beiden Räumen aussah, dafür gebricht es – für das 11. Jahrhundert – an Quellen; aber allem Anschein nach erfolgte die Erschließung Oberösterreichs im großen und ganzen erst in späterer Zeit.

Ende des 11. und zu Beginn des 12. Jahrhunderts war es das Waldviertel, das den größten Zustrom von Rodungsbauern auf sich lenkte. 1096 wird erstmals die Rodungsinsel Chotanisriute erwähnt, und dort erscheint noch vor 1124 das Kirchspiel Kötten. Nicht weit davon läßt ein Ministeriale des Markgrafen Leopold II. das Rodungsland freigeben, das seinen Namen trägt: Ottenschlag. Etwas später erfolgt die Urbarmachung in der Gegend von Traunstein, wo sich das Dorf Langschlag bildet, desgleichen die Äcker von Grafenschlag. Die vielen Ortsnamen mit Endungen auf -schlag (Heinrichschlag, Rappoltschlag, Ulrichschlag) und auf -reith (Frankenreith, Munichreith, Roggenreith, Wolfsreith) stammen aus der Pionierzeit der Rodungen; die deutsche Kolonisation bevorzugte Dörfer mit Endungen auf -s, -dorf, -bach, -berg oder -wald und setzte sich bis ins 13. Jahrhundert fort[4].

Es war im Herzen dieser Region, an der oberen Kamp, wo Hadamar I. von Kuenring, ein Vasall der Babenberger, 1137 die Zisterzienserabtei Zwettl ins Leben rief, die erste Filiation von Heiligenkreuz. Einige Jahre später hat sie in den Wäldern ringsumher acht Grangien errichtet, und spätere Gebietserwerbungen erhöhen diese Zahl auf zwölf. So dringt die Abtei nach Westen bis nach Weitra vor in die fruchtbaren Getreideanbauzonen des Weinviertels und zu den Weinbergen bei Krems an der Donau[5]. An der Erschließung dieses Raumes waren allerdings auch die Benediktinerabtei Altenburg (gegründet 1144) und die Prämonstratenser von Geras (1150) beteiligt[6].

Trotz alledem gab es bis 1170 – ungeachtet einiger früherer Unternehmungen – noch keine echte Grenze zwischen Böhmen und Ober- sowie Niederösterreich. Natürlich führten da und dort Wege durch den Wald in Richtung Prag; aber auch das Einsickern von Menschen änderte nichts daran, daß zwischen Deutschen und Slawen weiterhin ein breiter Waldgürtel lag[7]. Neue Vorstöße, das Land zu erschließen, richteten sich damals gegen die Raab und die mittlere Thaya, ja sogar noch darüber hinaus in Richtung Neu-Bistritz (Nova Bystrice, ČSSR), dessen Pfarrgemeinden im 13. Jahrhundert zur Diözese Passau gehörten. Und sie wandten sich auch in Richtung obere Lainsitz. Es erweckt den Anschein, als seien österreichische und tschechische Siedler bald aneinandergeraten, denn kurz darauf begannen der Böhmenherzog Sobieslaw und der Herzog von Österreich Heinrich – später war es dessen Sohn Leopold V. – sich um die Gegend von Weitra zu zanken. Letzten Endes blieb diese Region bei Österreich (1177/79), und 1185 nahmen die Kuenringer Weitra und den Wald zwischen der Lainsitz und der Strobnitz zu Lehen. Im oberösterreichischen Mühlviertel machte der Landesausbau seinerzeit unter Leitung der Familie Rosenberg Fortschritte; neben einigen verstreuten Ortsnamen slawischen Ursprungs gewannen dort Ortsnamen auf -schlag, -reut, -dorf, -hof oder -berg an Boden. Auch hier setzte sich der Erwerb von Neuland bis in die Mitte des 13. Jahrhunderts fort, ja sogar noch darüber hinaus.

Im 11. und 12. Jahrhundert sahen auch das Marchfeld, nordöstlich von Wien, das Mähren mit den fruchtbaren Schwarzerden im Südosten verbindet, sowie das Burgenland, das schon die Züge Pannoniens trägt, die ersten deutschen Siedler. Das Marchfeld war damals so gut wie menschenleer. Reiche königliche Schenkungen an die Markgrafen und die Kirchen – deren Lage sich die Beschenkten selber aussuchen durften – zeigen, daß es viel herrenloses Land gab, das sich zur Erschließung anbot. Kaiser Heinrich II. schenkte Markgraf Heinrich I. 20 Hufen zwischen Kamp und March (1002); Konrad II. überließ Graf Arnold 50 Hufen zwischen Donau und March (1025); Heinrich III. schenkte Markgraf Siegfried zwischen Donau, Fischa und Leitha 150 Hufen (1045) sowie 330 Hufen und 35 Areale zwischen Donau, March und Zaya[8]. So wurde in der zweiten Hälfte des 11. Jahrhunderts der Grenzfluß, die Thaya, erreicht, und anläßlich der Auseinandersetzung, die damals den Böhmenherzog Wratislaw gegen Markgraf Leopold II. stellte

Stift Zwettl, Kreuzgang. Das Zisterzienserkloster Zwettl, 1137 von Hadmar von Kuenring gegründet, hatte wesentlichen Anteil an der bäuerlichen Kolonisation des Waldviertels.

(1075–95), weist der Chronist Cosmas von Prag auf diesen »kleinen Fluß *(rivulus)* [hin], der die Menschen kaum voneinander trennt«.

Südsüdöstlich der heutigen Stadt Wien, wo die Babenberger das Patronatsrecht der Kirchen besaßen, im Umkreis von Mödling und Traiskirchen, fand die Urbarmachung gegen Mitte des 12. Jahrhunderts statt. Es dauerte nicht lange, und die Abteien errichteten dort Grangien, wie Trumau (1178), das der Abtei Heiligenkreuz gehörte, oder eine weitere, aus der 1187 das Dorf Münchendorf hervorging[9]. Doch die ungarischen Grenzkolonien ließen zunächst niemanden an die Leitha, erst mit Beginn des 12. Jahrhunderts stand dieser Raum allmählich auch deutschen Siedlern offen.

Siedlungsdörfer und Flurformen

In diesen Gebieten Österreichs stimmen die Dorf- und Flurformen noch mit den Etappen des mittelalterlichen Landesausbaus überein[10].

Wie in Bayern, im Innviertel oder im Donaubecken, wo die Landnahme schon früher erfolgt war, so waren auch hier die ersten Kolonisationsdörfer Haufendörfer – Seiterndorf im südlichen Waldviertel, wenige Kilometer nördlich von Melk, ist ein Beispiel dafür. Im Laufe des 11., vor allem aber im 12. Jahrhundert breitet sich das Angerdorf aus, mit Ortsnamen auf -dorf oder -bach. Im Umkreis von Zwettl finden sich zwei ausgezeichnete Beispiele: Oberstrahlbach und Wurmbrand. Letzteres hat einen Dorfanger in seiner Mitte, der 40 bis 50 Meter breit und 360 Meter lang ist; zu beiden Seiten streckt sich ein Dutzend bebauter Parzellen aus (36 m breit, 45 bis 70 m tief). Die landwirtschaftliche Nutzfläche verteilt sich auf drei Flächen: die länglichen Parzellen hinter den Häusern des Dorfes (der sogenannte Hausacker, 36 m breit und 350 m lang); die anderen im Osten: gleichgroße Felder, alle so groß wie die Hausäcker, und alle in gleicher Richtung verlaufend; schließlich eine Anbaufläche im Westen, die senkrecht dazu steht, mit Feldstücken von 18 mal 700 Metern. Der gesamte Plan und die Aufteilung sind ein untrügliches Zeichen für eine planende Hand[11]. Gleichwohl mußten sich in dieser Zeit viele Rodungsdörfer mit weniger zufriedengeben, oft waren es nur Weiler mit fünf oder sechs Gehöften.

Straßendörfer, von denen einige sehr groß sind, haben sich während des 12. und 13. Jahrhunderts hauptsächlich im Wiener Becken, dem Burgenland und auf den Lößböden und den Braunerdegebieten des Weinviertels und des Marchfeldes ausgebildet. In den Waldgebieten nördlich der Donau entstanden infolge des Landesausbaus bis ins 14. Jahrhundert Waldhufendörfer, die auf -schlag enden. Das trefflichste Beispiel ist sicherlich Langfeld, das nahe Weitra im Tal der Lainsitz gelegen ist: Hier war jede Hufe, die nach Nordwesten schaute, ursprünglich 80 Meter breit und 1500 m lang; die Hufen, die nach Südosten lagen, waren nur 1240 Meter lang; das entspricht einer Anbaufläche von 10 bis 12 Hektar. Als der Ort jedoch von etwa 30 auf 66 Häuser zunahm (1824), schrumpften die langen Feldstreifen auf eine Breite von etwa 40 Meter zusammen.

Vom Dorf zur neuen Stadt

In diesem Grenzraum zwischen Tschechen, Ungarn und Deutschen waren Burgen in dieser Zeit eine Notwendigkeit, und in ihrem Schutz entstanden bald kleine Siedlungen, einige davon mit einem Markt. In der Mitte des 12. Jahrhunderts wuchsen im Tal der Kamp und der oberen Thaya mehrere solcher Burgstädte heran: Horn ist eine davon, gegen 1150 oder 1160 gegründet, mit einem dreieckigen Platz, Stadt wird sie in der zweiten Hälfte des 13. Jahrhunderts; ein weiteres Beispiel ist Eggenburg, das ebenfalls nach 1150 entsteht und eine dreieckige Gestalt aufweist, sein Marktrecht trägt das Datum 1180. Aus der gleichen Zeit stammt Rappotenstein, Burg und Markt gehören den Kuenringern; ferner Waldhofen an der Thaya, dessen Burg und Siedlung im Besitz der Grafen von Pernegg sind. Drosendorf (1188) und Heidenreichstein entstehen etwas später. Litschau beschließt 1215 diesen Reigen an der Grenze im Nordwesten Österreichs. Auch die alte Festung Hainburg an der Donau hat sich einen Marktflecken zugelegt, dessen Markt eine dreieckige Gestalt zeigt.

Aber die letzten Jahre des 12. und die ersten des 13. Jahrhunderts regen noch zu weiteren Unternehmungen an. Die Kuenringer verspüren das Bedürfnis, im Herzen ihrer Besitzungen so etwas wie Hauptstädte anzulegen: im *districtus Zwettlensis* wurde dies Zwettl, das 1200 das Stadtrecht bekam; im *districtus Witrensis* Weitra, zwischen 1201 und 1208 als Stadt gegründet. Vor allem aber Herzog Leopold V. ließ seit 1194 neue Grenzdörfer anlegen: Hainburg, Laa an der Thaya, Friedberg in der Steiermark und Wiener Neustadt; dazu soll er zum Teil das Lösegeld verwendet haben, das er 1192 für Richard Löwenherz einsackte[12].

Hainburg und Laa hatten Vorgänger, das eine eine Burg, das andere einen Markt. Die neuen, planmäßig angelegten Städte entstanden eigentlich erst im ersten Drittel des 13. Jahrhunderts. Wiener Neustadt war eine solche *Nova civitas*, und sie war von Anfang an gleich befestigt. Kaum hatte der Herzog die Steiermark erworben, traf er die Entscheidung, diese Stadt zu bauen. Er verlieh ihr das Marktrecht und überführte die Münze von Fischau nach Neustadt; ihre Mauern waren schnell errichtet, und der Sitz der Pfarrgemeinde von Lanzenkirchen wechselte schon gegen 1200 nach Wiener Neustadt; das Stadtrecht jedoch übertrug ihnen Rudolf von Habsburg (1277). Ihre Festungsmauern sind beinahe viereckig, sie umschließen eine fast geometrisch angelegte Siedlung mit Zentralplatz und regelmäßigen Straßenblöcken[13]. An dieser Stelle verdient auch die Gründung von Freistadt in Oberösterreich an der böhmischen Grenze erwähnt zu werden. Nach einer Stiftung König Konrads II. an die Abtei von Garsten, 1142, war diese Stätte urbar gemacht worden. Leopold VI. sorgte für einen regelmäßigen Grundriß und übertrug dem Ort die ersten Privilegien (zwischen 1200 und 1220). Die gleichen Züge trägt Bruck an der Leitha mit seinem rechteckigen Zentralplatz und seinen regelmäßig angelegten Straßen (gegründet vor 1239). Kann es einen Zweifel daran geben, daß diese Politik der Städtegründungen, die Leopold V. und VI. von 1194 bis 1230 verfolgten, der Sorge entsprang, entlang der Thaya, Leitha und der Donau, an den Grenzen zu Böhmen, Mähren und zu Ungarn mit Hilfe einer Linie von festungsähnlichen Gebilden – das waren diese neuen Städte – eine militärisch gesicherte Grenze einzurichten[14]? Wirtschaftlich spielten sie erst später eine Rolle.

Der Handstreich des Böhmenkönigs Ottokar II. gegen das babenbergische Erbe in der Steiermark und in Österreich (von 1251 bis zum Sieg, den Rudolf von Habsburg am 26. August 1278 auf dem Marchfeld erkämpfte) hat an diesen Grenzproblemen im Grunde nichts zu ändern vermocht, denn Österreich mußte sich ohnehin auch gegen die Ungarn sichern. Auf die neuen Anlagen in der Steiermark werden wir noch zu sprechen kommen. Der Bau von Marchegg auf dem Marchfeld, am Westufer der March, war besonders bezeichnend für diese Art defensiver Stadtanlage im Grenzraum. Wo einmal zwei Dörfer gestanden hatten, die inzwischen verwüstet waren, entstand nun zwischen 1260 und 1268 ein viereckiger Festungsgürtel von 900 mal 750 Meter, der 10000 Einwohner aufnehmen sollte! Maßlos war diese Anlage vor allem deswegen, weil ihr jeglicher wirtschaftlicher Rückhalt fehlte. Trotz mehrmaliger Aufrufe zur Besiedelung – noch in den Jahren 1336 bis 1405 – blieb die Anlage ein Torso[15]. Den weniger ehrgeizigen Gründungen – Zisterdorf (vor 1284), Retz (1280/90), Hardegg (vor 1290) – war mehr Erfolg beschieden, obschon der kolonisatorische Vorstoß in dieser Zeit gerade zum Erliegen kam.

Die Ursprünge von Wien

In diesem Zusammenhang – dem Vorstoß germanischer Völkerschaften zu den Slawen und Ungarn – stellt sich, wie zuvor für Berlin, auch die Frage nach den Anfängen der österreichischen Hauptstadt Wien[16]: War sie eine Fortentwicklung der keltisch-römischen Siedlung *Vindobona* oder eine Neugründung aus der Babenbergerzeit? Die Anlage des kleinen Vierecks – des römischen Castrums aus dem 1. Jahrhundert – ist auf einem Stadtplan der Innenstadt noch immer zu erkennen. Die Existenz einer Basilika aus dem 4. Jahrhundert unter der Peterskirche und zwei Behausungen aus der Spätantike – sie lehnen sich an die Mauern des alten Heereslagers im Südosten der Stadt – bestätigen sehr wohl die These, die auf Wiens Kontinuität pocht. Auch die Erwähnung eines Kampfes gegen die Ungarn – anno 881 bei einem Ort *Wenia* – unterstützt sie, wiewohl dieses Beweisstück umstritten ist. Sicher bezeugt ist die Stadt auf jeden Fall für das Jahr 1030[17].

Nichtsdestoweniger scheint der Name Wien sich nicht von *Vindobona* abzuleiten, sondern von dem keltisch-slawischen Namen des Flusses *Vedunia* (Waldfluß), der sich südöstlich der Stadt in die Donau ergießt. Als bayerische Grenzfestung, die oft gegen die Ungarn verteidigt werden mußte und die zunächst Aribo von Salzburg zu Lehen hatte, gelangte Wien erst unter Leopold III. (1125–1130) an die Babenberger. Um sein frühes Wachstum zu erklären, hat man häufig an seine Lage an den Handelswegen des Donautales und an der Kreuzung zwischen den Alpenausläufern und dem südlichen Mähren erinnert. Tatsächlich hat die Donau bereits die Entwicklung von Linz und von Krems gefördert, und offenbar hat auch Wien aus dem Wirtschaftsstrom, der im 12. und 13. Jahrhundert in Richtung Südosteuropa floß, Kapital geschlagen. Natürlich fand das Wachstum von Wien zugleich

Burg Rappotenstein, wahrscheinlich von Rappoto von Kuenring (1157–1176) gegründet, Zentrum einer kleinen Burgstadt.

auch im Herzen des österreichischen Kolonisationsraumes der Babenberger statt. Bezeichnenderweise wird es als *civitas* erstmals 1137 erwähnt – das ist die Zeit der großen Rodungen in Niederösterreich; und für seine Zukunft wird nicht weniger wichtig gewesen sein, daß Herzog Heinrich (1141–77) seine Residenz Am Hof in die Südwestecke des alten Castrums verlegte.

Von da an vergrößerte sich die Stadt schnell durch zwei Vororte – im Nordwesten und im Südosten – um die Kirche St. Stephan, die seinerzeit noch zur Diözese Passau gehörte, erst 1469 sah sich St. Stephan in den Rang einer Kathedrale erhöht. 1147 wurde die erste romanische Basilika geweiht. 1211 verlieh Leopold VI. Wien endlich das Stadtrecht; wo heute die Stallburg steht, ließ er seine neue Herzogsresidenz errichten, die ersten Bauteile der späteren Hofburg, und ließ die ganze Vergrößerung durch einen zweiten Mauerring umschließen. Die Stadt wuchs und gedieh. Wenn auch der Übergang von Vindobona zu Wien nicht zweifelhaft ist, so muß man doch sagen, daß die österreichische Hauptstadt dem 12. und 13. Jahrhundert viel zu verdanken hat.

Die Kolonisation der Alpenländer

In den unermeßlichen Alpenregionen südlich der Hohen Tauern war durch die bayerischen und ottonischen Eroberungen am Ende des 10. und zu Beginn des 11. Jahrhunderts zwischen dem Wienerwald und der Niederung bei Semmering die kleine Mark Pitten errichtet worden, ferner die steirische Mark im oberen Tal der Mur, das Herzogtum Kärnten an der Drau, die Mark Krain im oberen Tal der Save und – noch weiter vorgeschoben, an den Grenzen Kroatiens – die Grafschaften unter dem Drauwald und an der Sann. Die großen Fürstenhäuser, ob sie nun aus Bayern stammten, aus den Rheinlanden oder aus Österreich, empfingen hier vom König riesengroße Ländereien, mit denen sie ihrerseits etliche Rittergeschlechter und deutsche Ministerialen belehnten, und diese wiederum bauten dort Burgen, die das Deutschtum und die Grenzen verteidigten, beispielsweise an der unteren Mur, in der Gegend von Radkersburg.

Die zweite Hälfte des 11. Jahrhunderts bescherte dem Land eine kirchliche Organisation und ein Netz von Klöstern. An Stelle der Chorbischöfe, die Salzburg bis zum Jahre 945 in Maria Saal (bei Klagenfurt) eingesetzt hatte samt einem kleinen Nonnenkloster (1043), wurde 1072 in Gurk im Kärntischen ein Bistum geschaffen; sein Gebiet erstreckte sich in Enklaven bis nach St. Georgen (Sentjur bei Celje, Jugosl.) im Vorland von Slowenien. Zwei weitere Nebenbistümer werden später in der Steiermark errichtet, eines in Seckau (1218) und eines in Sankt Andrä im Lavanttal (1225). Die Abteien von Millstatt und St. Paul in Kärnten sowie St. Lambrecht in der Steiermark entstanden in den ersten Jahren des 11. Jahrhunderts. Wenig später trafen die Zisterzienser in Sittich (Sticna, Jugosl.) in Slowenien (1132) und in Viktring ein (1142), das im Tal der Drau in den Karawanken liegt. Die Bischöfe von Salzburg, Bamberg, Brixen und Freising dehnten ihren weltlichen Besitz sogar bis ins Tal der Drau und der Save aus.

Die ältere Besiedlung des Noricums und die slawische Kolonisation in Kärnten

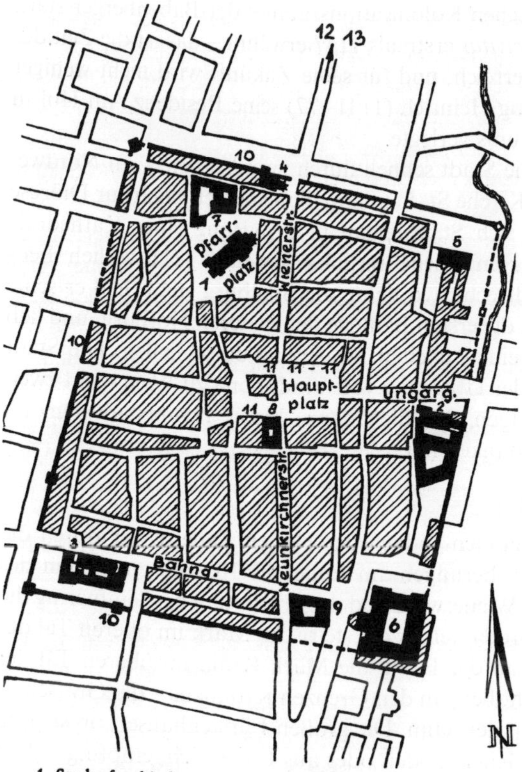

1. Stadtpfarrkirche
2. Neuklosterkirche
3. Kapuzinerkirche
4. St. Peter
5. Deutschordenskirche
6. Burg
7. Bischöfl. Residenz
8. Rathaus
9. Zeughaus
10. Stadtbefestigung
11. Got. Laubenhäuser
12. Ehem. Jesuitenkirche und Kloster
13. Spinnerin am Kreuz

Wiener Neustadt, eine der Neugründungen Leopolds V. nach 1194, war die erste planmäßige Stadtanlage in Österreich; früh befestigt, erhielt sie erst 1277 das Stadtrecht.

hatten kaum die 800 oder 1000 Höhenmeter überschritten. Der neue Landesausbau, der seit dem 10. Jahrhundert einsetzte, zielte vor allem auf die oberen Höhenlagen[18]. Dort entstanden nun Einzelhöfe, die inmitten von Rodungsinseln lagen. Die Grundherren förderten die Rodungen: die Eppenstein in der Umgebung ihrer Burgen und bei der Abtei St. Lambrecht in der oberen Steiermark, um Voitsberg, am Millstätter See und am Günzenberg in Kärnten; die Markgrafen der Steiermark in der Gegend von Trofaiach, später im Mürztal; die Domkapitel von Salzburg und Gurk im Sulm- und im Mettnitztal in der Steiermark und in Kärnten im oberen Görschnitz- und in Teilen des Lavanttales. Zwei Drittel der Urbarmachungen waren dem Wirken dieser Geschlechter und den Domkapiteln zu verdanken. Aber auch in den Königsforsten wurde gerodet, wo die Grundherren oder die Forstmeister dazu das Recht besaßen: So fiel seit 977 der große Wald im Lavanttal in Kärnten. Die meisten dieser Siedlungen auf höhergelegenen Rodungsinseln tragen die Endung –reit, -greut, -schlag oder -schwendt, wobei letztere auf Brandrodung hinweist. Es bedeutete einen weiteren Schritt, als die Almen zu dauerhaften Wohnstätten wurden: die Almhöfe, die damals entstanden, tragen den Namen *swaiga* oder Schwaighöfe; man findet sie in ganz Tirol, in der oberen Steiermark und im oberen Kärnten, ihre Abgaben entrichteten sie damals im wesentlichen in Naturalien (Käse).

Auf der anderen Seite hinabsteigend in das Becken des Pohorje (Pettauerfeld) an der Drau und in das Tal der Save, stößt die deutsche Kolonisation in eine wenig bevölkerte Gegend vor, wo es jedoch slowenische Wohngebiete gibt. In den weltlichen Besitzungen der Bischöfe von Freising, die aus zwei Stiftungen Ottos II. hervorgegangen sind (973), findet man neben alten slowenischen Gemeinden die planmäßige Kolonisation von Zeierfeld (Sorsko, Jugosl.). Dort entstehen große bayerische Dörfer, darunter ein typisches Reihendorf, Bintje, mit streifenförmigen Hufen von fast 2000 Metern Länge. Anderswo gibt es übrigens auch kleine Gassendörfer und sogar Rundlinge neben Dörfern der Slowenen – so etwa auf den Besitzungen der Spanheim unweit von Laibach (Ljubljana, Jugosl.). In größeren Höhenlagen dagegen gründen Deutsche wie Slowenen kleine Rodungsweiler mit zwei bis vier Huben (Hufen)[19].

In diesem gesamten Alpen- und Voralpenland im Südosten waren die Kolonisten zum größeren Teil Bayern, später kamen auch Franken, Schwaben und Sachsen. Die slawische Bevölkerung wurde entweder zurückgedrängt oder assimiliert. So wanderten beispielsweise die Slowenen aus Kärnten nach Osten ab und beteiligten sich am Landesausbau in Krain. In der Umgebung von Judenburg zählte man 1280/95 25 deutsche Dörfer und nur zwei mit slawischen Namen; um Marburg (Maribor, Jugosl.) registrierte ein Katasterbeamter gegen 1220/30 20 deutsche Siedlungen und 9 slawische; auf den Besitzungen des Bistums Freising machten die deutschen Dörfer 1291 hingegen nur etwa ein Viertel aus. Im großen ganzen läßt sich sagen, daß es zwar gegen 1300/50 an der oberen Drau noch einige slawische Ortsnamen gab, aber das Deutschtum drang insgesamt bis gegen die Leitha bei Radkersburg und in den Norden Istriens vor, obschon diese Eindeutschung weder gewaltsam noch bewußt vor sich ging. Weiter südlich, in Slowenien und bis nach Kroatien hinein, braute sich ein Bevölkerungsgemisch ohne einigermaßen saubere Sprachgrenzen zusammen[20].

Neue Städte in den Ostalpen

Wo Deutsche das Land erschlossen, wurden auch neue Städte gegründet. Die beiden wichtigsten antiken Städte in diesem östlichen Teile des Noricums – Virunum (im Zollfeld gelegen, nördlich von Klagenfurt) und Flavia Solva (unweit von Leibnitz, im Tal der Mur) – waren in den Stürmen des 5. Jahrhunderts untergegangen. Nur da und dort gab es noch städtisches Leben oder erwachte aufs neue: in Sanbicum (Villach) und Teurnia (Spittal), in Poetovio (Pettau; Ptuj, Jugosl.), Celzia (Cissi; Celje, Jugosl.) und Emona (Laibach; Ljubljana, Jugosl.) an den Grenzen

Freistadt, Stadtplatz mit Stadtpfarrkirche. Mitte des 12. Jahrhunderts Rodungsstätte, wurde Freistadt zwischen 1200 und 1220 entworfen und erhielt von Leopold VI. das Stadtrecht.

Kroatiens. Erst im 12. und 13. Jahrhundert kam urbane Lebensweise wieder zum Erblühen, zuerst bei den Burgen, später in den planmäßig angelegten neugegründeten Städten – beide Lebensformen folgten rasch aufeinander und ergänzten sich gegenseitig[21].

Seit der ersten Hälfte des 12. Jahrhunderts zogen die Burg der Traugauer oberhalb von Graz (Gradec, eine alte slowenische Fliehburg), die für das Jahr 1115 bezeugt ist, die Burg der Eppenstein in Judenburg (1147) und die der Bischöfe von Gurk bei Straßburg (1147) sowie die Burgen von Landsberg (1153), Radkersburg und Voitsberg (1170) kleine Siedlungen an. Sie erhielten das Marktrecht und machten von diesem Recht Gebrauch; dies ließ ihre Bevölkerung anschwellen: in Graz setzte diese Entwicklung 1164 ein, in Straßburg und Voitsberg gegen 1200. Unter der Burg der Spanheim belebte sich in Laibach das antike Emona aufs neue (1144).

Die planmäßig angelegten Stadtgründungen gehen hier wie in Österreich auf Leopold V. zurück; die Stadt Friedberg (gegen 1194) trägt den Namen seines Sohnes Friedrich: eine Stadt an der Grenze, wo zuvor zweifelsohne eine Burg gestanden hatte; sie entstand nach einem bemerkenswert regelmäßigen Plan. Noch weiter auf die Ungarn zu ließ Leopold VI. gegen 1215 Fürstenfeld anlegen: Ein

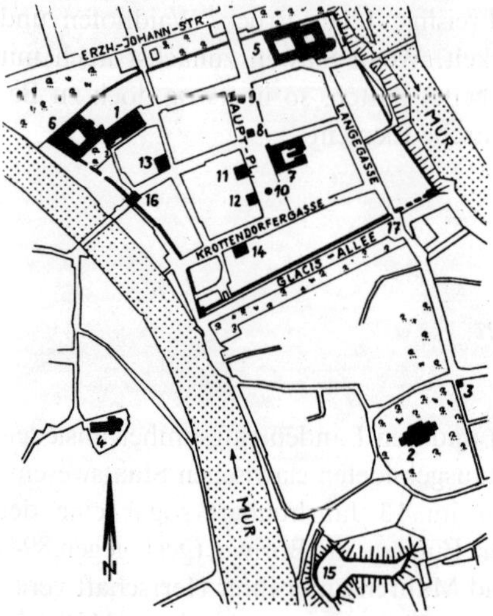

Leoben, Plan der Altstadt. Vom 10. bis zum 12. Jahrhundert Burg und Markt, dann Handelsort für das Steiermärkische Eisen, wurde Leoben auf Betreiben Ottokars II. um 1262/1263 regelmäßig angelegte Neustadt.

älterer Markt ganz in der Nähe wurde aufgehoben, dafür entstanden nun eine Burg und eine Stadt nach schachbrettartigem Muster, mit einem großen Zentralplatz. Zwischen 1250 und 1280 rollte, angetrieben von Herzog Bernhard von Kärnten und Ottokar II. von Böhmen, eine neue Gründungswelle heran: Wo bislang ein Markt oder eine Burg gestanden hatten, machte sich nun eine Erweiterung oder eine ganz neue Siedlung breit: So entstanden Klagenfurt (gegen 1250), Radkersburg (gegen 1260), Leoben (gegen 1262), letzteres von den Herren von Dümmersdorf säuberlich entworfen, mit einem schönen, rechteckigen Zentralplatz, ferner Bruck an der Mur (1262/68). Zu diesen Gründungen in Kärnten und der Steiermark muß man noch – an den Grenzen des salzburgischen und steirischen Gebiets – Radstadt im oberen Tal der Enns (vor 1289) hinzufügen, ein seltenes Beispiel einer mitten im Gebirge gelegenen Gründungsstadt; und in Krain ließen die Salzburger Erzbischöfe gerade unter der Burg der Freisinger Burggrafen 1274 eine kleine Stadt mit einem Markt anlegen, Bischofslak (Skofja Loka, Jugosl.)[22].

Der Bergbau

Zwischen der Blüte der obersteierischen Städte im 13. Jahrhundert und dem Abbau wichtiger Eisenlager in dieser gleichen Gegend bestand im 13. Jahrhundert ein enger Zusammenhang. In der Nähe von Leoben und von Hüttenberg betreibt man schon seit der Mitte des 12. Jahrhunderts den Bergbau. Eine Bulle, die Alexander III. zugunsten der Abtei Vorau ausstellt, bestätigt 1171, daß das Kloster in Leoben eine Hufe besitzt, *ubi foditur ferrum*. Der Markt von Leoben muß gegen Ende des Jahrhunderts der erste Umschlagplatz für dieses Gut gewesen sein. Im 13. Jahrhundert reichen die Minen und Hüttenwerke bis in die Gegend von Eisenerz, im 14. Jahrhundert bis nach Kärnten und Krain; die Hütten gehören den

Bischöfen von Bamberg, Salzburg und Freising. Über Bruck, Waidhofen und Judenburg wurde der Transport abgewickelt. Wenn Slawen zunächst auch mit Deutschen im Erzbergbau zusammengearbeitet hatten, so überwog doch zu Beginn des 14. Jahrhunderts deutlich das deutsche Element[23].

6. *Böhmen, Mähren und Sudeten*

Als Deutsche sich im Böhmischen Becken und den Landen ringsumher ansiedelten, geschah dies auf dem Boden eines gutausgebildeten slawischen Staatswesens, des tschechischen Přemyslidenstaates, der im 13. Jahrhundert sogar eine der großen Mächte Mitteleuropas darstellte. Die Fürsten, die Boriwoj (gest. gegen 894) auf dem Thron folgten, hatten Böhmen und Mähren unter ihrer Herrschaft vereinigt; Přemysl I. Ottokar hatte zunächst von Philipp von Schwaben (1198) die erbliche Königswürde erhalten, die Friedrich II. (1212) bestätigte. Indes die ersten tschechischen Fürsten begierig nach Schlesien, zur Lausitz und nach Galizien blickten, wandte Ottokar II. im 13. Jahrhundert sein Augenmerk Österreich und der Steiermark zu.

Das Land besaß eine herzogliche, später eine königliche Verwaltung mit einer Kanzlei, einem Großkämmerer, einem Aufseher über die Krondomänen, einem Hofrichter und, seit der Mitte des 13. Jahrhunderts, Bezirksrichtern sowie einer Ständeversammlung. Im Jahre 1054 wurde Mähren unter drei Fürsten – allesamt Nachkommen von Bretislaw – aufgeteilt: Olmütz, Brünn und Znaim; in den Jahren 1194 bis 1200 wurden diese Gebiete zur Markgrafschaft Mähren zusammengeschlossen[1].

Die Beziehungen zwischen den tschechischen Fürsten und den deutschen Königen und dem Reich waren uralt, sie hatten miteinander gestritten und dann auch wieder zusammengearbeitet. Viele Herzöge und andere Mitglieder des herzoglichen Hauses waren mit Deutschen verheiratet: Bretislaw I. (1035–55) war der Gemahl Judiths von Schweinfurt; Boriwoj II. (gest. 1124) und Wladislaw II. (gest. 1174) waren mit babenbergischen Fürstinnen vermählt und Přemysl Ottokar I. mit Adele von Meißen; die Mutter Ottokars II. – wir sprechen jetzt vom 13. Jahrhundert – war eine Kunegunde von Hohenstaufen, und als seine erste Gemahlin nahm Ottokar sich Margarete von Babenberg. Das zeigt, wieviel deutsches Blut in den Adern des tschechischen Hochadels floß. Wenn die Přemysliden es auch hinnehmen mußten, daß sie vom Reich abhängig waren – und dies war keineswegs nur eine persönliche Abhängigkeit –, so bewahrte ihr Staat doch seine Insignien[2] und seine Einrichtungen, namentlich seine eigene Münzstätte; und der tschechische Adel hat sich auch immer den deutschfreundlichen Neigungen seiner Herzöge und Könige widersetzt.

Ottokar II., König von Böhmen, Grabplatte im Prager St. Veits Dom. Zu Böhmen und Mähren fügte er Österreich, Steiermark, Kärnten und Krain. Allerorts förderte er ländliche Neusiedlungen und Stadtgründungen.

Anfänge des deutschen Vordringens

Die deutsche Einwanderung nach Böhmen und Mähren war vor allem in den Jahren vor dem Zweiten Weltkrieg Gegenstand zahlreicher Untersuchungen. Archäologische Funde aus der Zeit der Völkerwanderung der Markomannen, der Quaden und der Langobarden im Elbe-Moldau-Eger-Becken und in Mähren, die sich auf die Zeit vom 1. bis zum 4. Jahrhundert verteilen, bezeugen zwar, daß es zwischen der protoslawischen und der keltischen sowie der späteren slawischen Landnahme eine kurze Epoche gab, in der sich auch Germanen hier niederließen; aber allem Anschein nach – und der grundlegenden Arbeit von Bretholz[3] zum Trotz – war die deutsche Bevölkerung im mittelalterlichen Böhmen kein »Überrest« aus dieser Zeit, sie stand also in keinem Zusammenhang mit dieser zahlenmäßig sehr schwachen Bevölkerungsgruppe. Seit dem 7. Jahrhundert sprechen die fränkischen Quellen in Böhmen nur noch von einer slawischen Bevölkerung. Im Egerland mag es einige ältere deutsche Kerne gegeben haben; aber im wesentlichen war der deutsche Zuzug des Mittelalters Teil der gleichen großen Wanderungsbewegung nach Osten, die sich im 12. und 13. Jahrhundert in das Gebiet zwischen Elbe und Oder und nach Österreich aufmachte. Auf jeden Fall setzten sich vor dem Hochmittelalter keine größeren deutschen Bevölkerungsgruppen in den Sudeten fest[4].

Die älteste deutsche Gemeinde war die, die sich in der Zeit Wratislaws II. (1061–95), vielleicht sogar schon vorher, in dem *suburbium* der Stadt Prag niederließ und der Sobislaw II. in den Jahren 1174/78 »ihr Recht« zuerkannte; wir werden darauf zurückkommen[5]. Gegen 1186 saßen weitere deutsche Kaufmannschaften in Kaaden (Kadaň, ČSSR), in Kladrau (Kladruby) und Lichtenstadt (Hroznétin).

Als die Deutschen im 12. Jahrhundert eindrangen, gründeten sie auch Prämonstratenser- und Zisterzienserabteien, Filiationen deutscher Häuser, die sich im 13. Jahrhundert vervielfachten. Die Prämonstratenser ließen sich in Böhmen in Strahov bei Prag nieder (gegen 1142), in Doxan (Doksany, ČSSR), Leitomischl (Litomyšl), Mühlhausen (Milevsko, 1184), Tepl (Tepla, 1193) und in Hradisch unweit von Olmütz. Die Přemysliden bevorzugten den Orden der Zisterzienser; diese faßten zuerst in Sedlitz Fuß (Sedlec, 1142), welches sie von Waldsassen her erreichten; sodann in Nepomuk (1144), einer Tochter von Ebrach, und in Plass (Plázy, 1144), einer Filiation von Langheim. In der Mitte des 13. Jahrhunderts gab es in Böhmen und Mähren insgesamt 34 Abteien, die alle mehr oder weniger Zentren der deutschen Kolonisierung und des deutschen Einflusses waren.

Vor dem Eintreffen der deutschen Siedler beschränkten sich die Regionen, in denen die Landnahme längst stattgefunden hatte, im wesentlichen auf das Tal der Elbe und einzelne Teile der March, den wichtigen Raum an der oberen Beraun, wo Pilsen liegt (Plzeň, ČSSR) – also auf klimatisch und bodenmäßig sehr begünstigte Gebiete, wie die dicken Lößschichten und die schwarzen und braunen Böden zeigen. Anderwärts herrschte dichter Eichen- und Buchenwald vor, der kaum erschlossen war, wenn man von einigen Lichtungen absieht. Nach Süden erstreckte sich das *nemus Boemicum*, die böhmischen Wälder, die bis nach Bayern und in den Norden Österreichs reichten; im Norden die *Hvozd silva* und im Nordosten eine dichte Waldzone, die im Schlesischen zu einer Barriere wurde[6]. Es waren zum großen Teil diese Landstriche mit schlechten Böden, mit denen sich die deutsche Kolonisation zufriedengeben mußte.

Die Rodung dieses großen Waldgürtels, der Böhmen von der polnischen Seite her ebenso beschützte wie von der deutschen, war den Přemysliden kaum erwünscht, zumindest nicht im 12. Jahrhundert; aber diese Fürsten wurden in gewisser Weise überrollt durch die deutsche Zuwanderung wie durch die Interessen einiger Grundherren, denen die Erschließung des Bodens auch zu ihrem eigenen Nutzen durchaus erwünscht war.

So drangen von der zweiten Hälfte des 12. bis zum Beginn des 14. Jahrhunderts

Heinzendorf, Waldhufendorf in der Grafschaft Glatz (Kłodzko). Die deutsche Waldkolonisation erreichte in der zweiten Hälfte des 13. Jahrhunderts die Grenzen Schlesiens und Mährens.

Deutsche von allen Seiten in Böhmen und Mähren ein: die Bayern wanderten durch die Senke der Eger, durch Österreich und das untere Mähren; Franken, Thüringer und Sachsen stiegen über das Erzgebirge; und ein paar weitere Völkerschaften drangen durch die Pforten der Oberlausitz und Schlesiens ein. Aber auf keinen Fall darf man die slawische Binnenkolonisation in diesem Raum unterschätzen. Gen Süden waren slawische Siedler zur oberen Lainsitz vorgerückt, in Norden zu den südwärts gewandten Hängen des Erzgebirges; vor allem in Mähren trat zwischen 1150 und 1220 eine Vielzahl tschechischer Gemeinden auf, und zwar im Umkreis von Brünn (Brno, ČSSR) und Znaim (Znojmo). Man kann annehmen, daß die Kolonisation in der Mitte des 13. Jahrhunderts in mehreren Gegenden einen sehr uneinheitlichen Charakter aufwies[7].

Westböhmen

Hier drangen die Deutschen zunächst vom Westen her ein, vom Oberlauf der Eger, der erst seit dem 14. Jahrhundert zu Böhmen gehört, und von den Niederungen des Böhmerwalds. Sie gelangten zu den Ländereien der Abteien Plass und Kladrau und, ganz gewiß schon vor 1176, zu den Wäldern der Prämonstratenser des bayerischen Prämonstratenserklosters Windberg bei Schüttenhofen (Sušice, ČSSR)[8].

Etwas später zogen Grundherren rodungswillige Siedler in die Wälder bei Karlsbad (Karlovy Vary), Duppau (Doupov) und Tep.

An den Südhängen des Erzgebirges setzte der Landesausbau gleichfalls gegen 1170 ein, und zwar mit verschiedenen Bevölkerungsgruppen. Der erste deutsche Ortsname ist Neudörfel (1196). In der Nähe von Aussig (Ústí nad Labem) siedelten die Hospitaliter Bauern an. Es war gleichfalls gegen Ende des 12. Jahrhunderts, als die Rosenberg, die aus Bayern stammten und im österreichischen Mühlviertel Lehngüter besaßen, am Oberlauf der Moldau herrschaftliche Domänen erbten und dort zusammen mit den Abteien Goldenkron (Zlatá Koruna) und Hohenfurt (Vyšší Brod) deutsche Siedler ansässig machten. Nordwestlich der oberen Thaya fand ähnliches statt.

Dieser Vorstoß in den westlichen Landesteil Böhmens berührte im großen ganzen nur einen ausgesprochen schmalen Saum des Landes. Die Sprachwissenschaft beweist uns jedoch, und zwar ganz unabhängig von umfangreicheren schriftlichen Quellen, daß schon vor dem 13. Jahrhundert viele Deutsche ansässig waren. Bereits zwischen 1180 und 1200 wird im Alttschechischen aus dem Buchstaben G ein H – wenn also die tschechischen Ortsnamen im Deutschen noch ein G zeigen, dann deswegen, weil sie vor dem Jahr 1200 ins Deutsche übernommen wurden[9].

Bauern und Bergleute in Mähren

Die erste Woge deutscher Siedler strömte dem südlichen Mähren gleichsam als Fortsetzung der Kolonisation Niederösterreichs zu. Sie ließen sich vielleicht schon Ende des 11. Jahrhunderts zunächst in der Gegend von Nikolsburg (Mikulov, ČSSR) und von Znaim nieder, ganz bestimmt aber seit 1150. Die kleinen Städte Auspitz (Hustopeče), Mönitz (Moutnice), Eibenschütz (Ivančice), Krumau (Krumlov) und Znaim – im Süden von Brünn gelegen – begrenzten seinerzeit das Erschließungsgebiet[10]. Sodann stießen die Deutschen von Süden her weiter vor, ließen Brünn hinter sich (vor 1229) und gelangten durch die Wälder des Mährischen Stufenlandes bis nach Olmütz und Iglau (Jihlava).

Auf die Erschließung des Ackerbodens folgte damals die Ausbeutung der Bodenschätze. Die silberhaltigen Erzlagerstätten von Mies (Stříbro) westlich von Pilsen wurden schon vor 1188 entdeckt. Gegen 1234 begann man vor allem, die Vorkommen bei Iglau und kurz darauf auch die von Deutsch-Brod (Havličkův Brod) und in der Region Mährisch-Neustadt (Uničov) abzubauen. Die Bergleute kamen aus Sachsen, vom Harz und aus Tirol. Rasch verwandelte sich der kleine Ort Iglau in der zweiten Hälfte des Jahrhunderts zu einer wichtigen Bergbausiedlung; gegen 1249 erhielt er das Stadtrecht. Dieses Stadtrechtsprivileg enthält die älteste Kodifikation des Bergrechts in Mitteleuropa. Trotzdem dauerte die Blütezeit in den Revieren Iglau und Deutsch-Brod kaum ein Jahrhundert, und seit dem Ende des 13. Jahrhunderts nahmen die Gruben von Kuttenberg (Kutná Hora) den ersten Platz ein. Entdeckt wurden die Kuttenberger Silberadern gegen 1280; Knappen aus Freiberg beuteten sie aus. Schon der Ortsname von Kuttenberg war von Anfang an deutsch. König Wenzel begünstigte den Abbau und ließ auf der Grundlage des Iglauer Rechts vier Bücher schreiben, die das Bergrecht kodifizierten (1300); ihnen wurde später eine weite Verbreitung zuteil.

Der Abbau von Eisen brachte nur magere Ergebnisse, obwohl schon seit dem 8. bis 10. Jahrhundert bäuerliche Hütten in den Waldgebieten Eisen verarbeitet hatten[11]. Der Markgraf von Mähren überließ der Zisterzienserabtei Welehrad 1238 den Wald von Zablasan sowie dessen Eisengruben; und 1269 waren die Sternberg an der Ausbeutung der Bodenschätze im Wald von Domašov südlich des Gesenke mitbeteiligt. Aber welche Rolle spielten hier die deutschen Bergleute?[12]

Sudeten und Nordmähren

In der Mitte des 13. Jahrhunderts schritt die deutsche Kolonisation aus drei Richtungen auf den Norden Böhmens zu: von Westen her kam sie aus dem Meißnischen, indem sie der Elbe flußaufwärts folgte; sie kam aus der Oberlausitz in die Gegend von Reichenberg (Liberec) und Friedland (Frýdlant), das Isergebirge beidseits umschreitend; von Süden her, von Mähren, schob sich der Strom in das Schönhengsterland, also in die Gegend um Landskron (Lanškroun), Zwittau (Svitavy), Mährisch-Trübau (Moravská Třebová) und Böhmisch-Trübau (Česka Třebová). Der große Erschließer dieses Raumes war der Bischof von Olmütz, Bruno von Schauenburg (1245–81), ein Sproß der holsteinischen Grafenfamilie, er war auch der Ratgeber des böhmischen Königs Ottokar II. Wir besitzen von ihm einen typischen Vertrag über eine *locatio*, welcher die Gründung eines Dorfes – Mährisch-Hermersdorf (1266) – bei Zwittau vorsieht[13]. Der Lokator-Unternehmer war ein Deutscher namens Ulrich; er erhielt *jure locationis* im neuzugründenden Dorf die Gerichtsbarkeit samt einem Drittel der Einkünfte daraus und jede zehnte Hufe, und zwar erblich. Das neue Dorf und sein Ackerland betrugen 40 Hufen, die ersten Siedler sollten 13 Jahre lang keinen Pachtzins bezahlen müssen; sie hatten darüber hinaus die Möglichkeit, ihren Wirtschaftsraum zu erweitern, wofür ihnen dann 20 Freijahre zustanden. Dies deutet darauf hin, daß sich der Urbarmachung in dieser Gegend mit ihren mittelmäßigen Böden große Schwierigkeiten in den Weg gestellt haben müssen.

Wellig und zerstückelt, wie der schlesische Teil der Sudeten war, ein Land mit unbestimmtem Grenzverlauf, zwischen dem nördlichen Mähren und dem Tal der Oder gelegen, vermochte er nur Menschen aus dem benachbarten Schlesien anzuziehen. Östlich des Riesengebirges, das eine mächtige Barriere bildet, drangen die Deutschen seit 1249 durch die Senke bei Landeshut (Kamienna Gora, Polen) in die Niederung oberhalb von Trautenau (Trutnov, ČSSR). Unweit davon, bei Braunau (Broumov), siedelte die Abtei Politz (Police) um 1250 60 Bauern an, von König Ottokar II. begünstigt. In den gleichen Jahren drang der Landesausbau bis in das große Becken von Glatz vor (Kłodzko, Polen), das ganz umschlossen war von Wäldern. Dort nistete sich eine Reihe Waldhufendörfer ein, wie Hannsdorf oder Heinzendorf, sie setzten die Kolonisationsdörfer der schlesischen Abteien Kamenz und Heinrichau fort.

Unter der Führung der Bischöfe von Breslau stießen weitere Schlesier in das

Altvater-Gebirge bis über Freiwaldau (Fryvaldov, ČSSR) hinaus vor. Ein mächtiger Zustrom aus dem Süden, auch er begünstigt von Ottokar II. und dem Bischof von Olmütz, gewährleistete, daß die Mährische Pforte im böhmischen Bereich erschlossen wurde[14]. Im Umkreis von Neustadt (Prudnik, Polen) erfolgte der Landesausbau unter der Führung eines Wok von Rosenberg, Marschall von Böhmen, seit etwa 1259; dort entstanden, bis etwa gegen 1300, große Waldhufendörfer wie Kunzendorf, Dittmannsdorf, Schnellewalde und Siebenhuben; 1262 ließ sich das Dorf Lindewiese an den Grenzen des Bistums Breslau nieder, aber im 14. Jahrhundert kam diese ganze Gegend an Schlesien. Der Bischof von Olmütz gründete südwestlich von Hotzenplotz im Wald acht Rodungsdörfer; in seinem Testament von 1267 zählt er sie einzeln auf: Petersdorf, Johannesthal, Arnsdorf, Batzdorf, Pittarn, Liebenthal, Röwensdorf und Peischdorf. In dieses Fleckchen Erde holte sich der Bischof vornehmlich Ritter und Bauern aus Niedersachsen, denn das waren seine Landsleute.

Weniger ist bekannt über den Landesausbau auf dem Hochplateau des Gesenke, über die Gründung von Bennisch (Horní Benešov, ČSSR), die 1253 erfolgte, und von Römenstadt (Rýmařov, ČSSR). Unweit von Jägerndorf (Krnov, ČSSR) treten im Tal der Oppa 1279 die Waldhufendörfer Komeise und Weiskirch in Erscheinung. Aber schon Bruno von Schauenburg hatte im Umland von Mährisch-Ostrau (Ostrava) reihenweise Dörfer gegründet wie Teufelsdorf (Privos), Alt- und Neu-Biela (vor 1272) und Groß- und Klein-Hrabova (1267). Und am Ende des 13. Jahrhunderts rückte die Kolonisation immer weiter nach Südosten auf die Beskiden zu. Auch diese Region, die 1252/53 ein Ungarnsturm verwüstet hatte, wurde mit Hilfe des Olmützer Bischofs wieder bevölkert, und zwar um Braunsberg (Brušperk, ČSSR) und Fritzendorf (Fryčovice); der Abt von Hradisch siedelte Bauern bei Mährisch-Weiskirchen (Hranice) an, die dafür, daß sie den Wald dort rodeten, zwanzig Freijahre bekamen (1286)[15]. Graf Heinrich stiftete noch 1294 unweit von Freiberg (Příbor) das Dorf Portzmannsdorf mit 24 fränkischen Hufen[16]. So waren am Ende des 13. und zu Beginn des 14. Jahrhunderts die Mehrzahl der deutschen Siedlungen in dieser Gegend der Mährischen Pforte fest verwurzelt, sie machten – Dörfer und Städte zusammengenommen – etwa 640 aus[17].

Ortsnamen und Siedlungsformen

Daß Deutsche sich im böhmischen Kessel ansiedelten, hat im Lauf der Jahrhunderte auch in den deutschen Ortsnamen seinen Niederschlag gefunden, insbesondere in den Rodungsgebieten[18]. Im Nordwesten dieses Beckens, an den südlichen Hängen des Erzgebirges und im Tal der Eger, führten die zugewanderten Bauern aus der Oberpfalz und aus Ostfranken eine geschlossene Gruppe von Ortsnamen auf -grün ein; und Siedler aus dem Egerland haben diese Endung gleich zweimal ins Schönhengsterland gebracht. Im Süden Böhmens und Mährens ist es die Endung -schlag, die mit den bayerischen und österreichischen Siedlern ins Land kam, gelegentlich findet man auch -reut und -ried.

Im nördlichen Teil des Kessels gibt es viele Orte auf -wald, man trifft sie vor allem in der Grafschaft Glatz und im mährisch-schlesischen Bergland, beispielsweise Roßwald (Rudolveswald, ČSSR; gegr. 1258) bei Hotzenplotz und Bischofswald bei Ziegenhals (Głukołazy, Polen). Aber auch die Endung -hain (statt -hagen) hat sich im 13. Jahrhundert verbreitet, sie bezeichnete neue Rodungen. Und wie in vielen anderen Gegenden, wo Deutsche siedelten, haben sich auch hier Dörfer auf -dorf breitgemacht, die nicht selten einem Personennamen angehängt wurden[19], der im Genitiv steht.

Die Bezeichnung Kuttenberg kommt vom mittelhochdeutschen Wort *kütte*, was »Grube« oder »Graben« bedeutet; andere Ortsnamen in der Nähe von Bergwerken enden im 13. und 14. Jahrhundert häufig auf -seifen, was an das Waschen metallträchtiger Sandablagerungen denken läßt. So findet man im südlichen Teil des Riesengebirges ein Hermannseifen und im nördlichen Mähren Rabenseifen, Braunseifen sowie Brandseifen. Auch in der Umgebung von Iglau wird diese Endung häufig verwendet, um Orte nach ihren Flurnamen zu bezeichnen.

Wo die deutsche Zuwanderung stark war, wurden die tschechischen Ortsnamen schnell eingedeutscht, das Suffix -ice verwandelte sich zu -itz; oder es wurde wie im egerländischen Trebovice zu Trebendorf. Manchmal übersetzte man die fremden Ortsnamen einfach, machte aus Vrchlabi ein Hohenelbe, aus Bela ein Weißwasser oder aus Most einfach Brüx (Brücke; heute wieder Most, ČSSR)[20]. Trotz der Hussitenstürme, die das Deutschtum einen Augenblick lang wieder zurückdrängen – auf dem Land wie in puncto Ortsnamen –, und trotz des Gegensatzes, der sich zwischen Deutschen und Tschechen schon im zweiten Viertel des 14. Jahrhunderts spürbar macht[21], sind von da an die deutschen Wohnräume und Sprachinseln in Böhmen festgelegt und mit ihnen das Problem der Deutschböhmen (16. Jahrhundert) und der Sudetendeutschen (wie sie seit 1902 genannt werden)[22]. An einem gründlich untersuchten Beispiel im südlichen Böhmen läßt sich der deutsche Anteil an den Ortsnamen aufzeigen: In den Kreisen Kaplitz (Kaplice), Krummau, (Krumlow), Budweis (Česke Budějovice) und Prachatitz (Prachatice) sind die deutschen Namen zu 52% vor dem Jahr 1400 bezeugt, 19% zwischen 1400 und 1500 und die restlichen 29% für die Zeit nach 1500.

Darüber hinaus zeigen auch die Dorfformen und die Anlage der Felder den Verlauf der bäuerlichen Erschließung dieses Landes und manchmal die wechselseitigen Einflüsse zwischen diesen beiden Volksgruppen. Wo die Landnahme tschechischen Bodens früh erfolgte, prägen Weiler, Haufendörfer und unregelmäßige Feldstücke das Bild der besiedelten Landschaft. Trotz alledem, Ortsnamen mit *lhota-* und *ujezd* – sie weisen auf Rodungen hin – beweisen, daß im 12. und 13. Jahrhundert auch Tschechen am Landesausbau beteiligt waren; die Straßendörfer und die Rundlinge setzen in dieser Landschaft eine neue Note. Die Straßendörfer folgen hier wahrscheinlich einem deutschen Vorbild; und die Rundlinge scheinen darauf hinzuweisen, daß die slawischen Bauern, die hier am Landesausbau beteiligt waren, von der Viehzucht lebten[23].

Wo Deutsche den Landesausbau betrieben, folgen die Dorfformen dem Typus, der jenseits der Grenzen – in Altdeutschland – vorherrscht. So findet man beispielsweise im bayerisch-fränkischen Grenzsaum Einzelhöfe und Straßendörfer, aber keine Waldhufendörfer. Diese sind aber, wie wir gesehen haben, typisch für das schlesische Sudetenland und das nördliche Mähren. Schwieriger liegen die Dinge an den Südhängen des Erzgebirges, denn dort erlebte der Bergbau im 16. Jahrhundert einen neuerlichen Zustrom von Deutschen. So kann man ohne weiteres sagen, daß die Erschließung dieses Landes im 13. und 14. Jahrhundert neben vielen wechselseitigen Beeinflussungen – im politischen, gesellschaftlichen und wirtschaftlichen Bereich – auch eine ethnische Spaltung zur Folge hatte, die schwer auf dem Schicksal Böhmens lastete.

Aufstieg der Städte

In Böhmen und Mähren begleitete im 13. Jahrhundert eine bemerkenswerte städtische Entwicklung die Erschließung des Bodens, denn die Fürsten, an der Spitze die Přemysliden, förderten den Städtebau. Dennoch sind wir, wenn wir ihn studieren wollen, auf theoretische Betrachtungen angewiesen, denn für den tschechischen Bereich liegen weniger archäologische Forschungsergebnisse vor als für Deutschland oder Polen[24].

Es liegt auf der Hand, daß es auch hier schon vor dem deutschen Zuzug Vorstufen städtischen Lebens gab. Die ganz alten Städte gingen aus kleinen Handwerkersiedlungen und kleinen Märkten hervor, die unter dem Schutz einer fürstlichen Burg herangewachsen waren. An dieser Stelle müssen wir zuerst Praha (Prag) nennen, mit seiner alten Burg, dem Hradschin, und der *urbs*, der Stadt, welche der arabische Reisende Ibrahim ibn Jakub in der zweiten Hälfte des 10. Jahrhunderts begeistert als einen wichtigen Handelsort beschrieben hat[25]. Dazu zählen auch die Wohnsitze der mährischen Fürsten in der zweiten Hälfte des 12. Jahrhunderts: Brno (Brünn), das am Fuße zweier Hügel liegt, des Spielbergs und der Kathedrale St. Petrus; ferner Olomuc (Olmütz). Auch Opava (Troppau), Litoměřice (Leitmeritz) und Hradec Králové (Königgrätz) kannten feste quasi-städtische Siedlungen, desgleichen Znojmo (Znaim), bevor sie in der ersten Hälfte des 13. Jahrhunderts ihre städtischen Privilegien bekamen[26].

Es sieht danach aus, daß die erste Niederlassung deutscher Kaufleute in Praha in dem *suburbium* am rechten Moldauufer gelegen war, einen Steinwurf von der Kirche St. Peter entfernt, an dem Ort, den man später Poric nannte. Aber es sind auch schon Stimmen laut geworden, welche diese älteste deutsche Siedlung an der Stelle des alten Judenviertels am rechten Moldauufer unweit einer einstigen Furt vermuteten; sie soll später, nach 1250, in Richtung St.-Gallus-Kirche verlegt worden sein und noch etwas später auf die Kleinseite, gerade unterhalb des Hradschins, auf das linke Flußufer[27]. Das Privileg Sobislaws II. gewährt den deutschen Kaufleuten neben Immunität für ihre Siedlung die persönliche Freiheit sowie ihr eigenes Recht, das sich vom böhmischen Recht unterscheidet[28] – erstmalige Anerkenntnis des Prinzips, daß das Recht an die Person gebunden ist. Man findet dies übrigens auch, und zwar zur gleichen Zeit, in dem Schenkungsprivileg der Abtei Leubus in Schlesien.

Auf die Zuwanderung Deutscher im 13. Jahrhundert folgt eine zweite Welle von Gründungsstätten, die neben fürstlichen Residenzen heranwachsen. Es ist zwar richtig, daß damals die Verleihung von Stadtrechten bereits bestehenden Siedlungen oft nur neue Elemente hinzufügte – beispielsweise einen Markt oder eine Handwerkersiedlung –, aber diesen Städten stand zugleich auch eine Entwicklung bevor, die eingeplant war, und nicht selten waren deutsche Siedler daran beteiligt. Mährisch-Neustadt (Uničov) ist ein typisches Beispiel: dessen Oppidum ist schon vor 1213 bekannt; aber die Privilegien Wladislaws und die Bestätigung durch Ottokar II. (1223) – zur gleichen Zeit wie die von Freudenthal (Bruntal) – machen diese *Novavilla* zum Mittelpunkt eines wichtigen Kolonisationsraumes[29]. Zusammen mit einer erklecklichen Anzahl weiterer kleiner Städte in Mähren und Böhmen muß man zu dieser Kategorie auch Friedland zählen, das vor 1278 gegründet wurde, ferner Pilsen, eine späte Gründung Wenzels II. von 1295, das, in Nähe einiger älterer Behausungen, eine Ausweitung nach einem viereckig angelegten Stadtplan erfuhr. Die älteren Städte, deren Stadtrechtsverleihung vor 1253 zurückgeht, liegen im allgemeinen im Nordwesten Böhmens und im Norden oder im Süden Mährens, also in den Grenzgebieten, die der deutsche Siedlerstrom zuerst erreichte[30].

Es gab jedoch auch einige echte Neugründungen. Von den bekanntesten sei hier Klattau erwähnt, 1260 gegründet; ferner Polička, das 1265 gerade zwischen Böhmen und Mähren gegründet wurde, aber ein einfacher regionaler Markt blieb; Nimburg (Nymburk), an einem Übergang über die Elbe gelegen, war gleichfalls kein großer Erfolg beschieden. Hingegen entwickelte sich Budweis – auch sie wurde 1265 gegründet – prächtig nach einem regelmäßig angelegten Plan mit einem riesigen Zentralplatz als Herzstück[31].

Wenn man die Stadtgründungen und die Verleihung des Stadtrechts zusammenzählt, kommt man auf eine stattliche Zahl. Allein in der Spätzeit der Přemysliden (1253–1306) sind es etwa 130. Es stimmt, daß viele dieser »Städte« klein waren und nur wenige Einwohner hatten: Pilgram (Pelhřimov) besaß lediglich 40 Hufen, Böhmisch-Kamnitz nur 65 Bürger, und viele waren eigentlich eher Stützpunkte von Adeligen und Fürsten oder Ackerbaustädte als richtige Städte mit allen wirtschaftlichen Lebensformen.

Die Frage nach der Nationalität der Einwohner in diesen Städten fand bislang noch keine endgültige Antwort[32]. Die Personennamen sagen nicht immer etwas über die Herkunft aus, und der Umstand, daß ein Chronist des Jahres 1334 berichtet, man habe früher in den Städten mehr deutsch als tschechisch gesprochen, bedeutet nicht unbedingt, daß das deutsche Element in der Stadtbevölkerung damals zahlenmäßig überwog. Die Namen der Lokatoren erlauben es uns, bis zu einem gewissen Grad an eine gemischte Bevölkerung zu denken. Soviel steht fest: Im 13. Jahrhundert waren 7 dieser Unternehmer Tschechen und 17 Deutsche; aber im 14. Jahrhundert war die Situation umgekehrt, nun waren es 26 Tschechen und 16 Deutsche[33].

7. *Schlesien*

Die frühe Landnahme

Von allen Ländern des slawischen Ostens ist Schlesien vielleicht dasjenige, das durch die deutsche Ostsiedlung des Mittelalters zu ihrer Zeit am meisten geprägt wurde[1]. Das breite Tal der Oder zieht sich ebenmäßig dahin, im Westen in enger Beziehung zur Oberlausitz und Meißen; nach Süden hin geöffnet zur Mährischen Pforte, und besaß somit eine historische Schlüsselposition auf dem Weg nach Osteuropa – ein Durchgangsland für Wanderungen, die große Handelsstraße des frühen Mittelalters. So ist es auch vergebens, sich auf die alte Frage einzulassen, wer seine ersten Bewohner gewesen seien. In vorgeschichtlicher Zeit gehörte der schlesische Raum zum Bereich der »Lausitzer« Urnenfelderkultur, aber es drang auch die Kultur der Illyrer hier ein, der die Flüsse ihre Namen verdanken, die Oder (Adra) und die Neiße (Nissa). Nach den Kelten zogen die Vandalen durch, und einer ihrer Stämme, der auf ihrem Weg in Richtung Mittelmeer zurückblieb, gab dem Land seinen Namen: die Silingen *(pagus Silensis)*. Als der Wirbelsturm vorbei war, Goten, Langobarden und Hunnen durchgezogen waren, kamen im 6. Jahrhundert die Slawen. Allmählich ließen sie sich hier nieder und sicherten sich die Erschließung des mittleren Odertals.

Die schlesische Landschaft, wie die Siedler des 12. und 13. Jahrhunderts sie vorfanden, trug also die Spuren verschiedenartiger Völkerschaften. Die archäologischen Funde aus vor- und frühgeschichtlicher Zeit übersteigen kaum 250 bis 300 Höhenmeter. Das Gros der alten und der slawischen Bevölkerung hat sich in den Lößgebieten und auf den schwarzen Erden niedergelassen, die fruchtbar und leicht zu bestellen waren: im Raum südlich von Glogau (Głogów, Polen), auf den Lößhügeln von Trebnitz (Trzebnica), der Schwarzerdeplatte im Süden von Breslau (Wrocław), in der Niederung der Oder im Oppelner Land und auf dem Plateau von Leobschütz (Głubczyce) an der oberen Oder.

All diese Gebiete, ja das ganze Schlesien war von großen Wäldern umgeben, die im allgemeinen in sandigen, unfruchtbaren Böden wurzelten und, nach Süden zu, in die Mittelgebirge übergingen, in die großen Waldgebiete bei Kreuzburg (Kluczbork) und an der Malapane im Osten, und, westlich davon, ins obere Tal des Bober und zu den Vorlanden des Altvater-, des Reichensteiner- und des Riesengebirges. Wie in Böhmen und Mecklenburg, so stellte der Wald auch hier für die alten Herzogtümer eine natürlich geschützte Grenze dar; und darüber hinaus sicherte zu Beginn des 13. Jahrhunderts auch von der Innenseite der Wälder her ein dichtes Heckenwerk den Schutz, das gespickt war mit Verhauen; man nannte es Preseka[2]. Vor allem in diese Randzonen stießen die deutschen Siedler vor. Die Berge engten den Siedlungsraum ein, denn dort, wo jährlich mehr als 800 mm Niederschlag fiel, machte üppiger Waldwuchs im Mittelalter jedes landwirtschaftliche Unternehmen unmöglich.

Budweis (České Budějovice). 1265 von Ottokar III. gegründet, ist Budweis ein Paradebeispiel mittelalterlicher Stadtplanung: der herrliche Platz jedoch hat seine Pracht aus der Renaissance.

Fürsten und Bischöfe als Kolonisatoren

Auch in Schlesien siedelten sich die Deutschen im Machtbereich eines slawischen Staates an. Wir haben gesehen, wie Barbarossas Politik dem Deutschtum nach Osten den Weg geöffnet hat. Zu Beginn des 13. Jahrhunderts, nach wechselvollen Zeitläuften und mehreren Teilungen des Großherzogtums Polen, blieb Schlesien zwischen Heinrich I. von Breslau und seinem Oheim Mieszko von Ratibor geteilt; dies war die Trennung zwischen Nieder- und Mittelschlesien einerseits *(ducatus Slezie)* und Oberschlesien andererseits *(ducatus Opol)*. Die Herzöge regierten

Mährisch-Trübau (Moravská-Třebová). Von einer mährischen Herrschaftsfamilie im dritten Viertel des 13. Jahrhunderts begründet, ähnelt diese Kleinstadt ihrer Anlage nach Budweis.

durch adelige Würdenträger, die den Titel *comes* oder *supanus* führten; einige von ihnen saßen auf Kastellaneien und übten von dort aus die Militärgewalt und die Gerichtsbarkeit aus. Im 12. Jahrhundert gab es etwa zwanzig Kastellaneien. Was die Verwaltungsstruktur anlangt, hat man Schlesien mit Böhmen verglichen.

Die Breslauer Herzöge waren die tatkräftigsten, und sie waren auch der Kolonisation durch Siedler aus dem Westen am freundlichsten gesinnt. Durch seine Großmutter Agnes von Babenberg und seine Mutter Adelaide von Sulzbach war Heinrich I., der Bärtige (1202–38), mit dem deutschen Adel eng verwandt. Als er sich mit Hedwig vermählte, der Tochter Bertholds, des Grafen von Andechs-Meranien, verschwägerte er sich mit dem Geschlecht der Hohenstaufer. Die Christianisierung und die frommen Stiftungen der Herzogin Hedwig fielen in Schlesien auf fruchtbaren Boden[3]. Der Herzog umgab sich gerne mit deutschen Räten und Rittern. Die hl. Hedwig holte nicht nur Verwandte, sondern auch Mönche und Nonnen aus Thüringen und Franken ins Land. Der große Mongolensturm bereitete der Herrschaft Heinrichs II. (1238–41) ein jähes Ende, aber wenigstens brachte der Herzog am 9. April 1241 mit polnischer Reiterei und einem Aufgebot aus Tempelherren, Hospitalitern und Rittern des Deutschen Ordens den Mongoleneinfall bei Wahlstatt in der Nähe von Liegnitz zum Stehen. Es folgte eine neuerliche Teilung, diesmal zwischen den Söhnen Heinrichs II. und Annas, einer Tochter Ottokars I. von Böhmen: Boleslaw II. erhielt Liegnitz, Heinrich III. Breslau und Konrad I. Glogau. Dies spielte zwar dem politischen Einfluß der Tschechen in die Hände, aber es beeinträchtigte den Zuzug deutscher Ritter keineswegs, ganz im Gegenteil. Heinrich IV. (1266–90) liebte die deutsche Kultur und war von dem Gedanken beseelt, einen schlesischen Territorialstaat in die Welt zu setzen. Unter seiner Herrschaft erlebte das Piastengeschlecht seine letzte Blüte; danach zerbrach Schlesien und geriet alsbald unter böhmische Oberherrschaft.

Nicht nur die Piasten haben im 13. Jahrhundert den Landesausbau durch Deutsche gefördert, sondern auch die Bischöfe von Breslau und die schlesische Ordenskirche. Die Bischöfe ließen den Deutschen vor allem in ihrem weitläufigen Hochstift im Tal der Glatzer Neiße freie Hand, die Äbte und Domkapitel stellten ihre unermeßlichen Ländereien zur Verfügung, die ihnen die Herzöge und andere Magnaten gestiftet hatten. Bischof Lorenz (1203–32) ist hier als erster zu erwähnen; er gehörte der Familie Pogarell an, die in der Gegend von Kamenz (Kamieniec) und von Grottkau (Grodków) den Landesausbau betrieb. In der zweiten Hälfte des Jahrhunderts setzten Thomas I. (1232–68) und Thomas II., aus der polnischen Familie Rawicz, die Erschließung des Landes planmäßig und mit Eifer fort.

Welche Bedingungen sollte man den neuen Siedlern geben? Diese Frage entzweite die Herzöge und die Bischöfe lange Zeit, denn die Kirchenfürsten verlangten – gemäß dem polnischen Brauch – den zehnten Teil der Getreideernte, während die Herzöge sich auf die Seite der deutschen Zuwanderer stellten, die, aus dem Thüringischen und Meißnischen stammend, gewöhnt waren, in Silber oder einem festen Geldbetrag zu zahlen. 1215 ergriff Papst Innozenz III. die Partei von Bischof Lorenz. Aber damit war das letzte Wort noch nicht gesprochen, wo es um neue Rodungen ging, kam diese Frage immer wieder auf. Heinrich I. stimmte, innerhalb Niederschlesiens, folgender Regelung zu: Auf den neuerschlossenen Böden sollte der Zehnt je Hufe jährlich mit Zahlung eines Vierdungs abgegolten werden, das heißt mit einer Viertel Mark. 1267 gelangten auch Thomas I. und der Herzog von Liegnitz zu einer Einigung. Wo das Land nach deutschem Recht urbar gemacht wurde, bezahlten die Siedler den Zehnt in Silber, manchmal allerdings auch mit einer festen Menge an Getreide[4]. In Oberschlesien kam es zu keiner allgemeingülti-

Grabmal Heinrichs II. in der Vincenzkirche zu Breslau. Heinrich II., Herzog von Schlesien, Sohn Heinrichs des Bärtigen und der Hedwig von Andechs-Meran, fand den Tod, als er den Mongoleneinfall bei Wahlstatt nach Liegnitz zum Stehen brachte.

gen Regelung, aber an einzelnen Orten erfreuten sich die Siedler gleichfalls dieser Vorzugsbehandlung.

Die Rolle der Zisterzienser

Vor der Epoche des Landesausbaus wurden etliche Stiftskirchen und Klöster gegründet: die Kollegiatskirche von Glogau; das Kloster St. Vinzenz in Breslau (vor 1139), eine Gründung des Magnaten Peter Wlast, das im Jahre 1190 Prämonstratenserstift wurde; das Augustiner-Chorherrenkapitel auf den Zobtener Höhen, dem alten slawischen »Olymp«[5]; die Abtei Leubus (Lubiąz), die zuerst den Benediktinern gehörte, dann den Zisterziensern. Sie lag, von Breslau flußabwärts, auf dem rechten Ufer der Oder, Boleslaw der Lange hatte sie 1175 reich beschenkt und ihr aus ihrem Mutterkloster, dem thüringischen Pforta, Mönche zugeführt. Im 13. Jahrhundert rollte dann eine zweite Gründungswelle heran, als die Herzogin Hedwig 1202/03 das Zisterzienserkloster Trebnitz ins Leben rief und ihm Nonnen aus Bamberg zuführte. Seine zweite Äbtissin hieß Gertrud, sie war die Tochter Heinrichs I. Vor allem aber entstanden damals Heinrichau (1222/27), Kamenz (1210/39) und Grüssau (1242/92), Filiationen von Leubus, zu denen sich Rauden gesellte, das Wladislaw von Oppeln 1252 in den Wäldern an der oberen Oder gründete.

Hier ist – mehr als anderswo – umstritten, in welchem Maße diese Zisterzienserabteien am Landesausbau durch Deutsche beteiligt waren[6]. Dieses Problem wird noch in einem größeren Rahmen behandelt werden. Rufen wir uns ein paar Fakten vor Augen! Es hat sich einerseits gezeigt, daß die Zisterziensermönche bis zum 14. Jahrhundert ausschließlich deutscher Abstammung waren beziehungsweise – allgemeiner – aus dem Westen kamen. Dies allein wirft schon ein bestimmtes Licht auf die Kolonisation und könnte natürlich die Klöster bewogen haben, die deutsche Einwanderung zu fördern. Ein Leubuser Mönch, der selber der *gens Theutonica* angehörte, verfaßte zweihundert Jahre nach Gründung der Abtei die *Versus Lubenses*, und er rühmt darin – nicht ohne Übertreibung – das Werk dieser klösterlichen Gemeinschaft in einem Land, von dem er sagt, es sei zuvor von Wäldern bedeckt und bitter arm gewesen[7] – aber drückt er damit nicht vielmehr die Geisteshaltung einer bestimmten Volksgruppe aus? Andererseits muß man auch sagen, daß Leubus auf einem fruchtbaren Flecken Erde gegründet wurde, der seit alters her erschlossen und von Menschen bewohnt war[8], und daß Heinrichau vor allem damit beschäftigt war, die Ländereien seiner Abtei zu mehren[9]. Aus alledem folgt – wie auch aus dem Fall der Nonnen von Trebnitz –, daß man die weißen Mönche hier nicht als Erschließer des Landes betrachten kann.

Der Fürsten ist an dieser Stelle noch zu gedenken, die diesen Abteien große Stiftungen an wüstem oder bewaldetem Boden machten. So erhielt beispielsweise Leubus von Heinrich I. zwischen 1216 und 1232 am Fuße der westlichen Sudeten, östlich des Katzbaches, etwa tausend Hufen. Dort waren seinerzeit nur zwei Dörfer mit polnischen Namen bezeugt, während zwischen 1256 und 1324 gleich acht Dörfer mit deutschen Namen erschienen[10]. Offenbar haben die Mönche selbst nur wenig Neuland erschlossen – was sich überhaupt nur schwer erfassen läßt –, um dort ihre Grangien zu errichten[11]. Für große Unternehmungen brauchte man Siedler. Kurzum, wenn die Zisterzienser in Schlesien auch nicht als die Pioniere der Neulanderschließung auftraten, so waren sie doch wenigstens mit allerlei Vorrechten ausgestattete tüchtige Unternehmer[12].

Herkunft der Kolonisten

Die deutsche Wanderungsbewegung hat Schlesien in der zweiten Hälfte des 12. Jahrhunderts kaum berührt. Die Äbte von Zobten und von St. Vinzenz in Breslau bildeten ebenso wie die Mönche von Leubus nur eine Vorhut, und in ihrer Mitte gab es überdies Männer, die aus Wallonien stammten. Wann der Strom von Bauern einsetzte, ist keineswegs klar. In der Stiftungsurkunde der Abtei Leubus, 1175, ist lediglich die Rede von »Deutschen, welche die Besitzungen der Abtei kultivieren« – ein erstes, schwaches Anzeichen für den Zuzug im Raum östlich von Oder und Neiße[13].

Der erste deutsche Ortsname ist Seiferdau (Zyvridau) westlich von Zobten, er ist für 1193 belegt[14]. Auf den Ländereien der Klöster und in den alten Bergbaugebieten von Goldberg (Złotoryja, 1211) und von Löwenberg (Lwówek, 1217) hat die Kolonisation tatsächlich erst seit 1202 begonnen; die erste deutsche Siedlung in Breslau richtete sich vor 1214 ein.

Der Umstand, daß die Ansiedlung – wie wir noch sehen werden – nach flämischem oder fränkischem Recht geschah, darf uns nicht über die Herkunft der Siedler täuschen. Als die Flamen und die Franken im 12. Jahrhundert in den Osten abwanderten, nahmen sie ihre landwirtschaftlichen Organisationsformen mit, und andere Auswanderer, allen voran die Thüringer, die sich im Meißnischen niedergelassen hatten, übernahmen sie. Als dann ein neuer Zustrom weitere Siedler nach Schlesien brachte, hörte der Zusammenhang zwischen Herkunftsland und Rechtsform völlig auf.

Ein Großteil der schlesischen Zuwanderer kam also aus Obersachsen, aus dem Meißnischen und aus Thüringen. Viele schlesische Flurnamen waren thüringischen Ursprungs. Ein anderer Teil, vornehmlich Zuwanderer nach Oberschlesien, kam aus Bayern und aus der Oberpfalz, eine geringere Anzahl aus Hessen. Es gab auch ein paar einfache Ritter aus Westfalen darunter. Schließlich gab es bis ins 14. Jahrhundert immer wieder *Romani* und *Gallici*, die im allgemeinen aus Wallonien stammten. Die Personennamen und die verschiedenen Mundarten spiegelten noch lange die Herkunftsländer wider. Fast die Hälfte der ältesten Familiennamen konnten ihre thüringische und obersächsische Abstammung nicht verleugnen. Desgleichen verrieten die Taufnamen Mitte des 13. Jahrhunderts einen stark mitteldeutschen Einschlag (Boppo, Konrad, Albrecht, Heinrich, Walter). Und die Vorliebe der Thüringer für Heringe zeigte sich sogar bei den Deutschen in Schlesien.

Kolonisation der Grenzwälder in der ersten Hälfte des 13. Jahrhunderts

In der ersten Hälfte des 13. Jahrhunderts gingen die rodungswilligen Bauern vornehmlich in die bewaldeten Regionen des Herzogtums Breslau und der Hochstifte an der schlesischen Grenze. Das Land im südwestlichen Winkel Niederschlesiens, das hinter dem »Hag« bei Löwenberg liegt[15], und der südliche Teil der bischöflichen Ländereien, die Kastellanei von Ottmachau (Otmuchów, Polen), bieten zwei gute Beispiele[16].

Die älteste erhaltene, authentische Urkunde einer *locatio* in Schlesien bezieht sich auf den Grenzstreifen zwischen diesen beiden Räumen. Dort ist von einer Dorfgründung die Rede, die Herzog Heinrich I. 1221 dem Unternehmer Menold anvertraute; das Dorf hieß ursprünglich Bautze, später Schönwalde, und liegt westlich von Frankenstein (Ząbkowice, Polen) am Fuße des Eulengebirges. Für seine Anbaufläche waren 50 Hufen vorgesehen, und es wuchs zu einem typischen Waldhufendorf dieser Größenordnung heran; dem Lokator stand jede sechste Hufe zu, er war vom Pachtzins und dem Kirchenzehnten befreit; die Mühle und die Herberge des Dorfes bekam er in Erbpacht. Die neuen Siedler waren 14 Jahre vom Pachtzins befreit, da sie sich in dieser Waldesregion angesiedelt hatten[17]. Wenige Kilometer nördlich davon liegt das Dorf Peilau (Piława), in das der Herzog gleichfalls deutsche Kolonisten geschickt hatte; 1230 erhielt die Abtei Kamenz 150 Hufen Wald mit der Maßgabe, deutsche Zuwanderer anzusiedeln[18]. Und in den Jahren darauf ließ die Abtei Trebnitz erneut den Forst von Zadlno angehen und dort Dörfer gründen (Heinsdorf und Kunzendorf, 1237; Olbersdorf 1240); die Abtei Heinrichau rodete indessen den Wald von Rudno (Gründung von Raudnitz 1241)[19].

An der schlesischen Westgrenze, nördlich von Bunzlau (Bolesławice), erstreckte sich zu beiden Seiten des Bober eine Reihe von Dörfern, deren landwirtschaftliche Nutzflächen – meist in Form von Waldhufen – die kargen Böden der niederschlesischen Heide waren. 1219 hatte Heinrich I. der Abtei Naumburg am Bober 120 Hufen bewaldetes Rodungsland überlassen[20]. In diesem Gebiet entstanden die Dörfer Neuwaldau, Reichenbach, Dittersbach und Schönbrunn[21]; die beiden letztgenannten besaßen 50 Hufen. Diese Dörfer erstreckten sich bis zur Kastellanei Crossen (Krosno) am Zusammenfluß von Bober und Oder. Im mittleren Teil der Westgrenze hatten Siedler 1233 neue Kolonistendörfer wie Thiemendorf, Seifersdorf, Herzogswaldau, Birkenbrück und Hermannsdorf gegründet und dabei das dichte Buschwerk am »Hag« westwärts überschritten.

Was der Herzog im Westen machte, betrieben die Bischöfe Lorenz und Thomas im Süden, zu Füßen des Reichensteiner und des Altvater-Gebirges[22]. Den Ausgangspunkt dafür bildete die neue Stadt Neisse, die vor 1223 gegründet wurde, wahrscheinlich gegen 1215. Sodann traten, südlich davon, vor 1231 die Dörfer Bielau, Preiland und Bischofswalde in Erscheinung. Wenig später gründete ein Unternehmer namens Witicho im Umkreis von Ziegenhals (Głuchołazy, Polen) die Dörfer Langendorf, Niklasdorf und Endersdorf. Den Heideflächen weiter östlich, an den Grenzen zum Herzogtum Oppeln, wurden die Dörfer Volkmannsdorf,

Rennersdorf und Lamsdorf abgerungen. 1237 bekam schließlich Peter, der Schulze von Neisse, den Auftrag, den »schwarzen« Eichenwald und die Heideflächen westlich der Neiße – im Norden der gleichnamigen Stadt – urbar zu machen. Auf 200 flämischen Hufen siedelte er die Dörfer Großbriesen, Friedewalde, Schönheide und Peterheide an, nachdem er für sich die Erträgnisse jeder fünften Hufe beansprucht hatte. Die künftigen Einwohner waren für die nächsten neun Jahre vom Pachtzins befreit[23].

Ähnliche kolonisatorische Unternehmungen gab es auch im Herzogtum Oppeln, in der Hügelregion an der Oderschleife; sie sind allerdings weniger gut belegt. In dieser Gegend werden deutsche Siedler erstmals erwähnt, als Herzog Kasimir dem Dorf Lesnica (Lechnitz) das Marktrecht verleiht und seinen Einwohnern die gleichen Freiheiten zugesteht, die kurz zuvor die neuen Gäste *(hospites)* in Oppeln und Ratibor erhalten hatten (1217). 1222 bekamen deutsche *hospites* die Erlaubnis, sich auf den Ländereien des Bischofs im Umkreis von Ujest (Ujazd, Polen) niederzulassen und im Jahr darauf in Ujest selber. Der Herzog ließ auch nichts unversucht, die Kastellanei Zülz (Biała) an der Südwestecke seines Herzogtums zu erschließen.

Binnenkolonisation in der ersten Hälfte des 13. Jahrhunderts

Während sich die schlesischen Wälder und Heiden allmählich der deutschen Bevölkerung auftaten, sickerten die Zuwanderer auch in die alten slawischen Gebiete in der Landesmitte ein. Dort entstanden jetzt neue Dörfer teils als Rodungssiedlungen, teils dadurch, daß ältere slawische Siedlungen deutsche Rechtsformen übernahmen[24]. Rodungsdörfer gab es offensichtlich in der Gegend von Neumarkt (Środa Śląska, Polen); westlich des kleinen Gebirgsstockes von Zobten, auf den Besitzungen des Domkapitels, traf man fast nur noch Deutsche, deren Siedlungen sich rasch vermehrten[25]. Dort bekamen die »Gäste« der beiden Dörfer Groß- und Klein-Wierau, aber auch die in Seiferdau und im kleinen Dorf Ströbel unterhalb von Gurkau, das deutsche Recht verliehen. Die Dörfer mit deutschem Recht, die in der Ebene lagen, nahmen im allgemeinen die Form von Anger- und Straßendörfern an, ihre Felder waren regelmäßig, und sie bestanden aus kleinen flämischen Hufen.

Vor 1250 besaß die deutsche Kolonisation nördlich der Oder nur sehr wenige Vorposten. Und das waren Ansiedlungen kirchlicher Institutionen, denen Heinrich I. Ländereien geschenkt hatte. Auf diese Weise hatte die Abtei Trebnitz das Land um Mühlebock (Ołobok) erhalten, südlich von Schwiebus (Świebodzice), und sie fing damit an, es landwirtschaftlich nutzbar zu machen. 1234 gründete diese Abtei südlich von Breslau (in der Nähe von Olhau, Oława) Thomaskirch, zugleich nahm dort das landwirtschaftliche Umland einer Grangie neue Gestalt an – diese Gründung ist ein typisches Beispiel für die Kolonisation im alten slawischen Siedlungsraum. Wenn die deutschen Siedler dort auch nicht die Abgaben nach polnischem Recht zu leisten brauchten, so standen ihnen aber auch keine Freijahre zu: sie mußten ab dem folgenden Jahr den Pachtzins entrichten, was deutlich zeigt, daß der Boden schon für sie bereitet war[26].

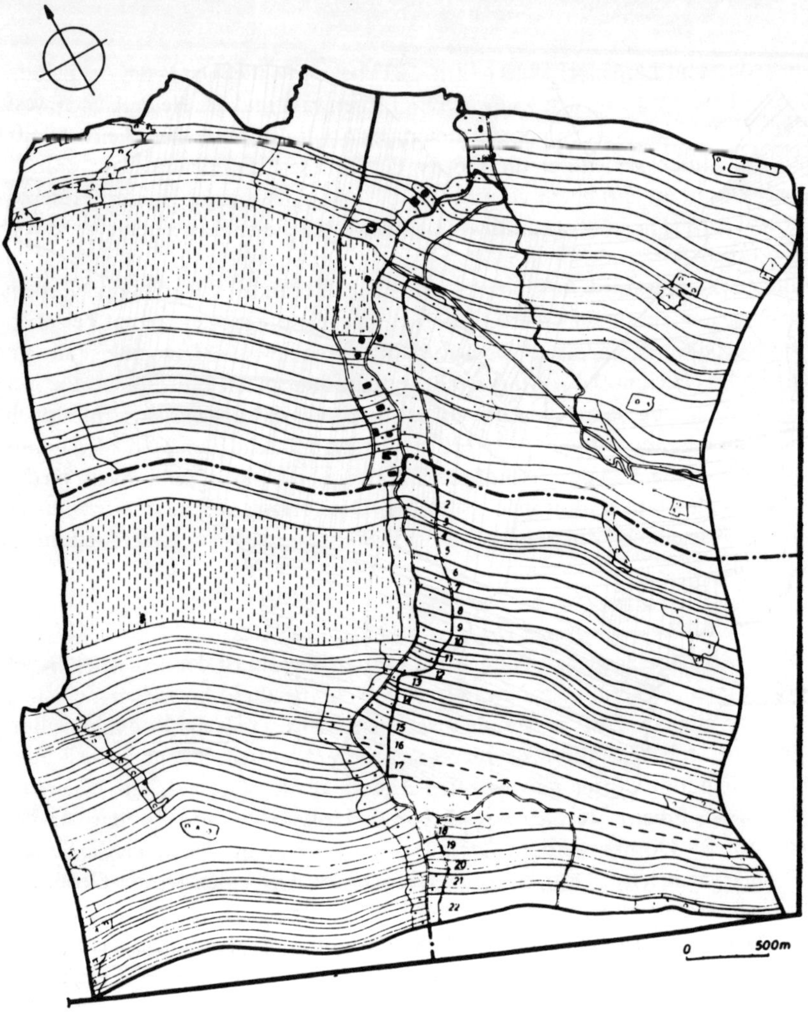

Bischofswalde (Biskupów) und Borkendorf (Burgrabice), Kreis Neisse. Zwei 1231 gegründete Waldhufendörfer; Parzellierung des Grundes in »fränkischen Hufen«, wie das südöstlich der Neisse aufgekommen ist.

Expansion in der zweiten Hälfte des 13. Jahrhunderts

Der Mongolensturm von 1241 vermochte den Landesausbau einen Augenblick lang zu bremsen; aber gegen 1250 setzte er wieder ein, gespeist von weiterem Zustrom aus dem Westen wie von schlesischen Siedlern der zweiten oder dritten Generation, die erneut nach Osten zogen.

Der Strom ergoß sich zunächst in Richtung Bergland – dorthin, wo die Ländereien des Bistums Neisse lagen. In Wildschütz, südwestlich von Weidenau, waren

Jodlów, Kreis Neisse. Um 1300 gegründetes Dorf; Parzellierung in »flämischen Hufen«.

im Jahre 1248 auch Polen unter der Leitung eines slawischen Lokators namens Vrociwoj, eines Ritters, an der Erschließung beteiligt. Aber der bischöfliche Vogt von Weidenau (Vidnava, ČSSR), Rudger, der aus Heldra an der Werra kam, ließ am Oberlauf der Weide eine Reihe Dörfer errichten: Wiesau, Krosse, Haugsdorf, Domsdorf, Jungferndorf und Rothwasser. Südlich eines bereits erschlossenen Gebietes zogen sich diese Waldhufendörfer über 20 Kilometer hin. Im oberen Tal der Biele ließ der Vogt von Freiwaldau (Fryvaldov, ČSSR) ganz ähnlich den Wald bis nach Thomasdorf hinunter freigeben; den Siedlern bot er bis zu 16 Freijahren an. In dieser Gegend stießen die Kolonisten des Bischofs von Breslau damals auf die Besitzungen des Bistums Olmütz. Zwischen 1248 und 1295 wurde das angrenzende Gebiet erschlossen und besiedelt; zur gleichen Zeit entstanden die Orte Krauten-

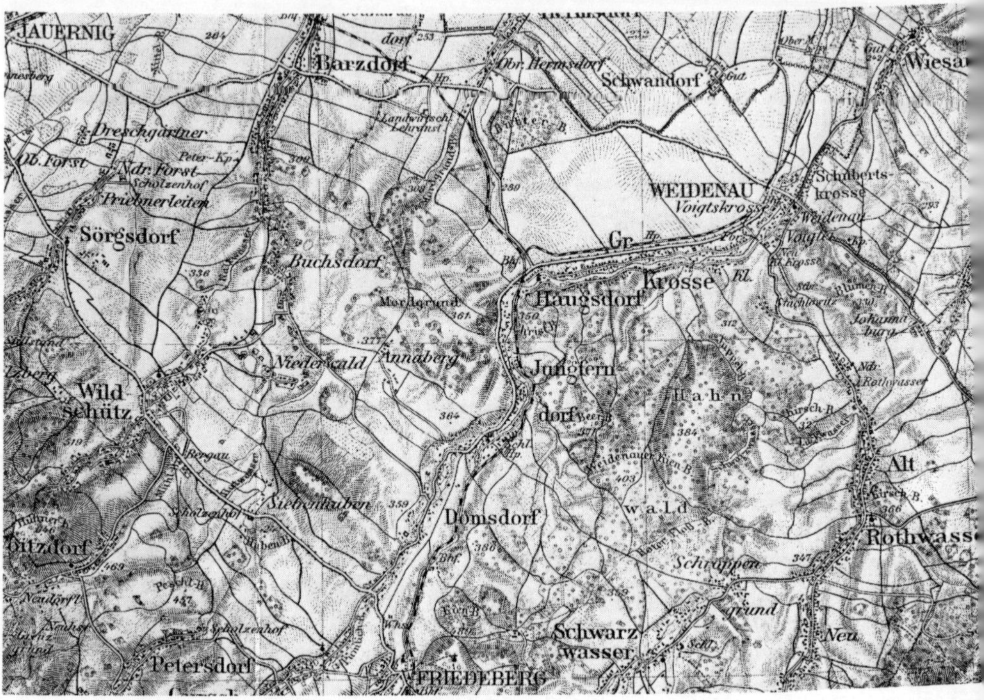

Siedlungstätigkeit um Weidenau (Vidnava), Bistumland Neisse, im 13. Jahrhundert. Die Siedlungstätigkeit beginnt mit der Gründung von Neisse (vor 1223); nach der Gründung von Weidenau (1266–1268) breitet sie sich in Richtung auf das Bergland weiter aus. Sämtliche Dörfer, die der Bistumsvogt von Weidenau anlegen ließ – Wiesau, Krosse, Haugsdorf, Domsdorf, Jungferndorf und die Dörfer auf der Hochebene zwischen Weidenau und Jauernig –, sind Waldhufendörfer.

walde in einer Senke des Reichensteiner Gebirges und Lindewiese, das mitten im Altvater liegt[27].

Das Rodungsfieber trieb die Siedler nun zum Angriff auf das Iser- und das Riesengebirge und bis an die Grenzen des mährischen Landes. Aber es waren vor allem die Räume nördlich und östlich der Oder, die weniger fruchtbar waren als das schlesische Herzland und daher noch gänzlich unberührt, die sich dem deutschen Siedlerstrom auftaten. So entstanden östlich von Breslau, auf den Ländereien von Reichenthal (Rychtal, Polen) – zum Teil ein Geschenk Heinrichs I. an den Deutschen Orden (1222) – zwischen 1233 und dem Ende des Jahrhunderts etliche *locationes* nach deutschem Recht, und dort ließen sich sogar Siedler romanischer Zunge nieder (Prziakowitz *gallicorum*, Wallendorf)[28]. Weiter entfernt, hinter der Preseka, der alten, durch Verhaue befestigten Grenze des Herzogtums Breslau,

Brostau (Brzostów), ein Angerdorf der Glogauer Siedlungslandschaft.

wurde in nächster Nähe zu den Besitzungen des Spitals des Ordens der Kreuzträger bei Kreuzberg (Kluczbork) ein neues Gebiet erschlossen[29]. Dort gründeten Lokatoren Ortschaften wie Kunzendorf (1250)[30], Gottersdorf (1257), Ditmarsdorf und im Tal der Stober noch weitere, deren Fluren in schönen Waldhufen angelegt sind[31].

Herzog Wladislaw (1246–81) trieb den Landesausbau des Herzogtums Oppeln planmäßig voran; dabei gingen ihm die Zisterzienser von Rauden und die Benediktiner von Tyniec (westlich von Krakau) zur Hand. Zwischen 1260 und 1300 vervielfachten sich im gesamten Vorland der Beskiden und in der Umgebung von Skawina, das 1274 zu Klein-Polen kam, die Dörfer mit deutschem Recht. Die Besiedlung war dort ethnisch gemischt, das deutsche Element kam hauptsächlich aus Niederschlesien[32].

Natürlich nahm auch in der zweiten Hälfte des Jahrhunderts in Mittelschlesien die Bevölkerungsdichte zu, und keineswegs nur auf den Besitzungen des Breslauer Vinzenz-Klosters, sondern auch dort, wo der Herzog von Glogau und kleinere Grundherren für Zuzug sorgten. Ein schönes Beispiel für eine *locatio* aus dieser Zeit bietet ein Unternehmen, das Konrad seinem Schulzen Berthold in Sedlitz (bei Steinau, Ścinawa) 1257 anvertraute: Der Boden war dort bereits erschlossen, er wurde neuerdings nach flämischen Hufen unterteilt; der zum Roden freigegebene

Wald wurde in fränkischen Hufen ausgegeben. Auf dem erschlossenen Boden gab es 5 Freijahre, für die Rodungen gab es 10. Der Lokator bekam auch hier je eine von sieben Hufen zur Erbpacht, ferner erhielt er die Mühle und die Herberge[33]. Das andere Beispiel ist die Rodung des Buchwaldes, 1282, wo, südlich von Neumarkt, ein Dorf gleichen Namens entstand[34].

Beurteilt man die *locationes* nach den ihnen zugrunde liegenden Verträgen, dann erweckt es den Anschein, als sei das Hauptmotiv für die Erschließung neuen Landes für die Grundherren der ökonomische Gewinn gewesen: Menschen in brachliegende Landstriche zu bringen und diese Räume der Landwirtschaft zu öffnen, die Böden zu verbessern, damit sie Früchte tragen, daraus wieder Kapital zu schlagen; sich einzusetzen für das Wohl der Kirche. Und manchmal handelte man auch unter dem Zwang der Notwendigkeit. Das Motiv der Konkurrenz bei Rodungen in den Grenzwäldern wie auch, im Fall der kleinen Städte, der Drang nach Sicherheit scheinen dabei weniger eine Rolle gespielt zu haben. Aber es ist nicht auszuschließen, daß manche Gründung nur aus Gründen des persönlichen Ruhms geschah; dies traf selbst bei frommen Stiftungen zu, die häufig nur als Vorwand dienten[35].

Die Minen

Gewiß hat auch die Ausbeutung der Rohstoffvorkommen Deutsche nach Schlesien gelockt. Die schlesischen Schätze waren zwar seit langem bekannt; im 12. Jahrhundert bauten Slawen auf den Besitzungen der Gnesener Kirche und der Abtei Leubus Eisen und Silber ab[36]. Aber in diesem Bereich setzte der Aufschwung vor allem zu Beginn des 13. Jahrhunderts ein, als man in Goldberg und Löwenberg neue Vorkommen entdeckte, was dazu führte – wie wir noch sehen werden –, daß sich ausländische »Gäste« an diesen beiden Orten nach deutschem Recht niederließen. Die beiden Orte mit den Endungen -seifen, die in der Nähe von Löwenberg erstmals 1241 erwähnt werden, lassen an die Ausbeutung metallhaltiger Anschwemmungen denken[37]. Seit diesen Jahren wendet sich das Augenmerk dem oberschlesischen Revier zu: Ujest sowie Steinau, vor allem aber den Bleivorkommen in der Gegend von Beuthen (Bytom), Ziegenhals und Zuckmantel (1247–63). In diesen Jahren trieb auch Herzog Boleslaw die Ausbeutung der Silberminen auf den Besitzungen von Leubus voran, das im Jahr 1268 Iglauer Recht erhalten hatte.

Im 14. Jahrhundert war es das Eisen, mit dem man in Beuthen das große Geschäft machte und später noch in den Glatzer Bergen und sogar in der Nähe von Sagan und Hirschberg (Jelenia Góra) in Niederschlesien. Aber den Hütten stand bis ins 16. Jahrhundert einzig und allein Holz als Brennmaterial zur Verfügung; die Förderung von Kohle wird im Glatzer Land erstmals 1545 erwähnt. Es scheint, daß im 13. Jahrhundert nur wenige Deutsche am Abbau der Eisenvorkommen beteiligt waren. Erst im 14. Jahrhundert treten deutsche Unternehmer und Bergherren allmählich aus dem Dunkel der Anonymität hervor: aus dieser Zeit ist uns ein oberschlesischer Hüttenmeister namens Cunzmann bekannt sowie einige weitere Deutsche aus der Gegend von Sagan[38].

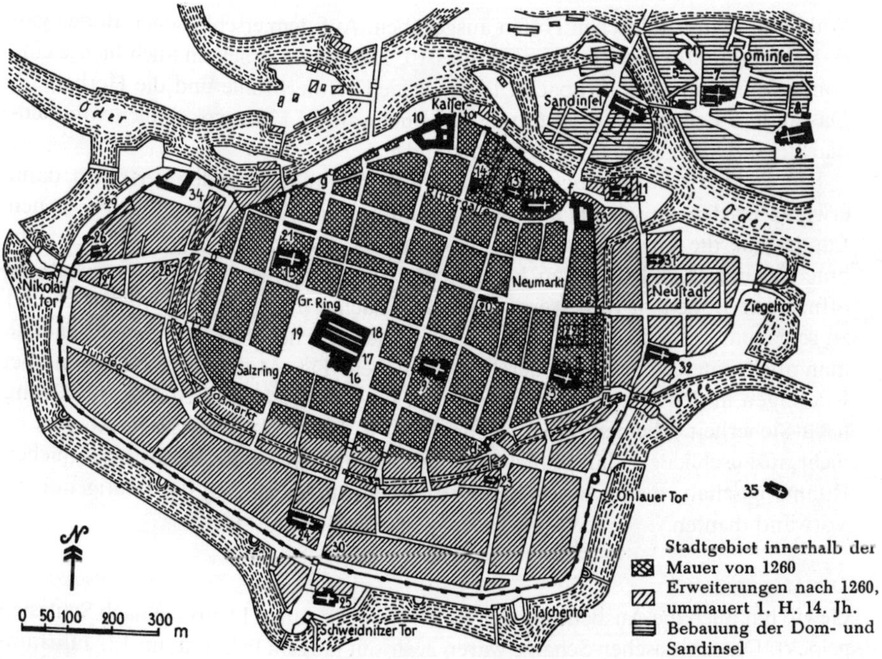

Stadtplan von Breslau. Die Dominsel mit dem fürstlichen *Castrum*, der St. Martinskirche, dem Dom St. Johannes und einem *suburbium* (4) bildete den ältesten Kern der slawischen Niederlassung. Bereits im 12. Jahrhundert hatte die Stadt sich auf das linke Ufer der Oder ausgebreitet. Eine erste *Locatio* hat zwischen 1211 und 1226 die Stadt zum Neumarkt hin ausgeweitet, eine zweite, nach 1242, vergrößerte die Stadt Richtung Ring und St. Elisabeth.

Slawische Stadtkerne und deren Vorformen

Man kann die Erschließung des Landes, die im 13. Jahrhundert beträchtliche Fortschritte machte, nicht loslösen von der Entwicklung der Städte, die den alten polnischen Siedlungskern übernahmen und ihn von Grund auf verwandelten, wodurch sich ein dichtes Netz kleiner, neuer Städte über das Land breitete.

Schon vor dem 12. Jahrhundert gab es in Schlesien eine frühe städtische Entwicklung, etwa die Castra von Fürsten oder *suburbia* – in Wrocław (Breslau) wohnte darin sogar der Bischof –, in denen die Leute des Fürsten sowie Handwerker und Kaufleute lebten; da und dort bestanden auch *fora*, die entweder zu einem frühen Stadtkern gehörten oder irgendwo auf dem flachen Land angesiedelt waren[39]. Wrocław ist das vollständigste Beispiel für diese städtische Entwicklung. Die seit 1948 durchgeführten Grabungen zeigen, daß es seit dem 10. Jahrhundert auf der Dominsel (Ostrów Tumski) in der Oder ein kleines herzogliches Castrum gab, zu dem auch die Kirche St. Martin gehörte; ferner bestand ein großes *subur-*

Breslau, Blick auf die Dominsel mit der Kreuzkirche und den Domtürmen, Aufnahme 1934.

bium, dessen Wohngebiet sich um die Kathedrale St. Johannis und zwei weitere Kirchen drängte – erinnern wir uns, daß das Bistum auf das Jahr 1000 zurückgeht. Aber bis zum 12. Jahrhundert erstreckte sich die Siedlung auf beide Flußufer: auf dem rechten Ufer, in Ołbin, gab es die *curia* des Peter Wlast (vor 1149), ferner ein *forum* und das Kloster St. Vinzenz; auf dem linken die Kirchen St. Nikolai, St. Moritz und St. Adalbert, einen zweiten Markt und eine *platea Romanorum*, wo seit dem späten 12. Jahrhundert wallonische Weber ihrer Beschäftigung nachgingen. Wahrscheinlich wurde die herzogliche Burg seinerzeit auf das linke Flußufer gebracht. Dieser ganzen, bereits städtischen Siedlung hat der arabische Geograph Al-Idrisi um 1154 den Namen Wrocław *(Rtslaba)* gegeben[40].

Die Ausgrabungen der letzten Zeit haben auch den Handelsort der Opolanen auf der Oderinsel (Ostrówek) bei Oppeln freigelegt, wo sich später eine Burg der Piasten erhob. Der Marktflecken geht gleichfalls auf das späte 10. Jahrhundert zurück, indes die Stadt 1155 zum erstenmal erwähnt wurde[41]. In Trebnitz standen vor der Gründung der Abtei und der Stadt, also zwischen 1136 und 1146, ein kleines Castrum, ein *forum* und die Kirche St. Peter. Weitere kleine Märkte mit menschlichen Ansiedlungen gab es im 12. Jahrhundert in Bytom (Beuthen), in Siewierz in Oberschlesien, in Kostomłoty (Kostenblut) und unterhalb von Zobten, westlich von Breslau[42]. Auch die herzoglichen und bischöflichen Kastellaneien Bolesławiec (Bunzlau), Świny (Schweinhaus), Krosno (Crossen), Legnica (Liegnitz)[43], Niemcza (Nimptsch), Otmuchów (Ottmachau) und Racibórz (Ratibor) waren Kristallisationskerne, in denen später richtiges Stadtleben erwachte.

Urbanisierung nach deutschem Recht

Das schnelle Wachstum der slawischen und der deutschen Bevölkerung, die Ansiedlung westlicher Kaufleute, die Verleihung des deutschen Stadtrechts und die Tätigkeit der Lokatoren haben im Verlauf des 13. Jahrhunderts die Verstädterung gewaltig beschleunigt und den schlesischen Städten neue räumliche und gesellschaftliche Strukturen gegeben[44].

Greifen wir noch einmal den Fall Breslau auf. 1214 wird hier erstmals ein deutscher Schulze erwähnt; 1226 gibt es ein Dominikaner- und etwas später ein Franziskanerkloster; eine Urkunde, die vor 1241 ausgestellt wurde, wendet sich an Herzog Heinrich und spielt auf Menschen an, die *ad civitatem vestram edificandum confluxerunt*. Das bedeutet, daß Heinrich I. gegen 1211/26 damit begonnen haben muß, das deutsche Recht zu verleihen und damit eine *locatio* durchzuführen. Polnische und deutsche Gelehrte stimmen darin überein, daß diese erste Ausdehnung Breslaus sich südwärts über die Oder hinweg erstreckte und der Neumarkt (Nowy Targ) im Mittelpunkt der Erweiterung stand. Nach der Zerstörung durch die Mongolen (1241) gab es eine weitere *locatio*, die allerdings nur zweimal erwähnt wird, 1242 und 1248; sie dehnte den Raum der Stadt beträchtlich nach Südwesten aus, der wichtigste Platz dieser neuen Siedlung ist das heutige Ryneck und die neue Pfarrkirche St. Elisabeth. Damals verlieh Herzog Heinrich III. der Stadt das Magdeburger Recht (1261)[45]. Die räumliche Neuordnung setzte sich bis zum Ende des Jahrhunderts fort, damals schätzte man die Stadt auf 10000 Einwohner. Binnen eines Jahrhunderts haben die beiden *locationes* das alte Siedlungsgebiet von Wrocław ungefähr vervierfacht und der Stadt einen regelmäßigen Plan und ein Aussehen verliehen, das sich von dem am Ende des 12. Jahrhunderts gründlich unterschied.

Zusammen mit Breslau war Goldberg die älteste Stadt in Schlesien mit deutschem Recht. Heinrich I. hatte 1211 den »Gästen«, den Bergleuten, das Magdeburger Stadtrecht verliehen, und die Stadt muß sich daraufhin sehr rasch entwickelt haben, denn 1217 standen bereits zwei Kirchen. Im gleichen Jahr wurde wahrscheinlich Löwenberg gegründet. Schon vorher richtete Herzog Kasimir auch in Oppeln und Ratibor *hospites* ein, ganz in der Nähe seiner Burgen; aber diese neuen Städte scheinen nur langsam Wurzeln geschlagen zu haben. Zwischen 1215 und 1223 gründete der Bischof von Breslau die Stadt Neisse und machte sie zum Verwaltungs- und Verteidigungszentrum seines Hochstifts; die Gründungsurkunde ist zwar nicht mehr erhalten, und es stand dort auch schon eine slawische Siedlung

Patschkau (Paczków). Die Kleinstadt, 1254 gegründet, folgt einem modellhaften Grundriß: ovale Anlage, Mauern aus dem 14. Jahrhundert, die Straßen im Schachbrettmuster, ein großer zentraler Markt (80 × 160 m) mit einem Rathaus in der Mitte; die Pfarrkirche St. Johannes vom Platz abgelegen.

(wo sich später die Altstadt ansiedelte), dennoch ist der Grundriß der Neustadt ein ausgezeichnetes Beispiel einer Gründungsstadt[46].

Von hier ausgehend – und von dem Zustrom deutscher Auswanderer gespeist – haben die *locationes* zwischen 1223 und 1250/52 schnell ein Netz von Städten über das Land gelegt. In jedem Distrikt, in dem Neuland erschlossen wurde, bildeten sich ein Markt und ein Dienstleistungszentrum. Hier seien nur die wichtigsten dieser kleinen Städte genannt: Neumarkt (Środa Śląska, Polen), das der Herzog vor 1223 gegründet hatte[47] und dessen Stadtrecht vielen weiteren Neugründungen verliehen wurde; ferner Naumburg am Queis (Nowogrodziec, 1233), Brieg (Brzeg), Schweidnitz (Swidnica), Trebnitz, Wansen (Wiązów) – die letztgenannte gründete der Kreuzträgerorden vor 1252 im Herzen seines kleinen Kolonisationsgebietes[48]; nicht zu vergessen Liegnitz (1242/52), das unterhalb einer herzoglichen Burg entstand[49]. Zwischen 1211 und der Mitte des Jahrhunderts zählt man in den beiden schlesischen Herzogtümern etwa 40 *locationes*, Neugründungen von Märkten und Verleihungen von deutschem Stadtrecht.

Aus dieser Gründungswelle ging am Fuße der Sudeten, bei Neisse, eine Reihe kleiner Bischofsstädte hervor, deren schachbrettartiges Muster, häufig von einem Oval umschlossen, typisch ist. Ziegenhals ist eine davon, wahrscheinlich zwischen 1222 und 1232 aus dem Nichts hervorgegangen, ferner Patschkau (Paczków), ein

Modellfall dieses Genre (1254); Weidenau[50] und Freiwaldau, die beide etwas später entstanden (nach 1266/68). Im Nordwesten des Herzogtums ist es Sagan, das 1280 erstmals als eine Stadt mit deutschem Stadtrecht genannt wird. Schließlich läßt der Zug nach Osten in Oberschlesien am Fuße der Beskiden Kolonistenstädte erblühen wie Beuthen (1254), Skotschau (Sloczów, vor 1267), Auschwitz (Oświęcim, vor 1272), Neustadt (Zator, 1292) und Bielitz (Bielsko-Biała, 1302), das lange Zeit eine deutsche Sprachinsel in einem polnischen Umland war.

Wenn wir hier so großen Wert legen auf diese Neugründung von Städten in Schlesien, dann deswegen, weil sie sehr schöne Beispiele liefern sowohl hinsichtlich der alten polnischen Stadtkerne und der früheren Stadtentwicklung als auch der Rolle der Lokatoren und des deutschen Stadtrechts, die im 13. Jahrhundert den großen Aufschwung bewirkt haben. Diese Städte haben ein bißchen ihren ländlichen Charakter bewahrt, denn ihre Bewohner besaßen häufig eine Hufe Ackerland, geradeso wie die Siedler auf dem flachen Land. So überließ Herzog Wladislaw von Oppeln beispielsweise einem Lokator namens Heinrich anläßlich der Erweiterung von Beuthen 180 flämische Hufen für die neuen Stadtbewohner, die den Zehnten und den Pachtzins in Naturalien bezahlen mußten; von dem jährlich zu entrichtenden Pachtzins waren sie die ersten sechs Jahre befreit[51]. Die neuen Städte und die Dörfer ringsumher entstanden nicht selten zur gleichen Zeit, so daß zwischen ihnen enge Verbindungen bestanden – seit 1302 nannte man dieses Territorium, das der Gerichtsbarkeit eines herzoglichen Vogts oder manchmal auch der eines Stadtrichters unterstand, »Weichbild« (zuvor mit den lateinischen Begriffen *circuitus, districtus* oder *territorium* umschrieben)[52].

Aufschwung der Besiedlung

Es ist schwierig, den deutschen Bevölkerungszustrom nach Schlesien im 13. Jahrhundert größenmäßig abzuschätzen. Gleichwohl erlauben einige Quellen, wenigstens für die Waldgebiete im Süden und im Osten eine ungefähre Größenordnung der deutschen Kolonisation zu geben. Auf den bischöflichen Ländereien von Ottmachau und Neisse hat die Zahl der bewirtschafteten Hufen vom Beginn des 13. bis zum Beginn des 14. Jahrhunderts von 620 auf 5520 zugenommen, sie haben sich also mehr als verachtfacht; auf den Ländereien der Abtei Kamenz hat sich die Beschäftigtenzahl versiebenfacht, da und dort lag die Zuwachsrate noch höher; südlich von Gleiwitz (Gliwice), noch immer im Hochstift Breslau, stieg die Zahl der Hufen binnen eines Jahrhunderts von 28 auf 330 Hufen, das ist eine Erweiterung um nahezu das Zwölffache.

Obendrein ist es auch noch interessant, die Bevölkerung des Neisser Umlands im 14. Jahrhundert etwas genauer anzuschauen. Die Dörfer waren nördlich der Stadt *(terra Nyssensis)* auf 3000 Hufen verteilt, dort waren Heideflächen und lichtes Waldgebiet erschlossen worden; weitere 2120 fränkische Hufen lagen im dichten Wald im Vorland der Sudeten *(districtus versus Wydnaw)*; außerdem gab es noch 400 Hufen, die polnischem Recht unterstanden[53]. Wenn wir nun für eine flämische Hufe drei Personen ansetzen und je fünf für eine fränkische beziehungsweise eine polnische Hufe, dann errechnen wir ungefähr 21600 Menschen, die dieses Landgebiet bevölkerten. Die Stadt Neisse zählte im 16. Jahrhundert 550 Häuser und könnte etwa 3000 Einwohner gehabt haben; indes die anderen Neugründungen – Freiwaldau, Weidenau, Patschkau, Ziegenhals, Friedeberg, Jauernig und der kleine Marktflecken Ottmachau – insgesamt 500 Häuser besessen haben sollen; sie waren also nur winzige Städte mit je 300 bis 500 Einwohnern. Die Gesamtzahl städtischer Bewohner betrug also etwa 5500, sie machten ein Fünftel der Bewohner des Hochstifts aus[54]. Dies ergibt nur ein begrenztes Bild, gewiß, und man darf es nicht verallgemeinern, aber die Besiedlung des Neisser Bistumslandes zeigt uns doch, wie der Landesausbau und die Germanisierung in einem Teil Schlesiens im Laufe des 13. Jahrhunderts vonstatten gingen.

Die Debatte dreht sich jedoch noch immer ganz wesentlich um die Frage, wie hoch der slawische Bevölkerungsanteil war und wie hoch der Anteil zugezogener Deutscher; außerdem möchte man noch den wirklichen Grad der Germanisierung erfahren, wobei sich hier die Frage stellt, wie man ihn bestimmen soll. Gewiß haben sich Schlesien und seine Bevölkerung binnen eines Jahrhunderts mächtig verändert; aber es besteht kein Zweifel, daß Schlesien in der Mitte des 14. Jahrhunderts trotz des beträchtlichen Zuzugs aus dem Westen noch immer ein slawisch-deutsches Land war[55].

8. Ungarn und seine Grenzen

Das ungarische Königreich der Arpadier umfaßte zeitweise nicht nur die Pannonische Tiefebene, sondern den ganzen inneren Karpatenbogen samt der heutigen Slowakei sowie das Plateau von Siebenbürgen. Obschon diese Länder weit von ihnen entfernt waren, drangen Deutsche dort früher ein als in die weiter westlich gelegenen Räume. Die deutschen Siedler und Bergleute kamen wie eine Vorhut und müssen sich manchmal wie verlorene Kinder inmitten riesiger Weiten gefühlt haben, in denen die verschiedensten Völkerschaften hausten. Die deutsche Einwanderung kam dem Bedürfnis der ungarischen Könige entgegen, sich militärische Verbände zu schaffen und vor allem die Verteidigung der Grenzen zu organisieren.

Die Verteidigung der ungarischen Grenzen

Als die Magyaren sich Ende des 10. Jahrhunderts in der Donauebene niederließen, war sie ihnen eigentlich ein bißchen zu groß – sie müssen sich vorgekommen sein wie ein Mensch in einem allzu weiten Gewand[1]. Viehzüchter, die sie waren, haben sie sich vorzugsweise im Großen Ungarischen Tiefland bewegt, das weit über die Donau hinausreicht, und sie haben allmählich eine ziemlich ansehnliche slawische Bevölkerung aufgesogen[2]. Aber die riesigen Wälder der Karpaten waren gleichsam menschenleer, und Siebenbürgen kann allenfalls eine weitverstreute Bevölkerung aufgewiesen haben[3]. Das ungarische Territorium war sehr verletzlich, zumal es die leichte Reiterei der Magyaren mit der schweren Reiterei des Westens nicht aufnehmen konnte. Die ersten Fürsten und Könige des Arpadier-Geschlechts kümmerten sich nicht nur um die Landnahme, sie versuchten auch, Ritter aus dem Westen als »Gäste« ins Land zu bringen, und sie wollten ihr Land mit einem Verteidigungsgürtel umgeben, wie sie es bei den Byzantinern und den slawischen Nachbarstaaten gesehen hatten[4].

Ein Gürtel aus Wäldern und wüsten Ländereien, oftmals mehrere Tagesmärsche breit, mit Verhauen, gesicherten Übergängen und kleinen Garnisonen gespickt, umgab ihr Königreich. Diese Grenzanlage nannten sie *gyepü*. Zu den Militärkolonien der ungarischen Grenzwachen gesellten sich bald Stämme und Völkerschaften aus den Nachbarländern, und diese beteiligten sich gleichfalls an der Erschließung dieser Randgebiete. Zu diesen Völkern an der Grenze zählt man hauptsächlich die Szekler im Osten Siebenbürgens und im Tal der Waag, das südlich an Mähren angrenzte[5]. Einige Petschenegen-Stämme und später auch Walachen wurden vor allem an den Ostgrenzen eingesetzt. Schwieriger ist die Frage zu beantworten, wie die Slowaken von Norden her durch die bewaldeten Karpaten eindrangen und dort zu roden und das Land zu erschließen begannen. Aber dies genügte noch nicht, und daher rief das Königreich Ungarn deutsche Siedler in seine Grenzregionen, um, nach Nordwesten und Westen hin, eine Art Gegenkolonisation durchzuführen und ihre vorgeschobene Verteidigung im Norden und insbesondere im Osten gegen den Druck neuerlicher Einfälle aus Asien – namentlich gegen die Kumanen – zu sichern, die seit der zweiten Hälfte des 11. Jahrhunderts das Land bedrängten.

Davon abgesehen liegt es auf der Hand, daß die ungarischen Könige wie die anderen Fürsten des Ostens die wirtschaftliche Entwicklung ihres Landes vorantreiben wollten, indem sie Völkerschaften aus dem Westen ins Land holten.

Kolonisation des Burgenlandes

Bis zu den Grenzflüssen Leitha und Lafnitz war das Burgenland im 11. Jahrhundert voll und ganz in das westwärts gewandte Verteidigungsglacis des ungarischen Königreiches eingeschlossen; es gab dort so gut wie keine menschliche Besiedlung[6]. In der Gegend von Oberwart, im Süden des Wechselpasses und bei Oberpullendorf wurden ganze Banden von ungarischen Grenzwächtern angesiedelt, um die Zufahrtswege nach Ödenburg (Sopron, Ungarn) zu beschützen. Dieser Ort, dessen Name 1096 erstmals erscheint, war ebenso wie Moson und Vasvar mehrere Dutzend Kilometer von der österreichischen und der steirischen Grenze entfernt[7]. Der Ort Pöttsching bei Wien könnte an einen Vorposten der Petschenegen erinnern.

Als der Landesausbau westlich der Leitha immer mehr voranschritt, verwandelten die Ungarn im 12. Jahrhundert ihr Verteidigungssystem. Sie teilten den Grenzstreifen in große Herrschaften auf und belehnten damit magyarische und deutsche Ritter, denen sie zur Pflicht machten, diese Gebiete zu bevölkern. Diese Ansiedlung vollzog sich in enger Zusammenarbeit mit dem angrenzenden Niederösterreich und der Steiermark. Bedauerlicherweise läßt sich diese Wanderungsbewegung

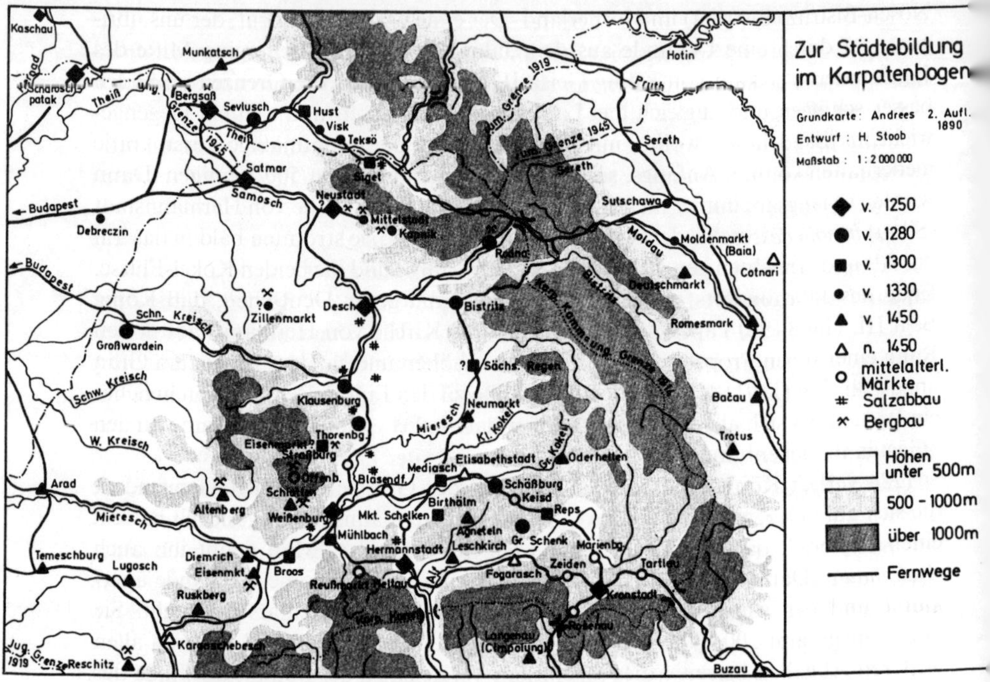

Zur Städtebildung im Karpatenbogen.

nicht mit Quellen belegen, sie ist »historisch stumm« geblieben[8], doch es zeugen Ortsnamen und, mehr noch, die Flurnamen davon, die zu 90% deutsch sind. Im Norden wurden die relativ offenen Landstriche und die Steppenlande erschlossen, während man im Süden bis in die Mitte des 13. Jahrhunderts Wälder niederschlagen mußte, vor allem in der Gegend von Gussing an den Grenzen der Steiermark[9]. Diese Wanderungsbewegung hat das Gesicht dieser Landschaft verändert, die zuvor nichts weiter war als ein leerer Grenzraum im Osten der Leitha und nun zu einer echten Grenzlinie gemacht wurde[10].

Siebenbürgen

Noch weiter war die Reise, die Deutsche und andere Menschen aus dem Westen in den Kessel von Siebenbürgen brachte. Der Norden und der Westen dieses Landes wurde zu Beginn des 12. Jahrhunderts aufgeteilt: einige große Herren und die Krone bekamen hier Domänen; im Südosten wurden die Szekler als Grenzwächter angesiedelt[11]. Über den Beginn des deutschen Zuzugs ist wenig bekannt[12]. Es ist möglich, daß *hospites* aus dem Westen seit Ende des 11. Jahrhunderts hier eintrafen und sich zu Beginn des 12. Jahrhunderts in der Gegend von Sathmar (Satu Mare, Rumänien) an der Szamos niederließen[13], vielleicht auch, etwas später, in

Nösen-Bistritz (Bistrika) im Nösnerland. Der erste wirkliche Aufruf, der uns übrigens erst durch eine Urkunde aus dem Jahr 1224 bekannt ist, erging Mitte des Jahrhunderts; er kam von König Geisa II. (1141–61), der die Grenzen im Süden besser schützen und zugleich das Land erschließen lassen und sich ein Gegengewicht ins Land holen wollte, mit dem die Krone die unbotmäßige Aristokratie niederhalten konnte. Anfangs, so scheint es, kamen nur etwa 500 Familien. Dann wurden es langsam immer mehr, und sie ließen sich in der Nähe von Hermannstadt (Sibiu) *in solo deserto* nieder, wie einige Quellen sagen; sie strömten bald in das Tal der Alt und erreichten gen Norden das Tal der Maros und die beiden Kokel-Flüsse. Ende des Jahrhunderts gab es so viele »Siebenbürgener Deutsche«, daß König Bela III. (1173–96) Papst Cölestin III. bat, die Kirche von Hermannstadt in den Rang einer freien Propstei *(prepositura)* zu erhöhen und sie dem Erzbistum Gran anzuschließen (1191)[14]. Unter Bela III. zählte zu den Einkünften des Königreiches ein Posten, der sich allein auf 15000 Silbermark belief – diese Summe kam von den »Gästen in Siebenbürgen«[15].

1224 verlieh König Andreas II. (1205–35) der Gruppe deutscher Gemeinden, die sich auf den Krondomänen im Umland von Hermannstadt angesiedelt hatten, einen Freibrief, der ihre Rechte und Freiheiten aufzählt. Man nennt ihn auch *Andreanum*. Darin wurde die *universitas Saxonum* als autonome Gemeinde anerkannt und der Autorität eines königlichen Grafen unmittelbar unterstellt. Sie mußte insgesamt 500 Silbermark pro Jahr als Steuer bezahlen und war von allen weiteren Abgaben befreit – dies scheint, im Vergleich zu der Summe am Ende des 12. Jahrhunderts, eine bedeutende Erleichterung gewesen zu sein. Sie mußten aber 500 bewaffnete Reiter stellen, um das Innere des Königreiches zu befrieden; die Wahl ihrer Richter und ihrer Pfarrer war einzig und allein ihre Angelegenheit; ferner wurde ihnen zugesagt, daß sie den Zehnt nach Landesbrauch zahlen würden; und schließlich waren ihre Kaufleute von allen Verkehrssteuern innerhalb Ungarns befreit[16]. Diese Vorrechte wurden anschließend auch auf die anderen deutschen Gemeinden in Transsylvanien ausgedehnt.

Im 13. Jahrhundert setzte sich der Landesausbau fort, vor allem nach dem Abzug der Mongolen, die 1241 erneut eingefallen waren. Einzelne Rittergeschlechter wie die Kellinger oder die bayerischen Grafen Lentenk im Nösnerland setzten sich an die Spitze der ländlichen Expansion. Am Ende des Jahrhunderts öffnete sich die Region Klausenburg (Cluj) und Thorenburg (Turda) der deutschen Kolonisation. Später, im 14. und zu Beginn des 15. Jahrhunderts, entstanden auf dem Boden von großen Grundherren ländliche Siedlungen; die Einfälle der Türken machten dieser Bewegung 1420 ein Ende. Die Landesverteidigung und die Gerichtsbarkeit waren Sache der sogenannten Stühle *(castra)*, das waren Gerichtshöfe oder Gräven, deren Amtsinhaber zunächst aus dem deutschen Adel gewählt wurden. Die sieben Stühle des Hermannstädter Landes – Leschkirch (Nocrich), Groß-Schenk (Cincu-Mare), Broos (Orăştie), Mühlbach (Sebeş), Reps (Rupea), Schäßburg (Sighişoara) und Reußmarkt (Miercurea-Sibiului) – gaben ihm den Namen Siebenbürgen. Später kamen noch die beiden Stühle Mediasch und Schelk

Stadtplan von Bistritz (Bistriţa). Nach einer wahrscheinlich »slawischen« Erstbesiedlung kamen Ende des 12. Jahrhunderts *Hospites* aus dem Westen; der Stadtplan bildete sich nicht vor 1250.

(Seica) hinzu, noch später Bistritz und Kronstadt (Braşov). Dagegen gehörten Klausenburg und die Bergstädte weder zur Grafschaft noch zu diesen ursprünglich sieben Bezirken.

Da es an unmittelbaren Zeugnissen gebricht, ist uns die Herkunft dieser Siedler nur durch das Studium ihrer sprachlichen Eigentümlichkeiten und ihrer Dialekte bekannt[17]. Die Sprache der Siebenbürgener Sachsen ist übrigens ein typisches Kolonialgemisch, das höchst unterschiedliche Bestandteile enthält. In erster Linie kamen die Zuwanderer aus der Gegend von Rhein und Mosel, aus dem Kölner Raum und dem linken Niederrheingebiet. Daneben gab es kleinere flämische und wallonische Gruppen. Aber sie haben, scheint es, in Obersachsen Zwischenaufenthalt gemacht, namentlich in der Gegend von Leipzig, und als sie weiterzogen, schlossen sich ihnen weitere Siedler an. Auf welche Weise sie »herbeigerufen« wurden und auf welchen Wegen sie ins Land kamen, ist noch immer unbekannt. Vielleicht bestand zwischen Geisa II. und Heinrich dem Löwen eine Verbindung[18]. Was die Bezeichnung Sachsen anlangt, die 1206 erstmals für die Deutschen in Siebenbürgen und Oberungarn verwendet wurde, so rührt sie vielleicht von der Niederlassung einiger niedersächsischer Ritter in der Nähe von Broos und Weißenburg (Alba Julia)[19] her, und diese Bezeichnung setzte sich noch mehr fest, als im 13. und 14. Jahrhundert Bergknappen aus Obersachsen zuwanderten.

Der Deutsche Orden im Burzenland

Um seine Grenzen abzurunden, überließ Andreas II. im Jahr 1211 den Rittern vom Deutschen Orden *quandam terram Borza nomine, ultra silvas versus Cumanos, licet desertam et inhabitatam*, das Burzenland (Tara Bîrsei)[20]. Dieses wilde, kaum bewohnte Land war nicht sehr groß; aber da es im Norden der Siebenbürgener Berge gelegen war, am Oberlauf der Aluta, war es das Aufmarschgebiet, wo man die Angriffe der Kumanen erwartete, die aus den Ebenen der Walachei vorstießen. Zunächst war es den Rittern nur gestattet, Burgen aus Holz zu errichten; erst ein königliches Privileg von 1222 erlaubte ihnen, in Stein zu bauen. Diese gleiche Urkunde spricht von einer Vergrößerung ihres Territoriums *ultra montes nivium*, also ins Land der Kumanen hinein[21]. Nach den Rittern begannen die Siedler einzuströmen. 1223 wurde hier eine Propstei geschaffen und dem Heiligen Stuhl unmittelbar unterstellt.

Langsam schien der Plan des Hochmeisters Hermann von Salza von einem Ordensstaat, der bis zur Donau und zum Schwarzen Meer reichte, Gestalt anzunehmen[22]. Damals fürchtete König Andreas, die Gegend von Hermannstadt könne sich wieder entvölkern, daher gewährte er auch das Privileg von 1224, um diese Abwanderung aufzuhalten. Als ihm jedoch schwante, daß die Ritter vom Deutschen Orden für Ungarn eine Gefahr bedeuten könnten, vertrieb er sie aus dem Land, obwohl Papst Honorius III. versuchte, ihn davon abzubringen. Währenddessen setzte sich die Mission bei den Kumanen unvermindert fort; sie war den Dominikanern anvertraut, und der Erzbischof von Gran ließ in Begleitung des jungen Königs Bela IV. 1228 in Milcovia in der Walachei ein neues Bistum gründen.

Die Kolonisation, die gleich nach 1221 eingesetzt hatte, wurde trotz dieser Ereignisse und des neuerlichen Mongoleneinfalls bald fortgesetzt. Im 14. Jahrhundert umfaßte die *terra Saxonum* im Burzenland, die einem königlichen Grafen anvertraut war, 14 Gemeinden, darunter Marienburg (Feldioara) und Kronstadt.

Die Bergbaukolonisation

Die Bodenschätze Oberungarns – das heute zur Slowakei gehört –, der Ostkarpaten und des Bihargebirges haben im 13. Jahrhundert einen anderen Typ von Kolonisator angelockt[23].

Bereits im 12. Jahrhundert sollen Deutsche in die Slowakei eingedrungen sein, und zwar in die Gegend von Komorn (Komarno, ČSSR) an der Donau und von Modern (Modra), in das Becken unterhalb des Zipser Gebirges, ins obere Tal der Hornad, wo die Wege aus Ungarn, Polen und Schlesien sich kreuzen[24]. Auf diesen ersten Schub bäuerlicher Zuwanderer folgte nach 1204 ein größerer Strom schlesischer Kolonisten. Um die Jahrhundertwende trafen auch Bergleute ein: 1217 werden sie in Nähe der Abtei St. Benedikt an der Gran erwähnt und 1228 in Dilln (Banská Belá, ČSSR), wo Silberminen ausgebeutet wurden; vor allem aber treffen wir sie vor 1240 in Schemnitz (Banská Štiavnica), der ersten deutschen Siedlung, die deutsches Recht erhielt, das später auch anderen Städten übertragen wurde. In den gleichen Jahren, um 1242, entwickelte sich auch der Silberbergbau in Rodna im Nösnerland, am Oberlauf der Szamos.

Aber erst nach dem Mongolensturm kommt die Erschließung der Gruben in den slowakischen Bergen so richtig in Schwung, und zur gleichen Zeit schlagen Rodungsbauern mächtige Einbrüche in die großen alten Wälder *(stara silva)*. Unterhalb der Tatra werden die Menschen, die der Mongolensturm in alle Winde zerstreut, in der neuen Stadt Leutschau (Levoča) angesiedelt. 1255 lassen sich »sächsische« Bergleute in Neusohl (Banská Bistrica) nieder, und bald öffnen sich in den ertrrächtigen Gebirgen neue Silber- und Kupfervorkommen. Die Bewegung pflanzt sich auf Pukkanz (Pukanec) und Königsberg (Nova Bana, ČSSR) fort, reicht hinein in die ersten Jahrzehnte des 14. Jahrhunderts, als der angevinische Ungarnkönig Karl Robert der Stadt des Goldes – Kremnitz (Kremnica) – das Stadtrecht verleiht und dort neue Bewohner ansiedelt (1328). Die Kremnitzer Knappen kamen zum größeren Teil aus Schlesien, die Münzmeister aus dem böhmischen Kuttenberg – der König hat hier nämlich eine Münzstätte eingerichtet. Die Behausungen der deutschen Bergleute standen um einen sogenannten Ring, der eigentlich rechteckig war *(rynek, rinok)*, und die Grundstücke gehörten den Grubeneigentümern und den Handwerksmeistern (*Ringburger* oder *Waldburger*). Das landwirtschaftliche Nutzland im Umkreis dieser Bergstädte war zwischen großen Waldhufendörfern aufgeteilt. Die Chronik von Leutschau zählt etwa 40 Dörfer deutschen Namens auf, darunter ein Deutschendorf (Poprad) und ein Schwabsdorf (Svabocz). Seltsamerweise findet man hier keinen Ortsnamen auf -rode oder -reut, obwohl doch die Bevölkerung zum Teil aus Mittel- oder Oberdeutschland kam[25].

Während die Slowakei zu Beginn des 14. Jahrhunderts diesen Aufschwung erlebte, verstärkte sich auch der Abbau der Erzlager an den Pforten der Moldau und – daran hatten auch die Siebenbürgener ihren Anteil – im Bihargebirge, in Eisenburg (Trascău, Rumänien)[26], Offenburg (Baia de Arieş), Altenberg und Groß-Schlatten.

Deutsche, Slawen und Romanen

Fast überall in Ungarn, ob Stadt, ob Land, konnte man auf Zuwanderer stoßen. Da gab es nicht nur die ziemlich homogenen Gruppen von Deutschen in Siebenbürgen, in der Zips und in den Grenz- und Bergbauregionen des Landes, sondern auch andere Einwanderer verschiedenster Nationalität. So könnte man davon sprechen, daß die Zuwanderung hier europäische Ausmaße angenommen habe[27].

Im 11. und 12. Jahrhundert waren die fremden *hospites* vor allem Kleriker und Ritter gewesen. Viele dieser adeligen Herren deutscher Abstammung bekleideten rasch hohe königliche Ämter: So wurde ein Hedrich, der aus der Steiermark gekommen war, Graf *(ispan)* von Sopron, Pfalzgraf und Oberster Richter unter Geisa II. (1162), und einer seiner Nachfahren, Henrik, begründete ein bedeutendes Magnatengeschlecht[28]. Aber man sieht auch schon im 12. Jahrhundert kleine Leute zuwandern – Bauern, Handwerker, Kaufleute, sie alle »Gäste«, die sich des königlichen Schutzes erfreuten; man bezeichnet sie als *Flandrenses, Teutonici*, manchmal als *Saxones* und nicht selten auch als *Latini.*

Latini gab es beispielsweise in Stuhlweißenburg (Székesfehérvér, Ungarn), das seit 1103 bzw. 1124 die Hauptstadt des Königreiches war; sie widmeten sich im 13. Jahrhundert dem Weinhandel und ihretwegen wurde eine Kirche errichtet. Nach einer Überlieferung des 15. Jahrhunderts stand am Beginn dieses Bevölkerungszustroms die Hungersnot, die Lüttich zwischen 1042 und 1052 heimsuchte und viele Wallonen vertrieb[29]. Auch in Gran (Esztergom) gab es Mitte des 13. Jahrhunderts *Latini.* In der Slowakei tritt, im Tal der Hernad, im 12. Jahrhundert eine *Villa latina* (heute Spišské Vlach, ČSSR) in Erscheinung, die später Walendorf hieß und in deren Umkreis lauter Deutsche siedelten[30]. Unter der Bezeichnung *Latini* trifft man Italiener, Wallonen, Lothringer und manchmal vielleicht auch Franzosen.

Übrigens spiegeln die Ortsnamen den Zustrom der verschiedenen Völkerschaften wider, die nach Ungarn kamen. Die ersten deutschen Ortschaften, vor 1200 entstanden, zeichnen sich durch den Zusatz *Németi* aus (Deutsche; eigentlich bezeichnet es Sprachlose); es wurden ihrer 35 gezählt. Später wurde daraus die Form *Németfalu* (Dorf der Deutschen). Das slawische Element – für diese Epoche sehr wichtig – findet man in den Ortsnamen mit *Csehi* (die Tschechen), *Toti* (die Slawen) und *Horcati* (die Kroaten). Die Dörfer, in denen Völkerschaften romanischer Zunge leben, werden schließlich als *Olaszi* bezeichnet (die Italiener, später die Lateiner). So ist für 1150 eine *villa advenarum Francorum* verbürgt, die 1162 zur *Francavilla* wurde und im 14. Jahrhundert zu Nagyolaszi (Grafschaft Szerecs)[31]. Wenn man von den Städten absieht, kann man sagen, daß die Mehrzahl dieser deutschen, slawischen oder romanischen Kolonien seit dem 15. Jahrhundert ziemlich stark magyarisiert waren.

Deutsches Vordringen an der Moldau

Die deutsche Kolonisation stieß teils durch das ungarische Siebenbürgen, teils vom polnischen Galizien her über die Karpaten hinaus in die Moldau vor – dies war, im Mittelalter, der östlichste Punkt des deutschen Vorstoßes[32]. Nachdem die Polen in den Jahren 1349 bis 1352 die Gegend um Halicz am Oberlauf des Dnjestr gewonnen hatten, wandte sich die Wanderungsbewegung der Deutschen gen Trembowla, Kamenez-Podolsk und Kolomea. Seit Beginn des 14. Jahrhunderts konnte man auf den Straßen in Richtung Schwarzes Meer und an den moldauischen Küsten viele deutsche und polnische Kaufleute treffen.

Die Gründung des Fürstentums Moldau, im 14. Jahrhundert, erleichterte den Deutschen das Eindringen. Möglicherweise drangen bereits vom Süden her einzelne Zuwanderer ein zu der Zeit, als dort noch der Deutsche Orden saß; von Norden kamen sie, nach dem Mongoleneinfall, über Rodna und das Nösnerland. Danach rückten auf alle Fälle die Ungarn bis ins Tal der Sereth vor. König Ludwig von Ungarn vertraute einem rumänischen Edelmann namens Dragosch und später dessen Sohn Sas, dessen Mutter zweifellos eine Deutsche war, die Verteidigung dieses neuen Grenzgebiets an; später übertrug er sie Balk, einem Sohn des Sas. Aber der Woiwode von Maramureş, Bogdan, vertrieb diese Familie und brach um 1360 mit Ungarn; er war es, der das rumänische Fürstentum Moldau ins Leben rief.

Unterhalb der Fliehburgen dieser ersten moldauischen Fürsten begegnet man in der zweiten Hälfte des 14. Jahrhunderts kleinen deutschen Gemeinden: in Siret (1382), Suceava (1382), Molde-Baia (1384), Cetatea Neamţuli (Neamtz) und Roman (1391). Entgegen einer Legende wurde die Burg von Cetatea Neamţuli nicht vom Deutschen Orden erbaut; der Name dieser Burg – Burg der Deutschen – erinnert lediglich an einen deutschen Marktflecken unterhalb des Castrum, dessen Bewohner zweifelsohne am Ende des 14. Jahrhunderts aus Bistritz oder Rodna herübergekommen waren[33]. Was die bäuerliche Kolonisation anlangt, ist man noch auf Dorfnamen angewiesen: einige Dörfer, die den Namen Sas tragen, die Sachsen, wie Saşii pe Costina in der Nähe von Suceava, sind für das 15. Jahrhundert bezeugt. Einer anderen Überlieferung zufolge soll der Weinberg von Kotnar (Cotnari, 1448) von deutschen Winzern bepflanzt worden sein.

Jenseits der Karpaten versiegte der Menschenstrom ziemlich bald, so daß er zur Städtegründung nicht ausreichte. Im 15. Jahrhundert kam dort die deutsche Wanderungswelle zum Erliegen, ganz in der Nähe von Pruth und Dnjestr. Das Mutterland war seinerzeit nicht mehr imstande, dem Strom nach Osten Menschen mit auf den Weg zu geben.

Dörfer und Städte

Am deutlichsten drückte sich der deutsche Stempel dem Landesausbau in Siebenbürgen auf. Neben den rumänisch-slawischen oder den ungarischen Dörfern, ob sie nun verstreut waren oder in dichten Haufen zusammenlagen[34], konnte man die »sächsischen« Dörfer durch ihre regelmäßigen Feldstücke und ihre Dörfer, die im

Die Kirchenburg von Birthälm bei Mediasch (begonnen 1402) gehört zu den monumentalsten Kirchenbauten der Siebenbürger Sachsen.

allgemeinen als Zeilen-, Gassen- oder Straßendörfer angelegt waren, leicht erkennen[35]. Für die Siedler in Siebenbürgen und im Burzenland war es aber wichtig, sich gegen feindliche Angriffe zu schützen, daher errichteten sie zunächst in den dichten Wäldern in ihrer Umgebung Fliehburgen für sich und ihr Vieh (daraus wurden später Ortsnamen wie Burgberg, Burchrecht, Burggrund), später bauten sie an den Rand ihrer Dörfer, um die ohnehin befestigte Wehrkirche – die Kirchenburg – eine Zufluchtsstätte[36].

Die Städte im Königreich Ungarn – sowohl die im slowakischen Teil als auch die in Siebenbürgen – nehmen sich anders aus als die Städte im Kolonisationsraum Nordosteuropas. Augenscheinlich hatte die deutsche Kolonisation in Ungarn zuerst einen ländlichen Charakter, und die Verstädterung konnte sich nur langsam davon befreien.

Bevor die jungen Siedlungen in der Slowakei deutsche *hospites* aufnahmen und ihnen städtische Privilegien übertragen wurden, waren sie winzige slawische Siedlungen oder einfache, bescheidene Angerdörfer[37]. Der Mongoleneinfall hemmte ihre Entwicklung, so daß sie sich erst in der zweiten Hälfte des 13. Jahrhunderts ungehindert entfalten konnten. Kaschau (Košice, ČSSR), das 1202 ein slowakisches Dorf war, nahm seine ersten »Gäste« 1249 auf; Tyrnau (Trnava), 1211 nur ein kleines Kirchspiel, öffnete sich 1238 den Deutschen, wuchs aber erst im 14. Jahrhundert zu einer Siedlung mit unregelmäßigem Grundriß heran; Kasmark (Kežmarok), 1251 eine kleine »sächsische« Siedlung, bekam 1269 das Stadtrecht, Kremnitz erhielt seines, wie wir erfahren haben, erst 1328, es entstand im Umkreis einer Burg. Einzig und allein die Stadt Leutschau (Levoča), deren Stadtrecht auf Bela IV. und das Jahr 1243 zurückgeht, entwickelte sich um einen slawischen Kern nach einem regelmäßigen Stadtplan mit einem großen Zentralplatz als Herzstück.

Es erweckt durchaus den Anschein, als seien die deutschen Städte Siebenbürgens gleichfalls aus älteren Siedlungen hervorgegangen und dank aufeinanderfolgender Erweiterungen gewachsen[38]. Klausenburg (Cluj) trat die Nachfolge des antiken Napoca an; Bistritz ging aus einem alten slawischen Dorf hervor; Sathmar war zunächst ein alter ungarischer Burgflecken und Mediasch wahrscheinlich ein Castellum der Szekler. Weißenburg hat zwar 1206 *primores hospites regni* aufgenommen, aber es veränderte nach 1241 stark sein Gesicht. Die Mehrzahl der anderen Städte wuchs langsam um einen befestigten Kern, eine Kirche oder eine Burg: Hermannstadt, das 1223 als Stadt bezeichnet wird; Kronstadt, 1235 erstmals erwähnt; Schäßburg; Mediasch, das 1283 noch ein Dorf war. Einige Viertel zeigen eine Spur von Stadtplanung und einen regelmäßigen Grundriß (Kronstadt, Bistritz); aber der Begriff Gründungsstadt läßt sich für diese neuen Städte, die eigentlich erst ein Produkt der deutschen Zuwanderung waren, schwerlich verwenden.

Die Städte im Inneren des Königreiches Ungarn haben gleichfalls aus den Wanderungen des 12. bis 14. Jahrhunderts ihren Nutzen gezogen. Seit den großen Einfällen und dem Absinken der Bevölkerungszahl im 4. Jahrhundert war das städtische Leben Pannoniens beinahe ausgelöscht, und so vermochte die Renaissance des 12. Jahrhunderts kaum an die römischen Anfänge anzuknüpfen[39].

Wir haben bereits erfahren, daß *Latini* und andere Fremde an der Erneuerung von Stuhlweißenburg beteiligt waren. Das kleine römische Castrum Pest aus dem 4. Jahrhundert zeigte nicht die Spur eines städtischen Lebens. Daß es im Mittelalter einen Aufschwung erlebte, hatte wirtschaftliche Gründe. Im 10. Jahrhundert wurde dieses Castrum Ismaeliten geschenkt, die aus dem Bulgarenreich an der Wolga ausgewandert waren; der Hafen – *qui vulgo dicitur Pesth* – tritt 1046 in Erscheinung, das *forum Geza*, der Markt, wird 1148 in einer Urkunde erwähnt, muß aber wohl auf die Zeit Geisas I. zurückgehen. In dieser niedriggelegenen Stadt am linken Donauufer, welche den Übergang über den Fluß bewachte, ließen sich gegen das Jahr 1200 Deutsche nieder, die ein österreichischer Edelmann namens Werner anführte. 1230 bekamen sie erstmals ihre Rechte verbrieft; 1244, nach dem Mongolensturm, erneuerte Bela IV. dieses Privileg, das ihnen insbesondere erlaubte, ihre Priester und ihren Richter selbst zu wählen, sie im Donauhafen vom Wegzoll und vom Stapelzwang befreite, sofern sie sich am königlichen Heeresbann mit zehn Rittern beteiligten[40].

In Buda waren *Saxones* die ersten »Gäste«, sie widmeten sich dem Weinbau.

Leutschau (Levoča). Die Neustadt Leutschau hat nach dem Mongoleneinfall die Zipser Bergarbeiter aufgenommen. König Bela IV. von Ungarn verlieh ihr 1243 das Stadtrecht.

Später siedelte Bela IV. einen Teil der Einwohner von Pest dort an und lockte auch neue Siedler aus Österreich an, ferner aus Regensburg und aus anderen Städten Ungarns. Für sie ließ er ein *Castrum novum* anlegen, dem die Deutschen den Namen Ofen gaben und das bald Stadtrecht bekam, welches dem magdeburgischen ähnelte, aber auch österreichische und ungarische Einflüsse zeigte. In der zweiten Hälfte des 14. Jahrhunderts brachte eine zweite Einwanderungswelle neue deutsche Siedler herbei – was mit dem Aufstieg der Handelsstadt Nürnberg und ihren Handelsbeziehungen entlang der Donau zu tun hatte. Zu Beginn des 15. Jahrhunderts wählten die Deutschen in Buda zehn Ratsherren; die Ungarn hingegen nur zwei. Das hinderte die Deutschen in Buda-Pest jedoch nicht daran, sich mit Ungarinnen zu vermählen, und sie scheinen am Ende des Mittelalters nur ein schwächliches Bevölkerungswachstum hervorgebracht zu haben, was wiederum die schnelle Magyarisierung der Stadt begünstigte[41].

9. *In Groß- und Klein-Polen*

Im Bewußtsein des frühmittelalterlichen Abendlandes galt Polen als ein entlegenes Land am äußersten Rande der Christenheit. Dennoch hatte sich der polnische Staat, den Mieszko I. und Boleslaw der Wachsame um das Jahr 1000 zusammengeschmiedet hatten, zu einem mächtigen Königreich entwickelt, das sich den deutschen Kaisern und Fürsten mehrmals gewaltsam widersetzt hatte, als diese in die slawischen Lande zwischen Elbe und Oder eingedrungen waren. Wen kann es wundernehmen, daß sich damals die Vorstellung festsetzte, dieses Polen sei ein gut verteidigtes und schwer zugängliches Land?[1] Aber Friedrich Barbarossa hatte bei seinen Feldzügen von 1157 und 1172 jenseits der Oder Fuß gefaßt, und in der zweiten Hälfte des 12. Jahrhunderts schwächten Thronfolgeprobleme und Landesteilungen die polnischen Widerstandskräfte gegen die germanischen Einflüsse; das Land zerfiel in mehrere Herzogtümer.

Die Zerstückelung Polens

Das Piastengeschlecht verzweigte sich im 13. Jahrhundert in mehrere Linien. Dies und die Bestimmungen von 1138 führten dazu, daß Polen in mehrere Herzogtümer zerbrach, deren politische und gesellschaftliche Ordnungen wenig stabil waren[2]. Daß Schlesien sich aufteilte, haben wir bereits erfahren, zunächst in die Herzogtümer Wrocław und Raciborz, später zwischen den Linien Legnica, Wrocław und Głogów. Die beiden pommerschen Staaten regierten einheimische Dynastien, sie entledigten sich der Abhängigkeit des Großherzogtums. Der größte Teil des polnischen Territoriums wurde von den Herzogtümern Krakau-Sandomir (oder Klein-Polen), Groß-Polen sowie Masowien und Kujawien beherrscht.

Klein-Polen streckte sich südlich der Pilica aus. Es bedeckte das Tal der oberen

Weichsel, wenn man von Schlesien absieht. Dies war ein Land der Ebene und der sanften Hügel, auch der bewaldeten Höhen, etwa am Lysa Gora, und gen Süden berührte es den Nordrand der Karpaten. Die lößbedeckten Streifen Landes südlich von Krakau waren seit alters her besiedelt. Das Castrum von Krakau schützte die Residenz des Herzogs.

Groß-Polen war das Land der großen Ebenen entlang der Warthe und ihrer Nebenflüsse: im Norden die Netze, im Süden die Prosna und die Obra. Es teilte sich auf in die alten Bezirke Gniezno, Poznan und Kalisz; aber seine Herzöge taten alles, seine Einheit zu bewahren, die später dem Königreich Polen als Grundlage diente. Kujawien, das Land zwischen Warthe und Weichsel, löste sich damals zusammen mit seinen Anhängseln Sieradz und Łęczyca von Masowien. Dessen Gebiet erstreckte sich, südlich von Warschau, um die Burg von Czersk und den alten Bischofssitz Płock; jenseits der Weichsel, nach Norden und Osten zu, war es ungeschützt, öffnete sich zu den riesigen Wäldern und Seenplatten des pruthenischen und litauischen Landes. Seine Lage wies ihm die schwere Aufgabe zu, auch die anderen polnischen Territorien gegen die Einfälle baltischer Stämme zu schützen.

Die Neumark

In der zweiten Hälfte des 13. Jahrhunderts löste sich ein Teil des westlichen polnischen Territoriums und ging von der Herrschaft der Piastenfürsten über in die der Markgrafen von Brandenburg. Die Askanier stützten sich auf den Teil ihrer Ländereien bei Lebus, die sie 1249/50 erworben hatten, und schließlich bekamen sie vom Erzbischof von Magdeburg auch noch dessen Anteil des Landes. Es dauerte nicht lange, und sie waren die alleinigen Besitzer von Lebus und Sternberg an den beiden Ufern der Oder[3]. Von da an warfen sie ihre Blicke begehrlich auf die anderen Landstriche jenseits des Flusses, auf die *terra transoderana*, und trieben nach Nordosten »einen Keil zwischen Groß-Polen und Vorpommern, auf Kosten dieser beiden Länder«[4].

Schon 1232 hatten die polnischen Fürsten den Templerorden an den Übergang an der Oder bei Kostrzyn (Küstrin) gerufen. Dieser Ritterorden erwarb später Grund und Boden in der Gegend von Chojna (Königsberg), Myślibórz (Soldin) und noch weiter östlich, in Pommern, und begann, deutsche Siedler herbeizuholen (Wilkersdorf)[5]. Die Askanier vertrieben zunächst diese ersten Ansiedler aus Küstrin; später drängten sie sie, Schritt für Schritt, durch Landerwerb, Täuschung und durch gewaltsame Streiche bis an die Drawa, 1297 sogar bis nach Drawsko (Dramburg). Die Feindseligkeiten zwischen den pommerschen Herzögen und dem Herrscher von Groß-Polen erleichterten diese Eroberung. Als Konstanze, die Tochter Přemysls I., sich mit Konrad vermählte, dem Sohn Johanns I. von Brandenburg (1260), ging die Kastellanei Santok als Mitgift der polnischen Prinzessin für Polen verloren. Gegen Ende des Jahrhunderts war die Neumark ein brandenburgisches Territorium geworden.

Wie so viele vor ihnen sicherten die Markgrafen ihre Eroberung, indem sie Ritter und Ministeriale aus ihren Stammlanden hier einsetzten. So kamen die Mörner und die Schwanenberg, die aus dem Brandenburgischen stammten, in die Gegend von Chojna, nach Jagow und nach Uchtenhagen; anderwärts ließen sich die Wedel, die von Wolde und die von der Ost nieder. Ihnen folgte ein Strom von Bauern aus Niedersachsen und Brandenburg. Auch slawische Adelsfamilien waren an dieser Kolonisation beteiligt. Aber die Erschließung des dichten Waldmantels in diesen Regionen setzte nur zögerlich ein; und viele neue Dörfer von damals wurden im 14. Jahrhundert wieder aufgegeben[6]. Eine Reihe neuer Städte bildete das Gerüst des Landes: Landsberg an der Warthe, 1257 (Gorzów Wielkopolski, Polen), Berlinchen (Barlinek), beide trugen die Namen älterer brandenburgischer Orte; Königsberg, Woldenberg (Dobiegniew), Lippehne (Lipiany). Dramburg (1297) und Deutsch-Krone (Wałcz; 1303) wurden von deutschen Lokatoren gegründet, beide auf einem großen Territorium von 216 beziehungsweise 208 Hufen.

Aufschwung in der Kolonisation des polnischen Bodens

Um den Anteil und die Tätigkeit der Deutschen bei der Erschließung der polnischen Erde richtig einzuschätzen, erscheint es sinnvoll, sich kurz den Verlauf der Landnahme in diesem Gebiet seit dem 6. Jahrhundert ins Gedächtnis zu rufen[7].

Die ersten Landschaften, in denen Menschen siedelten, waren die Täler, die Gestade der Seen und der Flüsse. In den Dörfern hausten kaum mehr als zwei oder drei Großfamilien *(sortes, zrebia)*, die nur über eine oder zwei Generationen seßhaft blieben. Es gab viele Castra, die dieser verstreuten und zum größten Teil nomadischen Bevölkerung Schutz boten. Im 10. und 11. Jahrhundert wuchs die Zahl der Dörfer beträchtlich, auch die *zrebia* vermehrten sich, und die Bevölkerung neigte mehr zur Seßhaftigkeit. Allmählich begann ein Netz von fürstlichen oder ritterlichen Burgen diese Bevölkerung in Verwaltungs- und Wirtschaftseinheiten zusammenzufassen. In dieser Zeit ersannen die ersten Piasten ein System von ländlichen Dorfanlagen, in denen Handwerker oder fürstliche Dienstleute saßen; diese Dörfer hinterließen wunderliche Ortsnamen: so gibt es in der Umgebung des alten Bischofssitzes Gniezno Orte wie Sokolniki (Falkner), Piekary (Bäcker), Winiary (Winzer) und Swiniary (Schweinehirten)[8]; in der Krakauer Gegend Lagiewniki (Brauer), Skotniki (Schäfer), Kowale (Schmied), Rybitwy (Fischer) und Strzelce (Jäger)[9]; andernorts hießen sie Bartodzieje (Bienenzüchter) oder Bobrowniki (Biberjäger)[10].

Eine dritte historische Epoche beginnt im 12. Jahrhundert. Der Wasserspiegel stieg damals an, und da auch die Bevölkerung unaufhörlich wuchs, mußte sie sich auf den höher gelegenen Plateaus einrichten. Vom 12. bis in die Mitte des 13. Jahrhunderts schlossen sich viele *sortes* in Gruppen von 7, 10, 20 oder sogar 35 Familien zusammen. Ihre Wohnstätten tragen heute manchmal Namen, die sich auf die Topographie beziehen, manchmal solche, die die alten Besitzer anzeigen (mit Endungen auf -ow, -owa und -owo). Die weitverstreuten Feldstücke ließ man lange Zeit brach liegen, und in den entlegenen Wäldern setzte man Brandrodung ein. Schließlich taten sich mehrere *sortes* in einem Raum zusammen, sogenannte *opole*, zum Zweck der gemeinsamen Viehzucht, des Fischfangs und der Jagd. 1210 gab es beispielsweise in der *opole* Przemęt auf einer Fläche von 170 bis 180 Quadratkilometern, die zu 30 bis 40% aus Wald bestand und zwischen Groß-Polen und Schlesien lag, zwölf Ortschaften.

Die polnischen Länder erlebten also, ganz wie der Westen Europas, seit dem 11. Jahrhundert ein Bevölkerungswachstum und eine Binnenkolonisation, deren Ende im 13. Jahrhundert noch nicht abgeschlossen war. Aus den Ortsnamen hat man sogar gefolgert, daß in dieser Zeit auch Kriegsgefangene zum Landesausbau herangezogen wurden[11], aber das ist fraglich. Trotz des Bevölkerungswachstums blieb die Bevölkerung auf den polnischen Territorien schwach. Schätzungen zufolge belief sich die Bevölkerung in diesem ganzen Raum – Schlesien, Pommern, Groß- und Klein-Polen sowie Masowien – zu Beginn des 13. Jahrhunderts auf 1,7 Millionen Einwohner[12], was eine mittlere Dichte von etwa 5,5 Einwohner je Quadratkilometer ergäbe. Dem Landesausbau standen noch viele Gebiete offen. Wenn die polnischen Herzöge wie ihre Vettern in Schlesien nach dem Zuzug weiterer Menschen riefen, ob nach Fremden oder anderen, dann sahen sie darin gewiß auch ein Mittel, die Wirtschaftskraft ihrer Staaten zu stärken. Aber anders als zwischen Elbe und Oder oder in den Wäldern um das Böhmische Becken, wo der Boden meist neu zu brechen war, fanden die deutschen Siedler hier eine sich verhältnismäßig rasch vermehrende autochthone Bevölkerung vor. So arbeiteten Einheimische und Deutsche beim Landesausbau häufig Schulter an Schulter, und erst in der Folgezeit übernahmen diese Gebiete deutsche Rechtsformen und Methoden des Feldbaus.

Ankunft der ersten Deutschen

Vor der großen Einwanderungswelle des 13. Jahrhunderts kamen einzelne Deutsche nach Polen wie nach Ungarn und Böhmen – Kleriker, Ritter, Kaufleute. Wenn auch die Piasten des 11. Jahrhunderts mit den Familien aus dem Meißnischen oder Lothringen eheliche Bande geknüpft hatten oder sogar mit dem fränkischen Kaiserhaus, was Wladislaw Hermann gelungen war, so haben die Polenherzöge doch in der Folgezeit eher die Verbindung mit dem Osten gesucht, wenn man von ihrer schlesischen Linie absieht. Einzig und allein Przemysł II., am Ende des 13. Jahrhunderts Herzog von Groß-Polen, heiratete nacheinander Töchter aus den Hausern Mecklenburg und Brandenburg.

Religiöse Beziehungen zum Westen gab es seit der Christianisierung des Landes. Mieszko I., der die Taufe wahrscheinlich in Regensburg empfing, und Boleslaw Chrobry wandten sich an Kleriker aus Bayern und Niederlothringen. Die Benediktinerabtei Mogilno stand mit den Abteien Niederaltaich und Bamberg in Verbindung. Der Boden war also gut vorbereitet, so daß sich die Zisterzienser und Prämonstratenser im 12. und 13. Jahrhundert ausbreiten konnten.

Vor allem aber nahmen die polnischen Fürsten, nicht anders als die ungarischen, deutsche Ritter in ihre Dienste auf. Thietmar von Merseburg erzählt die Geschichte eines Ritters namens Erich, der unter Boleslaw dem Tapferen gegen seine

Landsleute kämpfte und später auf einem Feldzug im Osten sein Leben verlor. Unter Mieszko dem Alten war es ein Ritter aus der Lausitz, Heinrich von Kittlitz, der die Burg von Krakau verteidigte, und ein Pilgrim von Wiesenburg fand den Tod, als er versuchte, Heinrich I. von Breslau mit seinem eigenen Leib zu schützen. Das sind nur einige Beispiele aus vielen, und sie reichen bis ins 13. Jahrhundert. Aber dieser deutsche Adel »polonisierte« sich manchmal recht schnell, wie der polnische Adel umgekehrt auch deutsche Vornamen annahm.

Noch einmal: die Rolle der Zisterzienser

Die Zisterzienser hatten eine Vorliebe für Polen. In den Jahren 1143/45 hatten Bischof Matthias von Krakau und Peter Wlast den hl. Bernhard angerufen und ihn gedrängt, er möge die slawischen Länder besuchen[13]. Wenn der große Abt von Clairvaux dieser Bitte auch nicht entsprechen konnte, so wurden doch zu seinen Lebzeiten drei Zisterzienserklöster eingerichtet: Johann, Erzbischof von Gnesen, gründete in Klein-Polen eine Filiation von Morimond, Brzéznica (1140–53), die sich später Jędrzejów nannte; in Groß-Polen entstanden Lekno (gegen 1140) und Ląd (gegen 1155), wobei das eine südlich, das andere nördlich von Gnesen lag; bei beiden stammten die Mönche aus Altenberg, das zur Diözese Köln gehört, herbeigerufen von Mieszko dem Alten[14]. Und Herzog Kasimir der Gerechte gründete schließlich noch in Klein-Polen 1176/77 die Abtei Sulejów an der Pilica und holte Mönche *de Gallie partibus evocatos* herbei; kurz darauf trat Kloster Koprzywnica ins Leben (gegen 1185), in das gleichfalls deutsche Mönche einzogen. 1213 schrieb der Erzbischof von Gnesen, Heinrich, der allerdings selbst ein Zisterzienser war, über diesen Orden: »Dieser Orden erhellt Polen mit seinem Licht, wie der Morgenstern nach jeder Nacht das Firmament beleuchtet.«[15]

Eine zweite Blüte gab es in der ersten Hälfte des 13. Jahrhunderts. 1218/22 gründete Bischof Yves zusammen mit dem schlesischen Haus Leubus (Lubiąz) östlich von Krakau das Kloster Mogiła; sodann richteten sich die Bemühungen auf das flache Land an der Obra, wo Graf Bronisz 1234 Kloster Paradyz gründete; Kloster Obre, das Herzog Wladislaw Odonicz zusammen mit dem Abt des thüringischen Klosters Pforta geplant hatte, entstand erst einige Zeit später. Schließlich gründete Theodor, der Woiwode von Krakau, zwischen 1234 und 1237 im bewaldeten Vorland der Tatra die Abtei Ludziemierz, die nach 1243 nach Szczyrzyc verlegt wurde.

Schon diese Aufzählung ist bezeichnend. Die Zisterzienser schickten in diese Häuser Mönche, die zum größten Teil aus Deutschland kamen, und dies geschah unter dem Schutz ihrer Herzöge und Magnaten. Aber noch wichtiger wäre es zu wissen, bis zu welchem Grad die grauen Mönche zum einen die Erschließung des Bodens begünstigten und zum andern die Ansiedlung fremder Bauern. Um dies zu beantworten, muß man vielleicht zwei Epochen unterscheiden: die Zeit vor und die Zeit nach der Wende des Jahres 1200. Vorher scheint die erste Gruppe von Abteien, deren Aufgabe offenbar im wesentlichen die Missionierung gewesen ist[16], ihre Ländereien häufig mit Hilfe von Leibeigenen genutzt zu haben, die sie dort vorfan-

Die Zisterzienserabtei Sulejów. Von Kasimir dem Gerechten 1176/77 auf der Linie von Morimond gegründet, gehörte Sulejow zu den ersten Zisterziensergründungen in Polen, die sich vornehmlich missionarischen Tätigkeiten widmeten.

den. Das Generalkapitel der Zisterzienser verweist 1201 auf Häuser in Ungarn, Böhmen und Polen, *qui servos habent*[17]. Seit den Jahren 1200/20 fanden die Herzöge und die Grundherren in den Zisterziensern, wie in vielen regionalen Schilderungen nachzuweisen ist, tatkräftige Helfer, die ihre Politik des Landesausbaus – *melioratio terre* – kräftig unterstützten, und sie forderten die Abteien auch dazu auf, neue Dörfer anzulegen und deutsche Siedler ansässig zu machen.

Kolonisation in Groß-Polen

Am Beispiel Groß-Polens läßt sich der zeitliche, aber auch der räumliche Einschnitt gut aufzeigen. Das Land um Gnesen und um Posen, die Schwarzerdegebiete Kujawiens und einige hochgelegene Terrassen an den großen Flußtälern waren die besten landwirtschaftlichen Gebiete dieses riesengroßen Landes. Auf sie hatte sich die alte Besiedlung zuvörderst gerichtet, und entsprechend rasch war ihr Waldbestand verschwunden[18]. Hier ließen sich in der Mitte des 12. Jahrhunderts die Abteien Ląd und Lekno nieder; mit der erstgenannten ging es allerdings bald bergab.

Im 13. Jahrhundert wandten sich dagegen die Klostergründungen den westlichen und nördlichen Landesteilen zu, in die Gegend an der Obra und an der

Netze, waldbestandene Grenzgebiete, wo es nicht weit war nach Schlesien oder nach Pommern. Es ist bezeichnend für den Wunsch des Wladislaw Odonicz, die Zisterzienser zum Werkzeug des Landesausbaus zu machen, daß er 1210 versuchte, eine Filiation von Pforta in der Gegend südlich von Przemęt einzupflanzen; er hat den Mönchen außerdem gestattet, *villas Teutonicorum in nemore* oder auch auf ihren Besitzungen zu gründen[19]. Schon vor der Gründung der Abtei Paradyz hatte Graf Bronisz einem Deutschen namens Franco die *locatio* eines Dorfes auf seinem Familiengut Gostichovo anvertraut, aber das Unternehmen scheiterte *pro nimia paupertate*, und das Land wurde den Zisterziensern überlassen (1236)[20]. Etwas später stiftete Herzog Wladislaw den Zisterziensern von Dobriługk am Zusammenfluß von Obra und Warthe 500 Hufen, und sein Sohn Boleslaw verlieh einer dort ansässigen Grangie das Recht, in ihrer Umgebung Dörfer zu gründen (1259)[21].

Nördlich der Netze unternahmen die Ritter vom Deutschen Orden zusammen mit den Zisterziensern noch bedeutendere Vorstöße. Auch hier machte Wladislaw Odonicz eine Reihe großzügiger Schenkungen: 1224 am großen See von Böthin an den Deutschen Orden; die schlesischen Abteien Leubus und Heinrichau bekamen 1225 Dotationen auf den riesigen Gütern der Kastellanei Nakel; 1233 erhielten sie weitere 2000 Hufen; 1233 bekam Leubus 3000 Hufen unweit von Wielen (Filehne) an der unteren Netze. Die Politik des Herzogs spiegelt sich in einer Urkunde von 1225 wider, wo es heißt: *decrevi firmiter in territorio de Nakel locare habitatores Teutonicos sive alios hospites*[22]. Es war nicht nur die alte Abtei Lekno, die es auf sich nahm, ihr Dorf Panigrodz mit Deutschen zu bevölkern, die ein gewisser Hardegen herbeigeführt hatte[23]. Aber welches von all diesen großartigen Projekten, öde Landstriche, die gewiß nicht vielversprechend aussahen, zu besiedeln, wurde wirklich in die Tat umgesetzt?[24]

Um die Bedeutung der deutschen Kolonisation zu ermessen, hat man auf die vielen Lokationsbriefe hingewiesen: 297 solcher Dokumente sind in den Urkundensammlungen von Groß-Polen und 255 in denen von Kujawien nachgewiesen, für die Jahre 1231 bis 1241 und 1350 bis 1370[25]. Vor 1280 sind diese *locationes* wenig zahlreich, doch gegen Ende des 13. Jahrhunderts und in der ersten Hälfte des 14. Jahrhunderts nehmen sie sehr zu. Zu den ersten zählt das Dokument, in dem Herzog Kasimir von Kujawien zwei Bürgern von Sieradz, Martin und Wilkin, die *locatio* von Warta anvertraute. Das war 1255[26]. Was er sich davon erhoffte, liegt auf der Hand: *facere locum ibi magnum et populosum*; der Ortsname *(in theutonico Libewarde)* und die Beschaffenheit seines Rechts deuten auf eine ethnisch gemischte Bevölkerung hin. Für die Rodung des Waldes, der ganz in der Nähe liegt, sind vier Freijahre vorgesehen. Selbst im Jahr 1295 findet man in Siedlice und Wistka (Woiwodschaft Kalisch) noch Rodungsdörfer mit deutschem Recht, die zehn Freijahre gewähren[27]. Es stellt sich die Frage – wie zuvor schon in Pommern und Schlesien –, was unter einer »*locatio* nach deutschem Recht« zu verstehen sei. Wir werden später die Rede noch darauf bringen. In diesem Fall hat W. Maas, um die »echt deutschen Dörfer« ausfindig zu machen, folgende Faustregel eingeführt:

Wie der Lokator, so auch die Nationalität der Siedler[28], und mit dieser Regel lassen sich zwischen 1230 und 1280 nur etwa zwanzig deutsche Lokatoren ermitteln. Danach setzte die Umgestaltung und die Befreiung der polnischen Dörfer ein; die Lokatoren, die nun eingesetzt werden, sind meistenteils Polen, und die polnischen Dörfer geraten in den Einflußbereich ihrer deutschen Nachbardörfer, sofern sie nicht überhaupt deutsches Recht verliehen bekommen. Ob man nun also die Kolonisation durch Zisterzienser oder die Gründung neuer Dörfer mit Hilfe von Lokatoren betrachtet, wird man feststellen, daß das Vorrücken der Deutschen in die Ebenen Groß-Polens und Kujawiens im 13. Jahrhundert ziemlich begrenzt gewesen zu sein scheint.

Kolonisation in Klein-Polen

Die Beteiligung von Deutschen am Landesausbau im südlichen Klein-Polen war zwar schwächer als im angrenzenden Schlesien; aber doch bedeutender als nördlich der Warthe – oder sie läßt sich zumindest quellenmäßig besser belegen[29].

Ganz wie von selbst wandte sich die Kolonisation zunächst den gebirgigen Regionen im Norden der Tatra zu, *in silva magna qui finit in metis Hungariorum.* Dies war fast wie eine Wiederholung des Landesausbaus der slowakischen Zips. 1234 beauftragte Heinrich I. von Breslau, der damals gerade seine Hand auf das Herzogtum Krakau gelegt hatte, seinen Woiwoden Theodor, deutsche Siedler aus Schlesien in den waldreichen oberen Tälern der Dunajec und der Raba anzusiedeln[30]; unter den gleichen Umständen gründete Theodor auch die Abtei Ludziemierz. Höchstwahrscheinlich gründete der Herzog persönlich das Dorf Podoliniec (Pudlein) an der Grenze zu Ungarn (unweit des Flusses Poprad).

Nach 1258 richteten sich diese Unternehmungen auf das Becken von Sącz (Sandetz), und zwar auf den Umkreis der alten Kastellanei Podegrodzie an der Dunajec[31]. Dies geschah unter dem Einfluß der Herzogin Kunegunde, einer Tochter des Ungarnkönigs Bela IV., die diesen Landstrich als Mitgift erhalten hatte. Nun wurde das landwirtschaftliche Nutzland zu Lasten der Wälder und der Sümpfe erweitert (Ortsnamen, die mit Łąg, Lek oder Laka beginnen); die neuen Dörfer erhielten deutsches Recht[32]. Der Plan der Stadt Stary Sącz (Alt-Sandetz) geht auf die Zeit vor 1273 zurück. Aber es ist schwierig herauszufinden, welchen Anteil Deutsche an diesen Gründungen hatten: Die Mehrzahl der Dorfbürgermeister waren Polen; in Stary Sącz waren nur einige wenige Bürger Deutsche. 1292 wurde Nowy Sącz (Neu-Sandetz) gegründet – das war der höchstgelegene Punkt der Kolonisation in dieser Gegend.

Dennoch war es erst im 14. Jahrhundert, nach 1306, daß, unter Wladyslaw Lokieteck, die hügelige Zone zwischen den Karpatenflüssen planmäßig erschlossen wurde. Die *locationes* und die Erwähnung neuer Pfarrgemeinden – *de novo fondata* – zwischen der Skawica und der Biała bezeugen, wie tatkräftig Rodung und Peuplierung hier vonstatten gingen. Die Dörfer nahmen die Form von Waldhufendörfern an, und manches von ihnen besaß mehr als 100 Hufen. Östlich der Biała überließ der König dem Adel die Initiative, in geringerem Maße den Klöstern.

Einige dieser Dörfer tragen Namen, die einstmals deutsch gewesen sein könnten: Rajbrot – Reichenbrot, Królówka – Königsdorf, Chronów – *villa Conradi*, Gosprzydowa – *Libertas Gotfridi*, Szynwald – Schinwald. Möglicherweise waren Zuwanderer aus Schlesien an ihrer Gründung beteiligt; aber in erster Linie waren es Polen, die die Rodung durchführten und die Bevölkerung stellten, während die Flurformen und die »Freiheiten« deutschen Vorbildern entlehnt wurden. Kasimir der Große (1333–70) zog es weiterhin gen Osten, er wollte über die Biała hinaus bis zur Wisłoka – ein gewaltiges Vorhaben –, und dennoch die Besetzung der etwas weiter westlich gelegenen Waldgebiete verstärken. So gründete er 1346 am Oberlauf der Dunajec *Novum Forum* (Neumarkt; Nowy Targ, Polen) mitsamt einem ganzen Ring von Dörfern und an der Grenze bei Poprad (Deutschendorf) die Dörfer Muszyna und Tylicz. An der Biała ließ er von einem Bürger aus Sącz namens Hanko den Ort Grybów (Grünberg) gründen und schenkte ihm 150 Hufen. Auch die Lokatoren aller übrigen Dörfer am Oberlauf der Dunajec kamen von Sącz – aber waren sie deutscher Abstammung? Man kann sich in bezug auf die Bürgermeister der neuen Dörfer an der Ropa die gleiche Frage stellen: von 19 Namen, die man im Umkreis von Biecz findet, könnten wenigstens 6 aus schlesischen Städten stammen, und sogar in Biecz scheint es gegen Ende des Jahrhunderts einen starken Anteil Deutscher gegeben zu haben. Die wichtigsten Gründungen waren Pilzno an der Wisłoka (1354) und Frysztak (Freistadt, 1366), sie waren beide mit großen Anbauflächen ausgestattet.

Die Bilanz des 14. Jahrhunderts ist für das Vorland der Karpaten bemerkenswert: etwa 40 neugegründete kleine Dörfer und 86 Hinweise auf dörfliche *locationes*, von denen drei Viertel kurz zuvor aus dem Wald geschlagen wurden[33]. Aber insgesamt bleibt das Deutschtum hier sehr schwach. Man darf sich bezüglich der »*locationes* nach deutschem Recht« nicht täuschen lassen, selbst wenn es da und dort wirklich deutsche Inseln gab und Deutsche sich in rund einem Dutzend Städten mit einem Doppelnamen niedergelassen haben.

In Klein-Polen, das nördlich der Weichsel liegt und viel weiträumiger ist, sind für den gleichen Zeitraum nur 33 *locationes* bezeugt. Bis 1370 gestatteten zwar die Bischöfe sowie das Krakauer Domkapitel in den Wäldern bei Olkuz und bei Kielce mehrmals, Rodungen durchzuführen, und sie gewährten das deutsche Recht und ließen langgestreckte Hufen anlegen[34]; aber man gewahrt dort kaum deutschen Einfluß, nur selten treten Lokatoren deutschen Namens in Erscheinung[35].

Deutsche Kolonisation und Kolonisation nach deutschem Recht

Bevor man sein Augenmerk auf die ländliche Kolonisation in Groß- und Klein-Polen im Laufe des 13. und des 14. Jahrhunderts richtet, muß man sich darüber im klaren sein, daß es säuberlich zu unterscheiden gilt zwischen dem Landesausbau durch Deutsche und dem Landesausbau nach deutschem Recht.

Der eigentliche Landesausbau durch Deutsche hat in erster Linie im 13. Jahrhundert stattgefunden; im 14. Jahrhundert gab es davon immer weniger, allenfalls noch in den Landen am Fuße der Karpaten. Diese Kolonisation findet zwar schriftlichen Niederschlag, beispielsweise in Aufrufen an deutsche Siedler, in Gründungsurkunden deutscher Siedlungen; aber diese Quellen sind insgesamt doch selten, und sie werfen überdies die Frage auf, ob die dergestalt zum Ausdruck gebrachten Wünsche auch immer genügsam befriedigt wurden. Für viele deutsche Historiker ist die Nationalität des Lokators oder des Schulzen das wesentliche Kriterium für die Bestimmung der Peuplierung von Dörfern, denn er führt Siedler seiner eigenen Nationalität herbei. Aber es ist nicht immer einfach, einen Deutschen aufgrund seines Namens von einem Polen zu unterscheiden, denn sie hatten oft die gleichen Taufnamen, und auch die Herkunftsorte geben nicht immer schlüssig Auskunft. Übrigens scheint selbst nach diesem Kriterium der Anteil der wirklich deutschen Bevölkerung bescheiden gewesen zu sein, wie wir gesehen haben, und zwar nicht nur auf den Ebenen in der Landesmitte, sondern auch in den Wäldern im Süden Polens. Die Ortsnamen können allerdings hinter einer Übersetzung oder einer slawischen Anpassung da und dort eine deutsche Siedlung hervortreten lassen. Was die Form der Dörfer und der Fluren anlangt, so sind sie ebensowenig ein genaues Unterscheidungsmerkmal, weil die Lokation nach deutschem Recht eben zur Folge hatte, daß polnische Dörfer ihr Gesicht vollkommen veränderten und dem westlichen Beispiel folgten.

Nicht alle Dörfer mit deutschem Recht sind also deutsche Kolonistendörfer. Die polnischen Grundherren, allen voran die Kirche, so scheint es, später auch die weltlichen Herren und zuletzt, im 14. Jahrhundert, die Krone haben die Binnenkolonisation begünstigt, und aus diesem Grund verliehen sie das deutsche Recht sowohl an bereits bestehende als auch an neue Dörfer[36]. Den Leibeigenen scheinen die Dörfer mit deutschem Recht »wie ein Paradies« vorgekommen zu sein; aber auch die Grundherren zogen ihren Vorteil daraus, denn damit wurden die bäuerlichen Abgabeverpflichtungen überschaubarer und berechenbarer, weil es nun statt dem Wust von Abgaben und Fronverpflichtungen, die ohnehin nur gelegentlich erfolgt waren und deren Höhe unbestimmt war, nur einen bestimmten Pachtzins gab; und statt der vielerlei Rechtsgewalten sollte es künftig nur noch einen Gerichtsherren geben – auch das war bekanntlich eine Einkommensquelle. Was die Form der Dörfer und ihrer Fluren anlangt, so führte die Verleihung deutschen Rechts oder einer Lokation nach deutschem Recht einen tiefgreifenden Wandel herbei[37]. Viele der alten Dörfer, deren Häuser kreuz und quer lagen, deren Felder unregelmäßig und weit verstreut waren, führten nun eine »Flurbereinigung« durch, welche den Erfordernissen des Fruchtwechsels folgte. Die Kolonistendörfer, die von polnischen oder deutschen Lokatoren gegründet worden waren[38] und einen Rechtsstatus besaßen, der dem eines deutschen Dorfes ähnelte, nahmen die Form von Straßendörfern oder eingedeutschten Waldhufendörfern an. Die neue landwirtschaftliche Bemessungseinheit, an der westlichen Hufe berechnet, wurde im Laufe des 13. Jahrhunderts die polnische *łan*. Die polnischen Kolonistendörfer des Mittelalters streckten sich manchmal bis zu mehreren Kilometern aus und wurden daher *łańcuchówki* genannt, das heißt kettenförmig. Sie waren im Durchschnitt 15 *mansi* groß, konnten sich aber auf 30 oder 40 *mansi* erstrecken, die in schmalen

Streifen angelegt waren, ungeachtet der Beschaffenheit des Bodens, und sie reichten oft bis zu den Grenzen der dörflichen Rodung. So hat die polnische Kolonisation im 14. Jahrhundert den Landesausbau durch Deutsche abgelöst und bis in die Gegend von Przemysl und von Sanok in Podlachien und, im 15. Jahrhundert, bis nach Masuren fortgeführt.

Ursprünge der polnischen Städte

Sicherlich haben Deutsche und das deutsche Recht bei der polnischen Städtebildung eine größere Rolle gespielt als bei der Erschließung des flachen Landes. Das Beispiel Schlesien hat bereits gezeigt, wie sich die Stadtentwicklung im 13. Jahrhundert beschleunigte. Aber auch die anderen Regionen Polens hatten zumindest seit der Mitte des 10. Jahrhunderts erste Ansätze einer städtebaulichen Entwicklung erfahren[39].

Archäologische Ausgrabungen gestatten es uns, zu diesem Punkt ein ganzes Bündel überzeugender Erkenntnisse vorzulegen[40]. So fand man in Poznań auf der Dominsel einen frühen Befestigungsgürtel aus dem 10. Jahrhundert, ein Bollwerk aus Holz und Stein, das auf einem mehr als 20 Meter breiten Fundament ruhte. Ein zweiter Mauerring umschloß ein *suburbium*, das östlich von diesem ersten Gürtel lag, wo sich auch die Kathedrale erhob. Unterhalb der gotischen Kathedrale aus dem 13. und 14. Jahrhundert trat eine romanische Basilika aus dem 11. oder 12. Jahrhundert zutage sowie verschiedene andere Bauwerke, die auf die Zeit des ersten Bischofs, Jordan (nach 968), zurückgehen. Sodann stieß man auf zwei Siedlungen, die sich zu beiden Seiten der Warthe hinstreckten: Srodka, nach dem allwöchentlichen Markt am Mittwoch (pol. środa) benannt; der andere Stadtteil hieß St. Gotthard[41]. In Groß-Polen haben weitere Ausgrabungen ähnliche befestigte Castra aus Holz ans Licht gebracht: in Kruszwica, am See von Goplo, bei Kalisz und in der Nähe von Łęczyca, auf einer kleinen Insel in der Bzura. Płock, die alte Hauptstadt Masowiens, auf einer erhöhten Terrasse an der mittleren Weichsel gelegen, gab ebenfalls seinen frühen befestigten Kern aus dem 10. oder 11. Jahrhundert preis, zu dem auch steinerne Bauwerke gehörten.

In Krakau gab es auf dem Kalkfelsen Wawel spätestens seit dem 10. Jahrhundert einen Stadtkern, nämlich das Castrum eines Fürsten, einen frühen Marktflekken und eine sehr alte Kirche mit drei Apsiden – mit ihren Einflüssen aus dem veneto-adriatischen Bereich ist sie eine zuverlässige Zeugin der Kunst vom Ende des 10. oder dem Beginn des 11. Jahrhunderts. Etwas später breitete sich zu Füßen dieser Anhöhe, vor allem nordwärts, eine Handelsniederlassung aus, das *suburbium* Okol mit einem Markt und einer Kirche, die dem hl. Andreas geweiht ist. Schon vor dem 13. Jahrhundert besetzte eine Reihe weiterer Kirchen einen Großteil des Platzes, den später einmal die Stadt einnehmen würde[42].

Wie in Pommern und Schlesien, so gab es also auch in anderen Teilen Polens zu Beginn des 13. Jahrhunderts städtische Siedlungen, die aus verschiedenerlei Anfängen herausgewachsen waren: aus dem fürstlichen *castrum (gród)*, das zu der Zeit fast ausschließlich von einer herzoglichen Burg eingenommen wurde; aus

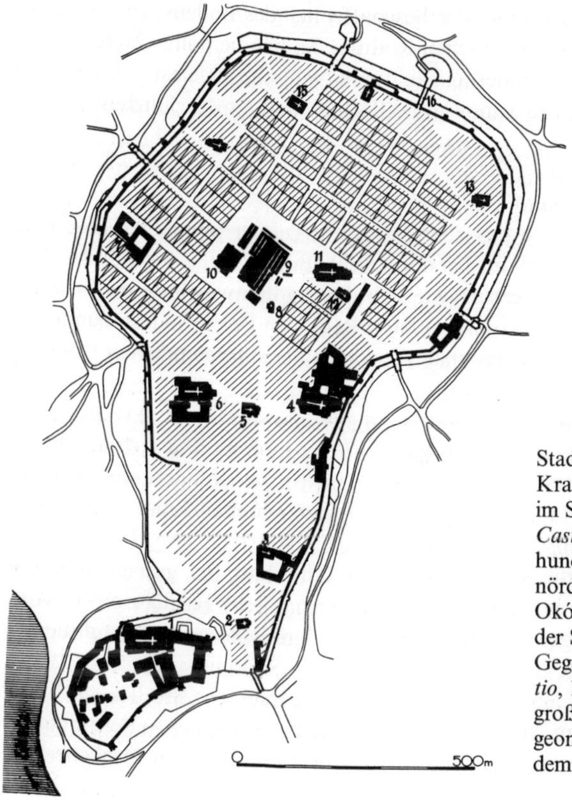

Stadtplan des mittelalterlichen Krakau. Die Hügel des Wawel im Süden mit dem fürstlichen *Castrum* aus dem 10. Jahrhundert und dem Dom; nördlich davon das *suburbium* Okół mit einem Markt und der St. Andreas-Kirche, Gegenstand einer ersten *Locatio*, 1211/17. Die Stadt der großen *Locatio* von 1257 auf geometrischem Grundriß mit dem Ring.

einem kirchlichen *suburbium (podgrodzie)*, einem *suburbium* der Handwerker oder Kaufleute, manchmal jeglicher Einheitlichkeit in seiner Bauweise entbehrend. Diese frühen Städte führten eine Vielzahl von Einwohnern zusammen – im Falle Posens und Krakaus hat man sie auf bis zu 5000 geschätzt.

Das Problem der ›locatio civitatis‹

In der Entwicklung dieser Städte fand jedoch im 13. und 14. Jahrhundert eine einschneidende Veränderung statt: der alte Stadtmittelpunkt verschwand, und die Stadt entwickelte sich jetzt nach einem Plan, der wesentlich großzügiger war als die ersten Anfänge hätten ahnen lassen. Greifen wir aus den eben behandelten Beispielen noch einmal Poznań heraus, dessen städtische Entwicklung sich nun auf das linke Wartheufer verlegte, der Dominsel nur noch ihre religiöse Rolle belassend. Eine neue Stadt tat sich auf, mit einem großen Platz, und das Ganze folgte einem regelmäßigen Grundriß. Dies geschah unter der Herrschaft des Herzogs Premysl I., aber als Lokator nahm er sich einen Kaufmann namens Thomas von Guben, und er schenkte der Stadt das Magdeburger Recht (1253). Mit ihren etwa

30 Hektar Grundfläche war sie fünfmal größer als die Siedlung des 12. Jahrhunderts.

In Krakau scheint eine *locatio* erstmals zwischen 1211 und 1217 tätig gewesen zu sein, und zwar in Okol, wo der Stadtplan regelmäßige Züge zeigt und die Kirche der hl. Maria Magdalena errichtet wurde. Die große Lokation erfolgte 1257; und sie folgte, nach bemerkenswerten vermesserischen Arbeiten, einem grandiosen Plan. Danach bedeckte die Stadt eine Fläche von 30 bis 32 Hektar. Gegen Ende des 13. Jahrhunderts umgab sie sich mit einem Mauergürtel mit Türmen und Toren[43].

Die Lokation war sowohl in Posen als auch in Krakau und in zahlreichen anderen Städten mit der Übertragung von Privilegien verbunden, vornehmlich dem Marktrecht und weiteren städtischen Freiheiten nach dem Magdeburger oder Neumarkter Recht. In Krakau erfreute sich die Stadt schon wenigstens seit dem Jahr 1220 eines deutschen Rechts[44], noch ehe ihr Herzog Boleslaw 1257 das Magdeburger Recht verlieh[45]. Sandomierz bekam sein Stadtrecht etwas später[46], Płock zweifelsohne im Jahr 1226[47]. Dies führte dazu, daß diese polnischen Städte ein verfaßtes Stadtregiment erhielten, welches von höherem Niveau war als das ihrer Schwesterstädte, die ihr polnisches Recht beibehielten[48].

Aber wieso kam es überhaupt zu diesem Städtewachstum, das von einem neuen Rechtsstatut nach westlichem Muster begleitet war? Natürlich bezogen diese neuen polnischen Städte des 13. und 14. Jahrhunderts ihre Einwohner zum Teil aus ihren früheren vorstädtischen Siedlungen. Die Bevölkerungsdichte war in den Städten, die einen alten Stadtkern hatten, auch größer als in den neuen, offeneren Städten, mithin spiegeln die Ausmaße dieser Städte manchmal nur den neuen Siedlungstyp wider. Man muß des weiteren bedenken, daß die Lokation, die häufig als ein Ergebnis angesehen wird, in Wirklichkeit nichts anderes war als ein Anfang – »eine Art Programm, das erst im Laufe künftiger Jahrzehnte zu verwirklichen war«[49]. Dennoch kann dies nicht genügen, diesen gesamten Vorgang befriedigend zu erklären; und man muß sich bei diesem Städtewachstum ganz gewiß im klaren darüber sein, daß es neben dem slawischen Bevölkerungsdruck von innen noch einen zweiten Faktor gab, der deutsche Zuwanderung hieß: *intendentes… locare civitatem in Cracovia et homines inibi de diversis climatibus congregare*, erklärte Herzog Boleslaw 1257 in Krakau.

Schon in der ersten Hälfte des 13. Jahrhunderts verweisen Lokationen und andere schriftliche Quellen aus 15 groß-polnischen Städten auf den Zuzug von Deutschen, und zwar im Raum Posen vor allem in Powidz (1243), in Kostschin (1251) und in der Stadt Posen selber (1253). In Masowien gab es, in Płock, schon 1237 eine gemischte Bevölkerung, oder sie war zumindest vorgesehen. Wenn man sich die Namen der Einwohner und die Bürgerbücher bis 1326 ansieht, zeigt sich, daß in den Städten Groß-Polens, Kujawiens und im Raum von Płock und Sieradz von insgesamt 124 Personennamen bis zu 95% deutsch gewesen sein könnten[50]. Selbst wenn sich diese Stichprobe nur auf eine sehr begrenzte Anzahl bezieht und es immer einen gewissen Unsicherheitsfaktor gibt bezüglich Namen und ethnischer

Krakau. In der Mitte des großen Marktplatzes (200 × 200 m) wurden im 16. Jahrhundert die Tuchhalle und das Rathaus rekonstruiert.

Zugehörigkeit, bedeutet dies doch, daß das deutsche Element bei der städtischen Entwicklung dieser polnischen Gebiete eine gewisse Rolle gespielt hat. Die kleine Bergstadt Olkusz in Klein-Polen weist für die erste Hälfte des 14. Jahrhunderts gleichfalls einen Anteil deutscher Namen auf, der über 50% liegt[51]. Und in Krakau gab es schon vor 1257 einen hohen Anteil Deutscher[52]; in der Mitte des 14. Jahrhunderts bildeten sie die Mehrheit der Bürgersleute, und die Zuwanderung, die vornehmlich aus Schlesien, Böhmen und Mähren kam, hielt bis in die Mitte des 15. Jahrhunderts unvermindert stark an.

Abschließend kann man sagen, daß das städtische Leben in Polen zwar nicht auf den deutschen Landesausbau gewartet hat, bevor es sich entwickeln konnte, und daß keineswegs alle Städte mit deutschem Recht »deutsche Städte« waren; dennoch haben die Verbesserungen des Landesausbaus sowie der gesellschaftliche und wirtschaftliche Aufschwung der Städte aus den Lokationen des 13. und 14. Jahrhunderts und aus der Teilnahme von Menschen aus dem Westen beträchtlichen Nutzen gezogen.

Wir werden später ganz allgemein auf die umstrittenen Fragen nach Bevölkerungszahlen und Bevölkerungsdichte der polnischen Gebiete in der Mitte des 14. Jahrhunderts zurückkommen und folglich auch auf das Wachstum der Bevölkerung im Osten während des Jahrhunderts der Kolonisation. Doch eine weitere Frage drängt sich auf, wie nämlich diese beiden Elemente, Slawen und Deutsche, in den Städten und auf dem Land miteinander auskamen. Dazu sind uns zwei widersprüchliche Aussagen überliefert[53]; die eines unbekannten französischen Dominikaners aus dem 14. Jahrhundert, der in seiner »Descriptio Europae orientalis« schreibt: *quod naturale odium est inter eos* [sc. den Polen] *et Teotonicos...*, und ferner ein Eintrag aus dem 13. Jahrhundert in der Großen Chronik Polens, wo es heißt, Deutsche und Slawen seien *communes et familiares* wie kein anderes Volk der Erde... Nun denn!

10. Livland

Der Druck, den das Deutschtum seit dem 13. Jahrhundert auf den baltischen und preußischen Nordosten ausübte, zeigte etwas andere Merkmale als während der Frühzeit des deutschen Vordringens in Ostmitteleuropa. Ungarn und die slawischen Staaten waren damals hinlänglich gefestigt, so daß sie imstande waren, ein neuerliches militärisches Vordringen zurückzuwerfen; übrigens stellte sich nach dem Untergang der Staufer anno 1250 die Frage überhaupt nicht mehr, ob das deutsche Königtum zum Angriff übergehen würde. Der Menschenstrom jedoch setzte sich unvermindert fort, wie wir gesehen haben, tat allenthalben neue Bereiche auf – auf dem flachen Land, in der Stadt, im Bergbau – und ergoß sich bis in die flachen Weiten Moldawiens. Nur noch an den Küstenstreifen und in den

Landen des östlichen Baltikums, jenseits der Weichsel, war der Weg für neue Eroberungen frei. Dort brachen die deutschen Ritterorden ein. Sie hielten sich mehr an das Schwert als an das Kreuz, und in ihrer Begleitung kamen Kaufleute, denen bald auch Siedler folgten. So entstand in dieser gottverlassenen Gegend ein Ordensstaat mit eigentümlichen wirtschaftlichen und gesellschaftlichen Strukturen, und es öffneten sich neue Gebiete für die deutsche Kolonisation.

Erste Missionen in Livland

Das Land zwischen dem Lauf der unteren Düna und dem Finnischen Meerbusen wurde vom Ende des 12. bis zum 17. Jahrhundert insgesamt als Livland bezeichnet. Nach Süden und Osten schirmte ein breiter Waldstreifen (die Deutschen nannten ihn »die Wildnis«) das Land gegen Preußen und Litauen sowie gegen die russischen Fürstentümer ab. Im 12. Jahrhundert lebten dort verstreute heidnische Stämme verschiedener Herkunft und Sprachen. Im Norden waren es die Esten, die der finno-ugrischen Sprachfamilie angehören; südlich von ihnen, am rechten Ufer der Düna, saßen die Letten, und noch weiter südwärts, auf der linken Seite des Flusses, saßen Semgalen und Selen, die mit ihnen versippt waren und wie sie zur baltischen Sprachfamilie gehörten. Die Stämme an der Rigaer Bucht und in Kurland bildeten in ethnischer Hinsicht ein einziges Durcheinander. Während des frühen und des hohen Mittelalters standen diese Völkerschaften unter dem Einfluß des skandinavischen Kulturkreises, denn sie lebten nahe den Handelswegen, auf denen die Waräger in den Süden Rußlands zogen. Aber es scheint, daß die Einwohner des östlichen Lettlands und die Stämme an der Düna später dem russischen Fürsten in Pskov (Pleskau) und, vor allem, dem in Polozk (Polock) Tribut bezahlen mußten[1].

Während der zweiten Hälfte des 12. Jahrhunderts bis zur Ansiedlung der Deutschen im östlichen Baltikum waren hier schon reisende Kaufleute und predigende Missionare durchgezogen. Münzfunde aus dieser Zeit beweisen, daß in ihrer Mitte auch sächsische Fernhändler reisten; die Gründung einer Kaufmannsniederlassung, 1161, die mit Gotland in regem Handelsaustausch stand, gab dem baltischen Fernhandel mit dem Osten einen entscheidenden Aufschwung.

Auch die russische Kirche hatte bereits versucht, im Tal der Düna das Evangelium zu verbreiten; und schon gegen 1120 hatte eine Mission des schwedischen Bischofs von Sigtuna in Estland Fuß gefaßt. Als der Erzbischof von Lund den französischen Zisterziensermönch Foulque aus der Abtei La Celle zum Bischof von Estland weihte, schrieb man noch nicht einmal das Jahr 1167. Aber wenige Jahre später passierte ein Zwischenfall – eine estnische Flotte plünderte die schwedische Insel Öland –, und daraufhin rüsteten die Skandinavier zu einem Kreuzzug gegen Finnland und Estland (1171). Dies war der Anfang langwährender kriegerischer Auseinandersetzungen[2].

Glücklicher verlief die Missionsreise Meinhards, eines Kanonikers aus dem holsteinischen Segeberg, der gegen 1180 deutsche Kaufleute an die Mündung der Düna begleitete. Mit Erlaubnis des russischen Fürsten von Polock errichtete er

1184 die erste Kirche Lettlands in Üxküll. Nach seiner Bischofsweihe durch den Erzbischof von Bremen stieß eine Schar Zisterziensermönche zu seiner Gefolgschaft, darunter auch ein gewisser Theoderich, der bald den Orden der Schwertritter gründen sollte. Meinhards Nachfolger war übrigens ebenfalls ein Zisterzienser aus der Abtei Loccum in Westfalen, Berthold; doch der mußte sächsische Kreuzritter herbeirufen, um seine kleine Gemeinde gegen einen Gegenangriff der livländischen Heiden zu verteidigen. Er fiel 1198 im Kampf[3].

Die Gründung von Riga

Die Ernennung von Bischof Albert von Buxhöveden, vormals Domherr von Bremen (Februar oder März 1199), und der Aufruf Innozenz' III., man möge einen Kreuzzug nach Livland machen, um dort der Kirche beizustehen (5. Oktober 1199), waren für die Zukunft Rigas von größter Bedeutung. Im Frühjahr 1200 reiste Albert mit einer Flotte von 23 Schiffen aus Lübeck ab, und er machte später noch mehrere Reisen, um Verstärkung herbeizuholen. Zu diesen »Kreuzfahrern« zählte die Blüte des niederdeutschen Adels: Bernhard von Lippe, Albert von Holstein, Albert von Sachsen, Adolph von Dassel, ferner zahlreiche Ritter aus Niedersachsen und Ostfalen und gewiß auch Kaufleute. Es war ihnen ein Leichtes, an der Dünamündung einen Brückenkopf zu errichten, aber noch bedurfte er der Festigung. Dies waren die Umstände, unter denen Riga im Sommer 1201 in die Geschichte eintrat[4].

Es war Albert, der die Lage ausgewählt hatte: am rechten Ufer des Flusses, 13 Kilometer vom Meer entfernt, auf einer Insel in der Mündung des Flusses Rige, welcher der Stadt den Namen gab. Dort gab es bereits ein armseliges lettisches Fischerdorf, aber es war noch sehr viel Platz, so daß man leicht eine weitere Siedlung errichten konnte. Hier, an den Hängen der Rige, ließ der Bischof seinen Sitz bauen, hierher überführte er auch, aus Üxküll, den Sitz des Domkapitels und den des Schwertritterordens. Gleich daneben entstand das Quartier der Kaufleute. 1210, als die Kuren Riga belagerten, standen dort kaum 80 Häuser. Der große Aufschwung setzte erst ein, als Riga in den folgenden Jahren von einer Bischofsstadt zu einem großen Handelsplatz der Hanse für den Handel mit Nordosteuropa wurde. 1211 wurde mit dem Bau einer Kathedrale begonnen. Unter dem Namen Neustadt dehnte sich die Stadt um einen neuen Marktplatz herum in Richtung Düna aus (1220), und der Mauergürtel, der 1300 vollendet wurde, umfaßte schließlich ungefähr 3000 Einwohner, von denen zwei Drittel Deutsche waren, das restliche Drittel setzte sich aus Livländern und Russen zusammen. Zu den Alteingesessenen gehörten Leute aus Soest, Münster, Groningen, Dortmund, Bremen, Lübeck und aus kleineren niederdeutschen Städten.

Wann erhielt diese Stadt ihren Verwaltungsapparat? Der Rat tritt erstmals, mit allen Rechten ausgestattet, 1226 in Erscheinung. Man hat zunächst gemutmaßt, der Legat der Kurie, Wilhelm von Modena, habe ihm diese Rechte übertragen, oder er habe sie durch eine Verschwörung an sich gerissen (1221) – die letzte Hypothese, wonach eine »Gruppe von Unternehmern« seit »Gründung« der Stadt

Riga, der Dom von Osten.

im Jahr 1211 mit dem Bischof darüber verhandelte, ist zu schulmäßig, um überzeugend zu sein.

Der Schwertbrüderorden

Alberts Missionswerk hing unvermeidlich mit dem Erwerb neuer Ländereien zusammen. In Theoderich fand er einen tatkräftigen Helfer. Der war es auch, der 1203/04 Zisterzienser herbeirief und sie in Dünamünde ansiedelte, dies eine Filiation von Marienfeld in Westfalen. Vor allem aber gründete er 1202 den Orden der Schwertritter – *fratres militiae Christi de Livonia*[5] –, eine Art stehenden Heeres, welches den Schutz der eroberten Gebiete und die Unterwerfung der Heiden gewährleistete. Diese Streitmacht, nach levantinischen – und womöglich auch nach spanischen – Vorbildern ausgedacht, bekam vom Papst die Regel des Templerordens verliehen, wurde allerdings unter die unmittelbare Aufsicht der Bischöfe gestellt. Anfangs holte der Orden seine Leute beinahe ausschließlich aus Westfalen, aus der Gegend von Soest, Marienfeld und dem Wesertal, später nahm er auch Männer aus Mitteldeutschland und aus Holstein auf[6]. Die Zahl seiner Ritter überstieg kaum je die 180, so daß seine Streitmacht zwischen 1200 und 1800 Mann schwanken mochte, wenn man Dienerschaft und Hilfstruppen mit einbezieht. Der erste Sitz des Ordens waren der Hof und die St.-Georgs-Kapelle zu Riga.

Im Tal der Düna und nach Norden zu schritt die Eroberung wacker voran. Die Chronik von Livland des Priesters Heinrich, der wohl aus Magdeburg stammt, spiegelt den Kampfgeist dieses Kreuzzugs wider (bis 1227)[7]. Aber es stellte sich bald heraus, daß die Ziele des Bischofs keineswegs die gleichen waren wie die des Ordens. Albert hatte sich 1208 von Philipp von Schwaben den Titel eines Reichsfürsten verleihen lassen, und er beanspruchte das eroberte Land als Lehen; aber er mußte schließlich einen Kompromiß mit den Rittern schließen und ihnen ein Drittel des Territoriums zurückerstatten.

Als Waldemar II. von Dänemark 1219 mit seinen Truppen in Lyndanise (Reval) landete, waren die Eroberungen in Estland gefährdet; der Vertrag von Ösel (1222) sah eine Teilung vor, doch das alles wurde erneut in Frage gestellt, als die Dänen in der Schlacht von Bornhöved 1227 in Holstein eine Niederlage einstecken mußten. 1225 hatte König Heinrich VII. Albert wieder eingesetzt, und der päpstliche Legat Wilhelm von Modena bestätigte die Teilung zwischen Albert und dem Deutschen Orden. Fast ganz Livland nördlich der litauischen »Wildnis« verblieb somit den Deutschen.

Mit Alberts Tod im Jahr 1229 begann eine Epoche der Rivalität zwischen dem Bischof von Riga, dem Schwertorden, dem Legaten Baudoin, inzwischen Bischof von Semgallen, und den Zisterziensern, die mit letzterem befreundet waren. Man beschuldigte die Ritter, sie hätten Güter entfremdet und Laienbrüder aus Dünamünde widerrechtlich festgehalten, ja sie sogar gefoltert. Wenig später endete ein Feldzug gegen die Litauer und die Schamaiten im Süden mit einem Debakel (1236), etwa 50 Ritter und 500 bis 600 Knappen und Hilfskräfte verloren dort ihr Leben[8], darunter auch der Ordensmeister Volkwin (1209–36). Als die Friedensverhandlungen zu Ende gingen, waren sie allesamt dem Hochmeister des Deutschen Ordens, Hermann von Salza, ausgeliefert, der in Livland einen Schutzwall sah, der Preußen nach Osten sicherte. Und der Papst, Gregor IX., verkündete am 14. Mai 1237 in Viterbo, der Schwertbrüderorden samt all seiner Besitzungen gehe fortan im Deutschen Orden auf.

Die Organisation Livlands

Die Aufgabe des Deutschen Ordens war damit nicht leichter geworden. Die Unterwerfung Semgallens und Kurlands (1251) war mit schwerer Mühsal verbunden, und die Niederlage von Durben (1260) verhinderte die Eroberung von ganz Litauen. Auch im Nordosten wurde das Vorrücken des Ordens vereitelt, und zwar durch den Fürsten von Nowgorod, Alexander Newskij, der bereits den Schweden Birger Jarl an der Newa aufs Haupt geschlagen hatte (1240); den Deutschen Orden besiegte er am 5. April 1242 in der berühmten Schlacht auf dem Eis des Peipus-Sees[9]. Und was nun Estland anlangt, das sie zwar 1227 von den Dänen zurückerobert hatten, so wurden ihm zwei seiner Provinzen – Harrien (Reval) und Wierland – im Jahre 1238 erneut überlassen, damit die Kräfte des Ordens nicht allzusehr zersplittert würden[10]. All diese Kriege waren sehr blutig und fügten dem Orden empfindliche Verluste zu: von den 20 Ordensmeistern, die es im 13. Jahrhundert in Livland gab, fielen 6 im Kampf gegen die Litauer. Die in Eisen gekleideten Ritter waren verwundbar, sobald sie in einen Morast oder ins Unterholz gerieten, eigentlich schon, sobald sie zu Fuß kämpfen mußten. Aber mit der Gründung von Memel gelang es ihnen 1252, zwischen Kurland und den kurz zuvor eroberten Gebieten in Ostpreußen eine wenn auch empfindliche Verbindung herzustellen[11].

In der Mitte des 13. Jahrhunderts war Livland demnach in fünf Territorien zerlegt: das Hochstift des Erzbischofs von Riga (das war er seit 1255), eine Mark des Reiches, zerfallen in einen lettischen Teil im Osten und einen livländischen, westlichen Teil; das Hochstift Dorpat, wo der Bischof zugleich Reichsfürst war; das Hochstift Ösel-Wiek; einen Teil des Hochstifts Kurland, der andere Teil gehörte dem Deutschen Orden; schließlich noch die Territorien des Ordens, die in 30 Distrikte unterteilt waren, von denen jeder einen Meister an der Spitze stehen hatte und selber in mehrere Komtureien unterteilt war.

Dieses politisch-religiöse Gebilde – der Orden – stützte sich auf etliche Burgen, die bald ringsumher in Stein entstanden. Die eine Linie wachte über die Grenze im Osten: Dünaburg, Rossiten, Marienburg, Neuhausen, Neuschloß. Aber die etwa sechzig Burgen des Ordens und vierzig weitere, die den Bischöfen und ihren Domkapiteln gehörten, zerlegten das Landesinnere in Planquadrate. So wachten die Bischofsburgen von Kokenhusen und von Homa und die Ordensburg bei Ascheraden über die untere Düna. Nördlich von Riga waren Segewold, Wenden, Wolmar und Fellin die wichtigsten Befestigungen. Selbst die Zisterzen von Dünamünde und Falkenau, die nördlich von Dorpat lagen (gegründet 1228 bzw. 1233), waren von Festungsmauern umgeben. Das Verteidigungssystem war ziemlich gut, das stellte schon 1268 der livländische Ordensmeister Otto von Lütterberg fest, es sicherte den christlichen Glauben und zugleich die Handelsrouten der Hanse, die nach Rußland liefen[12]. Wenn die Verteidigung der Ostgrenze, die zu den christlichen Russen blickte, auch wenig Kopfzerbrechen verursachte, so zwang doch die Südgrenze, die fortwährend den Überfällen heidnischer Samogitier und Litauer ausgesetzt war, die Deutschherren, eine Streitmacht aus Einheimischen aufzustellen und fortwährend Wachtrupps durch das einsame Grenzland zu schicken[13].

Gesellschaft und Kolonisation

Domkapitel und Orden haben sich wenig um den gesellschaftlichen Aufbau des Landes gekümmert. Die Unterschichten der livländischen Gesellschaft – Sklaven (Drellen) und Pächter von Haken – blieben an ihre neuen Grundherrschaften gebunden, indes die *seniores terre* und andere *nobiles*, die mehr oder weniger eingedeutscht waren, Lehnsträger des Bischofs oder des Ordens wurden, sofern sie nicht der freien Bauernschaft angehörten. Haken nannte man die Parzellen, die man mit dem Pflug gleichen Namens – dem Hakenpflug – während eines Jahres bestellen konnte; sie blieben die wirtschaftlichen Grundeinheiten der bäuerlichen Familien[14]. Es gibt Verzeichnisse, aus denen man die Zahl dieser Höfe ersehen kann, vor allem in Estland. Dies erlaubt die Schätzung, daß es in diesem Land im 13. Jahrhundert etwa 2 bis 3 Einwohner je Quadratkilometer gegeben haben muß[15].

Das Netz aus Pfarrgemeinden, das die livländische Missionsarbeit gesponnen hatte, war sehr großmaschig. Im Lettischen, nördlich der Düna, gab es 65 Pfarrgemeinden; in Estland standen 25 Kirchen. Die Schwertbrüder legten kleinere, unabhängig arbeitende Wirtschaftshöfe an, die man mit den Grangien der Zisterzienser vergleichen könnte; und gleich nachdem sich die Ritter des Deutschen Ordens in der Gegend niedergelassen hatten, versuchten sie, den Bruch an der Treider Aa in Kultur zu nehmen (1238). Aber daraus wurde nichts Rechtes[16]. Zu einem Landesausbau mit deutschen Bauern kam es eigentlich überhaupt nicht. 1261 forderten die Deutschordensritter die Bevölkerung von Kurland dazu auf und boten ihnen Lehnsgüter an, den Bauern wollten sie das Land mit 6 Freijahren verpachten[17]. Aber es stellten sich keine Siedler ein. Man hat sich lange gefragt, warum. Lag es an der Entfernung? Fürchtete man sich vor einer Seereise oder scheute man die Kosten? Waren die Böden zu wenig ergiebig, das Klima zu rauh? War die Rodung hier zu teuer? Schweden hingegen, die weniger weit entfernt lebten, folgten in den Jahren nach 1270 dem Ruf des Bischofs von Ösel und kamen an die Küsten Estlands und auf die Insel; dieser Zuzug hielt noch in der zweiten Hälfte des 14. Jahrhunderts an.

Städtische und adlige Kolonisation

Die ersten Deutschen, die den vorrückenden bewaffneten Missionaren folgten, waren Kaufleute, und sie ließen sich im Schutz der Burgen nieder. Seit 1221 gab es eine frühe Kaufmannssiedlung vor der Burg von Wenden; 1222 ließen sich weitere in Fellin und Dorpat nieder. Diese erste Siedlergeneration paßte die Stadtpläne ihrer ersten deutsch-livländischen Städte der Lage der Burgen an, unterhalb derer sie einen Markt anlegten und wo erste Ansätze einer planvoll angelegten Stadt sichtbar werden (Fellin, Kokenhusen, Wolmar)[18]. Diese Städte waren befestigt, ihre Bevölkerung war ethnisch gemischt, und im 13. Jahrhundert überstieg ihre Einwohnerzahl kaum 500, wie aus der Anlage der Häuser zu ersehen ist.

Neben Riga entstand in der Kolonialzeit noch ein zweites Kleinod einer Stadt, und das war Reval (Tallinn)[19]. Der alte Handelsplatz und der estnische »Marktflecken«, welche Waldemar II. von Dänemark erobert hatte, waren seit 1219 dem *castrum majus* gewichen, das auf dem Domberg stand und die Kathedrale sowie die Häuser der königlichen Vasallen umfaßte.

Als die Stadt an den Orden der Schwertbrüder ging, ließen diese das *castrum minus* erbauen (1227/29), vor allem aber riefen sie, um ihre Lage zu festigen, im Sommer 1230 etwa 200 Kaufleute aus Gotland herbei, denen sie freie Hafenbenützung zusicherten und Land gaben; bedauerlicherweise ist dieses Dokument nicht erhalten. Nicht zuletzt dank dieses Zuzugs wurde Riga rasch zu einer tausendköpfigen Gemeinde und der zweite Hafen im Missionsland Livland-Estland. Die Stadt bekam lübisches Recht, und selbst unter dänischer Vorherrschaft hörte der Deutsche Orden nicht auf, hier Handel zu treiben.

Die einzige Stadt, die sich nach dem typisch »kolonialen« Muster entwickelte, mit rechtwinkeligen Straßen und regelmäßigen Straßenblöcken, war Pernau, das unweit einer weiteren Ordensburg an der Mündung der Embecke entstand (1265–90).

Seit Ende des 13. und besonders im 14. Jahrhundert versuchte der Deutsche Orden, möglichst viele weitere deutsche Ritter ins Land zu holen, und zwar gar nicht so sehr deshalb, um die Burgen zu halten, sondern um auf dem flachen Land Fuß zu fassen. Aber diese Herren wollten sich nicht in großer Zahl einstellen: bis zum Jahr 1450 sind uns nur 42 Belehnungen bekannt[20]. Die wenigen, die kamen, richteten große Wirtschaftsgüter ein, die sie manchmal durch Kauf erwarben, manchmal dadurch, daß sie die alten Besitzer vertrieben. Viele gaben ihren deutschen Namen auf und nahmen den ihres Gutes an, etwa die Wrangel, die Uexküll und die Kosküll. Auch der Orden unterhielt große Bauernhöfe, wie etwa die der Komturei Goldingen, die 1341 insgesamt 146 Pferde, 500 Rinder und 300 Schafe ihr eigen nannten. Aber die alten Flurformen bestanden unverändert fort, und der Landesausbau machte kaum Fortschritte. Zu neuen Stadtgründungen kam es nicht.

Im 15. Jahrhundert machte übrigens die politische Lage der Kolonisation einen Strich durch die Rechnung. Nach der Niederlage des Deutschen Ordens bei Tannenberg (1410) und einem neuerlichen polnisch-litauischen Angriff fiel Samogitien in die Hände der Litauer, und zwar der nördlich der Memel gelegene Teil wie auch ein großer Teil Kurlands (1422). Nun griffen auch noch die russischen Fürsten den nördlichen Teil Livlands an (1424, 1444/8); aber der Landmeister hatte dort weiterhin das Sagen, und es kam dort sogar zu einer späten Blütezeit, die bis in die Mitte des 16. Jahrhunderts anhielt. Trotzdem war es in erster Linie den bürgerlichen

Kaufleuten der drei großen Städte Riga, Dorpat und Reval sowie den Großgrundherren zu verdanken, daß Deutsche auf Jahrhunderte hinaus den Menschen und der Gesellschaftsstruktur der baltischen Staaten ihren Stempel aufgedrückt haben.

11. Der Staat des Deutschen Ordens in Preußen

Der Deutsche Ordensstaat wurde unter ähnlichen Bedingungen geboren, wie sie in Livland herrschten, als die Kirche und der Schwertbruderorden das Land in Besitz nahmen[1].

Die Besiedlung des alten Preußen

Die Prussen oder Pruthenen, die mit den Litauern verwandt waren, sprachen einen baltischen Dialekt und »versteiften sich darauf, den Geboten des Heidentums zu folgen«. Sie saßen östlich der Weichsel und teils auch westlich davon, im Umland von Mewe (Gnew, Polen). Ihre Gesellschaft zeigte folgende Schichtung: Sie hatten einen Adel, der vor allem im Samland groß an Zahl war; daneben eine Masse unfreier Bauern, die auf ihren verstreuten Gehöften lebten. Der Stamm der Jatwinger im Nordosten des Landes scheint eine führende Rolle gespielt zu haben und zeigte Anfang des 12. Jahrhunderts Ansätze einer staatlichen Organisation[2].

Aber auf dem Boden des späteren Ordenslandes lebten auch slawische Volksgruppen, insbesondere im Kulmer Land, wo die Dörfer und die dem Wald abgerungenen Felder polnische Namen trugen. Die Kaschuben, die in Pommerellen westlich der Weichsel saßen, und die Ostpommern waren seit Ende des 12. Jahrhunderts Christen; sie unterstanden der Herrschaft der Herzöge von Gdánsk (Danzig) und gehörten gleichfalls zu den slawischen Völkerschaften. Schließlich erstreckte sich gen Osten und Südosten des prussischen Landes eine große waldreiche Wüstenei, welche die Deutschen als Wildnis bezeichneten, sie trennte Preußen von Litauen und Masowien.

Die Mission der Zisterzienser

Man wird sich erinnern, daß es lange zuvor Bestrebungen gegeben hatte, die Prussen zu christianisieren: Adalbert von Prag hatte es Ende des 10. Jahrhunderts versucht und Bruno von Querfurt im 11. – sie waren gescheitert. Als sich die Zisterzienser in Groß-Polen und 1178 in Oliva bei Danzig niederließen, verschaffte ihnen dies eine gute Ausgangslage, es erneut zu versuchen[3]. Eine Bulle Innozenz' III. zugunsten der Zisterzienserabtei Lekno spielt sogar auf eine Mission an, die 1206 stattgefunden haben soll, und auf Mönche, die von den Prussen gefangengehalten wurden. Der neue Versuch war einem Mönch namens Gottfried zu verdanken, und das Generalkapitel der Zisterzienser stimmte ihm 1210 zu. Eine weitere päpstliche Bulle vom September des gleichen Jahres unterstellte auf alle Fälle diese

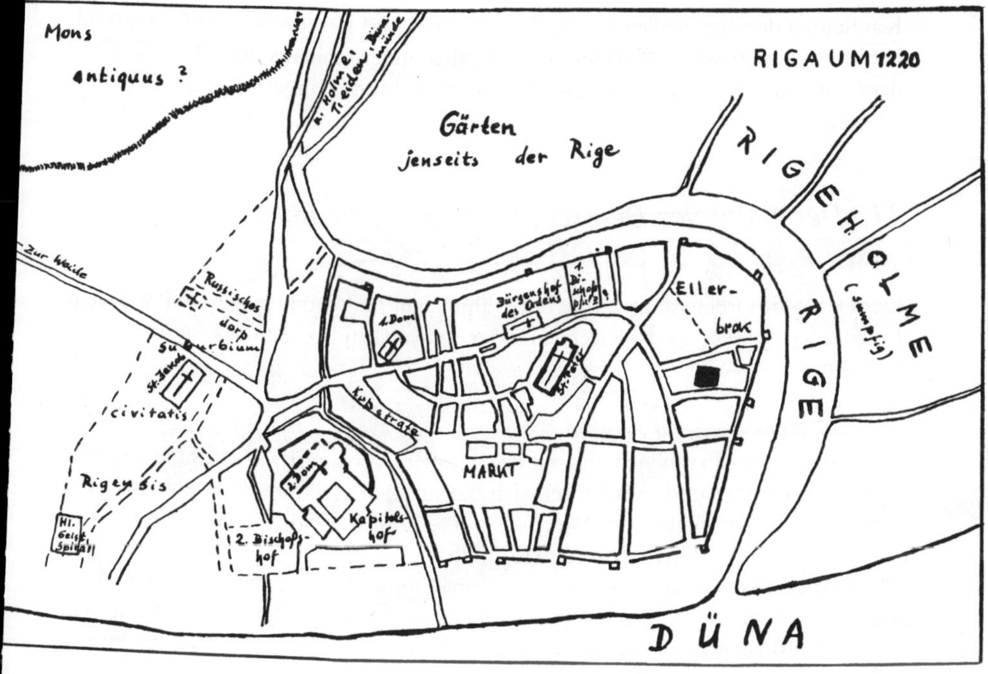

Riga um 1220.

Mission dem Erzbischof von Gnesen, und sie nannte zwei neue Missionare, Christian und Philipp, beide Mönche in Oliva. Ihr Werk war gewiß schon von einigem Erfolg gekrönt, als Christian 1215 zum Bischof von Preußen ernannt wurde, was es ihm ermöglichte, Ländereien, welche die Neugetauften der Kirche schenken wollten, zu übernehmen. Im Laufe der nächsten Jahre stärkten einige weitere Bullen die Vollmachten des Bischofs. Die Zisterzienser gewannen hier an Einfluß, geradeso wie in Livland unter Theoderich.

Aber wenn die Christianisierung Fortschritte machen wollte, bedurfte sie auch hier der Unterstützung durch eine bewaffnete Macht. Die neuaufgestellte Streitmacht war nach dem Vorbild der livländischen Christusritter entstanden, und Papst Gregor IX. ließ sie am 28. Oktober 1228 durch den Bischof von Preußen bestätigen – oder wurde diese Miliz schon einige Jahre früher gegründet? Man nannte diese Ritter im allgemeinen die Brüder von Dobrin, weil ihnen Herzog Konrad von Masowien diese Stadt zum Geschenk gemacht hatte[4]. Aber Christian von Oliva erregte mit seinem Wunsch, auf preußischem Territorium einen Ordensstaat einzurichten, den Argwohn Konrads und Swatopolks von Pommern, die selber vorhatten, Missionare auszusenden. Der Pommernfürst siedelte in Gdánsk Dominikaner an, und Konrad dachte daraufhin an den Deutschen Orden…

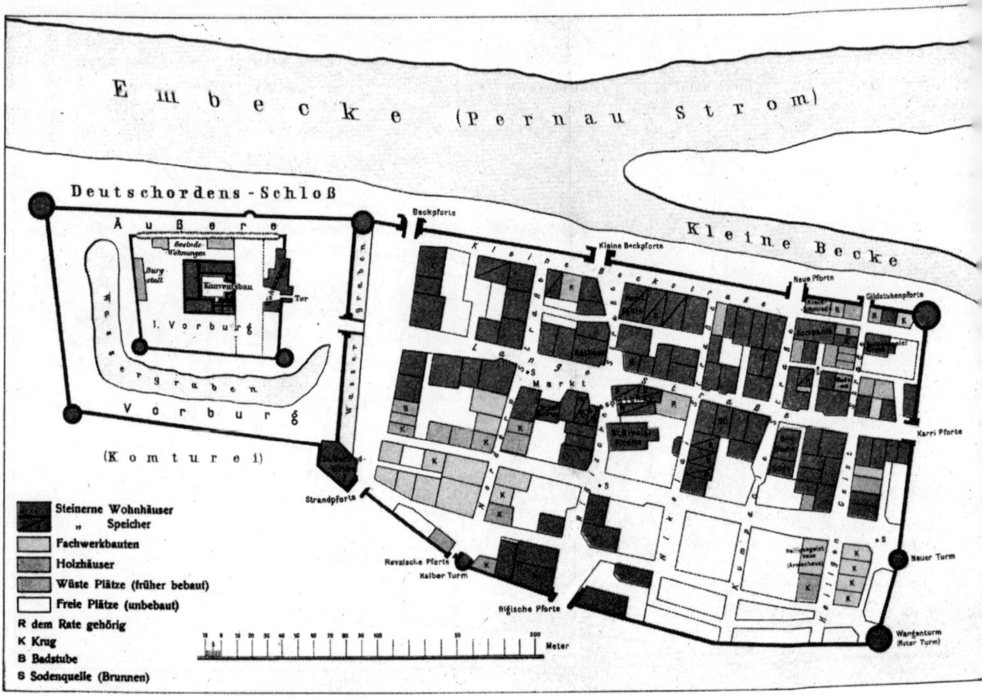

Stadt und Ordenskomturei Pernau (Piarnou). In unmittelbarer Nachbarschaft zur Burg des Deutschen Ordens gegründet (1265–1290), weist Pernau als einzige livländische Stadt einen regulären Siedlungsplan auf.

Der »Ruf« der Deutschritter

Hermann von Salza, der Hochmeister des Ordens, verstärkte gerade damals seine Bemühungen, ein neues Territorium zu finden, da das Burzenland kurz zuvor verlorengegangen war; neben der Befriedigung seiner eigenen Wünsche mußte er auch für seine Ministerialen, die in den Adel aufsteigen wollten, ein Unterkommen finden. 1225 oder Anfang 1226 schenkte Konrad von Masowien also dem Orden das Kulmer Land, wobei er den Rittern das Versprechen abnahm, ihm »gegen die Feinde Christi und seine eigenen« ihre starke Hand zu leihen[5]. Ein polnischer Historiker meint allerdings, dieser »Ruf« nach dem Deutschen Orden gegen die Einfälle der Prussen sei nur ein Vorwand Konrads gewesen, der vor allem den Zisterziensern den Weg versperren wollte, und eigentlich sei auch Hermann von Salza nicht der Mann gewesen, sich mit dem Besitz (was übrigens, rechtlich betrachtet, keineswegs klar ist) des Kulmer Landes zufriedenzugeben[6]. Der Hochmeister hat Kaiser Friedrich II. bald darum ersucht, ihm die Schenkung Konrads zu bestätigen, außerdem wollte er, daß man ihm sämtliche Ländereien, die er den heidnischen Preußen abjagte, mit den gleichen Regalien überließe, wie sie die Fürsten des Römischen Reiches innehätten, was ihm der Kaiser in der Goldenen Bulle von Rimini bestätigte (März 1226)[7]. Gregor IX. übernahm seinerseits das Kulmer Land und die neueroberten Territorien unter den Schutz des Heiligen Stuhls, als »Eigentum des hl. Petrus«, und vertraute sie dem Orden an (Rietí, 3. August 1234)[8].

Eroberung und Organisation des Ordensstaates

Der neue Staat trat zwar unter Umständen ins Leben, die man insgesamt als zwielichtig bezeichnen könnte; dennoch aber zögerte er nicht, seine Eroberungsgewalt und seine Eigenständigkeit unter Beweis zu stellen.

Wir haben nicht vor, hier das Auf und Ab der Landnahme in aller Ausführlichkeit darzustellen, sondern nur in großen Zügen. Anfangs waren es nur wenige Ritter – Meister Hermann Balk hatte 1231 lediglich sieben Brüder um sich –, aber nach dem Aufruf des Papstes zu einem Kreuzzug (1230) gelang ihnen doch ein schneller Vorstoß: 1239 waren Pomesanien, die Küste des Frischen Haffs und das Land südwärts davon in ihrer Gewalt; und mit Hilfe der Askaniermarkgrafen war 1248 der letzte Widerstand im Ermland bald gebrochen. 1249 schlossen die Ritter mit den besiegten Prussen in Christburg einen Vertrag[9]. Die nun einsetzende Kampfpause wußten sie zu nützen, sie trugen ihren Eroberungszug bis ins Samland, und König Ottokar II. von Böhmen und Markgraf Otto von Brandenburg gingen ihnen dabei zur Hand. Aber die Prussen, darin bestärkt von den Litauern, setzten ihren Widerstand fort und machten in dem bereits eroberten Land eine schier nimmer enden wollende Erhebung (1260–74). Dies verzögerte den weiteren Vorstoß der Ritter in den Nordosten bis ins Jahr 1283.

Der Orden war »landhungrig«[10], und so unternahm er nun – ohne die Christianisierung als Vorwand zu benützen – die Eroberung christlicher Länder: das Umland von Mewe in Pommerellen (1276–82) und die Gegend von Michelau (Michałowo) bei Dobrin nahm er in Pacht (1303); Pommerellen eroberte er. Mit dem Erlöschen des herzoglichen Hauses (1294) kam es zu einem Streit zwischen den Askaniern und dem Herzog Wladislaw Lokietek von Groß-Polen und Kujawien, dieser Zwist vertiefte sich noch, als sich der Böhmenkönig Wenzel II. einmischte. 1306 legte Lokietek seine Hand auf die herzogliche Burg von Gdánsk; daraufhin ließ der Markgraf von Brandenburg 1308 die Stadt besetzen. Nun wenden sich die Polen an den Deutschen Orden, der dem Markgraf seine »Rechte« abkauft. Unter dem Meister Heinrich von Plotzke läßt sich der Orden in ganz Pommerellen nieder (1308/09), ohne auf die Verbündeten von gestern Rücksicht zu nehmen. Im Vertrag von Kalisz muß König Kasimir der Große seine Ansprüche auf Pommerellen aufgeben, auch auf das Kulmer Land und die Gegend bei Michelau[11]. 1309 gehören alle diese Länder dem Orden, von Pommern bis zum fernen Livland, der somit Polen und Litauen den Zugang zur Ostsee versperrt. In diesem gleichen Jahr verlegt Hochmeister Siegfried von Feuchtwangen nach dem Fall von Akkon seinen Sitz von Venedig nach Marienburg.

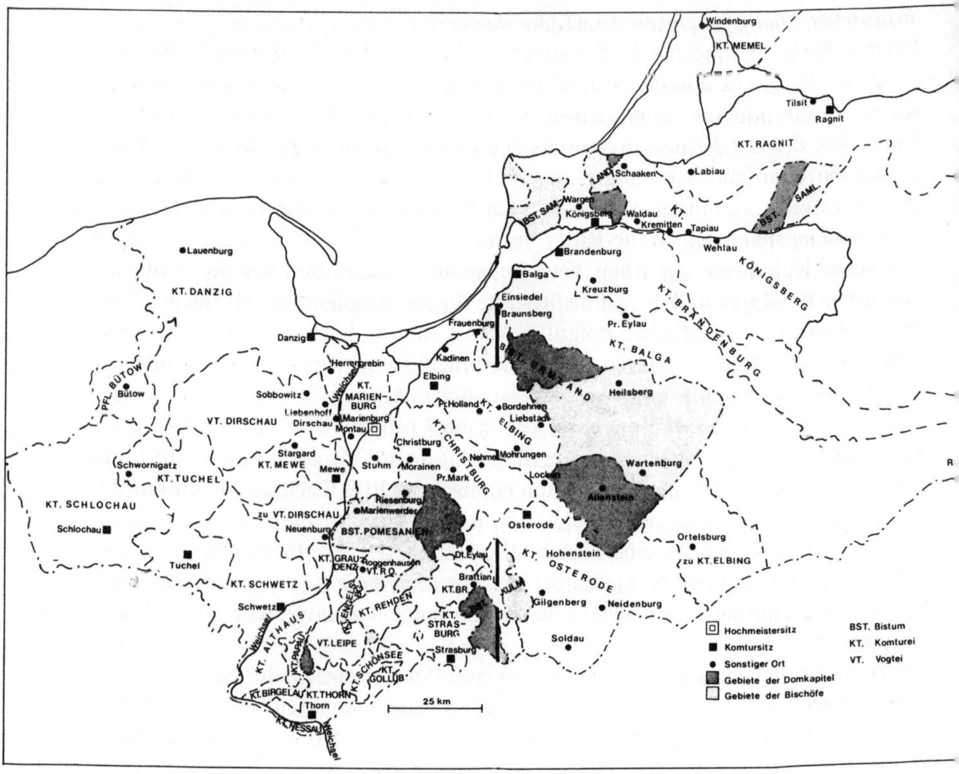

Preußen um 1400.

Man hat schon häufig unterstrichen, daß dieser Ordensstaat, der von Mönch-Rittern verwaltet wurde, praktisch souverän war[12]. Die Organisation ging einerseits vom Hochmeister aus, der vom Generalkapitel auf Lebenszeit gewählt war, andererseits von den territorialen Komtureien. Tausend Ritter, mit einer strengen Hierarchie und einem gründlich ausgebildeten Verwaltungsapparat, reichten aus, um dieses Fürstentum zu halten und zu lenken. Sogar die weltliche Geistlichkeit mußte sich die Aufsicht des Ordens gefallen lassen. Trotzdem überließ der Orden nach dem Tod Christians von Oliva (1245) entsprechend dem Fortschreiten der Eroberungen den Bischöfen im Kulmer Land, in Pommern, im Ermland und im Samland Territorien, die bischöfliche Hochstifte bildeten[13]. Schließlich ist auch bekannt, daß der Orden in den Weizen- und den Bernsteinhandel dirigistisch eingriff, und diese Politik bescherte ihm während des 14. Jahrhunderts eine Zeit des Wohlstands, aber sie trug in der Folgezeit auch zu seinem Niedergang bei[14].

Bedeutende Stadtgründungen des 13. Jahrhunderts

Solange die Eroberungen anhielten und man darauf hoffte, die prussische Bevölkerung, der der Friede von Christburg die persönliche Freiheit versprochen hatte, in die neuen Grundherrschaften deutscher Herren zu locken, kam eine bedeutende Förderung des Landesausbaus jenseits der Weichsel nicht in Frage. Auch sah sich der Orden veranlaßt, sich anfangs, wie in Livland, um die Ansiedlung städtischer Bevölkerung zu kümmern. Die Städte waren anfangs in erster Linie militärische Stützpunkte; später haben die Ritter in ihnen mit gutem Grund die Zentren der ländlichen Kolonisation gesehen, denn sie dienten einer ganzen Region als Sitz des Komturs, als Markt und als Zufluchtsstätte für die Bevölkerung des flachen Landes im Falle eines feindlichen Angriffs. Manchen von ihnen, die an der Weichsel oder an der Ostseeküste lagen, war eine prächtige wirtschaftliche Zukunft bestimmt, indes andere kleine Ackerbürgerstädtchen blieben[15].

Nachdem die Ritter und die Kreuzfahrer im Frühjahr 1231 die Weichsel überschritten hatten, errichteten sie eine Burg, Alt-Thorn (Górsk-Stary Toruń), und ließen sich bald darauf unweit des alten polnischen Ortes Chełmno (Kulm) nieder. Es waren die Einwohner dieser beiden Militärstützpunkte, die von Hermann von Salza und Hermann Balk einen Freibrief erhielten, der ihre Rechte festhielt; nach einer Feuersbrunst vom 28. Dezember 1233 wurden diese Rechte in der sogenannten Kulmer Handfeste erneuert – sie wurde zum »Grundgesetz« dieser beiden »Städte«[16].

Die ursprüngliche Lage von Thorn (Toruń, Polen) wurde bald wieder aufgegeben und die Stadt zehn Kilometer flußaufwärts verlegt, an ihren heutigen Standort auf einer hohen Terrasse am rechten Ufer der Weichsel, wo sie vor Überschwemmungen geschützt war. Diese neue Stadt hieß *Thorunia* (nach der Festung Toron im Heiligen Land) und wurde *a novo* angelegt nach einem ziemlich regelmäßigen Plan, der sich in ein Fünfeck einfügt. Sie war viele Jahrzehnte lang ein Umschlagplatz für Waffen und für die Verproviantierung neuer Eroberungsfeldzüge, was gleich von Anfang an zu ihrem wirtschaftlichen Aufschwung beitrug. Die Pfarrkirche St. Johannis in der Nähe des Marktes war schnell errichtet, später kam noch eine Franziskanerkirche hinzu. Die Gemeinde war reich genug, 1250 auf eigene Kosten einen Mauergürtel um die Stadt zu ziehen. Etwa zur gleichen Zeit baute der Orden gegen den Graben im Osten seine Burg, und es dauerte nicht lange, da entstand nach einem schachbrettartigen Plan eine zweite Stadt, die 1264 das Stadtrecht erhielt. Die Altstadt mit ihren großen Getreidespeichern blieb die Stadt des Fernhandels; die Neustadt wurde die Stadt der Handwerker. Erst 1454 vereinigten sich die beiden[17].

Ebenfalls seit 1233 breitete sich Kulm aus, drei Kilometer von dem alten Castrum entfernt (Chełmno-Starogród), schachbrettartig angelegt um einen großen Platz herum. Obwohl es bis 1309 Sitz des Landmeisters des Ordens war, wurde es doch von seiner Nachbarstadt in den Hintergrund gedrängt. Nicht anders erging es Marienwerder (Kwidzyn, Polen), das 1234 nahe einer Burg gegründet und nach 1243 Sitz des Bischofs von Pomesanien wurde – es kümmerte vor sich hin. Als es 1336 das Stadtrecht bekam, zählte es 50 Häuser.

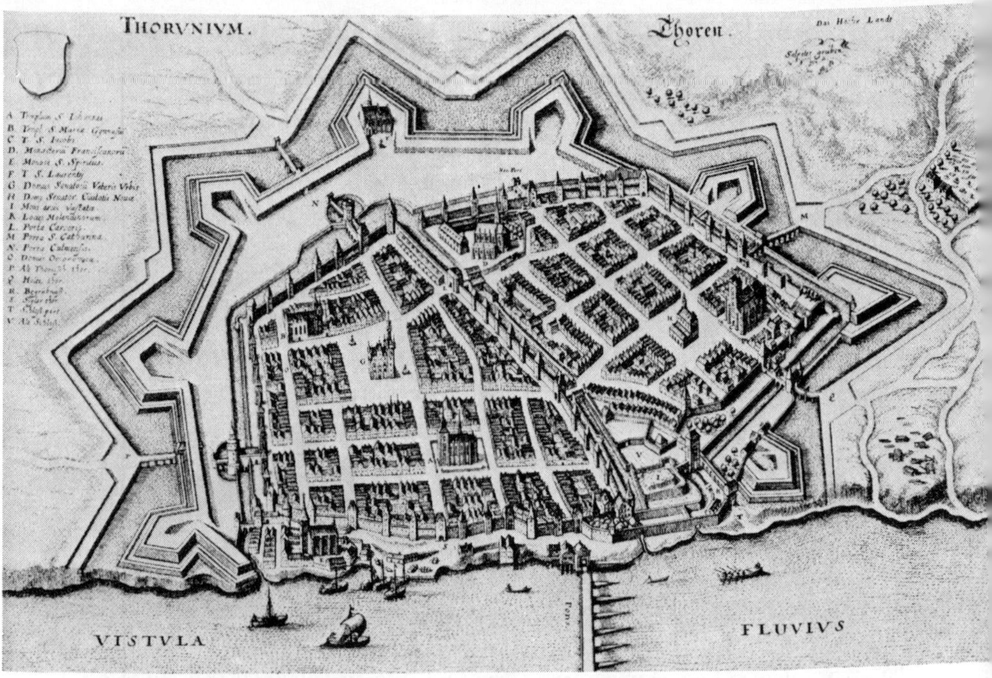

Ansicht von Thorn, nach Merian (1652). Links die Altstadt (1233) mit Markt und Rathaus; Schloß und Umfriedung wurden um 1250 errichtet. Rechts die Neustadt, im Schachbrettmuster angelegt. Die beiden Städte vereinigten sich erst 1454.

Als die Deutschherren sich anschickten, die drei großen Städte an der Küste des Frischen Haffs zu gründen – Braunsberg, Königsberg und Elbing, wobei die beiden erstgenannten in die Spuren älterer prussischer Siedlungen traten –, bekamen sie die Unterstützung der Seemacht Lübeck. Elbing (Elbląg, Polen), an der Mündung der Nogat in einer Niederung gelegen, entstand zunächst als Burg (1237); sodann siedelte sich dort eine Gruppe Kaufleute an, die 1246 nördlich der Burg ein schönes Stück Baugrund von beträchtlichem Ausmaß erhielten sowie das lübische Stadtrecht[18]. Es strömten so viele Menschen herbei, daß sich dieser ersten, geometrisch angelegten Stadt im folgenden Jahrhundert eine zweite, nicht weniger streng vorgeplante Neustadt hinzugesellte. Die Burg von Braunsberg (Braniewo, Polen), die 1240 an der Mündung der Passarge entstand, fiel mehrmals der Zerstörung anheim. 1249 begann der Lübecker Lokator Johann Fleming mit der Gründung einer Stadt, und auch sie verdoppelte sich in der Mitte des 14. Jahrhunderts.

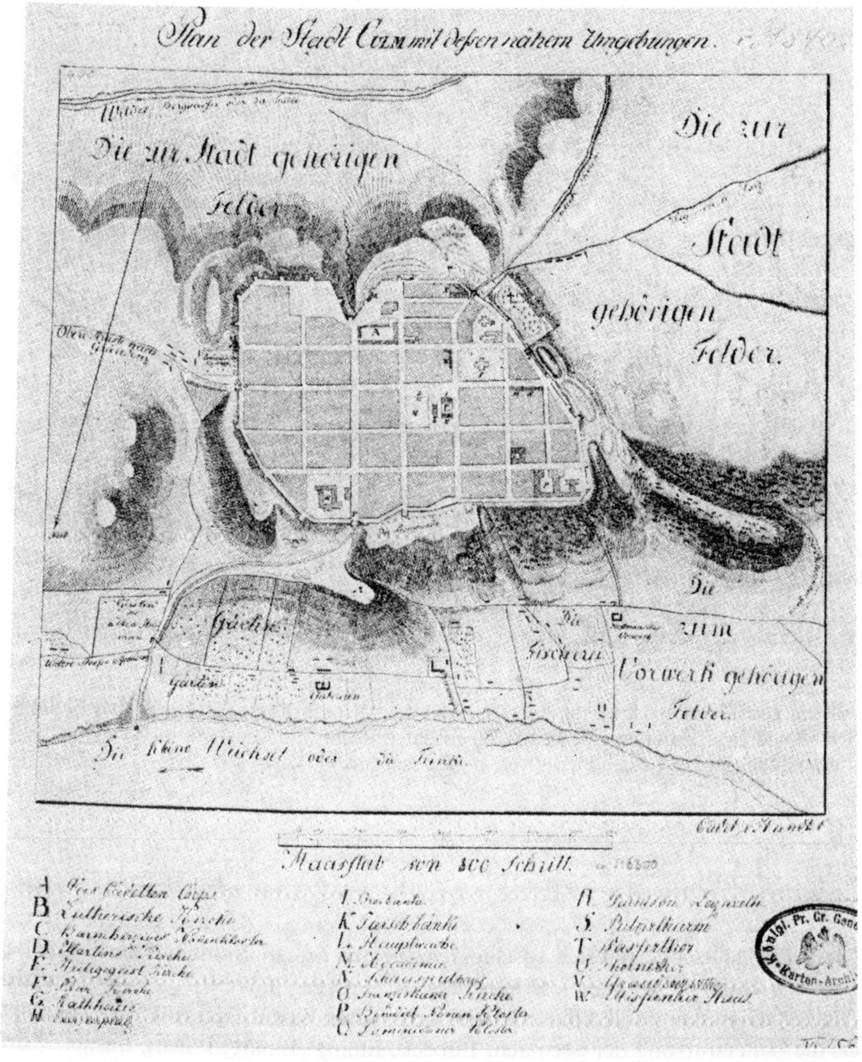

Grundriß von Kulm (Chełmno). Von 1233 an wurde Kulm nahe einem alten slawischen *Castrum* konzipiert und gegründet. Seine Handfeste (1233) und seine *Geometria* (um 1400) legten die Rangordnung unter den Siedlern fest und regelten Flächennutzung und Bodenbewirtschaftung.

Königsberg (Kaliningrad, UdSSR) beendete 1255 diese Reihe der Stadtgründungen des Deutschen Ordens in Nordosteuropa. Wo die Stadt sich nun ausbreitete, am Pregel, ein Stück stromaufwärts von dessen Mündung, war zuvor eine alte Fliehburg und ein Hafen der Prussen, den schon die Skandinavier und Lübecker Seeleute aufgesucht hatten. Die große Hafenstadt an der Ostsee hatte seit 1242 die Gründung einer Niederlassung dort oben ins Auge gefaßt. Doch es waren die Ordensritter, die 1255 die Burg erbauten und sie zu Ehren des böhmischen Königs Königsberg nannten. Unweit dieser Burg, in Richtung Steindamm, nur einen Steinwurf von der Kirche St. Nikolai entfernt, siedelte sich eine erste Bürgerstadt an. Doch bevor die Stadt sich entwickeln konnte, mußte erst der Widerstand der Prussen aufhören (1283). Sodann bildeten sich drei Stadtkerne: die Altstadt zwischen der Burg und dem Fluß, sie bekam 1286 das Kulmer Stadtrecht; nach Osten die Neustadt, auch Löbenicht genannt, sie erstreckte sich entlang der Straße nach Litauen (1300); und schließlich der Kneiphof auf der Pregelinsel im Süden (1327). Jeder hatte seine eigenen Institutionen, seinen Markt und seine Festungsanlagen. Die Altstadt wurde der wichtigste Stadtteil, im Löbenicht wohnten die Ackerbauern und die Handwerker, und der Kneiphof wurde zum Umschlagplatz für den Fernhandel[19].

Danzig unter Polen und Deutschrittern

Zu diesen neuen Städten des Deutschen Ordens gesellte sich 1308 die Stadt Gdánsk (Danzig). Die dort seit 1948 durchgeführten Ausgrabungen erlauben es uns, die ersten Anfänge und die Entwicklung dieser Stadt Gyddanyze bloßzulegen, die in der Vita des hl. Adalbert Erwähnung findet (997)[20].

Die am tiefsten gelegenen Schichten mit Spuren früherer Besiedlung reichen nur bis in die letzten Jahrzehnte des 10. Jahrhunderts zurück (975/80). Daher hat man die Hypothese aufgestellt, dies sei eine »Gründung« Mieszkos I., aus der Zeit, als er seine Hand auf Pommern legte. Die ursprüngliche Anlage bestand aus einem ziemlich weitläufigen Castrum, das von einem Palisadenzaun umgeben war. Darin standen die Residenz des Fürsten oder des Burgherrn und, dicht nebeneinander, Holzhäuser, die etwa 1000 bis 1250 Menschen aufnehmen konnten. Das Ganze lag auf dem linken Ufer der Mottlau, die hier einen Knick macht, bevor sie in die Weichsel fließt. Die weiter oben gelegenen Schichten zeigen, daß nach einer Feuersbrunst am Ende des 11. Jahrhunderts die Siedlungsdichte dieser Burg zunahm. Vor allem aber trat nun westwärts davon ein *suburbium* in Erscheinung, das seit Ende des 12. Jahrhunderts eine dem hl. Nikolaus geweihte Kirche besaß, die später eine Dominikanerkirche war. Hier gründete der Pommernherzog Swatopolk zwischen 1224 und 1266 mit Hilfe eines Lokators nach lübischem Recht eine Stadt, deren neu hinzuströmende deutsche Siedler sich des Schutzes eines Erdwalls und eines Palisadenzaunes erfreuten und die ihre Handelsbeziehungen bald von Lübeck bis nach Rußland ausdehnte.

Daß die Deutschherren 1308 die Stadt nahmen[21], veränderte den Zuzug der Einwohnerschaft und die Entwicklung der Stadt beträchtlich. An der Stelle des

Danzig (Gdánsk). Das Zentrum der Rechtstadt vor 1939; rechts die Marienkirche, links der Rathausturm.

herzoglichen Castrums errichteten die Ritter eine mächtige Burg (1340); statt des lübischen führten sie das Kulmer Stadtrecht ein (1343), zuvörderst aber schenkte der Zustrom deutscher Einwanderer, über deren Herkunft wir noch mehr erfahren werden, einer neuen, planmäßig angelegten Stadt das Leben, der Rechtstadt, die südlich der alten Siedlung lag. Diese Stadt erfreute sich seit 1378 ihrer eigenen städtischen Institutionen und errichtete ihr Rathaus auf dem Langen Markt (Długi Targ). In den folgenden Jahren wurden an den alten Kirchen (St. Katharina, Marienkirche) ansehnliche Erweiterungen vorgenommen; die Stadt umgab sich mit einer soliden Festungsmauer, und an den Ufern der Mottlau reihten sich Getreidespeicher und andere Lagerhäuser aneinander, bestes Zeichen dafür, daß die Stadt, die seit 1361 an den Hansetagen teilnahm, prächtig gedieh.

So konnte Danzig Mitte des 13. Jahrhunderts auf etwas zurückblicken, was auch ihre anderen slawischen Schwesterstädte Breslau und Krakau besaßen: eine unbestreitbare eigenständige Entwicklung. Doch es ist nicht weniger sicher, daß seine beiden Lokationen von deutscher Seite den Aufbau seines Rechtswesens, die Zusammensetzung seiner Bevölkerung und sein ganzes Stadtbild gewaltig verändert haben.

Die städtische Besiedlung

Der Widerstand der Prussen hatte den Drang der Deutschherren, Städte zu bauen, einen Augenblick lang gebremst; aber seit 1260 trat er wieder hervor, sei es durch Errichtung von Burgen, sei es durch andere Unternehmungen. In diesem Jahr wird nahe der Christburg eine *civitas* erwähnt; unter ihrer alten Burg bekam die Stadt Marienburg (Malbork, Polen) 1276 ihre Handfeste, und dank eines Lübecker Lokators trat 1278 die Stadt Frauenburg (Frombork, Polen) in Erscheinung. Zwischen 1280 und 1310 zählt man ein Dutzend Neugründungen. Dazu zählen auch Preußisch-Holland (Pasłęk, Polen), das eine Kolonie Niederländer beherbergt, die zuvor beim Bau der Deiche in der Niederung der Nogat (1288/97) mit Hand angelegt hatten; ferner Deutsch-Eylau (Iława, Polen), in dessen Umkreis der Landesausbau noch tüchtig betrieben wurde (1305); ferner Rosenberg (Susz, Polen), eine kleine Gründung des pomesanischen Domkapitels (gegen 1305). Diese Bewegung stand gegen Mitte des 14. Jahrhunderts auf ihrem Höhepunkt, als etwa 20 weitere neue Städte hinzugetreten waren, darunter Kreuzburg (1315; Sławskoje, Polen), eine richtige kleine Ackerbürgerstadt; Guttstadt (Dobre Miasto, Polen), Sitz des Bischofs des Ermlands (1325); Friedland (1355; Prawdinsk, UdSSR) und Allenstein (1346/53; Olsztyn, Polen). 1410 hatte der Ordensstaat etwa 94 Städte, die nach deutschem Recht gegründet oder erweitert worden waren.

Die Einwohnernamen, die wir in den Bürgerbüchern und Steuerlisten des 14. Jahrhunderts in den wichtigsten Städten finden, geben uns Aufschluß über die Herkunft der Stadtbevölkerung in Preußen[22], obschon in dieser Hinsicht einige Unsicherheit besteht, da die Personennamen – und selbst solche, die offenbar auf eine bestimmte Herkunft hinweisen (wie Böhm, Franke usw.) – keineswegs ein Beweis für eine bestimmte »Nationalität« sind[23].

In der Altstadt von Thorn sollen in der ersten Hälfte des 14. Jahrhunderts 13% der Einwohner aus Altdeutschland zugezogen sein und 12% aus Schlesien. Da die Stadt, andererseits, 28% ihrer Einwohner aus dem Ordensland und zu 23% aus der unmittelbaren Umgebung holte, hat sie sicher nicht wenige prussische und slawische Elemente aufgenommen, zumal auch noch ein weiteres Viertel nichtdeutscher Einwohner vorhanden war. In der Altstadt von Elbing sollen 34% aus Altdeutschland westlich der Elbe gekommen sein; in der Neustadt hingegen soll dieser Anteil nur bei 10% gelegen haben. Auch in Braunsberg stammten nur 9% der Einwohnerschaft aus dem Westen; in Marienburg waren es 6%. Die städtische Bevölkerung im ordensländischen Preußen scheint sich, mit anderen Worten, sehr schnell aus Deutschen zusammengesetzt zu haben, die lange zuvor nach Osten abgewandert waren, nach Schlesien oder in das Land zwischen Elbe und Oder; andererseits zu einem maßgeblichen Anteil aus verschiedenen Elementen, die aus ihrem nächsten Umkreis kamen. Nach 1308 war Danzig stark eingedeutscht, seine Bevölkerung bestand zu einem ziemlich großen Teil aus Niederdeutschen und Westfalen (22%), aber noch größer war der Anteil von Leuten aus dem Osten: aus Preußen (25%), von der Ostseeküste, irgendwoher zwischen Holstein und Pommern (10%) und aus Schlesien (2,5%). Das slawische Element war seinerzeit zwar auf etwa 3% gefallen, aber es stärkte sich hier wie in vielen anderen Städten seit dem 15. Jahrhundert.

Die Städte wuchsen bemerkenswert schnell: Danzig überschritt um 1300 die 2000-Einwohner-Marke, gegen 1380 hatte es etwa 10000 Einwohner und 20000 im Jahr 1416. Auch Thorn überstieg zu Beginn des 15. Jahrhunderts die 10000, zur gleichen Zeit erreichte Königsberg 8000 bis 10000. Elbing stagnierte nach einer ersten Blüte. Die anderen Städte freilich blieben zum größten Teil bescheidene Orte wie beispielsweise Marienburg im Schatten seiner gewaltigen Burg.

Kolonisation des Kulmer Landes

Das Kulmer Land war 1226 an die Deutschherren abgetreten worden. Von dort setzte sich in den nicht von Slawen bewohnten Räumen eine Kolonisation in Bewegung, die anfangs bescheiden war und bis an die Linie Graudenz, Rehden (Radzyń, Polen), Kulmsee (Chełmza, Polen) und Thorn reichte[24]. Die ersten Dörfer mit deutschen Ortsnamen, die 1251 erwähnt werden, heißen Hermannsdorf (Chrapice, Polen) und Arnoldsdorf (Biskupice, Polen); aus dem alten Dorf Loza, das der Erzbischof von Kulm 1243 als Geschenk bekam, wird 1251 die kleine Stadt Kulmsee.

Erst seit 1280 setzt der Landesausbau unter Führung des Ordens im Norden des Kulmer Lands, in der waldreichen Zone entlang der Ossa, richtig ein. Die erste sicher verbürgte Dorfgründung ist Frankenhaim (Grutta, Polen), 1282. Der Ordensmeister vertraut sie einem Lokator namens Konrad von Leiwitz an. Die landwirtschaftliche Nutzfläche dieses Dorfes beträgt 108 Hufen, davon wird ein Sechstel dem Lokator zu Erbpacht überlassen; zwei Hufen sind für die Errichtung des Dorfes selbst bestimmt, acht weitere dienen zur Unterhaltung der Kirche. Die Siedler mußten jährlich bloß einen Pachtzins von neun Schilling in Silber bezahlen, doch die ersten elf Jahre waren sie auch davon befreit (im Falle eines Krieges konnte diese Schonfrist verlängert werden)[25]. Bald folgte die Gründung von Diedrichsdorf-Rittershausen (Szczepanken, Polen), noch vor 1285, sodann folgte Lindenau (1293), Blumenau (1301) und Schönwalde (1302). Die Waldgrenze zwischen dem Kulmer Land und Pomesanien war bald nicht mehr zu erkennen. Die Ordensmeister Konrad von Thierberg und Meinhard von Querfurt und der Komtur von Rehden, Heinrich von Vaternrode, förderten den Landesausbau in dieser Gegend.

Vorstoß nach Pomesanien

In Pomesanien war der Landesausbau schon früh (1236) einem niedersächsischen Ritter namens Dietrich von Tiefenau anvertraut worden, der sich zuvor seiner Güter entledigt hatte, die zwischen Hameln und Stade verstreut lagen, um sein Glück im Osten zu versuchen. Ordensmeister Hermann Balk gab ihm nördlich von Marienwerder das *castrum parvum* von Kwidzyn und 300 flämische Hufen unbebauten Landes daneben, das sich östlich der Nogat hinzog und bis Resia reichte (später Riesenburg), damit er dort Dörfer gründe[26]; bei diesen 300 *manses* zählten die Kiefernwälder *(pinetum)*, die etwa eine Hufe ausmachten, nicht mit. Da auch das Gebiet, das von den Prussen bislang nicht bestellt worden war, der Eroberung offenstand, erschien die Schenkung noch viel großzügiger.

Aber gegen 1280 nahmen auch die Neugründungen zu. In dieser Zeit entstand Konradswald (1284) und in den gleichen Jahren gewiß auch Braunswalde bei Marienburg. Gen Osten gingen aus den Urbarmachungen Grünhagen hervor, Deutsch-Damerau und Peterswalde, sodann Kiesling und Schroop, letzteres auf einer alten prussischen Rodung erbaut. Im 14. Jahrhundert stellten Heiligenwald (vor 1324), Hirschfeld, Schönfeld und Reichenbach die Verbindung her mit den Vorstößen, die von Elbing und Christburg ausgingen.

Auch die Bischöfe von Pomesanien gaben neu zu erschließende Landstriche als Lehen aus, insbesondere an die 665 Hufen bei Stangenberg. Dennoch blieb in dieser Region eine ziemlich starke prussische Bevölkerung bestehen.

Die Komtureien von Elbing und Christburg

Die Komtureien Elbing und Christburg hatten beim Landesausbau in diesen Gegenden am Ende des 13. und zu Beginn des 14. Jahrhunderts einen bestimmten Einfluß. Rückenau und Langendorf wurden 1300 unter Konrad von Lichtenhain gegründet; unter Heinrich von Gera entstanden Maibaum, Neukirch und Eberhardsdorf. Das erste Dorf in der Komturei Christburg war Liebwalde (1299), südöstlich des Verwaltungssitzes. Nach der großen Zeit des Landesausbaus unterstanden der Gutswirtschaft der Komturei 40 Dörfer unmittelbar, die deutsche Siedler angelegt hatten, welche wiederum von Lokatoren angeführt waren (zwei aus Schlesien, die anderen waren Einheimische), die einen wurden – mit drei bis sechs Freijahren – auf offenem Feld angesiedelt, die anderen im Wald (10 bis 14 Freijahre)[27].

Trotz dieser Neuerschließungen blieben im Umland von Christburg eine erkleckliche Anzahl prussischer Güter und Ortschaften bestehen; aber es ist unmöglich zu sagen, wie viele Prussen auf dem Gebiet des Ordenslandes lebten, weil die beiden Schätzungen, die vorliegen, stark voneinander abweichen: die eine gibt 1421 deutsche und 718 prussische Familien an, die andere 670 deutsche neben 961 prussischen[28]. Wer möchte da bestreiten, daß die alten Völkerschaften an der Erschließung des Landes beteiligt waren?

An der äußersten Drewenz

Nach der Wende des Jahres 1300 schob sich der Landesausbau bis zur Drewenz vor, die westlich an Masowien grenzt. 1293 hatte der Deutsche Orden hier von den Bischöfen von Płock in Gollub Güter geerbt. 1298 wird im Raum Zmievo kolonisiert; 1303 wird Hermannsruhe gegründet; und die Stadt Strasburg (Brodnica, Polen) sieht seit 1305 eine Ordensburg entstehen. An einer anderen wichtigen Übergangsstelle des Flusses bildet sich vor 1325 Neumarkt (Nowe Miasto, Polen). Löbau (Lubawa, Polen), ein altes prussisches Castrum und Forum, das die Kriegswirren nicht heil überstanden hat, gibt sich nach einem schönen Zentralplan eine neue Gestalt und bekommt 1301 seine Handfeste. Die Ortsnamen beweisen zwar,

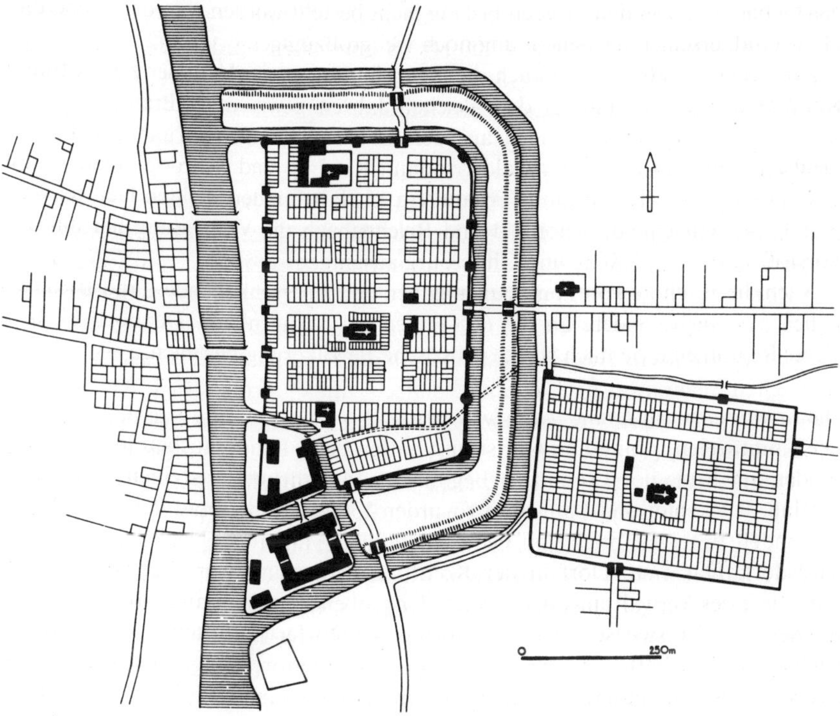

Grundriß von Elbing (Elbląg), Rekonstruktion. Typ der Doppelstadt: links, zum Fluß hin die Altstadt, 1237 gegründet; rechts die Neustadt, die 1347 das Stadtrecht erhielt.

daß das Land schon zuvor von Prussen oder Slawen erschlossen wurde; aber es wurden hier, wie in Polen, in späteren Jahren die Flurformen und die Dorfgemarkungen – mit ihren Dörfern, die 50 bis 60 Hufen umfaßten – deutschen Vorbildern angeglichen.

Im Ermland

Im Ermland, auf bischöflichem Grund und Boden, war der Landesausbau der Energie der Ritter und der belehnten Ministerialen überlassen. Die ersten Siedlungen entstanden 1278 an den Ufern der Passarge und der Alle. 1289 vertraute Bischof Heinrich, ein Sproß der Lübecker Familie Fleming, seinen beiden Brüdern Albert und Johann sowie seinem Schwager Konrad Wendepfaffe den Grünenberg im Süden von Braunsberg an, und Albert allein erhielt schon 144 Hufen, die er freilich erst erschließen lassen mußte. Dafür gab es 13 Freijahre. Johann bekam 100 Hufe, weiter südwärts gelegen, zwischen Mehlsack (Pieniężno, Polen) und Wormditt (Orneta)[29]. Im Lauf der nächsten Jahre erreichte die Neulandgewinnung die Wälder südlich und östlich von Frauenburg (Frombork), wobei Tiedmannsdorf, Fehlau und Rautenberg je 100 Hufen überlassen wurden. Bis 1328 trat der Wald immer mehr zurück, mit den Gründungen von Sonnenberg, Heinrichsdorf (nach Heinrich Fleming benannt) und Kurau.

In Pommerellen und an der unteren Weichsel

Als der Orden in den Jahren 1308/09 von Pommerellen Besitz ergriff, muß er sich im klaren gewesen sein, daß dort die Bevölkerung zum Großteil slawisch, seit langem getauft und den unterschiedlichsten deutschen Einflüssen ausgesetzt war. Die Zisterzen Oliva (1178) und Pelplin (1258) und das Prämonstratenserkloster Zuckau (1209) hatten bereits deutsche Siedler angezogen[30], allerdings nur innerhalb enger Grenzen. Herzog Mestwin II. hatte persönlich dafür gesorgt, daß die slawischen Siedlungen nach deutschem Recht umgeformt wurden. Außer der ersten deutschen Ansiedlung in Danzig hatte sich unterhalb der herzoglichen Residenz in Dirschau (Tczew, Polen) an der Weichsel eine Kaufmannssiedlung gebildet (1256), die zu einer Stadt wurde, welche 1260 das lübische Recht erhielt; daneben entstand, seit 1302, eine deutsche Gemeinde in Neuenburg (Nowe).

Die Deutschherren betrieben den Landesausbau planmäßig, vor allem unter der Leitung ihres Danziger Komturs Winrich von Kniprode (1338–41; Hochmeister 1352–82) und einiger Hochmeister wie Werner von Orseln (1324–30). Ein gehöriges Maß Arbeit war nötig, um das Werder im Deltagewirr der Weichsel gegen die Flut zu schützen. Die ersten Deiche entstanden vor dem Danziger Werder vor 1300 und reichten vom westlichen Mündungsarm der Mottlau bei Gemlitz bis Gotteswalde und Wesslinken. Durch den Zuzug holländischer Einwanderer zwischen 1315 und 1340 erreichten die Deutschherren, daß die Umgegend von Stüblau (Steblewo, Polen) und das große Werder im Süden der Weichsel, bei Elbing, den notwendigen Schutz bekamen. Auch die Nogat wurde eingedeicht, und damals begannen die langen Trockenlegungsarbeiten des Marienburger Werder, die sich bis ins 17. Jahrhundert hinzogen. In der Nähe eines großen Bauernhofs des Ordens unternahm Niclaus von Hollant eine der ersten Neulanderschließungen (Nowy Staw, Polen).

Seit 1340 tat sich im Waldland westlich von Dirschau und Mewe eine neue Zone der Neulanderschließung auf. Der Ort Schöneck (Skarszewy) war eine Gründung der Johanniter, er empfing seine Handfeste 1341; unweit davon entstand Berent (Kościerzyna), ein Ort in nächster Umgebung des Ordensguts Bern (1346).

Im Samland und in der »Wildnis«

Den äußersten Nordosten des Ordenslandes, das Samland, das halb dem Deutschen Orden, halb der Bischofskirche gehörte, hat die deutsche Kolonisation des Mittelalters kaum zu erreichen vermocht, denn der meerumspülte Westteil der Halbinsel war von prussischer Bevölkerung dicht bewohnt, und das Landesinnere blieb bis 1370 allzusehr der litauischen Bedrohung ausgesetzt.

Die erste Ansiedlung im Lande der Jatwinger war Burg Schönewick, die Bischof

Heinrich von Strittberg an der Nordküste des Haffs errichten ließ (1266/68). Diese Burg zog die Ansiedlung von niedersächsischen »Stadtbürgern« nach sich, und es entstand unter der Führung eines Stralsunder Unternehmers eine kleine Stadt, Fischhausen (Primorsk, UdSSR; 1299/1305)[31]. Im Norden der Halbinsel gab es im Umkreis von Thierenberg (nach 1283) und Heiligenkreuz (Krasnotorowka) eine kleine Siedlung, und das große Landgut des Ordens, Grünhof, war bereits 1322 für seine Pferdezucht berühmt. Aber erst 1418 wurde Thiemsdorf gegründet, ein Dorf mit 34 Hufen, das unweit von Schaaken am Kurischen Haff liegt[32].

Östlich des Samlandes blieben noch im zweiten Drittel des 14. Jahrhunderts Labiau (Polessk), eine alte Burg der Prussen, Tapiau (Gwardiejsk) und Wehlau (Znamiensk), gleichfalls eine prussische Burg, die übrigens 1336 das Stadtrecht von Kulm erhielt, sowie Allenburg (Druzda) die Grenze der Kolonisation und zugleich Ausgangspunkte und Nachschubbasen für die Feldzüge gegen die Litauer.

Östlich davon, in den riesigen Urwäldern dieser sumpfigen Wildnis, die sich halbkreisförmig vom Njemen zur oberen Drewenz erstreckte – ein schwer umkämpftes Grenzgebiet –, begann die erste Phase des Landesausbaus damit, daß man eine Kette von Burgen errichtete. Zu dieser ersten Generation gehören Ragnit (Njeman, UdSSR; 1289) und Schalauerburg (1293), die weit vorne am Njemen standen; Insterburg (Tschernjaowks, 1336), Angerburg (Węgorzewo, Polen; 1335) und Lötzen (Giżycko, Polen; 1335), die die masurischen Seen bewachten; Altwartenburg (Barczewo, Polen, 1329), Allenstein (Olsztyn, 1335) und Gilgenburg (Dąbrówno, Polen, 1316) in den Wäldern im Süden. In den beiden folgenden Jahrzehnten wurde das Gründungswerk angereichert mit Russ (Rusne, UdSSR; 1358) und Splitter (1365) am Njemen, vor Insterburg mit Georgenburg (1364) und Kamswykus, wobei letzteres in den Kriegen am Ende des Jahrhunderts mehrmals der Zerstörung anheimfiel; im Süden mit Bischofsburg (Biskupiec, Polen; 1389) und Ortelsburg (Szczytno, 1360). Daß auch die Burgen von Tilsit (Sowjetsk, UdSSR; 1406/09) und Lyck (Ełk, Polen, 1398) erbaut wurden, deutet an, daß der Orden vorhatte, diese Grenze zu überschreiten[33].

In der zweiten Phase kam es dann zum eigentlichen Landesausbau. Im Schutz dieser Burgen, befestigten Bauwerke und Fliehburgen entstanden große Domänen, die manchmal – wie im Falle Sassen (Zahrze, Polen), an den Grenzen Masowiens gelegen – 1440 Hufen ihr eigen nannten. 1321 belehnte der Landmeister Friedrich von Wildenberg einige niedersächsische Herren mit diesem Gut[34]. Die Urbarmachung dieser unermeßlich großen Waldgebiete östlich von Gilgenburg, zwischen den Seen der Damerau und der Skottau, brachte die Dörfer Heeselicht (benannt nach zwei dieser Herren) und Sassendorf hervor und einige weitere, die sächsische Namen trugen. Im allgemeinen jedoch wurde die Wildnis durch die Einrichtung eher kleiner Güter mit etwa einem Dutzend Hufen erschlossen, die an deutsche – und manchmal auch an prussische Freibauern gegeben wurden, die dafür den Heeresdienst zu Pferde leisten mußten. Zu Beginn des 15. Jahrhunderts war diese Bevölkerung noch sehr dünn, sie konzentrierte sich im wesentlichen auf die Gegenden von Tapiau, Wehlau, Gerdauen oder, mit anderen Worten, auf die Einfallspforten zur Wildnis[35] und zum Südosten, wo Osterode (Oteróda, Polen) 1329 erstmals erwähnt wird, eine typische kleine Kolonistenstadt[36].

Um die neuerschlossenen Räume in diesen Grenzregionen zu sichern, gab es kurze und längere Hecken (Hagen). So grenzte beispielsweise eine solche Hecke im Norden des Samlandes das Kurische Haff ab; Wehlau war von solch kleinen Hecken umgeben, und es gab weitere nördlich des Pregel[37]. Hingegen war der Grenzwall von Sassen, den man als den Sassenpils bezeichnet, schon vor der deutschen Besiedlung da.

Besiedlung und ländliche Gesellschaft der Deutschen

Die Zuwanderung auf das flache Land war höchst uneinheitlich. Dies macht es schwieriger, etwas über die Herkunft der Siedler zu erfahren, als dies bei der neuen Stadtbevölkerung der Fall ist. Offensichtlich haben die deutschen Ritter, die mit Ländereien belehnt wurden, und die Lokatoren-Unternehmer Auswanderer aus ihrer Heimat mitgebracht. Es wanderten also viele aus Niedersachsen, Mitteldeutschland und aus dem Meißnischen in den Osten. Im allgemeinen fühlten sich die Niedersachsen von den Küstenregionen des Ermlandes angezogen, obschon man freilich im Falle von Sassen eine Ausnahme erblickt. Aber auch der bereits erschlossene Landstreifen, der von Lübeck bis Schlesien reicht, hat wieder viele Menschen freigegeben. Als die erste Welle gegen 1320 versickert war, zog eine jüngere Generation ostwärts tiefer ins Landesinnere Preußens hinein. Der Weiterzug der Siedler von der Weichsel und den Küsten der Haffe in die Lichtungen der Wildnis war eine Art Fortsetzung der Ostbewegung und hat möglicherweise etwa hundert Jahre angehalten.

Am Ende dieser großen Kolonisationsbewegung bestand die deutsche Gesellschaft in Preußen, soweit sie auf dem Land saß, aus »deutschen Freien« und aus Bauern, die als Pächter ihre Hufen bebauten. Den Freien, die sich auf dem Land niedergelassen hatten, ob kleinen Adeligen oder Bürgerleuten, übertrug der Orden Liegenschaften von meist 40 bis 80 Hufen Größe sowie die niedere Gerichtsbarkeit und das kirchliche Patronatsrecht; dafür bezahlten sie einen kleinen Anerkennungszins und leisteten Heeresfolge zu Pferde. Diese Freien bildeten in jeder Komturei den Adel und stellten die örtliche Reiterei des Ordens. Mit den Bauern haben die Deutschherren niemals von Mann zu Mann verhandelt. Es waren Freie und Lokatoren, die Wälder zum Roden freigaben und die Errichtung von Dörfern gestatteten. Gemäß dem Kulmer Recht hatten die Siedler Freiheit und ein Statut, das in der Handfeste verankert war. Ein Schulze verwaltete die Gemeinde, ein Amt, das dem Lokator oder seinen Nachfahren übertragen wurde. Die Abgabeverpflichtungen ruhten nicht auf der Person, sondern auf der Scholle. Ende des 13. Jahrhunderts wurden zwei Sonderabgaben eingeführt, sie trafen Herren wie Bauern: das Wartgeld, aus dessen Erlös die Patrouillen ins Litauische bezahlt werden sollten, und das Schalwenkorn, das in Naturalien zu entrichten war und für die Unterhaltung der Grenzbefestigungen verwendet wurde[38].

Vom rechtlichen Standpunkt aus unterscheidet man also unter diesen deutschen

Dörfern, die den Pachtzins nach Hufen bezahlten – den Hufenzinsdörfern: einmal die Dörfer, die dem Orden unmittelbar unterstanden; die Dörfer, deren Grundherren Freie waren; und schließlich die Stadtdörfer. Diese letztgenannten waren, wie die Beispiele Mühlhausen (Młynary, Polen; 1338) und Putzig in Pommerellen (Puck, 1348) zeigen, etwa zur gleichen Zeit entstanden wie die Städte, zu denen sie gehörten, auf deren Territorium sie lagen; sie waren mit diesen untrennbar verbunden und unterstanden auch deren Schulzen[39].

Deutsche und Nichtdeutsche

Wenn man der Frage nachgeht, wie die Beziehungen zwischen dem Deutschen Orden und den Nichtdeutschen in Preußen verliefen, stößt man augenblicklich auf die so oft wiederholte Behauptung, die Deutschherren hätten die Prussen fast ausgerottet, und man erfährt Zahlen von Getöteten, die so übertrieben sind, daß sie fast das Doppelte der Zahl der Gesamtbevölkerung in diesem Lande übersteigt, wie man sie vernünftigerweise im Augenblick der Landnahme annehmen darf[40]. Gewiß darf man die Brutalität des deutschen Kreuzzugs nicht übersehen; der hartnäckige Widerstand, den die Jatwinger unter Führung von Skomand leisteten, muß zu schweren Verlusten geführt haben[41]. Aber wie läßt sich die Tatsache, daß ein Großteil des prussischen Adels in die Dienste des Deutschen Ordens trat und mehr noch, daß die nichtdeutsche Bevölkerung an der Erschließung des Landes teilnahm, mit der deutschen »Ausrottungspolitik« vereinbaren? Zweifelsohne gilt es zu unterscheiden zwischen der Zeit der Landnahme und der Zeit danach, und man muß sich auch die Umstände des Landesausbaus sehr gründlich anschauen.

Die deutschen Siedler sind im großen und ganzen nur in die Waldgebiete und zu den Böden in den Niederungen gegangen; die bereits von den Prussen und den Slawen erschlossenen Gebiete haben sie selten oder überhaupt nicht betreten. Die prussischen Bauern haben ihre kleinen Hakenzinsdörfer weiterhin bewohnt; Haken nannte man hier wie in Livland die Wirtschaftseinheit einer Familie, die im 14. Jahrhundert zu einer richtigen Maßeinheit wurde, kleiner als die Hufe[42]. Auch die Prussen waren an der Erweiterung der landwirtschaftlichen Nutzfläche im östlichen Samland beteiligt. Im Ermland machte man bei der Bevölkerung der bischöflichen Dörfer keinen Unterschied zwischen Deutschen und Alteingesessenen. In der Wildnis erfuhren die Freien der Prussen die gleiche Behandlung wie die Siedler aus dem Westen, beide Volksgruppen wurden in kleinen Haufen an strategischen Stellen angesiedelt.

Die Polen im Kulmer Land haben ihrerseits am Landesausbau nach deutschem Recht mitgemacht, und die Ritter in diesem Gebiet haben Güter in der Komturei Osterode angenommen, die zum Kolonisieren freigegeben wurden. Um das Jahr 1400, als der deutsche Zuzug schwächer wurde oder gänzlich versiegte, waren es polnische Bauern, die sich auf dem Land an der Grenze niederließen. In Pommerellen hat sich der kleine und mittlere Adel schnell an die Herrschaft des Ordens gewöhnt, und Ende des 14. Jahrhunderts war das flache Land zu 75 bis 80% von Slawen besiedelt.

Insgesamt soll die deutsche Kolonisation etwa 1400 Dörfer und, je nach Autor, 76 oder 93 Städte hervorgebracht haben[43], was eine Bevölkerung in der Größenordnung von 400000 Menschen bedeuten würde[44]. Zusammen mit den Nichtdeutschen könnte die Gesamteinwohnerschaft im Ordensland gegen 1410 etwa 550000 betragen haben. Diese echte Siedlungskolonie blieb, selbst wenn die vorgelegten Zahlen umstritten sind – Kriegen, wirtschaftlichem Niedergang, den Wüstungen des 15. Jahrhunderts und späteren Landabtretungen zum Trotz –, der Kern des künftigen Herzogtums[45] und somit des späteren Königsreiches Preußen.

Deutsche Dörfer und Dörfer nach deutschem Recht

Die deutschen Kolonistendörfer waren beinahe ausschließlich Rodungsdörfer. In der Komturei Christburg schwankte ihre Größe zwischen 20 und 90 Hufen[46], in den weiter östlich gelegenen Landesteilen zwischen 20 und 80 Hufen[47]; aber im Durchschnitt waren es 50 bis 60 Hufen. Nach der Kulmer Handfeste (Art. 23)[48] diente in der Regel die flämische Hufe als Maßstab; und die »Geometria Culmensis«, geschrieben gegen 1400 auf Bitten des Hochmeisters Konrad von Jungingen, damit sie den Landvermessern des Ordens dienlich sei[49], gibt folgendes Maß an: 30 Morgen mit je 300 Quadratruten, gemäß der Länge der alten Kulmer Rute von 4,32 Meter, was eine Fläche von 16,8 Hektar ergibt. Es konnte sogar vorkommen, wie in der Komturei Elbing, daß jede Parzelle einer Familie mehr als eine Hufe ausmachte (beispielsweise zwei oder drei). Je nachdem, wie schwierig es war, ein Stück Boden urbar zu machen beziehungsweise wie vorteilhaft die anderen landwirtschaftlichen Bedingungen waren, erhielten die neuen Siedler zwischen 3 und 6 Freijahren im offenen alten Land und zwischen 14 und 20 in den großen Urwäldern in der Wildnis.

Die alten Quellen sagen offenbar nichts über die Form dieser Kolonistendörfer; aber Grundrisse aus späterer Zeit zeigen, daß es Angerdörfer waren, manchmal mit einer zum Teil bebauten *planicia*, oder aber Straßendörfer.

Pommerellen in der Umgebung von Danzig besitzt einige schöne Beispiele von Dörfern, die das deutsche Recht übernahmen[50]. Die alten Dörfer, die ihr polnisches Recht bis ins 15. Jahrhundert beibehielten, bewahrten auch ihre unregelmäßige Gestalt sowie ihre Vielzahl verstreuter kleiner Feldstücke. Auf jeden Fall hat man in dieser Gegend keine Runddörfer beobachtet. Doch seit das Land Herzogtum war, namentlich seit dem 16. Jahrhundert, haben diese Siedlungen ihr Gesicht verändert. Als sie das deutsche Recht bekamen, zog ein beträchtlicher Wandel ein, der sich auf die Entwicklung der Landwirtschaft günstig auswirkte. Die Feldfluren dieser Dörfer ordneten sich nun zu regelmäßigen Hufen *(łany)*, 20 für die kleinsten und 60 für die größten von ihnen, und in enger Beziehung zu diesem Wandel stand auch die Einführung eines neuen Siedlungstyps, so daß nun Straßendörfer entstanden wie etwa südlich von Dirschau der Ort Subkau (Subkowy, Polen), der 1301 nach deutschem Recht umgeformt wurde, oder andere Döfer, die nach rechtwinkeligem Plan entstanden.

Ende des 15. Jahrhunderts, mit dem Niedergang des Deutschen Ordens, den das

Polen der Jagellonenkönige an die Wand gedrückt hatte und der durch innere Zerwürfnisse geschwächt war, war auch die Kraft der deutschen Kolonisation gebrochen. Als Litauen und Polen unter Ladislas II. zusammengingen und dieser Fürst machtvoll zu agieren begann, hatte für den Orden das Stündlein geschlagen. Die Niederlage bei Tannenberg (Grunwald) am 15. Juli 1410[51] führte, nach mehrmaligem Wiederaufflackern der Kämpfe, zum Vertrag von Meldensee (Melno, Polen; 1422), der die Grenze mit Litauen so festlegte, wie sie dann lange Zeit bestand – bis 1945. Kasimir IV. schlug just im dem Augenblick zu, als die Städte und ein Teil des Adels sich gerade gegen die Obrigkeit des Ordens erhoben. Zweimal, 1457 und 1460, wurde die Zitadelle Marienburg eingenommen. Der zweite Friede von Thorn (1466) traf den Orden in seinem Lebensnerv: Pommerellen, das Kulmer Land, Marienburg, Elbing, Stuhm und Christburg gingen ihm damals verloren; Ostpreußen verblieb dem Orden, aber er mußte dafür die Oberhoheit des polnischen Königs anerkennen.

Dieser Zusammenbruch offenbart an sich nur die tatsächliche politische Isolation des Ordensstaates in bezug auf das alte deutsche Reich, die die Annektion eines zu drei Vierteln slawischen Pommerellen ihm in seinen westlichen Teilen zugefügt hatte, und es zeigt vor allem, daß die Menschenflut, die ein Jahrhundert lang seine Eroberungen gesichert hatte, nunmehr versiegt war[52].

Dritter Teil

Neue Landschaften und Kulturberührungen

1. Die ländliche Kolonisation. Träger und Mittel

Chronologie und Geographie

Seit Ende des 11. und Anfang des 12. Jahrhunderts haben Deutsche im Osten Schritt für Schritt den Landesausbau vorangetrieben. Die ersten Unternehmungen waren die der Bayern in Österreich und die eines Wiprecht von Groitzsch (1104/05) und des Hamburger Erzbischofs Friedrich (1106/13) in Altdeutschland. Diese Kolonisation dauerte bis zum Beginn des 15. Jahrhunderts, als die letzten deutschen Siedler die äußersten Randzonen an der preußischen »Wildnis« erreicht hatten. In jeder Region verlief die zeitliche Abfolge etwas anders, denn viele Faktoren beeinflußten den Landesausbau: die Entfernung von Altdeutschland, die Umstände der Landnahme, die alteingesessene Bevölkerung und auch die politischen Strukturen des neuen Landes.

In Holstein-Lauenburg begann der Strom erst gegen 1143, vollbrachte sein großes Werk gegen 1230, und die letzten Rodungen wurden noch zu Beginn des 14. Jahrhunderts durchgeführt. Im Meißnischen hingegen setzte er schon früher ein, seit 1104, und in der Lausitz und den erzträchtigen Bergen hielt er bis in die Mitte des 13. Jahrhunderts an und später noch. In Brandenburg stand die Schaffenskraft eines Erzbischofs Wichmann von Magdeburg am Anfang (1158); aber die östlichen Grenzgebiete des Landes nahmen bis Ende des 13. Jahrhunderts Siedler auf. An der Ostsee, von Mecklenburg bis Vorpommern, breitete sich die bäuerliche Bewegung zwischen 1160 und 1275 aus. Im Süden begann der große Sturmangriff auf Niederösterreich seit Anfang des 12. Jahrhunderts, aber in Kärnten und Slowenien stießen die Siedler noch Ende des 13. Jahrhunderts vor. In Böhmen setzte der Landesausbau Mitte des 12. Jahrhunderts ein, etwas später in Mähren und den Sudeten, wo vor allem in der zweiten Hälfte des 13. Jahrhunderts neues Land unter den Pflug genommen wurde.

Schlesien ist etwas später daran als die soeben genannten Regionen, erst seit 1202 beginnt sich dort der Großteil der deutschen Einwanderer niederzulassen, und der Zustrom hält an bis 1300. Auch in den anderen Teilen Polens findet die Erschließung erst im 13. Jahrhundert statt, obschon einzelne Siedler früher gekommen waren; der Zustrom setzt sich, dünner werdend, im 14. Jahrhundert bis in die Landstriche unterhalb der Karpaten fort. Das gleiche finden wir in Ungarn, wohin die meisten Kolonisten, die sich in Siebenbürgen und der Slowakei niederlassen werden, erst seit dem 13. Jahrhundert kommen. Das Schlußlicht bildet Preußen, denn dort setzt die Kolonisation erst nach der endgültigen Unterwerfung der

Prussen ein, also ungefähr gegen 1280, und sie hält während des ganzen 14. Jahrhunderts an.

So hat es in dieser Wanderungsbewegung und dem Landesausbau also drei Phasen gegeben: eine starke Welle seit den Jahren 1143/64, die vorzugsweise die Länder an der Elbe berührte, ferner Holstein, Meißen und Österreich; die Welle des 13. Jahrhunderts, die in Mecklenburg ziemlich früh begann und sich über Pommern, Brandenburg, Böhmen, die Sudeten, Ungarn und vor allem über Schlesien und Polen ergoß; schließlich das 14. Jahrhundert, das die Landstriche unterhalb der Karpaten sowie das preußische Ordensland auftat. Wenn sich die erste Phase aus dem Vorhandensein einer großen Wanderungsbewegung des 12. Jahrhunderts erklärt, so sind die beiden anderen zum Teil herzuleiten aus dem Phänomen des Vorrückens und der ständigen Erneuerung der Siedlungsgrenze.

Denn dieser Strom nach Osten erzeugte seine eigene Dynamik. Der Bevölkerungsaufschwung im Westen, der anfangs diesen Strom in Gang brachte, hatte später nur noch einen schwachen Einfluß auf den Verlauf der Kolonisation. Letzten Endes fand er in sich selbst seine Kraft[1].

Im Laufe dieser drei Phasen ging die Leitung und die Durchführung des Landesausbaus von den Landesherren und den weltlichen und geistlichen Grundherren zu den kleinen Rittern über, aber auch zu den Unternehmern, die wir als Lokatoren bezeichnen, welche im Auftrag ihrer Herren tätig wurden. Selbst die vorbedachte Kolonisation im Ordensland geschah im Laufe der letzten Phase in dieser mittelbaren, gleichwohl aber erfolgreichen Form. Die Tatkraft der deutschen Fürstenhäuser war allenthalben zu beobachten: die Schauenburger, Askanier, Wettiner und Babenberger förderten den Landesausbau in ihrem jeweiligen Bereich; desgleichen die slawischen Fürsten, die Herzöge von Pommern, von Schlesien, von Polen und Böhmen, die Markgrafen von Mähren; die Könige von Ungarn; schließlich die großen Kirchenmänner: die Erzbischöfe von Hamburg und Magdeburg und die Bischöfe von Breslau und Olmütz. Aber man muß neben den fürstlichen Herren, den kirchlichen und den weltlichen, auch auf die vielerörterte Frage der Zisterzienser zurückkommen und auf die unbestreitbare, überaus wichtige Funktion, die die Lokatoren spielten.

Die Zisterzienser als treibende Kraft der Kolonisation

Als der Zisterzienserorden sich bildete, erlebte das mittelalterliche Europa gerade ein starkes Bevölkerungswachstum; und es war diesem Orden dank seiner Regel bestimmt, ein ländlicher Orden zu werden. Wir haben gesehen, mit welchem Tempo er sich im westlichen Deutschland und in Österreich in der Nachfolge von Morimond entwickelte und wie sehr er seit der Zeit des hl. Bernhard seine Fühler nach Osten ausstreckte, und zwar schon bevor das Deutschtum in die slawischen Lande eindrang. Innerhalb weniger Jahrzehnte erwarben sich die Zisterzienser in den Wäldern und auf den sumpfigen und sandigen Böden Altdeutschlands große Erfahrung, wie man diese unfruchtbaren Zonen urbar macht. Sie rodeten hier den Wald, legten dort Sümpfe trocken, zogen anderorts aus dem Wald Gewinn und

Der Hl. Bernhard bei der Ernte; Flügelaltar der Stiftskirche in Zwettl, um 1500. Die Darstellung weist auf die landwirtschaftliche Betätigung des Zisterzienserordens hin.

entwickelten Landwirtschaft oder Viehzucht nach den meist fortschrittlichsten Methoden.

Die Frage, welche Funktion die Zisterzienser beim Landesausbau ganz allgemein gespielt haben, wurde oft erörtert; doch sie stellt sich in diesem germanisch-slawischen Siedlungsraum gleich zweifach: Waren sie Träger der Germanisierung und welche Rolle spielten sie bei der Erschließung des Bodens? Bevor wir die erste Frage zu beantworten versuchen, müssen wir uns die örtlichen Bedingungen eines jeden Gebiets ansehen. Die erste Phase des Landesausbaus – zwischen Elbe, Saale und Oder sowie in Österreich – liefert, mancherorts, Argumente für und wider. Gleichwohl, wenn man Bilanz zieht, scheint das Für zu obsiegen, denken wir nur an den Einsatz der Mönche von Waldsassen im Egerland, von Marienthal in der Oberlausitz, an das Kloster Dobrilugk, das noch anno 1300 das Recht besaß, in der Niederlausitz Böden zu erschließen und Dörfer zu gründen, an Doberan und Kolbatz, die in Mecklenburg und Pommern deutsche Siedler ansässig machten, an die Dörfer und Städtchen, die aus den Grangien von Zinna, Dargun und Heiligenkreuz hervorgingen, an die hohe Blüte, die Zwettl im waldreichen österreichischen Waldviertel beschert war. Einige Historiker haben zwar gemeint, die Erschließungstätigkeit der Zisterzienser sei in ihrer Bedeutung übertrieben worden, doch dies trifft, wie wir es verstehen, bestenfalls insofern zu, als sie vielleicht nicht mit dem Wirken anderer weltlicher oder kirchlicher Stellen beim Landesausbau in Beziehung gesetzt wurde. Ihre Leistung ist unbestreitbar; es geht nur darum, ihre relative Bedeutung richtig einzuschätzen[2].

Was die Kontroverse um die Arbeit der Abteien in Schlesien und den beiden polnischen Ländern anlangt, haben wir bereits einige Fakten angeführt, um diese Frage zu entscheiden. Einerseits haben Leubus, Heinrichau und Trebnitz Domänen erhalten, die seit alters her – oder aber kurz zuvor – von polnischen Rodungsbauern urbar gemacht worden waren, denken wir nur an diesen Glambo, der im Wald von Bukowina die große Wiese freilegte *(Wielka łąka)*, auf der Heinrichau sodann die Grangie Glambowitz anlegte[3]. Andererseits haben sich diese gleichen Abteien an den großen Rodungsarbeiten zu Füßen der Sudeten beteiligt, und wenn sie auch nicht selber Hand angelegt haben, so haben sie doch zumindest Siedler dort eingesetzt. Außerdem haben die ersten Klöster in Groß- und Klein-Polen, die sich vor allem dem religiösen Leben hingaben, ihre Güter bewirtschaftet, indem sie dort ihre zinspflichtigen Bauern arbeiten ließen; aber im 13. Jahrhundert scheinen die Klöster tatsächlich die Helfershelfer der fürstlichen Politik gewesen zu sein, das heißt des Landesausbaus und der *melioratio terrae*.

Zu ähnlich differenzierten Schlußfolgerungen kommt auch J. Kłoczowski[4]. Man könne die Zisterzienser nicht in ihrer Gesamtheit als Pioniere der Ostsiedlung ansehen; aber dank ihres großen Grundbesitzes, den sie durch Kauf, Tausch oder manchmal auch durch Rodungen erworben hatten, ferner durch ihr Geschick, dauerhaft ansässig zu bleiben und Gewinne zu erwirtschaften, seien sie, in vielen Fällen, Wegbereiter des Landesausbaus und der Bewirtschaftung von Grund und Boden gewesen. Der Umstand, daß sie Leute aus dem Westen heranzogen, zunächst zum Teil Romanen, später, im 13. Jahrhundert, fast ausschließlich Deutsche, habe ein »koloniales« Licht auf die grauen Mönche geworfen[5]. Es ist jedoch schwierig, hierin eine bewußte Politik der Germanisierung zu erblicken, denn in dieser Zeit war die »Nationalität« der Mönche nur von untergeordneter Bedeutung; wichtiger war, was man von ihnen erwarten durfte. Die Zisterzienser waren im Osten weder ausschließlich noch zum kleinsten Teil Pioniere, sie waren – wie ihre Brüder im Westen, aber noch etwas mehr als diese, da sie auf breiterer Front handelten – besonders tatkräftige Förderer des Landesausbaus, an dem freilich, mit Unterschieden von Region zu Region, auch deutsche Siedler beteiligt waren.

Die ›locatores‹ – Leiter der Kolonisation

Die politischen Herren des Landes sowie die Grundherren haben die Kolonisation nur selten selbst geleitet, obschon es in Holstein und im Meißnischen etliche Ritter und Ministerialen gab, die Lehnsbesitz hatten und beim Landesausbau selber mitmachten. Eine charakteristische Persönlichkeit des Landesausbaus war im Europa dieser Zeit ein Unternehmertyp, den man allgemein als Lokator oder auch als *magister incolarum* (Kühren, 1154), in Mecklenburg als *cultor* bezeichnete. Er war übrigens seit der Mitte des 12. Jahrhunderts für Stadtgründungen ebenso zuständig wie für Dörfer[6].

Der erste Lokator – ohne daß er so genannt wird – war jener Priester, der zu Beginn des 12. Jahrhunderts niederländische Siedler an die untere Weser führte. Rasch folgten ihm weltliche Unternehmer nach, kleine Ritter oder andere, deren gesellschaftliche Herkunft uns unbekannt ist. Zunächst erfahren wir nur ihre Namen, später auch ihren Herkunftsort: Herbert (Pechau, 1159), Heinrich (Groß-Wusterwitz, 1159), Werner von Paderborn (Poppendorf, 1164), Menold (Budsow-Schönwalde, 1221), Witicho (1231), Franco (1236), Ulric (1266); in Ostpreußen stößt man auf bürgerliche Lokatoren, die aus Schlesien oder aus Stralsund kommen, aber auch auf Ritter wie Dietrich von Tiefenau (Pommern, 1236) und Konrad von Leiwitz (Kulmerland, 1282) und selbst auf ein ganzes Unternehmen niedersächsischer Herren (1321); in Schlesien nehmen die Schulzen der Bischofs- oder Herzogsstädte die Erschließung in ihrer Umgebung selbst in die Hand, wie es Peter in der Gegend von Neisse (1237) und Berthold bei Sedlitz (1257) machte. Meistens waren es Deutsche, bisweilen auch Holländer oder Flamen; und in Böhmen und Polen gab es auch slawische Lokatoren, vor allem dann, wenn es sich in diesen Ländern weniger um Neugründungen, sondern vielmehr um Erweiterungen von Dörfern handelte.

Eigentlich gab es zwei Arten von Lokatoren: Ritter, die ein Gebiet als Lehen erhalten hatten und es erschließen wollten; und dann die ländlichen Lokatoren, die häufiger anzutreffen und die die eigentlichen Stützen der Kolonisation waren. Aufgabe des Lokators war es, Siedler anzuwerben und neue Dörfer zu gründen. Hier stellt sich die Frage, ob er eine Anzahl künftiger Bewohner eines Dorfes beisammen hatte, bevor er mit dem eigentlichen Unternehmen begann, oder ob sich die künftigen Einwohner erst im Lauf der nächsten Jahre einfanden. Eine Lokation im Ermland aus dem Jahr 1350 zeigt, daß die Bauern losen mußten, wer welche Hufe erhielt – was man nur machen kann, wenn man bereits eine bestimmte Gruppe von Siedlern beisammen hat; außerdem ist die Wahrscheinlichkeit groß, daß das Unternehmen als Ganzes erfolgte, wenn der Lokator eine feste Zahl von Hufen erhielt[7].

Das Unternehmen war riskant, und der Unternehmer konnte sich nur darauf verlassen, wenn er genügend Mittel besaß; aber gewiß waren auch keine außergewöhnlichen Summen erforderlich[8]. Nur in Ausnahmefällen verkaufte der Grundherr dem Lokator das ganze Unternehmen. Zum Lohn für seine Bemühungen[9] erhielt der Unternehmer sodann eine bestimmte Zahl von Vergünstigungen, näm-

Rodung und Dorfgründung; Illustration aus dem *Sachsenspiegel* (Landrecht, III, 79 § 1–2). Oben: Die Siedler roden und zimmern, der Grundherr übergibt dem *Locator* den Leihbrief; unten: Bauern berufen sich vor dem *Locator* auf ihr Dorfrecht.

lich an erster Stelle ein paar Hufen, die er noch erschließen mußte, sie waren gleichsam sein »Lehen«, das er zu Erbpacht bekam. Sie waren von allen Abgaben befreit, und er erhielt entweder eine bestimmte Menge oder einen proportionalen Anteil der gesamten landwirtschaftlichen Nutzfläche. Jener erste holländische Lokator, von dem wir oben gesprochen haben, bekam nur eine einzige Hufe. Später überließ man den Lokatoren zwei oder drei Hufen, und im 13. Jahrhundert schwankte ihr Anteil an der Gesamtfläche in Böhmen, Schlesien und Preußen zwischen einer von sechs und einer von zehn Hufen.

Mit dieser Dotation wurde ihm zugleich das erbliche Amt des Schulzen im neuen Dorf überlassen. Wenn der Lokator, ob Ritter oder Bürgersmann, nicht im neuen Dorf ansässig wurde, übertrug man diese Aufgabe einem »Setzschulzen«. Dieser ländliche »Bürgermeister« mußte von den Bauern die Abgaben einziehen, und er übte die niedere Gerichtsbarkeit aus, wobei ein Teil der Erträgnisse aus diesem Amt in seine Tasche floß; außerdem wurde ihm oft das Mühlenrecht übertragen und das Recht, eine Bäckerei oder eine Schenke zu führen.

H. Mortensen ist soweit gegangen, davon zu sprechen, daß es »ohne Lokator keine Kolonisation« gegeben hätte. Diese Formulierung ist zwar allzu absolut, aber sie stellt doch die wichtige Funktion dieser abenteuerlichen Unternehmer heraus, die es in den westeuropäischen Ländern, in denen auch eine Binnenkolonisation stattfand, nicht gegeben hat[10]. Aber vieles liegt auch noch im dunkeln, etwa: Wie haben sie Leute angeworben und woher stammten ihre Finanzmittel? Wie brachten sie die Siedler zusammen? Wie suchten sie die Lage für die neue Ortschaft aus, wenn einmal die größere Region feststand? Wie organisierten sie die entstehende Gemeinde über die Zumessung und Verteilung des Bodens hinaus? Welche soziale Stellung schließlich wiesen sich die Lokatoren in dieser Gesellschaft zu, in der sie erblicherweise das Schulzenamt innehatten?

Die Urbarmachung

Der Landesausbau im Osten machte riesige Urbarmachungen erforderlich. Es gab durchaus auch den einzelnen Siedler, der mit Axt oder Spaten den Baum oder die Heide anging. Man findet ihn in den Nachbargebieten Altdeutschlands, an den Grenzen Thüringens und in den sorbischen Landen, in Meißen, in den Waldsäumen der bayrischen Oberpfalz und in Böhmen. Im allgemeinen verfolgten ihn die Grundherren[11]. 1268 mußte der Markgraf von Brandenburg in der Oberlausitz diese wilden Rodungen untersagen[12]. In den höheren Lagen der Ostalpen, in der Steiermark, in Kärnten und Slowenien, wurde der Wald oftmals von einzelnen oder von kleinen Gruppen niedergeschlagen. In Ober- und Niederösterreich war der Landesausbau zwar im allgemeinen Sache der Grundherren, aber K. Lechner meint, daß auch kleine Grundbesitzer und Bauern, die keinen Boden besaßen, an den Rodungen beteiligt waren[13]. Natürlich kann man nicht ausschließen, daß in Böhmen und Mähren, in Schlesien und Galizien nicht auch Tschechen und Polen schon vor dem großen Landesausbau kleine Lichtungen angelegt haben, die sodann von den Siedlern aus dem Westen erweitert wurden[14]. Und in allen slawisch besiedelten Landstrichen, namentlich in Kujawien und Masowien, wurden die Dorfgemarkungen bis ins 15. Jahrhundert durch Rodungen erweitert, sobald diese Dörfer das deutsche Recht erhielten[15].

Das Gründungsbuch der Abtei Heinrichau beschreibt, auf welch wunderliche Weise die Grenzen in dem wilden Urwald gezogen wurden, den man Siedlern zur Erschließung freigegeben hatte. In freier Übersetzung steht da zu lesen: Der Abt Albert wandte sich gen Westen, also in Richtung der böhmischen Berge, und zeigte auf einen Gipfel, den er als einen Grenzpunkt seiner Ländereien bezeichnete. Sodann beauftragte er zwei Männer, in das Tal zu gehen und in dessen Mitte ein »mächtig rauchendes« Feuer anzufachen, das als Anhaltspunkt dienen sollte, da es etwa in der Mitte lag. Als die Rauchschwaden hochstiegen, zogen vier andere Männer und der Kämmerer des Herzogs von Schlesien, die sich von dem Feuer und dem Rauch leiten ließen, die Grenze mitten durch den Wald und durch das Tal, indem sie Kerben in die Bäume hieben[16].

Im Osten gingen die großen Rodungsarbeiten und die planmäßige, gemeinschaftliche Gründung von Dörfern Hand in Hand. Stellt man die quellenmäßig belegten Fakten und das Zeugnis der Ortsnamen sowie der Siedlungstypen, die für jede Region charakteristisch sind, nebeneinander, dann erhält man ein aussagekräftiges Bild des Ganzen. In Ober- und Niederösterreich begann der Großangriff auf die Wälder am Ende des 11. Jahrhunderts; in Meißen, zwischen Elster und Mulde, setzte er im ersten Drittel des 12. Jahrhunderts ein, etwas später im Pleißenland und im Vogtland. Im westlichen Böhmen fielen die Wälder seit etwa 1170, indes die Abholzung in Holstein und Lauenburg zwischen 1150 und 1230 voranschritt.

Im mittleren Mecklenburg, in den Landstrichen zwischen Elbe und Oder, im Erzgebirge und in den Bergen der Oberlausitz, in den Waldesgrenzen Schlesiens, in den Sudeten und in Mähren, an der Obra und an der Netze, in den Niederungen der Beskiden und am Nordrand der Karpaten war das 13. Jahrhundert die große Zeit der dörflichen Rodungsarbeiten. Hingegen begannen die Rodungen in Ostpreußen erst gegen 1280, und sie haben sich dort wie im slowakischen Oberungarn während des 14. Jahrhunderts fortgesetzt.

In den gleichen Jahren wurden Brüche trockengelegt und sumpfige Gegenden entwässert, die Böden verbessert: im 12. Jahrhundert im unteren und im mittleren Tal der Elbe, in der Altmark seit 1160; im 13. Jahrhundert am Unterlauf von Warthe und Weichsel und im 14. Jahrhundert schließlich in den Werdern des preußischen Deltagebiets.

Man wüßte gern, welcher prozentuale Anteil des mitteleuropäischen Waldes dem Vorrücken der Kolonisation zum Opfer fiel. Auch hier gilt es, Region für Region zu unterscheiden. In einigen Bereichen Holsteins, Schlesiens und Böhmen-Mährens machte der Abschlag da und dort die Hälfte aus; doch in den alten Bezirken Bromberg (Bydgoszcz, Polen) und Kruschwitz (Kruszwica), wo man die Rodungen systematisch erforscht hat[17], gingen Wälder und Sümpfe zwischen dem 14. und 16. Jahrhundert nur von 63,4 auf 55% der Gesamtfläche zurück, so daß also lediglich knapp 7,5% der Gesamtfläche neu erschlossen wurden. Aber hier stoßen wir auf ein anderes Problem, nämlich die Frage nach dem Stillstand der ländlichen Kolonisation und ihrem Rückgang, wie ihn die Wüstungen zeigen.

… und ihr Ende

Tatsächlich räumt man seit den Arbeiten von O. Schlüter[18] ein, daß die Größenbeziehung zwischen Waldflächen und landwirtschaftlichem Nutzgebiet gegen 1300 im großen und ganzen die gleiche war wie die in Deutschland zu Beginn des 19. Jahrhunderts, ja daß sogar zu Beginn des 14. Jahrhunderts mancherorts weniger Wald bestand als heute. Aber wenn auch in Preußen oder im südlichen Polen die Ausdehnung der Anbaufläche Fortschritte machte, hatte doch in anderen Landstrichen der Rückzug bereits eingesetzt.

Es war der deutsche Agrarhistoriker W. Abel, der als erster die Aufmerksamkeit auf die spätmittelalterlichen Wüstungen gelenkt hat[19], deren Ausmaße wir später sehen werden. Sie haben manchmal das Landschaftsbild von Grund auf geändert und die Folgen der kurz zuvor stattgefundenen Kolonisation wieder ausgelöscht. Ende des 15. Jahrhunderts herrschte an der Grenze von Pommern zur Neumark wieder der Wald vor. Insgesamt, so schätzt man, hat in West- und Ostdeutschland zusammen die kultivierte Fläche zwischen dem 13. und dem 16. Jahrhundert um ungefähr 26% abgenommen, der Nutzen aus der Zeit des großen Landesausbaus ist also beträchtlich zusammengeschrumpft. Man wird auf die verschiedenen Gesichtspunkte dieses Rückgangs noch zu sprechen kommen; aber wir sollten uns schon an dieser Stelle gegen die Vorstellung wappnen, die Ostgebiete präsentierten sich unserem Auge deutlich als eine soeben erschlossene Landschaft. Nach der Zeit der Wüstungen gab es – namentlich in Preußen, Brandenburg und Schlesien[20] – so viele gegenläufige Bewegungen mit Ansätzen zur Urbarmachung und Erschließung, so häufige Aufforstung mit Schwarzkiefern[21], und die natürliche Vegetation gewinnt so schnell wieder die Oberhand, daß allenfalls eine Untersuchung im Detail da und dort ahnen ließe, wo im 13. Jahrhundert Kolonisationsgrenzen verliefen.

Die Ortsnamen

Wo Deutsche im Mittelalter das Land im Osten erschlossen, drückte sich das auch in den Ortsnamen aus. Diese Namen spiegelten die Germanisierung wider, bis der slawische Rückstrom sie zum größten Teil wieder auslöschte. Auf dem Territorium des heutigen Staates Österreich und bis an die Elbe machen die Ortsnamen aus der Zeit des mittelalterlichen Landesausbaus etwa 80% aller Ortsnamen aus[22].

Gerade was die Rodungen anlangt, haben die Endungen der Ortsnamen im Osten schnell die Verbindung zum alten Siedlungsland hergestellt, und zwar mit den gleichen sprachlichen Varianten, welche auch die Herkunft der Siedler zeigt: -rade findet man in Holstein und Lauenburg; -rode im Meißnischen, der Niederlausitz und später in Ostpreußen; -reuth im Egerland; -reut und -reith in Oberösterreich und im Waldviertel, -reit in Kärnten; -reut und -ried im westlichen Böhmen. Die Endungen -schlag und -schwand – letztere weist auf das Gebiet hin, in dem Bäume gefällt wurden – fanden, von Bayern herkommend, ihre Fortsetzung in Österreich und in den Ostalpentälern; die Ortsnamen auf -hagen setzten sich ähnlich weiter ostwärts in Lauenburg, im Uckerland, Pommern und Pomesanien fort. Dazu tritt nun ein neuer Namenstyp auf, er reicht von der Oberpfalz und dem Vogtland bis in den Nordwesten Böhmens, und seine Endung -grun weist gleichfalls auf neue Rodungen hin, wie das auch in Böhmen und Mähren die Endung -stift tut.

Naturgemäß haben die großen Wälder die Siedler tief beeindruckt, und neben der Endung -wald sind auch Namen von Bäumen in vielen Ortsnamen aufgegangen. Die Endung -wald trifft man besonders häufig in den Bergen im Norden Böhmens und in Schlesien und Ostpreußen; als Beispiele von Ortsnamen mit

Baumgattungen darin nennen wir: für die Linde Lindewiese in Schlesien; für die Buche Buchwald in der Lausitz und das mecklenburgische Buchholz; für die Eiche Eichberg in Schlesien und Eichwalde; für die Tanne Danneberg, Dannenwalde und Tannenberg.

Im deutschen Osten wie in Mitteldeutschland war auch die »topographische« Ortsnamengebung sehr beliebt; so entstanden Orte, die auf -berg, -bach, -feld, -stein, -thal oder -see enden. Die Schwierigkeiten, mit denen die Siedler zu kämpfen hatten, mancherorts vielleicht auch ihr Optimismus, drückten sich in Namen aus wie Steinfeld oder Sandfeld und in den unzähligen Schönau, Schönberg, Schönfeld, Schönbach, Schönbrunn oder Schönwald. Und die Vorsilbe Neu- wies im ganzen Osten auf kurz zuvor erschlossene Ortschaften hin (Neuhaus, Neuendorf, Neuenhof).

Am häufigsten finden sich jedoch im ganzen Osten die Dorfnamen auf -dorf, die sehr oft mit einem Personennamen verbunden sind, der im Genitiv steht; oder es stehen diese Namen im Genitiv alleine, wenn nämlich, was nicht selten ist, die Endung irgendwann wegfiel. Aber es kommt auch vor, daß nicht einer der ersten Einwohner, sondern der Gründer im neuen Ortsnamen verewigt wurde; so kommt es zu Ortsnamen wie Herrendorf oder, nach Grafen benannt, Gräfendorf, Gräfenhain, nach Markgrafen (Markgrafenhagen in Brandenburg), nach Herzögen (Herzogswalde in Pommern; Herzogswaldau in Schlesien), nach Fürsten (Fürstenau), selbst nach Königen (Königsbrücke und Königswartha in der Lausitz, unter dem König von Böhmen entstanden) und dem Kaiser (Kaiserwald); und ganz ähnlich erkennt man neue Dörfer auf kirchlichem Boden: Bischofswalde (in Schlesien), Klosterdorf (Gründung der Zisterze Zinna in Brandenburg), Mönchdorf, Domherrenhagen (Mecklenburg), Nonnendorf, Tempelfeld und Tempelhof.

Die Liste mit Ortsnamen, die an das Herkunftsland ihrer ersten Siedler erinnern, ist eindrucksvoll. Unweit von Kolbatz in Pommern tritt 1173 eine *villa Theutonicorum* in Erscheinung. Die Dörfer mit flämischen Zuwanderern nennen sich Flemmingen (Meißen), Flemendorf (Pommern) oder Flämischdorf (Schlesien). Die Sachsen nennen ihre Dörfer Sachsdorf (Lausitz) oder Sachsenfeld (Erzgebirge); die Franken Frankenhausen, Frankenau, Frankenhain, Frankenthal, Frankendorf, Frankenberg, Frankenstein; die Bayern heißen sie Beiersdorf; die Schwaben Schwoobsdorf (Lausitz). Die Beziehung zu einem Trupp Wallonen hat sich erhalten in Welschendorf in Schlesien (*Preuacovich Gallicorum*, 1271) und in Walendorf in der Slowakei.

Einen eigenen Platz einräumen muß man den Orten auf -werder, sie weisen auf Neuland hin, das man dem Sumpfland abgewann, und reichen von der Mündung der Elbe bis zum Delta der Weichsel (Fürstenwerder, 1322); ferner die Ortsnamen in den Bergbaugebieten, wo man vor allem die Endung -berg findet, in Böhmen, Mähren und Schlesien auch auf -seifen.

Die Kolonisation spiegelt sich schließlich in den Doppelnamen wider, sei es in den Bestimmungen Groß- oder Klein-, Deutsch- oder Windisch-; sei es, daß man einen slawischen Ortsnamen in der Umgebung einfach übersetzt hat: So gibt es in

Kärnten ein Kirchheim neben einem Zirknitz (von *crkev*, Kirche), ein Mooswald neben einem Schriet (von *criet*, Sumpfwald). Und wie oft haben die deutschen Siedler einen slawischen Ortsnamen übernommen, indem sie ihn einfach übersetzten, wie etwa bei Hundsfeld (Schlesien) nach dem polnischen Psie Pole das Feld des Hundes. Natürlich haben auch, umgekehrt, Polen und Tschechen die mittelalterlichen deutschen Namen in ihre Sprache übertragen.

Die Situation der Kolonisten

Der Vertrag, den Erzbischof Friedrich von Hamburg 1106–1113 mit den niederländischen Siedlern abschloß, war gleichsam das Muster für jene Übereinkommen, die später die Rechtsgrundlagen der Ostkolonisation bildeten. Diese Kontrakte regelten die Beziehungen zwischen den Grundherren und den Lokatoren beziehungsweise zwischen den Lokatoren und den Siedlern, und sie stellten zunächst privatrechtliche Bestimmungen dar. Aber die Wanderungsbewegung in die slawischen Staaten führte die Fürsten im Osten dazu, die besondere Situation der Deutschen durch allgemeine Privilegien zu verbessern wie etwa die, die Sobieslaw II. den Deutschen in Prag einräumte (1174/78) und Andreas II. der Gemeinde von »Sachsen« in Siebenbürgen (1224). Auch der Deutsche Orden erreichte durch die Verbreitung der Kulmer Handfeste (1233) in der Praxis, daß sich ein stark formalisiertes Siedlungsrecht ausbildete.

Die Siedler erhielten ein Stück Land zur Erschließung – *mansus, laneus* oder Hufe genannt –, über dessen Beschaffenheit wir später noch einiges erfahren werden; dafür mußten sie dem Grundherrn jährlich oder halbjährlich Pachtzins bezahlen – *census, pensis* oder *tributum* –, der festgelegt und vergleichsweise niedrig war: 1106 betrug er beispielsweise nur einen Pfennig *(denarius)*; später, zwischen Saale und Oder, ein bis zwei Schilling *(solidus)*; in Schlesien und Mähren zahlte man Ende des 13. Jahrhunderts ein viertel bis eine halbe Silbermark. Manchmal kamen noch bescheidene Abgaben in Naturalien hinzu. Aber in den ersten Jahren der Urbarmachung und der Erschließung des Bodens waren die Siedler von diesen Abgaben befreit, und diese Freijahre dauerten um so länger, je dichter der Wald und je unfruchtbarer das Erdreich war[23]. Wo Slawen oder Prussen schon den Boden in Kultur genommen hatten, auf der Ebene Schlesiens, in Kujawien und in einigen Kreisen in der Nähe von Christburg, schwankten sie zwischen zwei, drei, vier und sechs Jahren. Nördlich von Neisse, in der Waldzone von Kulm, im Ermland, konnten sie bereits 9 bis 13 Jahre ausmachen. Ende des 13. Jahrhunderts mußte man an den bewaldeten Grenzsäumen Schlesiens und im 14. Jahrhundert in der preußischen Wildnis 14 bis 20 Freijahre zugestehen, wenn man das Seßhaftwerden der Siedler sicherstellen wollte. In einigen Fällen verzichteten die Grundherren auch auf das Wegegeld auf den Straßen in der Umgebung. Dagegen mußten die Siedler selbstverständlich den Kirchenzehnt bezahlen, an dessen Stelle oftmals eine feste Abgabe trat (Meißen, Schlesien). Das Land wurde zu Erbleihe verpachtet; wollte der Pächter verkaufen, mußte er vorher die Zustimmung der Erben einholen, manchmal auch die des gutsherrschaftlichen Verwalters. Seit Beginn des

12. Jahrhunderts bekamen die Rodungsbauern zwischen Mulde und Werra ihr Land *hereditario jure*; mehr als hundert Jahre später bestätigte das Kulmer Recht die Erblichkeit (*hereditas*) sowie das Recht, das Land zu veraußern; aber ein Übereinkommen zwischen dem Lübecker Domkapitel und den Siedlern im holsteinischen Hausfelde enthielt einen interessanten Vorbehalt bezüglich der Flurformen: die Aufteilung von Grund und Boden und die Gemarkung der benachbarten Hufen des Dorfes durften nicht verändert werden (1296)[24].

War die Inbesitznahme einer dauerhaften Hofstelle[25] bereits ein großer Vorteil für den Siedler im Osten gegenüber der Stellung eines Pächters in Altdeutschland, der sein Land als *servus* nur auf Zeitleihe hatte, wie das bis weit ins 12. Jahrhundert nicht selten der Fall war[26], so brachte der Osten überdies noch den unschätzbaren Vorzug, daß man dort »frei« war. Es ist wirklich eine der fundamentalen Gegebenheiten der Ostsiedlung, in Stadt und Land durchgesetzt zu haben, daß der einzelne ein Höchstmaß an Freiheiten und Rechten bekam, *securam libertatem*. Schon die großen Rodungen im Westen hatten diese Bewegung begünstigt, und sie setzte sich jenseits der Elbe fort[27].

Einer der Kontrakte, nach dem 1142 Holländer an der Weser angesiedelt werden, ist in diesem Punkt noch zögerlich: Ein eingewanderter verheirateter Leibeigener konnte sein Erbe übergeben; aber wenn ein Leibeigener zu Unrecht sich für einen Freien ausgab, wurde er zu seinem Herrn zurückgeschickt, und sein Stück Land ging zurück an den Erzbischof-Kolonisator[28]. Als jedoch der Bischof von Halberstadt in den Jahren 1180/84 den Bruch an der Bode erschließt, wird der Freiheit der Zuwanderer keinerlei Beschränkung auferlegt, ihnen wird für ihre Person und ihre Güter »Friede« versprochen[29]. Besser noch ist das Privileg, das Sobieslaw II. 1174 für die Deutschen in Prag ausstellt: *Theutonici liberi homines sunt* – das galt für alle Siedler, was immer auch sie in ihrem Ursprungsland gewesen waren; und das Kulmer Recht entsprach dem, indem es den Betroffenen *perpetualiter libertatem* verhieß. So konnte man sagen, »Siedeln macht frei« – und das war für viele Menschen im 12. und 13. Jahrhundert der schmackhafteste Köder überhaupt[30]. In der Wirklichkeit war übrigens die persönliche Freiheit unauflöslich verbunden mit dem dauerhaften Besitz von Grund und Boden, und unter diesem Doppelaspekt hat sich die Ostsiedlung vollzogen. Es ist offensichtlich, daß diese besondere Stellung der deutschen Zuwanderer im slawischen Raum Einheiten geschaffen hat, deren Recht sich von dem der eingeborenen Bevölkerung unterschied. Die Slawen nannten dies einfach *jus teutonicorum*, das Recht der als »Gäste« betrachteten Deutschen, oder kürzer, aber weniger genau, *jus teutonicum*. Es ist bekannt, welche Rolle dieses Recht bei der inneren Kolonisation der slawischen Länder gespielt hat.

2. *Dörfer und Feldstrukturen der Kolonisation*

In der Landschaft bleibt die Form der Dörfer und der Fluren bis zu einem gewissen Grade einer der charakteristischsten Aspekte der Ostsiedlung.

Die Hufen als Siedlungsparzellen
Wir müssen zurückkommen auf die Parzellen, die zur Erschließung ausgegeben wurden, und auf die Wohnbereiche der Siedler. Landesausbau und Wohnen haben die Form der Dörfer und der Fluren bestimmt. Die Manse, oder unter ihrem deutschen Namen als Hufe, *hoba* oder Hube bezeichnet, war im Westen seit dem 7. Jahrhundert bekannt (in Thüringen seit 704); noch im 13. Jahrhundert galt sie – wenn auch, wie in weiten Teilen Frankreichs, der zunehmenden Zersplitterung unterworfen – als die Fläche Landes, die zum Lebensunterhalt einer Familie notwendig war und die Einheit, die vom Grundherrn verpachtet wurde. Aber es gab verschiedene Hufen, und sie unterschieden sich durch ihre Abgabenbelastung und ihre Größe: die Hufe des Leibeigenen maß in Bayern ungefähr 12 Hektar, die »freie Hufe« (*mansus ingenuilis*) machte 15 Hektar aus, und die sogenannte königliche Hufe konnte 40 Hektar und mehr umfassen[1]. Diese letztgenannte Art Hufe breitete sich seit dem 10. Jahrhundert in der Steiermark und im 11. Jahrhundert in der Gegend von Dresden und sogar bei Görlitz aus[2].

Ganz allgemein herrschen jedoch östlich der Elbe-Saale-Linie zwei andere Typen vor: die flämische und die fränkische Hufe. Helmold von Bosau berichtet, man habe sie mit Schnüren abgemessen[3]. Später findet man im Dienst der Herren, selbst der Lokatoren, richtige Landvermesser, die diesem Beruf nachgehen, wie etwa jenen Gregor, *mensurator* des Herzogs von Oppeln, der 1269 die Gemarkung des Dorfes Schönwald (Bojków, Polen) in Oberschlesien festlegte. Wir haben bereits erfahren, daß aus dieser Tätigkeit im Jahr 1400 im Ordensstaat die erste deutsche Abhandlung über das Vermessungswesen hervorging, die »Geometria Culmensis«[4]. Die flämische Hufe wird in der zweiten Hälfte des 12. Jahrhunderts in den kleinräumigen Erschließungsgebieten an der Elbe (1152) und in der Heide bei Jüterbog (1185) erstmals erwähnt; die fränkische Hufe tritt zur gleichen Zeit in Erscheinung, und zwar vor allem im Meißnischen (1162), im Erzgebirge und an den Grenzen von Böhmen; aber ihre Wurzeln lagen gewiß weiter westlich. W. Kuhn meint, diese beiden Arten seien »Schöpfungen« des 12. Jahrhunderts, sie seien an Ort und Stelle entstanden und hätten den Bedürfnissen der Kolonisation entsprochen[5].

Es ist sehr schwierig, das Flächenmaß dieser Hufen zu erfahren, denn die zeitgenössischen Angaben darüber sind lückenhaft, und der Verfasser des Kulmer Buches hat uns eigentlich eher ein Modell hinterlassen. Die Hufen, die 1106 oder etwas später den Siedlern an der unteren Weser vertraglich zubemessen wurden, hatten riesige Ausmaße, vielleicht eine Fläche von 48 Hektar; sie entsprachen also noch der königlichen Hufe. Kötzschke hat errechnet, daß die Hufen, die der Bischof von Naumburg den holländischen Siedlern 1152 zuteilen ließ, ungefähr 23 Hektar groß waren[6]. Aber nach den Ausmessungen von 1400 enthielt die flämische Hufe 30 Morgen *(jugera)* von je 300 Quadratruten *(vergue)*, was, wenn man die Rute nach den Angaben des 17. und 18. Jahrhunderts festlegt, in Sachsen eine Fläche von 16,32 Hektar und in Schlesien sowie in Ostpreußen 16,8 Hektar ergeben würde[7]. Die Hufe eines Bauern bildete nicht ein Ganzes, sie war wiederum in drei Felder aufgeteilt, die – gemäß den theoretischen Ausmaßen von 10300 Ruten, also 42,2 mal 1296 Meter – auf die verschiedenen Gewanne eines Dorfes verteilt waren. In Wirklichkeit haben diese Ausmessungen offenbar mit den unterschiedlichen Höhenlagen und der Qualität des Bodens geschwankt; aber man kann für die flämische Hufe im allgemeinen eine Fläche von 16,5 Hektar festhalten. Zwei Dokumente aus der zweiten Hälfte des 14. Jahrhunderts, beide aus Klein-Polen, teilen uns die Größe der fränkischen Hufe mit: 12 mal 270 Doppelruten, also ungefähr 103,7 mal 2332 Meter – dies ergibt, wenn man die regionalen Abweichungen der Rutenlänge berücksichtigt – eine Fläche von 23 beziehungsweise 28 Hektar[8]. Aber anders als die obengenannte flämische Hufe wurde diese Hufe als ein einziges Stück ausgegeben, und zwar in Gestalt eines langen Streifens, der durch den Anbau verschiedener Kulturen quergeteilt sein konnte.

Um die wirklichen Ausmaße der somit entstandenen Hofstellen zu erfassen, muß man hinzufügen, daß die Siedler in der Tiefebene im Norden für gewöhnlich zwei Hufen zugeteilt bekamen oder sogar mehr, während in den Gegenden mit dichter slawischer Bevölkerung, oder dort, wo die Fluren nach deutschem Recht umgestellt worden waren, manchmal nur eine oder eine halbe Hufe ausgegeben wurden[9]. Wo Polen das Land nach deutschem Recht erschlossen, war seit dem 13. Jahrhundert die *lan* die Flureinheit, und sie richtete sich nach der Hufe aus. Der alte polnische oder prussische »Pflug«, *radlo* oder Hacken gab seinen Namen gleichfalls einer Feldeinheit; aber in der ersten Zeit der Erschließung Preußens durch den Deutschen Orden hatte er keine festumrissene Fläche. Im zweiten Drittel des 14. Jahrhunderts wurde der Hacken zu einem Flächenmaß, das übrigens sehr stark schwankte (von 10 bis 60 Morgen); häufig war er kleiner als die Hufe, obwohl er eine Nachahmung davon war. Er legte die Fläche fest, die prussische Bauern bewirtschafteten[10].

Die Kolonistensiedlung: Einzelhöfe und Weiler

Die deutsche Ostsiedlung wurde im wesentlichen auf der Grundlage der Dorfgemeinschaft betrieben. Nur selten haben sich einzelne Gehöfte oder Weiler mit unregelmäßiger Ausformung irgendwo angesiedelt. Besonders typische Regionen der Kolonisation durch Einzelhöfe sind die Hänge der österreichischen Alpentäler, Kärnten und Teile Oberösterreichs, nördlich der Donau, bis hinein ins böhmische Bergland; diese Höfe waren das Ergebnis der langsamen Erschließung, die zwischen dem 11. und dem 13. Jahrhundert stattfand. Auch in Ostpreußen und in Pommern findet man einige große Einzelhöfe, die auf die Ansiedlung großer Familien am Ende des Mittelalters zurückgehen könnten, und zwar in Gegenden, die von den Wüstungen stark betroffen waren[11]. In Oberkärnten, der Steiermark, in einigen Bereichen Oberösterreichs, die an die böhmische Waldregion angrenzten, und in ein paar obersächsischen Tälern findet man Weiler[12]. Man hat oft angenommen, daß deutsche Siedler, die ihre Dörfer in dieser Form anlegten, slowenischen oder slawischen Beispielen gefolgt seien. Das Haufendorf findet man gleichfalls im österreichischen Donautal und an der Mulde, häufig war es nur eine unregelmäßige Erweiterung eines Weilers. Kurzum, die Erschließung einiger Landesteile von Österreich, der Alpentäler und im Meißnischen – die ersten vertraglichen Ansiedlungen ausgenommen – scheint von Einzelpersonen vorgenommen worden zu sein, die in kleinen Gruppen kamen und ihre Wohnstätten mehr oder weniger den älteren slawischen Formen nachbildeten. Dies wurde anders, als die Hufe das Instrument einer planmäßig betriebenen Kolonisation wurde. Wenn man die Hufe zur Einheit der Bewirtschaftung machte und mehrere von ihnen an eine Gruppe Siedler verteilte, dann entstand zwischen diesen Siedlern eine enge gegenseitige Abhängigkeit, die sich in gemeinsamer Bewirtschaftung (Flurzwang) und einer regelmäßigen Dorfanlage äußerte, ja mehr noch: nicht nur das einzelne Dorf mußte einem gewissen Plan entsprechen, sondern sogar die ganze Region[13].

Das Problem der Rundlinge

Was man in der historisch-geographischen Terminologie als Rundling bezeichnet, reicht in seiner Verbreitung bis zu den Siedlungsräumen der Slawen; dort, an den Westgrenzen der slawischen Länder, geht der Rundling bis zum Beginn des Landesausbaus zurück, und er wirft bezüglich der Landnahme in Ostmitteleuropa eines der schwierigsten Forschungsprobleme auf. Weder seine Gestalt noch seine Verbreitung stehen in Frage; es ist seine Herkunft, die zur Debatte steht, namentlich die Frage, in welchem Umfang man diesen Siedlungstyp als eine Form des deutschen Kolonistendorfes bezeichnen kann[14].

Der Rundling ist also eine kleine Ortschaft mit rund einem Dutzend Bauernhöfen, die sich um einen offenen, aber ziemlich kleinen Platz drängen. Dieser zentrale Platz ist dem allgemeinen Verkehr nur durch einen schmalen Eingang zugänglich, der leicht zu verschließen ist. Der Boden ringsherum ist radial aufgeteilt, und zwar dergestalt, daß jeder Bauernhof ein Stück geschlossener Weidefläche hat. Nach außen hin ist das Ganze durch Hecken abgetrennt, ohne Verbindung zu den Grenzen der Dorfgemarkung[15]. Dieser modellhafte Typus kannte auch Abweichungen: er konnte kreisförmig sein oder hufeisenförmig, die Form eines Halbrundlings oder eines Doppelrundlings annehmen; manchmal verbindet er sich auch mit dem Typus des Sackgassendorfes – eine unvollendete Form oder eine Entwicklung, die keineswegs von einem einfachen Ursprung zeugt. Wenn man sich die geographische Verbreitung des Rundlings anschaut, dann wird man feststellen, daß er sich entlang einer Linie hinzieht, die von Lübeck bis Marburg an der Drau (Maribor, Jugosl.) reicht, wobei allerdings dazwischen breite Lücken bestehen. Am dichtesten findet man ihn im Hannoverschen Wendland, im östlichen Niedersachsen, zwischen der Elbe im Norden und der Aller im Süden; dort kommt fast keine

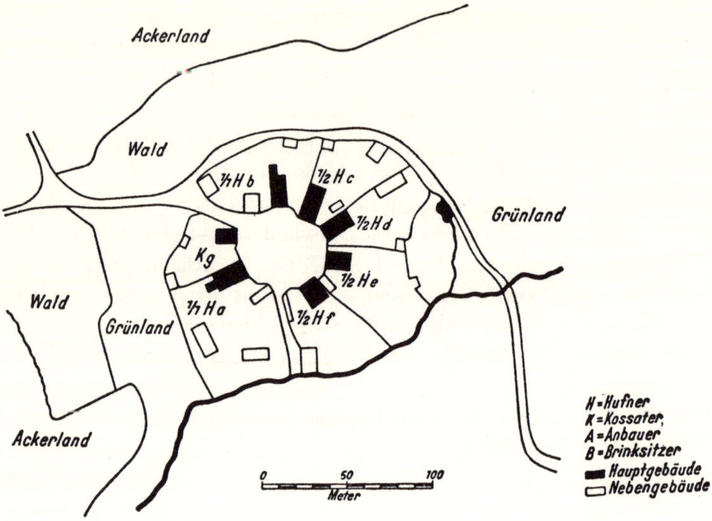

Schwiepke (Kreis Lüchow), echter Rundling des hannoverschen Wendlands.

andere Form vor[16]. Unweit davon, in der Prignitz und im Lauenburgischen, steht er etwas weniger dicht, und dort gibt es auch Beispiele, an deren Echtheit Zweifel erhoben wurden. Das östliche Mecklenburg weist gleichfalls viele Rundlinge auf. Weiter nach Südosten, an der mittleren Elbe, findet man sie vereinzelt wieder; ganz besonders dicht aber treten sie im alten Sorbenland auf, in der Gegend von Rochlitz und namentlich bei Bautzen.

Da der Rundling an vorderster Front steht, wo Slawen und Germanen aufeinanderstießen, hat man ihn zunächst als eine slawische Wohnstätte angesehen, deren Zweck im wesentlichen die Verteidigung war. Aber der Platz in seiner Mitte diente vor allem dem Vieh als Schutz, des Nachts oder in Gefahrenzeiten. Im Wendland werden diese Rundlinge in den Quellen des 12. und 14. Jahrhunderts als *villae slavicae* bezeichnet, und die Ortsnamen, die sie tragen, sind offenbar slawischen Ursprungs. Umgekehrt hat man in vielen Rundlingen am lauenburgisch-mecklenburgischen Grenzstreifen deutsche Kolonistendörfer des 13. Jahrhunderts sehen wollen[17]. Man ist sich heute, so scheint es, darüber einig, daß er in zwei Etappen entstand und sich fortentwickelte: zunächst war der Rundling ein formloses slawisches Dorf, aufgeteilt durch kleine Straßen; sodann nahm er langsam seine Gestalt an und verfestigte sie, wenn er nicht sogar eigens von deutschen Grundherren angelegt wurde, die dort Siedler ansässig machen und das Dorf der deutschen Form der Bewirtschaftung angleichen wollten[18]. Satemin im Wendland bietet ein gutes Beispiel eines Rundlings, der gegen 1400 dazu diente, Bevölkerung zusammenzuziehen[19]. Das Nebeneinander von Rundlingen und Feldern mit Fruchtfolge, die in gleichmäßigen Streifen angelegt der Zahl der Hufen entsprachen, was

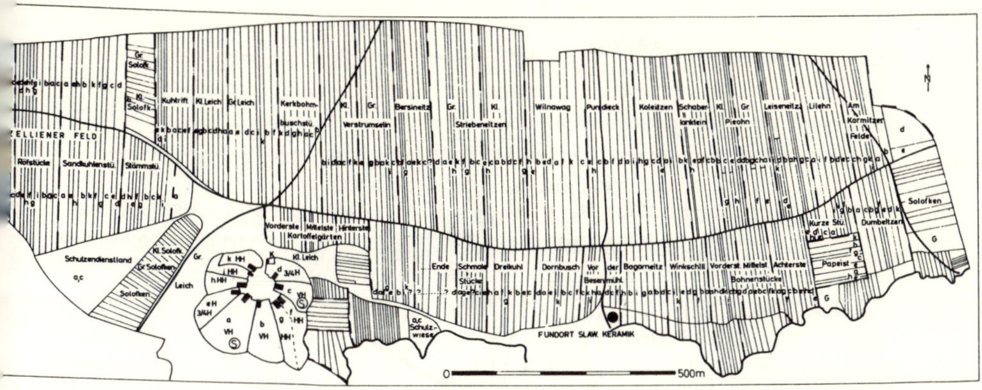

Tolstefanz (Kreis Lüchow). Der in gleichmäßige Streifen parzellierte Boden gibt diesem Typus den Namen Riegenschlag.

man als Riegenschlag bezeichnete, weist ebenfalls in diese Richtung[20]. Aber hat diese Umgestaltung in der Mitte des 12. Jahrhunderts begonnen und war sie vor dem 14. zu Ende? Und welche Rolle spielten die Zuwanderer aus dem Westen östlich der Elbe, in welcher Weise haben sie beigetragen, daß diese Wohnstätten ihre Gestalt festigten, etwa in Alt-Belz in Hinterpommern zwischen 1250 und 1300, wo die alten slawischen Einwohner zusammen mit deutschen Bauern in einem Rundling angesiedelt wurden[21]?

Kurzum, wenn auch diese Frage nach dem Rundling noch immer zum Teil offen ist, kann man wenigstens vermuten, daß dieser Dorftyp zwar slawischer Herkunft ist, aber in seiner Struktur – wenn nicht sogar in seiner Bevölkerung – durch die Siedler aus dem Westen stark verändert wurde.

Straßen- und Angerdörfer

Was Straßendörfer und Angerdörfer angeht – das sind Dörfer mit einer breiten Straße oder einem Anger in der Mitte –, bewegt man sich zumindest im Osten auf ziemlich sicherem Boden. Die Mehrzahl der Ortschaften, die von deutschen Siedlern gegründet wurden, waren von dieser Art. Diese beiden Typen beherrschen, wie wir gesehen haben, den gesamten Siedlungsraum südlich der Ostsee, von Mecklenburg bis nach Ostpreußen; sie bedecken alle Teile Brandenburgs, den mittleren Teil Schlesiens, Mähren, Niederösterreich, das Burgenland und andere weite Gebiete im Osten, die nach deutschem Recht erschlossen wurden.

Das Straßendorf reiht seine zwei Häuserzeilen zu beiden Seiten eines Wegs oder einer Straße auf. Diese Häuser drängen sich zwar eng aneinander, berühren einander aber nicht. Sehr häufig ist die ganze Ortschaft mit ihren Gärten nach außen durch einen Graben, durch Hecken oder sogar eine Mauer geschützt. Das Angerdorf leitet sich von diesem Modell ab. Die hindurchführende Straße gabelt sich in zwei Arme, die einen langen, schmalen Platz umschließen, dessen Form offenbar unterschiedlich sein kann. Dieser Platz gehört der Allgemeinheit, das gleiche trifft für den Weiher, den Brunnen und einige Bäume zu, die darauf stehen; er dient dem Federvieh und anderem kleinen Viehzeug als Weide, manchmal steht auch eine Kirche mit einem Kirchhof darauf. Die Gehöfte stehen wie beim Straßendorf zu beiden Seiten der beiden Verkehrsstränge[22]. Im Dorfanger haben manche, wie im Falle des mittleren Platzes beim Rundling, einen Schutzort für das Vieh gesehen.

Wenn wir es hier auch mit Kolonistendörfern zu tun haben, Ortschaften also, die immer planmäßiger angelegt wurden, je weiter wir nach Osten vordringen, so stellt sich doch auch hier die Frage nach ihrer Herkunft. Zwar kannte man auch im Westen Deutschlands seit dem frühen Mittelalter solche zeilenförmig angeordneten Dörfer, namentlich südöstlich der Rhön, im nördlichen Unterfranken und in der Gegend von Speyer, alle in Verbindung mit der dortigen Urbarmachung[23]; aber sie machten hier nur einen Bruchteil aller Ortschaften aus. Waren es etwa flämische oder niederländische Siedler, die diesen Dorftyp mitbrachten? Einige Autoren sind seit langem dieser Auffassung[24], und in einigen Fällen spricht vieles dafür; aber der Umstand, daß dieser Dorftyp gerade in der Heimat dieser eben genannten Siedler so selten ist, macht es schwer, dies zu glauben. Ebenso wie die flämische Hufe eine Neuschöpfung ist, angepaßt an die neuen Bedingungen in den zu erschließenden Landen, könnten auch die Straßendörfer eine spezifische Neubildung sein, mitunter – wie dies in Flemmingen bei Naumburg der Fall ist – kleinen slawischen Siedlungen aufgesetzt, mitunter vielleicht auch rekonstruiert[25].

Marsch- und Waldhufendörfer

Zwei gleichfalls sehr häufige Dorftypen, die eine langgestreckte Gestalt zeigen, fanden ihre Verbreitung im Osten: das Marschhufendorf und das Waldhufendorf. Das eine findet man – wie schon der Namen andeutet – in sumpfigen Niederungen; das andere in Waldgebieten. Bei beiden Typen stehen die Häuser zu beiden Seiten der Straße, gelegentlich aber auch nur auf einer, und zwar in beträchtlicher Länge wie beispielsweise in Altenwalde-Neuwalde-Ludwigsdorf, das sich im oberschlesischen Hochstift Neisse über neun Kilometer hinzieht. Die Häuser liegen weit auseinander, und von jedem geht rechtwinklig zur Straße eine Parzelle aus und erstreckt sich in länglicher Form in einem einzigen Stück Feld: die Wirtschaftsfläche einer Bauernfamilie.

Die Marschhufendörfer findet man vor allem dort, wo der Landesausbau früh begann, also in Niedersachsen und an der Mündung der Elbe, an den Niederungen von Netze und Weichsel; aber man sollte bedenken, daß eine Anzahl dieser Gebiete erst Mitte oder Ende des 16. Jahrhunderts von holländischen Siedlern neu erschlossen wurde. Die Waldhufendörfer findet man in einem breiten, langen Streifen, der sich von Sachsen bis nach Galizien zieht: im Vogtland, im Erzgebirge, in der Oberlausitz, mit einem Ausläufer in die Gegend von Sorau, im bergigen Vorland Schlesiens, im Mühlviertel, in Mähren und im Gesenke, zu Füßen der Karpaten, in Galizien und im slowakischen Bergbaugebiet.

Wie im Falle der anderen Siedlungstypen, so hat man sich auch ihretwegen oft gefragt, woher diese Hufendörfer kamen. Zunächst hat man gemeint, beide Formen hätten einen gemeinsamen Ursprung, indem man, auch in diesem Fall, die ersten Marschhufendörfer den niederländischen Siedlern des 12. Jahrhunderts zuschrieb. Aber dann fand man die ursprüngliche Form der Waldhufendörfer im Westen, im Rheinland, in der Münsterländer Bucht, wo es sie seit dem 9. Jahrhundert gibt; vor allem aber findet man sie, wie wir gesehen haben, im 11. und 12. Jahrhundert in den Mittelgebirgen: im Odenwald[26], im Spessart und im Ohrnwald. Es könnte also sehr wohl eine Verbindung bestehen zwischen diesen frühen Formen und den ersten fränkischen Kolonistendörfern im Vogtland und im Erzgebirge. Aber hier wäre, wie auch bei den fränkischen Hufen, eine eigenständige Entwicklung möglich, nämlich in Form einer Anpassung an die Waldgebiete in Mitteleuropa, wobei dann möglicherweise auch die Slawen selber eine Rolle gespielt haben in diesem Prozeß der Ausbreitung dieses Siedlungstyps im Osten[27].

Die Feldmarken

Für den Zweck dieser Darstellung haben wir den Siedlungstyp bisher von den anderen Teilen – namentlich der Flurform – getrennt behandelt, obschon in Wirklichkeit in diesen Kolonistendörfern die Dorfform, die Art der Hufen und die Form der Fluren eng zusammengehören.

Zum Rundling und den verschiedenen Straßendörfern – ob mit oder ohne Zentralplatz – gehört ursprünglich die offene Feldflur, die für die gemeinsame Nutzung gedacht war. Die Feldfluren sind dann in Gewanne unterteilt. Dieser Begriff wurde unterschiedlich erklärt: die einen führen ihn auf neu*gewonnenen* Boden zurück, die anderen auf die *Wend*ung, die man beim Pflügen macht. Jedes dieser Gewanne war seinerseits in längliche Streifen zerlegt, einer neben dem andern, alle in der gleichen Richtung verlaufend und von etwa gleicher Größe. Diese Streifen können mehr oder weniger lang sein, sie können von 500 bis zu 2200 Meter reichen – letzteres die sogenannte Langstreifenflur –, und sind etwa 10 Meter breit. Jeder Landbebauer besitzt in jedem Gewanne eine Parzelle, die Gewanne insgesamt nennt man einen Schlag; nimmt man alle seine Parzellen zusammen, bilden sie eine Hufe, das haben wir bereits gesehen. Beispiele dieses Typs sind Legion, das machen die alten Katasterpläne des 18. und 19. Jahrhunderts augenfällig. Nehmen wir den Plan von Schönfeld in Barnim mit seinen drei Gewannen von gleicher Größe, die man für gewöhnlich »Die Hufen« nennt, und seinen schmalen langgestreckten Parzellen von etwa 10 Meter Breite und 500 bis 900 Meter Länge[28]. Auch die Anbauflächen von Ober-Strahlbad und von Wurmbrand in Niederösterreich gäben schöne Beispiele[29]. Oder nehmen wir nur das Dorf Tannenberg (Jodłów, Polen) südlich von Neisse mit seinen Frühformen einer kleinen längsgestreiften Flur, die sich zu beiden Seiten des Dorfes erstreckt, und mit drei großen regelmäßig aufgeteilten Gewannen, die zweifelsohne etwas später angelegt wurden[30].

Im Falle der Waldhufendörfer bestanden die Fluren noch immer als offene Felder, aber da hier seit alters her die bäuerliche Bewirtschaftung nicht genossen-

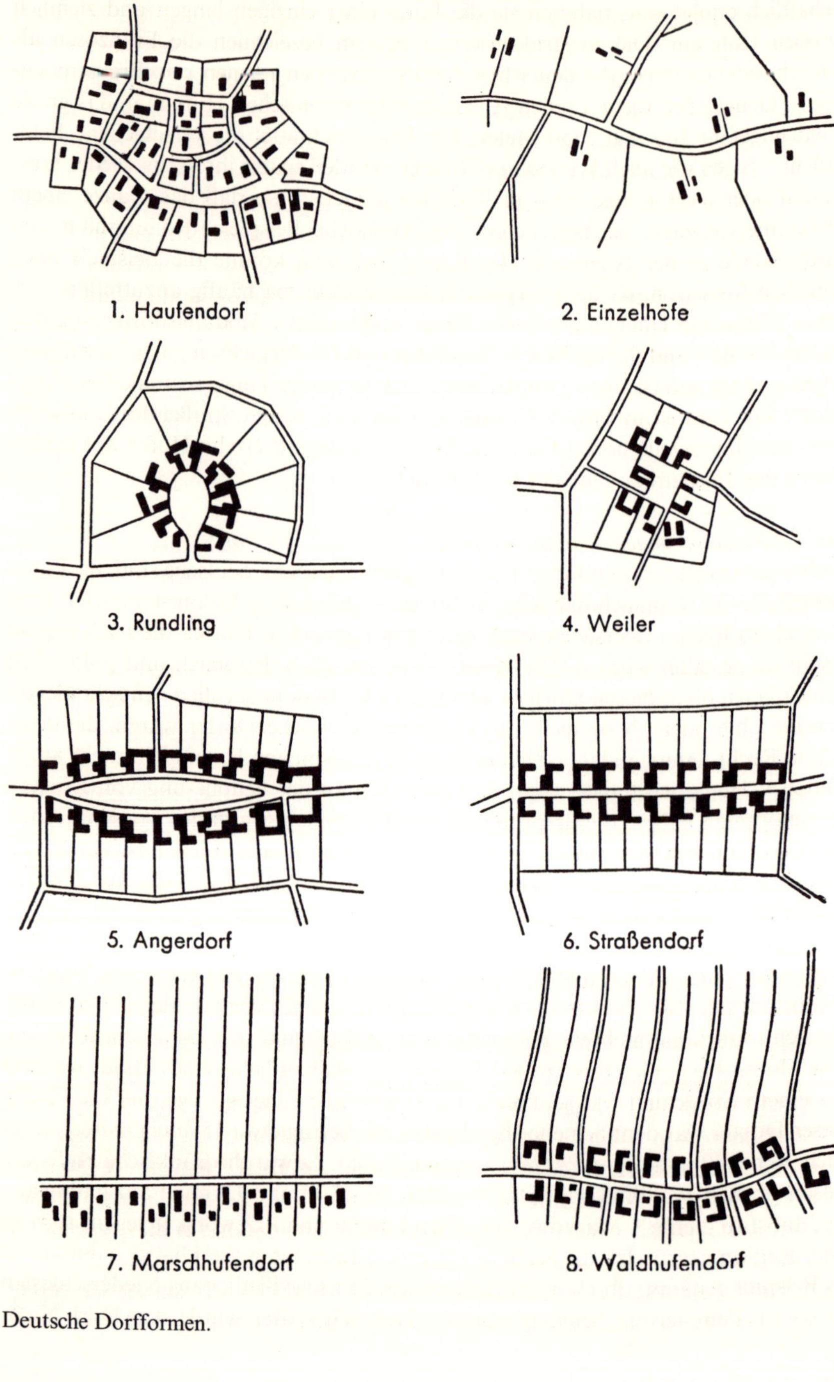

Deutsche Dorfformen.

schaftlich erfolgt war, nahmen sie die Form einer einzigen langen und ziemlich großen Hufe ein. Die so strukturierte Flurform bezeichnen die Franzosen als »Fischgrätenmuster«, die deutschen Agrargeographen nennen sie »Breitstreifenflur«. Gemäß den theoretischen Ausmaßen der fränkischen Hufe maß das große Feld ungefähr 100 mal 2350 Meter. Die Querabschnitte, die verschiedene Feldfrüchte trugen wie auch Wiesen und Wälder, wurden später ihrerseits wieder horizontal oder ihrer Länge nach in Parzellen aufgeteilt, so daß das Ganze einem Parkettboden glich. Sachsen kennt zwei klassische Beispiele: Röllingshain und Altmitweida in der Nähe von Rochlitz[31]; aber man könnte die Beispiele nach Belieben fortsetzen, da dieser Typus in Ostmitteleuropa häufig anzutreffen war. Man könnte die Hagenhufendörfer damit vergleichen – Rodungsdörfer, die ihre äußere Gestalt und ihr Recht von Westfalen und Niedersachsen nach Lauenburg, Mecklenburg und Pommern mitnahmen; auch sie wiesen lange, schmale Einzelparzellen auf. Dies ist in Mittel-Rövershagen der Fall, einem Straßendorf mit einer einzigen Häuserzeile nordöstlich von Rostock, dessen dreizehn Hufen auf beiden Seiten des Tales urbar gemacht worden sind.

Die Kolonisation »nach deutschem Recht«

Neben diesen Kolonistendörfern, die im eigentlichen Sinn deutsche sind, darf man keinesfalls die – manchmal sehr wichtigen – slawischen Kolonistendörfer »mit deutschem Recht« übersehen, auch nicht jene slawischen Dörfer, die nach diesem Recht umgestaltet wurden. Die Kontroverse zwischen deutschen und polnischen Historikern, ob in diesen Dörfern »deutschen Rechts« tatsächlich deutsche Bevölkerung lebte oder ob sie nicht, im Gegenteil, slawische Dörfer waren, die deutschem Recht unterstanden, ist heute in dieser zugespitzten Form nicht mehr anzutreffen[32]. Heute wird anerkannt, daß die Polen an der Peuplierung von Dörfern teilgenommen haben, die ursprünglich von Deutschen gegründet wurden; ferner, daß es östlich von Skawina seit dem 13. Jahrhundert Dörfer mit gemischter Bevölkerung gab und daß sich vor allem im 14. Jahrhundert in Klein-Polen eine Binnenkolonisation ausbreitete, die nach deutschem Vorbild planmäßig vonstatten ging[33].

Es gibt also in Groß- und in Klein-Polen eine Vielzahl von Dörfern, die *a novo* gegründet wurden und im Siedlungstyp und der Flurform dem deutschen Waldhufendorf folgten. Sie streckten sich wie diese entlang eines Wegs, bildeten eine Kette, die sich manchmal mehrere Kilometer hinzog (Kettendörfer, poln. *łańcuchówki*), ihre Fluren bestanden aus großen Streifen, die Anbaufläche eines Hofes bestand aus einem Stück und war senkrecht zur Dorfstraße angelegt. Die mittlere Größe dieser Dörfer war dennoch eher bescheiden, sie betrug etwa 15 *lany (mansi)*, aber auch 30 bis 40 und sogar 120 *łany* waren möglich. Es war die fränkische Hufe, die diesen großen Waldhufendörfern zwischen Weichsel und Ukraine am häufigsten als Maßstab diente[34]. Markowa, zwischen Łańcut und Przeworsk gelegen, 1367 in einer Region gegründet, die Kasimir III. erst kurz zuvor erobert hatte, hat man oft als Beispiel genannt, obschon möglicherweise deutsche Siedler aus Niederschlesien an seiner Peuplierung beteiligt waren[35]. Deutlich später wurde das Dorf Niedzwiedzia am rechten Ufer der oberen Raba gegründet, wahrscheinlich erst während der Kolonisation des 16. Jahrhunderts; es beweist, daß diese Art Waldhufendorf mit großen fränkischen Hufen lange Zeit Anwendung fand[36].

Wenn slawische Fürsten ihren alten Dörfern das deutsche Recht gewährten, brachte dies zwar den Leibeigenen einen unbestreitbaren Vorteil, aber es machte eine tiefgreifende Umformung des Dorfes und der Fluren erforderlich. Im Land Posen und in Kujawien wurden im letzten Drittel des 13. und im Laufe des 14. Jahrhunderts viele bäuerliche Siedlungen zu Angerdörfern umgebaut. Bevor der Deutsche Orden Pommerellen eroberte, hatten die polnischen Herzöge gleichfalls mit der Umgestaltung ihrer alten Dörfer begonnen, indem sie diesen das deutsche Recht verliehen, und dieser Trend hatte sich fortgesetzt. Der bereits erwähnte Ort Subkau[37] erhielt 1301 deutsches Recht und wurde daraufhin ein Straßendorf, in dessen Mitte ein Bach parallel zur Dorfstraße hindurchfloß; auch Raikau (Rajkowy, Polen) wurde 1314 umgeformt. Ein weiterer Ort auf dem linken Weichselufer, Sprauden (Szprudowo), dessen Recht etwa von 1300 herrührt, zeigt regelmäßig angelegte Flurformen mit Feldstreifen in langen Parzellen[38]. Durch die Verleihung des *jus teutonicum* hat der Typus der deutschen Siedlungsdörfer somit in den slawischen Ländern eine weite Ausdehnung erfahren, und zwar unabhängig von der deutschen Kolonisation als solcher. Auf diese Weise fand auch die deutsche Kultur Verbreitung, und zwar gleich auf mehreren Ebenen.

Vorwerke und Kossäten

Bislang haben wir nur den Landesausbau, die Dörfer und die Fluren betrachtet. Aber auch nach dem Vorrücken deutscher Siedler gab es weiterhin große slawische Grundherrschaften *(allodia)*; später haben slawische und deutsche Fürsten sowie der Deutsche Orden ihre Ritter, die herbeigeeilt waren, um an der Landeserschließung und am »Kreuzzug« teilzunehmen, für ihre Dienste mit *predia* belohnt. Diese Ländereien wurden seit dem 14. Jahrhundert im slawischen Land als Vorwerke oder als Folwark bezeichnet; der Begriff bezieht sich ebenso auf den Gutshof wie auf den Grund und Boden. Die verschiedenen brandenburgischen Bezirke zählten 1375 ihrer etwa 635, das Fürstentum Breslau hatte Mitte des 14. Jahrhunderts mehr als 200.

Diese Domänen waren eigentlich nur mittelgroß, im Ordensland schwankten sie zwischen 5 und 12 Hufen, anderwärts zwischen 2 und 10; am Rande der Wildnis erreichten sie im Höchstfall 20 bis 50 Hufen, die allerdings mit Heideland und Wäldern durchsetzt waren. Diese Liegenschaften konnten innerhalb oder außerhalb der Dorfgemarkung liegen. In Holstein lagen sie meist innerhalb, in Mecklenburg häufiger außerhalb; in der Neumark findet man beide Formen; in Ostpreußen war die Trennung die Regel. Wo es viele Waldhufendörfer gab, stellte sich diese Frage nicht, weil dort das Bauernland frei bewirtschaftet wurde[39]. Wo die Gewannverfassung bestand, hob sich das gutsherrschaftliche Eigentum im allgemeinen durch seine großen, unregelmäßigen Parzellen ab, die nicht zwischen den Streifenfluren lagen[40]. Doch in Rathmannsdorf (Ratnowice, Polen), einem schlesischen

Dorf, das die Dreifelderwirtschaft kannte, lagen die Parzellen des Grundherren gleichfalls zwischen denen der Bauern[41].

Diese gutsherrlichen Höfe zeigten also viel Ähnlichkeit mit den Höfen der erblichen Schulzen, obgleich sie auf völlig andere Ursprünge zurückblickten, und sie waren auch gut integriert in die dörflichen Fluren. Zur Bearbeitung ihrer Ländereien wandten sich die Grundherren häufig an die unterbäuerliche Schicht, die kein eigenes Land besaß, sondern nur eine kleine Parzelle, mitunter kaum mehr als einen Garten, für den sie Abgaben schuldeten. Diese Arbeitskräfte nannte man Gärtner oder Kossäten, und sie waren, des Begriffs Kossäten ungeachtet, ebensooft Deutsche wie Slawen. Ihrer gab es nicht wenige, in einigen Dörfern Brandenburgs zählte man zwischen 17 und 37[42], auch in Schlesien waren sie häufig anzutreffen[43]; 1305 treten sie erstmals in Preußen auf, und von da an findet man sie allenthalben. Ihre gartenförmigen Parzellen waren von den nach ganzen Feldern unterteilten Hufen abgegrenzt und auf die äußersten Ränder der Dorfgemarkung verwiesen. In der Zeit des Landesausbaus »waren die Ritter zwar die Nachbarn der Bauern«[44], aber ihre Domänen blieben ziemlich klein. Die Kossäten standen noch unter der Bauernschaft, die ihre Hufen besaß[45]; aber mit all diesen Elementen war der Boden bereitet, begünstigt von der Krise des 14. und 15. Jahrhunderts und der Preisrevolution des 16. Jahrhunderts, für die Entstehung der großen Gutsbetriebe der Neuzeit zwischen Elbe und Njemen.

3. *Auf dem Weg zu einer neuen ländlichen Kultur*

Die Zuwanderer aus dem Westen brachten neue Bedürfnisse und Techniken in den Raum zwischen Elbe, Njemen und Karpaten, wo die Slawen längst ihre eigenen Lebensformen ausgebildet hatten. So entstand die Grundlage einer neuen ländlichen Kultur.

Formen des Anbaus

Zuerst einmal haben sie im Osten ihre landwirtschaftliche Anbauweise eingeführt. Die Dreifelderwirtschaft, der wir bereits im Zusammenhang mit den offenen Feldern *(open fields)* begegnet sind, war am Ende der Epoche der Ostbewegung die am weitesten verbreitete Form, aber sie war keineswegs die einzige: da und dort stößt man auch auf »ewige« Kulturen, die Jahr für Jahr angebaut werden, und auch die Zweifelderwirtschaft ist nicht unbekannt. Der »ewige Roggenanbau« wurde ursprünglich in Verbindung mit den Fluren des Esch im Nordwesten Deutschlands betrieben, namentlich im Emsland. Im Esch sind die Dörfer von kleinräumigen Fluren umgeben, die sich in kleinen Streifen ausbreiten; Sträucher und Hecken schützen sie vor dem Vieh und den wilden Tieren. Das Feld erhob sich inselförmig auf einer trockenen Terrasse, die reichlich gedüngt und unablässig kultiviert wurde, und zwar ohne Fruchtwechsel. Den Dung bekam man von den Schafen, die auf den unregelmäßig geformten Parzellen in der feuchten Nachbarschaft gehalten wurden, Kämpen genannt[1]. Die niedersächsischen Siedler führten zweifellos diese Form der Landbebauung in Mecklenburg ein, wo sie im Jahre 1343 beispielsweise in Wismar und in Vorpommern erwähnt wird[2]. Es ist keineswegs sicher, daß die Dreifelderwirtschaft in den Waldhufensiedlungen sofort eingeführt wurde; man nimmt vielmehr an, daß weithin die ursprüngliche Zweifelderwirtschaft vorherrschte[3].

Im Westen finden wir die Dreifelderwirtschaft erstmals in einer Urkunde des Klosters St. Gallen aus dem Jahr 763 erwähnt. Sie erstreckt sich anfangs auf die Felder des Klosters und der großen Grundherrschaften. Wo in Weistümern von landwirtschaftlichen Erträgen die Rede ist, wird zuvörderst die Dreifelderwirtschaft genannt. Im Osten wurde sie ganz allgemein übernommen. Dort bestimmte sie die Flurform der Gewanne, die wiederum aus drei Feldern bestanden, welche man auch Arten nannte. Auf dem einen wurde Winterweizen angebaut, auf dem nächsten Sommerweizen, das dritte lag brach. Nach sächsischem Brauch wurde das brachliegende Feld für die Aussaat des Winterweizens vorbereitet: gegen Pfingsten oder am Johannistag wurde die Brache aufgehoben, sodann wurde das Feld gedüngt und zu Beginn des Herbstes gepflügt, danach erfolgte die Aussaat. Bald nach der Ernte begannen die Vorbereitungen für die Sommersaat: das Stoppelfeld wurde umgepflügt, und gegen Ostern ging der Pflug ein zweites Mal darüber, danach kam die Egge. Da es Brauch war, das Feld für den Sommerweizen in der Fastenzeit zu pflügen, nannte man dieses Feld Fastenfeld[4]. Das Brandenburger Landbuch von 1375/78 unterscheidet bei den Abgaben und dem Zehnten zwischen der *annona hiemali* und der *annona estivali*[5].

Gerade in dieser Hinsicht wurde oft die Frage erörtert, in welchem Maße die deutsche Landwirtschaft die slawische Form der Bewirtschaftung beeinflußt hat[6]. Ursprünglich kannten die Slawen eine Art Rotation. Man baute ein Feld mehrere Jahre lang an, bis es erschöpft war, dann bebaute man das Feld daneben und ließ das erste viele Jahre brach liegen[7]. Aber es sieht so aus, als habe sich die Zweifelderwirtschaft seit dem frühen Mittelalter im Umweg über die Donauländer und den Balkan auch im Osten verbreitet. In einigen Teilen Polens und Ungarns hat man diese Form lange Zeit beibehalten[8]. Es ist möglich, daß man im 12. Jahrhundert langsam dazu überging, Felder, die in der Nähe eines Dorfes lagen, nach der Dreifelderwirtschaft zu bestellen. Aber eigentlich setzte sich die Dreifelderwirtschaft verbindlich erst gegen Mitte des 13. Jahrhunderts durch, eingeführt durch die westliche Kolonisation und in ihrer Nachahmung[9]. Der wichtigste Grund für die Umformung des Rundlings und der alten Dörfer, die nun das deutsche Recht erhielten, ist nämlich in der Einführung dieser Wirtschaftsweise zu erblicken, die höhere Erträge einbrachte. In den nächsten beiden Jahrhunderten wurde diese Anbauweise selbst dort übernommen, wo das deutsche Recht noch keinen Zugang gefunden hatte; es entstanden also neue Dörfer mit polnischem Recht, deren Fluren in Gewanne unterteilt waren[10].

Der Pflug der deutschen Siedler setzt sich im 13. Jahrhundert gen Osten durch. Illustration aus dem *Sachsenspiegel* (Landrecht, II, 59 § 2).

Hakenpflug und Räderpflug

Der Boden im Osten wurde mit dem Pflug erobert, *aratrum theutonicale*, wie man ihn 1230 nannte, um ihn von dem leichteren *aratrum slavicum* zu unterscheiden[11], vom *radło* oder Hacken; desgleichen unterschied man in Polen in der Mitte des 13. Jahrhunderts das *aratrum magnum quod plug nominantur* vom *aratrum parvum quod radlo dicitur*[12]. Dennoch hat sich der leichte Pflug in Mecklenburg und auf den sandigen Böden des Baltischen Höhenrückens, sowie in Ostpreußen und Livland gehalten, er blieb dort der Pflug der Einheimischen. Auch diesbezüglich gab es eine langanhaltende Debatte, ob die Slawen vor dem Landesausbau durch Deutsche diesen Pflug schon benützt oder ob die Deutschen ihn mitgebracht hätten[13]. Es wurden zwar zahlreiche Pflugteile gefunden – Pflugscharen, -messer und andere Bestandteile –, die nachweislich aus dem 6. bis 13. Jahrhundert stammen, und sie zeigen, daß es in den slawischen Ländern mehrere Arten von Pflügen gab; aber es fehlt der geringste archäologisch untermauerte Hinweis, daß in dieser Zeit auch schon der schwere Pflug eingesetzt wurde[14]. Helmold von Bosau schreibt, daß die Slawen vom 10. bis zum 12. Jahrhundert einen leichten Pflug benützten, der von zwei Rindern oder einem Pferd gezogen wurde[15], und noch im piastischen Schlesien wurde in der zweiten Hälfte des 12. Jahrhunderts eine bestimmte Form der Fron ausdrücklich *poradlne* geleistet, wörtlich: »pro Leichtpflug«. Für die abwechselnde Bebauung und die langen Brachezeiten war der leichte Pflug übrigens hervorragend geeignet, denn dazu war tiefes Pflügen nicht erforderlich und daher auch keine besonders kräftigen Zugtiere. Erst die Dreifelderwirtschaft verlangte den Einsatz – und daher auch die Verbreitung – des schweren Pfluges, obwohl dieser sehr viel teurer war. Es versteht sich von selbst, daß der schwere Pflug dort auftrat, wo Deutsche neue Dörfer besiedelten; aber insgesamt ist es schwierig, die Geschichte dieses Pflugs in den slawischen Landen zu verfolgen. In

Polen wird das *aratrum magnum* erstmals in der Mitte des 13. Jahrhunderts erwähnt; in Böhmen fand man eine Pflugschar, die aus dem Ende des 13. Jahrhunderts datiert; ein Prager Manuskript des 14. Jahrhunderts liefert eine außergewöhnlich genaue Beschreibung eines solchen Pfluges. Es sieht also so aus, als sei dieser Pflug im Mittelalter auf dem Weg über den Landesausbau durch Deutsche in den slawischen Raum gekommen, selbst wenn es zuvor schon Bemühungen gab, den leichten Pflug wirkungsvoller umzugestalten.

Ackerbau und Weinbau

Vom Pflug ist es nur ein kleiner Schritt zur Landwirtschaft im allgemeinen. Der Landesausbau führte offensichtlich zu einer beträchtlichen Erweiterung der landwirtschaftlichen Anbaufläche. Ohne sich auf die regional verschiedenen Einzelheiten der Produktionsweise einzulassen, die zuvörderst von den natürlichen Bedingungen und dem Boden bestimmt wurden, kann man doch sagen, daß die deutsche Landwirtschaft eine größere Zahl neuer Kulturpflanzen in den Osten gebracht hat. So stand bei den Slawen zwischen Elbe und Oder Roggen und Weizen an erster Stelle; in Polen spielte die Hirse eine große Rolle; aber Gerste und Hafer werden vor dem 12. Jahrhundert nur selten erwähnt[16]. Nach einer Statistik, die aufgrund von Lokationsverträgen des 13. Jahrhunderts erstellt wurde, waren Roggen und Weizen weiterhin die Grundlagen der Landwirtschaft, auch in den neuerschlossenen Gebieten; aber allmählich setzte sich der Hafer an die erste Stelle, er wurde damals die wichtigste Art Sommergetreide[17]. Durch den Handel der Hanse wissen wir, daß Brandenburg und Mecklenburg schon im 13. Jahrhundert Überschüsse an Brotgetreide erzielten; und im 14. und 15. Jahrhundert wurden Preußen und Polen die großen Erzeuger, die über Danzig nach Westeuropa lieferten. Um die Getreidekörner zu zermahlen, verwendeten die Slawen die Handmühle[18]. Nur langsam verbreitete sich im Osten die Mühle mit dem Wasserrad. Diese Form des Antriebs gelangte erst gegen Mitte des 12. Jahrhunderts nach Polen, und im 13. Jahrhundert setzte man sie zunächst in der Metallverarbeitung ein, wobei man die damalige Verbreitung dieser Energie nicht überschätzen darf. Der Verfasser der Vita der hl. Hedwig fand es noch ganz normal, daß man die Handmühle verwendete[19].

Die Ausbreitung der Weinkultur in den Nordosten Europas ging Hand in Hand mit den Fortschritten der Christianisierung und der deutschen Besiedlung[20]. Otto von Bamberg, der »Apostel der Pommern«, hatte 1128 einen Wagen voll Reben in dieses Land bringen lassen, damit man dort Wein anbauen konnte, der zum Meßopfer notwendig war. Der Hochmeister des Deutschen Ordens Winrich von Kniprode (1351–82) ließ Weinbauern aus Süddeutschland und aus Italien kommen, damit sie den Weinanbau im Ordensland veredelten. Gewiß haben auch die Zisterzienser das Ihre getan, damit sich die blühende Weinkultur der rheinischen Klöster auch in den klimatisch weniger begünstigten Gebieten jenseits von Oder und Elbe durchsetzte; erwähnt seien hier nur die Ordenshäuser von Dobrilugk, Zinna und Lehnin[21]. Das sächsische Pforta produzierte 1204 anscheinend bereits im Über-

Kapitell vom Hochchor des Klosters Altenberg (1255–1295). Die Zisterzienser verbreiteten den Weinanbau im Osten.

schuß. Leubus, weiter ostwärts gelegen, hat wahrscheinlich die schlesische Rebe besonders begünstigt[22], und es steht fest, daß Oliva und Pelplin ein bißchen Weinbau betrieben[23]. In Österreich gab es seit dem 12. Jahrhundert unzählige Weinbaugebiete, denken wir nur an Heiligenkreuz und vor allem an die Gegend von Mödling[24]. Rein in der Steiermark schaffte einen Teil seines Weins nach Graz; auch in Sittig in Slowenien gab es Weinberge[25], und von dort ist es nur noch ein Schritt zu den Reben im ungarischen Cikador.

Nicht nur die Klöster, auch die Bauern stellten Wein her, wie etwa Bromberg an der ungarischen Grenze 1144 zeigt[26]; insbesondere König Andreas II. begünstigte in seinem Privileg von 1206 zugunsten der ersten »sächsischen« Dörfer in Siebenbürgen den Weinbau[27]. Wie im Westen, so blühten auch hier die Weinberge unmittelbar vor der Stadt. Als die Stadt Posen 1253 das Magdeburger Stadtrecht bekam, wurden in sein Stadtgebiet zwei Weinbauerndörfer *(winiary)* eingegliedert – *exceptis vineis* –[28]; und der Weinberg in nächster Nähe der neuen Stadt Grünberg (Zielona Góra, Polen) wird erstmals 1314 erwähnt, er breitete sich bis ins 15. Jahrhundert immer weiter aus – damals fing man dort an, Tiroler Traminer anzubauen[29] –, und er ist nach wie vor »der Weinkeller Polens«. In der kartographischen Darstellung[30] zeigen die Weinanbaugebiete des Ostens im Mittelalter drei starke Verdichtungen, und zwar im Tal der Saale südlich von Naumburg, an der Elbe bei Dresden und im Brandenburgischen. Die Anbaugebiete von Oliva, Grünberg und in Masowien waren eine Art Vorhut; sie blieben aber – ebenso wie die anderen Weingebiete des Ostens – im Mittelalter von untergeordneter Bedeutung.

Viehzucht

Die Kolonisation führte auch im Bereich der Viehzucht in Ostmitteleuropa bemerkenswerte Veränderungen herbei. Bei den Slawen war die Viehzucht damals allerdings schon ein wichtiger Wirtschaftszweig. Sie betrieben hauptsächlich eine extensive Viehhaltung, ließen das Vieh in Wäldern und auf weitläufigen Weiden grasen;

im Winter waren die Tiere nur schlecht geschützt gegen die Unbilden der Witterung und nährten sich von den im Sommer gelagerten Eicheln, Bucheckern, von Heu und Laub. Eine Analyse der Küchenabfälle, die man an 20 Orten zwischen Elbe und Oder durchführte, gibt eine Vorstellung, welche Tiere die slawische Bevölkerung hielt und verspeiste: Rind und Schwein standen an erster Stelle, mancherorts gab man dem einen oder dem andern den Vorzug, sie machten 30 bis 50% der Abfallteile aus; das Schaf überstieg selten 15%; aber man findet ziemlich häufig Teile von Pferden und selbst vom Esel. Es ist hier nur von Haustieren die Rede, denn wilde Tiere – und damit auch die Jagd – spielten bei ihnen keine große Rolle, außer im östlichen Brandenburg. Man hat außerdem festgestellt, daß die Schafe und Ziegen seinerzeit bedeutend kleiner waren als heute[31].

Viele der neuerschlossenen Gebiete im Osten führten die Dreifelderwirtschaft ein, und die Verbreitung dieses Wirtschaftssystems hat wiederum die Bedingungen der Viehzucht verändert. Nicht nur wurde das Vieh jetzt auf abgegrenzten Weiden gehalten, so daß es sich nicht verlaufen konnte, sondern es erweiterte auch der Haferanbau und die Kultur von Hülsenfrüchten die traditionellen Möglichkeiten der Fütterung. Dieser neuen Kulturen wegen fing man an, die Wiesen einzuzäunen oder sie mit Gräben zu umgeben, die manchmal auch bewässert waren, was sich mit Hilfe von Wasserhebern (sog. Paternostern) bewerkstelligen ließ. Dies alles brachte es mit sich, daß man im 13. Jahrhundert zweimal jährlich Heu ernten konnte. Dank dieser intensiveren Form der Bewirtschaftung war es nun kein Problem mehr, das Vieh genügend zu füttern[32].

Der zunehmende städtische Bedarf an Fleisch und die wachsende Nachfrage nach Zugtieren und nach Reittieren scheint die Viehzüchter ermutigt zu haben, ihre Herden zu vergrößern. Es ist jedoch schwierig, den Zuwachs an Rindern genau zu erfassen. Was allerdings Schafe anlangt, wissen wir, daß die Herden bedeutend zunahmen: während in den frühesten Lokationsverträgen allein die Schulzen 100 bis 300 Schafe halten durften, war es im 14. Jahrhundert keine Seltenheit, solche Herden auf den gutsherrschaftlichen Weiden und selbst bei den Bauern anzutreffen[33]. Die Schafzucht eroberte die Vorlande der Karpaten. Der Deutsche Orden hielt auf seinen Weiden neben Rindern und Schafen vor allem Zugpferde und Streitrösser[34].

Niedergang im Osten im 14. und 15. Jahrhundert

Zwischen dem 12. und dem 14. Jahrhundert bildete sich in Ostmitteleuropa eine gemischte Ackerkultur aus, wobei der Zuzug der Deutschen und die Fortschritte der einheimischen slawischen Bevölkerung Ostmitteleuropa eine Zeit des Wohlstandes beschert haben. Aber während die letzten Siedler an den Fuß der Karpaten und in die weit östlich gelegenen Teile Preußens gelangten, ja manchmal schon vorher, wurden sie – wie die Menschen im Westen – von einem mächtigen »Konjunkturverfall« getroffen, den man nirgendwo so gut studieren kann wie in der Darstellung von Wilhelm Abel[35]. Erinnern wir uns zunächst, ohne ihre Auswirkungen auf die ländliche Bevölkerung des Ostens genau ermessen zu können, der großen Pest in der Mitte des 14. Jahrhunderts. Man kann ihrem dramatischen Vormarsch entlang der Ostsee folgen, seit sie im Mai, Juni 1350 nach Hamburg und Lübeck gelangte, von wo aus sie sich im Laufe des Sommers über Danzig, Königsberg nach Kurland, aber auch südwärts nach Schlesien und Böhmen ausbreitete. In den beiden folgenden Jahren, 1351 und 1352, trifft diese Geißel der Menschheit auch Schlesien und das Ordensland[36]. Kann man eine Beziehung herstellen zwischen diesem Massensterben und den Pogromen an den schlesischen Juden (Glogau, Breslau, Guhrau) und an der Judenschaft Polens[37]? Man kann den Zusammenhang in Zweifel ziehen, zumal die Gewalttätigkeiten schon vor der Pest auftraten, Ende 1349. Aber wie dem auch sei, auf jeden Fall geben uns die Sterbefälle in den Städten keine Auskunft über die Sterblichkeit auf dem flachen Land.

Das Massensterben und die Agrarkrise führten dazu, daß ganze Dörfer samt ihren Fluren verlassen wurden – dies war überhaupt die spektakulärste Folge des großen Sterbens: als Wüstungen bezeichnet man diese Erscheinung[38]. Abel hat einige erstaunliche Beispiele gegeben. Als 1375 in Brandenburg das große Grundbuch erstellt wird, findet man »ein öd, wust Land« vor; ein Drittel oder die Hälfte der Dörfer waren verlassen, und der Census von 1420 ergibt 20% weniger Hufen als bei der ersten Zählung. In Mecklenburg war noch im 15. Jahrhundert in der Ballei Grevesmühlen mehr als die Hälfte der 81 Dörfer menschenleer. Zwischen Saale-Elbe und Schlesien lassen sich eine Vielzahl von Teilwüstungen beobachten. 1419 waren im Ordensland von insgesamt 32000 Hufen 6000 nicht besetzt, und in der Mitte des 15. Jahrhunderts lagen in der Komturei Schwitz (Swiedcie, Polen) in Pommerellen 80% der Felder wüst. Der Wüstungsquotient war in einzelnen Landesteilen unterschiedlich hoch: an der mittleren Elbe, im Havelland und in den Bergen Schlesiens und Mährens betrug er mehr als 40%; mittelmäßig betroffen waren Holstein, Mecklenburg, die Lausitz und die schlesische Ebene (20–40%); weniger stark berührt waren das Erzgebirge, die Oberlausitz und Niederschlesien (weniger als 10–20%). Weiter südlich, im Wiener Becken, stellt man für das 14. bis 16. Jahrhundert einen Schwund der bewohnten Orte um 40% fest. Da die Verluste so unterschiedlich sind, ist es schwierig, sie bezüglich ihrer Ursache auf einen Nenner zu bringen; aber dieses Problem soll hier auch nicht entschieden werden.

Was uns hier angeht, das ist die Folge dieser Katastrophe. Der größte Teil der Fluren, die wüst lagen, ging auf die eine oder andere Weise zurück an den Grundherrn. So zeigt sich in der Mittelmark und im Uckerland, daß zwischen 1375 und dem 16. Jahrhundert der gutsherrschaftliche Grund und Boden sich mehr als verdoppelt, und zwar infolge der Aneignung wüst gewordener Felder[39]. In Sachsen bildeten sich im 16. Jahrhundert 50 neue Rittergüter, welche 500 aufgegebenen Hofstellen entsprachen. In Schlesien hingegen gab es zu Beginn des 16. Jahrhunderts noch wenige größere Vorwerke[40]. Die Flurwüstungen führten dazu, daß die Freihufen der alten Lokatoren, die Lehnsgüter der Ritter, die Allodialgüter der alteingesessenen slawischen Familien und die Liegenschaften der Kirche, die im 15. Jahrhundert noch relativ bescheiden waren, immer stärker anwuchsen, bis sie schließlich Großgrundbesitz darstellten.

Aber Grund und Boden genügte nicht, man mußte ihn auch bewirtschaften. Etliche wüst gewordene Fluren überließ man dem Vieh. Weil der Hochmeister des Deutschen Ordens seine Arbeitskräfte nicht verlieren wollte, verpflichtete er seine Pächter in einem allgemeinen Erlaß von 1420 dazu, Ersatz zu stellen, falls sie abziehen wollten; 1436 kam mit den Polen ein Übereinkommen zustande, daß sie die entlaufenen Bauern dem Orden zurückbringen würden, und 1508 verlangte der preußische Adel, daß die Bauern, die ihr Land verlassen hatten und nach Königsberg gegangen waren, wieder zurückkämen. 1526 bestand der erste Akt des neuen Herzogtums Preußen darin, allen männlichen Einwohnern die Auswanderung zu untersagen[41]. Die bäuerlichen Abgaben nahmen zu; man mußte mehr für den Grundherrn arbeiten, und neben die Fronarbeit trat nun der Verlust der Freizügigkeit – Schritt für Schritt näherte man sich einer neuen Form der Leibeigenschaft[42].

Bis in die Mitte des 14. Jahrhunderts hatte sich im Osten auf kleinen oder mittelgroßen Wirtschaftseinheiten (in der Größenordnung von 5 bis 20 ha, auf jeden Fall unter 100) eine freie bäuerliche Gesellschaft eingerichtet, und durch ihr Miteinander mit den Slawen hatte sie einer neuen bäuerlichen Kultur den Weg geöffnet. Der Niedergang im 14. und 15. Jahrhundert hat das Land hier wie anderwärts schwer getroffen. Aber im Osten hat sich die Richtung der künftigen Entwicklung entscheidend verändert: die grundherrschaftliche Macht nahm zu, was sich bereits einige Jahrzehnte zuvor abgezeichnet hatte, und zumindest in den nördlichen und den nordöstlichen Teilen dieses Kolonialraumes schlug der Großgrundbesitz seine Wurzeln.

4. Die Städtebildung im Osten

Östlich der Elbe schritten Landesausbau und Verstädterung gleichzeitig voran, sie folgten dem Auf und Ab der deutschen Zuwanderung. Im großen und ganzen folgte die Stadtentwicklung in ihrem zeitlichen Verlauf dem Landesausbau: Seit der zweiten Hälfte des 12. Jahrhunderts wurden in Österreich, in Holstein, Mecklenburg, zwischen Saale und Elbe Städte gegründet; im 13. Jahrhundert weitete sich diese Bewegung auf Böhmen und Mähren, Schlesien, Polen, Pommern und Livland aus, und in Ostpreußen hielt sie gar bis in die Mitte des 14. Jahrhunderts an. Aber dann und wann gab es auch Zeiten, in denen die Städtegründungen gehäuft auftraten, wie etwa in Brandenburg zwischen 1232 und 1253, weil dies der politischen Absicht der askanischen Markgrafen Johann II. und Otto III. entsprach; wie in Schlesien zu Beginn des 13. Jahrhunderts unter dem Einfluß der deutschen Zuwanderung; wie in Ostpreußen mit einer ganzen Reihe von Städtegründungen des Deutschen Ordens. Wenn man auch durchaus, was die Landschaften im Osten anbetrifft, von einer ländlichen oder auch dörflichen Kolonisation sprechen kann, wäre der Ausdruck städtische Kolonisation jenseits der Elbe angesichts der Komplexität der Gegebenheiten wenig angebracht.

Der Verstädterungsprozeß hat in diesem Teil Ostmitteleuropas tatsächlich unter verschiedenerlei Formen stattgefunden; er geschah bevor und während der Zeit, als deutsche Siedler dorthin strömten, nur daß sich dieser Vorgang zur Zeit der Zuwanderung sehr beschleunigte. Wollte man ein einfaches, wenig differenziertes Schema erstellen, könnte man hinsichtlich des Reifungsprozesses dieser Städte vier Stadien unterscheiden: die frühen slawischen und deutschen Stadtkerne; die von Lokatoren neben solchen älteren Stadtkernen gegründeten Stadtteile; die eigentlichen Gründungsstädte; und schließlich Siedlungen jeglicher Art, die eines Tages in den Rang einer Stadt erhoben wurden und das deutsche Stadtrecht bekamen.

Slawische Stadtkern-Vorformen

Wir haben oben bereits gesehen, daß man die nach deutschem Recht durchgeführte *locatio civitatis* nicht, wie dies lange Zeit der Fall war, als den Grundstock der Stadtentwicklung in den slawischen Ländern ansehen kann. Heute bestreitet kein Mensch mehr, daß sowohl die Slawen zwischen Elbe und Oder als auch die Bewohner Böhmens, Mährens, Polens und Ungarns frühe stadtähnliche Siedlungen besaßen, aus denen die Anfänge eines städtischen Lebens erwuchsen.

Da es bis ins 12. Jahrhundert diesbezüglich nur wenige schriftliche Quellen gibt, müssen sich die Forschungen in diesem Bereich auf die Archäologie verlassen. Die ungeheueren Zerstörungen des Zweiten Weltkrieges haben uns die Möglichkeit eröffnet, diese alten Städte bis in ihre Grundfesten zu erforschen. Man braucht nur an die wichtigsten Orte zu erinnern, welche die Anfänge der slawischen Städtebildung vor Augen führen. Im Land der Wagrier und Obodriten waren es Liubice (Alt-Lübeck) an der Mündung der Trave, ferner Oldenburg und Mecklenburg; in Vorpommern war es Usedom, und auch die Sorben besaßen kleine Besiedlungen, die manchmal befestigt waren. Bevor die Askanier Brennaburg eroberten, zeigte dieser Ort (später Brandenburg) bereits stadtähnliche Züge, und der slawische Marktflecken Köpenick hielt einen Übergang über die Spree, bevor es ein Berlin gab. Auf dem Territorium des heutigen Polen sind die Grabungsergebnisse am augenfälligsten: in Gdánsk, Poznań, und Wrocław vor allem, aber auch in Wolin und Szczecin sowie an vielen weiteren Orten weiter östlich wie Kruszwica, Łęczyca, Gniezno und Płock. An dieser Stelle muß man noch die slowakischen Orte Bratislava, Nitra und Trnava hinzufügen.

Die erste Etappe der Stadtbildung scheint fast überall die Errichtung eines Festungsgürtels gewesen zu sein, den die späteren lateinischen Quellen als *castrum* bezeichnen – was dem westlichen Verständnis dieses Begriffs nur wenig nahekommt –, im Slawischen *grod, hrad* oder *gorod*[1]. Die Arbeiten, derer es bedurfte, um diese Mauergürtel zu errichten, waren so unverhältnismäßig größer als der Platz im Innern dieser Befestigungen, daß man kaum glauben kann, es habe sich um Fliehburgen gehandelt; man denkt eher an die Wohnstätten der neuen politischen Machtträger und Militärs, die zwischen dem 7. und dem 9. Jahrhundert an der Spitze dieser Territorialgemeinschaften standen[2]. Doch nicht alle diese *grody* wuchsen zu Städten heran. Zunächst waren es die Handwerker, die sich unter ihren Mauern einrichteten; sie tauschten mit den Bewohnern des flachen Landes ihre Güter aus, und dies wiederum begünstigte das Wachstum dieser kleinen Gemeinden. Dies ist übrigens keineswegs ein spezifisch slawischer Vorgang, sondern ein gesamteuropäischer. In der zweiten Etappe bildeten sich Vorstädte, *suburbia*, auf polnisch *podgrodzie* – bescheidene Gebäude aus Holz, die zu beiden Seiten der Gäßchen standen, welche mit Holzbalken belegt waren. Nach der Christianisierung erhoben sich da und dort im Schutze neuer Befestigungen die ersten Kirchen. Im 11. und 12. Jahrhundert flutet das Leben über diese primitiven Festungsmauern hinweg, und so entstanden außerhalb davon etliche verstreute Vorstädte. Da sieht man ein *forum*, einen Markt, was an ein bewegtes Wirtschaftsleben denken läßt; in Gdánsk erblicken wir eine *via mercatorum*; man stößt dort auf neue Pfarrkirchen, und hier ließen sich auch die ersten deutschen Kaufmannskolonien nieder[3].

Diese frühen slawischen Städte, die aus mehreren Zellen hervorgingen, einem Castrum, das häufig die Burg des Fürsten oder des Herzogs beherbergte, einer Kirche und einem *suburbium* mit Handwerkern, einem Markt, und halb ländlichen Vorstädten – diese frühen slawischen Städte haben unterschiedliche Stadien der Entwicklung erreicht. Alt-Lübeck hatte vor seiner Zerstörung (1137/38) unterhalb seines Castrums wenig mehr als einen kleinen *portus* besessen. In Mecklenburg erhob sich, nur einen Steinwurf von einem weitläufigen Mauergürtel aus dem 7. Jahrhundert entfernt, ein Marktflecken, wo Kaufleute seit dem 10. Jahrhundert einen lebhaften Markt unterhielten[4]. In Usedom flankierten zwei *suburbia* das kleine Castrum. Von der außergewöhnlichen Entwicklung des slawischen Brennaburg haben wir bereits erfahren: mit seinem Castrum auf einer Insel in der Havel, seinem *suburbium* der Kaufleute auf dem rechten Ufer und seinen ersten Kirchen. Szczecin besaß im 12. Jahrhundert gleichfalls ein Castrum sowie einen Marktflekken, der, von einer Mauer umschlossen, am Ufer der Oder lag. Er nahm die fremden »Kaufleute« und die Missionare Ottos von Bamberg auf. Auf tschechischem und slowakischem Boden bildeten der Prager Hradschin und das Castrum von Bratislava (Preßburg) die ersten quasi-städtischen Elemente. Aber am genauesten wurde der Verstädterungsprozeß bei den Slawen doch in den drei großen Städten Gdánsk, Poznań und Wrocław untersucht. Diese drei Städte folgten einem ziemlich ähnlichen Schema. Da erhob sich am Zusammenfluß zweier Ströme (Gdánsk) oder auf einer Flußinsel (Poznań, Wrocław) ein befestigtes Castrum, teils aus Holz, teils aus Stein erbaut, als das 10. Jahrhundert seinem Ende zustrebte. In dem *suburbium* aus dem 11./12. Jahrhundert fand – in Poznań und Wrocław – die Kathedrale ihren Platz; in Gdánsk ist es eine dem hl. Nikolaus geweihte Kirche. In Gdánsk hielt die Entwicklung hier inne, ehe es zu einer *locatio* kam; derweil in den beiden anderen Städten zwei Marktflecken mit einem Markt an den Ufern von Warthe und Oder erblühten. Man hat diesen alten slawischen Städten schon für das 12. und 13. Jahrhundert eine ansehnliche Einwohnerzahl zugeschrieben: 2000 bis 2500 in Gdánsk, vielleicht an die 5000 in Poznań. Für Krakau, wo das fürstliche Castrum sich auf dem Hügel des Wawel seit dem 10. Jahrhundert erhebt, gelangte man zu der gleichen Schätzung.

Deutsche Elemente der Stadt-Vorformen

Es wäre auch grundfalsch, so zu tun, als hätte die deutsche Urbanisierung jenseits der Elbe und in den Donau- und Alpenregionen einzig und allein auf der *locatio civitatis* beruht. Im Schutz einer Burg neue Stadtbewohner anzusiedeln, das war zwischen Rhein und Elbe längst Gewohnheit geworden[5], und die slawischen Fürsten wie die deutschen Siedler machten im Osten das gleiche. Man kann die Auffassung vertreten, die Entstehung der Stadt Hamburg zeige ähnliche Vorgänge wie die Entstehung der frühen slawischen Städte: anfangs eine primitive kleine Festung auf dem Domberg, westlich der Stelle, wo die Alster in die Elbe fließt, ein *suburbium* mit Handwerkern und Kaufleuten, im 11. Jahrhundert dann ein neuer Marktflecken auf dem rechten Elbeufer. Auch zwischen Saale und Elbe waren deutsche Forts und Burgen die ersten Kerne einer späteren Stadtansiedlung. Das charakteristischste Beispiel bietet Meißen, dessen Burg Heinrich I. hatte errichten lassen, unter der seit dem 11. Jahrhundert am Ufer der Elbe ein *suburbium* entstand. Die Burg Leisnig (1046) hat ebenfalls eine Marktsiedlung hervorgebracht. Desgleichen ist Leipzig aus einer Burgwarde des 11. Jahrhunderts hervorgegangen, die Markgraf Konrad 1134 stärker befestigen ließ. Noch im 13. Jahrhundert sind kleine brandenburgische Herren nicht anders verfahren, etwa in Perleberg und Cottbus, deren Burgen den ersten städtischen Zellen das Leben schenkten.

Wenn das Castrum oder die Burg auch häufig die ersten »Stadtbewohner« angezogen haben, so darf man doch nicht die kleinen Kaufmannsgruppen übersehen, die dafür sorgten, daß immer mehr Menschen an diesen Orten blieben. Der Fall Colditz an der Mulde im Meißnischen ist beispielhaft. Südlich der Burg, die 1046 erstmals in Erscheinung tritt, bildet sich nahe der kleinen Kirche St. Nikolai gegen Mitte des 12. Jahrhunderts eine Kaufmannssiedlung. Und in diesem Zusammenhang hat man festgestellt, daß viele Kaufmannskolonien sich unter den Schutz des hl. Nikolaus, des Bischofs von Myra, gestellt haben, des Schutzpatrons der Seeleute und der Reisenden, selbst noch zu der Zeit, als große Städte wie Frankfurt an der Oder gegründet wurden[6].

In Österreich und in den Ostalpen vollzog sich die Stadtentwicklung im wesentlichen von Castren aus, ähnlich wie in Westeuropa. Diese »Burgstädte« treten in der zweiten Hälfte des 12. Jahrhunderts vermehrt auf. Steht erst einmal die Burg, so breitet sich zu ihren Füßen nach der Verleihung des Marktrechts bald ein Markt aus; diese Siedlungen hatten häufig eine dreieckige Gestalt (Horn, um 1150; Eggenburg 1150/80; Hainburg, gegen 1194). Die Burg von Graz in der Steiermark, an der Stelle einer alten slowenischen Fliehburg erbaut, und die Burgen der Eppensteiner, Judenburg und Strasburg zogen gleichfalls abhängige Marktsiedlungen nach sich. In den Regionen, die einst zum Noricum und damit zu den Donauprovinzen des Römischen Reiches gehörten, darf man schließlich nicht die römischen

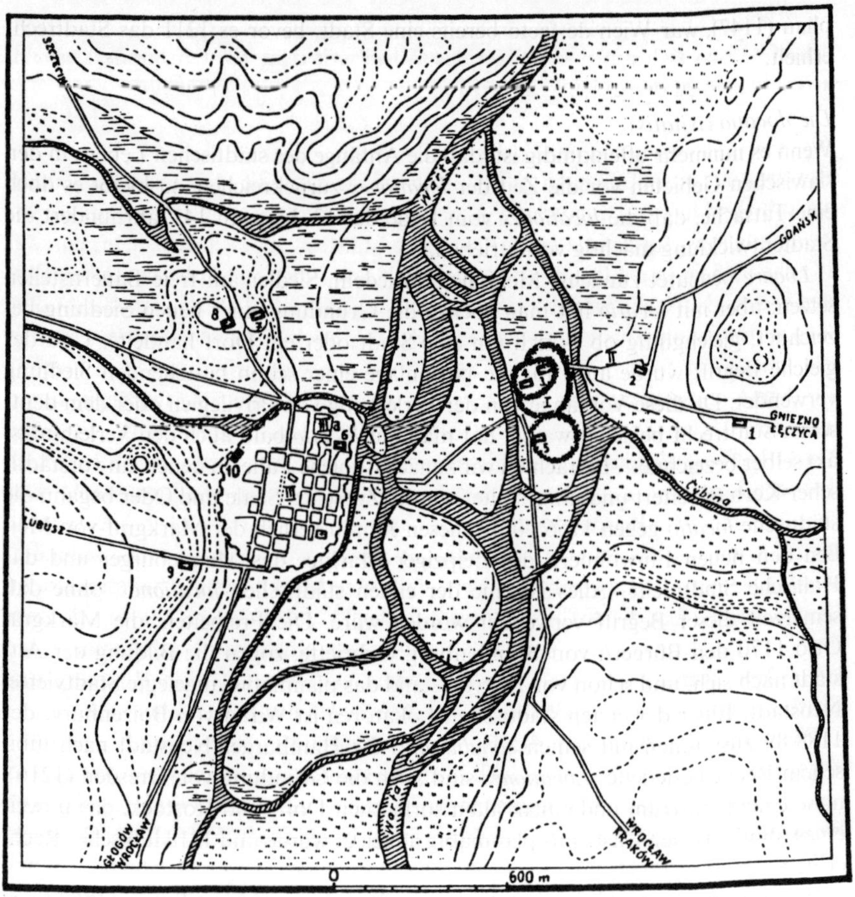

Die Stadtentwicklung von Posen (Poznań). Slawisches *Castrum* und *Suburbium*, 10. bis 12. Jahrhundert, mit Dom (I), Dorf und Marktplatz nahe der St. Gotthard-Kirche (IIIa) sowie die Locatio-Stadt sind die typischen Elemente des Urbanisierungsprozesses in Polen.

Anfänge übersehen. Dem Castrum Emona in Slowenien folgt die Burg von Laibach (vor 1144)[7]. In Budapest hingegen fehlt jede Kontinuität zwischen dem römischen Castrum Aquincum und der Stadt, die sich seit dem 11., 12. Jahrhundert entwickelte. Andererseits ist Wien ein schönes Beispiel einer Stadt, die einem antiken Castrum aufgesetzt wurde. Als Heinrich von Babenberg Mitte des 12. Jahrhunderts seine Residenz dorthin verlegte, wurde das alte Castrum zur herzoglichen Burg und zog nunmehr weitere Bewohner an wie, weiter nördlich, die Castra der polnischen Fürsten. Mit seinen beiden Marktflecken, darunter dem des hl. Stephan (1147), war Wien de facto bereits eine Stadt, bevor es 1211 das Stadtrecht erhielt.

Die ›locatio civitatis‹

Wenn es nunmehr offenkundig ist, daß die Anfänge des städtischen Lebens in den slawischen Gebieten vor die Zeit der *locationes* zurückreichen, so bleibt es doch eine Tatsache, daß die *locationes* vom Ende des 12. bis zum 14. Jahrhundert die Stadtentwicklung mächtig vorantrieben.

Locare bedeutet zunächst Menschen ansiedeln, Siedler auf freie Bauernstellen setzen; aber mit *locatio* hat man ebenso die Gründung einer neuen Siedlung bezeichnet, gleichgültig ob es sich um eine Stadt oder ein Dorf handelte. Und der gleiche Begriff wurde auch für die Neuanlage einer schon bestehenden Siedlung verwendet. Da diese Vorgänge von der Verleihung von Privilegien oder dem deutschen Stadtrecht begleitet waren, hat man mit *locatio* bald auch den Verleihungsakt selber bezeichnet[8]. Betrachten wir zunächst solche Fälle, in denen ein vorstädtischer Kern erweitert und umgestaltet wurde. Zwischen Saale und Oder begann die städtische *locatio* gegen 1156/70. In diesen Jahren verlieh der Markgraf von Meißen den neuen Einwohnern des Leipziger Marktes das Magdeburger und das Hallische Stadtrecht – dies ist eine der ersten städtischen *locationes*, ohne daß seinerzeit dieser Begriff verwendet worden wäre. Die Freiheiten, die Markgraf Otto 1170 den Bürgern von Brandenburg verbriefte, zogen die Bildung der Altstadt nach sich, und schon vor 1196 entstand das planmäßig angelegte Stadtviertel Neustadt. Einer der ersten städtischen Lokatoren ist Wirad von Boizenburg, der 1188/89 zusammen mit seinen *cohabitantes* die Hamburger Neustadt nach lübischem Recht besiedelte. *Locationes* sind auch die Gründung von Dresden (1216), nahe einem Castrum und einem alten sorbischen Dorf, und Rostock, das unweit eines obodritischen Castrums planmäßig angelegt wurde und 1218 lübisches Recht erhielt.

In den polnischen Städten hat die *locatio* die topographische Entwicklung noch stärker geprägt. Sie vollzog sich dort später als westlich der Oder, und die Anregung dazu ging von den schlesischen, den pommerschen und polnischen Fürsten selber aus. In diesen Städten hat etwas stattgefunden, was sich mit der Erschließung des flachen Landes nach deutschem Recht vergleichen läßt. Als diese Siedlungen hier das deutsche Stadtrecht verliehen bekamen, nahmen sie beträchtliche Erweiterungen vor. Manchmal haben sogar zwei aufeinanderfolgende *locationes* das Gesicht einer Siedlung völlig verändert.

Wrocław wurde durch zwei *locationes* vergrößert: die erste erfolgte gegen 1211/24 nach deutschem Recht, das Herzog Heinrich I. der Stadt verlieh; die zweite in den Jahren 1242/48 nach Magdeburger Recht (1261). Sie erweiterten die Stadt um das Vierfache, und die Bevölkerung erreichte bald 10000. Nicht weniger spektakulär ist das Beispiel Krakau. Eine erste *locatio* hat zwischen 1211 und 1217 den Marktflecken Okoł am Fuße des Wawel abgerundet; mit der zweiten verlieh Herzog Boleslaw im Jahr 1257 der Stadt das Magdeburger Recht, so daß sie sehr bald zu einer großen Stadt mit jenem schönen geometrischen Schnitt heranwuchs, wie man sie kennt. Das gleiche in Poznań, wo Herzog Premysł I. im Jahre 1253 einen deutschen Lokator beauftragte, seine neue Stadt nach magdeburgischem Recht zu besiedeln. In Danzig ließ Herzog Swatopolk die erste *locatio* nach lübischem Recht durchführen (1224/66); die Deutschherren bildeten im 14. Jahrhundert die Stadt um, als sie die Rechtstadt dazusetzten.

Aber warum diese Erweiterungen, dieses Wachstum, dieser neue Sinn für die Schönheit einer Stadt? Diese neuen Städte Polens wurden allerdings zum Teil aus den Einwohnern der älteren Siedlungen gespeist oder aus Zuzüglern aus den benachbarten Dörfern; möglicherweise kamen auch polnische Zuwanderer aus weiter entlegenen Regionen hinzu. Außerdem war die Bevölkerungsdichte in diesen frühen Stadtkernen des 9. bis 12. Jahrhunderts offenbar auch stärker als dann in den weitaus luftigeren Städten des 13. Jahrhunderts, insofern spiegeln die Erweiterungen mitunter nur eine andere Siedlungsweise wider. Trotzdem genügen diese Gründe nicht, den Vorgang zu erklären. Die ersten Stadterweiterungen, die weiter westlich stattfanden, waren offensichtlich mit dem Zug deutscher Kaufleute und Siedler nach Osten verknüpft. Aber auch in den drei großen Städten des Ostens steht die deutsche Zuwanderung in den ersten Jahrzehnten des 13. Jahrhunderts mit den *locationes* in enger Beziehung: in Wrocław gab es seit 1214 einen deutschen Schulzen; in Gdánsk hatte sich schon vor der *locatio* eine ansehnliche deutsche Gruppe in dem *suburbium* niedergelassen[9]; in Poznań drängte sich eine deutsche Siedlung um die Kirche St. Gotthard[10], noch ehe 1253 die große *locatio* begann, die darüber hinaus einem gewissen Thomas anvertraut wurde, der aus Guben in der Lausitz stammte. Zweifellos haben diese neuen Siedler darauf bestanden, daß die Stadt ein neues Recht bekam, welches ihnen städtische Selbstbestimmung und wirtschaftliche Möglichkeiten einräumte[11], dazu neue Wohnstätten in großzügiger ausgebauten Stadtteilen, wie sie der neuen mittelalterlichen Städteplanung entsprachen, die bald ganz Europa für sich gewinnen sollte.

Die Gründungsstädte

Im Osten wurden aber auch neue Städte *ex nihilo* gegründet oder, wie man sagt, »aus wilder Wurzel«. Zu der Gründung einer Stadt gehört nicht nur die Zuweisung des Bodens, es bedarf dazu auch eines Plans und eines Stadtrechts. Dies setzt den Willen eines Gründers voraus. »Eine Stadt entsteht nicht, weil sich an dieser Stelle zwei Wege kreuzen; sie bildet sich infolge eines bewußten Willensaktes und durch dazu geeignete Handlungen«[12], sagt Aloys Schulte ein bißchen scherzhaft. Sicherlich kann man diese Aussage in ihrer Allgemeinheit anfechten, aber sie ist durchaus zutreffend, soweit es sich um völlig neue Städte handelt. Manchmal ist der Gründer auch der alleinige Grundherr; aber er kann sich auch an einen Trupp Siedler gewandt haben oder, besser noch, an einen Lokator, wie dies bei den Dörfern der Fall war. Der Vertrag darüber ist sodann der Akt, der – materiell wie rechtlich – die neue Stadt gebiert. Natürlich folgen dieser Gründung weitere Rechtsakte: die neue Stadt erhält Freiheiten und ein Stadtrecht, sowie sich dort eine entsprechende

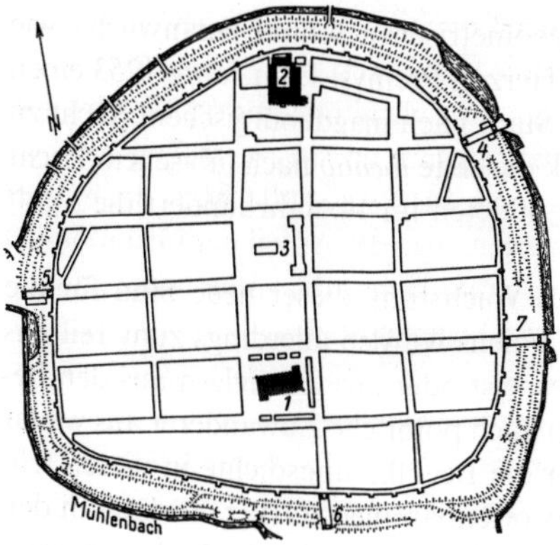

Grundriß von Neubrandenburg. 1248 von Markgraf Johann von Brandenburg gegründet, ist Neubrandenburg ein vorzügliches Beispiel einer Gründung aus wilder Wurzel, die, einem Locator anvertraut, auf planmäßigem Grundriß entstand.

Gemeinde gebildet hat. Wir werden weiter unten erfahren, unter welchen Bedingungen diese »Gründungsstädte« angelegt und bevölkert wurden und wie ihre städtischen Einrichtungen beschaffen waren. Gleichwohl sollten wir die Formulierung *ex nihilo* einschränken, denn die Neugründung vollzog sich mitunter an oder bei einem Ort, der schon bewohnt war oder zumindest noch wüst gewordene Behausungen aufwies[13].

Das Signal für die Städtegründungen im Osten war mit der Gründung von Lübeck durch Adolf von Schauenburg im Jahre 1143 gegeben, sowie mit der erneuerten Stadtgründung durch Heinrich den Löwen (1158/59), wobei diesem vielleicht eine Gruppe bürgerlicher Lokatoren zur Hand ging. Daß Albrecht der Bär gegen 1160 Stendal das Markt- und Stadtrecht verlieh, kann man gleichfalls als eine Gründung ansehen[14]. Etwas später, 1174, gründete Erzbischof Wichmann von Magdeburg Jüterbog und gab ihm Magdeburger Recht, das war die erste Stadtgründung im Brandenburgischen jenseits der Elbe[15].

Im germanisch-slawischen Osten gibt es eine Reihe solcher Gründungen *a novo*, sie zeigen Ähnlichkeit mit den *bastides* im Süden Frankreichs. Allenfalls dann, wenn man einen Fall nach dem andern aufgreift, kann man diese Gründungen halbwegs genau rekonstruieren; die Historiker haben in der Vergangenheit nicht immer sorgfältig unterschieden zwischen einer Neugründung im eigentlichen Sinne, der Erweiterung einer Siedlung durch eine *locatio* und der Erhebung in den Rang einer Stadt. In Mecklenburg, soviel steht fest, gab es zwischen 1218 und 1275 16 Gründungen *ex nihilo*; allerdings entstanden einige dieser Gründungen an der Stelle älterer slawischer Siedlungen[16]. In Brandenburg, dem Uckerland und im Grenzraum Pommerns zählt man an die 20, dabei handelt es sich hauptsächlich um Gründungen der askanischen Markgrafen aus dem zweiten Viertel des 13. Jahrhunderts. Aber wenn W. Kuhn feststellt, daß in Schlesien zwischen 1218 und 1300 134 Städte »mit deutschem Recht gegründet«[17] wurden, so ist es offensichtlich, daß damit keineswegs nur Gründungen *ex nihilo* gemeint sein können[18]. Das gleiche trifft auf Polen und Böhmen zu, wo neben der Erweiterung zahlreicher Ansiedlungen durch *locationes* nach deutschem Recht die wirklichen Neugründungen selten gewesen zu sein scheinen[19]. Die Stadt Warschau war allerdings eine solche, obschon sie unweit des alten Dorfes Jazdowo entstand, geplant und in einem Zug errichtet (vor 1321)[20]. Im Ordensland schließlich, wo bis 1410 93 Städte nach deutschem Recht gegründet beziehungsweise erbaut wurden, war der Anteil der Gründungen »aus wilder Wurzel« bestimmt höher[21]. Insgesamt machen die völlig neugegründeten Städte nur einen Aspekt des Städtebaus im Osten aus.

Die »kleinen Städte«

In den ersten fünf oder sechs Jahrzehnten der deutschen Ostwanderung bildete sich jenseits der Elbe langsam ein Netz von Städten. Dies geschah vornehmlich dadurch, daß ältere slawische Siedlungen sich mittels einer *locatio* erweiterten, oder durch bedeutende Stadtgründungen, wozu auch die Erhebungen kleinerer Siedlungen nach deutschem Recht zu rechnen sind. Lübeck (1143), Brandenburg (1170), Riga (1204/11), Rostock (1218), Breslau (1211/36), Danzig (1224/66), Thorn (1233), Frankfurt an der Oder (1253), Posen (1253), Königsberg (1255) und Krakau (1257) sowie viele andere – sie zeugen von einem solchen Gründungsakt und unterstreichen, daß die Richtung der wirtschaftlichen Entwicklung mit der Ausbildung dieses Städtenetzes zusammenfiel[22].

Seit den 1260er Jahren begann hier wie in ganz Mitteleuropa eine neue Epoche der Gründung kleiner bis mittelgroßer Städte, die das ältere Stadtnetz immer mehr verdichteten. Am lebhaftesten waren die Jahre zwischen 1260 und 1330; aber es wurden noch bis 1470 solche Städte gegründet. Unter mittleren bis kleinen Städten versteht H. Stoob Städte mit 2000 bis 4000 Einwohnern, die sich auf einer Fläche von wenigstens 15 Hektar ausbreiten, beziehungsweise 800 bis 2000 Einwohner auf einer Fläche, die kleiner als 15 Hektar ist[23]. Das Städtewachstum macht sich vor allem im Osten bemerkbar. Während in Mecklenburg und Vorpommern nur eine einzige neue Stadt vermerkt wird, nämlich Strelitz (1349), hat diese Art Städtebau doch in Schlesien, im Polen Kasimirs des Großen und bis 1370 auch im Ordensland geblüht.

Die Kleinstädte gingen im allgemeinen aus drei verschiedenen Siedlungstypen hervor. An erster Stelle sind hier ländliche Märkte zu nennen, und ein frühes Beispiel dafür war der Markt, aus dem das schlesische Neumarkt (Środa Śląka, Polen) entstand (vor 1223). Manchmal waren es Grundherren, die in der Nähe wohnten, aber häufiger war es die Landesobrigkeit, die in Polen, Böhmen, im nördlichen Ungarn den Anstoß gab, daß aus diesen Kleinstädten Zentren kleiner landwirtschaftlicher Regionen wurden[24]. Andere Kleinstädte legten sich um ältere Burgen, um wichtige Befestigungsanlagen, wie sie etwa die Kastellaneien darstellten – Ottmachau ist ein Beispiel dafür. 1155 erstmals erwähnt, wurde diese Siedlung an der Neiße 1347 in den Rang einer Stadt erhoben. Manchmal haben bescheidene Dörfer das Stadtrecht erhalten, und in diesen Fällen bildete sich meistens ein Marktflecken neben der ursprünglichen Siedlung, wie dies in Buk in

Der Treptower Torturm in Neubrandenburg. Eines der vier Stadttore, die in der ersten Hälfte des 15. Jahrhunderts erbaut wurden; der Staffelgiebel wurde nach 1450 vollendet.

Groß-Polen der Fall war. Muß man hinzufügen, daß all diese Gründungen mit deutschem Recht geschahen und daß sie begleitet waren von mehr oder weniger umfassenden Neugestaltungen? Ob Dorf oder größere Siedlung, nach der Stadtrechtsverleihung änderte sich das Gesicht: nicht nur die innerstädtischen Flächen wurden neu aufgeteilt, sondern auch Stadtmauern wuchsen nun in die Höhe.

Die Ausbreitung des deutschen Stadtrechts

Die Ausweitung des deutschen Stadtrechts, die sich durch Hunderte von neugegründeten Städten ausdrückte, ist eines der markantesten Fakten der Ostsiedlung. Das Stadtrecht folgte nicht nur den Auswanderern, sondern es erlebte eine eigene Verbreitung, und die Folge davon war gewissermaßen eine »kulturelle Wanderbewegung«[25].

Das lübische Stadtrecht ging aus Privilegien hervor, *jura honestissima*, welche Herzog Heinrich der Löwe der neuen Stadt Lübeck vermacht hatte; bestätigt wurden diese Freiheiten durch Friedrich Barbarossa im Jahr 1188, 1226 durch Friedrich II. erweitert und durch die Willküren des Lübecker Rechtes verbessert[26].

Die älteste Lesart, in lateinischer Sprache, geht auf das Jahrzehnt 1230–1240 zurück; doch der Ausdruck »lübisches Recht« – *jus Lubicense* – wurde schon 1188 verwendet, als Adolf III. von Schauenburg der Hamburger Neustadt dieses Recht übertrug, und dann wieder 1218 bei der Gründung von Rostock. Die Quellen dieses lübischen Rechts geben Anlaß zur Diskussion: Einzelne Elemente davon stammen vermutlich aus dem Recht der Hansestadt Soest und aus anderen Städten Westfalens[27]; einige ähneln dem schleswigschen Recht. Das Recht der »Königin der Hanse« ist deswegen so wichtig, weil es in den gesamten See- und Handelsraum der Ostsee vordrang. Im Lauf des 13. und 14. Jahrhunderts waren es an die hundert Städte, die dieses Recht erhalten hatten; die große Mehrzahl davon lag an den Küsten der Ostsee, von Holstein bis nach Pommern reichend, darunter Kiel, Rostock, Stralsund, Greifswald, Anklam und Kolberg, um nur die wichtigsten zu nennen; im Baltikum waren es Reval, Narwa und, reichlich später, Kronstadt. Im Ordensland kamen nur Elbing, Braunsberg und Frauenburg in den Genuß dieses Rechts; Danzig und Memel gingen seiner schnell wieder verlustig. Wohin die Kaufleute von Lübeck, Stralsund oder Reval in der Ostsee auch fuhren, schreibt W. Ebel, die Verträge, die Erbschaften und die Prozesse wurden überall nach dem gleichen Recht geregelt. Gegen 1400 lebten etwa 350000 Menschen nach dem Recht der Stadt Lübeck. Der Lübecker Rat, die höchste Instanz der rechtsgebenden Gewalt, fungierte seit dem 13. Jahrhundert als Appellationsgericht, an das sich die Räte seiner Tochterstädte wandten. Die preußischen Städte machten da eine Ausnahme, sie waren gehalten, an den Orden zu appellieren. Wir werden weiter unten sehen, worin dieses Recht bestand, und zwar namentlich in bezug auf die Selbstbestimmung dieser Städte und ihr inneres Regiment.

Das Magdeburger Recht breitete sich nicht minder kraftvoll in der mittleren Zone aus, in den großen Ebenen, die bis zu den Mittelgebirgen im Süden reichen, von der Elbe bis in die Ukraine und bis an die Moldau. Es ging zum Teil auf jenes große Privileg zurück, das Erzbischof Wichmann 1128 der Stadt verliehen hatte[28]; aber es kamen auch andere Elemente dazu, insbesondere solche aus dem Sachsenspiegel. Zunächst breitete es sich in Sachsen und in der Lausitz aus (Leipzig, Dresden, Meißen), später auch in Brandenburg, Schlesien, Polen, Böhmen, Mähren und im Ordensland. Mancherorts geschah es direkt, anderswo durch die Übernahme von Rechtskompilationen, die auf dem Magdeburger Recht fußten. So wurde in Schlesien der Stadt Neumarkt ihr Recht *(jus Novi fori* bzw. *Sredense)* – und zwar im Umweg über das Recht der Stadt Halle, der ersten Filiation Magdeburgs – von Herzog Heinrich I. (vor 1223) verliehen. Gleichzeitig erhielten auch Goldberg, Löwenberg und Breslau dieses Recht, später unzählige kleinere Städte in Groß- und in Klein-Polen sowie in Galizien.

Rechtsbelehrungen, die Magdeburg und Halle an Breslau oder Neumarkt erteilten[29], vervollständigten Schritt für Schritt dieses Recht. Das Stadtrecht, das der Hochmeister des Deutschen Ordens vor 1233 an Kulm und Thorn verlieh, hatte gleichfalls geholfen, das Magdeburger Recht in Preußen und seinen Nachbarregionen zu verbreiten (Danzig, Königsberg). Diese andere große Stadtrechtsfamilie konnte den Magdeburger Rat konsultieren, falls rechtliche Probleme auftraten. Man sagte damals, die Schöffen der Tochterstädte zögen »zu Haupte«; aber jede Region gab sich ziemlich schnell einen eigenen »Oberhof« als Appellations- und Rechtsweisungsgericht, denken wir nur an Brandenburg, Neumarkt, Breslau, Kulm, Posen, Krakau, Prag, Leitmeritz in Böhmen, das mährische Olmütz und das ferne Lemberg.

Außer diesen beiden wichtigsten Stadtrechtsfamilien gab es, vor allem im Süden und im Südosten, einige weitere Rechte: in Schwerin das mecklenburgische Recht; das Nürnberger Recht im westlichen Böhmen; das Brünner Recht, selber ein Abkömmling Wiens, im Süden Mährens; das Recht von Iglau in Böhmen und Mähren sowie in den Bergstädten im Karpatenbogen. Wenn man die Karte mit den Landschaften des deutschen Stadtrechts im Osten, die H. Aubin erarbeitet hat[30], beziehungsweise die jüngere Fassung von R. Wenskus[31] gründlich betrachtet, kann man die außergewöhnliche und vielschichtige Ausstrahlung des deutschen Rechts und der deutschen Stadt ermessen – sie zählten zu den wirkungsvollsten Mitteln, Ostmitteleuropa mit deutschem Kulturgut vertraut zu machen.

Das Rathaus von Stralsund, Fassade zum Alten Markt, im 14. Jahrhundert errichtet.

5. *Städtebau im Osten*

Gründer und ›locatores‹

Die Gründung einer Stadt verlangte viel Überlegung, und dies vor allem dann, wenn man dort den Boden neu verteilen oder jungfräuliches Land erschließen mußte. Also umgab sich Johann I., Markgraf von Brandenburg, der große Städtegründer, mit einem Rat von Getreuen, als er sich 1253 anschickte, Frankfurt an der Oder zu gründen[1]. Die Beweggründe der Städtegründer werden in den verschiedenen Gegenden durchaus deutlich, selbst wenn sie nicht immer ausgesprochen wurden: manchmal war es die Sorge um die Verteidigung oder die Verwaltung des Umlandes; aber meist dachten sie doch an den Gewinn, der aus der wirtschaftlichen Tätigkeit der neuen Siedlung fließen würde. Herzog Boleslaw und sein Bruder Sandomir verkündeten 1257 anläßlich der großen *locatio* von Krakau, sie hätten vor, *homines inibi de diversis climatibus congregare*[2]; und ganz schamlos gesteht 1381 Otto von Piliva, der Gründer von Langenau, daß er einfach »den Pachtzins, die Einkünfte und Gewinne seiner Domänen vermehren« wolle[3]. Für die Markgrafen von Brandenburg war der Städtebau in ihren Gebieten zum Großteil eine finanzielle Angelegenheit.

Wie die Gründer von Dörfern, so haben auch die Fürsten und Grundherren nach einem oder mehreren Lokatoren gerufen, damit er die Stadtgründung in die Hand nehme und Menschen herbeischaffe. Die zweite Hälfte des 12. Jahrhunderts war die Zeit ihres größten Einsatzes, und ihr wichtigstes Tätigkeitsfeld war der nördliche Kolonisationsraum; im Südosten scheinen sie sich nicht um den Bau neuer Städte gekümmert zu haben. In Prenzlau (1234) trat die Gruppe von acht Unternehmern unter dem modernen Begriff *promotores* auf. Zu den fünf Lokatoren des brandenburgischen Friedland (1244) zählte ein Berenghero, der gut ein Italiener sein könnte. Im großen und ganzen spiegeln die Namen dieser Leute einfach ihre regionale Herkunft wider: Gottfried von Herzberg war in Frankfurt an der Oder tätig (1253), Rudolf von Belenkow in Greifenhagen (1254), Heinrich von Reichenbach in Brieg (1250), Thomas von Guben in Posen (1253); in den ostpreußischen Städten Braunsberg (1249) und Frauenburg (1278) stoßen wir auf Lokatoren aus Lübeck.

Ganz gewiß waren weder die Gründer noch die Lokatoren brillante Geographen, aber sie zeigten häufig ein Gespür für das Terrain, wenn es darum ging, einen Großraum und einen Standort auszuwählen. In den Regionen, wo die großen Ströme nicht reguliert waren, bestand eine ihrer Sorgen darin, die künftige Stadt vor den Gefahren einer Überschwemmung zu schützen. So entstand Neubrandenburg auf trockenem Land zwischen See und Morast, das mecklenburgische Waren zwischen zwei Seen und die Städte Marienwerder, Marienburg und Danzig auf einer erhöhten Terrasse. Sehr gesucht waren natürlich die Übergänge über große Flüsse, denn sie boten dem Handel Standortvorteile (Frankfurt an der Oder,

Posen, Görlitz), aber auch die bestgeschützten Stellen an den Mündungen (Stettin, Königsberg, Riga). Doch in vielen Gebieten gab es einfach zuwenig gute Standorte, also mußte man sich mit weniger guten zufriedengeben. Thorn hat seinen Standplatz gewechselt, weil der erste zu häufig überschwemmt wurde; Marienwerder erging es in dieser Hinsicht etwas besser, trotzdem siechte es nur dahin. Was die Städte im Ordensland angeht, kann man die Hypothese aufstellen, hier sei der Städtebau regional geplant gewesen, denn zwischen diesen neugegründeten Städten lag immer ein Abstand von durchschnittlich 35 bis 40 Kilometern, was einer Tagesreise zu Fuß entspricht[4].

Entstehung der organischen Grundrisse

Die Anlage und die Ausbildung dieser umgebildeten oder neugegründeten Städte östlich der Elbe und in den Donauländern waren Gegenstand unzähliger Studien, in denen sich noch vor kurzem Vertreter des Germanismus und des Slawismus gegenübertraten[5]. Vor allem in der Anfangszeit der Stadtgründung und in den eher westlich gelegenen Städten fehlt es nicht an unorganischen Grundrissen. So hat sich Leipzig ursprünglich ohne einen Plan entwickelt, und Meißen ist einfach im Schatten seiner Burg herangewachsen. Im allgemeinen haben sich die Siedlungen dieser alten Castren dem Terrain angepaßt, und ein langgestreckter Markt oder ein dreieckiger Platz gab dem Ganzen eine gewisse Regelmäßigkeit. Selbst Lübeck ist trotz seiner schönen Gestalt anfangs nur zögernd gewachsen, sein Stadtbild entstand, indem mehrere ältere Kerne miteinander verschmolzen. Am Ende des 12. Jahrhunderts zeigen die Hamburger Neustadt und die Neustadt von Brandenburg erste Anfänge eines organischen Bebauungsplans. Später, nach erstem, vorsichtigem Tasten während der ersten Jahrzehnte des 13. Jahrhunderts, ging man gegen Mitte des Jahrhunderts zu regelmäßigen, geometrischen Formen über.

Den regelmäßigen Grundriß und vor allem das Gitternetz mit zwei Querachsen gab es allerdings schon zu allen Zeiten. Aber auf welchen Wegen ist das geometrische Modell der Römer, das das frühe Mittelalter aufgegeben hatte, am Ende des 12. und zu Beginn des 13. Jahrhunderts in vielen Teilen Mitteleuropas wieder zurückgekehrt? Die Tradition der römischen *agrimensores* zeigt sich in den Abhandlungen eines Gerbert (983), eines Leonardo Pisano (1220) und eines Vizenz von Beauvais (vor 1264), und vielleicht haben auch die Städteplaner der polnischen und der preußischen Städte des 13. und 14. Jahrhunderts daraus geschöpft, wie dies bei der »Geometria Culmensis« der Fall war. Diese bringt auf alle Fälle die Existenz von *mensores* ans Licht, die damit beauftragt waren, die Arbeiten zu planen und die Ausführung zu überwachen. Für ihre Pläne verwendeten sie ein »Vermesserkreuz« *(crusze)*, eine Art Winkelmaß[6]. Später wollte mancher Gelehrte im St. Galler Klosterplan aus karolingischer Zeit das Muster der regelmäßig angelegten Stadt des frühen Mittelalters erblicken. Und erst vor kurzem ist eine Arbeit angefertigt worden über das Grundrißmodell der Kolonistenstädte in den *ville nuove* und den *buorghi nuovi* Norditaliens; österreichische Auswanderer hätten diese Grundrisse eingeführt, Wiener Neustadt (1194) sei eine Art Zwischenstation

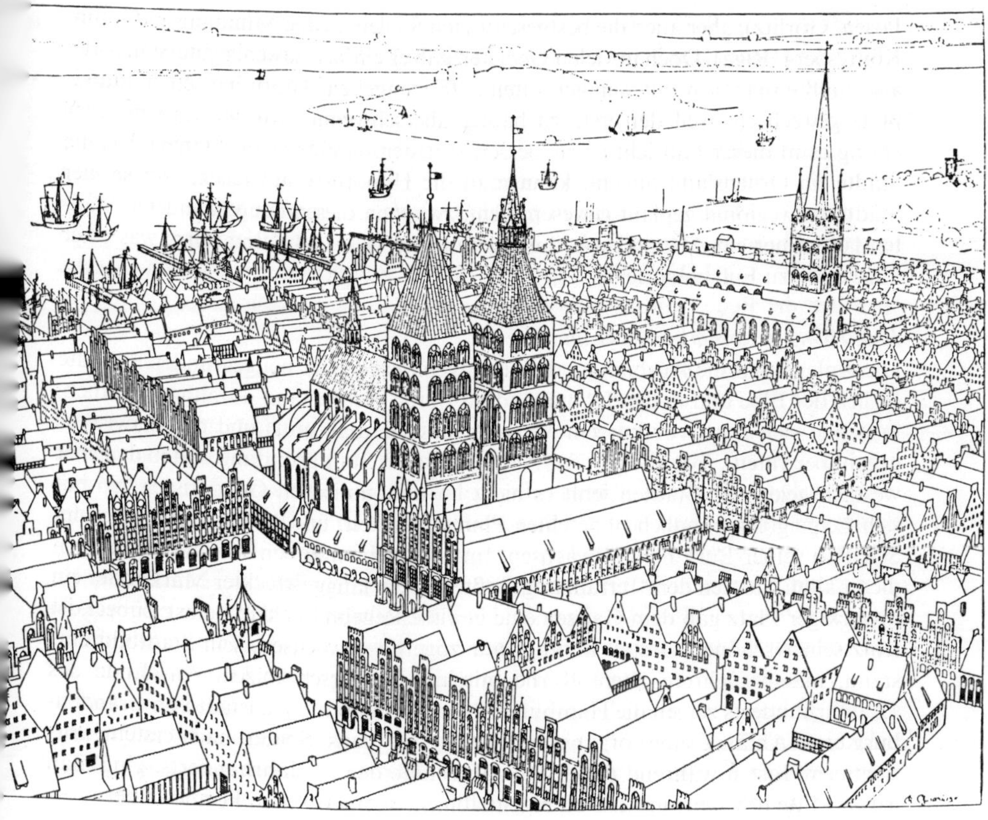

Diese – ein wenig vereinfachte – Rekonstruktion von Stralsund zeigt die regelmäßige Anlage und den Bebauungsstil der Städte im Baltikum. Im Vordergrund Rathaus und Nikolaikirche; rechts die alte Jakobikirche.

gewesen und Goldberg (Złotoryja, Polen) das erste Beispiel in Schlesien (1210)[7]. Doch diese Verwandtschaftsbeziehung berücksichtigt nicht den Umstand, daß die italienischen Gründungen kaum vor dem 13. Jahrhundert liegen. Wenn eine Beziehung besteht, warum sie dann nicht eher westlich der Elbe suchen, in Hannoversch-Münden (vor 1182) etwa oder in Lippstadt (gegen 1185)?

Der Grundriß einer Stadt besteht aus vielen Häuserblocks, und diese setzen sich wiederum aus einzelnen Grundstücken zusammen[8]. Dieses Baugrundstück (*area* oder *curia*) ist das Grundelement des städtischen Grundrisses[9]. Die Gründungsunterlagen der Städte zeigen ziemlich häufig die Ausmaße dieser *areae*; ansonsten erlaubt eine Analyse des Gesamtplans, ihre Größe zu bestimmen[10]. Bei den ersten

Gründungen im Westen waren diese Parzellen lang und schmal: die 50 Grundstücke der Hamburger Neustadt waren 24 bis 28 Fuß breit und 320 Fuß tief, in der Lübecker Löwenstadt maßen sie 25 mal 100 Fuß[11]. Zu Beginn des 13. Jahrhunderts tauchte in Schlesien ein Typus auf, der ausgeglichener war: 60 mal 120 beziehungsweise 60 mal 240 Fuß. In Ostpreußen diente im 14. Jahrhundert ein Typus als Modell mit der Größenordnung von 60 mal 105 Fuß (das waren hier 17,2 mal 30,2 Meter)[12]. In Krakau gibt ein Dokument der Stadt aus dem Jahr 1385 folgende Maße an: 72 mal 144 Fuß. Aber diese Baugrundstücke waren nicht alle gleich groß, es gab kleine und große[13], und es ist auch von halben und viertel Parzellen die Rede, woraus man folgern darf, daß es so etwas wie ein Einheitsgrundstück gegeben haben muß.

Grundrisse mit einer einzigen Achse

Wie bei einem Dorf, so ist auch für eine Stadt der einfachste Grundriß der, der durch eine einzige Straße bestimmt wird. Natürlich kann es zu dieser großen Achse auch Parallel- und kleine Nebenstraßen geben. Bei diesem Stadttyp handelt es sich häufig um einen Markt oder ein Straßendorf, das ziemlich spät in den Rang einer Stadt erhoben worden ist. Die kleine Stadt Taus (Domažlice) im westlichen Böhmen ist ein Beispiel dafür, Ottokar II. hat sie 1260 gegründet; oder in der Slowakei die Stadt Preschau (Prešov), die erst 1374 das Stadtrecht erhielt – die eine wie die andere dieser beiden Städte sind um einen sehr langen Markt herum angeordnet[14]. Die schlesische Stadt Neumarkt (gegen 1223) hat mehreren kleinen Städten als Modell gedient: Ein spindelförmiger Markt, dazu zwei weitere Straßen in Längsrichtung, und das Ganze ist von einer fast quadratischen Stadtmauer umgeben[15]. Einen weiteren Stadttypus mit einer Achse findet man in Elbing in Preußen (1237), wo zu beiden Seiten der großen Hauptstraße je sechs rechteckige Häuserblocks stehen, dazwischen verlaufen kleine Querstraßen, die senkrecht auf die Hauptstraße münden – das Ganze nach einem streng geometrischen Plan, der die Hand des Vermessers spüren läßt[16].

Was diese planmäßig angelegten Städte mit einer einzigen Querachse und einem länglichen oder ovalen Markt angeht, hat der polnische Stadthistoriker H. Münch die These aufgestellt, sie seien vor der *locatio* ungeplant entstanden[17]. Aber es ist kaum zu begreifen, wie eine solch regelmäßige Anlage der Baugrundstücke mit parallel verlaufenden Seitenstraßen mit dieser These in Einklang zu bringen ist[18]. Der gleiche Autor greift das Beispiel Posen auf und meint dazu, die *locatio* von 1253 habe dieser Stadt nur den Entwurf des Zentralmarkts und die Absteckung von 64 Parzellen beschert, die ihn umgeben; alles übrige, was sich von dort zu den Mauern erstreckt, sei später hinzugewachsen. Natürlich ist es durchaus möglich, daß längst nicht alle regelmäßigen Grundrisse als Ganzes entworfen und ausgeführt worden sind; aber es ist doch ziemlich sicher, daß diese Stadtausweitungen infolge der *locationes* so geschahen, wie es die Annalen des Krakauer Domkapitels anläßlich der zweiten *locatio* von 1257 festhalten: *Cracoviensis civitas iuri Theutonico traditur et situs fori per advocatos et domorum et curiarum immutatur*[19].

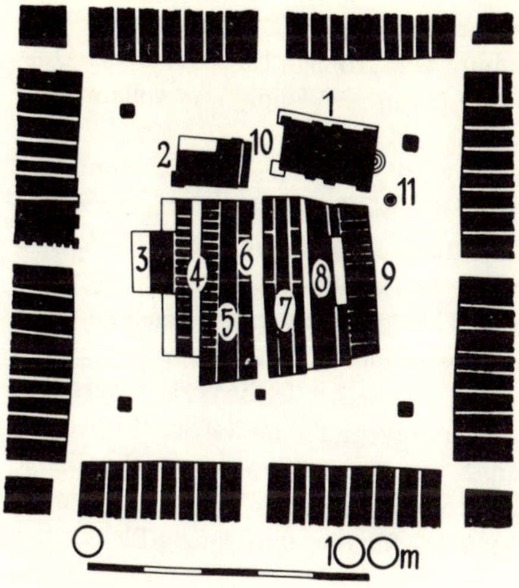

Grundriß des Marktes von Posen: Rathaus (1), städtisches Eichamt (2), Schlachthaus (4), Zeughaus (5), Handelshäuser (6), Tuchhalle (7), Bogengänge (9), Bäckereien (10), Pranger (11).

Quadrierung auf zwei Achsen

Die Grundrisse auf zwei Achsen mit einem großen Zentralplatz als Herzstück und nach außen einem Rund oder einem Oval sind, wie überall in Europa, ausgesprochen häufig anzutreffen. Ihr Gitternetz setzt sich aus mehr oder weniger regelmäßigen quadratischen oder rechteckigen Häuserblocks zusammen. Die allereinfachste Formel dafür lautet: drei mal drei = neun Blocks, der mittlere davon ist dem Platz vorbehalten. Das schlesische Trebnitz ist das klassische Beispiel dafür. Dieses Städtchen entstand zwar aus einem bewohnten Castrum und einem herzoglichen Markt, und man streitet sich darüber, ob seine Erweiterungen darauf zurückzuführen sind, daß 1204 siebzehn *hospites* in die Stadt kamen, oder ob sie später erfolgten, vielleicht 1250, als eine *locatio* nach dem Neumarkter Recht durchgeführt wurde[20]. Was für uns wichtig ist, das ist der Umstand, daß ihr Grundriß sich am besten mit dem der *bastides* in der französischen Gascogne vergleichen läßt. In Ostpreußen zeigt Deutsch-Eylau (Iława, Polen) die gleiche Anlage[21]. Eine weitere schlesische Kleinstadt, Patschkau (Paczków), eine Gründung des Breslauer Bischofs Thomas I. von 1254, besteht aus vier mal vier = sechzehn Blocks im Schachbrettmuster, nach außen von einem ovalen Mauerring umschlossen, der im Mittelalter erbaut wurde und zum größten Teil noch steht[22]. Dieses gleiche Schema findet man auch in Böhmen und Mähren, in Hohenmaut (Vysoké Mýto), einer Gründung Ottokars II. von 1256, und in Mährisch-Trübau (Moravská Třebová), das gleichfalls im dritten Viertel des 13. Jahrhunderts von einem Grundherrn ins Leben gerufen wurde[23]. Pilsen (Plzeň) ist infolge der Bodenbeschaffenheit etwas unregelmäßig geraten, es stellt theoretisch vier mal fünf = zwanzig Blocks dar.

Wenn wir nun nach Brandenburg und in die Neumark hinübergehen, finden wir eine Reihe weiterer Städte mit einem Gitternetz von fünf mal fünf = fünfundzwanzig Häuserblocks: Neubrandenburg (1248), Gransee (1262) und Strasburg (vor

1265)[24] – und dem gleichen Grundriß begegnen wir auch im österreichischen Bruck an der Leitha (vor 1239). In Neubrandenburg von größtem Interesse ist der Umstand, daß dort die Ausstattung mit 250 Hufen in 25 Wohnblocks vollkommen aufging[25].

Es entstanden weitere Gitternetze mehr oder weniger regelmäßig, durch die theoretische Kombination von drei mal fünfzehn Blocks. Dies trifft für die zweite Stadterweiterung von Frankfurt an der Oder (nach 1253) zu[26] und auch für die von Graudenz (Grudziądz) in Preußen (1291)[27]. In den beiden großen Städten im Ordensland, in Kulm und in der Thorner Altstadt, führt das Miteinander von quadratischen und rechteckigen Blocks, angeordnet in einem unregelmäßigen Kreis, doch zu einem regelmäßigen Gitternetz. Aber einer der bemerkenswertesten Grundrisse ist doch der von Krakau, und zwar aufgrund seiner Größe. Er bedeckt ein Karree von etwa 580 Meter Seitenlänge, was theoretisch sechs mal sechs = sechsunddreißig Häuserblocks ausmacht, von denen jeder 85,5 Quadratmeter mißt; in Wirklichkeit wurde jedoch nur der Platz für fünfundzwanzig Blocks, den Marktplatz eingerechnet, genutzt[28].

Doppel- und Mehrfachstädte

Als diese neuen Städte aufblühten und der Raum nicht mehr ausreichte, Neuankömmlinge aufzunehmen, ließ man sie nicht, wie man das heute macht, außerhalb der Mauern an den großen Ausfallstraßen weiterwuchern. Man errichtete nach dem gleichen Modell eine zweite Stadt in unmittelbarer Nachbarschaft, und wenn dies nicht genügte, noch eine dritte. Am Ende des 12. Jahrhunderts gaben Hamburg und Brandenburg Beispiele für eine solche Entwicklung. In Frankfurt an der Oder ist die Erweiterung kaum sichtbar, denn die beiden Stadtkerne verschmolzen harmonisch und lückenlos ineinander[29]. In Ostpreußen hingegen zeigen die Doppelstädte fast eine völlige Trennung. Die Neustadt von Thorn mit ihrem Mauergürtel und ihrem besonderen Gitternetz (1264) ist lediglich durch eine einzige Verkehrsader mit der Altstadt verbunden und hat sich, wie wir gesehen haben, ihre Autonomie bis 1454 bewahrt. Elbing ist der Prototyp einer Doppelstadt, deren beide Quadratraster völlig unabhängig voneinander bestehen (1347)[30]. Berlin-Cölln war anfangs, genau wie Görlitz, eine Doppelstadt. In Breslau sind beide Märkte am linken Oderufer in zwei Etappen gewachsen, bis seine beiden schönen Gitternetze eines Tages zusammenfanden[31].

Aus größeren Doppelstädten entwickelten sich oft Dreifach-Städte: Nehmen wir Rostock, wo neben der Altstadt (1218) eine Mittelstadt (1232) und eine Neustadt (1252) heranwuchsen, die sich schnell zu einer einzigen zusammenschlossen (1262); oder Königsberg, dessen drei Bauelemente – Altstadt (1286), Löbenicht (1300) und Kneiphof (1327) – wiederum sehr unabhängig voneinander blieben. Die Stadt Danzig ging aus einer ganzen Reihe nebeneinanderliegender Städte hervor: die erste planmäßige Erweiterung geschah mittels einer *locatio*, später kamen die Rechtstadt des Ordens (vor 1330/78), die Neustadt (1343) und die Vorstadt (1360) hinzu.

Das Rathaus von Breslau, Anfang des 14. Jahrhunderts bis 1500 erbaut, im 16. Jahrhundert ausgeschmückt, 1950 restauriert.

Der Marktplatz

Das beherrschende Element der Stadt und der Mittelpunkt des städtischen Lebens war der Marktplatz. Vorläufer davon gibt es auch westlich der Elbe; die Erhöhung ländlicher Märkte der Slawen in den Rang einer Stadt und die Entwicklung regelmäßiger Straßenzüge haben diese Mittelpunktbildung begünstigt. So findet man am häufigsten in den kleinen Städten einen Markt in länglicher Form, als Erweiterung der Hauptstraße, oder in Gestalt einer Spindel beziehungsweise eines langgestreckten Vierecks. Selbst der berühmte Lange Markt (Długi Targ) von Danzig und der großartig langgestreckte Marktplatz von Iglau in Böhmen blieben diesem Typus verhaftet[32]. Weiteren Beispielen begegnet man in Bruck an der Mur (gegen 1260), im österreichischen Freistadt und in Leoben (1262)[33]. Die Zukunft gehörte jedoch dem Zentralmarktplatz, gleichgültig ob er viereckig oder rechteckig war.

Dieser Typus fing klein an. In den neuen, planmäßig angelegten Städten Mecklenburgs und Brandenburgs war für den Marktplatz nur ein einziges Planquadrat reserviert: Güstrow, Malchin, Neubrandenburg, Gransee, Strasburg sind Beispiele dafür; wir finden weitere im Südosten, in Trebnitz und Bruck an der Leitha. In diesem Fall trat man von den Ecken her auf den Platz, dessen Ausmaße von 80 bis 100 Meter Seitenlänge reichten. Im Falle Dresdens hatte man gleich vier Planquadrate für den Platz reserviert. Im allgemeinen betrat man diese Plätze von den Ecken her, aber häufig gab es auch in der Mitte der Seiten einen Zugang. Seit der Mitte des 13. Jahrhunderts, so scheint es, wurden diese Plätze im Osten – in Schlesien, Polen, Böhmen und Mähren – immer größer. Der große Platz in Posen mißt 140 mal 140 Meter, der in Kulm 113 mal 166 Meter, der von Breslau 180 mal 200 Meter und in Krakau sind es fast zweimal 200 Meter. Aber nicht selten haben selbst tschechische Kleinstädte Plätze, deren Größe die Bedeutung des Ortes weit übertrifft, denken wir nur an den großartigen Platz von Budweis (1265), der mit seinen 125 mal 125 Metern das Herzstück eines harmonischen Gitternetzes bildet[34].

Auf vielen dieser Plätze stand in der Mitte ein Bauwerk, das der Stadtverwaltung, der Justiz oder der Wirtschaft dieser Stadt diente (Rathaus, Polizeiwache, Halseisen oder Pranger; Markthalle oder Waage). Nennen wir ein paar Beispiele: Dresden, Frankfurt an der Oder, Görlitz, Schweidnitz (Świdnica, Polen), Liegnitz (Legnica), Glogau (Głogów), Reichenbach (Dzierzoniów), Brieg (Brzeg), Breslau, Posen, Thorn, Krakau, Wiener Neustadt und das alte Warschau. Die Plätze in diesen Städten hießen häufig Ring, polnisch *Rynek*, weil sich der Verkehr auf einer ringförmigen Straße um das Gebäude in der Mitte bewegte[35]. Auf einem Stadtplan von Thorn aus dem späten 14. Jahrhundert heißen die Straßen, die sich von innen nach außen ringförmig um das Rathaus auf dem Zentralplatz legen, *prima, secunda, tertia* und *quarta pars circuli*[36]. Aber der Name Ring wurde selbst dann noch verwendet, wenn der Platz diese Besonderheit nicht mehr besaß. Die schönsten Zentralanlagen, die es noch gibt, sind die des Stary Rynek in Posen, dessen Rathaus mit dem Gebäudekomplex daneben von drei engen Gassen durchschnitten wird, sowie der Rynek Główny in Krakau, wo Ende des 14. Jahrhunderts die

Thorn, Markt und Rathaus (nach einer Lithographie von C. A. Mann). Im 13. und 14. Jahrhundert entstanden, wurde das Rathaus im 17. Jahrhundert umgebaut. Der Turm ist sein ältester Teil.

große Tuchhalle entstand, die 1538 umgebaut wurde, ferner der Rathausturm und die kleine Kirche St. Adalbert. Die Vorstellung, daß ein Platz auch völlig leer sein könne, also auch ohne Verkaufsbuden oder Stände, scheint dem Mittelalter fremd gewesen zu sein[37].

Der Städtebau

In einigen mittelgroßen Städten der Steiermark, Böhmens, Mährens und Polens treten Arkaden in Erscheinung, die die alten Plätze umgeben. Aber es zeigt sich, daß diese frühestens aus der Spätgotik stammen und aus der Renaissance. So sind beispielsweise die portikusgeschmückten Häuser in Bruck an der Mur und in Wiener Neustadt aus dem 14. und 15. Jahrhundert. Die prächtigen Arkaden neben dem großen Platz im böhmischen Budweis entstammen gleichfalls dem 15. Jahrhundert. Einen Fingerzeig gibt uns eine Urkunde von 1386 aus der kleinen Stadt Saaz (Žatec) an der Eger, denn in diesem Dokument bittet der Rat der Stadt den Vizekämmerer des Königs von Böhmen, ihm die Erlaubnis zu erteilen, Arkaden um seinen Markt zu erbauen[38]. In den meisten Fällen, so scheint es, waren die Häuser aus der Gründungszeit aus Holz, und erst später, als sie in Backstein oder in Stein neu erbaut wurden, entstanden auch die Arkaden, die einander stark ähnelten. Das alles finden wir übrigens auch in den *bastides* im Süden Frankreichs[39]. Doch dieser neue Zierat, der nun die Städte im Osten schmückte, kam höchstwahrscheinlich aus Italien, durch die Alpenländer, und dies ist das erste Anzeichen dafür, daß der Einfluß des italienischen Städtebaus bis nach Ostmitteleuropa reichte.

An welcher Stelle erbauten die neuen Städte ihre Kirchen? Das ist höchst unterschiedlich. Wo es einen frühen städtischen Kern gab, ob deutsch oder slawisch im Ursprung, blieb die Kirche offenbar an ihrem alten Platz. Dies war in Brandenburg der Fall, in Breslau und in Posen; man könnte auch die Peterskirche in Trebnitz, St. Nikolai in Danzig oder Frankfurt und St. Gotthard in der Posener Neustadt anführen. Nur selten erhob sich eine Kirche mitten auf einem Platz[40]. Sofern die Städte aus Gitternetzen bestanden, mieden sie den Marktplatz überhaupt – auch darin ähneln sie den französischen *bastides* – und suchten sich lieber unweit davon einen Ort. Am häufigsten erbaute man sie auf einer an den Markt diagonal angrenzenden Parzelle, wie dies in Reichenbach und Strasburg der Fall ist, und in den beiden wichtigsten Städten des Ordenslandes, Thorn und Kulm, oder in einer Stadterweiterung Breslaus (St. Elisabeth) und auch in Krakau (Marienkirche) sowie in den neugegründeten Städten Böhmens. Aber es gibt auch Kirchen, die hinter der Häuserzeile parallel zum Marktplatz stehen (die Marienkirche in Frankfurt und in Mährisch-Trübau) oder einen Häuserblock weiter (Neubrandenburg, Patschkau, Warschau). Kurzum, Kaufleute und Stadtrat waren dem Getöse des Marktplatzes ausgesetzt; die Kirche dagegen bekam einen Ort, der zur Besinnung einlud. Bereits diese Trennung ist vielleicht ein erster Ausdruck laizistischer Gesinnung.

Daß eine Stadt befestigt war, war im Mittelalter die Regel, von der es fast keine Ausnahme gab. Aber in Hinsicht auf das sächsische Recht war diese Mauer ebensosehr ein Element, das die Stadt vom Land abtrennte wie ein wirklicher Schutz[41]. Viele Kolonistenstädte und andere Städte im Osten hatten lange Zeit Stadtgräben, Erdwälle oder Palisadenzäune. Die ersten gemauerten Teile der Befestigungsanlagen waren die Stadttore. Lübeck hat sich erst in den Jahren 1225/30 mit einer Mauer umgeben, Hamburg erst gegen 1260. Die große Stadtmauer von Danzig stammt aus den Jahren 1343/48; Wismar bekam seine erst am Ende des 14. Jahrhunderts.

Viele Gründungsstädte waren von einem Mauerwerk umschlossen, das eine runde oder ovale Gestalt zeigte; seine Anfänge waren primitiv, oft nur ein Erdwall, später wurde daraus eine solide Mauer. Neubrandenburg und Patschkau bieten sich als zwei sehr schöne Beispiele an; aber auch in Böhmen trifft man häufig auf die runde Form und auf viele kleine Städtchen, denen König Ottokar II. mächtige Verteidigungsanlagen bauen ließ: Čáslav, um das gegen 1260 der Lokator Konrad Spitalsky eine doppelte Mauer errichtete, Klattau und Kolin[42]. In diesem runden

Mauergürtel wollte man slawische Einflüsse erblicken, aber die runde äußere Gestalt findet man auch in anderen Ländern.

Die Stadtnamen

In den Städtenamen des Ostens[43] erkennt man zuallererst den slawischen Bestandteil. Die alten Behausungen verschwanden oder gingen in neueren auf, aber die alten slawischen Ortsnamen gingen oftmals auf die neuen Städte über. Wir haben gesehen, daß Lübeck den alten Namen Liubice fortführte, und Leipzig tat ein gleiches mit Libzi. Rostock ist dem slawischen Wort *rostocki* entlehnt, womit man die Erweiterung eines Flußbetts bezeichnet. Das sächsische Chemnitz (heute Karl-Marx-Stadt), das schlesische Kamenz und das pommersche Cammin lassen sich auf das slawische *kamen* zurückführen, was soviel heißt wie Stein. Dresden hat den Namen des Stammes der Nisani behalten (Drazdzany bedeutet »Menschen des Waldes«). Wo es eine größere slawische Siedlung gab, hat sie natürlich ihren Namen bewahrt, manchmal wurde er aber auch übersetzt oder eingedeutscht. Der Name Posen ist seit 968 in seiner lateinischen Form *Posnania* bekannt; der Name von Danzig, Gyddanyzc, wird 997 in einer Vita des hl. Adalbert erwähnt; der Name Wrocław tritt gegen 1154 in Erscheinung und der von Chełmno-Starogrod vor der *locatio* von 1123. In Böhmen machte man aus Hradec Králové Königgrätz, was seit 1130 bezeugt ist. Graz, die Hauptstadt der Steiermark, wie auch Gräz, leitet sich von Gradec her und bedeutet im Slowenischen *castrum*.

Die aus wilder Wurzel *(ex nihilo)* entstandenen Städte haben, wie überall in Europa, alle möglichen Namen erhalten. Einige nahmen den Namen eines Waldes, einer Wiese oder eines in der Nähe vorbeifließenden Flusses an: Mittenwalde (1245), Weidenau (1266/68), Elbing und Riga (die Elbing und die Rige, Nebenfluß der Düna). Kiel (vor 1232) hat seinen Namen nach der *keil*förmigen Förde. Die Neugründungen finden in den zahlreichen Neustadt ihren Ausdruck, und Neumarkt heißt im Polnischen Środa, was Mittwoch bedeutet und zugleich darauf hinweist, daß es vor dieser Gründung einen (Mittwochs-)Markt gegeben haben muß. Die Freiheiten der Städte gaben Freistadt und Friedberg (1337) in Schlesien ihren Namen. Aber oft nahmen die Städte auch den Namen eines Zuwanderers aus dem Westen an, oder der Stadtgründer wollte mit der neuen Stadt an eine alte erinnern: dies trifft für Frankfurt an der Oder zu, für Strasburg und Neubrandenburg, aber auch für Rothenburg an der Oder (Czerwieńsk, Polen) und für Landshut (Łańcut, Polen) in Galizien. Berlins Vorfahr Cölln (1273) erinnert an die Metropole am Rhein; aber für das böhmische Kolin ist dies strittig[44]. Thorn nannten die Deutschherren ihre Stadt deswegen, weil sie an die Burg Toron im Heiligen Land erinnern wollten. Schließlich gibt es noch eine Reihe Namen, die sich an den Namen oder an Eigenschaften des Gründers oder an ehrenvolle Bezeichnungen anlehnen. Reichenbach in Schlesien trägt den Namen des Lokators Heinrich von Richenbach. Bischofswerda in der Lausitz ist eine bischöfliche Gründung, was auch für Bischofsburg in Preußen zutrifft. Friedberg (gegen 1194) in der Steiermark ist nach Friedrich, dem Sohn Leopolds VI., benannt. Mit Christburg (1260) wollten die Ritter vom Deutschen Orden Christus ehren, und in Marienwerder (1243) und Marienburg (1276) die Muttergottes. Und Königsberg (1255) erhielt seinen Namen zu Ehren des böhmischen Königs Ottokar II., der an einem Kreuzzug in Preußen teilgenommen hatte.

6. Die Stadtbevölkerung. Administrative und gesellschaftliche Strukturen

Die Situation der »Bürger«

Die Lebensumstände dieser neuen Stadtbürger im Osten unterschieden sich kaum von denen der Siedler auf dem platten Land. Aber zunächst, wie bezeichnete man diese Stadtbewohner? Weitaus am häufigsten wurden sie *cives* genannt, also genauso wie die Bewohner des Dorfes. In Brandenburg, Mecklenburg und Pommern war dies ganz allgemein der Fall[1]. In Schlesien ist die Bezeichnung *burgenses* im 13. Jahrhundert noch selten, man findet sie mitunter in der Legende von Stadtwappen, etwa von Breslau (*sigillum burgensium W...*, 1262). In Schlesien und Polen stößt man in den kleinen Städten manchmal auf den Begriff *hospites*[2].

Die persönliche Freiheit war diesen Stadtbürgern mit den gleichen Worten zugesichert, wie wir es für die Deutschen in Prag (1174) gesehen haben; in der gleichen Form auch im Recht von Kulm, auch wenn das Magdeburger Recht den Nachweis der Freiheit des Neubürgers durch das Mitschwören von 7 Magen erforderte, und das galt dann auch für Frau und Kinder. Die Stadt, so hieß es im Freibrief von Wiener Neustadt (1277), »solle mit Bürgern gefüllt werden«; aber diese gleiche Rechtsverordnung macht auch deutlich, daß der neue Stadtbewohner, den die »Stadtluft frei gemacht« hatte, fürchten mußte, von seinem Herrn zurückgefordert zu werden, falls er seinen Wohnort wechselte[3].

Die Stadtbürger erhielten zu Erbrecht Grundbesitz in Form eines Baugrundstücks (*area* bzw. *curia*), wie es oben beschrieben wurde; dieses blieb Eigentum eines weltlichen oder geistlichen Grundherrn. All diese Gründungsakte und Freiheiten sind formelhaft. Seit dem Freibrief von Stendal (nach 1160) und bis zur Kulmer Handfeste (1233) wurden diese Grundstücke *jure hereditario* ausgegeben. Das bedeutet – und das war im Mittelalter fast überall der Fall –, daß der Inhaber die *possessio* über Grund und Boden hatte, aber nicht die *proprietas*. Besitz schloß die Freiheit ein, das Grundstück zu veräußern, zu verkaufen oder zu vermieten – unter dem einzigen Vorbehalt, daß der Eigentümer weiterhin seinen Pachtzins bekam. Dieser Grundzins beeinträchtigte jedoch, wie man oft bemerkt hat, die persönliche Freiheit des einzelnen nicht. Weil man aber die Möglichkeit des Verkaufens mit der des Vererbens verknüpfen wollte, führte man bald in die Stadtrechte die Bedingung ein, daß für jegliche Transaktion die Zustimmung des Erben notwendig sei – auch diese Zustimmung blieb recht formelhaft. Tatsächlich erfreuten sich vor allem in den Handelsstädten an der Ostsee die Liegenschaften einer großen Mobilität. So wurden beispielsweise in Wismar, einer Stadt mit kaum mehr als 300 Häusern, zwischen 1250 und 1272 nicht weniger als 550 Verkäufe und 370 Vermietungen von Baugrund festgestellt. Aber es waren zum Großteil nur Scheinkäufe, die sich auf eine halbe, ein Viertel oder auch ein Neuntel einer solchen *hereditates* bezogen; es sieht so aus, als sei dies einfach ein Mittel gewesen, eine Hypothek aufzunehmen[4]. Anders als bei der Gründung von Dörfern sahen die Gründungsunterlagen von Städten kaum die Erhebung eines Stadtzinses vor; sofern es einen solchen gibt und er festgelegt ist, beläuft er sich – beispielsweise in Stendal – etwa auf vier Pfennig, auf einen Kölner Pfennig in Kulm, was nur eine Anerkennungsgebühr gewesen zu sein scheint, um die sich damals die Gemeinde mit den Vertretern des Grundherrn stritt.

Der neue Stadtbewohner erhielt neben seinem Grundstück in einigen Städten noch eine Dotation von ein paar Hufen draußen vor der Stadt; man hat dies besonders in Friedland (1244) beobachtet, in Neubrandenburg (1248) und in Frankfurt an der Oder (1253), wo der Pachtzins, den man für diese Hufen bezahlen mußte, sich auf einen halben oder einen ganzen Vierdung beziehungsweise auf drei brandenburgische Heller belief[5], er lag also wesentlich höher als der Zins für den Baugrund.

Schließlich bekam die neue Gemeinde auch kommunalen Grundbesitz, vor allem Wiesen, Weideflächen, Anteile am Moor und Fluß-Inseln; die Bürger waren berechtigt, das Holz für den Bau ihrer Häuser aus dem Wald zu holen und auch Reisig aufzulesen. Für die Städte Kulm und Thorn zählt die Kulmer Handfeste Weiden, die Flußufer und die Inseln in der Weichsel auf, sie waren als Allmende *ad communes usus civium* zugewiesen[6].

Zu den Zinsen für Grund und Boden sowie dem Kirchenzehnt kam noch die Abgabelast für die Verteidiung der Stadt, sie bestand nicht nur in einer Geldsumme für den Mauerbau, sondern auch in der Bewachung der Pforten und der Türme durch die Stadtbewohner[7]. Die Deutschen von Prag mußten die Stadt mit bewachen *(custodire)*, wenn der Herzog einen Feldzug außerhalb von Böhmen unternahm[8]. In Schlesien war sogar die Teilnahme an Feldzügen vorgesehen, wenn Gefahr drohte (Brieg, um 1250)[9]. Das Kulmer Recht zeigt deutlich, daß die Stadt in einem »Kreuzzugsgebiet« lag, das stets von den Prussen bedroht war: es sah vor, daß die Bürger an den Feldzügen teilnahmen; wer einige Hufen besaß, mußte mit einem Pferd und leichten Waffen dabeisein; wer 40 Hufen oder mehr besaß, mußte den Feldzug in voller Ausrüstung auf einem gepanzerten Roß und mit zwei weiteren Pferden begleiten[10].

Der Stadtvogt

Der Vertreter des Stadtherrn in der Stadt wurde im allgemeinen *advocatus* oder Vogt genannt; manchmal auch Stadtvogt, um ihn vom Landvogt *(advocatus provincialis)* zu unterscheiden[11]; Erbvogt, um die Erblichkeit seines Amtes zu unterstreichen; oder Stadtrichter, weil er auch richterliche Aufgaben wahrnahm. Im

14. Jahrhundert ging der Begriff Vogt ins Polnische unter der Form *wojt* ein. Trotzdem braucht man zwischen dem Vogt in der Stadt und dem Schulzen im Dorf nicht grundsätzlich zu unterscheiden. In Brandenburg, Pommern und Preußen machte man keinerlei Unterscheidung, und auch die polnischen Städte wie Płock oder Krakau hatten ihren *scultetus*[12]. In Brandenburg und Neumarkt findet man auch den *prefectus urbi*[13]. Die Vögte waren die Nachkommen der Lokatoren, und sie genossen die erblichen Vorteile, die ihre Vorfahren zur Zeit der Gründung oder der *locatio* verliehen bekommen hatten: Baugrund, Hufen vor der Stadt (ein Drittel der Hufen und ein Drittel des Pachtzinses der *areae*, so war die Regelung in Friedland), einen Teil aus den Erträgen der Gerichtsbarkeit, ferner wirtschaftliche Vorteile wie das Mühlen-, das Markt- und das Schankrecht. Ein typisches Beispiel, welchen Rang und welche Funktion diese Leute wahrnahmen, erfahren wir aus einer Urkunde von 1291, in der Bischof Thomas I. einem gewissen Heldorc, *fundator et locator* der kleinen Stadt Weidenau, die im Herrschaftsgebiet des Bischofs lag, seine Vorrechte bestätigte: die Ausübung der Gerichtsbarkeit, wobei ein Dritteil in die Taschen dieses Lokators floß, ein Grundstück nach seiner Wahl in der Stadt, die Schlächterei, die Vertretung der Bäcker und der Schuhmacher, die Getreide-, die Walk- und die Gerbmühle, die Schleiferei (für Messer usw.), die Fischerei, die Bäder, jeden sechsten Pfennig aus Erb- und Marktzins, drei Gärten, einen Wald im Süden der Stadt, 18 Hufen außerhalb der Stadt, einen Teil der Produktion des Töpfers – dies alles stand ihm im Namen der *advocacia* zu, und diese brachte ihm auch noch die niedere Gerichtsbarkeit ein, die Wahl der *consules* und der Innungsmeister sowie die Bestätigung der Statuten der Stadt, ohne seine richterliche Tätigkeit in 14 umliegenden Dörfern zu erwähnen[14].

Diese Amtspersonen hatten offensichtlich in der ersten Zeit nach der Kolonisation einen mächtigen Einfluß auf das städtische Leben, ganz besonders in den kleineren Städten. Aber da sie für alles zuständig waren, erregten sie auch schnell Mißtrauen bei den Fürsten wie bei den Stadtgemeinden. In Breslau, wo die Rechte der *advocacia* nicht sorgfältig bestimmt waren, entzweite sich der Herzog mit dem Schulzen, der die Bürgerschaft hinter sich hatte, und zwar ging es in diesem Streit um verschiedene städtische Einrichtungen wie den Schlachthof und die Gärten (1261). Später, als das Schulzenamt in der dritten Generation lag, ernannte der Herzog einen Bürger zum Vogt (1266) und schränkte die Vorrechte von dessen Nachkommen zugunsten der Stadt ein (1275)[15]. In Leipzig, wo dieses erbliche Amt seit dem 12. Jahrhundert von der Adelsfamilie der Schkeuditz ausgeübt wurde, erreichten die Bürger, daß sie dem markgräflichen Hof direkt unterstanden (1263), und nach 1285 wurde aus dem Stadtvogt ein Justizbeamter im Stadtrat[16]. In einigen anderen Fällen gelang es Städten, diesen Amtsträgern ihre Rechte abzukaufen und sie auf diese Weise loszuwerden.

Der Rat

Die städtische Verfassung ist in den Städten östlich von Elbe und Saale von anderer Art als in Altdeutschland. Diese begann im Westen damit, daß seit Anfang des 11. Jahrhunderts in den nordwestdeutschen Städten wie auch in den Bischofsstädten am Rhein und in Süddeutschland Gruppen von Kaufleuten und Handwerkern in ihren Innungen und Zünften alles versuchten, um ein Mitspracherecht an der politischen Führung ihrer Städte zu erhalten[17]. Die neuen Städte im Osten traten später auf den Plan, und sie wurden unter Umständen in den Rang von Städten erhoben, die den Stadtherren größere Vorrechte einräumten, indem sie gleich von Anfang an ein entsprechendes Stadtrecht samt einem städtischen Regiment bekamen. Das Stadtregiment von Lübeck ist uns seit dem Jahr 1188 bekannt, als Friedrich Barbarossa in einer Urkunde ältere Privilegien dieser Stadt erneuerte, und es scheint, daß die Bürger dort keine Geschworenen besaßen. Anders hingegen in manch anderer Stadt, etwa in Dresden, Bautzen und Pirna, wo die Mitglieder des Rats sich als *jurati civitatis* bezeichnen[18], was an eine Gruppe von Geschworenen denken läßt, die vielleicht schon bestand, bevor diese Städte in den Rang von Städten erhoben wurden. Wir haben auch gesehen, daß in einigen alten slawischen Siedlungen – Brandenburg, Rostock, Stettin, Breslau – die später zugezogenen deutschen Kaufleute die treibenden Kräfte waren, welche die Verleihung deutschen Rechts und der städtischen Autonomie beschleunigen halfen.

So wurden Ende des 13. und im 14. Jahrhundert viele Städte im Osten, wie die im Westen, von einem städtischen Rat verwaltet. Das urkundlich erhaltene Datum, an dem diese Räte zum ersten Mal in Erscheinung treten, ist gewöhnlich auch der Zeitpunkt, zu dem die Städte ihre administrative Autonomie erhalten, oder aber der Augenblick, in dem sie die Macht der fürstlichen oder grundherrschaftlichen Beamten zurückdrängen. Fast überall werden die Mitglieder dieses Rats lateinisch als *consules* bezeichnet. In Lübeck wird der Rat erstmals 1201 erwähnt, aber er ist bestimmt älter[19]. Rostock hat seinen Rat seit der Stadtgründung (1218), Schwerin seit 1228. Die *consules* von Hamburg sind für spätestens 1225 bezeugt, aber es gab sie ganz bestimmt schon seit 1210. In Magdeburg, wo – dem Privileg von 1188 zum Trotz – der Burggraf und der erzbischöfliche Schulze den Rat und seine Schöffen mächtig an der Kandare hielten, ist erst 1244 von *scabini consules* die Rede. Auch in Leipzig gelingt es dem Rat erst nach dem Eingreifen des Markgrafen, seine Macht gegen das Geschlecht der Schkeuditz zu sichern (1270). Es steht nicht fest, ob es in Wien schon vor 1221 *consules* gab, seit 1237 tritt gelegentlich ein *consilium civium* auf, aber erst 1278 gewährt Rudolf von Habsburg diesem Rat die Selbstbestimmung[20]. Der Rat der Stadt Breslau ist für 1266 verbürgt, obwohl er zweifellos schon vor 1261 bestand. Beinahe alle kleinen Städte hatten im letzten Viertel des 13. Jahrhunderts ihren Rat[21]. In Preußen anerkannte das Kulmer Recht seit 1233 das Bestehen eines Rats von *consules*.

Normalerweise saßen zwölf Männer im Rat beisammen, aber manchmal waren es auch sechs, acht oder zehn; sechzehn, zwanzig oder vierundzwanzig waren es im Höchstfall. In allen Städten mit lübischem oder Magdeburger Recht wurden sie alljährlich neu gewählt. Die Wahl – oder häufiger die Kooptation – geschah durch und namens einer kleinen Gruppe von Bürgern, den *meliores*, bestehend aus den großen Kaufmannsfamilien, den Großgrundbesitzern oder auch, in den kleineren Städten, den Handwerkern. In Lübeck hat sich sehr bald ein »Club der Reichen« (Richerzeche) ausgebildet, der bis zum Ausgang des 14. Jahrhunderts die Stadtverwaltung für sich in Beschlag nahm; 1380 war die Mehrzahl der Ratsmitglieder dritten Grades miteinander verwandt[22]. In Schlesien gelang es den Familien, die gleichsam das Patriziat bildeten, seltener, diese Ratssitze festzuhalten, denn dort lösten sich die Familien der kleinen Kaufleute und der Handwerker in rascher Folge gegenseitig ab[23].

Die Funktion des Rates war kaum zu übersehen: er vertrat die Stadt als juristische Person, er hielt ihre Verwaltung aufrecht, namentlich das Verteidigungswesen und die Finanzverwaltung, und übte die Aufsicht über das wirtschaftliche Leben aus; er konnte dem Gericht beisitzen. Erst ziemlich spät wurde das Bürgermeisteramt eingerichtet[24]: in Lübeck 1256, in Hamburg 1264, Wien 1281, Brieg 1299. Zuerst gab es nur einen Bürgermeister, aber bald waren es mehrere: in Hamburg und Lübeck zwei bis vier, in Wismar drei (1344), in Stade vier (1376). Über ihre Aufgaben ist ziemlich wenig bekannt, wahrscheinlich saßen sie dem Rat vor, bewahrten das Siegel der Stadt auf und die Schlüssel zu den Toren.

Stadt und Land

Was die Städte im Osten auszeichnete, war die enge Verbindung, die sie zum Land ringsumher unterhielten. Wir haben bereits erfahren, welches riesige Ackerland die Gründungsstädte bekamen, die sich als »Ackerstädte« verstanden und deren Einwohner zum Teil Ackerbauern waren. Dies traf für die kleinen Städte in der Waldzone des Uckerlandes zu, Friedland und Neubrandenburg etwa, aber selbst für Frankfurt an der Oder. Mit kleinen Abstrichen trifft es auch für Brieg zu, wo der Herzog von Schlesien einige Jahre nach der Gründung der Stadt dem Vogt einen Wald überließ, den dieser erschließen sollte, damit seine Produktion aus den neu in Kultur genommenen Hufen »der Stadt dienlich« sei; die Rodungsbauern, die das machten, wohnten in der Stadt (1274)[25].

Die sogenannten Stadtdörfer waren ein weiterer Siedlungstypus, der Elemente von Stadt und Land in sich vereinigte. Dies ist ein neuerer wissenschaftlicher Begriff, den man zweifach deuten kann: als Dorf, das der Stadt angeschlossen ist, oder, zweitens, als »Satellitendorf«. Bei diesem Typus gibt es gleich wieder mehrere Abstufungen. Da sind einmal die Dörfer, die von einer Stadt auf deren Territorium gegründet wurden, beispielsweise die Dörfer, die Kulm und Thorn auf ihrer Dotation von Hufen ins Leben gerufen haben; oder auch, ein noch besseres Beispiel, der Ort Neuendorf, gegründet 1345 vom Rat der Stadt Danzig auf Danziger Territorium. Aber vor allem im Ordensland fand man häufiger das Dorf, das zur gleichen Zeit entstanden war wie die Stadt selber. Als beispielsweise ein Lokator zwischen 1320 und 1329 Mühlhausen (Młynory, Polen) gründete, rief er auch gleich das Dorf Lohberg ins Leben; und zusammen mit Putzig (vor 1348; Puck) entstand auch ein dazugehöriges Dorf, das anfangs keinen Namen hatte. In den bereits besiedelten slawischen Regionen schloß man in der gleichen Art ältere Dörfer an eine Stadt an, wenn dort eine *locatio* nach deutschem Recht durchgeführt wurde. 1253 erlebte Posen, daß 17 Dörfer seinem Territorium angeschlossen wurden; und als gegen 1302 in Moschin (Mosina, Polen) an der Warthe, südlich von Posen, eine *locatio* stattfand, wurden der Stadt gleichfalls drei Dörfer dazugeschlagen. In all den genannten Fällen standen die Stadt und die angeschlossenen Ortschaften *sub uno jure*, unter ein und demselben Recht, sie hatten den gleichen Vogt oder Schulzen und den gleichen Rat (in Mühlhausen vertraten acht Schöffen die Stadt, vier das Dorf); der Unterschied zwischen Stadt und Dorf entstammte im wesentlichen der Tätigkeit der jeweiligen Einwohner: die Dorfbewohner waren *homines extra et prope civitatem agros colentes*. Die Dörfer waren häufig in allernächster Nähe zur Stadt gelegen, manchmal stellten sie nur eine Art Ackervorstadt. Ihre Namen waren so unauffällig wie Oberdorf, Langendorf, Neuendorf oder Großdorf; in slawischen Landstrichen hießen sie häufig Polnischdorf oder Böhmischdorf.

Ein weiteres Band gab es noch, das Stadt und Land miteinander verknüpfte, das Weichbild. Dieser Begriff läßt sich auf *wik* zurückführen, also auf eine Niederlassung von Kaufleuten. Im westlichen Deutschland bezeichnete er das Recht, das diesen Gruppen zustand, und von da hat er sich ausgedehnt auf das Territorium, auf dem dieses Recht ausgeübt wurde. Im Osten, in Meißen, Brandenburg, Mähren und namentlich in Schlesien, nahm er eine noch weitergehende Bedeutung an. Er bezeichnete eine ganze Gruppe von Kolonistendörfern, die einen Territorialverband *(districtus)* bildeten, welcher der Rechtsgewalt einer Stadt unterworfen war. In Schlesien taucht dieser Begriff 1302 auf. Im allgemeinen war es der herzogliche oder erzbischöfliche Landvogt, der in der Stadt saß und von dort aus die Blutgerichtsbarkeit in diesem Distrikt ausübte; getrennt davon war das Amt des Stadtvogts und das des Dorfschulzen, die die niedere Gerichtsbarkeit ausübten, wobei sie an das Recht der Stadt gebunden waren. Das Ganze bildete einen Territorialverband, der sich an die Stelle der alten Kastellaneien aus der Piastenzeit setzte und im 14. Jahrhundert zwischen der Stadt und dem flachen Land ein enges Band webte[26].

Im wirtschaftlichen Bereich gibt es ein Merkmal, das die immer enger werdende Beziehung zwischen den Städten und den neuerschlossenen Ländereien ringsum trefflich unterstreicht: Die Stadtbürger pachteten zunehmend Land, bis sie ein ganzes Dorf – oder auch gleich mehrere – in der Hand hatten. Das Landbuch von Brandenburg (1375/76) weist auf einige Bestimmungen in der Altmark hin, die »Feudalabgaben« betreffen, welche die Dörfer einzelnen Stadtbürgern zu leisten hatten. Man versteht leicht, warum Stadtbürger Land kauften oder pachteten. Da der Pachtzins häufig in Form von Naturalien entrichtet wurde, könnte sich schon gegen 1300 in der mittleren Elbegegend ein lebhafter Handel mit Getreide vollzogen haben[27]. Es war gleichfalls im 14. Jahrhundert, daß Kaufleute aus den Hansestädten und Handwerker aus dem Breslauer Handwerker-Patriziat anfingen, Liegenschaften in nächster Umgebung ihrer Städte aufzukaufen[28]. Auch die Flurwüstungen gestatteten den kleinen Städten, ihre landwirtschaftliche Nutzfläche abzurunden; so machte es etwa Grimma, als in seiner Nähe vier Dörfer verschwanden[29]. Man kann zwar im 14. und 15. Jahrhundert noch nicht von einer Stadt-Umlands-Wirtschaft im eigentlichen Sinne sprechen, aber da die Satellitendörfer sehr nahe bei den Städten lagen und die Stadtbürger dort Geld in die Landwirtschaft investierten, kann man sagen, daß der erste Kreis dieser Wirtschaftsbeziehung sich damals abzuzeichnen begann.

Die Bevölkerung

Die Geschichte der ostmitteleuropäischen Stadtbevölkerung des Mittelalters steckt noch in ihren Kinderschuhen, wenn man von den Hansestädten absieht[30]. Die Einwohnerzahlen werden in den städtischen Dokumenten eigentlich nur ausnahmsweise zugänglich, etwa anläßlich der Zählung von Herdstellen oder Haushalten, wenn waffenfähige Männer registriert wurden, bei der Erstellung neuer Bürgerlisten, Hauszählungen oder zum Zwecke der Steuererhebung; in der Mehrzahl dieser Fälle beruhen die Schätzungen auf den Baulichkeiten oder sogar auf unbebauten Bauplätzen und den Hufen, welche die neuen Städte verliehen hatten. Es ist bekannt, mit wieviel Vorbehalt und Bedacht man diese Quellen auswerten muß. Und selbst wenn wir im Besitz dieser mehr oder weniger zuverlässigen Zahlen sind, die sich auf einen ganz bestimmten Tag beziehen, erlauben uns diese Aussagen nicht, die Zu- oder Abnahme der Bevölkerung zu erfassen.

Die erste allgemeine Feststellung, die man treffen kann, lautet, daß die Städte im Osten klein waren. Viele schlesische[31], böhmische und niederösterreichische »Städte« sowie die Ackerbürgerstädte in Ostpreußen hatten nicht mehr als 800 Einwohner, und selbst die Kolonialstädte in Brandenburg und Pommern bewegten sich nur zwischen 1000 und 2000. In seinen Anfängen zählte Riga 80 Häuser und Marienwerder nur 50, ihre Bevölkerungszahl schwankte zwischen 250 und 500 Einwohnern. In die obere und mittlere Kategorie kann man vielleicht 40 Städte aufnehmen, wovon ein gut Teil Hansestädte waren. Doch diese Größenangaben nützen wenig, denn die hier angegebenen Zahlen beziehen sich nicht alle auf die gleiche Zeit, und selbst für ein und dieselbe Stadt geben verschiedene Autoren unterschiedliche Zahlen an[32].

Mittelgroße Städte hatten im 15. Jahrhundert zwischen 2000 und 4000 Einwohner, dazu gehörten Neisse in Schlesien; Eger, Leitmeritz und Iglau in Böhmen. Sucht man eine Stadt mit 4000 bis 10000 Einwohnern, spannt sich der Bogen ziemlich weit: Dresden hatte (1396) 5000, Bautzen (1400) 5500, Kuttenberg, Riga und Wismar je 8000, Stettin und Görlitz je 9000. Was die Großstädte mit 10000 und mehr Einwohnern anlangt, so findet man beträchtlich schwankende Schätzungen, aber die periodisch erfolgenden Wellenbewegungen lassen sich hier leichter berücksichtigen. Thorn[33] und Königsberg hatten allenfalls an die 10000 Einwohner, Stralsund mag sich zwischen 9000 und 12000 bewegt haben; Rostock hat womöglich 14000 erreicht. Magdeburg und Wien werden für das 15. Jahrhundert auf eine Einwohnerschaft von 20000 geschätzt. Prag soll vor der großen Pest sogar an die 30000 gezählt haben, aber dem liegen gewiß allzu optimistische Berechnungen zugrunde[34]! Breslau hatte zur Zeit seiner höchsten Blüte, in der zweiten Hälfte des 14. Jahrhunderts, gleichfalls etwa 20000 Einwohner[35]. Danzig wurde diesbezüglich sehr gründlich erforscht[36], und dabei wurde vor allem die bebaute Fläche und die Anzahl der Häuser (3500) sowie die der Haushaltsvorstände (3800) berücksichtigt – doch damit kommt man auf eine Zahl zwischen 15000 und 35000 Seelen (um 1500), je nachdem, welchen Multiplikator man je Einheit ansetzt. Lübeck war zweifelsohne die bevölkerungsreichste Stadt im gesamten Nordosten und kolonialen Osten. Im 13. Jahrhundert beherbergte sie wahrscheinlich 15000 Menschen; die Zahl von 28000, die für das Jahr 1259 angegeben wurde, scheint auf einem ungewöhnlich großen Zustrom und errechneten Höchstwerten zu beruhen. Wenn die Pest die Stadt auch stark in Mitleidenschaft gezogen hat[37], so wurden doch in den Jahren 1350/55 schnell wieder 1599 neue Bürger aufgenommen. 1461 zählte man 5407 Herdstellen, was die Einwohnerzahl in die Nachbarschaft von 30000 rückt[38].

Welche Bedeutung und welche Bevölkerungszahl eine Stadt besaß, läßt sich für die Städte, die mit der Hanse in Verbindung standen, für das späte 14. und das 15. Jahrhundert in etwa aus der Zahl der Bewaffneten ersehen, die jede Stadt bei Militärbündnissen aufbieten mußte, *tohopesate* genannt, das heißt Bündnis, wie es von Lübeck gefordert wurde[39]. Es scheint, daß Lübeck selber in den Jahren 1362 bis 1470 mit 30 »Wapenern« beteiligt war, wovon jeder drei Pferde stellen mußte; die Stadt stand damit auf dem gleichen – höchsten – Rang wie Köln (1470). Krakau wurde für die Jahre 1407/30 nur auf 15 Bewaffnete taxiert, so daß ihre Einwohnerschaft halb so groß gewesen sein mag wie die von Lübeck; Breslau hatte 12 zu stellen, die Bevölkerung der schlesischen Hauptstadt scheint demnach, im Vergleich zum vorausgegangenen Jahrhundert, etwas abgenommen zu haben. Für Hamburg läßt sich zwischen 1362 und dem Ende des 15. Jahrhunderts ein Wachstum feststellen, da sein Aufgebot von 10 auf 25 Bewaffnete anstieg; und Berlin machte im 15. Jahrhundert einen Sprung von 6 auf 9 Bewaffnete, was wohl heißt, die Stadt hatte an die 8000 bis 10000 Einwohner.

Einwanderung und Nationalität

Wir haben bereits erfahren, daß die Zuwanderung aus der Ferne für die Einwohnerzahl der meisten Städte im Osten eine große Rolle gespielt hat. Das gleiche trifft für die Ostwanderung insgesamt zu. Die Angaben, die die Bürgerbücher über ihre neuen Einwohner bezüglich deren Herkunft machen, treffen oftmals nicht für diese selbst zu, sondern für deren Vorfahren; und es ist manchmal nicht einfach, die »Nationalität« der Bevölkerung nach den Namen zu bestimmen, denn die Slawen hatten eine Vorliebe für deutsche Namen, wie sich früher die Galloromanen gerne germanische Namen zulegten. Unter diesem Vorbehalt kann man jedoch festhalten, woher die Zuwanderung in einzelne Städte kam. Erinnern wir uns, daß die Lübecker Einwohnerschaft noch im 14. Jahrhundert – wie die Namen ihrer Einwohner zeigen – zu 37% aus Ostelbiern bestand; daß in Rostock Ende des

13. Jahrhunderts fast die Hälfte der Leute aus Niederdeutschland stammten; daß Danzig zu 22% Westfalen und Niederdeutsche aufgenommen hatte. Dieser Strom aus dem nördlichen Altdeutschland in die Städte Ostpreußens hörte jedoch im 14. Jahrhundert mit einem Mal auf: so gab es in Thorn beispielsweise nur 13% Niederdeutsche, in der Elbinger Neustadt 10% und in Marienburg 6%[40].

Wie bei der Erschließung des flachen Landes, so hat auch in den Städten der Osten sich aus sich selber gespeist, das heißt, durch Zuzug innerhalb des Ostens. Deutsche aus Schlesien sind in die ostpreußischen Städte gezogen, aber auch in die Städte in Klein-Polen und im Karpatenbogen. So kamen zwischen 1257 und 1350 etliche der neuen Bürger Krakaus aus Oberschlesien, und noch zwischen 1392 und 1506 kam ein Fünftel der Leute, die auf Krakau zustrebten, aus dem gleichen Raum[41]. Darüber hinaus haben die neuen Städte allesamt aus ihrer eigenen Umgebung geschöpft, wie dies auch in ganz Westeuropa der Fall war. So trugen in Lübeck im 14. Jahrhundert 17% der neuen Bürger einen holsteinischen Namen, 25% der Danziger hatten einen preußischen, 52% der Thorner kamen aus dem Ordensland oder aus der unmittelbaren Umgebung dieser Stadt. Es sieht so aus, als sei ein Teil der Siedler im Osten nach ein paar Jahren auf dem flachen Land in die Stadt gezogen. Das gleiche läßt sich auch in Brandenburg und Österreich beobachten. Aber wie stand es in den slawischen Städten, die nach deutschem Recht eine *locatio* vornahmen und in denen die polnischen Herzöge persönlich darüber wachten, daß die Zahl der Zuzügler aus der nächsten Umgebung beschränkt blieb – welche Rolle spielte in diesen Städten der Zuzug aus allernächster Umgebung[42]?

Diese Frage rührt an das Problem der »nationalen« Zusammensetzung einer ganzen Reihe von Städten im Osten. In Bautzen scheint zu Beginn des 15. Jahrhunderts die Bevölkerung zu 35% aus Slawen bestanden zu haben[43]. Das livländische Reval hatte gegen Ende des Mittelalters 44% Esten, 16% Schweden und 40% Deutsche[44]. Aber was Schlesien und Böhmen-Mähren anlangt, so haben wir bereits gesehen, daß das deutsche Bevölkerungselement vorherrschend war[45], ohne jedoch so groß gewesen zu sein, wie die Statistiken glauben machen, die allein nach den Personennamen erstellt wurden[46].

Soziale und ökonomische Strukturen

Der Anteil der Slawen scheint in vielen Städten des Ostens schwach gewesen zu sein. Das liegt aber nur daran, daß die Slawen dort oftmals keine Bürgerrechte besaßen, so daß sie als Folge davon in den Bürgerbüchern nicht aufzufinden sind. Sie gehörten, zusammen mit den anderen Nichtbürgern, der gesellschaftlichen Gruppe der *humiles* an.

Wenn man diese sozialen Schichten erforschen will, wird man sein Augenmerk fortan eher auf wirtschaftliche Kriterien – etwa das Vermögen – richten müssen als auf politische oder rechtlich-administrative[47]. Die Steuerlisten und die städtischen Rechnungsbücher können den Grundstock dieser Forschungen bilden; man stößt allerdings auch bei dieser Art von Quellen auf Schwierigkeiten, denn sie sind zwangsläufig unvollständig und erlauben längst nicht immer den Vergleich mit anderen Städten. Wieder ist es der hanseatische Bereich – namentlich Hamburg[48], Lübeck[49] und Rostock[50] –, der eine Art Muster bildet. Hier unterschied man vier Vermögensgruppen, welche im großen und ganzen mit gesellschaftlichen und beruflichen Kategorien zusammenfallen. An der Spitze stand eine kleine Gruppe wohlhabender Großkaufleute und Grundrentenempfänger, aus deren Mitte der Rat hervorging und deren Vermögen Mitte des 15. Jahrhunderts über 1000 Lübecker Mark lag – und es konnte mitunter sehr hohe Summen ausmachen. An zweiter Stelle kam eine wohlhabende Mittelschicht: Reeder, Schiffseigner, Brauer, Krämer, Tuchmacher, deren Vermögen sich auf 500 bis 1000 lübische Mark belief[51]. Die dritte Gruppe war der untere Mittelstand: die kleineren Kaufleute, vor allem aber die Handwerksmeister, deren Rückhalt weniger groß war, sie mochten 100 oder 150 bis 500 Mark ihr eigen nennen. Am unteren Ende dieser Leiter finden wir die kleinen Handwerksgesellen, die Lohnarbeiter, Träger, Dienstboten, im allgemeinen ohne Bürgerrecht, ihr Vermögen betrug weniger als 150 Mark, und oftmals nicht einmal die Hälfte davon. Diese Schichten waren in den verschiedenen Städten unterschiedlich groß: während in Lübeck die reichen Handelsherren 15,4% der Bevölkerung ausmachten, waren sie in Rostock nur 0,5% stark; dafür konnten nur 7,3% der Lübecker Bürger sich zur Gruppe der wohlhabenden Mittelschicht rechnen, indes es in Rostock an die 16% waren. Im großen und ganzen, so scheint es, nahm die Mittelschicht am Ausgang des Mittelalters ab (von 38 auf 34% in Lübeck, von 54 auf 20% in Rostock), derweil die Armen immer mehr wurden – in Rostock zählten sie anno 1510 etwa 63%.

Im Ordensland[52], in Thorn, Kulm und Elbing, gab es keine Oberschicht; die soziale Schichtung beschränkte sich also auf drei Gruppen, wenn man nach Vermögen und Beruf unterteilt. In Thorn umfaßte die Bürgerschaft von Kaufleuten aus der Altstadt, die aus Westfalen gekommen waren, besonders aus Soest und Dortmund – sie bevorzugten übrigens den Markt und die Hauptstraße als Wohnquartier[53] –, am Ende des 14. Jahrhunderts 80 Familien, was ungefähr 10% der Bevölkerung ausmachte. Die Mittelschicht, der kleine Kaufleute und Handwerker, aber auch Gesellen angehörten, wird für Thorn auf 34% geschätzt, für Kulm auf 50% und für Elbing auf 43%, so daß fast die Hälfte der Einwohnerschaft der Unterschicht aus Dienstboten und noch Ärmeren zuzurechnen war. Kleiner war der Anteil dieser Schicht in Livland, wenn man von der Stadt Reval absieht (60%). Daß in Preußen der Anteil der Oberschicht ziemlich klein war, erklärt sich daraus, daß der Deutsche Orden den Kaufleuten im Fernhandelsgeschäft Konkurrenz machte. Einige Bürger ließen sich sogar vom Orden als Handlungsgehilfen einstellen[54]. Die wachsende Zunahme der Unterschicht ist gewiß der zunehmenden Verarmung der Mittelschicht am Ausgang des Mittelalters zuzuschreiben[55].

Die Unterscheidung in drei Vermögensklassen findet sich auch in Sachsen und in der Lausitz. 1488 machte in Dresden die Oberschicht, die mehr als 500 Floren besaß, 5,3% der Bevölkerung aus; die Mittelschicht zählte 36,9%; und die Unterschicht mit weniger als 100 Floren 57,8%[56]. In Görlitz machte das Großbürgertum

– das waren die Kaufleute, die mit Färberwaid handelten, und die Rockschneider – 1443 nicht mehr als 0,6 % der Bevölkerung aus; die Handwerker und die Ladenbesitzer mit 100 bis 500 Mark 27,8 %, die Gesellen, Dienstboten und Textilarbeiter, die zum größten Teil in Untermiete lebten, 70 %[57]. Aber auch in Breslau war um die Wende des 15. Jahrhunderts die Armut der Mittelschicht groß, was sich darin ausdrückte, daß 57 % der Einwohner, namentlich die Textilarbeiter, von den städtischen Abgaben befreit waren und daß es 39 % »Arme« gab[58].

Aber weder die Metropolen der Hanse noch Städte wie Görlitz und Breslau, die Handel und Gewerbe trieben, können als Maßstab dienen, wenn man die gesellschaftlichen und wirtschaftlichen Strukturen der unzähligen Kleinstädte im Osten begreifen will, denn diese Städtchen waren im wesentlichen Agrarstädte. Da sie noch kaum erforscht sind, wollen wir an dieser Stelle auf Bregenz als Modell verweisen, jene Stadt am Bodensee mit ihren 600 bis 700 Einwohnern, in der es eine starke Mittelschicht gab – 77 % der Bevölkerung zählte sich dazu –, zu deren beiden Seiten einige sehr Reiche (3 %) und viel mehr Arme (20 %) lebten[59].

Das Patriziat

Bei der Untersuchung der Finanzstrukturen finden wir im Osten wie im Westen eine soziale Schicht, die man als Patrizier oder als Meliorat[60] bezeichnet. Diese Gruppe bildete sich in den großen Hansestädten und in einigen weiteren bedeutenden Städten im Landesinnern vor allem aus den Großkaufleuten, die im Fernhandel tätig waren. Dies traf zunächst für die großen Geschlechter in Lübeck, Hamburg, Rostock und Wismar zu, aber seit der ersten Hälfte des 13. Jahrhunderts auch für Wien mit seinen großen Weinhändlern, Freiberg (seit 1223), Leipzig (seit 1245) und Breslau (seit 1250)[61]. Es ist nicht ausgeschlossen, daß in den mittelgroßen Städten wie Görlitz, in den Städten im Ordensland und selbst im Breslau des 14. Jahrhunderts die Grundbesitzer dieser Gruppe angehörten. Hingegen scheinen die Handwerker zumindest am Anfang nur selten Zutritt gehabt zu haben. Aber in welchem Maße waren die Abkömmlinge der Lokatoren und der ersten Vögte in den mittleren und kleinen Städten dieser dominierenden und wohlhabenden Schicht ebenbürtig?

Das Patriziat war eigentlich immer eine offene Gesellschaftsgruppe, die sich vermehrte und wieder schrumpfte, gemäß dem Auf und Ab, das die Zuwanderung, der Zuwachs an Reichtum und das Erlöschen einzelner Geschlechter mit sich brachten. Zwar bestand in Lübeck von der Mitte des 12. Jahrhunderts bis zum Jahr 1408 diese oberste soziale Schicht regelmäßig aus 24 bis 130 großen Familien, aber in Wirklichkeit fand in dieser Gruppe ständig ein Austausch statt: selten sind die Familien, die sich, wie die Warendorps, vierhundert Jahre lang hielten (von 1183 bis 1566); die meisten waren nach fünf, sechs Generationen wieder verschwunden. In Hamburg geschah diese Erneuerung noch schneller, meist innerhalb von zwei oder drei Generationen. Es wäre an der Zeit, die Erneuerung dieser Familien, die übrigens längst nicht immer patrizischer Abstammung waren, in den kleinen Städten des Ostens einmal zu erforschen, um zu erfahren, ob dieser Vorgang überall stattfand und wie er in Ostmitteleuropa vor sich ging.

Die Gewerbe und die sozialen Auseinandersetzungen

Das Patriziat und seine Vereinigungen und Bruderschaften hatten in den Städten das Sagen, daher taten sich die Handwerker im Osten wie überall im Abendland in Innungen oder Zünften zu berufsständischen oder politischen Zwecken zusammen. Ihre Organisation, ihre Satzungen und, im 14. Jahrhundert, ihre Monopolgewalt, waren die gleichen wie im Westen; aber was ihre Zahl und ihre Bedeutung angeht, spielten sie in jeder Stadt eine andere Rolle. In den Städten am Meer gab es viele Handwerke, die mit dem Fernhandel zu tun hatten, wie etwa die Böttcher; anderwärts gab es ganz besonders seltene wie die Bernsteinschneider in Lübeck oder die Ankerschmiede in Danzig[62]. In Magdeburg gaben fünf große Zünfte den Ton an: die Gewandschneider, die Krämer, die Kürschner, die Schuhmacher und die Gerber. Bäcker, Schuhmacher, Gewandschneider und Schmiede hatten eigentlich überall Einfluß. Gleichwohl, im 13. Jahrhundert kam es kaum zu größeren Auseinandersetzungen darüber, daß die Zünfte im Stadtregiment vertreten sein wollten. Die einzige bemerkenswerte Erhebung war die in Rostock im Jahr 1287.

Aber in den ersten Jahrzehnten des 14. Jahrhunderts steuerte man überall auf den Konflikt zu. Der erste Aufstand des Jahrhunderts, 1301 in Magdeburg, wurde blutig niedergeschlagen; aber 1330 büßte das dortige Patriziat seine Herrschaft zugunsten der fünf Zünfte ein. Schlimmer war der Zusammenstoß in Breslau, denn hier schoben sich eine soziale und eine »nationale« Krise ineinander: als 1327 das Polnische vor Gericht und für die Predigt in der Kirche verboten wurde, kam es darüber zu einem »Streik« der Tagelöhner (1329), und wenige Jahre später erhoben sich auch die Weber in der Neustadt gegen den Rat (1333). Dieser Aufstand wurde zwar gewaltsam niedergeschlagen, aber seine Folgen schwelten weiter bis in die Jahre 1418/20[63]. Eine Erhebung in Hamburg, 1376, und eine weitere in Lübeck – hier waren es 1380 die Knochenhauer – dauerten nur kurze Zeit. In Wien dagegen entspannte sich gegen Ende des Jahrhunderts die Lage, als 1396 ein Statut erlassen wurde, welches dem Patriziat und den Zünften im Rat die gleiche Vertretung zusprach.

Im 15. Jahrhundert waren die Unruhen eher sozialer als politischer Natur. Aus dem Konflikt zwischen den nunmehr recht hierarchischen mächtigen Zünften, die mitunter auch schon in den Rat aufgenommen waren, und dem im Niedergang begriffenen, aber immer noch reichen Patriziat wurde eine Auseinandersetzung zwischen Gesellen und Meistern, zwischen arm und reich. Wieder war es in Magdeburg, wo der Kampf im Jahre 1402 eine neue Stufe erreichte, als die Fischer und die Bäcker sich erhoben, die Münzstätte geplündert und die Mitglieder des Rates festgenommen wurden[64]. In Lübeck zeigte die Krise der Jahre 1408 bis 1416 zwar eine stärker politische Färbung, zumal es den Zünften gelang, zeitweilig im Rat vertreten zu sein; aber die Klagen der Bevölkerung hatten auch pekuniäre Gründe[65]. Die Erhebung, zu der es am 18. Juli 1418 in Breslau kam, war die Folge eines überaus komplizierten Sachverhalts: daß König Wenzel von Böhmen (das Herzogtum Breslau war 1327 an die böhmische Krone gegangen) sich zaghaft und ungeschickt einmischte und einmal die Zünfte, ein andermal das Patriziat begünstigte; daß die Steuern die Stadt so schwer drückten, die durch die Pest von 1413 geschwächt war; vielleicht auch die die Gleichheit verfechtende Propaganda der Hussiten. Bei diesen Aufständen fanden stets der Bürgermeister und einige Ratsherren den Tod; die Aufständischen nahmen das Ratshaus im Sturm und plünderten es, befreiten die Gefangenen aus den Gefängnissen und schikanierten die Juden[66]. Aber auch in diesem Falle blieb das Patriziat im Rat die führende Kraft. Selbst nach der Revolution der Hussiten, die am 30. Juli 1419 von den antideutschen Unterschichten in Prag durchgeführt wurde, gelangte die Führung im Laufe der nächsten Jahre in die Hände des Bürgertums und des Kleinadels. Trotz des Blutvergießens und der schweren Auseinandersetzungen konnte das Patriziat, ob es nun mit den mächtigen Handwerkern verbündet war oder nicht, in den Hafenstädten und den großen Handelsstädten des Ostens seine Vormacht bewahren. Die Volksschichten waren einfach außerstande, sich in ihren Bestrebungen zusammenzuschließen, und selbst dort, wo sie von religiösen und nationalen Gedanken angeregt waren, in Böhmen und Schlesien, wo die Hussitenzeit und später die Reformation einen fruchtbaren Boden fanden, blieb diese städtische Gesellschaft in sich erstarrt[67].

Die Juden

Anläßlich der sozialen Unruhen geraten die jüdischen Gemeinden in den Städten des Ostens in unser Blickfeld. Die neuen Städte jenseits der Elbe hatten sie bald in ihre Mauern gelockt. Zwar hatten die Juden, die vormals am Schwarzen Meer gesessen hatten, schon während des frühen Mittelalters in der Ukraine und im Osten Galiziens Fuß gefaßt; wie in dieser Zeit auch Juden, die wahrscheinlich aus dem Westen kamen, nach Ungarn gingen. Aber der größere Teil des ostmitteleuropäischen Judentums kam doch aus dem Westen. Die Städte, die sie verließen, lagen an Rhein und Donau: Köln, Mainz, Worms, Speyer, Trier, Straßburg, Metz, Regensburg – dort hatten sie seit der Herrschaft der Ottonen und der Salier gelebt, und die kaiserlichen Privilegien Heinrichs IV. (von 1074 und 1103) und Friedrichs I. (1157) hatten ihnen etwas Schutz gegeben. Diese Juden aus dem Westen Deutschlands wurden die Ahnherren der großen Volksgruppe, die man als Aschkenasim bezeichnet, was soviel heißt wie »diejenigen, die Deutsch sprechen«[68]. Schon gegen Ende des 10. Jahrhunderts treffen wir sie als Kaufleute in Magdeburg an[69]. Man ließ sie gewähren, betrachtete sie aber als Fremde. Eines der ersten Judengettos (nach Köln) ließ 1084 der Bischof von Speyer für sie einrichten, »um sie vor den Übergriffen des Pöbels zu schützen«[70]. Als die ersten Kreuzfahrer sich aufmachten, verschlechterte sich die Lage der Juden beträchtlich, denn nun wurden viele dieser »Christusmörder« einfach totgeschlagen (1095/96, 1146/47).

Es ist ziemlich unwahrscheinlich, daß die Juden aus dem Westen gleich im 12. Jahrhundert den ersten Siedlern nach Osten gefolgt sind, denn diese ließen sich vornehmlich auf dem Lande nieder; es ist ebenso unwahrscheinlich, daß sie in großer Zahl in die ersten neuen Städte östlich der Elbe ausgewandert sind[71]. In Prag gab es jedoch schon im Jahr 1098 einen *vicus Judeorum* und seit 1174 eine anerkannte jüdische Gemeinde. Gegen Mitte des 13. Jahrhunderts sieht man in Österreich und zwischen Elbe und Weichsel allenthalben jüdische Gemeinden entstehen: in Wien nach dem Erlaß Friedrichs II. über die Juden von 1238; in Breslau anläßlich einer Synode von 1266; in Frankfurt an der Oder, wo sich 1294 die Frage stellte, wie das Vieh zu schlachten sei; später in Berlin (1317), Görlitz und Schweidnitz (gegen 1326).

Wo wurden sie nicht mit Verboten und Strafen belegt? Wo wurden sie nicht beschuldigt, rituelle Morde zu begehen? Aber erst die schlimmen Zeiten in den ersten Jahrzehnten des 14. Jahrhunderts und das Auftreten der Pest waren im Osten wie im Westen das Fanal, mit dem das große Judenmorden begann. Im Brandenburgischen kamen sie glimpflich davon; aber in Schlesien fand nicht nur in Breslau ein Pogrom statt, sondern auch in Glogau, Brieg und Guhrau, und von dort breitete sich das Morden bis nach Kalisch und Krakau aus. Jetzt flohen die Juden nicht mehr aus wirtschaftlichen Gründen von Stadt zu Stadt, jetzt flohen sie um ihr Leben: nach Böhmen und nach Mähren, die Länder Karls IV., in das Polen Kasimirs des Großen, der selber mit einer Jüdin verheiratet war, und nach Litauen – Länder, in denen der Strom der gehetzten Flüchtlinge Aufnahme fand.

Die Bettelorden und die Städte

Bei der Gründung der neuen Städte haben auch die Bettelorden das Ihre getan. Die Benediktiner waren schon vor der allgemeinen Neulanderschließung gekommen; die Zisterzienser begleiteten die Kolonisation; die Bettelorden folgten ihr und gaben ihr den Rahmen. Um ihren Auftrag – Seelsorge und Predigt – erfüllen zu können, haben die Dominikaner und Franziskaner die Städte so dicht besetzt, daß der Historiker J. Le Goff von ihnen sagen konnte, eine Karte mit ihren Klöstern darauf gleiche dem Plan der ganzen Stadt[72].

Die ersten Dominikaner ließen sich schon in den Jahren zwischen 1220 und 1230 in den wichtigsten Städten im Osten nieder: in Krakau und Györ waren sie seit 1221, in Wien und Breslau 1226, in Lübeck 1229; vor 1230 konnte man im Raum der deutschen Ostsiedlung fünfzehn ihrer Konvente antreffen. Bemerkenswert ist, daß in Krakau und Breslau die Häuser der Dominikaner schon vor den großen Lokationen in der zweiten Hälfte des 13. Jahrhunderts entstanden. Am Ende dieses Jahrhunderts hatten die Dominikaner überall im Osten ihre Klöster, insgesamt waren es etwa achtzig, selbst in so kleinen Orten wie Neuruppin (1246) und Prenzlau in Brandenburg (1275) sowie in den schlesischen Städten Glogau (1258), Bunzlau (1272), Liegnitz (1277), Oppeln (1295), Frankenstein (vor 1302) und Schweidnitz (vor 1311)[73]. Auch in Groß- und Klein-Polen, in Böhmen und Ungarn waren die Anfänge vielversprechend. Während die ersten Zisterziensermönche Deutsche oder Franzosen gewesen waren, holten sich die Dominikaner ihre Brüder hier aus der einheimischen Bevölkerung. Der Deutsche Orden in Preußen beschränkte sich auf einige große Zentren: Danzig, Elbing, Kulm, Thorn und Dirschau. Es ist bezeichnend, daß die Bettelorden Preußen, Groß- und Klein-Polen, Schlesien und Pommern in einer einzigen Ordensprovinz – Polonia – zusammenfaßten.

Die Franziskaner kamen im großen und ganzen etwas später, dafür aber in großer Zahl. 1225 waren sie in Lübeck, 1234 in Wien und Görlitz, 1240 in Breslau und Bautzen, gegen 1250 in Berlin. Als man das Jahr 1300 schrieb, besaßen sie zwischen der Ostsee und Ungarn an die 130 Konvente. Sie ließen sich häufig in noch kleineren Städten nieder als die Dominikaner. Ihre Provinzaufteilung im Osten war sozusagen »deutscher« als die der Dominikaner: Schlesien und den Ordensstaat schlugen sie zu Sachsen, während Polen und Böhmen ein und dieselbe Ordensprovinz bildeten.

Nach der letzten Welle der Bettelorden – sie wurde von den Augustinern und Karmeliten getragen – fand man im 14. und 15. Jahrhundert nicht selten in einer mittleren bis großen Stadt gleich zwei, drei oder auch vier Klöster. Hatte eine Stadt wie Lübeck schon vor 1230 zwei Klöster, so sah eine neugegründete Stadt wie Wiener Neustadt 1250 ein Ordenshaus der Dominikaner und 1267 eines der Minoriten. Oftmals haben sich die Klöster zunächst außerhalb des älteren Mauergürtels angesiedelt, um erst später in die Stadt einbezogen zu werden. Das Beispiel Liegnitz ist bezeichnend: Dominikaner (1277) und Franziskaner (1294) wurden dort erst am Ende des 14. Jahrhunderts von der zweiten Stadtmauer umschlossen. So haben die Bettelorden in gewisser Hinsicht die allgemeine Richtung des Städtebaus im Osten »bestätigt«, und man kann sich heute die kleinen und die großen Städte Mecklenburgs, der Slowakei und Siebenbürgens gar nicht mehr vorstellen ohne ihre alten Dominikaner- und Franziskanerkirchen. Und die Dominikaner und die Fratres Minores haben durch ihre Predigten in zweierlei Sprachen und durch ihre seelsorgerische Tätigkeit, mit der sie jedermann in den Städten erreichten, gewiß viel dazu beigetragen, ein gemeinsames religiöses Bewußtsein zu bilden.

7. Kulturberührungen

Der Landesausbau und die Städtegründungen – das waren die großen und am unmittelbarsten zu spürenden Manifestationen der deutschen Ostbewegung. Aber der westliche Zuzug, diese Verpflanzung von Menschen in Gegenden, die bereits von slawischen, prussischen, baltischen, magyarischen und rumänischen Stämmen mehr oder weniger dicht besetzt waren, haben zu einem Bevölkerungsgemisch geführt, welches für Jahrhunderte das Gesicht der ostmitteleuropäischen Einwohnerschaft prägte. Die erste Folge war eine Zunahme der Bevölkerungsdichte und – dort, wo die Deutschen in der Mehrheit waren – eine ziemlich rasche Assimilation der Minderheit. Indem jedoch verschiedene Sprachen und Kulturen zusammentrafen, kam es zu einer Verbreitung des deutschen Brauchtums und zugleich zu einer wechselseitigen Befruchtung, aus der eine gemeinsame Kultur hervorging. Natürlich begann dieser Vorgang erst im 13./14. Jahrhundert, und er setzte sich im Lauf der Neuzeit in anderen Formen fort; aber schon am Ausgang des Mittelalters hatten diese Berührungen verschiedener Kulturen eine Situation geschaffen, die sich nicht mehr umkehren ließ.

Ethnische Veränderungen

Für eine Zeit, in der es keinerlei statistische Erhebungen gab, läßt sich das Bevölkerungswachstum natürlich schwer abschätzen. Alle Schätzungen, die für bestimmte Gegenden vorgenommen wurden, beruhen nur auf Mutmaßungen, entweder aus unsicheren Namensforschungen oder auf einem Vergleich der Anzahl der besetzten Hufen in einem Bezirk mit denen in einem anderen. Das beste Beispiel liefert Oberschlesien: Dort soll in dem Jahrhundert nach 1220 die Bevölkerung nach dieser letzten Berechnung je nach Distrikt um das Fünf- bis Sechsfache angestiegen sein. Die Bevölkerungsdichte pro Quadratkilometer soll im 14. Jahrhundert in den am dichtesten besiedelten Gebieten mehr als 20 Einwohner betragen haben und etwa 8,6 Einwohner im gesamten Herzogtum Oppeln, also etwas mehr als in der Mitte des 18. Jahrhunderts[1]. Aber bei diesen Berechnungen gilt es, den Anteil der Zuwanderung zu unterscheiden vom natürlichen Bevölkerungswachstum, welches wir jedoch nicht kennen. Im alten Sachsen (Meißen und die Ober-Lausitz) soll die Bevölkerung zwischen dem 12. und 14. Jahrhundert Schätzungen zufolge gleichfalls um ein Vielfaches zugenommen haben[2].

Noch ungewisser ist der Anteil, den die einzelnen Volksgruppen ausgemacht haben. In Brandenburg betrug die slawische Bevölkerung seit den 1320er Jahren nur noch ein Drittel der Gesamtbevölkerung. In Sachsen soll die Zahl der Zuwanderer aus dem Westen im 14. Jahrhundert gleichfalls die einheimische sorbische Bevölkerung übertroffen haben. Vielleicht hat die deutsche Bevölkerung damals in Schlesien die Zahl der polnischen Einwohnerschaft erreicht und sie im Vorland der Mittelgebirge sogar übertroffen. Aber anderwärts – in Böhmen und Mähren, in der Slowakei und den beiden Polen sowie in Siebenbürgen – blieben die deutschen Bevölkerungsgruppen in der Minderheit.

Gemeinhin hat die deutsche Geschichtswissenschaft in der Vergangenheit angenommen, daß die Städte, namentlich die neugegründeten, so gut wie ausschließlich Zuwanderer deutscher Abstammung und deutscher Sprache aufgenommen haben und daß sie daher die großen Einflußzentren des Deutschtums waren. Aber wir haben bereits gesehen, wie ungerechtfertigt es ist, den Bürgerlisten, den Tauf- oder den Familiennamen blinden Glauben zu schenken und von ihnen auf die Herkunft der Namensträger zu schließen. Die prozentualen Anteile, die man nennt, sind nur grobe Schätzungen, die übrigens nach beiden Seiten korrekturbedürftig sind: So lebt etwa 1365 in Elbing ein Thomas Westfal Polonus, dessen Vorfahren wohl aus Westfalen gekommen sind, der aber nicht Pole war, sondern zuvor eine Zeitlang in Polen gelebt hatte[3]. Außerdem hat der Anteil der einzelnen Nationalitäten zwischen dem 13. und dem 15. Jahrhundert von Stadt zu Stadt beträchtlich geschwankt. Die wirtschaftliche und politische Krise hatte zur Folge, daß die slawische Bevölkerung in Richtung Kleinstadt abwanderte. So hatte beispielsweise Beuthen vor 1350 eine starke deutsche Mehrheit, doch in der zweiten Hälfte des 15. Jahrhunderts war die Stadt zur Hälfte polnisch; das gleiche gilt für Oppeln[4].

Gleichviel, die Städte waren dennoch die Zentren des deutschen Einflusses, da die deutsche Sprache hier schnell die Sprache des wirtschaftlichen Lebens und der Ämter wurde. Slawen und Prussen haben daher ihre sprachliche Identität rasch eingebüßt, insbesondere dann, wenn sie ins Bürgertum aufsteigen wollten, denn das Deutsche machte die Assimilation leichter. In Königsberg, 1255 gegründet, finden wir bereits 1285 einen Henniko Pruthenus im Rat, also einen Einheimischen[5]. Auf dem flachen Land, vor allem zwischen Elbe und Oder, hat das Nebeneinander von deutschen Siedlern und slawischen Völkerschaften dazu geführt, daß beide ethnische Gruppen einander ähnlicher wurden; aber die Sprache hat dabei gewiß eine geringere Rolle gespielt als die Vermischung des Blutes und das Abbauen rechtlicher und sozialer Barrieren, die zwischen diesen beiden Gruppen bestanden.

Wenn man von einer Germanisierung des Ostens spricht, darf man nicht übersehen, welchen Einfluß die Slawen beim Zustandekommen dieses Völkergemischs hatten. So bildeten sich in Brandenburg, Mecklenburg und Sachsen – weniger stark in Pommern und Schlesien – neben den großen deutschen Volksgruppen aus dem Westen ethnische Volksgruppen, die deutsche Historiker als die »Neustämme« des Ostens bezeichnet haben[6]. Dieser Prozeß war in Brandenburg sicherlich schon am Ende der Askanierdynastie (1320) weit fortgeschritten[7]. Die ethnische Vermischung muß sich im großen und ganzen auch in Meißen und in der Lausitz im 14. Jahrhundert vollzogen haben, obschon in der Oberlausitz sorbische Sprachinseln bestehen blieben, und sie hat sich während der Reformation noch verfestigt. Hingegen sieht es so aus, als habe sich in Schlesien zwar ein großer Teil des alten polnischen Adels mit den Familien der deutschen Vögte und Schulzen zusammengetan und als habe der Einfluß der deutschen Sprache in den Städten anfangs schnell an Boden gewonnen, aber es scheint, daß sich auf dem platten Land die polnische Bevölkerung diesem ethnischen Integrationsprozeß widersetzte, und erst gegen Ende des 15. und im 16. Jahrhundert hat dort eine gewisse Annäherung stattgefunden[8].

Der Vorstoß der deutschen Sprache nach Osten

Die deutsche Wanderung nach Osten hat der deutschen Sprache, oder besser: den mittelalterlichen Dialekten, ein weites Feld eröffnet. Ritter, Bauern, Bürger und Bergknappen haben ihre vertrauten Dialekte mitgebracht. Die Verbreitung der Sprache folgte der Wanderung der Siedlergruppen, die in parallelen Zügen verlief, was nicht heißt, daß es nicht auch zwischen diesen Zügen zu sprachlichen Mischformen gekommen wäre, deren Entstehung manchmal nicht leicht zu erfassen ist[9].

Den »rechten Flügel« der sprachlichen Ostbewegung bildete das Bayerische, das trotz seines weiten Vorandringens eine erstaunliche Einheitlichkeit beibehielt. Die benachbarten oberdeutschen Mundarten, das Schwäbische und das Badische, haben diese Ausbreitung damals nicht mitgemacht; sie sind erst in der Neuzeit in den Osten gekommen. Zu Beginn der Auswanderung war das Bayerische vor allem die Sprache der grundherrschaftlichen Familien. Auf diese Weise hat es zunächst Ober- und Niederösterreich erreicht, die es gegen 1250 vollkommen einnahm. Es stieß gegen Südosten ins Burgenland vor und in die Steiermark sowie nach Kärnten; nordostwärts gelangte es durch den Nordgau und die Randgebirge des Böhmischen Beckens zur tschechischen Sprachgrenze; aber im Egerland geriet es da und dort mit dem Fränkischen in Wettstreit. Jenseits des weiträumigen Donaubeckens schritt das Bayerische durch Mähren bis zu den Sudeten und zum Südrand Schlesiens vor, die charakteristische Aussprache von p statt b macht es leicht erkennbar. Aber das Vorrücken der tschechischen Binnenkolonisation machte diesem Vormarsch dann ein Ende. Die Sprachinsel von Iglau, wo ostfränkische Bergleute und bayerische Siedlungsbauern sich zusammenfanden, sowie die deutschen Kolonien im Norden Siebenbürgens und in der Slowakei, die aus anderen Ursprüngen hervorgegangen sind, ließen einen Dialekt entstehen, der einen Mischmasch aus Bayerisch und Mitteldeutsch darstellt.

Im mittleren Teil der Ostwanderung waren die mitteldeutschen Dialekte vermischt, wie es dem Umherziehen einzelner Bevölkerungsgruppen entsprach. Das Ostfränkische rückte in Richtung Vogtland, Erzgebirge und Oberlausitz vor und gelangte von dort in den Norden Böhmens und zu den Hängen des Riesengebirges. In Schlesien schlossen sich hessische und thüringische Mundarten an, was dazu führte, daß man dort später einen sehr gemischten Dialekt sprach. Dieses typisch schlesische Dialektgemisch hat sich nach Nordmähren und bis zu den Sprachinseln von Bielitz und Wilmesau (Wilamowice, Polen) ausgedehnt und wurde zur Sprache des galizischen Bürgertums. Auf dem Umweg über Schlesien sind die Dialekte Mitteldeutschlands auch in die Zips und in Siebenbürgen eingedrungen.

Das Niederdeutsche hat sich auf zwei großen Wegen nach Nordosten ausgebreitet: Auf dem direkten Weg – von Holstein nach Pommern und Ostpreußen – gelangten die niederländischen, die westfälischen, friesischen und holsteinischen Mundarten in den Osten, wo sie sich, namentlich in Mecklenburg und in Vorpommern, miteinander vermischten. Niederdeutscher Dialekt und Hanseraum, das wurde fast eins. Der andere Weg führte von Niedersachsen durch die Altmark und Brandenburg; diesen Pfad schlugen die niederländischen Siedler ein, die zum Fläming und in Richtung Elbe und Havelland zogen. Ein kleiner niedersächsischer Zweig hat sich zwischen Elbe und Saale den mitteldeutschen Dialekten angeschlossen; eine Abart davon gelangte nach Hinterpommern. Die deutschen Siedlungsbauern, die nach Ostpreußen gingen, sprachen in ihrer Mehrheit das Niederdeutsche, aber in Thorn und Kulm hat sich auch ein mitteldeutscher Dialekt verbreitet. Die Umgangssprache der Deutschen in Livland ist, sieht man von der Offizierskaste und den Kaufleuten ab, aus west- und ostfälischen Dialekten hervorgegangen.

Die deutsche Sprachgrenze im Osten am Ausgang des Mittelalters

Am Ausgang des Mittelalters präsentierte sich die deutsche Sprachgrenze im Osten kaum als eine geschlossene Linie, sondern – wie auch ihre Bevölkerung – eher wie eine weitläufige Grauzone, die sich aus deutschen und nichtdeutschen Sprachgruppen zusammensetzte[10]. In den Ostalpen war die Grenze deutlich abgesteckt, trotz einiger kleiner slowenischer Sprachinseln in Kärnten und in der Steiermark, die sich in Ortsnamen mit dem Adjektiv »Windisch-« offenbaren. Seit dem Aneinanderstoßen von Deutschen, Italienern und Slowenen in der Gegend von Pontafel (Pontebba, Italien) schnitt diese alte Sprachgrenze durch das Gailtal nach Osten, verlief bald nördlich der Drau, bald in ihrem Flußtal und gelangte so nach Lavamünd und anschließend beinahe unmittelbar bis nach Radkersburg, da und dort deutsche Sprachinseln wie Pettau (Ptuj, Jugosl.) und Sittig östlich von Laibach und an der oberen Save hinter sich lassend. Es war an der Raab bei St. Gotthard, wo der deutsche, der slowenische und der ungarische Sprachraum aneinanderstießen. Gegen Norden zu folgte die Grenze im großen und ganzen der heutigen österreichisch-ungarischen Grenze, wiewohl es zu beiden Seiten kleine magyarische (Güns, Pinkafeld, Pullendorf) und deutsche (Német-Szecsöd, Wettendorf) Sprachinseln gibt. Im Norden der Donau, bis zu den Karpaten hin, war die Situation verwirrender, nachdem die im 13. Jahrhundert erschlossene Zone zusammenschrumpfte.

In der ungarischen Tiefebene wie in den Bergen der Slowakei hat das Deutsche im 15. Jahrhundert einen Rückzug angetreten. Die Sprachinseln der Bergstädte und in der Zips wurden damals langsam kleiner; das Slowakische und das Ungarische profitierten davon. Selbst die starken »sächsischen« Gemeinden in Siebenbürgen, von den Türken verheert und vorzeitig dem Wüstungsvorgang unterworfen, verloren mächtig an Boden, namentlich gegenüber dem Rumänischen.

Die Sprachgeographie dieser Regionen ist verwirrend, und es ist schwierig, im Böhmen und Mähren des 15. Jahrhunderts die Sprachgrenzen zu ziehen. Zunächst nahm die deutsche Bevölkerung hauptsächlich in den Städten ab; später hat der Hussitensturm den Vormarsch des Tschechischen verstärkt. Im Osten der Sudeten, in Mähren und im östlichen Böhmen hat das Deutsche dem Ansturm widerstanden, wobei es sich auf die Sprachinseln Olmütz, Brünn und Iglau stützte. Im Südteil Mährens hat sich seinerzeit die austro-tschechische Sprachgrenze verfestigt, gewunden zwar, aber beständig. Im südlichen Böhmen rückte das Deutsche über Zettwing (Cetviny, ČSSR) hinaus nach Nordwesten vor, die kleinen Städte Kaplitz (Kaplice), Prachatitz (Prachatice) und Winterberg (Wimperk) hinter sich lassend; aber dann gibt es nur noch kleine, abgesonderte Räume wie Tachau (Tachov), Plan (Planá) und Tepl (Město Teplá), wobei sich Deutsche und Tschechen um den letztgenannten Ort stritten. Von Tepl aus folgt die Sprachgrenze am Ende des 15. Jahrhunderts den Städten Komotau (Chomutov), Brüx (Most), Teplitz (Teplice), Aussig (Ústi) und Tetschen (Děčín). Östlich der Elbe breitete sich vor dieser Sprachgrenze von Leipa (Česká Lipa) bis Niemes (Mimoň) und Reichenberg (Liberec) ein unentwirrbares Geflecht von größeren und kleineren deutschen Sprachinseln aus. Im südlichen Böhmen war die wichtigste deutschsprachige Gruppe die von Budweis.

Wir wissen bereits, daß sich ein starker sorbischer Sprachkern in der Oberlausitz hielt, dessen südliche Grenze von Bischofswalde nach Löbau und Niesky verlief, den ganzen Kreis Rothenburg und Sorau umfassend, und weiter nach Aurith an der Oder, in die Niederlausitz und Brandenburg bis südlich von Frankfurt und Beeskow[11]. Die zweite kleine slawische Sprachinsel hielt sich zu beiden Seiten der unteren Elbe: im hannoverschen Wendland im Westen und den kleinen Landstrichen Weningen und Darzin an den Uferstreifen Mecklenburgs.

In der Neumark, in Schlesien und in den beiden Polen stritten sich das Deutsche und das Polnische um die Vorherrschaft. In die Landstriche an Warthe und Netze ist das Deutsche mit Leichtigkeit eingedrungen, auch Niederschlesien und das Stufenland der Sudeten vermochte es einzunehmen. Um die Kastellanei Ottmachau für seine Sprache zu gewinnen, befahl der Bischof von Breslau, Johann Roth, im Jahre 1495, daß die Bewohner seines Landes binnen fünf Jahren das Deutsche erlernten oder das Land verließen – dies war das einzige Beispiel einer sprachpolitischen Zwangsmaßnahme in dieser Zeit. Auf dem rechten Ufer der Oder hat sich das Polnische viel besser zur Wehr gesetzt, die abgelegenen deutschen Dörfer in der Gegend von Militsch (Milicz, Polen) nahmen sogar die polnische Sprache ihrer Umgebung an. In Oberschlesien und in der Gegend von Kreuzburg, wo im 15. Jahrhundert die polnische Bevölkerung stark angewachsen war, gerieten die deutschen Sprachinseln inmitten polnischer Bezirke mehr und mehr in die Isolation, was häufig dazu führte, daß Deutsche sich des Polnischen bedienten. Diese »Entdeutschung« hat soweit geführt, daß selbst Personennamen polonisiert wurden – dies eine Entwicklung, so schreibt W. Kuhn, welche dem gesellschaftlichen Zusammenhalt und der kulturellen Einheit dieses Landes förderlich war[12]. Auch im alten Polen fand im Verlauf des 15. Jahrhunderts ein Rückzug der Deutschen statt, denn diese gaben Dörfer auf, während das polnische Stadtbürgertum im Zunehmen begriffen war: Bromberg, Brest, Sandomir, Lublin waren gegen 1500 fest in polnischer Hand; in Posen und in Krakau löste das Lateinische das Deutsche als Amtssprache ab und wurde bald selber vom Polnischen verdrängt.

Die letzte Person, die an der Ostseeküste noch einen slawischen Dialekt sprach, soll 1404 auf Rügen gestorben sein. Hingegen haben in Pommern zwei slawischsprachige Gruppen lange überdauert: die eine im Tal der Persante und im Südosten von Belgard (Białogard, Polen); die andere in Pommerellen, die Kaschuben, die ihre alte Sprache und ihr Brauchtum unter allen Herrschaftsformen bis in unsere Tage ziemlich gut bewahrt haben. Die Landstriche um Schlochau (Człuchów, Polen) ganz in ihrer Nähe und die Werder an der Weichsel sind allerdings deutsch geblieben. Vor der Schlacht von Tannenberg hatte es im weitläufigen Siedlungsraum der Deutschen keine dichte deutsche Sprachdecke gegeben, und hätte es sie gegeben, so hätten sie vielleicht die Krisen des 15. Jahrhunderts vernichtet. Damals traten im Kulmer Land wieder slawische Enklaven in Erscheinung; an den südlichen und östlichen Rändern der Wildnis trafen masurische und litauische Siedler ein. Es war den gut assimilierten Prussen zu verdanken, daß die Siedler das Deutsche beibehielten.

Obgleich die deutsche Sprache im 15. Jahrhundert den Rückzug antrat, hat sie doch bis zum Ende des Mittelalters insgesamt einen schönen Zugewinn gemacht. Im Südosten Europas errichtete sie eine Sprachgrenze, die fast nicht mehr zurückgedrängt wurde. Anderwärts haben die Sprachinseln und die winzigen Einsprengsel, auf denen sich deutsche und slawische Sprachen gegenseitig durchdrangen, zu engen kulturellen Berührungen und in vielen Fällen zur Zweisprachigkeit geführt – zu einer Zweisprachigkeit übrigens, die nicht nur eine Person, sondern auch Familien traf, wie der Dialog des Meier Helmbrecht (gegen 1260) zeigt, wo die Mitglieder einer Familie den aus dem Osten zurückkehrenden Sohn, den sie auf niederdeutsch angeredet hatten, nicht wiedererkennen, da dieser sie in der Art der Böhmen mit »Dobra ytra« begrüßt[13].

Wechselseitige sprachliche Anleihen

Die sprachlichen Anleihen mögen den kulturellen Austausch verdeutlichen. Schon vor der Zeit des Landesausbaus im engeren Sinne hatten die slawischen Sprachen deutsche Wörter aus den Bereichen Gesellschaft und allgemeine Lebensbedingungen entlehnt[14]. Den Eigennamen Karls des Großen machten die Slawen zum Namen König schlechthin: im Polnischen ist es *Krol*, im Tschechischen *Kral*, im Slowenischen *Kralj* und im Russischen *Korol*. Später, im 13. und 14. Jahrhundert, stammten die deutschen Lehnwörter vornehmlich aus dem Lehens- und Amtsbereich. So wurde aus dem Ritter der *Rytir* (tsch.) und der *Rycerz* (poln.); aus dem Grafen der *Hrabjy* (tsch.); aus dem Markgrafen der *Margrabia* (poln.) und der *Markrabe* (tsch.). Das deutsche Wort Lehen ging als *Lan* ins Tschechische und als *Lenno* ins Polnische ein. Die polnischen Begriffe *Ratusz* und *Burmistrz* können die Abstammung von Rathaus und Bürgermeister kaum verleugnen, und den deutschen Vogt findet man in allen Sprachen Osteuropas: als *Vojt* (tsch.), *Wojt* (poln.), *Vojd* (slow.), wie man auch den Schulzen im Südwestslawischen als *Ceh* antrifft, bis hinab nach Rumänien.

Umgekehrt haben auch die Deutschen jahrhundertelang von den slawischen Sprachen einzelne Wörter entlehnt, und es ist bisweilen schwierig, die Übernahme zeitlich festzulegen. Es scheint, daß das Deutsche gegen Ende des Mittelalters vor allem Wörter aus dem Alltag übernahm, so etwa die Bemme (das Butterbrot) vom polnischen *pomazka*, den Kretscham (die Kaschemme) von *karczma* (poln.), die Plötze (der Karpfen) von *plocica* (poln. und kaschubisch), den Säbel vom polnischen *szabla*, die Zille (der Kahn) vom altslawischen *cilnu*. Überaus bezeichnend ist es jedoch, daß das deutsche Wort für Grenze geradeweg aus dem deutsch-slawischen Grenzbereich des 13. Jahrhunderts kommt, nämlich vom polnischen *granica* und vom tschechischen *hranice*[15].

Die christlichen Taufnamen

Das Zusammenhausen auf engem Raum, die sprachliche Vermengung und der Eintritt der westslawischen Völker in die christliche Gemeinschaft, die dem lateinischen Ritus folgte, waren weitere grundlegende Faktoren für die Verwestlichung Ostmitteleuropas. Wir brauchen hier nicht mehr zurückzukommen auf die frühen Bistumsgründungen der römischen Kirche oder auf die Tätigkeit ihrer Klöster im Osten; mindestens ebenso wichtig war das Eindringen des Christentums in eine alte, dem Anschein nach schwer bezähmbare Kultur. Diesbezüglich, und um den Bewußtseinswandel zu begreifen, wirft man am besten einen Blick auf die Verbreitung des Heiligenkults und auf die Taufnamen[16]. Offenbar wurde das Christentum zunächst von den Mächtigen und ihrer aristokratischen Gefolgschaft in den Burgen übernommen, und so war es natürlich auch zuerst in den fürstlichen Castra, wo man beobachten kann, welche die bevorzugten Heiligen waren. In den großen polnischen Diözesen Krakau und Posen hat sich die Heiligenverehrung, wenn man absieht von den beiden slawischen Patronen – dem hl. Wenzel und dem hl. Adalbert –, im allgemeinen nicht weit entfernt von den festgefügten Traditionen: Verehrung der hl. Maria, der Dreifaltigkeit, des hl. Petrus, des hl. Johannes des Täufers und des hl. Michael. Aber schon am Ende des 10. Jahrhunderts erschien der hl. Nikolaus in den *suburbia* als der Schutzpatron der Kaufleute. Sodann, im 12. Jahrhundert, begannen zumindest in der Diözese Krakau Heilige aus dem lothringischen und deutschen Raum einzudringen: Monegunde (Chimay), Lambert (Lüttich), Gereon (Köln), Ulrich (Augsburg). Gallus und Othmar (St. Gallen), Maximin und Paulinus (Trier) sowie Kilian (Würzburg) – Heilige, mit denen das polnische Christentum die Traditionen der ottonischen Kirche fortsetzte. Die christlichen beziehungsweise germanischen Taufnamen folgten mit einiger Verzögerung: der Nekrolog der Abtei Lublin aus dem ersten Viertel des 12. Jahrhunderts in der Diözese Posen zeigt, daß die Mehrzahl der 79 Adligen (64%) noch slawische Namen trugen und nur 28% christliche und 8% deutsche; und aus einem Urbar des Erzbischofs von Gnesen aus dem Jahr 1136 geht sogar hervor, daß von 400 Bauern nur 9 christliche Namen trugen. Erst in der nun einsetzenden Epoche hat sich unter dem Einfluß der großen Wanderungsbewegung die Wende vollzogen.

Untersucht man die Taufnamen Schlesiens, so zeigt sich, daß die Tradition der nun einsetzenden Neuerung einigen Widerstand entgegenstellte[17]. In der zweiten Hälfte des 13. und zu Beginn des 14. Jahrhunderts brachten die deutschen Einwanderer alte deutsche Namen wie Beppo, Hermann oder Konrad sowie deutsche Heldennamen wie Gunther, Rüdiger und Siegfried ins Land, wohingegen die Slawen sich Bogumil, Boguchwal oder Kasimir nannten. Aber in der zweiten Hälfte des 14. Jahrhunderts sieht man plötzlich bei beiden Gruppen christliche Namen hervortreten, wie Johann, Peter, Heinrich, Nikolaus oder Gertrud, Katharina, Margarete, später Elisabeth und Anna. Als das Mittelalter sich seinem Ende zuneigte, waren die Heiligennamen in Ostmitteleuropa weit verbreitet, wiewohl das Wiederaufflackern altslawischen und prussischen Widerstandes und die Hussitenwirren auch in dieser Hinsicht für Unruhe gesorgt haben.

Die Verbreitung der Kultur des Westens

Hand in Hand mit der Verbreitung der deutschen und der lateinischen Sprache ging auch die Ausbreitung der geistigen Kultur des Westens. Natürlich war diese Geistigkeit zunächst stark höfisch und kirchlich geprägt. Der Herzogshof zu Meißen war unter Heinrich III. zu Beginn des 13. Jahrhunderts einer der ersten, der sich den Minnesängern öffnete, und der große Dichter Walther von der Vogelweide verbrachte hier die letzten Jahre seines Lebens. Nicht minder empfänglich für die Dichtkunst war der Brandenburgische Hof; es ist allerdings nicht sicher, ob Walther sich wirklich in der Abtei Dobrilugk aufgehalten hat. Markgraf Otto IV. (1266–1308), der selber sieben Lieder verfaßte, war der erste Dichter der Mark, dem man ein »liebenswürdiges Talent« bescheinigt hat[18]. Der letzte Fürst von Rügen, Wizlaw III. (1302–25), pflegte gleichfalls die Poesie und empfing *ioculatores*, die nach Osten zogen und deren Bezeichnung *spilman* in die slawischen Sprachen einging. In Schlesien war es der Hof Herzog Heinrichs IV. (1270–90), der die Dichtkunst förderte; seine Nachfolger am Breslauer Hof und die Grafen von Glatz pflegten noch zu Beginn des 14. Jahrhunderts die deutsche höfische Dichtung, wobei sie mit dem Hof des Böhmenkönigs Wenzel II. in Verbindung standen, der selber drei Liebeslieder geschrieben hat. Von da an bilden Böhmen und das Tschechische den Weg, über den die dichterischen Werke des Westens, die deutschen wie die französischen, in den Osten und den Südosten gelangen. Zu den ersten, die diesen Pfad beschreiten, gehört die »Alexandreis«, eine phantastische Geschichte über Alexander den Großen, die der Franzose Gautier de Chatillon gedichtet hatte und Ulrich von Eschenbach (1387) ins Deutsche übertrug; ferner die »Chronik von Troja«, das erste Buch, das in tschechischer Sprache gedruckt wurde (1468). Den gleichen Pfad beschreiten deutsche Gedichte wie »Heinrich der Löwe« oder »Reinfried von Braunschweig«, aus denen bald tschechische Nationalhelden werden, aber auch ein »Tristan« und eine »Griseldis« von Petrarca, die auf dem Umweg über das Deutsche in den Osten wandern[19].

Kirchen und Abteien waren die anderen großen Zentren, die die Kultur des Westens verbreiteten. Die Kirchen von Salzburg, Magdeburg, Posen, Prag, Gnesen und Gran – welche Zwiste sie auch anfangs untereinander ausgefochten haben mochten – waren die vorgeschobenen Posten, die die Kultur des Westens weitergaben. Die religiösen Orden, die Zisterzienser und Prämonstratenser, später die Franziskaner und die Dominikaner – woher auch immer sie ihre Novizen genommen haben mögen –, waren tief in der lateinischen Kultur verwurzelt. Selbst die Ritter vom Deutschen Orden bildeten dank ihrer Priesterschaft eine Heimstätte der Latinität[20]. In Magdeburg erblühte nach dem Ende der Grenzstreitigkeiten die lateinische Dichtung, und mit der Nonne Mechthild trat bald das erste mystische Werk der deutschen Literatur in Erscheinung (1250/65). Die Kirche und die Geschichtsschreibung Polens drückten sich zunächst in der lateinischen Sprache aus: Predigten, Litaneien, die Choräle der Zisterzienser; die Chronik eines anonymen Predigers, den man als Gallus bezeichnet, der wahrscheinlich Franzose oder Wallone war und zwischen 1110 und 1135 schrieb und im Krakauer Bischof Vinzenz

Vom neuen Dom zu Magdeburg (1209–1363), an dessen Bau französische Baumeister und Zisterzienser beteiligt waren, breitete sich die gotische Kunst nach Osten aus. 1946 bis 1955 restauriert; Aufnahme 1972.

Kadłubek einen Nachfolger fand. Den ersten Satz in polnischer Sprache findet man im Gründungsbuch der Abtei Heinrichau, geschrieben am Ende des 13. oder zu Beginn des 14. Jahrhunderts; die »Predigten vom Heiligen Kreuz« sind das erste Werk in polnischer Sprache, eine Übersetzung aus dem Lateinischen. Aber das Psalmenbuch des Klosters von Glatz, gegründet 1350, ist in drei Sprachen geschrieben: lateinisch, polnisch und deutsch[21]. Die Kirche und das Lateinische haben die Kultur des Westens auch nach Preußen und Livland getragen: Passionare, Marienleben, die Apokalypse; die Ordenschronik des Peter von Dusburg, die gegen 1324/30 in lateinischer Sprache verfaßt und schließlich gegen 1340 von Nikolaus von Jeroschin ins Deutsche übertragen wurde. Zur gleichen Zeit fing die Kanzlei des Ordens an, sich des Deutschen zu bedienen.

Schulen und Universitäten

Nur langsam haben die Schulen begonnen, das Wissen zu verbreiten und immer mehr Menschen mitzuteilen. Bis in die Mitte des 13. Jahrhunderts genügten einige bischöfliche und klösterliche Schulen sowie Stiftsschulen, um die Ausbildung der Geistlichen zu gewährleisten. Aber im Jahr 1254 öffnete an der Stiftskirche St. Thomas zu Leipzig eine *schola exterior* ihre Tore; sie nahm die Kinder der Stadtbürger und des Adels auf[22]. Wenig später, 1262, wird in Lübeck an der Jakobi-Kirche eine »Schule der freien Künste« eingerichtet[23]. Als in Breslau (St. Maria-Magdalena und St. Elisabeth) und Lübeck neue Pfarrschulen ihre Tore öffnen, kommt es zwischen den Domkapiteln und dem Rat zu einem Streit, wer die Schulmeister zu ernennen habe. Um die Wende des 13. und in der ersten Hälfte des 14. Jahrhunderts werden in Liegnitz, Ratibor, Elbing (1300), Königsberg (1335) und Danzig (1350) neue Schulen gegründet. Ende des 15. Jahrhunderts stand Schlesien mit 98 städtischen und 52 ländlichen Pfarrschulen an der Spitze[24].

Die Universitäten kamen zwar etwas später, und ihre Ansprüche waren bescheiden, aber sie haben trotzdem das Ihre getan, die abendländische Kultur verbreiten zu helfen[25]. Die älteste Universität Ostmitteleuropas, die Carolina zu Prag, eine Gründung Kaiser Karls IV. von 1348[26], hat bei der Entwicklung des frühtschechischen Nationalbewußtseins eine maßgebliche Rolle gespielt, wiewohl sie in ihren Anfängen eine weitere Brücke zwischen dem französisch-deutschen Westen und Ostmitteleuropa darstellte. Man mag darüber streiten, ob Karl IV. vorhatte, eine »böhmische« Universität zu gründen, wie eine tschechische Tradition behauptet, oder eine Reichsuniversität, wie eine bestimmte Richtung der deutschen Geschichtsschreibung meint[27] – vielleicht wollte er aber auch die Slawen und die Deutschen in seinen Staaten zusammenführen. Die Carolina folgte in ihrer Organisation der Pariser Universität, und sie hatte zu Beginn gleich mehrere deutsche Magister. Ihre Studenten gliederten sich in vier *nationes*: je eine böhmische, polnische, bayerische und sächsische; die Studenten kamen fast aus dem gesamten deutschen Kolonisationsraum und aus den slawischen Staaten, wobei aber die Böhmen in der Minderheit waren. Ende des 14. Jahrhunderts zog Prag vor allem viele schlesische Studenten an: zwischen 1367 und 1409 kamen mehr als 200 Absolventen der sogenannten Artistenfakultät von dort und zwischen 1372 und 1409 etwa 160 neugebackene Gelehrte der Rechtswissenschaften. Die Universität Krakau, 1364 von Kasimir dem Großen nach dem Vorbild der Universität Bologna gegründet und 1400 von Ladislas Jagellon erneuert[28], bildete eine weitere Heimstätte der Kultur. Sie trat bald in Wettstreit mit Prag: zwischen 1400 und 1432 nahm sie etwa 300 Studenten aus Schlesien auf, und von 128 ihrer Professoren waren 50 Deutsche[29]. Daß Rudolf IV. von Habsburg 1365 in Wien die Artistenschule in eine Universität umwandelte, die 1384 reorganisiert wurde, hat die Kultur Mitteleuropas aufs neue beflügelt. Ihre Studentenschaft unterteilte sich in eine österreichische, eine rheinische, eine ungarische und eine nord-ostdeutsche »Nation«. Krakau und Wien verfügten anfangs nur über bescheidene Mittel und hatten Mühe sich durchzusetzen. Der Versuch des Deutschen Ordens, 1386 in Kulm eine Universität zu gründen, scheiterte, was daran liegen mochte, daß die Universitäten von Krakau und Prag sich heftig dagegen auflehnten, vielleicht aber auch infolge der Schwierigkeiten, denen sich der Orden bald gegenübersah, und womöglich auch deswegen, daß es kaum einen Bedarf für eine weitere Universität gab[30].

Zwischen den verschiedenen »Nationen« kam es häufig zu Zerwürfnissen. Die deutschen Magister haderten mit dem Gedankengut des englischen Reformtheologen John Wyclif und mit den reformatorischen Predigten des Jan Hus, und daß König Wenzel IV. zugunsten des Pisaner Papstes Partei ergriff, entzweite bald die Prager Universität. Nachdem der König in den erneuerten Statuten den Tschechen drei Stimmen und den anderen drei »Nationes« nur eine einzige gegeben hatte, zogen 46 Magister und 369 Studenten – in ihrer Mehrzahl Deutsche, aber auch Polen, Ungarn und Skandinavier darunter – aus Prag fort und gründeten 1409 unter der Schirmherrschaft der Markgrafen Friedrich und Wilhelm in Leipzig eine neue Universität[31]. Jenseits von Saale und Elbe setzte eine neue Welle von Universitätsgründungen ein. In Rostock ist es die Bürgerschaft, die den Gedanken faßt, eine Universität zu errichten. Sie erhält die Zustimmung des Herzogs von Mecklenburg und 1419 auch die von Papst Martin V. Bald erfährt sie aus allen Anrainerstaaten der Ostsee bis hinauf nach Livland lebhaften Zuspruch. Die Universität Greifswald geht wiederum aus der Rostocker hervor. Das Baseler Konzil hatte die Gründung zunächst untersagt, aber der reiche Bürger, Bürgermeister und Rechtsgelehrte Heinrich Rubenow, ein Freund des Herzogs von Pommern, hatte zuletzt seinen Willen durchgesetzt (1456)[32]. Binnen gut eines Jahrhunderts (1348–1456) schießen so in Ostmitteleuropa mehrere Universitäten aus dem Boden, was zweifellos den Regionalismus und den Nationalismus stärkt; aber Studenten und Lehrer aus verschiedenen Ländern, Deutsche wie Slawen, haben hier auch Seite an Seite studiert und gelehrt. Die Universitäten leisteten einen wesentlichen Beitrag zur Bildung eines abendländischen Bewußtseins und Gedankenguts, und zwar gerade in dem Augenblick, als der italienische Humanismus anfing, dort einzudringen.

Die Volkskunst

Die Künste stellen reichlich Material zur Verfügung, mit dem man die west-östlichen Kulturbeziehungen des Mittelalters illustrieren könnte. Trotz der Fährnisse der Zeitläufte haben sie reichen Schmuck hervorgebracht, den nicht einmal der letzte Weltkrieg ganz zu zerstören vermochte. Wir können hier nicht in die Kunstgeschichte im eigentlichen Sinne eintreten; es genügt, daß wir die großen Linien entwerfen, namentlich die Ausbreitung der Monumentalkunst im germanisch-slawischen Grenzraum, auch wenn sie nicht immer mit der deutschen Wanderungsbewegung nach Osten zusammenhängt[33].

Zunächst mußte jedermann wissen, wie man ein einfaches Wohnhaus errichtet; erst später wurde daraus eine Kunst. Die Siedler aus dem Westen haben ihre Technik des Häuserbauens mit über die Elbe gebracht, und dieser traditionelle Typus hat sich mehr oder weniger bis in unsere Tage erhalten. In dem Raum zwischen Elbe, Saale und Oder war das slawische Haus, das uns aus vielen Funden bekannt ist, rechteckig und von bescheidenen Ausmaßen; das Dach neigte sich nach zwei Seiten hin, und die Mauern, die es trugen, waren mit senkrecht in der Erde stehenden Pfosten verankert und durch waagrecht verlaufende Holzklötze miteinander verbunden[34]. Polnische Archäologen haben diesen Typus auch in den alten Stadtkernen von Danzig, Posen und Oppeln gefunden. Die gleiche Art von Haus sowie eine weitere, bei der die vertikalen Bretter anders verliefen, gab es vor dem 11./12. Jahrhundert auch im Westen; zur gleichen Zeit entstand dort eine neue Bauweise, die sich nicht mehr auf direkt in die Erde gerammte Pfosten verließ, sondern statt dessen auf einen Ständer aus Stein oder Holz aufbaute[35].

So wuchs im Nordwesten Deutschlands das große Haus empor, unter dessen Schutz Menschen und Tiere hausten und das zugleich als Scheune diente – das Hallenhaus, das über Holstein, Mecklenburg und Pommern nach Ostpreußen gelangte[36]. Aus dem Dorf der Abtei Doberan stammt eine gute Beschreibung eines solchen Hauses (1312), und auch im 15. Jahrhundert wird ein solches Bauwerk samt einer Kemenate beschrieben, aber das war gewiß das Haus eines Gutsherrn. Mitteldeutschland brachte einen anderen Typus hervor: ein kleines Haus, das aus zwei Gebäudeteilen bestand, Haus und Stall, die Scheune war bisweilen davon abgetrennt. Diese Art gelangte von Thüringen zur mittleren Elbe und ins Brandenburgische; am Ende des Mittelalters wurde diesem Haus unter dem Einfluß städtischer Bauwerke noch ein Stockwerk aus hölzernem Fachwerk aufgesetzt. Aber in diesem Teil Ostmitteleuropas spiegeln die Häuser von heute nicht mehr die Bauweise der mittelalterlichen Zuwanderer wider. In Südwestdeutschland schließlich hat sich eine andere Hausform entwickelt: ein großes Haus, Wohnhaus, Stall und Scheune in einem, wie man es auch in Österreich findet, das sich jedoch im Alpenraum zerteilt in ein Feuer- oder Wohnhaus und ein Futterhaus, das zugleich als Scheune und als Stall dient. Man möchte glauben, daß zunächst auch viele ländliche Kirchen aus Holz erbaut wurden. Diese Tradition hat sich in den Waldgebieten der Masuren, in Oberschlesien, den Beskiden, in Galizien und der Slowakei bewahrt; aber die heute dort anzutreffenden Bauten dieser Art reichen kaum vor das Jahr 1500 zurück.

Die Verbreitung der abendländischen Kunst

Seit der Zeit der Missionierung breitete sich die sakrale Architektur des Westens im slawischen Osten aus. Anfangs erfolgte sie auf dem Umweg über das Großmährische Reich, Böhmen und Polen. Zwischen der Kirche des Pribina in Nitra, geweiht 830, und der kleinen Kirche St. Emmeram in der gleichen Stadt, erbaut im 11. Jahrhundert, besteht allerdings wenig Ähnlichkeit. Die dem hl. Martin geweihte Rotunde auf dem Prager Vyšehrad entstand bereits in den Jahren 926/30, und die romanische St. Georgs-Basilika hinter dem Veits-Dom wurde um das Jahr 1000 errichtet. Das christliche Polen hat zunächst auch kleine viereckige oder runde Kirchen gebaut, wie das Kirchlein St. Felix und Adauctus auf dem Krakauer Wawelhügel (10. Jahrhundert). Schnell folgten romanische Kathedralen wie die von Posen (11. Jahrhundert) und Gnesen, aus dem gleichen Jahrhundert stammt die Abteikirche von Tyniec; im folgenden Jahrhundert entstanden St. Andreas zu Krakau und die schöne Basilika von Tum (1140/61), unweit von Łęczyca, nördlich der Stadt Łódź. In diesen alten Kirchenformen mit Zentralbau hat man manchmal byzantinischen oder adriatischen Einfluß sehen wollen, der den ersten Missionaren zugeschrieben wurde[37]. Aber die Verbindung der neuen christlichen Gemeinden mit Regensburg und später mit Mainz sowie die Einsetzung von Bischöfen aus dem Westen auf die neugegründeten Bistumssitze und die Politik der herrschenden Dynastien hatten großen Einfluß auf die Verbreitung der romanischen Bauweise[38]. Schon vor langer Zeit hat man, manchmal etwas übertrieben, auf die Bedeutung des Klerus und der Mönche aus Lüttich in Polen hingewiesen, auf die Ähnlichkeit zwischen Bauwerken im Moselgebiet und in Polen, auf die Verwandtschaft zwischen dem dekorativen Stil der Pforte an der Kathedrale von Gnesen und der Goldschmiedekunst im Maasraum[39]. Alexander, der Bischof von Płock (1129–56), und sein Bruder Walter, Bischof von Breslau (1149–69), standen mit den Kirchen der Diözese Lüttich in enger Verbindung, falls sie nicht überhaupt von dort kamen, und sie ließen in ihren Städten die ersten romanischen Kathedralen errichten[40].

Erstaunlich langsam ist die romanische Kunst von Deutschland aus nach Osten vorgedrungen. Von Bayern zog sie donauwärts nach Österreich; zwischen der uralten Martinskirche in Linz und der Blüte der Klöster in der zweiten Hälfte des 12. Jahrhunderts bezeugen lediglich die Krypta des hl. Pantaleon aus dem 11. Jahrhundert und ein Trakt der Benediktinerkirche zu Lambach, der fränkischen Ursprungs ist (1089), die Baukunst dieser frühen Zeit. Im Holsteinischen begann die Romanik nicht vor der Mitte des 12. Jahrhunderts. Nachdem Vizelin die Kirche von Bosau hatte errichten lassen (1151/52), folgten etliche weitere, darunter auch der erste Dom von Ratzeburg (1160/70) und der von Lübeck (seit 1173/74). In Mecklenburg liegt der Baubeginn des Schweriner Doms zwar in der gleichen Zeit (1171), aber recht eigentlich hat sich die romanische Kunst doch erst im 13. Jahrhundert durchgesetzt. Das gleiche läßt sich für Brandenburg sagen, wo diese abendländische Baukunst erst im 13. Jahrhundert Eingang fand, sieht man von der Grundsteinlegung des Doms von Brandenburg (1165) und der St. Gotthards-Kirche in der gleichen Stadt ab (zweite Hälfte des 12. Jahrhunderts). Pommern war mit seinem Dom von Kammin (1176) und der Abteikirche von Bergen auf der Insel Rügen schon ein Stück voraus.

Zweifellos war Magdeburg ein Wegbereiter der Gotik. Erzbischof Albert I., der in Paris studiert hatte, ließ in den Jahren 1209/13 eine neue Kathedrale errichten, inspiriert von der in Laon; rheinische Bauhütten und Zisterzienser waren an ihrem Bau beteiligt. An der Stelle des alten Doms von Meißen entstand ein neues Gebäude, das bereits einer Hallenkirche glich (1240). Jenseits der Elbe wurde die neue Entwicklung in Güstrow (1226), Görlitz (1240) und vor allem in Breslau aufgegriffen, wo seit 1244 ein neuer Dom gebaut wurde. Auch die Kirchen St. Elisabeth (1246) und Heiligkreuz, gegründet von Heinrich IV. (1288), zeigen den gotischen Einfluß. In Berlin war die alte Klosterkirche das älteste gotische Bauwerk (gegen 1260), dem bald die Marienkirche folgte (1270).

Die Kunst der Zisterzienser

An dieser Stelle gilt es, einen Schritt zurück zu machen, um zu begreifen, welche Rolle der Zisterzienserorden bei der Ausbreitung der westlichen Architektur im germanisch-slawischen Siedlungsraum gespielt hat. Die erste Zisterziensergeneration, die mittelbar oder unmittelbar von Morimond oder Clairvaux abstammte, blieb noch ganz den Bautraditionen von Cluny verhaftet. Die Kirchen von Heiligenkreuz und Zwettl, geweiht 1187 beziehungsweise 1158, waren ganz romanisch, und die Kirche von Sittich in Niederkärnten (1156) war von Cluny II inspiriert. Die Kirche von Doberan in Mecklenburg (1232) war noch nicht gewölbt. Da aber viele dieser frühen Bauwerke bald wieder verschwunden waren und die zweite Generation dieser Kirche Ostelbiens stärker von Altdeutschland beeinflußt wurde, das sich wiederum von der Kunst aus der Ile-de-France hatte anregen lassen, machte die ältere burgundische Generation einer neuen Form der Gotik Platz, die einen Kompromiß darstellte zwischen nüchterner Einfachheit der Innenausstattung und einem gewissen Überfluß am Äußeren der Kirche. Diese Entwicklung nahm mit Zinna ihren Anfang (1220), zeigte sich aber vor allem in der Mitte des 13. Jahrhunderts mit den schönen Bauwerken von Wąchock (1250) und von Sulejów (1252) in Polen, ferner in Lehnin (1262), Chorin (1273/1319), Pelplin (1294) und Doberan II (1297). Wenn man also die Zisterzienser nicht als Wegbereiter der Gotik in Ostmitteleuropa ansehen darf, so haben sie doch zu ihrer Blüte beigetragen und manchmal recht originelle Spielarten hervorgebracht[41].

Die Kunst der Ostseestädte

Die eigentümliche Bauweise, die sich im Kloster Chorin, einem wahren Kleinod, zeigt, findet man auch in den großartigen Backsteinbauwerken südlich der Ostsee. Den Auftakt machte die wunderbare Marienkirche zu Lübeck, die zwischen 1260 und 1351 errichtet wurde, nachdem die ältere romanische Kirche in einer Feuersbrunst zerstört worden war. Ihre Türme, die 125 Meter hoch in den Himmel ragen,

Heiligenkreuz, Stiftskirche nach Westen. Nach wie vor ungeklärt ist die Frage, ob die Spitzbögen des alten romanischen Kirchenschiffs vor oder nach der Einweihung von 1187 entstanden.

ihre drei strengen, langgestreckten Schiffe und die große, kahle Wandung ihrer Mauern haben Baumeister beflügelt, auch anderwärts in den Hansestädten ähnliche Bauwerke zu errichten, die manchmal freilich weniger herb ausgefallen sind: St. Nikolai zu Wismar, die Rostocker Marienkirche, die eindrucksvolle Marienkirche zu Danzig (1343/1502) und die hohen Kirchtürme von Riga und Reval, die »den Hanseaten vor Augen standen, das wahre Symbol ihrer Heimat«[42].

Die Kunst der großen Kathedralen in den Hansestädten und die Kunst der Abteien südlich der Ostsee, diese Kunst in Ziegelstein fand auch in gewaltigen Rathäusern, großen Hallen, in Kornspeichern, Stadtmauern und Türmen ihren Ausdruck. Nennen wir nur, erneut vom Vorbild Lübeck ausgehend, das Rathaus von Stralsund sowie – diesmal von flämischen Vorstellungen inspiriert – das von Thorn mit seinem hohen Turm daneben sowie das Rathaus von Danzig. Die Architektur der Deutschherren vermischten sich mit der hanseatischen Harmonie; sie hat am Ausgang des Mittelalters dem Ordensland das Ansehen machtvoller und geordneter Stärke gegeben – die Stärke eines Landes, das in Waffen steht. Die Ordensburgen waren eine Art »klösterlicher Kasernen« – Festungen, Verwaltungszentren, Fliehburgen im Fall der Gefahr. Die ersten waren Gemäuer aus Werkstein: Rehden (Radzyn), das heute eine Ruine ist, Lochstädt und Balga (Weselnoje, UdSSR). Später, zu Beginn des 14. Jahrhunderts, vereinheitlichte sich ihr Grundriß, nahm viereckige Formen an, und man verwandte gebrannten Stein. Seinerzeit entstand eines der schönsten Bauwerke der gotischen Backsteinarchitektur Nordosteuropas: die Marienburg (Malbork, Polen), welche die Hochmeister des Ordens 1309 zu ihrer Residenz machten. Damals stand bereits das sogenannte Hochschloß, ein imposantes viereckiges Gebäude, darin sich der Kapitelsaal, das Refektorium, der Schlafsaal der Ritter sowie die St. Annenkapelle befanden. Das Mittelschloß wurde im Laufe der folgenden Jahrzehnte erbaut, und in dem Flügel, der den Fluß beherrscht, befindet sich vor allem der Palast des Hochmeisters und das Refektorium. Letzteres, ein wahres Juwel, wurde 1393 unter dem Hochmeister Konrad von Jungingen von dem rheinischen Baumeister Nikolaus Fellenstein fertiggestellt. Schließlich ist da noch die Vorburg, welche das Arsenal und die Wirtschaftsgebäude beherbergte[43]. Diese großartige Festung wies zweimal, 1411 und 1454, die Angriffe der Polen zurück, doch sie mußte sodann den wechselhaften Geschicken Preußens folgen.

Am Ende des 19. und zu Beginn des 20. Jahrhunderts wurde die Marienburg zu einem Symbol der Germanisierung des Ostens, von den einen gefeiert, von den anderen verflucht[44]. Das hat weder dieses schöne Bauwerk verdient noch die Geschichte, die man leidenschaftslos verfolgen sollte. Zum Museum geworden könnte die Marienburg sehr wohl ein Symbol jener Kulturberührungen sein, welche – wenn auch mitunter nicht ohne Schmerzen – in der deutschen Ostbewegung des Mittelalters entstanden sind.

Die Klosterkirche von Chorin, eines der bemerkenswertesten Bauwerke gotischer Backsteinarchitektur in Nordostdeutschland, wurde in zwei Abschnitten gebaut: 1273 und 1303 bis 1319.

Die Marienkirche in Lübeck, zwischen 1260 und 1351 wiedererbaut und nach dem Zweiten Weltkrieg völlig restauriert: Symbol der Welt der Hanse.

Epilog

Der lange »Aufstieg« der Ostbewegung – die Zeit der Eroberungen, Missionierungen, Wanderungen und des Landesausbaues – hat somit mehr als fünf Jahrhunderte gedauert. Ihr Höhepunkt war gegen Mitte des 14. Jahrhunderts erreicht, und wenn man der Wende genaue Daten zuschreiben müßte, dann könnte es die Zeit zwischen 1348 und 1393 sein: im erstgenannten Jahr wütete die große Pest, und Karl IV. gründete die Universität Prag – im gleichen Jahr fand übrigens ein unheilverkündendes Erdbeben statt[1] –; im letztgenannten wurde der Bau der Marienburg vollendet. Schnell setzte sodann der »Abstieg« ein; er hielt bis in die Mitte des 15. Jahrhunderts an.

Bevölkerungsschwund und wirtschaftlicher Niedergang

Die tiefreichenden Ursachen, die am Beginn der großen Wanderungsbewegung standen, hatten sich nun ins Gegenteil verkehrt, und dies erklärt auch den Umschwung. An erster Stelle ist der Bevölkerungsschwund in Altdeutschland zu nennen. Dieser Raum war – wie das gesamte Abendland – von den Hungersnöten der Jahre 1315/17 schwer betroffen, sowie von den Seuchen, von der Agrarkrise und einem natürlichen Bevölkerungsrückgang[2]; er war nicht mehr imstande, den Wanderungsstrom nach Osten zu speisen. Aber auch das neue Deutschland zwischen Elbe und Oder, das die zweite Welle hervorgebracht hatte, war zum Teil von dem Bevölkerungsschwund berührt, vor allem Lauenburg, Mecklenburg und Brandenburg. Gegen 1360/75 nahmen die Wüstungen immer größere Ausmaße an[3], und dies machte es unmöglich, die Ausdehnung nach Osten weiterzuverfolgen.

Während der deutsche Quell allmählich versiegte, erlebte die slawische Bevölkerung einen demographischen Aufschwung[4], was, wie wir gesehen haben, ein Zurückweichen der deutschen Sprache zur Folge hatte. Gleichzeitig mit dem Bevölkerungsrückgang verursachte die große Krise, die aus dem Verfall der Agrarpreise folgte, der damals ganz Europa traf, auch den Verlust der neuerschlossenen Gebiete. Im Osten bedeutete dies, daß dort, wo vor kurzem noch Pioniere fieberhaft am Werk waren, nun wieder die Wildnis wucherte. Als man das Jahr 1410 schrieb, waren in den Sudeten die Dörfer der deutschen Kolonisation im Reichensteiner Gebirge praktisch allesamt verlassen, und auf dem Plateau des Gesenke lagen mehr als 60% der mittelalterlichen Dörfer wüst[5]. Wir wissen auch, daß in Brandenburg zwischen 1375 und 1420 die Wüstungen beträchtlich waren und daß sich in Ostpreußen die letzten Anstrengungen des Landesausbaus und das Einsetzen der Wüstungen die Waage hielten[6].

Der Wiederaufstieg der Slawen

Als die slawischen Fürstenhäuser relativ schwach waren, hatten sie die Ostbewegung und den Landesausbau durch Deutsche – das Inwertsetzen neuer Räume – mit Wohlwollen betrachtet, weil sie sich davon Vorteile für ihre Staaten versprachen. Doch in der Mitte des 14. und im 15. Jahrhundert kehrten sich die Dinge um. Die slawischen Staaten erstarkten zusehends, es kam zu territorialen Zusammenschließungen – auch zu Konflikten –; neue Dynastien traten auf, und so wurde dem Zuzug deutscher Bevölkerung ein Riegel vorgeschoben[7].

In Schlesien entstand eine völlig neue Situation, als die direkte Piastenlinie mit dem Tod Heinrichs IV. (1290) endete, und die Fürstentümer, die aus mehreren Teilungen hervorgegangen waren (Oppeln, Ratibor, Liegnitz, Sagan, Glogau), unter die Oberhoheit Böhmens gerieten, bis Karl IV. sie 1348 seinem Reich förmlich einverleibte. Die Piastenfürsten hatten die deutsche Einwanderung gerne gesehen; doch die tschechischen Landeshauptleute waren hin- und hergerissen von der Sorge, einerseits auf das deutsche Patriziat Rücksicht zu nehmen, um das Land von Polen zu lösen, und andererseits ihre eigene, böhmische Amtsgewalt zu stärken. Die ständigen Spannungen in den Kleinstädten und die Unsicherheit, die nach dem Tod Karls IV. (1378) allenthalben zu bemerken war, verhinderten jeden Fortschritt des Landesausbaus[8].

Die Přemysliden und ihre kirchlichen Gefolgsleute haben die deutsche Kolonisation in Böhmen begünstigt. Es scheint, daß es unter dem Haus Luxemburg noch Rodungen gab; aber bereits im zweiten Viertel des 14. Jahrhunderts hörten sie auf – ob es nun Deutsche waren oder Tschechen, die sie zuletzt betrieben hatten –, und die Zeit der Wüstungen beginnt[9]. Die Sympathie Karls IV., der ganz der Idee eines westslawischen Staates zuneigte, scheint übrigens dem slawischen Element seines Königreichs gehört zu haben[10].

In Polen war es Kasimir der Große (1333–70), der die Einigung und Zentralisierung mächtig vorantrieb. Sein eigener Vorstoß nach Osten – er verleibte seinem Staat die prussische Region um Halicz ein (1349/66) – und das Bevölkerungswachstum, das sein Land im 14. Jahrhundert erfuhr[11], haben der Binnenkolonisation eine Schwungkraft verliehen, welche den Deutschen wenig Raum ließ. Später, nach dem Zwischenspiel seines ungarischen Nachfolgers, hat Kasimirs Neffe Louis d'Anjou eine Politik betrieben, die eine derartige Machtanhäufung in Nordosteuropa zur Folge hatte, daß der polnische Staat imstande war, die »Missionstätigkeit« des Deutschen Ordens zu unterbinden[12]. Polens Aufstieg war vor allem der Heirat der jungen Prinzessin Hedwig mit dem Großherzog von Litauen, Jagellon, zuzuschreiben, denn diese Ehe führte zu einer Personalunion zwischen der polnischen und der litauischen Krone (1386).

Karl Robert von Anjou (1308–42), der neue König von Ungarn, gewählt dank der zeitweiligen Unterstützung des slowakischen Magnaten Mathias Csak, und sein Sohn Ludwig der Große, der auf dem polnischen Thron saß (1342–82), verstärkten die königliche Autorität im alten Arpadierreich. Sie brauchten weiterhin deutsche Siedler und Bergknappen, um die Bodenschätze der Slowakei auszubeuten. Aber Ludwig gab der Stadt Žilina einen »Freibrief zugunsten der Slawen«, und unter seiner Herrschaft entstanden neue slawische Höfe. Er holte sogar ukrainische Siedler ins Land, um der »sächsischen« Zuwanderung ein Gewicht entgegenzustellen[13].

Das Wechselspiel von Bevölkerungsschwund, Wirtschaftskrise und Politik in der zweiten Hälfte des 14. Jahrhunderts war dem Ausbreiten der Deutschen nach Osten feind; zwei schwere Erschütterungen waren es, die der Ostbewegung endgültig den Todesstoß versetzten: die Reformbewegung des Jan Hus mit den nachfolgenden Wirren, sowie der heftige Streit zwischen dem Deutschen Orden und dem Staat der Jagellonen.

Die Hussitenwirren

Die hussistische Bewegung war anfangs nur eines der Gärungselemente im religiösen Leben Ostmitteleuropas. In der ersten Hälfte des 14. Jahrhunderts hatte sich waldensisches Gedankengut in Böhmen und Schlesien ausgebreitet. In der zweiten Jahrhunderthälfte wetterten bereits namhafte Prediger gegen die sittliche Verkommenheit des katholischen Klerus in Böhmen und gegen den Reichtum der Prälaten. Andererseits stand auch König Wenzel IV. in scharfem Widerstreit mit dem Erzbischof von Prag – Prag war seit 1341 Erzbistum –, und zwar ging es dabei um die Errichtung eines neuen Bistums; außerdem hatte der König die allgemeine Mißbilligung erregt, seit er den Generalvikar Johannes Nepomuk hatte ertränken lassen (1393). Unter diesen Umständen fanden die reformatorischen Lehren des Engländers John Wyclif, von dem einige Anhänger sich nach Böhmen geflüchtet hatten, im tschechischen Bürgertum und auch bei den unteren Volksschichten ein offenes Ohr. Jan Hus, ein Sohn des Volkes, wurde an der Universität Prag Magister der Philosophie und Prediger an der Prager Bethlehemskapelle; und er machte sich das Reformbegehren Wyclifs zu eigen. Vom Erzbischof deswegen exkommuniziert, machte sich Hus auf zum Konzil von Konstanz, um seine Rechtgläubigkeit zu beweisen. Aber das Konzil verdammte ihn als Ketzer, und am 6. Juli 1415 mußte Hus den Scheiterhaufen besteigen – das »freie Geleit«, das ihm Wenzels Bruder, Kaiser Sigismund, zugestanden hatte, nützte ihm nichts[14]. Sein tragischer Tod war das Signal für einen Aufstand, der anfangs religiöse, später auch gesellschaftliche Ziele hatte, und zur Abrechnung mit den Deutschen in Böhmen aufrief. Eine hussitische Liga erhob sich, unterstützt vom tschechischen niederen Adel, und sie hatte nicht nur die Freiheit der Predigt im Sinne, sondern ließ sich auch von der Hoffnung auf die Ländereien der Kirche nähren. Radikale Prediger hetzten das Volk in den Straßen von Prag auf. Wenzel reagierte halbherzig; immerhin weigerte er sich, den Neuerern mehr als drei Kirchen zu überlassen. Daraufhin veranstalteten die Hussiten unter Leitung von Jan Želivský eine riesige Versammlung, drangen in das Rathaus in der Prager Neustadt ein, »defenestrierten« sieben Ratsherren (30. Juli 1419), jagten deutsche Patrizier und Prälaten davon und beschlagnahmten deren Habe. Der König, innerlich zerrissen, starb kurz darauf an einem Schlaganfall. Die Hussitenbewegung faßte in weiteren Städten Fuß. Jan Žižka aus Trocnov, ein kleiner Landedelmann und überzeugter Schüler von Hus, erhob sich gegen Kaiser Sigismund und baute sich die Stadt Tábor zu einem Heerlager aus, wo er eine neue Gesellschaftsform und das »Himmelreich Gottes« verwirklichen wollte (1420)[15].

Nun setzten die blutigen Hussitenwirren ein, die Böhmen isolierten und seine Nachbarn bald in Mitleidenschaft zogen. Zwischen 1420 und 1431 boten Kaiser und Papst fünf Kreuzzüge gegen das ketzerische Böhmen auf, wobei die Kontingente hauptsächlich aus Deutschen bestanden. Ein ums andere Mal mußten sie vernichtende Niederlagen einstecken. Mehr noch, nach dem Tod des Jan Žižka (1424) ging sein Nachfolger Prokop Holy seinerseits zum Angriff über und fiel in Schlesien und in deutsche Lande ein. Im Mai 1427 plünderten die Hussiten Goldberg und andere Orte in dieser Gegend und äscherten sie ein; im Frühjahr 1428 war das Fürstentum Troppau an der Reihe sowie die Ländereien des Bischofs von Neisse und die Umgebung von Breslau, im Herbst 1428 folgte die Gegend von Görlitz in der Oberlausitz. 1429/30 setzten sich die blutigen Verwüstungen im Inneren Schlesiens fort[16]. 1430 drangen die Hussiten nach Franken vor, wo Sigismund seine Reichsinsignien, und zwar in Nürnberg (1424), in Sicherheit gebracht hatte. Auch Meißen und das Vogtland wurden verwüstet. Österreich, dessen Herzog Albrecht V. der Schwiegersohn Sigismunds war, wurde in den Jahren 1425 bis 1431 mehrmals verheert. Die Taboriten stießen schließlich bis nach Brandenburg vor und, durch Pommerellen, 1433 gar bis an die Ostsee[17]. In diesen Jahren der Wirren war es den deutschen Siedlern nicht möglich, sich auf neue Abenteuer einzulassen, zumal sie ständig unter der Drohung lebten, ihrer neuerschlossenen Gebiete wieder verlustig zu gehen. Nach der Niederlage der Hussiten und Prokops Tod (1434, in Lipany) fand der religiöse Kompromiß in den Prager Kompaktaten seinen Ausdruck[18]; die Regentschaft und die Königswahl des jungen Edelmannes Georg von Podiebrad (1458–71) beruhigte das Land wieder – aber der deutschen Ostsiedlung war damit in dieser Richtung die Tür verschlossen.

Der Rückzug des Deutschen Ordens

Im Kolonisationsraum im Nordosten führte der Staat des Deutschen Ordens zunächst so etwas wie einen Kreuzzug; aber nun stieß er auf die vereinigte Macht von Polen und Litauen, indes er selber, im Innern, nicht von religiösen, wohl aber von schweren gesellschaftlichen und politischen Krisen gebeutelt wurde. Ob man es Kreuzzug oder eigensüchtige Eroberung nennt, der Orden stand praktisch seit fast zweihundert Jahren im Krieg[19]. Nach der Einnahme von Danzig und Pommerellen hatte der Friede von Kalisch mit Kasimir dem Großen (1343) erst einmal für gut vierzig Jahre gehalten. Zu Litauen dagegen vergifteten sich die Beziehungen zusehends. Dem Fürsten Mendovg war es in der Mitte des 13. Jahrhunderts geglückt, verschiedene litauische Stämme zu einigen, dies ein Werk, das vor allem Großherzog Gedimn (1316–41) und dessen Sohn Olgerd (1341–77) fortsetzten. Sie legten ihre Hand auf das Land zwischen dem Njemen und dem Tal des Dnjepr, auf die russischen Fürstentümer Minsk, Witebsk, auf Wolhynien und Podolien und schufen sich einen riesigen Staat, dessen Hauptstadt Wilna war und in dem das Russische allmählich überwog[20]. Gegen diese gefährliche, noch immer stark heidnisch gefärbte Macht vermochte der Krieg sich stets als Kreuzzug auszugeben – es war ein Kreuzzug ohne Ende, und es war alles erlaubt[21]. Dies ist die große Zeit, als der Orden Ritter aus dem Westen als »Gäste« bei sich aufnimmt, damit sie ihn bei seinem Kampf gegen Litauen unterstützen; auf diesen »Reisen«, wo man die Zeit verbringt mit Reiten und Jagen, mit Gelagen und Banketten[22]. Der Kreuzzug von 1344/45, an dem neben dem König von Böhmen, Johann von Luxemburg, und seinem Sohn Karl eine ganze Armee von Fürsten teilnimmt, ist ein kläglicher Mißerfolg; er endet damit, daß die Litauer in Livland einfallen. Aber 1361/63 verwüsten die Ordensritter Kowno, ziehen plündernd durch das Tal des Njemen und äschern das masowische Nowgorod ein, um den Herzog dafür zu bestrafen, daß er den Litauern geholfen hat. Olgerds Sohn Jagellon setzt sich gegen diese unaufhörlichen Übergriffe des Ordens und gegen dessen Intrigen, seinen Vetter Witold auf den litauischen Thron zu bringen, zur Wehr, indem er das Vorhaben einer Union mit Moskau aufgibt, zum römischen Glauben übertritt und durch seine Vermählung mit der kleinen Königin Hedwig (1386) die litauisch-polnische Vereinigung besiegelt: Ein bedeutendes Ereignis, denn es beraubt den Orden seines Vorwands, dieses Land mit einem Kreuzzug zu überziehen. Gleichwohl, an der Wende zum 15. Jahrhundert sitzen die Deutschherren noch fest im Sattel, und ihr Territorium erreicht damals seine größten Ausmaße, als ihnen Witold, der bald darauf wieder mit Jagellon im Kampf liegt, im Vertrag von Sallinwerder (1398) Samaiten überläßt, das Verbindungsstück zwischen dem Memelland und Livland; sie besetzen zeitweise das Land um Dobrin (Dobrzyń, Polen), das der Herzog von Oppeln (1392–1404) abgetreten hatte, und sie erhalten vom Markgrafen von Brandenburg die Neumark verpfändet (1402), die Polen den Weg zur Ostsee versperrt.

Jeder fühlte sich vom andern bedroht und bereitete den Krieg vor. »Um der Gefahr zuvorzukommen«, entschied sich der Hochmeister Ulrich von Jungingen zu einem Waffengang. Dies führte zur Katastrophe von Tannenberg (15. Juli 1410): der Hochmeister fiel im Kampf und mit ihm die Mehrheit der Würdenträger und der Ritter des Ordens; die polnisch-litauische Armee mit ihren russisch-tatarischen Hilfstruppen besetzten das Land Preußen, seine Städte und Burgen – nur die Marienburg vermochte unter der Führung Heinrichs von Plauen standzuhalten[23]. Die Sieger wußten jedoch maßzuhalten, und der Orden durfte im ersten Thorner Frieden vom 1. Februar 1411 sein Land behalten, er mußte allerdings die hohe Kriegsentschädigung von sechs Millionen Groschen bezahlen.

Der Ordensstaat ging nicht militärisch zugrunde, und es war auch nicht allein die Auferlegung dieser Geldsumme, die ihn in Schwierigkeiten brachte. Es waren vielmehr seine ureigensten Strukturen – seine Verwaltung und sein Machthunger –, welche die tödliche Krise herbeiführten[24]. Der Orden benötigte viel Geld und viele Mitarbeiter (gegen 1450 waren es 400 bis 500 Brüder). Seine Komture und seine Pfleger preßten die Gemeinden aus und legten den Bauern schwere Fronen auf, die in Form von Hand- und Spanndiensten (Baude) abzuleisten waren. Daß dieser

Staat, der von »einer Korporation von Mönchs-Rittern angeführt wurde«, auch Handel betrieb, war übrigens kaum vereinbar mit den gesellschaftlichen und wirtschaftlichen Vorstellungen des Mittelalters[25]. Die Städte und der Adel zwangen den Orden zunächst, mit Polen einen Friedensvertrag abzuschließen (1433/35), und sie taten sich später in einer ständischen Einung zusammen, dem »preußischen Bund«, um sich der Herrschaftsgewalt des Ordens erwehren zu können.

1454 kam es zu einem Aufstand. Die Stände baten König Kasimir IV. von Polen um Hilfe und erkannten ihn als ihren Herrn an. Nach dreizehn Jahren Krieg zerriß der zweite Thorner Friede vom 19. Oktober 1466 das Ordensland in zwei Teile: Pommerellen, das Kulmer Land, das Ermland samt Elbing und Marienburg sowie Warmien mußte der Orden an den König von Polen abtreten, der diese Länder künftig persönlich regierte; die anderen Teile Preußens – zwischen Weichsel, Pregel und Memel – verblieben dem Orden, aber sie standen nun unter polnischer Oberhoheit. Der Zerfall der Ordensherrschaft war nur noch eine Frage der Zeit[26]. Doch der Ordensstaat hing zäh an seinem Leben; er dauerte fort bis zum Jahr 1525, als der Hochmeister Albrecht von Brandenburg-Ansbach das Land »säkularisierte«, da er sich zu Luthers Reformation bekannte; der letzte Ordensmeister in Livland folgte diesem Beispiel. Wie in Mitteleuropa, so haben diese Ereignisse zu Beginn des 16. Jahrhunderts auch hier das Ende eines Zeitalters bedeutet.

Doch in diesen Jahren begann bereits eine neue Wanderungswelle gen Osten: die der Bergleute, der Grundherren, auch die der Bauern, der Wiedertäufer und der Reformierten, die der Verfolgung ihrer Landesherren zu entgehen suchten. Ein neuer Kreislauf setzte ein[27].

Die Ostsiedlung war eine Grundtatsache der deutschen Geschichte des Mittelalters, und wenn die von Karl Hampe geprägte Formel nicht schon so abgegriffen wäre, wäre man versucht zu sagen: »die große Grundtatsache«. Aber dank ihrer Begleiterscheinungen und ihrer Folgen war sie auch eine beherrschende Tatsache der ganzen ostmitteleuropäischen Geschichte. Die westeuropäische Historiographie – und praktisch die gesamte französische Geschichtsschreibung – hat den Spannungen zwischen Sacerdotium und Imperium ein Höchstmaß an Aufmerksamkeit geschenkt, diesem Spiegelbild des *dominium mundi*. Diese Zwietracht hat die Geister der Könige, der Fürsten, Prälaten und der Legisten in ihren Bann geschlagen, wiewohl der Endzweck dieses Ringens bestimmt über die Köpfe der Menschen hinwegging; indes die Ostkolonisation für alle Betroffenen eine handfeste Bedeutung hatte, und eigentlich sogar für alle, die in dieser Zeit gelebt haben.

Aufgabe der Geschichtswissenschaft ist es, von der Vergangenheit zu berichten und sie – soweit möglich – zu erklären. Es ist nicht ihre Sache, über sie zu richten. Falsch wäre es, wenn sie im nachhinein einen Sinn unterschöbe oder die Vergangenheit zu eigensüchtigen Zwecken mißbrauchte. Aus diesem Grund habe ich nur solche Informationen wiedergegeben, die objektiv verifizierbar sind. Man sollte der Ostsiedlung nicht einen »nationalen« Anstrich geben – dies wäre eine anachronistische Deutung, denn ich glaube nicht, daß diese Regung die Handelnden belebt hat;

nicht der Nationalismus war die Triebkraft hinter dieser Bewegung. Man sollte andererseits nicht umgekehrt sagen, die deutsche Ostwanderung habe der Entwicklung der slawischen Länder genützt oder geschadet, denn es ist unmöglich, diese Wanderung wie ein kontrolliertes Experiment ein zweites Mal – aber unter anderen Bedingungen – ablaufen zu lassen. Und man sollte der extremen Auffassung widersprechen, jener Vorstoß nach Osten sei schuld an der letzten deutschen Katastrophe.

Um die Ostkolonisation voll und ganz zu verstehen, muß man sie in den gesamteuropäischen Zusammenhang des 10. bis 14. Jahrhunderts stellen. Das Abendland ist damals über seine Grenzen hinweggeströmt; seine Bevölkerung hat sich in zwei Jahrhunderten verdoppelt oder verdreifacht, und diese überschäumende Lebenskraft hat den »vollen« Kontinent gezwungen, seinen Lebensunterhalt anderswo zu suchen. Neue Räume zu erschließen, die landwirtschaftlichen Erträge zu steigern, in die Stadt zu ziehen, neue Dörfer und Städte zu gründen – all diese Lösungen boten die großen Wanderbewegungen[28]. Aus dem gleichen Grund hat es unter etwas anderen Vorzeichen Millionen von Europäern im 19. Jahrhundert nach Übersee gezogen, und die gleichen Probleme sind es auch, die sich heute weltweit stellen: der Bevölkerungsdruck in der Dritten Welt, der ganze Subkontinente erfaßt. Die deutsche Ostsiedlung war, mit anderen Worten, ein Ausdruck des Bevölkerungs- und Wirtschaftswachstums des mittelalterlichen Europa – dies eine Auffassung, die ich seit langem vertrete, und über die sich zwei sonst so unterschiedliche Historiker wie W. Schlesinger[29] und B. Zientara[30] einig sind.

Große wie kleine Wanderungsbewegungen hat es nie gegeben, ohne daß es zu Reibereien zwischen den zuwandernden und den bereits ansässigen Volksgruppen gekommen wäre. Die großen Völkerwanderungen am Ausgang der Antike sind keineswegs immer friedlich verlaufen. Auf die Kreuzzüge des 12. Jahrhunderts folgte die »Kolonisation« im fränkischen Syrien. Die Reconquista hat französischen Auswanderern den Weg in die Iberische Halbinsel geöffnet. Man sollte sich durchaus im klaren sein, daß die Ostbewegung von Anfang an – und nicht erst später in Preußen – Blut und Tränen verursacht hat. Und dennoch kann man abschließend sagen, vom Standpunkt des unvoreingenommenen Betrachters aus, daß die Völkervermischung im Herzen und am Rande des mittelalterlichen Europas viel Neues hervorgebracht hat; sie hat – wie es unlängst B. Zientara so schön formuliert hat[31] – »den gerade heranreifenden Nationen erlaubt, sich Elemente der abendländischen Zivilisation anzueignen«, und sie hat dadurch die europäische Gemeinschaft ausgeweitet und bereichert.

Abkürzungsverzeichnis

Abh.	Abhandlung(en)
Fs.	Festschrift
Hdb.	Handbuch
hg.	herausgegeben
Hg.	Herausgeber
HVjs	Historische Vierteljahresschrift
HZ	Historische Zeitschrift
J.	Journal
Jb.	Jahrbuch
ma.	mittelalterlich
MA	Mittelalter
MGH	Monumenta Germaniae Historica
MIÖG (MÖIG)	Mitteilungen des Instituts für Österreichische Geschichtsforschung (Mitteilungen des österreichischen Instituts für Geschichtsforschung, Bd. 39–55)
Mitt.	Mitteilungen
NDB	Neue Deutsche Bibliothek (1953ff.)
NF	Neue Folge
VSWG	Vierteljahresschrift für Sozial- und Wirtschaftsgeschichte (1903ff.)
Zs.	Zeitschrift
ZSRG GA	Zeitschrift der Savigny-Stiftung für Rechtsgeschichte, Germanistische Abteilung (1880ff.)

Anmerkungen

Vorwort

1 Ch. Higounet, Géohistoire, in: L'histoire et ses méthodes (Encyclopédie de la Pléïade, XI), hg. von Ch. Samaran, Paris 1961, S. 71.
2 Geschichte Schlesiens, Bd. 1 (bis 1526), hg. von H. Aubin u.a., Breslau 1938.
3 A. Bachmann, Geschichte Böhmens, Bd. 1, Gotha 1899.
4 H. Witte, Mecklenburgische Geschichte, Bd. 1, Wismar 1909.
5 M. Wehrmann, Geschichte von Pommern, Bd. 1, Gotha 1901–1903.
6 A. Hauck, Kirchengeschichte Deutschlands. Bd. 3–4, Leipzig [4]1920.
7 F. Curschmann, Die deutschen Ortsnamen im Nordostdeutschen Kolonialgebiet, Stuttgart 1910.
8 B. Heil, Die deutschen Städte und Bürger im Mittelalter (Aus Natur und Geisteswelt, 43), Leipzig [4]1921.
9 H. Pelzer. Friedrichs I. von Hohenstaufen Politik gegenüber Dänemark, Polen und Ungarn, Diss. Münster, Leipzig 1906.
10 B. Panzram, Geschichtliche Grundlagen der ältesten schlesischen Pfarrorganisation, Breslau 1940.
11 E. Keyser, Die Bevölkerung Danzigs und ihre Herkunft im 13. und 14. Jh., in: Pfingstblätter des Hansischen Geschichtsvereins, XV (1924).
12 K. Hampe, Der Zug nach dem Osten. Die kolonisatorische Großtat des deutschen Volkes im Mittelalter (Aus Natur und Geisteswelt, 731), Leipzig [5]1939.
13 J. Haller, Von den Karolingern zu den Staufern; ders., Von den Staufern zu den Habsburgern (Sammlung Göschen, 1065 bzw. 1077), Leipzig 1934 bzw. 1935.
14 Siehe L'artisanat et la vie urbaine en Pologne médiévale (Ergon, Bd. III), Warschau 1962.
15 Siehe Ecole Pratique des Hautes Etudes (IVe section), Jahrbuch 1972/3, S. 383f.; 1973/4, S. 433f; 1974/5, S. 551–53; 1980/1, (S. 121).
16 La Hanse; dt. Ausgabe: Die Hanse, Stuttgart [3]1981.

Einleitung

1 Dazu zuletzt Z. Kaczmarczyk, Kolonizacja niemiecka i kolonizacja na prawie niemieckim w średniowiecznej Polsce [Deutsche Kolonisation und Kolonisation nach deutschem Recht im mittelalterlichen Polen], in: Stosunki polsko-niemecki w historiografii, Posen 1974, S. 218–326; F. Graus. Die Problematik der deutschen Ostsiedlung aus tschechischer Sicht, in: Die deutsche Ostsiedlung des MAs (Vorträge und Forschungen, XVIII, 1975), S. 31–75. W. Wippermann, Die Ostsiedlung in der deutschen Historiographie und Publizistik. Probleme, Methoden und Grundlinien der Entwicklung bis zum Ersten Weltkrieg, in: Germania Slavica, I, Berlin 1980, S. 41–80; ders., Der »Deutsche Drang nach Osten«. Ideologie und Wirklichkeit eines politischen Schlagwortes (Impulse der Forschung), Darmstadt 1981. Wir sind diesen Arbeiten sehr verpflichtet.
2 Wir zeigen hier nur die jüngste Auflage an von H. Stoob, Darmstadt [4]1983 (Ausgewählte Quellen zur deutschen Geschichte des MAs, Bd. XIX).
3 Hg. von A. Bauer, Darmstadt [2]1975 (wie Anm. 2, Bd. XXIV).
4 Hg. von K. Maleczyński, Krakau 1952 (Monumenta Poloniae Historica, nova series, Bd. 2).
5 Hg. von B. Bretholz, Berlin 1923, Neudruck 1955 (MGH, nova series, II).

6 Urkunden und erzählende Quellen zur deutschen Ostsiedlung im MA, hg. von H. Helbig u. L. Weinreich, II, Darmstadt 1970, Nr. 71, S. 272–77.
7 Siehe F. Graus, Die Bildung eines Nationalbewußtseins im mittelalterlichen Böhmen. Die vorhussitische Zeit, in: Historica, 1966, S. 5–49; Jan Długosz, Historia Polonica Libri XII, Warschau 1961
8 Wippermann, Der »Deutsche Drang«, S. 32f.; W. Menzel, Die Geschichte der Deutschen, Bd. 3. Breslau 1818, S. 247, 254.
9 Kaczmarczyk, Kolonizacja niemiecka, S. 227–30.
10 F. Kohlrausch, Die deutsche Geschichte für die höheren Schulen, Elberfeld 1823.
11 G. A. Tzschoppe u. G. A. Stenzel, Urkundensammlung zur Geschichte des Ursprungs der Städte, nach der Einführung und Verbreitung Deutscher Kolonisten. Rechte in Schlesien und Oberlausitz, Hamburg 1832 (Einführung).
12 Kaczmarczyk, Kolonizacja niemiecka, S. 236–38.
13 Wippermann, Der »Deutsche Drang«, S. 39f.; M. W. Heffter, Der Weltkampf der Deutschen und Slawen seit dem Ende des 4. Jhs. nach christlicher Zeitrechnung, nach seinem Ursprunge, Verlaufe und nach seinen Folgen dargestellt, Hamburg–Gotha 1847; H. Wuttke, Polen und Deutsche, Leipzig 1848.
14 G. A. Stenzel, Geschichte Schlesiens, Bd. 1, Breslau 1853.
15 C. Grünhagen, Breslau unter den Piasten als deutsches Gemeinwesen, Breslau 1861, und Geschichte Schlesiens, Bd. 1, Gotha 1884.
16 Kaczmarczyk, Kolonizacja niemiecka, S. 243; W. Wattenbach, Die Germanisierung der östlichen Grenzmarken des deutschen Reiches in: HZ 9 (1863), S. 368–417.
17 Wippermann, Der »Deutsche Drang«, S. 47–51; F. Palacký, Geschichte von Böhmen, Prag 1836–1867, und Geschichte des Hussitenthums und Prof. C. Höfler, Kritische Studien, Prag 1868. Siehe auch F. Graus, Die Problematik, S. 35f.
18 Wippermann, Der »Deutsche Drang«, S. 52–54; L. Stur, Das Slaventhum und die Welt der Zukunft, 1851, Neuaufl. Preßburg 1931.
19 K. Weinhold, Die Verbreitung und die Herkunft der Deutschen in Schlesien (Forschungen zur deutschen Landes- und Volkskunde, II), Stuttgart 1887.
20 M. Wehrmann, Geschichte von Pommern, Bd. 1, Gotha 1904; E. Schmidt, Geschichte des Deutschtums im Lande Posen unter polnischer Herrschaft, Bromberg 1904.
21 K. Lamprecht, Deutsche Geschichte, Bd. 3, Berlin 1893.
22 J. Vietig, Die polnischen Grunwaldfeiern der Jahre 1902 und 1910, in: Germania Slavica, II (1981), S. 237–62.
23 R. F. Kaindl, Geschichte der Deutschen in den Karpathenländern, Bd. 1, Gotha 1907.
24 O. Balzer, O Niemach w Polsce [Die Deutschen in Polen], in: Kwartalnik Historyczny, XXV, Lemberg 1911.
25 E. Denis, La Bohême depuis le Montagne Blanche, 2 Bde., Paris 1892–1905.
26 D. N. Jegorov, Die Kolonisation Mecklenburgs im 13. Jh., 2 Bde., Breslau 1930 (Übersetzung eines ursprünglich 1915 in russischer Sprache erschienenen Werkes).
27 Der Zug nach dem Osten, Leipzig 1920.
28 Kaczmarczyk, Kolonizacja niemiecka, S. 276, 294.
29 Deutschland und Polen. Beiträge zu ihren geschichtlichen Beziehungen, hg. von A. Brackmann, München–Berlin 1933.
30 R. Kötzschke u. W. Ebert, Geschichte der ostdeutschen Kolonisation, Leipzig 1937.
31 Wippermann, Der »Deutsche Drang«, S. 104–16.
32 Ebd., S. 117f.; A. Abusch, Der Irrweg einer Nation. Ein Beitrag zum Verständnis deutscher Geschichte, Berlin 1946.
33 Siehe Die Slawen in Deutschland. Ein Handbuch, hg. von J. Herrmann, Berlin 1970.
34 Siehe bes. Siedlung und Verfassung der Slaven zwischen Elbe, Saale und Oder, hg. von H. Ludat, Gießen 1960; Germania Slavica (Berliner historische Studien), hg. von W. H. Fritze (seit 1980).
35 W. Schlesinger, Die geschichtliche Stellung der mittelalterlichen deutschen Ostbewegung, in: HZ 183 (1957), S. 517–42.

36 Ders., Die mittelalterliche deutsche Ostbewegung und die deutsche Ostforschung, in: Deutsche und europäische Ostsiedlungsbewegung (Bericht über die wissenschaftliche Jahrestagung des Johann-Gottfried-Herder-Forschungsrates, 7.–9. März 1963), Marburg 1964.

37 Von diesem Auf und Ab erzählt er wunderbar in Eine Jugend für die Sprachinselforschung, in: Jb. der schlesischen Friedrich-Wilhelms-Universität zu Breslau, XVII (1982), S. 225–78.

38 W. Kuhn, Die deutsche Ostsiedlung vom Mittelalter bis zum 18. Jh., in: Das östliche Deutschland. Ein Handbuch, Würzburg 1959, S. 165–238; abgedr. in: Die deutsche Ostsiedlung, in: Die Deutschen und ihre östlichen Nachbarn. Ein Handbuch, Frankfurt/M., 1967, S. 40–66.

39 Mehrere davon finden sich in: Vergleichende Untersuchungen zur mittelalterlichen Ostsiedlung, Köln–Wien 1973.

40 Siehe oben, Vorwort, Anm. 14.

41 Hg. von W. Schlesinger, Vorträge und Forschungen, Bd. XVIII, Sigmaringen 1975. Siehe auch W. Arnold, Ostsiedlung und Politik. Von der Siedlung des späten Mittelalters zu den deutsch-polnischen Schulbuchgesprächen, in: Ostdeutsche Familienkunde, 7 (1974), S. 65–75.

42 G. Labuda, A historic analysis of the German »Drang nach Osten«, in: Polish Western Affairs, 5 (1964), S. 254.

43 Marc Bloch, Un problème de contact social: la colonisation allemande en Pologne, in: Annales d'histoire économique et sociale VI (1934), S. 593–98.

I,1

1 Siehe Childe, Prehistoric Migrations in Europe, 1950; Neuaufl. Oosterhout 1969.

2 J. Moreau, Die Welt der Kelten, Stuttgart 1958; J. Harmand, Les Celtes au second âge du Fer, Paris 1970; V. Kruta, Les Celtes, Paris 1976; Les mouvements celtiques, du Ve au Ier siècle avant notre ère, hg. von P. M. Duval u. V. Kruta, Paris 1979.

3 Umfangreiche Dokumentation bei L. Schmidt, Die Ostgermanen, München 1933, Neuaufl. 1969; ders., Die Westgermanen, München 1938, Neuaufl. 1970. Siehe auch R. Hachmann, Les Germains (Archaeologia mundi), Genf 1971.

4 Siehe u.a. G. Kossinna, Das Weichselland, ein uralter Heimatboden der Germanen, Leipzig 1919, und Der Ursprung und die Verbreitung der Germanen, Leipzig 1928.

5 L. Niederlé, Manuel de l'Antiquité slave. L'histoire, 2 Bde., Paris 1923–26; J. Czekanowski, The ancient home of the Slavs, in: Slavonic East European Review, 1946/47; T. Lehr-Splawinski, Les bassins de l'Oder et de la Vistule, noyau de l'habitat primitif des Slaves; in: Ve Journées de synthèse historique: les fleuves et l'évolution des peuples, Paris 1948–50. S. Hazzard Cross, Slavic Origins and migrations, in: Handbook of Slavic Studies, Harvard Univ. 1949, S. 1–23.

6 Siehe E. Lendl, Geographische Grundlagen, in: Die Deutschen und ihre östlichen Nachbarn, Frankfurt/M. 1967, S. 16–29.

7 Man könnte dazu die zahlreichen Arbeiten von O. Schlüter heranziehen, bes. Die Siedlungsräume Mitteleuropas in frühgeschichtlicher Zeit, 3 Bde., Remagen 1952–58 (Forschungen zur deutschen Landeskunde, Bd. 63, 74, 110), mit einer sehr sorgfältigen Karte im Maßstab 1:1,5 Mio. Klarstellung bei W. Abel, Geschichte der deutschen Landwirtschaft. Vom frühen Mittelalter bis zum 19. Jahrhundert (Deutsche Agrargeschichte, Bd. 2), Stuttgart 1962, S. 12–24.

8 Die grundlegende geographische Beschreibung im Französischen bleibt die von E. de Martonne, Europe centrale, Paris 1930, S. 4–130 (Géographie Universelle, Bd. 4, 1. Teil); weiter P. George und J. Tricart, L'Europe centrale, Bd. 1: Géographie physique et hu-

maine, Paris, 1954 (Coll. Orbis) und F. Reitel, Les Allemagnes, Paris 1980, S. 161–306. Im Deutschen dazu E. Schmitt, Deutschland, München (Harms Handbuch der Erdkunde), das laufend neu aufgelegt wird.

9 Der englische Begriff *frontier* – so bezeichneten die amerikanischen Pioniere das Grenzland gen Westen – scheint mir für das Phänomen der Kolonisation besser geeignet zu sein als der Begriff »Bewegungsraum«, den H. Aubin verwendet, Die Ostgrenze des alten deutschen Reiches, in: HVjs, 1933, Neuaufl. Darmstadt (Libelli, Bd. 47), 1959, S. 11.

10 H. Aubin, Zur Erforschung der deutschen Ostbewegung, Leipzig 1939, S. 32f.

I,2

1 Siehe H. Löwe, Deutschland im fränkischen Reich, in: B. Gebhardt, Hdb. d. deutschen Geschichte, Bd. 1, Stuttgart [9]1970. S. 135–143.

2 E. Klebel, Langobarden, Bajuwaren und Slawen, in: Probleme der bayerischen Verfassungsgeschichte. Gesammelte Aufsätze, München 1957, S. 54f.

3 Zum folgenden siehe Siedlung und Verfassung der Slawen zwischen Elbe–Saale und Oder, hg. von H. Ludat, Gießen 1960; Die Slawen in Deutschland. Ein Hdb., hg. von J. Herrmann, Berlin 1970, S. 7–44; J. Strzelczyk, Słowanie i Germanie w Niemczech środkowych we wczesnym średniowieczu [Slawen und Germanen in Mitteldeutschland während des frühen MA.], Posen 1976.

4 R. Kötzschke, Deutsche und Slawen im Mitteldeutschen Osten, hg. von W. Schlesinger, Darmstadt 1961, S. 18f. Über die schwierigen Probleme, die diese Ortsnamen stellen, siehe W. H. Fritze, Ortsnamenkunde und Landesgeschichte in ostdeutschen Ländern. Probleme der Namenskontinuität, in: Deutsch-Slawische Namensforschung, hg., von H.-B. Harder, Marburg 1981, S. 1–39

5 Siehe Siedlung und Verfassung Böhmens in der Frühzeit, hg. von F. Graus u. H. Ludat, Wiesbaden 1967; Hdb. d. Geschichte der Böhmischen Länder, hg. von K. Bosl, Bd. 1, Stuttgart 1967, S. 136–42.

6 Fredegar, IV, 68, hg. von B. Krusch, MGH, ss. R. Merov., Bd. 2, S. 154f.

7 Dies könnte Burberg bei Kaaden a.d. Eger sein.

8 Diese Episode hat eine reiche Literatur hervorgebracht, siehe Uhlirz, Hdb. d. Geschichte Österreich-Ungarns, Bd. 1, Wien 1963, S. 178–80; Hdb. d. Geschichte der Böhmischen Länder, Bd. 1, S. 142–44, 174f.; ferner Th. Mayer, Fredegar's Bericht über die Slawen, in: MÖIG 45 (1929), S. 114–20; V. Chaloupecky, Considérations sur Samon, le premier roi des Slaves, in: Byzantinoslavica XI (1950), S. 223–39; F. Prinz, Böhmen im mittelalterlichen Europa, München 1984, S. 47–49.

9 Es ist jedoch möglich, daß einige slawische Ortsnamen Ober- und Niederösterreichs aus späteren tschechischen Vorstößen herrühren.

10 Geschichte Schlesiens, Bd. 1, [3]1961, S. 86f.

11 Histoire de Pologne, Warschau, 1971, S. 31–33, 49f.

12 Uhlirz, Hdb., 1, S. 182–84.

13 Ebd., S. 172–74.

14 W. Abel, Landwirtschaft, S. 12–14.

I,3

1 Der Zug nach dem Osten, S. 11f. Zu den ersten Kämpfen Karls d. Gr. gegen die Slawen im Nordosten siehe L. Halphen, Charlemagne et l'empire carolingien, Paris 1947, S. 74–81; M. Hellman, Karl der Große und die Slawische Welt zwischen Ostsee und Böhmerwald, in: Karl der Große. Lebenswerke und Nachleben, Bd. 1, 1964, S. 708–18.

2 M. Bathe, Die Sicherung der Reichsgrenze an der Mittelelbe durch Karl den Großen in: Sachsen und Anhalt, 1940, S. 1–44

3 Siehe W. Prange, Siedlungsgeschichte des Landes Lauenburg im MA, Neumünster 1960, S. 156–64; O. Brandt, Geschichte Schleswig-Holsteins, Kiel [6]1966, S. 55.

4 H. Aubin, Zur Erforschung, S. 13; Th. Mayer, Das Kaisertum und der Osten im MA, in: Deutsche Ostforschung, I (1942), abgedr. in: Ma. Studien. Gesammelte Aufsätze, Sigmaringen 1959, S. 64, der dies jedoch für eine Verteidigungspolitik hält.

5 Obschon die Politik der »Marken« zuerst im Westen verfolgt wurde, in der Bretagne und in Spanien, wurde sie doch erst im Osten zu der Formel, mit der die Deutschen jahrhundertelang zugleich ihre Verteidigung sicherten und ihren Sprung nach vorn in die slawischen Länder vorbereiteten (H. Aubin, Die Ostgrenze, S. 19–26).

6 J. S. Schöffel, Kirchengeschichte Hamburgs, Bd. 1, Hamburg 1929; O. Brandt, Geschichte Schleswig-Holsteins, S. 57–60.

7 Siehe dazu H. Löwe, Salzburg als Zentrum literarischen Schaffens im 8. Jh., in: Mitt. d. Ges. f. Salzb. Landesk., 115 (1975), (Virgil Karinthiae apostolum), und F. Zagiba, Die Anfänge der Christianisierung in Mähren und Slowakei, in: Zs.f. Ostforschung, 1962, S. 704–12.

8 Hdb. d. Geschichte der Böhmischen Länder, I, S. 192–202; man weiß bis heute nicht, wo diese erste Kirche in Nitra genau stand. Bezüglich der Kirche von Zalavar siehe D. Derczényi, L'Eglise de Pribina à Zalavar, in: Etudes slaves et roumaines, 1 (1948), S. 85–100.

9 H. Wopfner, Urkunden zur deutschen Agrargeschichte 14 (1925), S. 30.

10 H. Aubin, Zur Erforschung, S. 12f.

11 Siehe W. Seegrün, Das Erzbistum Hamburg in seinen älteren Papsturkunden, Köln–Wien 1976.

12 Diplomata regum Germaniae et stirpe Carolinorum, hg. von Kehr, Bd. I, MGH 1934, Nr. 98, 99, 109, 112, 115.

13 Ebd., Nr. 115: *ad Labenza … an Wisitindorf de terra exartata parata scilicet ad arandum, mansos integros VIII, id est ad unamquamque coloniam iugera XC et de silva undique in gyrum scilicet ac per omnes partes miliarium unum.*

I,4

1 Zum folgenden E. Keyser, Bevölkerungsgeschichte Deutschlands, [2]1941, S. 179f., und vor allem W. Abel, Landwirtschaft, S. 24–34.

2 K. Lamprecht, Deutsches Wirtschaftsleben im MA, Leipzig 1886, I/1, S. 163.

3 Zu den Ortsnamen im allg. siehe E. Schröder, Deutsche Namenkunde, Göttingen 1938, und E. Schwarz, Deutsche Namenforschungen II. Orts- und Flurnamen, Göttingen 1950.

4 Siehe Martin Born, Die Entwicklung der deutschen Agrarlandschaften, Darmstadt 1974, S. 28–55; ders., Geographie der ländlichen Siedlungen, 1. Die Genese der Siedlungsformen in Mitteleuropa. Grundzüge und Probleme ihrer Entwicklung, Trier [2]1978.

5 H. Jäger, Die Entwicklung der Kulturlandschaft im Kreise Hofgeismar, in: Göttinger Geogr. Abh. 8 (1951).

6 Quellen zur Geschichte des deutschen Bauernstandes im MA, hg. von Günther Franz, Darmstadt 1967, Nr. 74, S. 192f. (1140–1172).

7 Zuletzt G. B. Winkler, Die Ausbreitung des Zisterzienserordens im 12. und 13. Jh., in: Die Zisterzienser. Ordensleben zwischen Ideal und Wirklichkeit, Köln 1980, S. 87–92.

8 W. Rösener, L'économie cistercienne de l'Allemagne occidentale (XIIe–XIVe siècle), in: L'économie cistercienne. Géographie. Mutations (Flaran 3, 1981), Auch 1983, S. 135f.

9 Ph. Dollinger, L'évolution des classes rurales en Bavière, Paris 1949, S. 78–83.

10 Chronicon Schirense, hg. von Ph. Jaffé, MGH Scriptores, XVII, 615–17.

11 F. Prinz, in: Hdb. d. Bay. Gesch., I, München 1968, S. 339–42.

12 Th. Mayer, Der Staat der Herzöge von Zähringen, Freiburg 1935; ders., Die Besiedlung des Schwarzwaldes im hohen Mittelalter, in: Mittelalterliche Studien (1959), S. 404–24.

13 H. J. Nitz, The Church as Colonist: the Benedictine Abbey of Lorsch and planned Waldhufen colonization in the Odenwald, in: J. of hist. Geography, 9 (1983), S. 105–26.

14 M. Born, Die Entwicklung, S. 49.

15 H. R. Schömmel, Straßendörfer im Neckarland, Tübinger Geogr. Studien 63 (1975).

16 A. Bach, in: Pessler, Hdb. d. deutschen Volkskunde, III, Potsdam 1938, Karten 423–25, S. 349.

17 Widukind, Rerum gestarum Saxonicarum libri tres, MGH, in usum scholarum, 1935, S. 48f.

18 R. Sebicht, Die Cistercienser und die niederländische Kolonisation in der Goldenen Aue, in: Zs. d. Harz-Vereins f. Gesch. und Altertum XXI (1888), hält der Kritik stand von H. Wiswe, Die Bedeutung des Klosters Walkenried für die Kolonisierung der Goldenen Aue, in: Braunschweigisches Jb. XXXI (1950), S. 59–70.

19 R. Blohm, Die Hagenhufendörfer in Schaumburg-Lippe, Oldenburg 1943.

20 F. Engel, Die Hagenkolonisation des 12. und 13. Jhs., in: Atlas Niedersachsen, 1950.

21 Eine umfangreiche Bibliographie dazu bietet W. Ehbrecht in: Guide international d'histoire urbaine. 1. Europe, Paris 1977, S. 39–87. Siehe ferner H. Planitz, Die deutsche Stadt im MA von der Römerzeit bis zu den Zunftkämpfen, Graz–Köln 1954; H. Stoob, Forschungen zum Städtewesen in Europa, Bd. I, Räume, Formen und Schichten der Mitteleuropäischen Städte, Köln–Wien 1970; E. Ennen, Die europäische Stadt des MAs, Göttingen 1972; Die Stadt des MAs, 3 Bde., hg. von C. Haase, Darmstadt 1972–75.

22 W. Schlesinger, Städtische Frühformen zwischen Rhein und Elbe, in: Studien des europäischen Städtewesens, Vorträge und Forschungen, IV, Sigmaringen 1965, S. 297f.

23 K. Withold, Die frühgeschichtliche Entwicklung des Würzburger Stadtplans, ebd., S. 363f.

24 B. Schwineköper, Die Anfänge Magdeburgs, ebd., S. 389f.

25 Text in: Elencus fontium historiae urbanae, Bd. 1, Leiden 1967, Nr. 55, S. 82. Siehe dazu zuletzt D. Feger, Das Städtewesen Südwestdeutschlands, in: Die Städte Mitteleuropas im 12. und 13. Jh., Linz 1962, S. 44f.; immer noch als eine Frage hingestellt von B. Diestelkamp, Gibt es eine Freiburger Gründungsurkunde aus dem Jahre 1120?, Bielefeld 1973. Siehe auch H. Keller, Über den Charakter Freiburgs in der Frühzeit der Stadt, in: Festschr. f. B. Schwineköper, 1982, S. 249–82.

26 W. Hess, Hessische Städtegründungen des Landgrafen von Thüringen, Marburg 1966, S. 153f.

I,5

1 Zum folgenden siehe R. Holtzmann, Geschichte der sächsischen Kaiserzeit, München ³1955.

2 Heinrich hat damit nicht beabsichtigt, Städte zu gründen; er wollte Paläste, Abteien und kleine Siedlungen befestigen, von wo aus man den Widerstand organisieren und die Bewohner des flachen Landes aufnehmen und beschützen konnte. Der Begriff *urbs,* den der Chronist Widukind verwendet, um diese befestigten Orte zu bezeichnen, darf uns

nicht verwirren. Siehe C. Erdmann, Die Burgordnung Heinrichs I., in: Deutsches Archiv für Gesch. d. MAs 6 (1943). Zum Palais in Werla siehe G. H. Seebach, Die Königspfalz Werla, Neumünster 1967, und Der Stand der Werla-Forschung, in: Château-Gaillard, V, Caen 1972, S. 164–73.

3 Wahrscheinlich Kalbsrieth an der Helme.

4 Nicht mit Sicherheit festgestellt, wahrscheinlich in der Nähe von Lommatsch (siehe W. Schlesinger, Die Verfassung der Sorben, in: Siedlung und Verfassung der Slawen, S. 80f.).

5 Schlesinger, Verfassung, S. 83; und vor allem J. Herrmann, in: Die Slawen in Deutschland, S. 166–70, 274, der dazu neigt, Liubusua in der Nähe von Luckau anzusiedeln.

6 Widukind, Rerum gestarum Saxonicarum libri tres, III, 44, hg. von P. Hirsch, MGH in usum scholarum, 1935, S. 123–26.

7 Widukind, III, 53–55, hg. von Hirsch, S. 132–35.

8 Uhlirz, Hdb., I, S. 217f.

9 Die volkstümliche Bezeichnung »Ostarrichi« erscheint 997(?) und 998, die Form »Osteriche« etwas später (Uhlirz, Hdb., I, S. 231.

10 D. Claude, Geschichte des Erzbistums Magdeburg bis in das 12. Jh., Bd. I, Köln–Wien 1972.

11 H. Aubin, Zur Erforschung, S. 54f.

12 A. Gieysztor, Les origines de l'Etat polonais, in: La Pologne au Xe Congrès intern. des Sciences historiques à Rome, Warschau 1955, S. 55–81; ferner ders., Histoire de Pologne, Warschau 1971, S. 51–65.

13 Z. Wojciechowski, Le patrice Boleslas le Vaillant, in: Revue belge de philologie et histoire, 1951.

14 Zum folgenden siehe K. Hampe, Deutsche Kaisergeschichte in der Zeit der Salier und Staufer, 10. Aufl., hg. von F. Baethgen, Heidelberg 1949; und Histoire de Pologne, S. 68–71.

15 Siehe Uhlirz, Hdb., Bd. I, S. 220f., 236–40.

16 Uhlirz, Hdb. Bd. I, S. 226–32; K. Lechner, Die Babenberger (976–1246), Wien–Köln 1977; ferner den Katalog der Ausstellung Die Babenberger, Lilienfeld 1976.

17 Siehe K. Gutkas, Geschichte des Landes Niederösterreich, Bd. I, 1957, S. 25–36.

18 Dazu den weiteren ausgezeichneten Katalog der Ausstellung Die Kuenringer. Das Werden des Landes Niederösterreich, Stift Zwettl, 1981.

19 Diese Ereignisse werden in allen Einzelheiten erzählt von Helmold von Bosau, Slawenchronik, Ausgewählte Quellen zur deutschen Geschichte des MAs, hg. von R. Buchner, Darmstadt 1963, S. 97–107. Siehe W. H. Fritze, Probleme der abodritischen Stammes- und Reichsverfassung in ihrer Entwicklung vom Stammesstaat zum Herrschaftsstaat, in: Siedlung und Verfassung der Slawen, S. 165f.

20 Siehe W. Neugebauer, Der Stand der Ausgrabungen in Alt-Lübeck, in: Zs. f. Lübeckische Gesch., 1952, und Das *suburbium* von Alt-Lübeck, in: Lübecker Zs., 1959, S. 11f.

21 K. Małeczynski, Wojana polsko-niemiecka 1109 roku, Katowice 1946.

22 Zu diesen Fragen siehe den Artikel von K. F. Werner, Deutschland. Begriff; geographisch-historische Problematik; Entstehung, in: Lexikon des MAs, Bd. 3, S. 781–88. »Deutschland« im Singular begegnet kaum vor 1500.

I,6

1 B. Zientara, A propos d'un ouvrage récent sur les Slaves et les Allemands au Brandenbourg au XIIe siècle, in: Revue d'histoire ecclésiastique 62 (1967), S. 412–20.

2 Diese Formulierung wird von mehreren Chronisten überliefert, insonderheit von Sigebert von Gembloux, 1148 (MGH Scriptores, VI, S. 392): *aut omnino delerent aut cogerent christianam fieri*. Siehe H. Beumann, Kreuzzugsgedanke und Ostpolitik im hohen MA,

in: Hist. Jb. 52 (1953), neu abgedr. in: Heidenmission und Kreuzzugsgedanke, hg. von Beumann, Darmstadt 1973, S. 138–40.

3 Siehe E. Wiencke, Untersuchungen zur Religion der Westslawen, Leipzig 1940; B. O. Unbegaun, La religion des anciens Slaves, in: Les religions de l'Europe ancienne, Bd. 3, Paris 1948, S. 403f.

4 M. Hellmann, Grundzüge der Verfassungsstruktur der Liutizen, in: Siedlung und Verfassung der Slawen, S. 108–10.

5 Die »Tempel« waren von einem befestigten Mauerring umgeben und die Götterstatuen aus Holz reich geschmückt, die Statue des Svantovit in Arkona war 8 m hoch.

6 Helmold von Bosau, Slawenchronik, 52. Kap., S. 197–99. Siehe auch Hauck, Kirchengeschichte Deutschlands, Bd. 3, Leipzig 1906, S. 84f.

7 Wattenbach-Holzmann, Deutschlands Geschichtsquellen im MA, [11]1967, Bd. 2, S. 799f., Bd. 3, S. 215f. Siehe die Bibliographie und die Erörterungen in: Académie tchécoslovaque des sciences, 25 ans d'historiographie tchécoslovaque, 1936–1960, Prag 1960, S. 151–54; Uhlirz, Hdb. , S. 210–13; Hdb. d. Gesch. d. Böhm. Länder, Bd. 1, S. 214–20.

8 NDB, Bd. 1, S. 45; und L. Uhlirz, Die älteste Lebensbeschreibung des hl. Adalbert, Göttingen 1957.

9 Histoire de Pologne, S. 62f.; und Millénaire du catholicisme en Pologne, Lublin 1962.

10 S. M. Jedlicki, La création du premier archevêché polonais à Gniezno, in: Revue historique de Droit français, 1933, S. 645–95.

11 B. Panzram, Geschichtliche Grundlagen der ältesten schlesischen Pfarrorganisation, Breslau 1940.

12 Uhlirz, Hdb., S. 406f.

13 Siehe Hauck, Kirchengeschichte Deutschlands, Bd. 4, S. 628–31; M. Bündig u. Naujoks, Das Imperium Christianum und die deutschen Ostkriege vom X. bis XII. Jh., Berlin 1940, abgedr. in: Heidenmission und Kreuzzugsgedanke, S. 73f.

14 H. D. Kahl, Compellere intrare, in: Zs. f. Ostforschung, 1955; abgedr. in: Heidenmission, S. 177f.

15 F. Lotter, Die Konzeption des Wendenkreuzzugs, Vorträge und Forschungen, Sonderband 23, Sigmaringen 1977, argumentiert mit guten Gründen gegen das Losungswort des hl. Bernhard »Tod oder Taufe«; aber man muß auch an die polternde Eloquenz und das eingefleischte Kriegertum des großen Abtes von Clairvaux denken (siehe E. Delaruelle, L'idée de croisade chez saint Bernard, in: Mélanges Saint Bernard, Dijon 1958, S. 54–79).

16 P. David, La Pologne et l'évangelisation de la Poméranie aux XIe et XIIe siècles, Paris 1928; Historia Pomorza, hg. von G. Labuda, Bd. I/2, Posen 1972, S. 75–77.

17 J. Kłoczowski, La vie monastique en Pologne et en Bohême aux XIe et XIIe siècles, in: Il monachismo et la reforma ecclesiastica (1049–1122), Mailand 1971, S. 153–69.

18 Siehe H. Chłopocka u. W. Schich, Die Ausbreitung des Zisterzienserordens östlich von Elbe und Saale, in: Die Zisterzienser, S. 93–104; und D. H. Williams, East of Oder, in: Cîteaux, 1978, S. 228–67.

19 Zu den Klöstern siehe N. Backmund, Monasticon Praemonstratense, 3 Bde., 1949–1956. F. Escher, Slawische Kultplätze und christliche Wallfahrtsorte, in: Germania Slavica, II (1981), S. 132f. Der Verf. zeigt, daß einige Zisterzienser- und Prämonstratenserabteien auf alten slawischen Kultstätten standen und daß die alten Orte der heidnischen Verehrung auf Erhebungen zu Pilgerzielen der Muttergottes wurden.

I,7

1 Zum folgenden siehe K. Hampe u. F. Baethgen, Deutsche Kaisergeschichte in der Zeit der Salier und Staufer, S. 104f.
2 O. Brandt, Geschichte Schleswig-Holsteins, hg. von W. Klüver u. H. Jankuhn, Kiel [6]1966, S. 79–81; NDB, Bd. I, Berlin 1953, S. 77–79.
3 Die Bezeichnung »Bär« erhielt Albrecht nach seinem Geburtsort Bärenburg (Bernburg). Siehe NDB, Bd. I, S. 160f.
4 Siehe H. D. Kahl, Slawen und Deutsche in der brandenburgischen Geschichte des 12. Jh.s. Die letzten Jahrzehnte des Landes Stodor, 2 Bde., Köln–Graz 1964.
5 Dazu E. Lavisse, Etudes sur l'histoire de Prusse, Paris 1879, S. 12–35.
6 Siehe dazu zuletzt K. Jordan, Heinrich der Löwe. Eine Biographie, München 1979, insbes. S. 77–102 (die Politik gegenüber Transelbien und im Nordosten).
7 Dazu die Darstellung von Ch. Higounet, Henri le Lion, in: Information historique, 1960, S. 127–33.
8 NDB, Bd. VIII, S. 375–77. Ursprung und Bedeutung seines Beinamens, der erst für das späte 13. Jh. bezeugt ist, sind nach wie vor ungeklärt.
9 MGH, Constitutiones, I, Nr. 159, S. 220. Wesentlich dazu sind Th. Mayer, Das österreichische Privilegium minus, in: Ma. Studien, 1959, S. 202f.; ferner Uhlirz, Hdb., S. 246–51.
10 Histoire de Pologne, S. 85–89.
11 R. Holtzmann, Über den Polenfeldzug Friedrichs Barbarossa von 1157, in: Zs. d. Vereins f. Gesch. u. Schlesisches Altertum, 1922.
12 Siehe zu diesen Ereignissen E. Randt, in: Geschichte Schlesiens, Bd. I, Stuttgart [3]1961, S. 109–18.
13 P. Kirn, Die Verdienste des Staufischen Kaisers um das Deutsche Reich, in: HZ 164 (1941), S. 261–84.

I,8

1 Robert le Moine, Historia Jherosolimitana, I, in: Recueil des Hist. des Croisades. Hist. Occidentaux, Bd. III, S. 728.
2 M. Defourneaux, Les Français en Espagne aux XIe et XIIe siècles, Paris 1949.
3 B. Zientara, Les grandes migrations des XIIe–XIVe siècles en Europe du Centre-Est, in: Eighth International Economic History Congress, Budapest, Bd. 8, 1982, S. 49. Zientara behauptet, es habe einen »mächtigen Unterschied hinsichtlich der Bevölkerungsdichte« zwischen Westeuropa und Ostmitteleuropa gegeben und er sei ein »bestimmendes Element« der großen Wanderungen.
4 F. Engel, Grenzwälder und slawische Burgwardbezirke in Nordmecklenburg, in: Siedlung und Verfassung der Slawen, S. 137.
5 H. Schlenger, in: Geschichte Schlesiens, S. 20–24.
6 Siehe Die Slawen in Deutschland, S. 13f. In tschechischen und polnischen Gebieten zeigen sich die Rodungen durch Ortsnamen mit *lhota* oder *lgota* an.
7 Siehe Ch. Ed. Perrin, La société rurale allemande du Xe au XIIIe siècle, in: Revue hist. de droit français et étranger, 1945, S. 84–102; Ph. Dollinger, L'évolution des classes rurales en Bavière, Paris 1949, S. 122–36 (dt. Ausgabe: Der bayerische Bauernstand vom 9. bis zum 13. Jahrhundert, München 1982); ferner F. Lütge, Deutsche Sozial- und Wirtschaftsgeschichte. Ein Überblick, Berlin–Göttingen–Heidelberg [2]1960, S. 69–119.
8 S. Epperlein, Bauernbedrückung und Bauernwiderstand im hohen Mittelalter. Zur Erforschung der Ursachen bäuerlicher Abwanderung nach Osten im 12. und 13. Jahrhundert, vorwiegend nach den Urkunden geistlicher Grundherrschaften, Berlin 1960.

9 Herrmann, Die Slawen in Deutschland, S. 346, beruft sich vornehmlich auf die Zisterzienser von Bersenbrück (Diözese Osnabrück), die, wenn sie eine Grangie errichten wollten, die Bauern von dort verjagten; man hat die Bauern später in Ribnitz in Mecklenburg wiedergefunden.

10 Ebd., S. 345.

11 Epperlein, Bauernbedrückung, S. 52f.; Zientara, Les grandes migrations, S. 52 Anm. 5, kritisiert Epperlein sehr heftig und behauptet, die Unterdrückung der Bauern in Altdeutschland sei keine Ursache der Abwanderung gewesen.

12 Helmold, Slawenchronik, 57. Kap., S. 211. Bezüglich der Holsten zitiert der Chronist die Aufforderung: »Warum wollt ihr als Letzte kommen, es [d.h. das Land der Slawen] in Besitz zu nehmen?« (Ebd.)

13 Urkunden und erzählende Quellen zur deutschen Ostsiedlung im MA, hg. von H. Helbig u. L. Weinrich, Bd. 1, Darmstadt 1968, Nr. 19, S. 102f.

14 P. Knoch, Kreuzzug und Siedlung. Studien zum Aufruf der Magdeburger Kirche von 1108, in: Jb. f. die Geschichte Mittel- und Ostdeutschlands, 1974, S. 1–33.

15 Siehe W. Hoppe, Erzbischof Wichmann von Magdeburg, in: Die Mark Brandenburg, 1965, S. 1–152.

16 K. Kasiske, Das Wesen der Ostdeutschen Kolonisation, in: HZ 164 (1941), S. 285f.

17 A. Verhulst, Histoire du paysage rural en Flandre, Brüssel 1966, S. 100f.

18 H. van Werweke, Die Beziehungen Flanderns zu Osteuropa in der Hansezeit, in: Miscellanea medievalia, Gent 1968, S. 104–21. Noch lange danach haben regionale Hungersnöte die Bauern nach Osten getrieben, beispielsweise 1264 in Polen.

19 Urkunden und erzählende Quellen, Bd. I, Nr. 1, S. 42–45. Die Jahreszahl 1106, die das Dokument zeigt, und die normalerweise angegeben wird, entspricht nicht der Indiktion VI. A. C. F. Koch, Die Datierung des Vertrags Friedrichs I., Erzbischofs von Hamburg, mit den holländischen Ansiedlern bei Bremen, in: Miscellanea Niermeyer, 1967, S. 211–15, schlägt das Jahr 1113 vor (das mit der Indiktion VI zusammengeht), zwischen der Krönung Heinrichs V. (1111) und dem Tod des Erzbischofs (1123). Zu dieser Kolonisation siehe L. Deike, Die Entstehung der Grundherrschaft in den Hollarkolonien an der Niederweser, Bremen 1959; ferner – im Widerspruch dazu – E. Weise, Begann die Holländersiedlung von 1106 an der Weser oder an der Elbe, in: Stader Jb., 1960, S. 168–72.

20 Helmold, Slawenchronik, 57. Kap., S. 213.

21 Ebenda, 89. Kap., S. 313.

22 Die Slawen in Deutschland, S. 470, Nr. 84.

23 Der Zug nach dem Osten, S. 24. Siehe die Bemerkungen von Klinkenborg, in: HZ 102 (1909) S. 505.

24 Urkunden und erzählende Quellen, Bd. I, Nr. 37, S. 160–71.

25 W. Kuhn, Die Siedlerzahlen der deutschen Ostsiedlung, in: Studium sociale, 1963, S. 131–54, abgedr. in: Vergleichende Untersuchungen zur mittelalterlichen Ostsiedlung, Köln–Wien 1973, S. 211–34.

26 Wir folgen hier der Auffassung von Zientara, Les grandes migrations, S. 57 Fußn. 23, der das deutsche Bevölkerungswachstum mit dem im französischen Kanada des 17. bis 19. Jh.s vergleicht.

II,1

1 Dazu allgemein O. Brandt u. W. Klüver, Geschichte Schleswig-Holsteins, Kiel [6]1966.

2 W. Prange, Siedlungsgeschichte des Landes Lauenburg, Neumünster 1960, S. 341–51; ferner H. Zimmermann, Kontinuität und Tradition. Die Bedeutung der drei slawischen Dörfer in der Dotationsurkunde für das Bistum Ratzeburg, in: Lauenburgische Heimat, NF 78 (1973).

3 A. E. Hofmeister, Besiedlung und Verfassung der Stader Elbmarschen im MA, Göttingen, 2 Bde., 1978/80; W. Chr. Kersting, Das hollische Recht im Nordseeraum, Diss. Hamburg 1952, S. 13–50.

4 W. Koppe, Rodung undWüstung an und auf den Bungsbergen, in: Zs. d. Ges. f. Schleswig-Holsteinische Geschichte 80 (1956), S. 29–72.

5 W. Prange, Siedlungsgeschichte, S. 255–58.

6 Helmold, Slawenchronik, Kap. 57.

7 W. Prange, Siedlungsgeschichte, S. 351–58.

8 Z. B. Wendeschen-Lensahn und Dudeschen-Lensahn sowie Wendeschen Petersdorf und Dudeschen-Petersdorf südlich von Oldenburg.

9 W. Prange, Siedlungsgeschichte, S. 357–66.

10 Ebenda, S. 165–88. Prange weist darauf hin, daß die Katastereintragungen trügerisch sein können, denn sie geben die Veränderungen seit diesem Gründerzeitalter nur unvollkommen wieder.

11 Helmold, Slawenchronik, Kap. 57, 76, 86.

12 Siehe W. Neugebauer, Der Stand der Ausgrabungen in Alt-Lübeck, in: Zs. f. Lübeckische Geschichte, 1952; ferner Das suburbium von Alt-Lübeck, in: Lübeckisches MA, Lübekker Zs., 1959. Die letzten Holzbauten stammen aus dem ersten Drittel des 12. Jh.; unter dem Fürsten Heinrich ließ sich eine Gruppe Kaufleute unterhalb des Platzes nieder.

13 F. Rörig, Der Markt von Lübeck (1921); ders., Die Gründungsunternehmerstädte des 12. Jh.s (1928), abgedr. in: Wirtschaftskräfte im MA, Köln 1959.

14 Dazu die allgemeine Darstellung von Ph. Dollinger, La Hanse, Paris 1964, S. 34–39; und die topographische Studie von E. Keyser, Stadtgründungen und Städtebau in Nordwestdeutschland im MA, Remagen 1958, S. 204–18.

15 Veröffentl. in: Elencus fontium historiae urbanae, Bd. I, Leiden 1967, Nr. 95, S. 156–59.

16 Ebenda, Nr. 103, S. 169.

17 Ebenda, Nr. 134, S. 210–12.

18 Aus den Bürgerbüchern des 14. Jh.s lassen sich 53% der Einwohnernamen nach ihrer Herkunft deuten: 21% kamen aus Westfalen, 16% aus Ostfalen, 17% waren Holsten; der Rest stammte aus verschiedenen Teilen Norddeutschlands und aus der Umgebung der Stadt. Siehe E. Keyser, Bevölkerungsgeschichte Deutschlands, S. 274–76.

19 H. Reincke, Das Städtebauliche Wesen und Werden Hamburgs, in: Forschungen und Skizzen zur Geschichte Hamburgs, 1951; R. Schindler, Hamburgs Frühzeit im Lichte der Ausgrabungen, in: Zs. d. Vereins f. hamburgische Geschichte 44 (1956); ferner E. Keyser, Städtegründungen. S. 231–40.

20 Texte abgedr. in: Elencus fontium hist. urbanae, I, Nr. 96, S. 159f.

21 Ebenda, Nr. 98, S. 161f.

22 Siehe E. Keyser, Städtegründungen, passim.

23 W. Carstens, Die Gründungsurkunde der Stadt Kiel, in: Zs. d. Gesellsch. f. Schleswig-Holsteinische Geschichte, 1939, S. 1–22; ferner E. Keyser, Städtegründungen, S. 134–37.

24 Dorfwüstungen, deren Lage man mit Hilfe alter Katasteraufzeichnungen rekonstruieren kann. Siehe H. F. Rothert, Die Anfänge der Städte Oldenburg, Neustadt und Heiligenhafen (Quellen und Forschungen z. Geschichte Schleswig-Holsteins, Bd. 59), Neumünster 1970.

25 E. Bohm, Slawische Burgbezirke und deutsche Vogteien. Zur Kontinuität der Landesgliederung in Ostholstein und Lauenburg im Hohen MA, in: Germania Slavica I, Berlin 1980, S. 143–89.

1 Siehe R. Kötzschke u. H. Kretzschmar, Sächsische Geschichte, Neuaufl. Frankfurt 1965; Sachsen (Handbuch der historischen Stätten Deutschlands, Bd. 8), hg. von W. Schlesinger, Stuttgart 1965; W. Schlesinger, Kirchengeschichte Sachsens im MA, Bd. 2: Das Zeitalter der deutschen Ostsiedlung, 1100–1300, Köln 1979.
2 Zu all diesen Problemen siehe die Beiträge von W. Coblenz, P. Grimm, H. Helbig u. W. Schlesinger in: Siedlung und Verfassung der Slawen zwischen Elbe, Saale und Oder, Gießen 1960, S. 1–64 u. 75–102; zu den Rundlingen vgl. unten, 3. Buch, 2. Kap.
3 W. Hoppe, Markgraf Konrad von Meißen, der Reichsfürst und der Gründer des Wettinischen Staates, in: Die Mark Brandenburg . . ., S. 153–206.
4 Kötzschke u. Kretzschmar, Sächsische Geschichte, S. 71–81. Der Enkel von Heinrich Dietrich (1289–1302) verkaufte die Lausitz an den Erzbischof von Magdeburg, der ihn sodann damit auf Lebenszeit belehnte; die Askanier vertrieben ihn allerdings.
5 Siehe W. Heinrich, Wiprecht von Groitzsch und seine Siedlungen, Dresden 1932.
6 G. Franz (Hg.), Quellen zur Geschichte des Deutschen Bauernstandes im MA, Darmstadt 1967, Nr. 84.
7 Zu dieser Bevölkerung ganz allgemein und zur Erschließung dieser Gegend siehe das grundlegende und bahnbrechende Werk von E. O. Schulze, Die Kolonisierung und Germanisierung der Gebiete zwischen Saale und Elbe, Leipzig 1896.
8 W. Schlesinger, Kirchengeschichte Sachsens, S. 214, 220, 227. Wenn auch keine Urkunde die Ansiedlung von Rodungsbauern oder die Dorfgründungen durch die Klöster Altzella und Buch anzeigt, so erwähnen doch die Urbare von Altzella ihr Auftreten (1185).
9 E. O. Schulze, Die Kolonisierung, S. 127–29; Kötzschke u. Kretzschmar, Sächsische Geschichte, S. 90f.
10 J. Leipoldt, Die Geschichte der Ostdeutschen Kolonisation im Vogtland, Diss. Leipzig 1925, Plauen 1927; und W. Schlesinger, Egerland, Pleißenland, in: Forschungen zur Geschichte Sachsens und Böhmens, 1937.
11 Schlesinger, Egerland, Pleißenland (wie Anm. 10), S. 61–91.
12 K. Blaschke, Die Entwicklung des Sorbischen Siedelgebietes in der Oberlausitz, in: Siedlung und Verfassung der Slawen, S. 70.
13 Urkunden und erzählende Quellen . . ., hg. von Helbig u. Weinrich, Bd. I, Nr. 54.
14 Gegenwärtig zählen die Sorben etwa 50000 bis 60000 Einwohner; sie bilden in der DDR eine anerkannte ethnische Minderheit.
15 Siehe die Stadtpläne in ihrer schrittweisen Entstehung in: O. Schlüter u. O. August, Atlas der Saale und mittleren Elbegebiete, Leipzig, 2. Teil 1960.
16 Siehe R. Kötzschke, Markgraf Dietrich von Meißen als Förderer des Städtebaues, in: Deutsche und Slawen im Mitteldeutschen Osten, 1961, S. 113–49.
17 R. Kötzschke, Leipzig in der Geschichte der Ostdeutschen Kolonisation, in: ebenda, S. 170–214.
18 Elencus fontium historiae urbanae, I, Nr. 66. Die Echtheit dieses Leipziger Privilegs war heftig umstritten; seine Verfügungen werden allgemein akzeptiert, nicht jedoch seine Form.
19 Dieser amtliche Name datiert erst aus dem 19. Jh. Diese neue Stadt hieß nacheinander Ozzec (1205), Margrafenhain (1255) und später Hain.
20 Dazu im wesentlichen R. Kötzschke, Ländliche Siedlung und Agrarwesen in Sachsen, Remagen 1953; H. Helbig, Die Slawische Siedlung im Sorbischen Gebiet, in: Siedlung und Verfassung der Slawen, Karten und Atlas, Blatt 23.
21 R. Kötzschke, Die Frühzeit deutscher Kultur auf Leipzigs Heimatboden, in: Deutsche und Slawen, 1961, S. 234–45.
22 Leipoldt, Ostdeutsche Kolonisation, S. 176–93.
23 Kötzschke, Ländliche Siedlung, Abb. 28.

1 Siehe J. Schultze, Die Mark Brandenburg, Bd. I, Berlin 1951.
2 Ebenda, S. 141–45; und ders., Entstehung der Mark Brandenburg und ihrer Städte, in: Forschungen zur brand. und preuß. Geschichte, 1964, S. 137–54.
3 Siehe W. Ribbe, Zur Ordenspolitik der Askanier. Zisterzienser und Landesherrschaft im Elbe-Oder-Raum, in: Zisterzienser-Studium I, Berlin 1975, S. 77–96.
4 Das Haus der Askanier erlosch nach der Herrschaft Woldemars, Neffe Ottos IV. (1308–18), als Heinrich 1320 verschied. Siehe das anschauliche Resümee in: Geschichte der Deutschen Länder (= Territorien Ploetz), Bd. 1, Freiburg–Würzburg 1978, S. 519–22.
5 J. Schultze widerlegt die Meinung zeitgenössischer Historiker, die Altmark sei der Ursprungskern der Nordmark gewesen; der Begriff Altmark erscheint erst im 14. Jh. und bezeichnet eine Gegend, die niemals zum Markgrafentum gehörte.
6 H. Tuchert, Die Sprachreste der niederländischen Siedlungen des 12. Jh.s, Neumünster 1944; O. Schlüter u. O. August, Atlas, Karte 26.
7 Abgedr. in: Elencus fontium hist. urbanae, I, Nr. 73, S. 127f. Neben der Gründung des Marktes *(forum)* mit Befreiung vom Zoll für die Einwohner Brandenburgs gewährte der Markgraf den ersten und den künftigen Bewohnern einen Baugrund *(area)* und die freie Nutzung der Weiden und des Holzes. So wurde Stendal zu einem Siedlungstyp, wo man einem bestehenden Markt seine Einwohner zuführte.
8 W. Hoppe, Erzbischof Wichmann von Magdeburg, in: Die Mark Brandenburg, Wettin und Magdeburg, 1965, S. 15–35.
9 Urkunden und erzählende Quellen, I, Nr. 10 und 11. Poppendorf ist seither verschwunden.
10 Ebenda, Nr. 12.
11 Ebenda, Nr. 15.
12 Ebenda, Nr. 13; W. Schich, Stadtwerdung im Raum zwischen Elbe und Oder im Übergang von der slawischen zur deutschen Periode, in: Germania Slavica, I, 1980, S. 209–18. Der slawische Burgward von Jüterbog wird für 1161 erwähnt, zusammen mit einer Kapelle, die dem hl. Petrus geweiht ist (1173). Der Erzbischof errichtete in den ersten Jahren der deutschen Besiedlung, in den 1160er Jahren, die Marienkirche. Aber es ist wahrscheinlich, daß die Stadt mit ihren regelmäßigen Zügen, die östlich davon liegt, erst im 13. Jh. entstand.
13 Urkunden und erzählende Quellen, I, Nr. 30: *remotisque antiquis infidelium Sclavorum colonis, novos ibi christiane cultores collocavit* (Kleutsch, südöstlich von Dessau, 1149).
14 J. Schultze, Die Prignitz. Aus der Geschichte einer märkischen Landschaft, Köln–Graz 1956, S. 45–51. Das Privileg zugunsten der Kirche von Havelberg ist abgedr. in: Urkunden und erzählende Quellen, I, Nr. 31. W. H. Fritze, Eine Karte zum Verhältnis der früh-ma. slawischen zur hoch-ma. Siedlung in der Ostprignitz, in: Germania Slavica, II, 1981, S. 41–92, hat festgestellt, daß im östlichen Teil der Prignitz slawische Ortsnamen einen nicht unwesentlichen slawischen Beitrag zur Bodenkolonisation bezeugen.
15 Siehe oben.
16 Urkunden und erzählende Quellen, I, Nr. 34 (26. März 1210).
17 J. Schultze, Die Mark Brandenburg, S. 118–22.
18 Zum folgenden W. H. Fritze, Das Vordringen deutscher Herrschaft in Teltow und Barnim, in: Jb. f. brandenburg. Landesgeschichte, 1971, S. 81–154.
19 Der Name Barnim ist also der eines Slawenfürsten; der Name Teltow bleibt ungeklärt (H. Ludat, Die Namen der brandenburgischen Territorien, in: Deutsche slawische Frühzeit, Köln 1969, S. 13f.).
20 Diese Kolonisation wurde bis ins Detail studiert von H. Quirin, Bemerkungen zur Siedlungsgeschichte des Teltow, in: Protokoll über die Arbeitstagung vom 17.–20. März 1970

auf der Insel Reichenau, Nr. 160; A. von Müller, Zur hoch-ma. Besiedlung des Teltow. Stand eines mehrjährigen archäologisch-siedlungsgeschichtlichen Forschungsprogramms, in: Die deutsche Ostsiedlung des MAs (1975), S. 311–32; J. Gehrmann, Die ma. Besiedlung des Teltow zwischen 1150 und 1300, in: Jb. f. d. Geschichte Mittel- u. Ostdeutschlands, 1975, S. 1–59. Es sieht so aus, als seien die ersten deutschen Wohnstätten aus dem späten 12. Jh. kleine Streusiedlungen gewesen, die hinter Palisaden geschützt lagen; die großen Angerdörfer mit ihren Ackerflächen gehören zur Kolonisation von 1220 bis 1300.

21 B. Schulzen, Der Anteil der Zisterzienser an der ostdeutschen Kolonisation, besonders in Brandenburg, in: Jb. f. brandenburgische Landesgeschichte, 1951, S. 23.

22 Ludat, Die Namen, S. 10.

23 W. Lippert, Geschichte der 110 Bauerndörfer in der nördlichen Uckermark, Köln 1958, S. 9–21.

24 H. Ludat, Die Anfänge des Bistums Lebus, in: Deutsch-slawische Frühzeit, S. 38–41.

25 Geschichte Schlesiens, Bd. I, Stuttgart [3]1961, S. 120, 123.

26 Schmidt, Die Mark Brandenburg, S. 49.

27 Zum folgenden R. Lehmann, Geschichte der Niederlausitz, Berlin 1963; und Quellen zur Geschichte der Niederlausitz, Wien 1972.

28 Lehmann, Niederlausitz, S. 44f.; J. Schultze, Das Landregister der Herrschaft Sorau von 1381, Berlin 1936.

29 M. Hellmann, Grundzüge der Verfassungsstruktur der Liutizen, in: Siedlung und Verfassung der Slawen, S. 103–13.

30 E. Müller-Mertens, Untersuchungen zur Geschichte der Brandenburger Städte im MA, I, in: Wissensch. Zs. d. Humboldt-Universität zu Berlin, 1955/56, S. 199–202.

31 Trotz der slawischen Keramikfunde an den Rändern von Teltow, die auf die Zeit vor 1200 zurückgehen (siehe Gehrmann, Die ma. Besiedlung, passim).

32 Siehe Die Slawen in Deutschland, S. 171f.

33 Dies wird dargestellt bei H. K. Schulze, Kietzsiedlungen, mit einer Karte, in: Historischer Handatlas von Brandenburg und Berlin, 37.

34 H. Ludat, Die ostdeutschen Kietze, Bernburg 1936.

35 B. Krüger, Die Kietzsiedlungen im nördlichen Mitteleuropa. Beiträge der Archäologie zu ihrer Altersbestimmung und Wesensdeutung, 1962 (Deutsche Akademie der Wissenschaften zu Berlin, Sektion für Vor- und Frühgeschichte, Bd. 11).

36 W. H. Fritze, Rezension von Krüger, Kietzsiedlungen, in: Lehrbuch für die Geschichte Mittel- und Ostdeutschlands, 1963, S. 286–90.

37 Siehe A. Krenzlin, Die Gestalt ma. Kolonisationssiedlungen in der Mark Brandenburg, in: Deutsche Geogr. Blätter 42 (1939), S. 154–65.

38 Siehe oben, Anm. 12.

39 Müller-Mertens, Untersuchungen, S. 191f.; Schich, Stadtwerdung, S. 191f.

40 Müller-Mertens legt die These vor, wonach die *villa,* die in der Stiftungsurkunde erwähnt wird, nicht ein Dorf, sondern bereits eine kleine Kaufmannssiedlung gewesen sei.

41 Schich, Stadtwerdung, S. 195–209.

42 H. Krabo, Die Stadtgründungen der Markgrafen Johann I. und Otto III. von Brandenburg, 1220–1267, in: Archiv für Urkundenforschung, 1912.

43 Elencus fontium hist. urbanae, I, Nr. 145, S. 228f. Ein slawischer Burgwall stand ungefähr einen Kilometer südlich von der ma. Stadt; für Spandau wird seit 1197 ein askanischer Vogt bezeugt; die Entwicklung der planmäßig angelegten Stadt wird im allgemeinen mit der Verleihung des Stadtrechts in Beziehung gebracht (Schich, Stadtwerdung, S. 218–24).

44 Siehe weiter unten.

45 Elencus, I, Nr. 169 (6. März 1244).

46 Ebenda, Nr. 172 (4. Januar 1248).

47 Abgedr. in: Urkunden und erzählende Quellen, I, Nr. 60, S. 242–51: *civitatem Vrankenvorde dedimus construendam.*

48 Müller-Mertens, Untersuchungen, S. 218–18; und Schich, Stadtwerdung, S. 231–35.

49 Zu den brandenburgischen Städten ziehe man außerdem heran F. Escher u. W. Ribbe, Städtische Siedlungen im MA, in: Hist. Handatlas von Brandenburg und Berlin, Nachträge, Heft 3 (1980) – vor allem die Hinweise über die kleinen Städte, die sich ziemlich spät entwickelten: Rathenow (Anf. 13. Jh. bis 1294), Angermünde (Anf. 13. Jh. bis 1284), Templin (erstmals erwähnt 1314), Kremmen (1298), Müllrose (1275) und Treuenbrietzen (1290–1301).

50 J. Schultze, Die Mark Brandenburg, Bd. I, S. 131–35; ders., Forschungen zur brandenb. u. preuß. Geschichte, Berlin 1964, S. 150–54; Müller-Mertens, Untersuchungen, S. 209–15.

51 J. Schultze, Noch einmal »Die Anfänge Berlins«, in: Jb. f. d. Geschichte Mittel- und Ostdeutschlands, 1971, S. 239–44.

52 A. Ludewig, Die Ausgrabungen in der Nicolaikirche zu Berlin, in: Jb. f. brandenburgische Landesgeschichte, 1955, S. 16f.

II,4

1 M. Wehrmann, Geschichte von Pommern, ²1919; F. Engel, Über die Einheit des norddeutschen Raumes seit der ma. Kolonisation, in: Niedersachsen–Mecklenburg–Pommern, Hannover 1957, S. 7f.; M. Hamann, Mecklenburgische Geschichte, Köln 1968; Historia Pomorza, Bd. I, 2, hg. von G. Labuda, Posen 1972.

2 F. Engel, Grenzwälder und slawische Burgbezirke in Nordmecklenburg, in: Siedlung und Verfassung der Slawen, S. 125–37.

3 F. Engel, Beiträge zur Siedlungsgeschichte und historischen Landeskunde, hg. von R. Schmidt, Köln 1970, S. 331–33. Hier wird erneut die alte These des russischen Historikers D. N. Jegorov, Die Kolonisation Mecklenburgs im 13. Jh., 1930, widerlegt, der die Erschließung Mecklenburgs als eine slawische Binnenkolonisation mit schwacher deutscher Beteiligung betrachtet, ihm zufolge ist das Deutschtum erst nach dem Dreißigjährigen Krieg eingedrungen.

4 Siehe W. H. Fritze, Probleme der abodritischen Stammes- und Reichsverfassung und ihrer Entwicklung vom Stammesstaat zum Herrschaftsstaat, in: Siedlung und Verfassung der Slawen, S. 141–219.

5 P. David, Recherches sur l'histoire de la Poméranie polonaise, in: Revue des questions historiques 1932.

6 Helmold, Slawenchronik, 88. Kap.: *Porro Mikilinburg dedit Heinrico cuidam nobili de Scathen, qui etiam de Flandria adduxit multitudinem populorum et collocavit eos Mikilinburg et in omnibus terminis eius* (S. 310).

7 Ebenda, 92. Kap.: . . . *ceperunt inhibitari a populis advenarum, qui intraverant terram ad possidendum eam* (S. 318).

8 Ebenda, 110, Kap. S. 380–82.

9 Engel, Über die Einheit, Karten 3, 4, 9, 10, 12.

10 F. Engel, Erläuterungen zur historischen Siedlungsformenkarte Mecklenburgs und Pommerns, in: Zs. f. Ostforschung 2 (1953), S. 208–20. Diese Studie stützt sich vor allem auf die Landkarten und Stadtpläne des 18. Jh.s, denn die Flurformen und die Anbauflächen wurden seither stark verändert.

11 Helmold, Slawenchronik, 88. Kap.: *Dux igitur demolitus omnem terram cepit edificare Zuerin et communire castrum* (S. 310).

12 K. Hoffmann, Die Stadtgründungen Mecklenburg-Schwerins in der Kolonisationszeit vom 12. bis zum 14. Jahrhundert, in: Mecklenburg–Schwerin Jb. 8 (1940), S. 17–23.

13 Elencus fontium hist. urbanae, I, Nr. 139, 155, 161.

14 Ebenda, I, Nr. 120, S. 189f. Die Liste der Zeugen dieses Aktes – *tam Slavis quam*

Theutonicis – ist für das Bevölkerungsgemisch zu dieser Zeit bezeichnend. Die »Gründung« könnte bis etwa ins Jahr 1200 zurückgehen.

15 K. F. Olechnowitz, Rostock von der Stadtrechtsbestätigung im Jahre 1218 bis zur bürgerlich-demokratischen Revolution 1848, Rostock 1968; H. bei der Wieden, Rostock zwischen Abhängigkeit und Reichsunmittelbarkeit, in: Pommern und Mecklenburg. Beiträge zur ma. Städtegeschichte (Veröffentlichungen der Historischen Kommission für Pommern), Köln–Wien 1981, S. 112–16.

16 Elencus fontium, I, Nr. 11: *In ipsa quoque provincia civitatem construximus.*

17 Hoffmann, Die Stadtgründungen, S. 91–100.

18 K. Slaski, Ethnic Changes in Western Pomerania, in: Acta Polonica Historia 6 (1962), S. 7f.

19 Um Obiges zu illustrieren, sei hier festgestellt, daß 1320 in der Gegend von Loitz von 30 Ritterfamilien 25 deutscher Abstammung waren und nur 3 slawischer.

20 Urkunden und erzählende Quellen, I, Nr. 91, S. 342–49. Diese Quelle läßt sowohl die Kolonisation als auch die Vermischung der Einwohnerschaft deutlich werden: *cunctis etiam hominibus et colonis in claustri possessionibus locandis sive etiam iam locatis . . . Si quis vero in villis gentis nationis alterius, ut verbi gratia Danus vel Slavus inter Theotonicos et e converso, eligerit habitare . . .*

21 Ebenda, I, Nr. 95, S. 356–59.

22 Ebenda, I. Nr. 97, S. 362–67.

23 St. Arnold, Geografia historyczna polski, Warschau 1951, S. 31.

24 K. Slaski, in: Historia pomorza, Bd. I/2, S. 93–100.

25 D. Lucht, Die Städtepolitik Herzog Barnims I. von Pommern (1220–1278), Köln 1965.

26 Urkunden und erzählende Quellen, I, Nr. 84, S. 320–25. Siehe S. Bobiński, Szkicowa analiza planu starego Szczecina in: Przegląd Zachodni 7 (1951), S. 577–85.

27 Elencus fontium, I, Nr. 164, S. 255.

28 Siehe Dzieje Szczecina wiek X-1805, Bd. II, hg. von G. Labuda, S. 72–76.

29 W. Schich, Stadtwerdung im Raum zwischen Elbe und Oder, S. 225–30. Der slawische Burgwall befindet sich im Südwesten der ma. Stadt; ein Marktflecken mit dem Namen Prenzlau kam später hinzu (1188).

30 Elencus fontium, I, Br. 157, S. 248f.: *cujus civitatis promotionem . . .*

31 So in Pyritz (Pyrzyce, Polen), wo es vor der Gründung von 1263 ein Castrum und einen slawischen *vicus* gab; auch in Massow (Maszewo, Polen) stand vor der Gründung (1278) ein Oppidum.

32 H. Conrad, Herzogliche Stadtgründungen in Pommern auf geistlichem Boden, in: Pommern und Mecklenburg, Köln–Wien 1981, S. 45–60.

33 Urkunden und erzählende Quellen, I, Nr. 93, S. 352–55.

34 Ebenda, Nr. 96, 98, S. 360–69.

II,5

1 Einige Gebiete wie das Waldviertel scheinen davon ausgenommen gewesen zu sein.

2 E. Klebel, Siedlungsgeschichte des deutschen Südostens, Veröffentlichungen des SO-Instituts, München, Nr. 14, 1940.

3 K. Lechner, Geschichte der Besiedlung und der ursprünglichen Grundbesitzverteilung des Waldviertels, in: Jb. f. Landeskunde von Niederösterreich, 1924, S. 10–210.

4 Die Ortsnamen im Waldviertel sind bezeichnend für das Vordringen des Landesausbaus. Am Rande der Donau liegen die alten Siedlungen auf -ing und einige slawische Orte aus dem frühen MA wie Krems (Chremisa). Unmittelbar nördlich und östlich davon grenzen Dörfer an auf -dorf oder auf -s mit einem Personennamen als Stamm (das -s war häufig die Kopula zu -dorf gewesen, beispielsweise wurde aus Dietmarstorf, 1294, einfach Diet-

mars, 1320). Die Endung -reith herrscht am Oberlauf der Kamp vor. Die jüngste Rodungsoffensive in Richtung Böhmen findet in -schlag ihren Ausdruck (K. Lechner, Gesch. d. Besiedlung, S. 188–205, mit Karte).

5 Siehe den Liber fundationum monasterii zwetlensis, in: Fontes rerum Austraicarum, II. Diplomataria et acta, Bd. 3, Wien 1861, passim. Siehe zum folgenden den Katalog der Ausstellung Die Kuenringer. Das Werden des Landes Niederösterreich, Zwettl 1981.

6 H. Hirsch,. Die Klostergründungen im Waldviertel, in: Aufsätze zur ma. Urkundenforschung, Darmstadt 1965, S. 206–22.

7 H. Hirsch, Zur Entwicklung der böhmisch-österreichischen-deutschen Grenze, in: ebd., S. 223–47; ders., Die Entstehung der Grenze zwischen Niederösterreich und Mähren, S. 248–59.

8 Diese Dokumente sind u.a. abgedr. in: Urkunden und erzählende Quellen, II. Nr. 118, 119, S. 284–59.

9 Urkunden und erzählende Quellen, II, Nr. 124, S. 470–73.

10 Siehe E. Plessl, Ländliche Siedlungsformen Österreichs im Luftbild, Landeskundliche Luftbildauswertung im mitteleuropäischen Raum, Heft 9, Bad Godesberg 1969.

11 H. Koller, Die Besiedlung des Raumes Zwettl, in: Blätter f. d. Landesgeschichte, 1974, S. 43f., meint, die Zisterzienser hätten Angerdörfer mit je 24 Häusern angelegt (beispielsweise Klein-Otten).

12 E. Klebel, Die Städte und Märkte des baierischen Stammesgebietes in der Siedlungsgeschichte, in: Zs. f. bayer. Landesgeschichte 12 (1939); K. Gutkas, Die Entwicklung des Österreichischen Städtewesens im 12. und 13. Jahrhundert, in: Die Städte Mitteleuropas im 12. und 13. Jahrhundert, Linz 1963, S. 77–91; und F. Reichert, Die Kuenringerstädte, in: Die Kuenringer, S. 112–16 (Zwettl, Weitra, Gmünd, Zisterdorf, Dürnstein).

13 K. Mayer, Die Geschichte von Wiener Neustadt, Bd. I, 1924.

14 Klebel, Die Städte (wie Anm. 12), S. 70f.

15 Gutkas, Die Entwicklung (wie Anm. 12), S. 85f.

16 Darstellung bei Uhlirz, Hdb. d. Geschichte Österreichisch-Ungarns, Bd. I, Wien 1963, S. 357–60.

17 Siehe K. Oettinger, Das Werden Wiens, 1951.

18 Klebel, Siedlungsgeschichte, S. 76–84; S. Vilfan, Die deutsche Kolonisation nordöstlich der oberen Adria und ihre sozialgeschichtlichen Grundlagen, in: Die deutsche Ostsiedlung, S. 566–604.

19 Siehe insbes. die Arbeiten von P. Blaznik, die unlängst wieder abgedr. wurden, in: Škofja Loka in Loško Gospostvo, Škofja Loka 1973.

20 M. Kos, Relation entre la colonisation et la formation des frontières nationales et ethniques, in: Atti del X Congresso internazionale, Rom 1955, S. 53f.

21 H. Wengert. Die Stadtanlagen in Steiermark, Graz 1932. Pläne dazu in: Alpenländer mit Südtirol (Hdb. d. historischen Stätten Österreichs, II), Stuttgart 1966.

22 Blaznik (wie Anm. 19), S. 54–60.

23 Siehe O. Johannsen, Geschichte des Eisens, Düsseldorf 1953; und insbes. R. Sprandel, Das Eisengewerbe im MA, Stuttgart 1958, S. 68–70, 141–58.

II,6

1 Siehe Hdb. d. Geschichte der Böhm. Länder, Bd. I, S. 207–305. Für die Redaktion dieses Kapitels war mir leider das bedeutende Werk von F. Prinz, Böhmen im mittelalterlichen Europa, München 1984, nicht zugänglich.

2 Zuletzt R. Schmidt, Die Einsetzung der böhmischen Herzöge auf den Thron zu Prag, in: Nationes, Historische und philologische Untersuchungen zur Entstehung der europäischen Nationen im MA, Bd. 1, Sigmaringen 1978, S. 439–63.

3 B. Bretholz, Geschichte Böhmens und Mährens, bis zum Aussterben der Přzemysliden, 1912.

4 Zum folgenden F. Graus, Die Problematik der deutschen Ostsiedlung aus tschechischer Sicht, in: Die deutsche Ostsiedlung, S. 31–75.

5 Unten, Anm. 27.

6 Zur Ausbreitung deutscher Namen in den böhmischen Wäldern des 12. Jh.s siehe B. Hřibová, Mapa přirodmi krajuny Českých zemi ve 12. s., in: Sbornik Vysoké pedagogické v Olomouci, 1956, S. 61–94.

7 Graus, Die Problematik, S. 52f. Ein gutes Beispiel für die gegenseitige Durchdringung der deutschen und tschechischen Bodenkolonisation im Norden Böhmens, im oberen Neiße-Tal und im Isergebirge, in der Umgebung von Friedland und Reichenberg gibt B. Schier, Die Besiedlung des Jeschken-Iser-Gaues, in: Jb. f. Ostdeutsche Volkskunde 15 (1972), S. 22–46.

8 E. Schwarz. Die Geschichte der deutschen Besiedlung Böhmens und Mährens, in: Die Deutschen in Böhmen und Mähren. Ein historischer Rückblick, hg. von H. Preidel, München 1952, S. 10–31; ferner Hdb. (wie Anm. 1), S. 336–47.

9 Neben dem Fall Praha-Prag kann man auch noch den von Hradek-Grottau an der Grenze zur Lausitz erwähnen, ferner Hradec Králové-Königgrätz und Mnichovo Hradiště-Münchengrätz (E. Schwarz, Deutsche Namensforschung, II, 1950, S. 207).

10 E. Klebel, Probleme der bay. Verfassungsgeschichte, Ges. Aufsätze, München 1957, S. 379f.

11 R. Pleiner, La sidérurgie dans les pays tchèques au Moyen âge, in: Revue d'histoire de la sidérurgie 3 (1962), S. 180–93.

12 R. Sprandel, Das Eisengewerbe, S. 179, 359.

13 Urkunden und erzählende Quellen, II, Nr. 107 (Mürau, 26. Mai 1266).

14 W. Kuhn, Siedlungsgeschichte Oberschlesiens, Würzburg 1954, S. 65f.

15 Urkunden und erzählende Quellen, II, Nr. 113, S. 424–31.

16 Ebenda, Nr. 114, S. 430–33.

17 R. Berger, Die Besiedlung des deutschen Nordmährens im 13. und 14. Jh., 1933.

18 E. Schwarz, Die Ortsnamen der Sudetenländer als Geschichtsquellen, München–Berlin 1931.

19 Siehe E. Meynen, Sudetendeutscher Atlas, München ^{2}1955, Karte 6.

20 E. Schwarz, Deutsche Namensforschung, Bd. II, S. 203–15.

21 W. Wostry, Ein deutschfeindliches Pamphlet aus Böhmen aus dem 14. Jh., in: Mitt. d. Vereins f. d. Geschichte der Deutschen in Böhmen 53 (1915), S. 193f.

22 V. Aschenbrenner, Die Sudetendeutschen, in: Die Deutschen und ihre östlichen Nachbarn, S. 224–45.

23 Th. Mayer, Aufgaben der Siedlungsgeschichte in den Sudetenländern, in: Ma. Studien, 1959, S. 432f.

24 Siehe F. Kavka, Die Städte Böhmens und Mährens zur Zeit des Přemislidenstaats, in: Die Städte Mitteleuropas im 12. und 13. Jh., Linz 1963, S. 137–53; E. A. Gutkind, Urban Development in East-Central Europe: Poland, Czechoslovakia and Hungary (International History of City Development, Bd. VII), New York 1972, S. 121f.

25 Z. Fiala, Die Anfänge Prags. Eine Quellenanalyse zur Ortsterminologie bis zum Jahre 1235 (Gießener Abhandlungen zur Agrar- und Wirtschaftsforschung des europäischen Ostens, Bd. 40), Wiesbaden 1967; und Gutkind, Urban Development, S. 200–07.

26 J, Kejř, Die Anfänge der Stadtverfassung und des Stadtrechts in den Böhmischen Ländern, in: Die deutsche Ostsiedlung, S. 439–70.

27 Fiala, Die Anfänge, S. 18f.; und Hdb. (wie Anm. 1), S. 328f. Anm. 4.

28 Elencus fontium . . ., Bd. I, Nr. 84, S. 143–45; und Urkunden und erzählende Quellen, Bd. II, Nr. 93, S. 352–57: *in graciam meam et defensionem suscipio Theutonicos qui manent in suburbio Pragensi, et placet mihi quod sicut iidem Theutonici sunt a Boemis nacione diversi, sic eciam a Boemis eorum lege vel consuetudine sint divisi.*

29 Urkunden und erzählende Quellen, II, Nr. 103, S. 390–93.
30 Kejř, Die Anfänge, S. 464–66 (Karte).
31 Gutkind, Urban Development, S. 227f.
32 Th. Mayer, Aufgaben, S. 444. – E. Meynen, Sudetendeutscher Atlas, gibt auf Blatt 8 eine Übersicht über die ethnische Zusammensetzung der wichtigsten Städte, die man jedoch *cum grano salis* betrachten muß, vor allem die folgenden: Prag (Altstadt 1207–1306): 172 Namen deutscher »Bürger« von 218; Brünn (1345): 463 deutsche Namen von 740; Budweis (1385): 352 deutsche von 590; Iglau (1359–77): 949 deutsche Namen von 1121. Siehe B. Mendl, Knihy počtô města Brna z let 1343–1365, Bd. I, Brünn 1935.
33 Graus, Die Problematik, S. 53, Anm. 78.

II,7

1 Die grundlegenden Werke dazu sind die Geschichte Schlesiens, hg. von H. Aubin, Breslau 1938, Stuttgart ³1961; Historia Śląska, hg. von K. Maleczyński, Bd. I, Breslau 1960; Schlesien (Handbuch der historischen Stätten, XV), hg. von H. Weczerka, Stuttgart 1977; J. J. Menzel, Die schlesischen Lokationsurkunden des 13. Jh.s, Würzburg 1978.
2 W. Kuhn, Der Löwenberger Hag und die Besiedlung der schlesischen Grenzwälder, in: Schlesien 8 (1963), S. 5–20.
3 Siehe J. Gottschalk, St. Hedwig, Herzogin von Schlesien, Köln–Graz 1964.
4 Zweifellos wurden die bischöflichen Ländereien der Kastellanei Ottmachau im Südwesten von Grottau begrenzt, nachdem diese Frage, wie der Zehnt zu bezahlen sei, geregelt war (siehe T. Dunin-Wasowicz, Lapides terminales na Śląsku w XIII wieku, in: Kwart. historii Kultury materialnej 18, 1970, S. 3–25).
5 H. Cehak-Hołubowiczowa, Der schlesische Olymp, in: Beiträge zur Geschichte Schlesiens, Berlin 1958, S. 15–34.
6 Darstellung von J. Gottschalk, Die Bedeutung der Zisterzienser für die Ostsiedlung, besonders in Schlesien. Ein Literaturbericht, in: Zs. f. Ostforschung XV (1966), S. 67–108; ferner A. Mailles, Les activités économiques des Cisterciens en Pologne au Moyen âge, Diss., masch., Universität Bordeaux 1973.
7 W. Wattenbach, Monumenta Lubensis, Breslau 1861, S. 15.
8 Z. Wielgosz, Początki wielkiej własności klasztornej cystersow w Lubiążu [Die Anfänge des großen Reichtums des Zisterzienserklosters zu Lubiaz), in: Rczn. Hist. XII (1956), S. 61–126 (Resümee in frz. Sprache).
9 Liber fundationis claustri Sancte Marie Virginis in Heinrichow, hg. von G. A. Stenzel, Breslau 1854. Siehe H. Grüger, Heinrichau, Geschichte eines schlesischen Zisterzienserklosters (1227 bis 1977), Köln–Wien 1978.
10 Wielgrosz, Poczatki (wie Anm. 8), S. 44–54 und Karte.
11 Heinrichau auf seiner Grangie Muszkowice und Leubus auf seiner Grangie Kasimierz (1281).
12 W. Korta, Rozwój wielkiej własności feudalnej na Śląsku do polowy XIII w [Die Entwicklung des feudalen Großgrundbesitzes in Schlesien, bis zur Mitte des 13. Jh.s], Breslau 1964, bestätigt, welche wichtige Rolle die Abtei Leubus bei der Erschließung des schlesischen Großgrundbesitzes spielte.
13 Menzel, Die Schlesischen Lokationsurkunden, S. 109–14, in: Urkunden und erzählende Quellen, Bd. II, Nr. 1, S. 68–73. Aber diese Deutschen waren *ab iure Polonico sine exceptione . . . in perpetuum liberi.*
14 Privileg Zölestins III. für das Zobtener Kapitel, in: Schles. Urkundenbuch, hg. von H. Appelt, Bd. I, Graz–Köln 1963, Nr. 61.
15 W. Kuhn, Der Löwenberger Hag (wie Anm. 2).
16 J. Pfitzner, Besiedlungs-, Verfassungs- und Verwaltungsgeschichte des Breslauer Bistumlandes, Reichenberg 1926.

17 Urkunden und erzählende Quellen, II, Nr. 9, S. 86–89.

18 *Potestatem dedimus locandi Theutonicos . . . ita quod omni iure utantur, prout nostris Theutonicis circa Pilaviam locatis concessimus* (Schles. Urkundenbuch, hg. H. Appelt, Nr. 316).

19 W. Kuhn, Die Erschließung des Frankensteiner Gebietes in Niederschlesien im 13. Jh., in: Fs. f. W. Schlesinger, Bd. 1, Köln–Wien 1973, S. 159–96.

20 Naumburg wurde gegen 1217 gegründet und von Kanonikern aus Arrouaise besiedelt; die Abtei wurde 1284 nach Sagan verlegt (siehe den Katalogus abbatum Saganensium, hg. von G. A. Stenzel. Script. rerum Silesiacarum, Bd. I, Breslau 1835, S. 176–80).

21 A. Meitzen, Urkunden schlesischer Dörfer . . ., Codex Diplomaticus Silesiae, Bd. IV, Breslau 1863, S. 293–316.

22 Siehe zum folgenden auch W. Kuhn, Siedlungsgeschichte Oberschlesiens, Würzburg 1954, S. 42f.

23 Urkunden und erzählende Quellen, II, Nr. 20, S. 140f.

24 W. Kuhn, Die Entstehung der ma. schlesischen Kraftfelder, in: Beiträge zur schles. Siedlungsgeschichte, München 1971, S. 11.

25 W. Kuhn, Die Besiedlung des Zobtengebietes, ebd., S. 63–78.

26 Urkunden und erzählende Quellen, II, Nr. 16, S. 130–33.

27 J. Pfitzner, Besiedlungs-, Verf.- u. Verwalt.-gesch., S. 78–81; W. Kuhn, Siedlungsgeschichte Oberschlesiens, S. 63–65.

28 W. Kuhn, Die Besiedlung des Reichthaler Haltes, in: Beiträge (wie Anm. 24), S. 79–105.

29 Dieser Orden (Ordo stelliferorum) verdankt seine Entstehung dem Umstand, daß Agnes, die Schwester Kg. Wenzels I., 1233 in Böhmen ein Spital stiftete; Gregor IX. bestätigte 1237 die Gemeinschaft. Die Herzogin Anna stiftete vor 1248 in Breslau ein Spital.

30 Urkunden und erzählende Quellen, II, Nr. 29, S. 162–65.

31 W. Kuhn, Die Gründung von Kreuzburg im Rahmen der schlesischen Siedlungsgeschichte, in: Beiträge (wie Anm. 24), S. 106–30.

32 Man wird weiter unten erfahren in bezug auf Groß- und Klein-Polen, daß die Dörfer mit deutschem Recht nicht zwangsläufig Dörfer mit deutschen Siedlern sind. Siehe Historia Śląska, Bd. I, 1960, S. 280–84.

33 Urkunden und erzählende Quellen, II, Nr. 30, S. 164–67. Siehe A. Meitzen, Urkunden schlesischer Dörfer, S. 319–40.

34 Menzel, Die schlesischen Lokationsurkunden, Nr. 92, S. 421.

35 Ebenda, S. 183–89.

36 Schlesiens Bergbau und Hüttenwesen. Urkunden (1136–1528), hg. von K. Wutke (Codex dipl. Silesiae, Bd. 20), Breslau 1900: in Chorsów bei Bytom *rusticis argenti fossoribus* (1136), in Mols *in terra cujuscumque minere* (1178). Siehe K. Maleczyński, Aus der Geschichte des schles. Bergbaus in der Epoche des Feudalismus, in: Beiträge zur Geschichte Schlesiens, Berlin 1958, S. 236–83.

37 Schmottseifen und Görisseifen.

38 Sprandel, Eisengewerbe, S. 180–83.

39 A. Gieysztor, La ville slave du haut Moyen âge, in: L'artisanat et la vie urbaine en Pologne médiévale, Ergon III (1962), S. 287–97.

40 W. Kočka, The suburbium of Wrocław in Ostrów Tumski in early Middle Ages, in: Ergon III (1962). S. 477–86; W. Długoborski, J. Gierowski u. K. Maleczyński, Dzieje Wrocławia do roku 1807 [Geschichte Breslaus bis zum Jahr 1807], Warschau 1958, S. 27f.

41 W. Hołubowicz, Das früh-ma. Oppeln im Lichte der archäol. Forschungsarbeiten der Jahre 1952–1953, in: Beiträge zur Geschichte Schlesiens, S. 35–101.

42 T. Lalick, Märkte des 12. Jh.s in Polen, in: Ergon III (1962), S. 364–67.

43 T. Lalik, Legnica rezydencza Henryka Brodatego, in: Kwart. historii Kultury materialnej 15 (1967), S. 75.

44 Siehe W. Kuhn, Die deutschrechtlichen Städte in Schlesien und Polen in der ersten Hälfte des 13. Jh.s, Marburg 1968, Dokumententeil, S. 71–93; und M. Młynarska-Kaletynowa,

Rozwój sieci miejskiej na Śląsku na przełomie XII–XIII i w XIII w [Die Entwicklung des schlesischen Stadtnetzes am Ende des 12. und im 13. Jh.], in: Kwart. historii Kultury materialnej (1980), S. 349–61 (Resümee in frz. Sprache).

45 Urkunden und erzählende Quellen, II, Nr. 34, S. 172–78.

46 J. Pfitzner, Besiedlung-, Verf.- und Verw.-gesch., S. 345–49; W. Dziewulski, Nysa, in: Studia z Historii Budowy miast Polskich, Warschau 1957, S. 181–212.

47 Die Gründungsurkunde dieses *Novum Forum,* die häufig als das älteste Beispiel einer Stadt deutschen Rechts in Schlesien angesehen wurde, hat sich als Fälschung erwiesen. Der erste sichere Beleg stammt aus dem Jahre 1233.

48 W. Kuhn, Die Gründung von Kreuzburg, in: Beiträge (wie Anm. 24), S. 106–30.

49 Zu Brieg, Schweidnitz und Liegnitz siehe W. Dziewulski, Studia, S. 49, 255, 151.

50 Siehe das Privileg der Vogtei von 1291, in: Urkunden und erzählende Quellen, II, Nr. 111, S. 414–21.

51 Codex dipl. Silesiae, Bd. VI. hg. von Wattenbach u. Grünhagen, Breslau 1865, Nr. 1, S. 177.

52 J. J. Menzel, Stadt und Land in der schlesischen Weichbildverfassung, in: Die ma. Stadtbildung im Südöstlichen Europa, Köln–Wien 1977, S. 20–38.

53 Liber fundationis episcopatus Vratislaviensis, hg. von Markgraf u. Schulte, Codex dipl. Silesiae, Bd. XIV, Breslau 1889, S. 6f.

54 Siehe W. Kuhn, Ostsiedlung und Bevölkerungsdichte, in: Ostdeutsche Wissenschaft 7 (1960), S. 48f.

55 S. Trawskowski, Zur Erforschung der deutschen Kolonisation auf polnischem Boden im 13. Jh., in: Analecta Poloniae historica 7 (1962), S. 82.

II,8

1 Man hat die Zahl der Magyaren zur Zeit der Landnahme auf etwa 400000 geschätzt, die der älteren Völkerschaften auf 200000; dies würde eine mittlere Besiedlungsdichte von 2 bis 3 Einwohner pro Quadratkilometer ergeben.

2 G. Székely, Le rôle de l'élément magyar et slave dans la formation de l'Etat hongrois, in: L'Europe aux IXe–XIe siècles, Warschau 1968, S. 225–40.

3 Wir können hier nicht die alte Debatte aufgreifen, die zwischen Vertretern der »rumänischen These« und denen der »ungarischen These« besteht. Die rumänische besagt, seit der dako-romanischen und der slawischen Zeit sei das Land stets besiedelt gewesen; der ungarischen zufolge sind die Rumänen erst nach der magyarischen Landnahme in den nördlichen Balkan eingewandert (siehe Uhlirz, Hdb. Bd. I, S. 422). Dies verleitet uns dazu, eine Position in der Mitte einzunehmen: Daß es weiterhin kleine rumänisch-slawische Bevölkerungsgruppen gab, die sich in den Südkarpaten, im Bihargebirge und den Maramures, wo die Walachei 1291 als selbständiger Staat erscheint, durch den Zustrom von walachischen Viehzüchtern verstärken ließen (siehe H. Weczerka, Das ma. und frühneuzeitliche Deutschtum im Fürstentum Moldau, München 1960, S. 20–22).

4 E. Fügedi, Das ma. Königreich Ungarn als Gastland, in: Die deutsche Ostsiedlung, S. 471–508.

5 Über die Herkunft der Szekler wurden die unterschiedlichsten Thesen vorgetragen: Diese Bevölkerung sei vor der magyarischen Eroberung dagewesen; sie seien Überreste der Hunnen, Awaren oder Gepiden; sie seien den Petschenegen verwandte Stämme, ja sogar den Kumanen; es sei ein türkischer Stamm, der vor seinem Eintreffen in Pannonien magyarisiert worden sei; sie seien einfach magyarische Krieger (siehe dazu die Bibliographie in Uhlirz, Hdb., S. 403f.). Auf jeden Fall waren die Szekler niemandem tributpflichtig; und an ihrer Spitze stand ein Gespan, den ihre Großen wählten, er war oberster Heeresführer und Gerichtsherr.

6 Österreichische und ungarische Historiker und Sprachwissenschaftler sind sich keineswegs im klaren über die karolingischen Niederlassungen – wenn es welche waren –, vor allem in Odenburg und im Westteil Pannoniens.

7 Siehe A. F. Burghardt, Borderland, a historical and geographical study of Burgenland, Madison 1962, S. 108f.

8 O. Brunner, Die deutsche Besiedlung des Burgenlandes, in: Burgenländische Heimatblätter, 1937, S. 25.

9 E. Klebel, Siedlungsgeschichte des deutschen Südostens, 1940, S. 93.

10 Uhlirz, Hdb., Bd. I, S. 423.

11 O. Mittelstrass, Beiträge zur Siedlungsgeschichte Siebenbürgens im MA, München 1961, S. 35f.

12 Siehe K. K. Klein. Saxonica Septemcastrensia, Marburg 1971, S. 107f.

13 Im 13. Jh. gaben die »Gäste« von Sathmar vor, zur Zeit der Königin Gisela eingewandert zu sein, also zu Beginn des 11. Jh.s.

14 Urkunden und erzählende Quellen, II, Nr. 141, S. 526–29. Diese Propstei bestand aus einer Kirche und einem Kanonikerstift, der ein Propst vorstand; dieser besaß etwa die gleiche territoriale Herrschaftsgewalt wie ein Erzdiakon.

15 Ch. d'Eslary, Un état des revenus hongrois du XIIe siècle, Annales (ESC), 1962, S. 1123.

16 Urkunden und erzählende Quellen, II, Nr. 144, S. 536–41.

17 E. Schwarz, Die Herkunft der Siebenbürger und Zipser Sachsen, Ostmitteldeutsche, Rheinländer, im Spiegel der Mundarten, Veröffentlichung des Süd-Ostdeutschen Kulturwerkes, 1957. Zu den Ortsnamen siehe E. Wagner, Historisch-Statistisches Ortsnamenbuch für Siebenbürgen, Köln–Wien 1977.

18 F. Valjavec, Geschichte der Kulturbeziehungen zu Südosteuropa, I, München 1953, S. 71.

19 K. K. Klein, Transylvanica, München 1963, S. 157.

20 Das Diplom ist abgedr. in: Urkunden und erzählende Quellen, II, Nr. 143, S. 532–35; siehe W. Kuhn, Ritterorden als Grenzhüter des Abendlandes, in: Ostdeutsche Wissenschaft V (1959), S. 16–22; Mittelstrass, Beiträge (wie Anm. 11), S. 40–42, 62f.

21 Die Deutschherren errichteten damals fünf Burgen: Kreuzburg und Rucarburg am Übergang über die Berge; Marienburg, Schwarzburg und Heldenburg; siehe A. Prox, Die Burgen des Burzenlandes, in: Neue Beiträge zur Siebenbürgischen Geschichte und Landeskunde, Köln–Graz 1962, S. 29–62.

22 M. L. Favreau, Studien zur Frühgeschichte des Deutschen Ordens, Stuttgart 1975, S. 85, nimmt an, Hermann von Salza habe gezögert, denn selbst nach dem Zugeständnis von 1221 habe er den Orden im Heiligen Land und in Zypern weiterhin gestärkt.

23 Siehe G. v. Probszt, Die alten siebenbürgischen und niederungarischen Bergstädte im Slowakischen Erzgebirge, Wien 1960; und ders., Die niederungarischen Bergstädte, München 1966, S. 24–122.

24 J. Kaindl, Geschichte der Deutschen in den Karpatenländern, Gotha 1907, Bd. I, S. 158f.

25 E. Fausel, Das Zipser Deutschtum, Jena 1927, S. 4–7.

26 König Andreas III. erneuerte und erweiterte 1291 die Privilegien der Knappen und der Eisenhandwerker von Torocko (Wisenburg), die kurz zuvor aus der Gegend von Ybbs in Niederösterreich und aus der Steiermark gekommen waren (siehe Urkunden und erzählende Quellen, II, Nr. 149, S. 552–57).

27 A. Kubinyi, Zur Frage der deutschen Siedlungen im mittleren Teil des Königreichs Ungarn (1200–1541), in: Die deutsche Ostsiedlung, S. 527–66.

28 G. Székely, Evolution de la structure et de la culture de la classe dominante laïque dans la Hongrie des Arpad, in: Acta historica Acad. Sc. Hungaricae, 1969, S. 247f.

29 G. Székely, A Szekesfehervari latinok és a vallonok a Középkori Magyaroszágon [Latiner und Wallonen in Stuhlweißenburg im ma. Ungarn], in: Szekesfehervar Evszázadai 2 (1972).

30 G. Székely, Wallons et Italiens en Europe centrale aux XIe–XVIe siècles, in: Acta Univ. Scien. Budapestinum VI (1964).

31 Skékely, Wallons et Italiens, S. 16.
32 H. Weczerka, Das ma. und frühneuzeitliche Deutschtum im Fürstentum Moldau, München 1960; und Die deutschrechtliche Stadt des MAs und das Städtewesen in der Walachei und der Moldau, in: Siebenbürgen als Beispiel europäischen Kulturaustausches (Siebenbürgisches Archiv, Bd. 12), Köln–Wien 1975, S. 1–10.
33 Weczerka, Die deutschrechtliche Stadt, S. 90–95.
34 R. Vuia, Le village roumain de Transylvanie et du Banat, in: Le Transylvanie, Bukarest 1938, S. 712–323.
35 P. Niedermaier, Dorfkerne auf dem Gebiet der Sieben Stühle, in: Forschungen zur Volks- und Landeskunde, Bukarest 1973, S. 40–66.
36 Siehe G. Oprescu, Die Wehrkirchen in Siebenbürgen, Dresden 1961; und H. Zillich, Siebenbürgen, Ein abendländisches Schicksal, Königstein i.T. 1968.
37 Gutkind, Urban development, Bd. VII, S. 154–57 und 199f.; H. Stobb, Die ma. Städtebildung im südöstlichen Europa, 1977, S. 184–221.
38 Stoob, Die ma. Städtebildung; P. Niedermaier, Siebenbürgische Städte, Bukarest 1979; M. Tanase, Villes neuves en Transylvanie, entre les XIIe–XIIIe siècles?, Diss. (3e Cycle) Univ. Paris VIII, 1981. Obgleich diese drei Studien sehr unterschiedlich angelegt sind, gelangen die drei Autoren mit ihren Methoden der Untersuchungen der Stadtformen zu gleichen Schlußfolgerungen: Die Bildung verlief langsam und stufenweise.
39 G. Székely, Le sort des agglomérations pannoniennes au début du Moyen âge et les origines de l'urbanisme en Hongrie, in: Ann. Univ. Budapestinensis, Sect. historica, III, 1961.
40 Urkunden und erzählende Quellen, II, Nr. 136, S. 510–15.
41 A. Kubinyi, Die Anfänge Ofens (Gießener Abhandlungen zur Agrar- und Wirtschaftsforschung des europäischen Ostens), 1972; ders., Budapest im MA, in: Cahiers bruxellois, 1975, S. 39–51, und Zur Frage der deutschen Siedlung, S. 545f.

II,9

1 Siehe A. F. Grabski, La Pologne et les Polonais vus par les étrangers, du Xe au XIIIe siècle, in: Acta Poloniae Historica 12 (1965), S. 22f.
2 A. Gieysztor, in: Histoire de Pologne, Warschau 1971, S. 113–18.
3 E. Schmidt, Die Mark Brandenburg, S. 50. Der Raum Sternberg zwischen Oder und Warthe verdankt seinen Namen wahrscheinlich dem Magdeburger Erzbischof Konrad von Sternberg (1266–77), der auch die gleichnamige Burg gründete.
4 Gieysztor in: Histoire de Pologne, S. 123.
5 Siehe W. Hoppe, Die Neumark. Ein Stück ostdeutscher Geschichte, Würzburg 1967, S. 8f.
6 Urkunden und erzählende Quellen, I, Nr. 99, 100, S. 370–79.
7 Z. Podwińska, Zmiany form osadnictwa wiejskiego na Ziemiach polskich we wczesnym średniowieczu-Zreb, wies, opole [Die Veränderungen der ländlichen Siedlungsformen im Polen des frühen MAs], Warschau 1971; und Structure et formes de l'habitat rural sur le territoire polonais, depuis le VI siècle jusqu'au début du XIIIe siècle, in: Kwart, Hist. Kult, Materialnej 20 (1972), S. 415–36.
8 W. Maas, Die Entstehung der Posener Kulturlandschaft. Beiträge zur Siedlungsgeographie, in: Deutsche wiss. Zs. f. Polen 10 (1927), S. 22f.
9 W. Kuhn, Die Erschließung des südlichen Kleinpolen im 13. und 14. Jh., in: Zs. f. Ostforschung 17 (1968), S. 410f.
10 Zu diesen Ministerialen siehe K. Buczek, Książę ludność służebna w Polsce wczesnofeudalnej [Die herzoglichen Dienstleute in Polen zu Beginn des Feudalismus], Krakau 1968; zum folgenden T. Dunin-Wąsowicz, La rupture d'équilibre du XIIIe siècle dans la grande plaine européenne, in: Annales E.S.C., 1980, S. 1026 f.

11 H. Modrzewska, Osadnictwo jenieckie we wcześnie ejszym średniowieczu polskim [Siedlungen von Kriegsgefangenen während des polnischen Früh-MAs], in: Kwart. Hist. Kult. Materialnej 17 (1963), S. 345–83. Es handelt sich um folgende Arten von Ortsnamen: Niemicz (Deutsche), Rusi (Russen), Pomorzany (Pommern), Węgry (Ungarn) und Prusy (Pruthenen).

12 Gieysztor, in: Histoire de Pologne, S. 92.

13 Schlesisches Urkundenbuch, hg. von H. Appelt, Bd. I, Köln 1963, Nr. 11.

14 J. Gottschalk, Die Bedeutung, in: Zs. f. Ostforschung 15 (1966), S. 80f. , hat für die Gründung von Ląd (1145l/46) und von Łekno (1153) die traditionellen Jahresangaben verwendet, die allerdings umstritten sind; wir halten uns hier an die Angaben von J. Kłoczowski, Les Cisterciens en Pologne, in: Cîteaux, 1970.

15 Codex diplomaticus Majoris Poloniae, Bd. I, Posen 1877, Nr. 80: *cum Ordo ille Poloniam quasi sydus matutinum nove suo ortu illustraret*.

16 T. Manteuffel, Rola cystersów w Polsce wieku XII, in: Przegl. Hist. XII (1950), S. 180–202.

17 Statuta Capitulorum generalium Ordinis Cisterciensis, hg. von J.-M. Canivez, Löwen 1933, Bd. I, S. 272 (1201/46).

18 Maas, Die Entstehung, S. 5f. Die Arbeiten von Maas sind zusammengefaßt in: Siedlungen an Obra, Bartsch, Prosna und Oberer Warta, Hist. u. sozialgeogr. Studien, 2 Bde., Marburg 1978.

19 Codex diplomaticus Majoris Poloniae, Bd. I, Nr. 66; und Urkunden und erzählende Quellen, II, Nr. 46. S. 206–10.

20 Urkunden und erzählende Quellen, II, Nr. 47, S. 210–13. Der Graf hatte einem deutschen Müller namens Wilhelm auch den Bau einer Mühle und die Lokation eines weiteren Dorfes anvertraut, aber auch dieser Versuch schlug fehl (ebd., Nr. 48, S. 212–15).

21 Ebenda, Nr. 53, S. 224–27.

22 Urkunden und erzählende Quellen, II, Nr. 49–52, S. 214–25.

23 Ebenda, Nr. 54 (1233), S. 226f.

24 Siehe Z. Wielgosz, Wielka własność cysterska w osadnictwie pogranicza Śląska i Wielkopolski [Der zisterziensische Großgrundbesitz und die Kolonisation an den Grenzen Schlesiens und Groß-Polens], Posen 1964.

25 Maas, Die Entstehung, S. 30–47; und J. Masłowski, Kolonizacja wiejska na prawie niemieckim [Die dörfliche Kolonisation nach deutschem Recht], Posen 1937, S. 23f.

26 Codex dipl. Poloniae, Bd. II, Nr. 64.

27 Ebenda, Nr. 153 und 154.

28 Maas, Die Entstehung, S. 47 (Lokator, Vogt oder Schulze, natürlich gab es auch Ausnahmen).

29 W. Kuhn, Die Erschließung des südlichen Kleinpolen im 13. und 14. Jh., in: Zs. f. Ostforschung 17 (1968), S. 401–80; und Die deutschrechtliche Siedlung in Kleinpolen, in: Die deutsche Ostsiedlung, S. 369–415.

30 Urkunden und erzählende Quellen, II, Nr. 83, S. 316–19.

31 Siehe A. Rutkowska-Plachcinska, Sadeczyzna w XIII i XIV wicku [Das Umland von Sandetz im 13. u. 14. Jh.], Breslau-Krakau 1961.

32 Siehe das Dokument für das Dorf Gołkowice (1276), in: Urkunden und erzählende Quellen II, Nr. 84, S. 318–21.

33 Noch bis ins 16. Jh. wurden große Wälder »erobert«, wie es das Dorf Niedżwiedzia im oberen Tal der Raba bezeugt (K. Dobrowolski, Dzieje wsi Niedżwiedzia, Lemberg 1931).

34 Siehe Kodeks dyplomatyczny katedry Krakowskiej, hg. von F. Piekosiński, Krakau 1874, passim.

35 Zur schlesisch-polnischen Grenzregion siehe R. Rosin, Ziemia Wieluńska w XII–XVI w. [Das Anbaugebiet von Wieluń vom 12. bis zum 16. Jh.], Lodz 1961. Man sollte hinzufügen, daß viele Gründungen des 14. Jh.s kaum ihre Blüte erlebten und im Lauf der Zeit verschwanden (siehe F. Kiryk, Lokacje miejskie nieudane, translacje miast i miasta za-

nikłe w Małopolsce do połowy XVII stulecia [Gescheiterte Freiheiten, Verlegung von Städten und verschwundene Städte in Klein-Polen bis zum Beginn des 17. Jh.s], in: Kwart. Hist. Kult. Materialnej 28 (1980), S. 373–84.

36 Gute Darstellung von J. Bardach, Historia państwa i prawa Polski, Bd. I, Warschau 1964, S. 193–98.

37 Baranowski u.a., Histoire de l'économie rurale en Pologne jusqu' au 1864, 1966, S. 36–39; S. Trawskowski, Die Rolle der deutschen Dorfkolonisation und des deutschen Rechts in Polen im 13. Jh., in: Die deutsche Ostsiedlung, S. 348–68.

38 J. Masłowski, Kolonizacja miejska na prawie niemieckim w województwach sieradzkim, na Kujawach i w ziemi dobrzyńskiej do roku 1370 [Die Stadtkolonisation nach deutschem Recht in den Woiwodschaften Sieradz, Łęczyca, in Kujawien und dem Umland von Dobrzyń bis 1370], in: R. Historyczj, 1937, meint, daß in Kujawien nur 12 von 108 soltys (Schulzen) Deutsche gewesen seien.

39 Siehe Les Origines des villes polonaises, recueil de travaux, hg. von P. Francastel, Paris–Den Haag 1960; L'artisanat et la vie urbaine en Pologne médiévale, Warschau 1963 (Ergon III); T. Lalik, Recherches sur les origines des villes en Pologne, in: Acta Poloniae historica, Bd. II, 1959, S. 101–31; Ch. Higounet, Les origines des villes polonaises, in: Information historique, 1959, S. 185–90; J. Kaczmarczyk, Początki miąst polskich [Die Anfänge der polnischen Städte], in: Czasopismo Prawno-Historyczne 13 (1961), S. 9–45; A. Gieysztor, Les recherches sur l'histoire urbaine en Pologne, in: Acta Pol. hist., Bd. 8, 1963, S. 79–90; E. A. Gutkind, Urban Development in East Central Europe: Poland, Czechoslovakia and Hungary (Intern. History of City Development, Bd. VII), New York 1972, S. 1–51.

40 W. Hensel, Le développement des recherches archéologiques sur les origines de l'Etat polonais, in: Archeologia polona, Bd. I, 1958, S. 7–56; W. Hensel u. A. Gieysztor, Les recherches archéologiques en Pologne, Warschau 1958.

41 Siehe W. Hensel, Poznań we wczesnym średniowieczu [Poznań im frühen MA], Bd. I–II, Breslau 1959/61.

42 H. Münch, Kraków do roku 1257 włącznie [Krakau bis 1257], in: Kwart. Architektury i urbanistyki 3 (1958).

43 M. Borowiejska-Birkenmajerowa, Problem pierwszej lokacji i wielka lokacja Krakowa z r. 1257 w świetle ostatnich badań [Das Problem der ersten Lokation und der großen Lokation in Krakau von 1257 im Lichte jüngster Forschungen], in: Teka komisji urbanistyki i architektury (1974), S. 19–36.

44 W. Kuhn, Die deutschrechtlichen Städte in Schlesien und Polen, S. 102.

45 Urkunden und erzählende Quellen, II, Nr. 77, S. 290–97.

46 Ebenda, S. 103.

47 Ebenda, S. 122, und W. Kuhn, Die Entstehung der deutschrechtlichen Stadt Płock, in: Zs. f. Ostforschung, 1964, S. 1–30.

48 Siehe Z. Kaczmarczyk, Poczatki miąst polskich (wie Anm. 39); A. Gieysztor, Les chartes de franchises urbaines et rurales en Pologne au XIIIe siècle, in: Les libertés urbaines et rurales du XIe au XIVe siècle (Colloque intern., Spa 1966), Brüssel 1968, S. 103–26.

49 A. Gieysztor, Les recherches sur l'histoire urbaine, S. 84.

50 W. Kuhn, Die deutschrechtlichen Städte, S. 138.

51 B. Wyrozumska, Fragmenty najstarszej księgi miegi miejskiej Olkusza [Fragmente des ältesten Stadtbuchs von Olkusz], in: Małopolskie studia historyczne 2 (1959), S. 49–57: die Zahlen beziehen sich hier auf 73 Namen von Hauseigentümern; W. Kuhn, Die deutschrechtl. Städte, S. 140, schätzt sie auf 97%.

52 Kuhn, Die deutschrechtl. Städte, S. 141f.

53 Siehe B. Zientara, Die deutschen Einwanderer in Polen vom 12. bis zum 14. Jh., in: Die deutsche Ostsiedlung, S. 333f. (mit weiterführenden Hinweisen).

II,10

1 Siehe R. Wittram, Baltische Geschichte, 1180–1918, München 1954; und M. Hellmann, Das Lettenland im MA, Münster–Köln 1954.
2 P. Johansen, Nordische Mission, Revals Gründung und Schwedensiedlung in Estland, Stockholm 1951.
3 F. Benninghoven, Der Orden der Schwertbrüder, Köln–Graz 1965, S. 19f.; T. Manteuffel, La mission balte de l'Ordre de Citeaux, in: La Pologne au Xe Congrès intern. des sciences historiques à Rome, Warschau 1955, S. 107f.
4 F. Benninghoven, Rigas Entstehung und die frühhansische Kaufmannschaft, Hamburg 1961 (mit Stadtplänen).
5 Der Begriff Schwertbruder kam eigentlich erst 1237 in Gebrauch.
6 W. Kuhn, Ritterorden als Grenzhüter, S. 310–14, weist auch auf die Besitzungen des Ordens in Holstein hin; siehe auch D. Wojtecki, Zur Identität Livländischer Landmeister im 13. Jh., in: Jb. f. die Geschichte Mittel- und Ostdeutschlands, 1971.
7 Siehe L. Arbusow u. A. Bauer (Hg.), in: MGH Scriptores rerum Germanicarum, 1955, übers. von A. Bauer, Darmstadt 1975.
8 Eine gute Studie über den Zerfall von Schaule gibt Benninghoven, Der Orden, S. 327–53.
9 Die Chronik von Nowgorod beziffert die Verluste des Ordens auf 20 Ritter und 400 estnische Diener und Soldaten.
10 Aber der Orden erwarb dieses Gebiet 1346 von den Dänen.
11 Urkunden und erzählende Quellen, I, Nr. 149, S. 542–45.
12 P. Johansen, Eine Riga-Wisby-Urkunde des 13. Jh.s, in: Zs. d. Vereins für lübeck. Geschichte und Altertumskunde, 1958, S. 97f.
13 W. Urban, The Organization of the Livonian Frontier in the Thirteenth Century, in: Speculum, 1973, S. 525–32.
14 Zum Haken ganz allg. siehe W. Kuhn, Der Haken in Altpreußen, in: Studien zur Geschichte des Preußenlandes. Fs. f. E. Keyser, Marburg 1963, S. 164–94.
15 P. Johansen, Die Estlandliste des Liber census Daniae, Kopenhagen–Reval 1933.
16 Benninghoven, Der Orden, S. 231f.
17 Urkunden und erzählende Quellen, I, Nr. 150, S. 544–47.
18 P. Johansen, Deutschbalten und Baltisches Land, in: Handwörterbuch d. Grenz- und Auslandsdeutschtums, II, Breslau 1936, S. 168–76; Benninghoven, Der Orden, S. 233–36.
19 P. Johansen u. P. v. zur Mühlen, Deutsch und undeutsch im ma. und frühneuzeitl. Reval, Köln 1973.
20 Hellmann, Das Lettenland, S. 212f.

II,11

1 Allgemeine Darstellung bei B. Schumacher, Geschichte Ost- und Westpreußens, Würzburg [2]1957; K. Górski, L'Ordine teutonico, Turin 1971; ferner H. Boockmann, Der Deutsche Orden. Zwölf Kapitel aus seiner Geschichte, München [2]1982. Nützliche, gezielte Informationen gibt Ost- und Westpreußen (Hbd. d. historischen Stätten Deutschlands, hg. von E. Weise, Stuttgart 1966).
2 M. Biskup, Polish Research Work on the History of the Teutonic State Organization in Prussia (1945–1949), in: Acta Poloniae historica, 1960, S. 92f.; Schumacher, Geschichte, S. 68f.
3 Zum folgenden siehe T. Manteuffel, La mission balte de l'Ordre de Cîteaux, S. 114f.
4 W. Kuhn, Ritterorden als Grenzhüter, S. 324–36; Z. Nowak, Milites Christi de Prussia. Der Orden von Dobrin und seine Stellung in der preußischen Mission, in: Die Geistlichen Ritterorden Europas (Vorträge und Forschungen, XXVI), Sigmaringen 1980, S. 339–52.

5 W. Hubatsch (Hg.), Quellen zur Geschichte des Deutschen Ordens, Göttingen, 1954, Nr. 6, S. 54.
6 Biskup, Polish Research (wie Anm. 2), S. 94f.
7 Hubatsch, Quellen, Nr. 5, S. 46–53.
8 Ebenda, Nr. 8, S. 72–75. Über die Deutung der Politik des Hl. Stuhls siehe G. Labuda, Urkunden über die Anfänge des Deutschen Ordens im Kulmerland und in Preußen in den Jahren 1226–1243, in: Die geistlichen Ritterorden, S. 299, 316.
9 Texte und Übers. in: Hubatsch, Quellen, Nr. 10, S. 80–99 (7. Februar 1249). Dies war ein erstaunlicher Friede, abgeschlossen dank der Vermittlung des Hl. Stuhls; er garantierte den Prussen die gleiche Freiheit wie den Siedlern aus dem Westen – bezog sich dabei aber nur auf die Getauften!
10 Über den Orden allgemein M. Tumler und U. Arnold, Der Deutsche Orden. Von seinem Ursprung bis zur Gegenwart, 3. Aufl. 1981; K. Górski, L'Ordre teutonique. Un nouveau point de vue (nach M. Hellmann, Bemerkungen zur Sozialgeschichtlichen Erforschung des Deutschen Ordens, München 1961), in: Revue historique, 468 (1963), S. 290.
11 Hubatsch, Quellen, Nr. 20, S. 140–45 (8. Juli 1343).
12 Siehe K. Górski, La structure économique et sociale de l'Etat de l'Ordre teutonique en Prusse (XIVe–XVe s.), in: Annali di storia economica e sociale 7 (1966), S. 278–92.
13 Der päpstliche Legat Wilhelm von Modena, der 1243 das Kulmer Land und Preußen in vier Diözesen zerlegt hatte, überließ den Bischöfen ein Drittel ihres Gebiets als Hochstift.
14 E. Maschke, Die Schäffer und Lieger des Deutschen Ordens in Preußen, in: Hamburger Mittel- und Ostforschungen, II, Hamburg 1960, S. 145; H. Samsonowicz, Der Deutsche Orden und die Hanse, in: Die geistlichen Ritterorden, S. 317–28.
15 Schumacher, Geschichte, S. 81. Siehe K. H. Fuhrmann, Gründung und Grundriß der Stadt des deutschen Ritterordens in Preußen, Diss. Berlin 1932; M. Biskup. Rozwój sieci miast pruskich do drugiej połowy XVII w. [Die Entwicklung des Städtenetzes in Preußen bis zur zweiten Hälfte des 17. Jh.s], in: Kwart. historii Kultury materialnej (1980), S. 401–12.
16 Hg. und übers. von Hubatsch, Quellen, Nr. 7, S. 56–71. Siehe G. Kisch, Die Kulmer Handfeste, Sigmaringen 1978.
17 E. Keyser, Untersuchungen zur Siedlungsgeschichte der Städte Thorn, Elbing und Königsberg in der Ordenszeit, in: Altpreußische Forschungen, 1936, S. 17f. ; und L'artisanat et la vie urbaine en Pologne médiévale, 1962, S. 389f.
18 Urkunden und erzählende Quellen, I, Nr. 122, S. 452–57 (10. April 1246).
19 F. Gause, Die Geschichte der Stadt Königsberg in Preußen, Bd. I, Köln–Graz 1965, S. 3f.
20 K. Jażdżewski, La genèse de la ville de Gdańsk, son développement et son artisanat au haut Moyen âge, in: L'artisanat et la via urbaine, S. 410–17; Historia Pomorza, Bd. I, S. 384; und E. Cieslak, Historia Gdańska, I, Danzig 1978.
21 Wurde die Stadt vielleicht zerstört? Die gegenteilige Auffassung vertritt E. Keyser, Die Legende von der Zerstörung Danzigs im Jahre 1308, in: Zs., d. Westpreuß. Geschichtsvereins, 1919; siehe ferner die Spuren, die das Feuer an den Schichten des *suburbium* zu Beginn des 14. Jh.s hinterließ (A. Zbierski, The Early Mediaeval Gdansk in the Light of Recent Researches, in: L'artisanat, S. 422f.).
22 E. Keyser, Die Herkunft der städtischen Bevölkerung des Preußenlandes im MA, in: Zs. f. Ostforschung, 1957, S. 529–37.
23 Kritisch dazu Boockmann, Der Deutsche Orden, S. 131–35.
24 Zum folgenden siehe K. Kasiske, Die Siedlungstätigkeit des Deutschen Ordens im Östlichen Preußen bis zum Jahre 1410, Königsberg 1934.
25 Urkunden und erzählende Quellen, I, Nr. 124, S. 462–65.
26 Ebenda, Nr. 121, S. 449–51.
27 H. Wunder, Siedlungs- und Bevölkerungsgeschichte der Komturei Christburg (13.–16. Jh.), Wiesbaden 1968, S. 17–25.
28 Ebenda, S. 162–67.

29 Urkunden und erzählende Quellen, I, Nr. 130 (10. Juli 1289) u. 131 (27. Juli 1289), S. 480–87.

30 E. Keyser, Geschichte des deutschen Weichsellandes, Leipzig 1939, S. 27–29

31 Fischhausen ist seit dem 15. Jh. die abgekürzte Form des ursprünglichen Bischoveshusen.

32 Urkunden und erzählende Quellen, I. Nr. 145, S. 532–35.

33 Schumacher, Geschichte, S. 79f.

34 Urkunden und erzählende Quellen, I, Nr. 137, S. 508–13 (15. August 1321). Siehe K. Abe, Die Komturei Osterode des Deutschen Ordens in Preußen, 1341–1525, Köln 1972, S. 33f.

35 H. u. G. Mortensen, Die Besiedlung des nordöstlichen Ostpreußen bis zum Beginn des 17. Jh.s, Leipzig 1937, S. 132–35.

36 Abe, Die Komturei Osterode, S. 75. Osterode, nach einem Schachbrettplan angelegt, wurde von einer Burg beschützt; seine landwirtschaftliche Anbaufläche betrug 96 Hufen.

37 Mortensen, Die Besiedlung, S. 19–21.

38 Schumacher, Geschichte, S. 73–76. Ein gutes regionales Beispiel gibt Wunder, Christburg, S. 17f., 110f.

39 W. Kuhn, Die Stadtdörfer der ma. Ostsiedlung, in: Zs. f. Ostforschung, 1971, S. 2–8. Siehe auch Wunder, Christburg, S. 59–65.

40 Siehe R. Wenskus, Der Deutsche Orden und die nichtdeutsche Bevölkerung des Preußenlandes mit besonderer Berücksichtigung der Siedler, in: Die deutsche Ostsiedlung, S. 417–38. Die Bevölkerung Preußens wurde zu Beginn des 13. Jh.s auf 170000 geschätzt.

41 Ein Teil der Jatwinger mußte sich in den nordwestlichen Winkel des Samlandes zurückziehen, ein Teil flüchtete nach Litauen. In seiner in den ersten beiden Jahrzehnten des 14. Jh.s verfaßten Chronik erzählt Peter von Dusburg, ein Priester des Ordens, in Königsberg ansässig (hg. Scriptores rerum Prussicarum, I, 1861), von den Plünderungen und Mordexzessen während der Landnahme mit soviel Genugtuung, daß man sich fragt, ob er sie nicht in dieser Form geschrieben hat, um den Kampfgeist der Ritter zu stählen.

42 W. Kuhn, Der Haken in Altpreußen, in: Studien zur Geschichte des Preußenlandes. Fs. f. E. Keyser, Marburg 1963, S. 164–94.

43 Wenskus, Der Deutsche Orden, S. 438; Schumacher, Geschichte S. 82.

44 Man zählt im Durchschnitt 50 Hufen je Dorf, 500 E. in den kleinen Städten und zwei Drittel der Bevölkerung der Großstädte Danzig, Thorn, Königsberg und Elbing.

45 In der zweiten Hälfte des 16. Jh.s hatte das Herzogtum ungefähr 300000 Einwohner (Wenskus, Der Deutsche Orden, S. 418).

46 Wunder, Christburg, S. 26.

47 Mortensen, Die Besiedlung, S. 105f.

48 Hubatsch, Quellen, S. 68.

49 Geometria Culmensis, ein agronomischer Traktat aus der Zeit des Hochmeisters Conrad von Jungingen (1393–1407), hg. von H. Mendthal, Leipzig 1886.

50 M. Kielczewska-Zalewska, O powstaniu i przeobraż kształtów wsi Pomorza Gdańskiego [Ursprung und Umwandlung der städtischen Siedlungsweise im Danziger Pommerellen], Warschau 1956; und M. Biskup, Osady na prawie polskim na Pomorzu Gdańskim w Połowie XV w. [Dörfer mit polnischem Recht im Danziger Pommerellen in der Mitte des 15. Jh.s], Warschau 1956.

51 Am 12. Januar 1412 wandte sich der frz. Kg. Karl VI. in einem Brief an den poln. Kg. und ermahnte ihn, mit dem Hochmeister Heinrich von Plauen Frieden zu schließen, sonst werde er daran denken, »mit weiteren guten Katholiken« dem Orden Hilfe zu leisten (Hubatsch, Quellen, Nr. 31, S. 186–89).

52 W. Kuhn, Die deutsche Ostsiedlung, in: Die Deutschen und ihre östlichen Nachbarn, S. 54f.

1 H. Aubin, Zur Erforschung der deutschen Ostbewegung, in: Archiv für Landes- und Volksforschung, 1937, S. 20f.
2 Dazu, ähnlich argumentierend, der Beitrag von F. Escher, Zisterzienser und Landesherren östlich von Elbe und Saale, in: Die Zisterzienser, 1980, S. 105–11.
3 P. Breitschneider, Das Gründungsbuch des Klosters Heinrichau, Breslau 1927, S. 39f.
4 Les Cisterciens en Pologne du XIIe au XIIIe siècle, in: Cîteaux, 1978, S. 111–34 (mit Darstellung der neueren Literatur).
5 Die erste Gruppe in Sulejów bestand aus Franzosen; aber in Ląd, Łekno und Obra fand man Ende des MAs praktisch nur die Söhne des Kölner Bürgertums.
6 O. Schulze, Die Kolonisierung und Germanisierung der Gebiete zwischen Saale und Elbe, 1895, S. 154–56. Erwähnt sei hier noch die Diss. von R. Kötzschke, Das Unternehmertum in der ostdeutschen Kolonisation des MAs, Leipzig 1894, und die neuere Arbeit von R. George, Die Großunternehmer in der ostdeutschen Kolonisation des MAs, Münster 1946.
7 H. u. G. Mortensen, Die Besiedlung des nordöstlichen Ostpreußen, S. 103.
8 Dies war die Auffassung von H. Aubin, Wirtschaftsgeschichtliche Bemerkungen zur Ostdeutschen Kolonisation, in: Aus Sozial- und Wirtschaftsgeschichte. Gedächtnisschrift f. Georg von Below, Stuttgart 1928, S. 182f.
9 *Pro expensis et laboribus in fundacione loci* oder *ratione villicationis.*
10 Es sei hier darauf hingewiesen, daß ein gewisser *Monetarius* 1121 beauftragt wurde, *pobladores* zusammenzubringen aus der Neustadt Puente-la-Reina in Navarra, und daß ein gewisser Pedro Berenguer aus Vilafranca 1163 die Besiedlungsaktion und die Errichtung des Ortes Montblanch in Katalonien leitete, daher durfte er auch in der neuen Stadt die Gerichtsbarkeit ausüben.
11 Quellen zur Geschichte des deutschen Bauernstandes im MA, hg. von G. Franz, 1967, Nr. 74 (1140–72), 99 (1186), 125 (1254).
12 Urkunden und erzählende Quellen, I, Nr. 54: *quod nullus de cetero de novis bonis colat aut exstirpari faciat, nisi de communi voluntate et pari consensu dominorum ad illam terram pertinencium.*
13 K. Lechner, Geschichte der Besiedlung . . . des Waldviertels, in: Jb. f. Landeskunde von Niederösterr., 1924, S. 41f. Das Ausmaß der Rodungstätigkeit einer einzigen Familie entsprach häufig der Endung -richt.
14 Aubin, Zur Erforschung, S. 82f., glaubt nicht so recht, daß es eine Erschließung durch Slawen gab und geht sogar so weit zu sagen, daß sich hinter den Begriffen *Ujazd, Ujesd, lhota* oder *wola* mitunter deutsche Rodungsinseln verbargen.
15 W. Maas, Mittelalterliche deutschrechtliche Kolonisation und Waldrodung in Kujawien und Masowien, zitiert S. 52 für das Jahr 1512 in Goscieszyn bei Mogilno: *iste tabernator est bonus pater familias, extirpavit multos agros!*
16 Liber fundationis claustri Sanctae Mariae Virginis in Heinrichow, hg. von G. A. Stenzel, Breslau, 1854, S. 59. Es handelt sich um das Gebiet, das später zum schlesischen Schönwalde gehörte.
17 Maas, Die Entstehung . . ., S. 53.
18 Deutsches Siedlungswesen, in: J. Hoops, Reallexikon der Germanischen Altertumskunde, Bd. I, 1912, S. 431.
19 Die Wüstungen des ausgehenden MAs, Stuttgart [2]1955, S. 7–12. Siehe auch ders., Geschichte der deutschen Landwirtschaft, Stuttgart 1967, S. 68, und seinen Beitrag im Hdb. der deutschen Wirtschafts- und Sozialgeschichte, Bd. 1, Stuttgart 1971, bes. S. 177.
20 Hdb. d. deutsch. Wirtsch. – u. Sozialgesch., Bd. 1, S. 387, 515–18.
21 H. Rubner, Forstgeschichte im Zeitalter der industriellen Revolution, Berlin 1967, S. 153f.

22 Zum folgenden siehe E. Schwarz, Deutsche Namenforschung, II, Orts- und Flurnamen, 1950, S. 190–227.

23 Zu Fritzendorf (Fryčovice, ČSSR) in Mähren, wo die Schonzeit 12 Jahre betrug; man erhielt weitere 4 Jahre für ein Stück Land, *quia agri aliis sunt peiores* (Quellen zur Gesch. d. deutschen Bauernstandes des MAs, Nr. 138, S. 362, 1270).

24 Ebenda, Nr. 151, S. 398.

25 Der Begriff stammt von W. Schlesinger, Protokoll Nr. 173 des Konstanzer Arbeitskreises, 1972, S. 20.

26 Ch. Ed. Perrin, Le servage en France et en Allemagne, in: Xe Congrès intern. des Sciences historiques, Relazioni, Bd. III, Storia di Medioevo, 1955, S. 233f.; und bezüglich Bayern Ph. Dollinger, L'évolution des classes rurales en Bavière, 1949, passim.

27 Th. Mayer, Bemerkungen und Nachträge zum Problem der freien Bauern, in: Ma. Studien, 1959, S. 164f.

28 H. Wopfner, Urkunden z. deutschen Agrargesch., 1928, Nr. 90, S. 135f.

29 Quellen z. Geschichte des deutschen Bauernstandes, Nr. 94, S. 250.

30 W. Ebel, Rechtsfragen des bürgerlichen Grundbesitzes in ostdeutschen Siedlungsgebieten des MAs, Protokoll Nr. 173 des Konstanzer Arbeitskreises, 1972, S. 8.

III,2

1 Dollinger, L'évolution, S. 105–11 (nach L. Hauptmann, Hufengrößen im bayerischen Stammes- und Kolonialgebiet, in: VSWG, 1928, S. 386–413).

2 R. Kötzschke, Ländliche Siedlung und Agrarwesen in Sachsen, S. 163.

3 Slawenchronik, hg. von B. Schmeidler, S. 16: *comes* [Adolf von Schauenburg] *fecit mensurari terram funiculo brevi* . . . (1156); S. 179: *Henricus, comes de Racesburg* . . . *divisit eis terram in funiculo distribucionis* (1162).

4 Siehe oben II. Buch, 11. Kap., Anm 49. Von dieser Abhandlung gibt es zwei zeitgenössische Versionen, eine lateinische und eine deutsche.

5 W. Kuhn, Flämische und Fränkische Hufe als Leitformen der ma. Ostsiedlung, in: Hamburger Mittel- u. Ostdeutsche Forschungen 2 (1960), S. 146–92, abgedr. in: Vergleichende Untersuchungen . . ., 1973, S. 1–51.

6 R. Kötzschke, Hufe und Hufenordnung in mitteldeutschen Fluranlagen, in: Wirtschaft und Kultur, Fs. f. A. Dopsch, 1938, S. 255.

7 W. Kuhn, Vergleichende Untersuchungen, S. 11.

8 Ebenda, S. 12f.

9 W. Kuhn, Bauernhofgrößen in der ma. Nordostsiedlung, in: Hamburger Mittel- und Ostdeutsche Forschungen 4 (1962), S. 210–67, abgedr. in: Vergleichende Untersuchungen, S. 53–111.

10 W. Kuhn, Der Haken in Altpreußen, in: Studien zur Geschichte des Preußenlandes, Fs. f. E. Keyser, Marburg 1963, S. 164–94, abgedr. in: Vergleichende Untersuchungen. S. 142–72.

11 H. Mortensen, Probleme der ma. deutschen Kulturlandschaft, in: Berichte zur deutschen Landeskunde, 1958, S. 370; H. Jäger, Zur Geschichte der deutschen Kulturlandsch., in: Geogr. Zs. 1963, S. 139.

12 Kötzschke, Ländliche Siedlung, S. 193f.

13 W. Kuhn, Planung in der deutschen Ostsiedlung, in: Historische Raumforschung und Landesplanung VI (1956), S. 77–86.

14 Die wichtigsten Arbeiten zu dieser Frage wurden leicht zugänglich zusammengefaßt in: Historisch-genetische Siedlungsforschung, hg. von H. J. Nitz, Darmstadt 1974 (Wege der Forschung, Bd. 300), S. 387–513. Gutes Resümee von A. Mayhew, Rural Settlement and Farming in Germania, London 1973, S. 61–64. Richtiggestellt von M. Born, Die Entwick-

lung der deutsch. Agrarlandsch., Darmstadt 1974, S. 56f., und K. H. Schröder u. G. Schwarz, Die ländlichen Siedlungsformen in Mitteleuropa, Trier [2]1978, S. 78f.

15 Kötzschke, Ländliche Siedlung, S. 194f.

16 Siehe A. Krenzlin, Das Hannoversche Wendland als Zentrum der Rundlinge, in: Lüneburger Blätter 1968/69, S. 87–93.

17 J. U. Folkers, Der Kampf um den Rundling, in: Schlesw.-Holst.-Lübeckische Monatshefte, 1927, S. 50–56.

18 W. Schulz-Lüchow, Primäre und sekundäre Rundlingsformen in der niederen Geest des Hannoverschen Wendlandes, in: Forsch. z. deut. Landeskunde, 1936, abgedr. in: Hist.-genetische Siedlungsforschung, S. 472–89.

19 W. Schulz, Der Rundling Satemin im Hannoverschen Wendland, in: Luftbildatlas Niedersachsen, 1967, S. 110–19.

20 W. Meibeyer, Die Rundlingsdörfer im östlichen Niedersachsen. Ihre Verbreitung, Entstehung und Beziehung zur slawischen Siedlung in Niedersachsen, in: Braunschweiger Geogr. Studien, 1974, S. 101–13, abgedr. in: Hist.-genetische Siedlungsforsch., S. 490–513.

21 Ch. Trotha, Entwicklung ländlicher Siedlungen im Kösliner Küstengebiet, Schrift. d. geogr. Inst. d. Univ. Kiel, 1933.

22 W. Ebert, Ländliche Siedlungsformen im deutschen Osten, Berlin 1936, S. 20–23; Kötzschke, Ländliche Siedlung, S. 196f. Die Autoren haben stärker differenziert, indem sie Varianten und Untertypen unterschieden, welches oft nur eine Frage der Terminologie ist, z.B. Zeilendorf, Gassendorf, Breitgassendorf, Schmales Gassendorf, Doppelgasse, Kettendorf, Einwegedorf, Grabendorf usw.

23 Siehe Schröder u. Schwarz, Die ländlichen Siedlungsformen, S. 67f.

24 W. Kötzschke, Ländliche Siedlung, S. 104; Schröder u. Schwarz, Die ländl. Siedlungsformen, S. 65.

25 W. Schlesinger, Flemmingen und Kühren, in: Die deutsche Ostsiedlung als Problem der europ. Geschichte (Vorträge und Forschungen, 18), 1975, S. 282–85, 304.

26 H. J. Nitz, Die ländlichen Siedlungsformen des Odenwaldes, in: Heidelberger geogr. Arbeiten 7 (1962); und The Church as Colonist, in: Journal of historical Geography 9 (1983).

27 Siehe Schröder u. Schwarz, Die ländl. Siedlungsformen, S. 61–63.

28 A. Krenzlin, Dorf, Feld und Wirtschaft im Gebiet der Großen Täler und Platten östlich der Elbe (Forschungen zur deutschen Landeskunde), Remagen 1952, Abb. 2.

29 Siehe oben II. Buch, 5. Kap., Anm. 11.

30 H.Szulc, Studies in the Silesian Village in the Light of Plans from the Beginning of the 19th Century, in: Kwart. Historii Kultury Materialnej, 1968, S. 625–27, Abb. 2.

31 W. Ebert, Ländl. Siedlungsformen im deutschen Osten, Berlin 1936, Abb. 19; Kötzschke, Ländl. Siedlung, Abb. 27 u. 28.

32 Siehe R. Köbner, Deutsches Recht und deutsche Kolonisation in den Piastenländern, in: VSWG, 1932, S. 313f.; H. Aubin, Zur Erforschung . . ., S. 62f.; H. u. G. Mortensen, Die Besiedlung des Nordöstlichen Ostpreußen, Leipzig 1937, S. 68–71; St. Trawkowski, Zur Erforschung der deutschen Kolonisation auf polnischem Boden im 13. Jh., in: Analecta Poloniae Historica, 1962, S. 80f.

33 Dies wurde oben erläutert, siehe S. 207ff.

34 St. Arnold, Geografia historyczna Polski [Historische Geographie Polens], Warschau 1951, S. 34f.; B. Baranowski u.a., Histoire de l'économie rurale polonaise, Warschau 1966, S. 37–39; J. Bardach, Historia państwa i prawa Polski [Geschichte des polnischen Staates und des polnischen Rechts], Bd. I, Warschau 1964, S. 196; W. Kuhn, Die deutschrechtliche Siedlung in Kleinpolen, in: Die deutsche Ostsiedlung des MAs (Vorträge und Forschungen, 18), 1975, S. 385–87.

35 J. Burszta, Od osady słowiańskiej do wsi współczesnej [Von den slawischen Siedlungen bis zu den Dörfern von heute], Breslau 1958, S. 61; W.Kuhn, Die deutschrechtl. Siedlung, S. 399.

36 K. Dobrowolski, Dzieje wsi Niedźwiedzia [Geschichte des Dorfes Niedzwiedzia], Lemberg 1931.
37 Siehe oben S. 240.
38 M. Kielczewska-Zaleska, O powstaniu i przeobrażaniu kształtów wsi Pomorza Gdańskiego [Die Gründungen und die Verwandlung der Dorfformen im Danziger Pommern], Warschau 1956, S. 97, 100, 103f.
39 Zum obigen H. Aubin, The Land east of the Elbe and German colonisation eastward, in: The Cambridge Economic History of Europe, I. The agrarian Life of the Middle Ages, [2]1966, S. 474–77. Neuerdings: H. Boockmann, Die Vorwerke des Deutschen Ordens in Preußen, in: Die Grundherrschaft im späten Mittelalter (Vorträge und Forschungen 27), 1983. S. 555–76.
40 Kötzschke, Ländliche Siedlung, S. 215f.
41 Szulc, Studies . . ., S. 630, Abb. 6.
42 E. Schmidt, Die Mark Brandenburg unter den Askaniern (1134–1320), 1973, S. 78–83.
43 Geschichte Schlesiens, [3]1961, S. 435–38.
44 W.Abel, Geschichte der deutschen Landwirtschaft, 1961, S. 145–48.
45 Baranowski, Histoire de l'économie rurale polonaise, 1966, S. 43–49; W. Ribb, Zur rechtlichen, wirtschaftlichen und ethnischen Stellung der Kossäten, in: Germania Slavica II (1981), S. 21–40.

III,3

1 W. Abel, Geschichte der deutschen Landwirtschaft, S. 80f.
2 A. Krenzlin, Blockflur, Langstreifenflur und Gewannflur als Ausdruck agrarischer Wirtschaftsformen in Deutschland, in: Géographie et histoire agraires, Nancy 1959, S. 358.
3 Szulc, Studies on the Silesian Village, S. 631; M. Born, Die Entwicklung der deutschen Agrarlandschaft, S. 59. Der Plan von Schönbrunn (Jabłonów, Polen) wurde veröffentl. von A. Meitzen, Urkunden schlesischer Dörfer, Breslau 1883, S. 71–79, 293–316; das niederschlesische Waldhufendorf entspricht gut dieser Beschreibung, denn die drei Felder, die der Verf. vorfand, sind eine Neuordnung der Fluren aus jüngster Zeit.
4 Kötzschke, Ländliche Siedlung, S. 179f.
5 H. Wopfner, Urkunden zur deutschen Agrargeschichte, Nr. 243, S. 310.
6 H. Aubin, Zur Erforschung . . ., S. 66; St. Trawkowski, Die Rolle der Dorfkolonisation und des deutschen Rechts in Polen im 13. Jh., in: Die deutsche Ostsiedlung, 1975, S. 349f.
7 Baranowski, Histoire de l'économie rurale polonaise, S. 27.
8 Siehe M. Belenycsy, La culture permanente et l'évolution du système biennal et triennal en Hongrie médiévale, in: Ergon II (1960), S. 312–26. H. Łowmiański, Le problème du tournant de la culture du sol chez les Slaves à l'époque de haut Moyen âge, in: L'histoire de l'agriculture et de la vie rurale en Pologne, Ergon IV (1964), S. 504.
9 A. Gieysztor, W sprawie początków trójpolówki w Polsce i w krajach sąsiednich [Über die Anfänge der Dreifelderwirtschaft in Polen und in den Nachbargebieten], in: Fs. f. R. Grodecki, Warschau 1960, S. 71f.
10 Trawkowski, Die Rolle der Dorfkolonisation, S. 366f.
11 Der Text ist wohlbekannt dank einer Charta des Bischofs Christian von Oliva zugunsten des Deutschen Ordens (1230), in: Preußisches Urkundenbuch, Bd. I/1, Königsberg 1882, Nr. 73 und 74.
12 Codex diplomaticus Maioris Poloniae, Posen 1877, Bd. I, Nr. 354.
13 Eine gute Darstellung gibt Z. Podwińska, Origines et propagation de la charrue en territoire polonais, in: Ergon II (1960), S. 300–10.
14 Ein hölzerner Pflug, gefunden bei Dabergotz, unweit von Neurupin, datiert aus dem 8. Jh.; er ist ein typisches Beispiel für den von Slawen verwendeten Pflug (J. Herrmann, in: Die Slawen in Deutschland, S. 50.).

15 Slawenchronik, 12. Kap.: *Slavicum vero aratrum par boum aut unus conficit equus* (10. Jh.) und 88. Kap. Daß Pferde angeschirrt wurden, hat zu der Hypothese geführt, der Pflug sei als Vordergestell eingesetzt worden.

16 Die Slawen in Deutschland, S. 52.

17 Die Landbücher von Brandenburg (1375) und von Meißen (1378) erwähnen die Zinsabgaben, die zu gleichen Teilen in Roggen oder Weizen bzw. Hafer geleistet wurden. Bezüglich der Produktion von Getreide und dessen Verkauf auf den Märkten durch die Zisterzienserklöster von Chorin und Himmelpforten siehe B. Zientara, Kryzys agrarny w Marchii Wkrzańskiej w XIV wieku [Die Agrar-Krise des 14. Jh.s in der Uckermark], Warschau 1962.

18 Ebenda, S. 55.

19 Trawkowski, Die Rolle . . ., in: Die deutsche Ostsiedlung, S. 367.

20 K. H. Schröder, L'ancienne extension de la viticulture dans le Nord-Est de l'Europe centrale. Un bilan de recherches récentes, in: Géographie historique des vignobles, Paris–Bordeaux 1976, Bd. II, S. 15–21.

21 B. Schulze, Der Anteil der Zisterzienser an der Ostdeutschen Kolonisation, besonders in Brandenburg, in: Jb. f. Brandenburg. Landesgeschichte, 1951, S. 25.

22 L. Radler, Weinbau im Schweinitzer Land, in: Archiv f. schlesische Kirchengeschichte, 1964, S. 293–98.

23 D. H. Williams, East of the Oder, in: Cîteaux, 1978, S. 262.

24 P. H. Watzl, Aus zwei verschollenen Privilegienbüchern der Cisterce Heiligenkreuz von 1246 und 1251, in: Festarbeit zum Jahrgedächtnis des Todes Bernhards von Clairvaux, 1952, S. 415–62.

25 G. Jaritz, Die Konventualen der Zisterzen Rein, Sittig und Neuberg im MA, in: Cîteaux, 1978. S. 273.

26 Urkunden und erzählende Quellen, II, Nr. 133.

27 Ebenda, Nr. 142, S. 530: *Concedimus etiam eisdem quod secundum ritum sue gentis viventes neque de vineis, quas ipsi plantaverit, alicui persone persolvere* . . . (es handelt sich um die Dörfer Krakko, Krapundorf und Rumes in der Gegend von Karlsburg–Weißenburg (Alba Julia).

28 Ebenda, Nr. 62, S. 244.

29 Siehe den Beitrag über Grünberg, in: Hdb. d. hist. Stätten. Schlesien, S. 164f.

30 Schröder, L'ancienne extension, Karte 2, S. 17; eine Arbeit zu diesem Thema wird angekündigt von E. Waldau, Der historische Weinbau im nordöstlichen Mitteleuropa.

31 Die Slawen in Deutschland, S. 57 66.

32 Baranowski, Histoire de l'économie rurale, S. 61–63.

33 Geschichte Schlesiens, Bd. I, S. 455f.

34 K. Górski, La structure économique et sociale de l'Etat de l'Ordre teutonique en Prusse (XIVe–XVe s.), in: Annali di storia economica e sociale, 1966, S. 285.

35 W. Abel, Agrarkrise und Agrarkonjunktur, Hamburg–Berlin 1966.

36 J. N. Biraben, Les hommes et la peste en France et dans les pays européens et méditerranées, Paris 1975, Bd. I, S. 77–81.

37 Ebenda, S. 63f.

38 Das großartige Werk von W. Abel, Die Wüstungen des ausgehenden MAs, Stuttgart [2]1955, hat einer Reihe von Forschungen in diesem Bereich den Weg geebnet. Siehe ferner ders., Désertions rurales: bilan de la recherche allemande, in: Villages désertés et histoire économiques, Paris 1965, S. 515–30.

39 W. Abel, Geschichte der deutschen Landwirtschaft, S. 147, nach S. Korth, Entstehung und Entwicklung des ostdeutschen Großgrundbesitzes. Eine Untersuchung auf siedlungsstatistischer Grundlage aus sieben Kreisen der Mittelmark und Uckermark von 1375 bis 1800, Diss. Göttingen 1952. Siehe auch H. u. G. Mortensen, Über die Entstehung des ostdeutschen Großgrundbesitzes, in: Nachr. der Akad. d. Wissensch. in Göttingen, Phil.-hist. Klasse, 2 (1955).

40 W. Kuhn, Siedlungsgeschichte Oberschlesiens, Würzburg 1954, S. 173f.
41 W. Kuhn, Die deutsche Ostbewegung in der Neuzeit, Bd. I, Köln 1955, S. 148f. Ein gutes Beispiel, wie ein entlaufener Bauer aus der Gegend von Stolp zurückgebracht wurde (1480), gibt G. Franz, Quellen zur Geschichte des deutschen Bauernstandes im MA, Darmstadt 1967, Nr. 231.
42 F. Lütge, Deutsche Sozial- und Wirtschaftsgeschichte, ^{2}1960, S. 190f.

III,4

1 Zu dieser Frage verweisen wir auf die allgemeineren Arbeiten von H. Ludat, Frühformen des Städtewesens in Osteuropa, in: Studien zu den Anfängen des europäischen Städtewesens (Vorträge und Forschungen, Bd. IV), 1958, S. 527–53; A. Gieysztor, Les Origines de la ville slave, in: La città nell' alto Medioevo, in: Settimane di Studio, Bd. VI, Spoleto 1959, S. 279–303; Ch. Higounet, Les origines des villes polonaises, in: Information historique, 1959, S. 185–90; L'artisanat et la vie urbaine en Pologne médiévale, Ergon III (1962); E. A. Gutkind u.a., Urban development in East central Europe: Poland, Czechoslovakia and Hungary (International History of City Development, Bd. VII), New York 1972; L. Leciejewicz, Early medieval sociotopographical Transformations in West Slavonic urban settlements in the Light of Archeology, in: Acta Poloniae Historica 34 (1976), S. 29–56.
2 A. Gieysztor, Historia Polski, Bd. I, Warschau 1958, S. 129f. Siehe auch Die Slawen in Deutschland, S. 164f.
3 R. Koebner, Dans les terres de colonisation: marchés slaves et villes allemandes, in: Annales ESC, 1937, S. 547–69; T. Lalik, Märkte des 12. Jh.s in Polen, in: L'artisanat et la vie urbaine . . ., S. 364–67.
4 Die Slawen in Deutschland, S. 189.
5 W. Schlesinger, Städtische Frühformen zwischen Rhein und Elbe, in: Studien zu den Anfängen des europ. Städtewesens, S. 297f.
6 K. Blaschke, Die Frühgeschichte der Stadt Colditz, in: Sächs. Heimatblätter, 1965, S. 290–307. Siehe P. Johansen, Die Kaufmannskirche im Ostseegebiet, in: Studien zu den Anfängen . . . (Vorträge und Forschungen, Bd. IV), S. 499–525.
7 S. Vilfan, Die ma. Stadt zwischen Pannonien und der Nordadria, in: Internationales kulturhist. Symposium »Mogersdorf«, Bd. 4, Szombathely 1974, S. 125f.
8 R. Koebner, Locatio. Zur Begriffssprache und Geschichte der deutschen Kolonisation, in: Zs. d. Vereins f. Gesch. Schlesiens, 1929, S. 1f.; B. Zientara, Socio-economic and spatial transformations of Polish towns during the Period of location, in: Acta Poloniae Historica, 1976, S. 62–67.
9 M. Jażdżewski, La genèse de la ville de Gdańsk, son développement et son artisanat au haut Moyen âge, in: L'artisanat et la vie urbaine, S. 410.
10 Z. Kaczmarczyk, Die Entwicklung der Stadt Poznan bis zum Ende des 13. Jhs., in: L'artisanat (wie Anm. 9), S. 467.
11 B. Zientara, Socio-economic and spatial . . . (wie Anm. 8), S. 70.
12 Zit. von H. Reincke, Über Städtegründung. Betrachtungen und Phantasien, in: Hansische Geschichtsblätter, 1957, S. 9.
13 Siehe K. Hoffmann, Die Stadtgründungen Mecklenburg–Schwerins in der Kolonisationszeit, in: Mecklenburg. Jb. 94 (1932), S. 165–67; und E. Müller-Mertens, Untersuchungen zur Geschichte der brandenburgischen Städte im MA, in: Wissenschaftl. Zs. d. Humboldt-Universität Berlin, 1955/56, S. 191f.
14 E. Schmidt, Die Mark Brandenburg . . ., S. 103f.
15 W. Hoppe, Erzbischof Wichmann von Magdeburg . . ., 1965, S. 31f. Es soll eine verschwundene slawische Siedlung in Jüterbog gegeben haben und in Stendal ein Dorf.

16 H. Hoffmann, Die Stadtgründungen . . ., S. 160f.; M. Hamann, Mecklenburgische Geschichte, Köln 1968, S. 136–39.

17 W. Kuhn, Die Stadtgründungen der Schlesischen Piasten im 13.Jh., in: Archiv f. schles. Kirchengesch. 32 (1974), S. 9.

18 Es gab jedoch seit der ersten Hälfte des 13. Jh.s eine ganze Reihe solcher Gründungen, von der Queis bis zur Glatzer Neiße reichend: Naumburg (Nowogrodziec, Polen), Löwenberg (Lwówek Śląski), Schönau (Swierzawa), Bolkenhain (Bolków), Freiburg (Świebodzice), Reichenbach (Dzierżoniów), Löwenstein (Koziniec) und Frankenberg (Przyłęk) (W. Kuhn, Die deutschrechtl. Städte in Schlesien und Polen in der ersten Hälfte des 13. Jh.s, Marburg 1968. S. 154).

19 S. Trawkowsky, Zur Erforschung der deutschen Kolonisation auf polnischem Boden im 13. Jh., in: Acta Poloniae Historica, 1962, S. 93; T. Lalik, La genèse du reseau urbain médiéval en Pologne, in: Acta Poloniae Hist., 1976, S. 108f., erwähnt dennoch einige Gründungen im Kolonisationsraum im Südosten.

20 A. Gieysztor, Aux origines de Varsovie, in: Miscellanea medievalia in memoriam J. F. Niermeyer, Groningen 1967, S. 177–86.

21 B. Schumacher, Gesch. Ost- u. Westpreußens, S. 82.

22 Die Karten, die J. C. Russell, Medieval Regions and their Cities, Newton Abbot 1972, S. 82, 97–111, von den Stadtregionen Prag, Magdeburg und Lübeck erstellt hat, nach dem theoretischen rank-size-Modell entstanden, sind auf die Verhältnisse der Länder jenseits der Oder nicht anwendbar.

23 Siehe dazu die Arbeiten von H. Stoob, Forschungen zum Städtewesen in Europa, Bd. I, Köln 1970, und Stadtformen und städtisches Leben im späten MA, in: Die Stadt. Gestalt und Wandel bis zum industriellen Zeitalter, Köln 1979, S. 157f.

24 T. Lalik, La genèse, S. 114; J. Kejř, Die Anfänge der Stadtverfassung und des Stadtrechts in den Böhmischen Ländern, in: Die deutsche Ostsiedlung, S. 450f. Die gesamten Beiträge über die Städte des 13. u. 14. Jh.s auf poln. Boden (Kwartalnik historii Kultury Materialnej, 1980) ruhen im wesentlichen auf der Theorie gesellschaftlicher Hierarchiebildung und der räumlichen Verteilung von Städten und entfernt sich damit m.E. allzuweit vom Interesse des Historikers.

25 H. Aubin, Zur Erforschung, S. 62f., und Die deutschen Stadtrechtslandschaften des Ostens, abgedr. in: Die Stadt des MAs, Bd. II, Darmstadt 1972, S. 226–54, Karte.

26 W. Ebel, Lübisches Recht im Ostseeraum, abgedr. ebenda, S. 255–80.

27 H. Reincke, Kölner, Soester, Lübecker und Hamburger Recht in ihren gegenseitigen Beziehungen, abgedr. ebenda, S. 135–81.

28 Elencus fontium historiae urbanae, I, 1967, Nr. 94, S. 154f.

29 Beispiel in Urkunden und erzählende Quellen, Nr. 15, S. 124–31 (Rechtsbelehrung der Haller Schöffen an Neumarkt, 1245).

30 Die deutschen Stadtrechtslandschaften . . ., Karte außerhalb des Textes (1934).

31 Großer historischer Weltatlas, 2. Teil, MA, 1970, Karte 98, dazu siehe R. Wenskus, Probleme einer kartographischen Darstellung der Ausbreitung deutschen Stadtrechts in den Städten des Ostens, in: Blätter für deutsche Landesgeschichte 91 (1954).

III,5

1 Urkunden und erzählende Quellen, I, Nr. 60, S. 244: *nos de maturo fidelium nostrorum consilio civitatem Vrankenvorde Godino dicto de Heryberch dedimus construendam* . . .

2 Ebenda, II, Nr. 77, S. 290.

3 Ebenda, Nr. 99, S. 342.

4 K. Fuhrmann, Gründung und Grundriß der Stadt des Deutschen Ritterordens in Preußen, Diss. Berlin 1932.

5 B. Lavedan u. J. Huguency, L'urbanisme au Moyen âge, Paris 1974, S. 117–34, haben eine sehr wichtige Darstellung des Forschungsstandes gegeben; siehe dazu auch das gut illustrierte bereits erwähnte Werk, hg. von E. A. Gutkind, Urban Development in East-Central Europe, New York 1972. Interessante Gedanken findet man bei H. Koller, Hochma. Stadtgründungen als Ordnungsproblem, in: Aspekte der Kultursoziologie. Aufsätze . . . zum 60. Geburtstag von Mohammed Rassem, hg. von J. Stagl, Berlin 1982, S. 259–73.

6 T. Sagrodski, L'influence de la tradition antique de la distribution de l'étendue sur le tracé des plans des villes créées au Moyen âge, in: Mélanges René Crozet, Poitiers 1966, S. 451–60.

7 H. Keller, Die Ostdeutsche Kolonialstadt des 13. Jh.s und ihre südländischen Vorbilder, Wiesbaden 1979.

8 Lavedan, L'urbanisme (wie Anm. 5), S. 2.

9 H. Stramm, Die *area* in den Städten, in: Schweizer Beiträge zur allg. Geschichte 3 (1945), S. 22–61; E. Keyser, Städtegründungen und Städtebau in Nordwestdeutschland im MA, Remagen 1958, S. 30.

10 J. Pudelko, Próba pomiarowej metody badania planów niektórych miast średniowiecznych w oparciu o zagadnienie dzialki [Versuch einer metrologischen Methode, um ma. Städte hinsichtlich ihres Bebauungsplanes zu erforschen], in: Kwartalnik architektury i urbanistyki 9 (1964), S. 1627.

11 Keyser, Städtegründungen (wie Anm. 9), S. 235, 265.

12 W. Kuhn, Die deutschrechtlichen Städte . . ., S. 51.

13 Urkunden und erzählende Quellen, Nr. 103, S. 390 (Mährisch-Neustadt, Uničov, ČSSR).

14 Stadtpläne bei Gutkind, Urban Development (wie Anm. 5), S. 232, 312. Über Prešov und Košice in der Slowakei (1248) siehe H. Stoob, Die ma. Städtebildung im Karpatenbogen, in: Die ma. Städtebildung im Südöstlichen Mitteleuropa, 1977, S. 198–215 und Plan außerhalb des Textes.

15 Plan dazu bei Pudelko, Proba (wie Anm. 10), Abb. 4; Kuhn, Die deutschrechtl. Städte, Abb. 2; Gutkind (wie Anm. 5), S. 27.

16 Plan bei Sagrodski, L'influence (wie Anm. 6), Abb. 6; Gutkind (wie Anm. 5), S. 41.

17 H. Münch, Geneza rozplanowania miast wielkopolskich XIII i XIV wieku [Die Herkunft der Stadtpläne Groß-Polens im 13. u. 14. Jh.], Warschau 1946.

18 W. Kuhn, Die deutschrechtl. Städte, S. 58. Die polnischen Historiker haben diese These wieder aufgegeben (siehe B. Zientara, Socio-economic and spatial transformation . . ., S. 72f.).

19 Mon. Poloniae Historia, Bd. II. S. 806; siehe Kuhn, Die deutschrechtl. Städte, S. 54.

20 L'artisanat et la vie urbaine en Pologne médiévale, S. 396, 476; W. Kuhn, Die deutschrechtl. Städte, S. 39f., 91f. Plan bei Gutkind (wie Anm. 5), S. 27.

21 M. Biskup, Iława, in: Studia z historii Budowy miast Polskich, 1957, S. 121–27.

22 Hdb. d. hist. Stätten. Schlesien, S. 393–96. Stadtplan und schräge Aufsicht bei Gutkind (wie Anm. 5). S. 29.

23 Gutkind (wie Anm. 5), S. 287 (Stadtplan und schräge Aufsicht).

24 Stadtpläne bei Lavedan (wie Anm. 5), S. CXI f.

25 Siehe oben II. Buch, 3. Kap., Anm. 46.

26 Lavedan (wie Anm. 5), S. CXI.

27 Plan nach U. Thiersch, Ordensstädte im Reichsgau Danzig-Westpreußen, in: Bauen, Siedeln, Wohnen, Heft 24 (1940).

28 Siehe Lavedan (wie Anm. 5), S. 131 u. Plan S. CXIV, und zuletzt die theoretische Rekonstruktion von M. Borowiejska-Birkenmojarowa, in: Teka Komisrji urbanistuki i architectury, 1974, S. 32.

29 Lavedan (wie Anm. 5), S. 126.

30 Siehe U. Thiersch, Ordensstädte (wie Anm. 27), reproduziert von Gutkind (wie Anm. 5), S. 41.

31 Gutkind (wie Anm. 5), S. 31.
32 Ebenda, S. 138 (Luftbild); 247f. (Plan); Platz von 1148 mal 328 Fuß.
33 H. Planitz, Die deutsche Stadt . . ., S. 190f.
34 Gutkind, S. 227–28.
35 Ebenda, S. 50.
36 Siehe Plan bei A. Czacharowski, Sociotopography of medieval and late medieval Towns in the north-european Zone, as exemplified by Toruń, in: Acta Poloniae historica, 1976, S. 128f.
37 M. Bogucka, Quelques problèmes de la sociotopographie des villes les plus grandes de Pologne aux XVIe–XVIIe s., in: Ebenda, S. 149f.
38 Gutkind, Urban Development (wie Anm. 5), S. 328.
39 Ch. Higounet, La place dans les bastides médiévales, in: »Plazas« et sociabilité en Europe et Amérique latine (Publication de la Casa de Velasquez, Fasz. VI), Paris 1982, S. 119–29.
40 Elbing-Neustadt, Gransee, Pilsen, Prešov, Levoča in der Slowakei.
41 Zum folgenden siehe Planitz, Die deutsche Stadt, S. 229f.
42 Gutkind (wie Anm. 5), S. 144; Pläne S. 144, 254, 256.
43 E. Schwarz, Deutsche Namenforschung, II. Orts- und Flurnamen, 1950, S. 207–09.
44 Ebenda, S. 209.

III,6

1 K. Schwarz, Bäuerliche »cives« in Brandenburg und benachbarten Territorien, in: Blätter für deutsche Landesgeschichte, 1963, S. 103–34.
2 W. Kuhn, Die deutschrechtlichen Städte . . . S. 20–22.
3 Planitz, Die deutsche Stadt, S. 255.
4 W. Ebel, Rechtsfragen des bürgerlichen Grundbesitzes im ostdeutschen Siedlungsgebiet des MAs, Protokoll Nr. 173 des Konstanzer Arbeitskreises, 1972, S. 5f.
5 Siehe Elencus fontium historiae urbanae, I, 1967, S. 265, 270; ferner Urkunden und erzählende Quellen, I, 1968, S. 244. Der Vierdung war eine Viertel Silbermark wert.
6 Elencus . . ., I, S. 239f.
7 Privilegien von Lübeck von 1188, Elencus . . ., I, S. 159: *cives vero iamdicte civitatis nullam expeditionem ibunt, sed civitatem suam defensabunt;* ferner E. Schmidt, Die Mark Brandenburg . . ., S. 111f.
8 Urkunden und erzählende Quellen, II, S. 352–54.
9 Ebenda, II, S. 154.
10 Elencus, I, S. 243.
11 So in der Oberlausitz, deren Territorialstruktur auf Vogteien basierte (R. Kötzschke, Vogtei und Weichbild in der Oberlausitz zur Zeit der deutschen Wiederbesiedlung, in: Deutsche und Slawen im Mitteldeutschen Osten, 1961, S. 150–69).
12 W. Kuhn, Die deutschrechtlichen Städte, S. 25–27.
13 Urkunden und erzählende Quellen, II, Nr. 15, S. 124–26 (1235).
14 Ebenda, Nr. 111, S. 414–21.
15 Geschichte Schlesiens, ³1961, Bd. I, S. 338, 340, 343.
16 R. Kötzschke, Die Frühzeit deutscher Kultur auf Leipziger Heimatboden, in: Deutsche und Slawen im Mitteldeutschen Osten, 1961, S. 270.
17 Selten wurde eine Frage so oft aufgeworfen wie diese. Der Band, Die Stadt des MAs, Bd. 2: Recht und Verfassung (hg. von G. Haase, Darmstadt 1972), hat mehrere wichtige Aufsätze abgedruckt, darunter den von H. Planitz, Die deutsche Stadtgemeinde, urspr. in: ZSRG GA 61 (1944). Gute Darstellung bei E. Ennen, Neuere Arbeiten zur Geschichte des nordeuropäischen Städtewesens im MA, in: Ges. Abhandlungen, Bonn 1977, S. 98–114.

18 Planitz, Die deutsche Stadtgemeinde, S. 131f.
19 Zum folgenden Planitz, Die deutsche Stadt im MA, S. 303–10.
20 Ebenda, S. 308f.; ferner Uhlirz, Hdb. d. Gesch. Österr.-Ungarns, Bd. I, S. 360f.
21 Geschichte Schlesiens, Bd. I, S. 342.
22 Ph. Dollinger, La Hanse, S. 166f.
23 Ch. Ed. Perrin, A propos de la colonisation allemande en Silesie, in: Rev. hist. de droit français et étranger, 1967, S. 109.
24 Planitz, Die deutsche Stadt . . ., S. 323f.
25 Siehe zum folgenden W. Kuhn, Die Stadtdörfer der ma. Ostsiedlung, in: Zs. f. Ostforschung, 1971, S. 1–69, abgedr. in: Vergleichende Untersuchungen z. ma. Ostsiedlung, 1973, S. 236–303.
26 H. von Loesch, in: Geschichte Schlesiens, Bd. I, S. 357–64; ders., Beiträge zur schlesischen Rechts- und Verf.-geschichte, Konstanz–Stuttgart 1964, S. 83–98; Ch. Perrin, A propos (wie Anm. 23), S. 109f.; W. Kuhn, Die Stadtdörfer, S. 12–17.
27 Die Mark Brandenburg . . ., S. 116f. (nach E. Engel u. B. Zientara, Feudalstruktur, Lehnbürgertum und Fernhandel im spät-ma. Brandenburg, 1967).
28 R. C. Hoffmann, Wroclaw Citizens as rural Landholders, in: The Medieval City, hg. von H. A. Miskimin, D. Herlihy u. A. L. Udovitch (in honor of Robert S. Lopez), Yale Univ. Press 1977, S. 293–312.,
29 Information von K. Blaschke.
30 E. Keyser, Die Bevölkerung der deutschen Städte, abgedr. in: Altständisches Bürgertum, Bd. II, Darmstadt 1978, S. 249–68; H. Reincke, Bevölkerungsprobleme der Hansestädte, in: Hansische Geschichtsblätter, 1951, S. 1–33, abgedr. in: Die Stadt des MAs, Bd. III, Darmstadt 1973, S. X–XXX, 256–302; Ph. Dollinger, La Hanse, S. 146–64. Einzige Zusammenfassung aus neuester Zeit: Ph. Dollinger, Les recherches de démographie historique sur les villes allemandes au Moyen âge, abgedr. in: Dollinger, Pages d'histoire. France et Allemagne médiévales, Straßburg 1977, S. 73–80.
31 Siehe W. Kuhn, Siedlungsgeschichte Oberschlesiens, S. 89.
32 Siehe die Tafeln von J. C. Russell, Medieval Regions and their Cities, Newton Abbot 1972, S. 97–111.
33 A. Czacharowski, Sociotopography of medieval and late-medieval towns . . . as exemplified by Toruń, in: Acta Poloniae Historica, 1976, S. 123, gibt für 1394 für Thorn und seine Vorstädte 1730 Einwohnernamen an.
34 Russell, Medieval Regions, S. 99f., nach A. Svidkovskij, Urbanismus socialistického Československa, Prag 1966. Der Gedankengang verläuft etwa folgendermaßen: eine Schätzung für das Jahr 1429 ergibt für die Altstadt 641 Häuser und 1001 Haushalte, also etwa 4000 Einwohner; da die Altstadt den fünften Teil der Fläche der Gesamtstadt ausmacht, beläuft sich die Zahl der Einwohner auf etwa 20000; und da die Pest etwa ein Drittel der Bevölkerung dahingerafft haben könnte, betrug die Bevölkerung zuvor möglicherweise 30000 Einwohner.
35 A. Püschel, Das Anwachsen der deutschen Städte in der Zeit der ma. Kolonialbewegung, Berlin 1910, S. 210.
36 H. Samsonowicz, Zagadnienia demografii historycznej regionu Manzy w XIV–XV wieku [Probleme der historischen Demographie in der Hanseregion im 14. und 15. Jh.], in: Kapiski Historyczne, 1963, S. 523–54.
37 E. Peters, Das große Sterben des Jahres 1350 in Lübeck und seine Auswirkungen auf die wirtschaftliche und soziale Struktur der Stadt, in: Zs.d. Vereins f. lübeckische Geschichte, 1938.
38 Russell, Medieval Regions, S. 107–09. Die absoluten Zahlen, die Russell diesbezüglich angibt, sind im allgemeinen etwas höher als die von E. Meyser, der etwas niedrigere Angaben machte als Reaktion auf die stark übertriebenen Zahlen des 19. Jh.s.
39 Siehe die Tabellen von H. Reincke, Bevölkerungsprobleme . . ., S. 262f.
40 Siehe oben S. 232f.

41 W. Kuhn, Siedlungsgeschichte Oberschlesiens, S. 125.

42 Das bezeichnendste Beispiel ist das der Krakauer Lokatoren, die dem Herzog 1257 zugesichern mußten, *quod nullum . . . Polonum liberum qui in rure hactenus habitavit, faciant suum convicem, ne hac occasione nostra vel episcopalia . . . predia ruralia desolentur* (Codex diplomaticus civitatis Cracoviencis, hg. von Biekosonski, I, Krakau 1879, Nr. 1). Trotzdem vermöchte man zu glauben, daß aller Wahrscheinlichkeit nach Polen an der Besiedlung der neuen Stadt teilgenommen haben.

43 J. Jatzwauk, Die Bevölkerung und Vermögensverhältnisse der Stadt Bautzen im Anfang des 15. Jh.s, Diss. Leipzig 1912.

44 H. von zur Mühlen, Versuch einer soziologischen Erfassung der Bevölkerung Revals im MA, in: Hansische Geschichtsblätter, 1957, S. 48–69.

45 J. Kejř, Die Anfänge der Stadtverfassung und des Stadtrechts in den Böhmischen Ländern, in: Die Deutsche Ostsiedlung, S. 467.

46 W. Kuhn, Die deutschrechtlichen Städte, S. 137f., gibt eine Übersicht, wonach man in den niederschlesischen Bürgerlisten bis 1326 nur 21 polnische Namen findet, gegenüber 1519 deutschen – demnach machten die Polen kaum 1,4% der Bevölkerung aus. Trotz aller Vorsichtsmaßnahmen dieses Autors und im Bewußtsein des deutschen Übergewichts in den schlesischen und polnischen Städten kommt man doch nicht umhin, davor zu warnen, zwischen dem Namen und der Herkunft eines Menschen einen so eindeutigen Zusammenhang herzustellen.

47 Siehe R. Sprandel, Zur Erfassung der Vermögensverhältnisse in hansischen Städten anhand von Stadtbüchern, in: Protokolle von Tagungen des Instituts für vergleichende Städtegeschichte, 1975, S. 1–5.

48 H. Reincke, Bevölkerungsprobleme . . ., in: Die Stadt des MAs, Bd. III, S. 292–302.

49 A. von Brandt, Die gesellschaftliche Struktur des ma. Lübeck, in: Untersuchungen zur gesellschaftlichen Struktur der ma. Städte in Europa (Vorträge und Forschungen, Bd. XI), 1956, S. 215–48.

50 J. Schildhauer, Die Sozialstruktur der Hansestadt Rostock von 1378 bis 1569, in: Hansische Studien. H. Sprömberg zum 70. Geburtstag, 1961, S. 341–53.

51 Die sehr hohen Durchschnittswerte, die Reincke für Hamburg angibt (wie Anm. 48), scheinen A. von Brandt (wie Anm. 49) nicht akzeptabel zu sein; wir haben die Größenordnung des letzteren übernommen, die mit anderen einschlägigen Arbeiten übereinstimmt.

52 A. Czacharowski, Soziale Schichten in den Städten des Deutschen Ordenslandes im SpätMA, in: Protokoll von Tagungen des Instituts für vergleichende Städtegeschichte, 1977, S. 5–11.

53 A. Czacharowski, Sociotopography . . ., in: Acta Poloniae Historica, 1976, S. 121–29 (Plan).

54 K. Górski, La structure économique et sociale de l'Etat de l'Ordre teutonique en Prusse (XIVe–XVe s.), in: Annali di storia economica e sociale, 1966, S. 251–87.

55 J. Schildhauer, Die Sozialstruktur . . ., S. 50.

56 H. Jecht, Studien zur gesellschaftlichen Struktur der ma. Städte, in: VSWG, 1926, S. 48–65, abgedr. in: Die Stadt des MAs, Bd. III, S. 229.

57 Ebenda, S. 236f.; K. Czok, Zur Entwicklung der Oberlausitzer Sechsstädte vom 13. Jh. bis zur Gründung ihres Sechsstädtebundes 1346, in: Protokoll von Tagungen des Instituts für vergleichende Städtegeschichte, 1977, S. 63.

58 K. Maleczyński, in: Dzieje Wrocławia do roku 1807 [Geschichte Breslaus bis 1807], Warschau 1958, S. 801 (Resümee).

59 Ebenda, S. 29, nach A. Helbok, Die Bevölkerung der Stadt Bregenz am Bodensee, Innsbruck 1912.

60 H. Planitz, Zur Geschichte des Städtischen Meliorats, in: ZSRG GA, 1950, S. 141–75, abgedr. in: Altständisches Bürgertum, Bd. II, Darmstadt 1978, S. 120–53; ders., Die deutsche Stadt . . ., S. 122–29; Ph. Dollinger, Les villes allemandes au Moyen âge. Les

groupes sociaux, in: Recueil de la Société Jean Bodin, La Ville, Brüssel 1954, abgedr. in: Pages d'histoire, S. 48–52.

61 Siehe P. Pfeiffer, Das Breslauer Patriziat im MA, in: Darstellungen und Quellen zur schlesischen Geschichte, 1929, S. 7–18.

62 Dollinger, La Hanse, S. 169.

63 K. Maleczyński, Dzieje Wrocławia, S. 902 (Resümee).

64 Dollinger, Pages d'histoire, S. 57.

65 Dollinger, La Hanse, S. 352–56.

66 E. Schiecke, in: Geschichte Schlesiens, Bd. I, S. 229f.; siehe auch R. Heck, Schlesien in der Zeit des Hussitenaufstandes, in: Beiträge zur Geschichte Schlesiens, Berlin 1958, S. 213–35.

67 Dollinger, Pages d'histoire, S. 58f.

68 Siehe dazu allgemein G. Kisch, Forschungen zur Rechts- und Sozialgeschichte der Juden in Deutschland während des MAs, 1955; und insbes. Planitz, Die deutsche Stadt, S. 277–82.

69 Urkunde Ottos I. zugunsten der Magdeburger Kirche (965), in: Elencus fontium historiae urbanae, Nr. 19, S. 50.

70 Elencus . . ., Nr. 47, S. 75f. (13. Sept. 1084).

71 E. Schmidt, Die Mark Brandenburg, S. 114; im Widerspruch dazu W. Heise, Die Juden in der Mark Brandenburg bis zum Jahr 1571, Berlin 1932.

72 J. Le Goff, Apostolat mendiant et fait urbain dans la France médiévale, in: Annales ESC, 1970, S. 924–46; ders. Les Ordres mendiants et la ville au Moyen âge, in: L'Histoire 22 (1980), S. 46.

73 Siehe J. Kłoczowski, Dominikanie polscy na Śląsku w XIII–XIV wieku [Die polnischen Dominikaner in Schlesien im 13. und 14. Jh.], Lublin 1956.

III,7

1 W. Kuhn, Siedlungsgeschichte Oberschlesiens, S. 130–34.

2 W. Schlesinger, in: Hdb. d. hist. Stätten, VIII, Sachsen, S. XXXIIIf.

3 H. Boockmann, Der Deutsche Orden, S. 132.

4 H. Appelt, Die ma. deutsche Siedlung in Schlesien, in: Deutsche Ostsiedlung in MA und Neuzeit, Köln–Wien 1971 (Studien zum Deutschtum im Osten, 8), S. 17f.

5 H. Boockmann, Der Deutsche Orden, S. 133.

6 W. Kuhn, Das Werden der ostdeutschen Stämme aus Herkunft und Geschichte, in: Die Deutschen und ihre östlichen Nachbarn, S. 148f.

7 E. Schmidt, Die Mark Brandenburg, S. 59f.; G. Heinrich, in: Hdb. d. hist. Stätten, X, Berlin-Brandenburg, S. XXX.

8 W. Kuhn, Siedlungsgeschichte Oberschlesiens, S. 137, 150; A. Lipska, Der polnische Hochadel im 14. und in der ersten Hälfte des 15. Jh.s, in: Beiträge zur Geschichte Schlesiens, Berlin 1958, S. 187f.

9 Zum folgenden W. Mitzka, Die Ostbewegung der deutschen Sprache, in: Zs. f. Mundartforschung, 1943/44, S. 81–140 (Karte); und E. Schwarz, in: Die Deutschen und ihre östlichen Nachbarn, S. 355–58.

10 Siehe W. Kuhn, Geschichte der deutschen Ostsiedlung in der Neuzeit, Bd. 1, 1955, S. 78–109.

11 K. Blaschke, Die Entwicklung des sorbischen Siedlungsgebietes in der Oberlausitz, in: Siedlung und Verfassung der Slawen zwischen Elbe, Saale und Oder, 1960, Karte 10.

12 W. Kuhn, Siedlungsgeschichte Oberschlesiens, S. 147 (erwähnt für 1470 einen Ambrosius, aus dem ein Mroz, und einen Petrus, aus dem ein Złotypiotr wurde), 150f.

13 Zit. und übersetzt von J. Le Goff, La civilisation de l'Occident médiéval, Paris 1964, S. 340f.

14 J. Delobel, Remarques sur la chronologie et l'origine dialectale des emprunts les plus anciens du polonais au germanique, Abbeville 1961; J. Matl, Der deutsche Anteil am Kulturaufbau Ost- und Südosteuropas, in: Ostdeutsche Wissenschaft, 1954, S. 128f.; ders., Die Rolle der deutschen Sprache in Ostmitteleuropa, in: Die Deutschen und ihre östlichen Nachbarn, 1967, S. 351f. Siehe auch G. Bellmann, Slavoteutonica, Berlin–New York 1971.

15 Siehe die vielen weiteren Beispiele dazu in: Die Slawen in Deutschland, Anhang 2, Die slawischen Wörter in den deutschen Mundarten S. 415–23. Eines der ältesten Beispiele für die Verwendung des Begriffes *granica* im Sinne von Schranke oder Grenze findet sich in der Gründungsurkunde der Zisterzienserabtei Pogutken-Samburia in Hinterpommern von 1258 (Urkunden und erzählende Quellen, I, Nr. 107, S. 402).

16 A. Gieysztor, Saints d'implantation, saints de souche dans les pays évangélisés de l'Europe du Centre-Est, in: Hagiographie, cultures et sociétés, IVe–XIIe siècles, Paris 1981, S. 573–84.

17 Geschichte Schlesiens, hg. von H. Aubin, Bd. I, S. 515–17; W. Kuhn, Siedlungsgeschichte Oberschlesiens, S. 57–62.

18 E. Schmidt, Die Mark Brandenburg, 1973, 3. Abschnitt: Ritterliche und höfische Kultur unter den Markgrafen Otto IV. und Woldemar, S. 178–85.

19 Matl, Der deutsche Anteil . . ., S. 135–38; F. Dvornik, Les Slaves, S. 476–81.

20 K. Górski, Das Kulmer Domkapitel in der Zeit des Deutschen Ordens, in: Die Geistlichen Ritterorden Europas (Vorträge und Forschungen, Bd. XXVI), Sigmaringen 1980, S. 329f.

21 Dvornik, Les Slaves, S. 491–95.

22 R. Kötzschke, Die Frühzeit deutscher Kultur auf Leipzigs Heimatboden, in: Deutsche und Slawen im Mitteldeutschen Osten, S. 276.

23 Ph. Dollinger, La Hanse, S. 204.

24 Geschichte Schlesiens, hg. von Aubin, Bd. I, S. 502f. (mit Karte außerhalb des Textes).

25 Zum folgenden S. d'Irsay, Histoire des universités françaises et étrangères, Bd. I, Paris 1933, S. 175f.

26 Siehe u.a. V. Chaloupecky, L'Université Charles à Prague. Sa fondation, son évolution et son caractère au XIVe siècle, Prag 1948; zuletzt R. Schmidt, Begründung und Bestätigung der Universität Prag durch Karl IV. und die kaiserliche Privilegierung von Generalstudien, in: Kaiser Karl IV., 1316–1378. Forschungen über Kaiser und Reich, hg. von H. Patze, 1978, S. 695–719.

27 Hdb. d. Gesch. d. Böhm. Länder, hg. v. K. Bosl, Bd. I, S. 449–51.

28 Siehe K. Morawski, Histoire de l'Université de Cracovie, Bd. I, übers. von P. Rongier, Paris 1900. Zur Zeit der Gründung der Universität war ein Franzose aus dem Süden Frankreichs namens Arnaud de Caussinh *scholasticus ecclesiae Cracoviensis* (siehe Ch. Higounet, Arnaud de Caussinh, un »gascon« à Cracovie, 1344–1371, in: Cultus et cognitio, Warschau 1976, S. 195–201).

29 Geschichte Schlesiens, Bd. I, S. 501f.; Kuhn, Siedlungsgeschichte Oberschlesiens, S. 138.

30 K. P. Woelky, Urkundenbuch des Bisthums Kulm, Danzig 1885, Bd. I, S. 289 (Bulle Urbans VI.); S. d'Irsay, Histoire . . ., S. 185; X. W. Meysztowicz, in: Dictionnaire historique et géographique ecclésiastiques, Bd. XII, 1953, Sp. 621.

31 Siehe H. Helbig, Universität Leipzig, Frankfurt/M. 1961.

32 R. Schmidt, Die Anfänge der Universität Greifswald, in: Fs. z. 500-Jahrfeier der Universität Greifswald, Bd. I, 1956; ferner Kräfte, Personen und Motive bei der Gründung der Universitäten Rostock und Greifswald, in: Beiträge zur pommerschen und mecklenburgischen Geschichte, Marburg 1981.

33 Ausführlich dargestellt von G. Dehio, Geschichte der deutschen Kunst, 2 Bde., Berlin 1923–27 (viele Neuaufl.); siehe ferner die Einzelregionen behandelnden Monographien der Reihe Dehio, Hdb. d. deutschen Kunstdenkmäler (mehrere Neuaufl. seit 1905) und die illustrierte Reihe der Kunstdenkmäler (Deutsche Kunstdenkmäler, 13 Bde.; Kunst-

denkmäler in Österreich, 4 Bde., in Polen, 3 Bde., in der Tschecholsowakei, 3 Bde.), Darmstadt 1966 –. Einen brauchbaren Leitfaden gibt G. Grundmann, Geschichte der bildenden Kunst, in: Die Deutschen und ihre östlichen Nachbarn, S. 380–86.

34 Die Slawen in Deutschland, S. 138–47.

35 Siehe J. Chapelot u. R. Fossier, Le village et la maison au Moyen âge, Paris 1980, S. 227f., 269–86.

36 Zum folgenden K. Baumgarten, Das deutsche Bauernhaus, Berlin–Neumünster 1980, S. 41f.

37 Kluge Beurteilung von I. Koran, Tradition des églises à plan central de Bohême, in: Mélanges R. Crozet, Poitiers 1966, S. 1057–66.

38 A. Merhatuová, Les débuts de l'architecture du haut Moyen âge en Bohême, in: Mélanges (wie Anm. 37), S. 111–17; er erwähnt auch die Entdeckung der ältesten Rotunde Prags in Levý Hradec, im Norden der Stadt.

39 A. Gieysztor, La porte de bronze de Gniezno. Document de l'histoire de Pologne au XIIe siècle, in: Academia polacca . . . di Roma. Conferenze, H. 4, 1958. J. Stiennon, La Pologne et le pays mosan au Moyen âge. A propos d'un ouvrage sur la porte de Gniezno, in: Cahiers de civilisation médiévale, 1961, S. 457–73.

40 Differenzierte Darstellung bei L. Génicot, Pologne et pays mosan au Moyen âge. Bilan sommaire et suggestions de recherches, in: Academie royale de Belgique, Bulletin de la classe des lettres et des sciences morales et politiques, 1978, S. 16–33.

41 Neben den einschlägigen Monographien siehe W. Bickel, Die Kunst der Cistercienser, in: Die Cistercienser. Geist, Kunst, hg. von A. Schneider, Köln 1974, S. 193–340; und die knappe Zusammenfassung von L. J. Lekai, Les moines blancs, Paris 1957, S. 252f.; sowie den Beitrag von U. Schröder in: Die Zisterzienser, Köln 1980, S. 334.

42 Dollinger, La Hanse, S. 338.

43 B. Schmidt, Baugeschichte der Marienburg, Köln 1955; N. von Holst, Der deutsche Ritterorden und seine Bauten, Berlin 1981.

44 Siehe H. Boockmann, Der Deutsche Orden, S. 234–54.

Epilog

1 A. Borst, Das Erdbeben von 1348, in: HZ 233 (1981), S. 529–70. Das Epizentrum dieses Bebens befand sich bei Villach; die schwersten Verwüstungen fanden in Kärnten, in Friaul und in Niederösterreich statt; aber es war bis nach Lübeck und Krakau zu spüren.

2 Siehe W. Abel, Geschichte der deutschen Landwirtschaft, S. 103f.; ders., Agrarkrisen und Agrarkonjunktur, Hamburg–Berlin 1966, S. 42–54, 93–96; M. Born, Die Entwicklung der deutschen Agrarlandschaft, S. 67–71.

3 Siehe W. Abel, Désertions rurales: bilan de la recherche allemande, in: Villages désertés et histoire économique, XIe–XVIIIe siècles, Paris 1965, S. 515–30.

4 A. Gieysztor, Recherches sur la démographie historique et en particulier rurale en Pologne, Ergon IV (1954), S. 511–13; A. Gieysztor, Villages désertés: bilan . . ., S. 610f.

5 Kuhn, Siedlungsgeschichte Oberschlesiens, S. 144f.

6 Siehe oben, III. Buch, 3. Kapitel.

7 Das gleiche erfuhr auch die Hanse (siehe Dollinger, La Hanse, S. 349f.).

8 Geschichte Schlesiens, hg. von Aubin, Bd. I, S. 203–23; A. Lipska, Der polnische Hochadel im 14. und in der ersten Hälfte des 15. Jh.s und das Problem der Vereinigung Schlesiens mit Polen, in: Beiträge zur Geschichte Schlesiens, Berlin 1958, S. 187–212,

9 Hdb. d. Gesch. d. Böhm. Länder, hg. von K. Bosl, Bd. I, S. 416f.

10 Ebenda, S. 391–94.

11 Histoire de Pologne, S. 137–44.

12 Dvornik, Les Slaves, S. 552–63; Histoire de Pologne, S. 147.

13 Dvornik, Les Slaves, S. 452–54.
14 Siehe zu Jan Hus und die hussitische Reform die Darstellung in K. Bihlmeyer u. H. Tüchle, Kirchengeschichte.
15 Siehe H. Kaminsky, Hussite Radicalism and the Origins of Tabor, 1416–1618, in: Medievalia et Humanistica, 1956, S. 102–30.
16 Geschichte Schlesiens, Bd. I, S. 243–57 (Karte).
17 Über die Reformation und die Hussitenkriege die ausgezeichneten Seiten von Dvornik, Les Slaves, S. 507–40.
18 Auf die eigentliche religiöse Kontroverse braucht hier nicht eingegangen zu werden. Die als *compactata* bezeichneten vier Artikel wurden in Iglau verkündet (1436) und bezogen sich auf die Kommunion in beiderlei Gestalt, auf die Freiheit der Predigt, auf die Bestrafung von Todsünden durch jene, deren Aufgabe dies war, und die Verwaltung der kirchlichen Güter.
19 Siehe oben, II. Buch, 11. Kap.
20 M. Hellmann, Zu den Anfängen des litauischen Reiches, in: Jb. f. Geschichte Osteuropas, 1956, S. 159–65.
21 H. Boockmann, Der Deutsche Orden, S. 151–69.
22 F. Pasquier, Gaston Phoebus en Prusse (1357–1358), Foix 1893; E. Maschke, Burgund und der preußische Ordensstaat, in: Syntagma Friburgense, H. Aubin zum 70. Geburtstag, Lindau–Konstanz 1956, S. 157–63; Ch. Higounet, De la Rochelle à Torun: aventure de barons en Prusse et relations économiques (1363–1364), in: Le Moyen Age, 1963, S. 529–40; W. Paravicini, Die Preußenreisen des europäischen Adels, in: HZ 232 (1981), S. 25–38.
23 Aus der riesigen Literatur über die Schlacht von Tannenberg-Grunwald seien hier nur die knappe Darstellung genannt von E. Maleczynska, in: Historia Polski, I, S. 573–79 (Schlachtpläne in: Atlas historyczny Polski, 15), und die Bemerkungen von H. Boockmann, Der Deutsche Orden, S. 176–80, sowie die kritische Betrachtung von S. Ekdahl, Die Schlacht bei Tannenberg, 1410. Quellenkritische Untersuchungen. I. Einführung und Quellenlage, Berlin 1982 (Berliner Historische Studien, 8).
24 K. Górski, La structure économique et sociale de l'Etat de l'Ordre teutonique en Prusse (XIV–XVe s.), in: Annali di storia economica et sociale, 1966, S. 290–92; H. Boockmann, Der Deutsche Orden, S. 197–210; M. Burleigh, Prussian Society and the German Order. An Aristocratic Corporation in Crisis, 1410–1466, Cambridge 1984.
25 E. Maschke, Die Schäffer und Lieger des Deutschen Ordens in Preußen, in: Hamburger Mittel- und Ostdeutsche Forschungen, 1960, S. 145, zitiert folgenden bezeichnenden Text der Königsberger Bürgerschaft: »Der Hochmeister ist ein Krämer geworden, die Herren treiben Handel – das ist der Grund, warum der Krieg ausgebrochen ist und warum man sie verjagt.«
26 Siehe M. Biskup, Das Ende des Deutschordensstaates Preußen im Jahre 1525, in: Die geistlichen Ritterorden, S. 403–16.
27 W. Kuhn, Geschichte der deutschen Ostsiedlung in der Neuzeit, 2 Bde., Köln 1955/57.
28 Siehe oben, 1. Buch, 8. Kap.
29 Zur Problematik der Erforschung der deutschen Ostsiedlung, in: Die deutsche Ostsiedlung des MAs als Problem der europäischen Geschichte, 1975, S. 30.
30 Les grandes migrations des XIIe–XIVe siècles en Europe du Centre-Est, 1982, S. 60f.
31 Ebenda, S. 63.

Bibliographie

Die Literatur zur deutschen Ostsiedlung ist unermeßlich. Die vorliegende Bibliographie will keinesfalls versuchen, erschöpfend zu sein.
Sie enthält zunächst einige abgeschlossene Bibliographien und neuere Spezialwerke; ansonsten sei der Leser auf fortlaufende nationale und regionale Bibliographien sowie auf die Literaturberichte in den Fachzeitschriften verwiesen; für Deutschland ist dies insbesondere die Zeitschrift für Ostforschung (1952ff.).
Weitere Quellenwerke und Darstellungen finden sich in den Anmerkungsteilen dieses Buches. Hier wurden nur Quellentexte aufgeführt, die sich auf die Ostsiedlung beziehen, und auch die Auswahl der Atlanten und der Kartenwerke beschränkt sich darauf.
Last but not least, es wurden hier nur die allgemeinen Werke, Bücher und Aufsätze aufgeführt, die der Verfasser tatsächlich herangezogen hat.

1. Bibliographien. Quelleneditionen. Atlanten

a) Bibliographien

Académie tchécoslovaque des sciences, 25 ans d'historiographie tchécoslovaque, 1936–1960, Prag 1960

Bibliographie des travaux des historiens polonais en langues étrangère parus dans les années 1945–1968, besorgt von Stefania Skwirowska, Warschau 1971

Bücherkunde Ostdeutschlands und des Deutschtums in Ostmitteleuropa, hg. H. Jilek, H. Rister, H. Weiss, Graz–Köln 1963

Comité national yougoslave des Sciences historiques, Dix années d'historiographie yougoslave, 1915–1955, Belgrad 1955

Fédération des sociétés historiques de Yougoslavie, Historiographie yougoslave, 1965–1966, Belgrad 1965

Guide international d'histoire urbaine. 1. Europe, hg. Ph. Wolff, Paris 1977

Lampe, K. H., Bibliographie des Deutschen Ordens bis 1959, Bonn 1975

b) Quelleneditionen

Elencus Fontium Historiae urbanae, Bd. 1. Deutschland. Belgien. Niederlande. Skandinavien, hg. B. Diestelkamp, M. Martens, C. Van de Kift, B. Fritz, Leiden 1967

Hubatsch, W., Quellen zur Geschichte des deutschen Ordens (Quellensammlung zur Kulturgeschichte), Göttingen 1954

Kötzschke, R., Quellen zur Geschichte der ostdeutschen Kolonisation im 12.–14. Jahrhundert, Leipzig [2]1931

Quellen zur deutschen Verfassungs-, Wirtschafts- und Sozialgeschichte bis 1250, hg. L. Weinrich, Darmstadt 1977

Quellen zur Geschichte des deutschen Bauernstandes im Mittelalter, hg. G. Franz, Darmstadt 1967

Quellen zur Hanse-Geschichte, hg. R. Sprandel, Darmstadt 1982

Quirin, K. H. (Hg.), Die deutsche Ostsiedlung im Mittelalter (Quellensammlung zur Kulturgeschichte), Göttingen 1954

Tzschoppe, G. A. u. G. A. Stenzel (Hg.), Urkundensammlung zur Geschichte des Ursprungs

der Städte, nach der Einführung und Verbreitung deutscher Kolonisten-Rechte in Schlesien und Oberlausitz, Hamburg 1832
Urkunden und erzählende Quellen zur deutschen Ostsiedlung im Mittelalter, hg. H. Helbig u. L. Weinrich, 2 Bde., Darmstadt 1968–1970

c) Atlanten

Atlas der deutschen Agrarlandschaft, 4 Bde., Wiesbaden 1963–1971
Atlas des Saale- und mittleren Elbegebietes, bearb. von O. Schlüter u. O. August, Leipzig ²1959–1961
Atlas historyczny polski, hg. W. Czapliński u. T. Ładogórski, Warschau 1973
Atlas zur Geschichte der deutschen Ostsiedlung, bearb. von W. Krallert unter Mitarbeit von W. Kuhn und E. Schwarz, Bielefeld–Berlin–Hannover 1958
Deutscher Kulturatlas, hg. G. Lüdtke u. L. Mackensen, II. Bd. Vom Ritter zum Patrizier, Berlin 1928–1938
Historischer Atlas von Mecklenburg, neu hg. R. Schmidt, Köln–Graz 1960ff.
Historischer Atlas von Pommern, Köln 1959ff.
Historischer Handatlas von Brandenburg und Berlin, Berlin 1963ff.
Historisch-geographischer Atlas des Preußenlandes, hg. H. Mortensen, 1968ff.
Sudetendeutscher Atlas, hg. E. Meynen, München, ²1955
Übersichtskarte von Mitteleuropa 1:300000, Brandenburg, Ostpreußen, Pommern, Schlesien.

2. Allgemeine Literatur

Abel, W., Die Wüstungen des ausgehenden Mittelalters, Stuttgart, ²1955
Abel, W., Geschichte der deutschen Landwirtschaft vom frühen Mittelalter bis zum 19. Jahrhundert (Deutsche Agrargeschichte, Bd. 3), Stuttgart 1962
Abel, W., Agrarkrisen und Agrarkonjunktur, Hamburg–Berlin, ²1966
Aubin, H., Zur Erforschung der deutschen Ostbewegung, Leipzig 1939
Aubin, H., The Lands east of the Elbe and German Colonization eastwards, in: The Cambridge Economic History of Europe, Bd. 1, The agrarian Life of the Middle Ages, ²1966
Born, M., Geographie der ländlichen Siedlungen, I. Die Genese der ländlichen Siedlungsformen in Mitteleuropa, Stuttgart 1977
Born, M., Die Entwicklung der deutschen Agrarlandschaften, Darmstadt 1974
Das Östliche Deutschland. Ein Handbuch, hg. vom Göttinger Arbeitskreis, Würzburg 1959
Deutsche-Slawische Namenforschung, hg. H. B. Harder, Marburg 1981
Deutsche und europäische Ostsiedlungsbewegung. Bericht über die wissenschaftliche Jahrestagung des Johann-Gottfried-Herder-Forschungsrates vom 7. bis 9. März 1963, Marburg 1964
Deutschland Ostforschung. Fs. f. A. Brackmann, hg. H. Aubin, 2 Bde., Leipzig 1942–1943
Deutschland und Polen. Beiträge zu ihren geschichtlichen Beziehungen, hg. A. Brackmann, München–Berlin 1933
Die deutsche Ostsiedlung des Mittelalters (Vorträge und Forschungen, XVIII), 2 Bde., Sigmaringen 1975
Die Deutschen und ihre östlichen Nachbarn. Ein Handbuch, hg. V. Aschenbrenner, E. Birke, W. Kuhn u. E. Lenberg, Frankfurt 1967
Die Geistlichen Ritterorden Europas (Vorträge und Forschungen, XXVI), Sigmaringen 1980
Die Grundherrschaft im Späten Mittelalter (Vorträge und Forschungen, XXVII), 2 Bde., Sigmaringen 1983
Die Slawen in Deutschland. Ein Handbuch. Geschichte und Kultur der slawischen Stämme westlich von Oder und Neiße vom 6. bis 12. Jahrhundert, hg. J. Herrmann, Berlin 1972

Die Stadt des Mittelalters, hg. C. Haase, 3 Bde., Darmstadt 1972–1975
Die Städte Mitteleuropas im 12. und 13. Jahrhundert, hg. W. Rausch, Linz 1963
Die Zisterzienser. Ordensleben zwischen Ideal und Wirklichkeit, Köln 1980
Dollinger, Ph., La Hanse, Paris 1964 (dt.: Die Hanse, Stuttgart ³1981)
Dvornik, F., Les Slaves. Histoire et civilisation de l'Antiquité au début de l'époque contemporaine, Paris 1970
Ennen, E., Die europäische Stadt des Mittelalters, Göttingen 1972
Ennen, E., Gesammelte Abhandlungen, Bonn 1977
Europa slavica – Europa orientalis. Fs. f. H. Ludat zum 70. Geburtstag, Berlin 1980
Frühe Burgen und Städte. Fs. f. W. Unverzagt, Berlin 1954
Geschichte der deutschen Länder (Territorien-Ploetz), hg. G. W. Sante, Bd. 1, Würzburg 1964
Gutkind, E. A., Urban Development in East-Central Europe: Poland, Czecoslovakia and Hungary (International History of City Development, vol. 7) New York 1975
Haller, J., Von den Karolingern zu den Staufern, Leipzig 1934
Haller, J., Von den Staufern zu den Habsburgern, Leipzig 1935
Hampe, K., Der Zug nach dem Osten. Die kolonisatorische Großtat des deutschen Volkes im Mittelalter, Leipzig–Berlin ⁵1939
Hampe, K., Deutsche Kaisergeschichte in der Zeit der Salier und Staufer, hg. F. Baethgen, Heidelberg ¹⁰1949
Handbuch der deutschen Volkskunde, hg. Plessler, Bd. 3, Potsdam 1938
Handbuch der historischen Stätten (Deutschlands), Stuttgart 1958ff. 1. Schleswig-Holstein–Hamburg (hg. O. Klose); 2. Niedersachsen–Bremen (hg. K. Brüning u. H. Schmidt); 8. Sachsen (hg. W. Schlesinger); 9. Thüringen (hg. H. Patze); 10. Berlin–Brandenburg (hg. G. Heinrich); 11. Provinz Sachsen-Anhalt (hg. B. Schwineköper); 12. Ost- und Westpreußen (hg. E. Weise); 13. Schlesien (hg. H. Weczerka)
Hauck, A., Kirchengeschichte Deutschlands, Bd. 3–4, Leipzig ⁴1920
Heil, B., Die deutschen Städte und Bürger im Mittelalter, Leipzig ⁴1921
Historia Polski, I, hg. H. Lowmiański, Warschau 1958
Histoire de Pologne, Warschau 1971
Historisch-genetische Siedlungsforschung, hg. H. J. Nitz, Darmstadt 1974
Holtzmann, R., Geschichte der Sächsischen Kaiserzeit, München ³1955
Johannsen, O., Geschichte des Eisens, Düsseldorf 1953
Keyser, E., Deutsches Städtebuch, 5 Bde., Stuttgart 1939–1974
Kötzschke, R. u. W. Ebert, Geschichte der ostdeutschen Kolonisation, Leipzig 1937, ²1944
Kötzschke, R., Deutsche und Slawen im Mitteldeutschen Osten, hg. W. Schlesinger, Darmstadt 1961
Kuhn, W., Geschichte der deutschen Ostsiedlung in der Neuzeit, Bd. 1. Vom 15. bis 17. Jahrhundert, Köln–Graz 1955
Kuhn, W., Die deutsche Ostsiedlung vom Mittelalter bis zum 18. Jahrhundert, in: Das östliche Deutschland, 1959
Kuhn, W., Die deutsche Ostsiedlung, in: Die Deutschen und ihre östlichen Nachbarn, 1967
Kuhn, W., Vergleichende Untersuchungen zur mittelalterlichen Ostsiedlung, Köln–Wien 1973
Lamprecht, K., Deutsches Wirtschaftsleben im Mittelalter, Leipzig 1886
Lamprecht, K., Deutsche Geschichte, Bd. 3, Berlin 1893
Landeskunde von Deutschland. H. Schrepfer, Bd. 1, Der Nordwesten, Darmstadt 1974; N. Krebs, Bd. 3, Der Südwesten, Darmstadt 1974
La Pologne au Xe Congrès international des Sciences historiques à Rome, Warschau 1955
L'artisanat et la vie urbaine en Pologne médiévale (Ergon III), Warschau 1962
Lavedan, P. u. J. Hugueney, L'Urbanisme au Moyen âge, Paris 1974
Lechner, K., Ausgewählte Schriften, Wien 1947
Les origines des villes polonaises, hg. P. Francastel, Paris, La Haye 1960

L'Europe aux IXe–XIe siècles. Aux origines des Etats nationaux, Warschau 1968
Ludat, H., Polen und Deutschland, Graz–Köln 1963
Ludat, H., Deutsch-slawische Frühzeit und modernes polnisches Geschichtsbewußtsein, Wien 1969
Lütge, F., Deutsche Sozial- und Wirtschaftsgeschichte. Ein Überblick, Berlin–Göttingen–Heidelberg ²1960
Lütge, F., Geschichte der deutschen Agrarverfassung vom frühen Mittelalter bis zum 19. Jahrhundert, Stuttgart ²1967
Martonne, E. de, Europe centrale (Géographie universelle, Bd. IV), Paris 1930
Mayer, Th., Mittelalterliche Studien. Gesammelte Aufsätze, Sigmaringen 1959
Menzel, Z. A., Die Geschichte der Deutschen, Bd. 3, Breslau 1818
Niederlé, L., Manuel de l'Antiquité slave. L'histoire, Paris 1923–1926
Neue Deutsche Biographie, Berlin 1953ff.
Planitz, H., Die deutsche Stadt im Mittelalter vom Ende der Römerzeit bis zu den Zunftkämpfen, Köln–Graz 1954
Rösener, W., Bauern im Mittelalter, München 1985
Russell, J. C., Medieval Regions and their Cities, Newton Abbot 1972
Schlüter, O., Die Siedlungsräume Mitteleuropas in frühgeschichtlicher Zeit, 3 Bde., Remagen 1952–1958
Schmitt, E., Deutschland (Harms Handbuch Erdkunde, Bd. 1), München ²⁵1970
Schröder, E., Deutsche Namenkunde, Göttingen 1938
Schröder, K. H. u. G. Schwarz, Die ländlichen Siedlungsformen in Mitteleuropa, Trier ²1978
Schwarz, E., Deutsche Namenforschung, Bd. 2, Orts- und Flurnamen, Göttingen 1950
Städtewesen und Bürgertum als Geschichtliche Kräfte. Gedächtnisschrift für Fr. Rörig, Lübeck 1953
Stadt und Landschaft im deutschen Osten und in Ostmitteleuropa (Studien zum Deutschtum im Osten, Bd. 17), Köln–Wien 1983
Siedlung, Burg und Stadt, Berlin 1969
Siedlung und Verfassung der Slawen zwischen Elbe–Saale und Oder, Gießen 1960
Stökl, G., Osteuropa und die Deutschen. Geschichte und Gegenwart, Oldenburg 1967
Stoob, H., Forschungen zum Städtewesen in Europa. Bd. 1. Räume, Formen und Schichten der Mitteleuropäischen Städte, Köln–Wien 1970
Studien zu den Anfängen des europäischen Städtewesens (Vorträge und Forschungen, IV) Lindau–Konstanz 1958
Uhlirz, K. u. M., Handbuch der Geschichte Österreich-Ungarns, Bd. 1, Graz–Wien–Köln ²1963
Wippermann, W., Der »Deutsche Drang nach Osten«. Ideologie und Wirklichkeit eines politischen Schlagwortes, Darmstadt 1981
Zur Ostdeutschen Agrargeschichte. Ein Kolloquium. Ostdeutsche Beiträge. Göttinger Arbeitskreis, XVI, 1960.

3. *Spezielle Literatur*

Abe, K., Die Komturei Osterode des Deutschen Ordens in Preussen, 1341–1525, Köln 1972
Abel, W., Désertions rurales: bilan de la recherche allemande, in: Villages désertés et histoire économique, XIe–XVIIIe siècles, Paris 1965
Altrichter, H., Die Zisterzienser in Mähren bis zu Karl IV. Besitz, Volkstum und Siedlungstätigkeit, Brünn 1943, ²1979
Arnold, S., Geografia historyczna Polski [Historische Geographie Polens], Warschau 1951
Aschenbrenner, W., Die Sudetendeutschen, in: Die Deutschen und ihre östlichen Nachbarn, 1967

Aubin, H., Wirtschaftsgeschichtliche Bemerkungen zur ostdeutschen Kolonisation, in: Aus Sozial- und Wirtschaftsgeschichte. Gedächtnisschrift für G. v. Below, Stuttgart 1928
Aubin, H., Die Ostgrenze des alten deutschen Reiches, Darmstadt ²1967
Bach, H. u. S. Dušek, Slawen in Thüringen. Geschichte, Kultur und Anthropologie im 10. bis 12. Jahrhundert, nach den Ausgrabungen bei Espenfeld, in: Veröffentlichungen des Museums für Ur- und Frühgeschichte Thüringens, 1971
Bachmann, A., Geschichte Böhmens, Bd. 1, Gotha 1899
Bader, K. S., Dorf und Dorfgemeinde in der Sicht des Rechtshistorikers, in: Zs. f. Agrargeschichte, 1964
Bakvis, Cl., Rapports entre la Pologne et l'Occident, tout particulièrement l'Empire germanique au Moyen âge, in: Revue belge de philologie et histoire, 1953
Balzer, O., O Niemeach w Polsce [Die Deutschen in Polen] in: Kwartalnik Historyczny, 1911
Bardach, J., Historia państwa i prawa Polski. 1. Do połowy XV wieku [Geschichte des poln. Staats und des poln. Rechts. 1. Bis zur Mitte des 14. Jh. s], Warschau 1964
Bartha, A., Hungarian Society in the 9th and 10th Century, in: Studia Historica Academiae Scientiarum Hungaricae, 1975
Bathe, M., Die Sicherung der Reichsgrenze an der Mittelelbe durch Karl den Großen, in: Sachsen und Anhalt, 1940
Bauer, H., Die Mark Brandenburg. Geschichte einer deutschen Landschaft, Berlin-Grunewald 1954
Bauermann, J., Umfang und Einteilung der Erzdiözese Magdeburg, in: Von der Elbe bis zum Rhein, 1968
Bauermann, J., Erzbischof Norbert von Magdeburg, in: Von der Elbe bis zum Rhein, 1968
Baumgarten, K., Das deutsche Bauernhaus, Berlin 1980
Bei der Wieden, H., Rostock zwischen Abhängigkeit und Reichunmittelbarkeit, in Pommern und Mecklenburg. Beiträge zur mittelalterlichen Städtegeschichte, Köln–Wien 1981
Beiträge zur Geschichte Schlesiens, hg. E. Maleczyńska, Berlin 1958
Belenycsy, M., La culture permanente et l'évolution du système biennal et triennal en Hongrie médiévale, in: Ergon III (1960)
Benninghoven, F., Rigas Entstehung und der frühhansische Kaufmann, Hamburg 1961
Benninghoven, F., Der Orden der Schwertbrüder, Fratres Milicie Christi de Livonia, Köln 1965
Benthien, B., Die historischen Flurformen des südwestlichen Mecklenburg. Eine Studie zum Problem Dorf, Feld und Wirtschaft, zugleich ein Beitrag zur Entwicklungsgeschichte der ländlichen Siedlungen im Bezirk Schwerin, Schwerin 1960
Berger, K., Die Besiedlung des deutschen Nordmährens im 13.und 14. Jahrhundert, Breslau 1933
Beumann, H., Kreuzzugsgedanke und Ostpolitik im hohen Mittelalter, in Historisches Jb., 1953
Biraben, J.-N., Les hommes et la peste en France et dans les pays européens et méditerranéens, 2 Bde., Paris 1975
Biskup, M., Osady na prawie polskim na Pmorzu Gdańskim w polowie XV w. [Siedlungen nach poln. Recht in Vorpommern in der Mitte des 15. Jh.s], Warschau 1956
Biskup, M., Iława, in: Studia z historii Budowy miast Polskich, Warschau 1957
Biskup, M., Polish Research Work on the History of the Teutonic Order State Organisation in Prussia (1945–1949), in: Acta Poloniae historica, 1960
Biskup, M., Das Ende des Deutschordenstaates im Jahre 1525, in: Die Geistlichen Ritterorden Europas, 1980
Blaschke, K., Die Entwicklung des Sorbischen Siedelgebietes in der Oberlausitz, in: Siedlung und Verfassung der Slawen, 1960
Blaschke, K., Die Frühgeschichte der Stadt Colditz, in: Sächsische Heimatblätter, 1965
Blaschke, K., Bevölkerungsgeschichte von Sachsen bis zur industriellen Revolution, Weimar 1967

Blaznik, P., Škofja Loka in Loško Gostpostvo (973–1803), Škofja Loka 1973
Bloch, M., Un problème de contact social: la colonisation allemande en Pologne, in: Annales d'histoire économique et sociale VI (1934).
Blohm, R., Die Hagenhufendörfer in Schaumburg-Lippe, Oldenburg 1943
Bobiński, S., Szkicowa analiza planu starego Szczecina [Analyse des Stadtplans des alten Stettin], in: Przegląd zachodni, 1951
Bogucka, M., Quelques problèmes de la sociotopographie dans les villes les plus grandes de Pologne aux XVIe–XVIIe siècles, in: Acta Poloniae historica, 1976
Boháč, Z., Újezdy a lhoty. Přispěvck k dějinam osídlemi středověkých Čech [Die Ortsnamen Ujezd und Lhota. Ein Beitrag zur Landnahme in Böhmen während des frühen Mittelalters], in: Historická geografie 12, Praha 1974.
Bohemia Sacra. Das Christentum in Böhmen, 973–1973, hg. F. Seibt, Düsseldorf 1974
Bohm, E., Slawische Burgbezirke und deutsche Vogteien. Zur Kontinuität der Landesgliederung in Ostholstein und Lauenburg im hohen Mittelalter, in: Germania Slavica, 1980
Bollnow, H., Studien zur Geschichte der pommerschen Burgen und Städte im 12. und 13. Jahrhundert, Köln–Graz 1964
Boockmann, H., Die mittelalterliche deutsche Ostsiedlung. Zum Stand ihrer Erforschung und zu ihrem Platz im allgemeinen Geschichtsbewußtsein, in: Geschichte und Gegenwart. Fs. für K. D. Erdmann, 1980
Boockmann, H., Der Deutsche Orden. Zwölf Kapitel aus seiner Geschichte, München 1981, ²1982.
Born, M., Siedlungsgang und Siedlungsformen in Hessen, in: Hessisches Jb. f. Landesgeschichte, 1972
Borowiejska-Birkenmajerowa, M., Problem pierwszej lokacji i wielka lokacja Krakowa z r. 1257 w świetle ostatnich badań [Problem der ersten und der großen Krakauer Lokation von 1257 im Lichte jüngster Forschungen], Teka komisji urbanistyki i architektury, 1974
Borst, A., Das Erdbeben von 1348, in: HZ 233 (1981)
Brackmann, A., Magdeburg als Hauptstadt des deutschen Ostens im frühen Mittelalter, Leipzig 1937
Brackmann, H. J., Slawische Stämme an Elbe und Saale. Zu ihrer Geschichte und Kultur im 6. bis 10. Jahrhundert auf Grund archäologischer Quellen,1978
Brandt, A. von, Die Gesellschaftliche Struktur des mittelalterlichen Lübeck, in: Untersuchungen zur Gesellschaftlichen Struktur der mittelalterlichen Städte in Europa (Vorträge und Forschungen, XI), 1956
Brandt, O., Geschichte Schleswig-Holsteins (überarb. v. W. Klüver u. H. Jankuhn), Kiel ⁶1966
Breitschneider, P., Das Gründungsbuch des Klosters Heinrichau, Breslau 1927
Bretholz, B., Geschichte Böhmens und Mährens bis zum Aussterben der Přzemysliden, München–Leipzig 1912
Brève histoire de la Transylvanie, besorgt von C. Daicoviciu u. M. Constantinescu, Bukarest 1965
Brunner, O., Die deutsche Besiedlung des Burgenlandes, in: Burgenländische Heimatblätter, 1937
Brüske, W., Untersuchungen zur Geschichte des Liutizenbundes. Deutschwendische Beziehungen des 10.–12. Jahrhunderts, Münster 1955
Buczek, K., Książęca ludność służebna w Polsce wczesnofeudalnej [Dienstleute des Herzogs in Polen zu Beginn des Feudalismus], Breslau–Krakau 1958
Burghardt, A. F., Borderland. A historical and geographical Study of Burgenland, Madison 1962
Burleigh, M., Prussian Society and the German Order: An Aristocratic Corporation in Crisis, c. 1410–1466, New York 1984
Burszta, J., Od Osady Słowiańskiej do wsi współczesnej [Vom slawischen Neuland zu den Dörfern von heute], Breslau 1958

Büttner, H., Die Ungarn, das Reich und Europa bis zur Lechfeldschlacht der Jahre 955, in: Zs. f. bayerische Landesgeschichte, 1956
Büttner, H., Schwaben und Schweiz im frühen und hohen Mittelalter. Gesammelte Aufsätze, Sigmaringen 1972
Carsten, F. L., Die Entstehung Preußens, Köln–Berlin 1968
Carstens, W., Die Landesherrschaft der Schauenburger und die Entstehung der landständischen Verfassung in Schleswig-Holstein, in: Zs. d. Gesellschaft für schleswig-holsteinische Geschichte, 1926
Carstens, W., Beiträge zur Entstehung des schleswig-holsteinischen Staates, in: Zs. d. Gesellschaft für schleswig-holsteinische Geschichte, 1951
Carstens, W., Die Gründungsurkunde der Stadt Kiel, in: Zs. d. Gesellschaft für schleswig-holsteinische Geschichte, 1939
Chaloupecky, V., Considérations sur Samon, le premier roi des Slaves, in: Byzantinoslavica, 1950
Chłopocka, H. u. W. Schich, Die Ausbreitung des Zisterzienserordens östlich von Elbe und Saale, in: Die Zisterzienser, 1980
Cieslak, E., Historia Gdańska [Geschichte Danzigs], Bd. I, Danzig 1978
Claude, D., Geschichte des Erzbistums Magdeburg bis in das 12. Jahrhundert, Bd. 1, Köln–Wien 1972
Conrad, H., Die mittelalterliche Besiedlung des deutschen Ostens und das Deutsche Recht, Köln 1955
Conrad, K., Herzogliche Städtegründungen in Pommern auf geistlichem Boden, in: Pommern und Mecklenburg. Beiträge zur mittelalterlichen Stadtgeschichte (Veröffentlichungen der historischen Kommission für Pommern), Köln 1981
Curschmann, F., Die deutschen Ortsnamen im Norddeutschen Kolonialgebiet, Stuttgart 1910
Czacharowski, A., Sociotopography of medieval and late medieval Towns in the nord-east european zone, as exemplified by Toruń, in: Acta Poloniae historica, 1976
Czacharowski, A., Soziale Schichten in den Städten des Deutschen Ordenslandes im Spätmittelalter, in: Protokoll von Tagungen des Instituts für vergleichende Städtegeschichte, 1977
Czekanowski, J., The ancient Home of the Slaves, in: Slavonic East European Review, 1946–1947
Czok, K., Zur Entwicklung der Oberlausitzer Sechsstädte vom 13. Jahrhundert bis zur Gründung ihres Sechsstädtebundes 1346, in: Protokoll von Tagungen des Instituts für vergleichende Städtegeschichte, Münster 1977
Dąbrowski, J., (Hg.), Kraków. Studia nad rozwojem miasta [Krakau. Studien zur Entwicklung der Stadt], Krakau 1957
David, P., La Pologne et l'évangélisation de la Poméranie aux XIe et XIIe siècles, Paris 1928
David, P., Recherches sur l'histoire de la Poméranie polonaise, in: Revue des questions historiques, 1932
Defourneaux, M., Les Français en Espagne aux XIe et XIIe siècles, Paris 1949
Deike, L., Die Entstehung der Grundherrschaft in den Hollarkolonien an der Niederweser, Bremen 1959
Delobel, J., Remarques sur la chronologie et l'origine dialectale des emprunts les plus anciens du polonais au germanique, Abbeville 1951
Demm, E., Reformmönchtum und Slavenmission im 12. Jahrhundert, Lübeck–Hamburg 1970
Dercsényi, D., L'église de Pribina à Zalavar, in: Etudes slaves et roumaines, 1948
Dickinson, R. E., The Morphology of the Medieval German Town, in: Geographical Review, 1945
Die Babenberger, Lilienfeld 1976
Die Deutschen in Böhmen und Mähren. Ein historischer Rückblick, hg. H. Preidel, München ^{2}1952

Die Kuenringer. Das Werden des Landes Niederösterreich, Zwettl 1981
Diestelkamp, B., Gibt es eine Freiburger Gründungsurkunde aus dem Jahre 1120?, Bielefeld 1973
Dittrich, Z. R., Die sozialen und rechtlichen Grundlagen der Deutschen Ostkolonisation, in: Rechts- und Sozialstruktur im europäischen Osten (Studien zum Deutschtum im Osten, Bd. 11), 1975/76
Dobrowolska, M., Przemiany środowiska geograficznego Polski do XV wieku [Die Umformung des polnischen Raumes bis ins 16. Jh.], Warschau 1961
Dobrowolski, K., Dzieje wsi Niedźwiedzia [Geschichte des Dorfes Niedźwiedzia], Lemberg 1931
Dollinger, Ph., L'évolution des classes rurales en Bavière, Paris 1949 (dt.: Der bayerische Bauernstand vom 9. bis zum 13. Jahrhundert, München 1982)
Dollinger, Ph., Les villes allemandes au Moyen âge. Les groupes sociaux, in: Recueil de la Société Jean Bodin. La ville, Brüssel 1954
Dollinger, Ph., Les recherches de démographie historique sur les villes allemandes au Moyen âge, in: Ph. Dollinger, Pages d'histoire. France et Allemagne médiévales, Straßburg 1977
Donat, P., Haus, Hof und Dorf in Mitteleuropa vom 7. bis 12. Jahrhundert: Archaeologische Beiträge zur Entwicklung und Struktur der Bäuerlichen Siedlung, Berlin 1979
Dunin-Wąsowicz, T., *Lapides terminales* na Śląsku w XIII wieku [Lapides terminales in Schlesien im 13. Jh.], in: Kwartalnik Historii, materialnej, 1970
Dzieje Wrocławia do roku 1807 [Geschichte Breslaus bis zum Jahr 1807], hg. Długoborski, J. Gierowski, K. Maleczynski, Warschau 1958
Dzieje Szczecina wiek X-1805 [Geschichte Stettins, vom 10. Jh. bis 1805], hg. G. Labuda u. H. Chłopocka, Breslau 1963
Dziewulski, W., Nysa, in: Studia z historii Budowy miast Polskich, Warschau 1957
Ebel, W., Lübisches Recht im Ostseeraum, in: Die Stadt des Mittelalters, Bd. 2, 1972
Ebel, W., Rechtsfragen des bürgerlichen Grundbesitzes im ostdeutschen Siedlungsgebiet des Mittelalters, in: Konstanzer Arbeitskreis f. ma. Geschichte, Protokoll 173 (1972).
Ebert, W., Ländliche Siedelformen im deutschen Osten, Berlin 1936
Echt, S., Die Geschichte der Juden in Danzig, in: Schriften des Nordostdeutschen Kulturwerkes, 1970
Eichler, E., Wald und Rodung im slawischen Wort- und Namenschatz Ostmitteldeutschlands, in: Zs. f. Geschichtswissenschaft, 1957
Ekdahl, S., Die Schlacht bei Tannenberg 1410. Quellenkritische Untersuchungen. I: Einführung und Quellenlage, Berlin 1982
Engel, F., Das Rodungsrecht der Hagensiedlungen. Quellen zur Entwicklungsgeschichte der spätmittelalterlichen Kolonisationsbewegung, in: Quellenhefte zur niedersächsischen Geschichte, 1949
Engel, F., Die mittelalterlichen Mannhagen und das Problem des *Limes saxoniae,* in: Blätter für deutsche Landesgeschichte, 1951
Engel, F., Erläuterungen zur historischen Siedlungsformenkarte Mecklenburgs und Pommerns, in: Zs. f. Ostforschung, 1953
Engel, F., Niedersachsen, Mecklenburg-Pommern. Über die Einheit des norddeutschen Raumes seit der mittelalterlichen Kolonisation, Hannover 1957
Engel, F., Grenzwälder und slawische Burgwardbezirke in Nordmecklenburg, in: Siedlung und Verfassung der Slawen, 1960
Engel, F., Beiträge zur Siedlungsgeschichte und historischen Landeskunde. Mecklenburg–Pommern–Niedersachsen, hg. R. Schmidt, Köln 1970
Engelbert, K., Quellen zur Geschichte des Neißer Bistumslandes auf Grund der drei ältesten Neißer Lagerbücher, Würzburg 1964
Epperlein, S., Bauernbedrückung und Bauernwiderstand im hohen Mittelalter. Zur Erforschung der Ursachen bäuerlicher Abwanderung nach Osten im 12. und 13. Jh., vorwiegend nach den Urkunden geistlicher Grundherrschaften, Berlin 1960

Epperlein, S., Gründungsmythos deutscher Zisterzienserklöster westlich und östlich der Elbe im hohen Mittelalter und der Bericht des Leubuser Mönches im 14. Jahrhundert, in: Jb. f. Wirtschaftsgeschichte, 1967
Erdmann, C., Die Burgordnung Heinrichs I., in: Deutsches Archiv für Geschichte des Mittelalters, 1943
Ernst, R., Die Nordwestslaven und das Fränkische Reich, in Gießener Abhandlungen zur Agrar- und Wirtschaftforschung des europäischen Ostens 74 (1976)
Escher, F., Zisterzienser und Landsherren östlich von Elbe und Saale, in: Die Zisterzienser, 1980
Escher, F., u. W. Ribbe, Städtische Siedlungen im Mittelalter, in: Historischer Handatlas von Brandenburg und Berlin, 1980
Eslary, Ch. d', Un état des revenus hongrois du XIIe siècle, in: Annales. Economies. Sociétés. Civilisations, 1962
Fausel, E., Das Zipser Deutschtum, Jena 1927
Favreau, M.-L., Studien zur Frühgeschichte des deutschen Ordens, Stuttgart 1975
Feger, O., Das Städtewesen Südwestdeutschlands, in: Die Städte Mitteleuropas im 12. und 14. Jahrhundert, Linz 1962
Fenrych, W., Nowa Marchia w dziejach politycznych Polski w XIII i XIV w [Die Neumark in der politischen Geschichte des 13. u. 14. Jh.s], Posen 1959
Fiala, Z., Die Anfänge Prags. Eine Quellenanalyse zur Ostterminologie bis zum Jahre 1235, Wiesbaden 1967
Flathe, Th., Wiprecht von Groitzsch, in: Archiv für Sächsische Geschichte, 1865
Folkers, J. U., Der Kampf um den Rundling, in: Schleswig-Holsteinische-Lübeckische Monathefte, 1927
Friedberg, M., Kultura Polska a Niemiecka [Polnische Kultur und deutsche Kultur], Posen 1946
Fritze, K., Die Hansestadt Stralsund. Die beiden ersten Jahrhunderte ihrer Geschichte, Schwerin 1961
Fritze, W. H., Probleme der abodritischen Stammes- und Reichsverfassung und ihrer Entwicklung vom Stammesstaat zum Herrschaftstaat, in: Siedlung und Verfassung der Slawen, 1960
Fritze, W. H., Das Vordringen deutscher Herrschaft in Teltow und Barnim, in: Jb. f. brandenburgische Landesgeschichte, 1971
Fügedi, E., Das mittelalterliche Königreich Ungarn als Gastland, in: Die deutsche Ostsiedlung des Mittelalters, 1975
Fuhrmann, K. H., Gründung und Grundriß der Stadt des Deutschen Ritterordens in Preußen, Diss. Berlin 1932
Gause, F., Die Geschichte der Stadt Königsberg in Preußen, Bd. 1, Graz–Köln 1965
Gause, F., Deutsch-slawische Schicksalsgemeinschaft. Abriß einer Geschichte Ostdeutschlands und seiner Nachbarländer, Würzburg 1967
Gdańsk wczesnośredniowieczny [Danzig im frühen Mittelalter], 4 Bde., Danzig 1959–1961
Gehrmann, J., Die mittelalterliche Besiedlung des Teltows zwischen 1150 und 1300, in: Jb. f. die Geschichte Mittel- und Ostdeutschlands, 1975
Génicot, L., Pologne et pays mosan au Moyen âge. Bilan sommaire et suggestions de recherches, in: Academie royale de Belgique. Bulletin de la classe des Lettres et des sciences morales et politiques, 5. Reihe, Bd. LXIV, 1978
George, P. u. J. Tricart, L'Europe centrale, Bd. I, Géographie physique et humaine, Paris 1954
George, R., Die Großunternehmer in der ostdeutschen Kolonisation des Mittelalters, Diss. Münster 1946
Gemershausen, P., Siedlungsentwicklung der preußischen Ämter Holland, Liebstadt und Mohrungen vom 13. bis zum 17. Jahrhundert, Marburg 1969
Geschichte Schlesiens, hg. H. Aubin, L. Petry u. H. Schlenger, Bd. I, Breslau 1939, [3]1961

Geschichte Thüringens, hg. H. Patze u. W. Schlesinger, Bd. 2, Köln 1974
Gieysztor, A., Les origines de l'Etat polonais, in: La Pologne au Xe congrès international des sciences historiques, 1955
Gieysztor, A., Les origines de la ville slave, in: La città nel Alto Medioevo (Settimane di Studio 1958), Spoleto 1959
Gieysztor, A., W sprawie początków trójpolówki w Polscei w krajach sąsiednich [Über die Anfänge der Dreifelderwirtschaft in Polen und den Nachbarregionen], in: Fs. f. R. Grodecki, Warschau 1960
Gieysztor, A., Recherches sur les fondements de la Pologne médiévale: état actuel des problèmes, in: Acta Poloniae historica, 1961
Gieysztor, A., La ville slave du haut Moyen âge, in: L'artisanat et la vie urbaine, 1962
Gieysztor, A., Les recherches sur l'histoire urbaine en Pologne 1960–1962, in: Acta Poloniae historica, 1963
Gieysztor, A., Villages désertés: bilan de la recherche polonaise, in: Villages désertés et histoire économique, XIe–XVIIIe siècles, Paris 1965
Gieysztor, A., From Forum to Civitas: Urban Changes in Poland, in the 12th and 13th centuries, in: La Pologne au XIIe congrès international des Sciences historiques (Wien), Warschau 1965
Gieysztor, A., Aux origines de Varsovie, in: Miscellanea medievalia in memoriam J. F. Niermeyer, Groningen 1967
Gieysztor, A., Les chartes de franchises urbaines et rurales en Pologne au XIIIe siècle, in: Les libertés urbaines et rurales du XIe au XIVe siècles, Brüssel 1968
Gieysztor, A., Saints d'implantation, saints de souche dans les pays évangélisés de l'Europe du Centre-Est, in: Hagiographie, cultures et sociétés, IVe–XIIe siècles, Paris 1981
Gieysztor, I., Recherches sur la démographie historique et en particulier rurale en Pologne, in: Ergon IV (1954)
Göckenjan, H., Hilfsvölker und Grenzwächter im mittelalterlichen Ungarn, Wiesbaden 1972
Gordon Childe, V., Prehistoric Migrations in Europe, 1950, Neuaufl. 1969
Górski, K., L'Ordre teutonique. Un nouveau point de vue, in: Revue historique CCCCLXIII (1965)
Górski, K., La structure économique et sociale de l'Etat de l'Ordre teutonique en Prusse (XIVe–XVe siècles), in: Annali di storia economica e sociale, 1966
Górski, K., L'ordine teutonico, Turin 1971
Gottschalk, J., St. Hedwig, Herzogin von Schlesien, Köln–Graz 1964
Gottschalk, J., Die Bedeutung der Zisterzienser für die Ostsiedlung, besonders in Schlesien. Ein Literaturbericht, in: Zs. f. Ostforschung, 1966
Grabski, A. F., La Pologne et les Polonais vus pas les étrangers, du Xe au XIIIe siècle, in: Acta Poloniae historica, 1965
Graus, F., Die Bildung eines Nationalbewußtseins im mittelalterlichen Böhmen. Die vorhussitische Zeit, in: Historia, 1966
Graus, F., Die Problematik der deutschen Ostsiedlung aus tschechischer Sicht, in: Die deutsche Ostsiedlung des Mittelalters, 1975
Graus, F., Die Nationenbildung der Westslawen im Mittelalter, Sigmaringen 1980
Grenz, R., Die slawischen Funde aus dem hannoverschen Wendland, Neumünster 1961
Gröger, H., Meissen. Ein Beitrag zur Stadtgeschichte der ostdeutschen Kolonisationszeit, in: Deutsche Siedlungsforschungen, 1927
Grüger, H., Die slawische Besiedlung und der Beginn der deutschen Kolonisation im Weichbild Münsterberg, in: Archiv für schlesische Kirchengeschichte, 1963
Grüger, H., Heinrichau. Geschichte eines schlesischen Zisterzienserklosters, 1227 bis 1977, Köln–Wien 1978
Grünert, H., Herkunftsnamen und mittelalterliche deutsche Ostsiedlung, in: Gießener Abhandlungen zur Agrar- und Wirtschaftsforschung des europäischen Ostens, Bd. 3, 1957
Grünhagen, C., Breslau und die Piasten als deutsches Gemeinwesen, Breslau 1861

Grünhagen, C., Les colonies wallonnes en Silésie, particulièrement à Breslau, Brüssel 1867
Grünhagen, C., Geschichte Schlesiens, Bd. 1, Gotha 1884
Gutkas, K., Geschichte des Landes Niederösterreich, Bd. 1, St. Pölten 1957
Gutkas, K., Die Entwicklung des österreichischen Städtewesens im 12. und 13. Jahrhundert, in: Die Städte Mitteleuropas im 12. und 13. Jahrhundert, Linz 1963
Habbe, K.A., Die Waldhufensiedlungen in den Gebirgen Südwestdeutschlands als Problem der systematischen Siedlungsgeographie, in: Bericht zur deutsche Landeskunde, 1966
Hachmann, R., Les Germains (Archaeologia Mundi), Genf 1971
Halphen, L., Charlemagne et l'Empire carolingien, Paris 1947
Hamann, M., Mecklenburgische Geschichte, Köln–Graz 1968
Hamm, E., Deutsche Stadtgründungen im Mittelalter. Die Geschichte der deutschen Städtegründungen im Osten, in: Raumforschung und Raumordnung, 1941
Handbuch der Bayerischen Geschichte, hg. M. Spindler, Bd. 1, München 1967, ²1981
Handbuch der Geschichte der Böhmischen Länder, hg. Karl Bosl, Bd. 1, Stuttgart 1967
Hauptmann, L., Hufengrößen im bayerischen Stammes- und Kolonialgebiet, in: VSWG, 1928
Hazzard Cross, S., Slavic Origins and Migrations, in: Handbook of Slavic Studies, Harvard Univ. Press 1949
Heinich, W., Wiprecht von Groitzsch und seine Siedlungen, Dresden 1932
Heiss, F., Das Böhmen und Mähren Buch, Prag 1943
Helbig, H., Die Slavische Siedlung im Sorbischen Gebiet, in: Siedlung und Verfassung der Slawen, 1960
Hellmann, M., Das Lettenland im Mittelalter, Münster–Köln 1954
Hellmann, M., Zu den Anfängen des litauischen Reiches, in: Jb. f. Geschichte Osteuropas, 1956
Hellmann, M., Grundzüge der Verfassungsstruktur der Liutizen, in: Siedlung und Verfassung der Slawen, 1960
Hellmann, M., Karl der Große und die Slawische Welt zwischen Ostsee und Böhmerwald, in: Karl der Große, Lebenswerk und Nachleben, Bd. 1. hg. H. Beumann, Düsseldorf 1965
Hellmann, M., Die Anfänge des Städtewesens im Baltikum, in: Stadt und Landschaft im deutschen Osten und Ostmitteleuropa, 1982
Hensel, W., Poznań we wczesnym średniowieczu [Posen im frühen Mittelalter], 3 Bde., Breslau 1959–1961
Hensel, W., Méthodes et perspectives de recherches sur les centres ruraux et urbains chez les Slaves, VII–XIII s. (Acad. pol. des sciences. Centre scientifique à Paris, Conférences), Warschau 1963
Hensel, W., Die Slawen im frühen Mittelalter, 1965
Herrmann, J., Siedlung, Wirtschaft und gesellschaftliche Verhältnisse der slawischen Stämme zwischen Oder/Neiße und Elbe. Studien auf der Grundlage archäologischen Materials (Deutsche Akad. der Wissenschaften zu Berlin. Vor- und Frühgeschichte, Bd. 23, Berlin 1968
Hess, W., Hessische Stadtgründungen des Landgrafen von Thüringen, Marburg 1966
Higounet, Ch., Les origines des villes polonaises, in: Information historique, 1959
Higounet, Ch., Henri le Lion, in: Information historique, 1960
Higounet, Ch., De La Rochelle à Torun: aventure de barons en Prusse et relations économiques (1363–1364), in: Le Moyen âge, 1963
Higounet, Ch., La place dans les bastides, in »Plazas« et sociabilité en Europe et Amérique latine (Publ. de la Casa de Velasquez, VI), Paris 1982
Hirsch, H., Die Klostergründungen im Waldviertel, in: Aufsätze zur mittelalterlichen Urkundenforschung, Darmstadt 1965
Hirsch, H., Zur Entwicklung der böhmisch-österreichisch-deutschen Grenze, in: Aufsätze . . ., Darmstadt 1964
Histoire de l'économie rurale en Pologne jusqu'à 1864, hg. B. Baromowski, S. Chmielowski,

H. Dąbrowski, Z. Podwińska u. J. Topolski (Institut d'histoire de la culture matérielle près l'Académie polonaise des sciences), Breslau–Warschau–Krakau 1966
Historia Pomorza [Geschichte Pommerns], hg. G. Labuda, Bd. 1, Posen 1972
Historia Śląska [Geschichte Schlesiens], hg. S. Kutrzeba, Bd. 1, Krakau 1933
Historia Śląska [Geschichte Schlesiens], K. Maleczyński, Bd. 1, Breslau 1960
Hoffmann, R. C., Wroclaw Citizens as rural Landholders, in: The Medieval City (in honor of Robert S. Lopez), New Haven 1977
Hoffmann, K., Die Stadtgründungen Mecklenburg-Schwerins in der Kolonisationszeit vom 12. bis zum 14. Jahrhundert, in: Meckl. Jb. 1930
Hofmeister, A. E., Besiedlung und Verfassung der Stader Elbmarschen im Mittelalter, 2 Bde., Göttingen 1978–1980
Holtzmann, R., Über den Polenfeldzug Friedrich Barbarossas von 1157, in: Zs. des Vereins für Geschichte und Schlesisches Altertum, 1922
Hołubrowicz, W., Das frühmittelalterliche Oppeln im Lichte der archäologischen Forschungsarbeiten der Jahre 1952–1953, in: Beiträge zur Geschichte Schlesiens, 1958
Hoppe, W., Markgraf Konrad von Meissen, der Reichsfürst und der Gründer des Wettinischen Staates, in: Neues Archiv für Sächsische Geschichte, 1919
Hoppe, W., Die Neumark. Ein Stück ostdeutscher Geschichte, Würzburg 1957
Hoppe, W., Die Mark Brandenburg, Wettin und Magdeburg. Gesammelte Aufsätze, hg. H. Ludat, Köln–Graz 1965
Hoppe, W., Erzbischof Wichmann von Magdeburg, in: Die Mark Brandenburg, 1965
Hřibová, B., Mapa přirodń i krajiny Českýck zemi ve 12. s. [Karte der Naturlandschaft der böhmischen Länder im 12. Jh.], in: Sbornik Vysoké Školy pedagogické v Olomouci, 1956
Hubatsch, W., Die deutsche Siedlung in Livland im Mittelalter, in: Studien zum Deutschtum im Osten 8 (1971)
Hubatsch, W., Gründung und Entwicklung von Königsberg im Rahmen der Ostseegeschichte, in: Stadt und Landschaft im deutschen Osten und Ostmitteleuropa, 1982
Jäger, H., Die Entwicklung der Kulturlandschaft im Kreise Hofgeismar, in: Göttinger Geogr. Abh., 1951
Jäger, H., Zur Geschichte der deutschen Kulturlandschaft, in: Geogr. Zs. 1963
Jankuhn, H., Die Slawen in Mitteleuropa im Spiegel neuer archäologischer Forschungsergebnisse, in: Blätter zur deutschen Landesgeschichte, 1970
Jaritz, G., Die Konventualen der Zisterzen Rein, Sittig and Neuberg im Mittelalter, in: Cîteaux, 1978
Jatzwauk, J., Die Bevölkerung und Vermögensverhältnisse der Stadt Bautzen am Anfang des 15. Jahrhunderts, Diss. Leipzig 1912
Jażdżewski, K. u. W. Hensel, Zur Frage der slawischen Besiedlung Ostdeutschlands im Mittelalter, Marburg 1951
Jażdżewski, K., La genèse de la ville de Gdańsk, in: L'artisanat et la vie urbaine en Pologne, 1962
Jecht, H., Studien zur gesellschaftlichen Struktur der mittelalterlichen Städte, in: VSWG, 1926
Jedlicki, S. M., La création du premier archevêché polonais à Gniezno, in: Revue hist. de Droit français, 1933
Jegorow, D. N., Die Kolonisation Mecklenburgs im 13. Jahrhundert, Breslau 1930
Johansen, P., Siedlungsforschung in Estland und Lettland, in: Deutsche Siedlungsforschungen. Fs. f. Rudolf Kötzschke, Berlin 1924
Johansen, P., Die Estlandliste des *Liber census Daniae,* Kopenhagen–Reval 1933
Johansen, P., Siedlungsgeschichte der Deutschen, Deutschbalten und Baltischen Lande, in: Handwörterbuch des Grenz- und Auslanddeutschtums, Bd. 2, Breslau 1936
Johansen, P., Nordische Mission, Revals Gründung und Schwedensiedlung in Estland, Stockholm 1951
Johansen, P., Eine Riga-Wisby-Urkunde des 13. Jahrhunderts, in: Zs. des Vereins für Lübeck. Geschichte und Altertumskunde, 1958

Johansen, P., Die Kaufmannskirche im Ostseegebiet, in: Studien zu den Anfängen des europäischen Städtewesens, 1958
Johansen, P., u. H. v. zur Mühlen, Deutsch und Undeutsch im mittelalterlichen und frühneuzeitlichen Reval, Köln 1973
Jones, Ch. W., The Saint Nicholas Liturgy and its Literary Relationships (Ninth to twelfth Centuries), Berkeley 1963
Jordan, K., Heinrich der Löwe. Eine Biographie, München 1979, 21980
Kaczmarczyk, Z., Kolonizacja niemiecka na wschód od Odry [Die deutsche Kolonisation östlich der Oder], Posen 1945
Kaczmarczyk, Z., Początki miast polskich [Die Anfänge der poln. Städte], in: Czasopismo Prawno-Historyczne, 1961
Kaczmarczyk, Z., Die Entwicklung der Stadt Poznan bis zum Ende des 13. Jahrhunderts, in: L'artisanat et la vie urbaine en Pologne, 1962
Kaczmarczyk, Z., Kolonizacja niemiecka i kolonizacja na prawie niemieckim w średniowiecznej Polsce [Deutsche Kolonisation und Kolonisation nach deutschem Recht im mittelalterlichen Polen], in: Stosunki polsko-niemieckie w historiografii, Posen 1974
Kahl, H. D., *Compellere intrare,* in: Zs. f. Ostforschung, 1955
Kahl, H. D., Slawen und Deutsche in der brandenburgischen Geschichte des 12. Jahrhunderts. Die letzten Jahrzehnte des Landes Stodor, 2 Bde., Köln–Graz 1964
Kaindl, J., Geschichte der Deutschen in den Karpatenländern, 3 Bde., Gotha 1907
Kaminsky, H., Hussite Radicalism and the Origins of Tabor, 1415–1418, in: Medievalia et Humanistica, 1956
Karp, H. J., Grenzen in Ostmitteleuropa während des Mittelalters (Forschungen und Quellen zur Kirchen- und Kulturgeschichte Ostdeutschlands, Bd. 9), 1972
Kasiske, K., Die Siedlungstätigkeit des Deutschen Ordens im östlichen Preussen bis zum Jahre 1410, Königsberg 1934
Kasiske, K., Das deutsche Siedelwerk des Mittelalters in Pommerellen, Königsberg 1938
Kasiske, K., Das Wesen der Ostdeutschen Kolonisation, in: HZ 164 (1941)
Katzinger, W., Die Märkte Oberösterreichs. Eine Studie zu ihren Anfängen im 13. und 14. Jahrhundert, in: Forschungen zur Geschichte der Städte und Märkte Österreichs, 1978
Kavka, F., Die Städte Böhmens und Mährens zur Zeit des Přzemislidenstaats, in: Die Städte Mitteleuropas im 12. und 13. Jahrhundert, 1963
Kejř, J., Die Anfänge der Stadtverfassung und des Stadtrechts in den Böhmischen Ländern, in: Die deutsche Ostsiedlung des Mittelalters, 1975
Kersting, W. Chr., Das hollische Recht im Nordseeraum, Diss. Hamburg 1952
Keller, H., Die Ostdeutsche Kolonialstadt des 13. Jahrhunderts und ihre südländischen Vorbilder, Wiesbaden 1979
Keyser, E., Die Legende von der Zerstörung Danzigs im Jahre 1308, in: Zs. des Westpreußischen Geschichtsvereins, 1919
Keyser, E., Die Bevölkerung Danzigs und ihre Herkunft im 13. und 14. Jahrhundert, in: Pfingstblätter des hansischen Geschichtsvereins, 1924
Keyser, E., Untersuchungen zur Siedlungsgeschichte der Städte Thorn, Elbing und Königsberg in der Ordenzeit, in: Altpreußische Forschungen, 1936
Keyser, E., Bevölkerungsgeschichte Deutschlands, Leipzig 1938
Keyser, E., Geschichte des deutschen Weichsellandes, Leipzig 1939
Keyser, E., Die Herkunft der stadischen Bevölkerung des Preußenlandes im Mittelalter, in: Zs. f. Ostforschung, 1957
Keyser, E., Städtegründungen und Städtebau in Nordwestdeutschland im Mittelalter, 2 Bde., Remagen 1958
Kielczewska-Zalewska, M., O powstaniu i przeobrażaniu kształtów wsi Pomorza Gdánskiego [Ursprung und Umformung der Dörfer im westlichen Pommern], Warschau 1956
Kirn, P., Die Verdienste der Staufischen Kaiser um das Deutsche Reich, in: HZ 164 (1941)
Kisch, G., Forschungen zur Rechts- und Sozialgeschichte der Juden in Deutschland während des Mittelalters, Stuttgart 1955

Kisch, G., Die Kulmer Handfeste, Sigmaringen 1978
Klaar, A., Die Siedlungsformen des oberösterreichischen Mühlviertels und des böhmischen Grenzgebietes, in: Deutsches Archiv für Landes- und Volksforschung, 1937
Klaar, A., Siedlungsformenkarte der Reichsgaue Wien, Kärnten, Niederdonau, Oberdonau, Salzburg, Steiermark, Tirol, Vorarlberg, Wien 1942
Klebel, E., Die Städte und Märkte des bayerischen Stammesgebietes in der Siedlungsgeschichte, in: Zs. f. bayerische Landesgeschichte, 1939
Klebel, E., Siedlungsgeschichte des Deutschen Südostens, in: Veröffentlichungen des SÖ-Instituts, München 1940
Klebel, E., Eichstätt und Herrieden im Osten, in: Jb. f. Fränkische Landesforschung, 1954
Klebel, E., Probleme der bayerischen Verfassungsgeschichte. Gesammelte Aufsätze, München 1957
Klein, H., Das große Sterben von 1348/1349 und seine Auswirkung auf die Besiedlung der Ostalpenländer, in: Mitt. der Gesellschaft für Salzburger Landeskunde, 1960
Klein, H., Salzburg an der Slawengrenze, in: Südostdeutsches Archiv, 1968
Klein, K. K., *Transylvanica.* Gesammelte Abhandlungen und Aufsätze zur Sprach- und Siedlungsforschung der Deutschen in Siebenbürgen, München 1963
Klein, K. K., *Terra Syculorum terrae Sebus.* Ein Beitrag zur Interpretation des »Goldenen Freibriefs« der Deutschen in Siebenbürgen, in: Südostdeutsches Archiv, 1966
Klein, K. K., *Saxonica Septemcastrensia,* Marburg 1971
Klocking, J., 800 Jahre Lübeck. Kurze Stadt- und Kulturgeschichte, Lübeck 1950
Kłoczowski, J., Dominikanie polscy na Śląsku w XIII–XIV wieku [Die poln. Dominikaner in Schlesien im 13./14. Jahrhundert], Lublin 1956
Kłoczowski, J., Les Cisterciens en Pologne, du XIIe au XIIIe siècle, in: Cîteaux, 1970
Kłoczowski, J., La vie monastique en Pologne et en Bohême aux XIe–XIIe siècles, in: Il monachesimo e la reforma ecclesistica (1049–1122), Mailand 1971
Kłoczowski, J., La province ecclésiastique de la Pologne et ses évêques, in: Le istituzione ecclesiastiche della »societas christiana« dei secoli XI–XII. Atti della quinta Settimana intern. di studio Mendola 1971, Mailand 1975
Knoch, P., Kreuzzug und Siedlung. Studien zum Aufruf der Magdeburger Kirche von 1108, in: Jb. f. die Geschichte Mittel- und Ostdeutschlands, 1974
Koch, A. C. F., Die Datierung des Vertrags Friedrichs I., Erzbischofs von Hamburg, mit den holländischen Ansiedlern bei Bremen, in: Miscellanea Niermeyer, 1967
Kocka, W., The suburbium of Wrocław in Ostrów Tumski in early Middle Ages, in: Ergon IV (1962)
Koebner, R., *Locatio.* Zur Begriffssprache und Geschichte der deutschen Kolonisation, in: Zs. des Vereins für Geschichte Schlesiens, 1929
Koebner, R., Deutsches Recht und Deutsche Kolonisation in den Piastenländern, in: VSWG, 1932
Koebner, R., Dans les terres de colonisation: marchés slaves et villes allemandes, in: Annales d'histoire économique et sociale, 1937
Koller, H., Die Besiedlung des Raumes Zwettl, in: Blätter für deutsche Landesgeschichte, 1974
Koller, H., Hochmittelalterliche Siedlungsplanungen und Stadtgründungen im Ostalpenraum, in: Forschungen zur Geschichte der Städte und Märkte Österreichs, 1978
Koller, H., Hochmittelalterliche Stadtgründungen als Ordnungsproblem, in: Aspekte der Kultursoziologie, Aufsätze . . . zum 60. Geburtstag von Mohammed Rassem, hg. J. Stagl, Berlin 1982
Koller, H., Enns und Wien in der Karolingerzeit, in: Jb. f. Landeskunde von Niederösterreich, 1964
Koppe, W., Rodung und Wüstung an und auf den Bungsbergen. Die Rodungszeit, in: Zs. der Gesellschaft für Schleswig-Holsteinische Geschichte, 1956
Korta, W., Rozwój wielkiej własności feudalnej na Śląsku do połowy XIII w [Die Entwicklung des feudalen Großgrundbesitzes bis zur Mitte des 13. Jh.s], Breslau 1964

Kos, M., Kolonizacija i Germanizacija Slovenske zemlje [Die Kolonisation und die Germanisierung der slowenischen Territorien], in: Historijski Zbornik, 1951
Kos, M., Relations entre la colonisation et la formation des frontières nationales et ethniques, in: Atti del X Congresso internazionale, Rom 1955
Kossina, G., Das Weichselland, ein uralter Heimatboden der Germanen, Leipzig 1919
Kossina, G., Ursprung und Verbreitung der Germanen, Leipzig 1928
Kossmann, O., Polen im Mittelalter. Beiträge zur Sozial- und Verfassungsgeschichte, Marburg 1971
Kötzschke, R., Das Unternehmertum in der ostdeutschen Kolonisation des Mittelalters, Diss. Leipzig 1894
Kötzschke, R., Markgraf Dietrich von Meißen als Förderer des Städtebaues, 1197–1221, in: Neues Archiv für Sächsische Geschichte, 1924
Kötzschke, R., Forschungen zur Geschichte Sachsens und Böhmens, Dresden 1937
Kötzschke, R., Hufe und Hufeordnung in mittelalterlichen Fluranlagen, in: Wirtschaft und Kultur. Fs. A. Dopsch 1938
Kötzschke, R. u. H. Kretzschmar, Sächsische Geschichte, Bd. 1, Dresden 1935, Neuaufl. Frankfurt/M. 1965
Kötzschke, R., Ländliche Siedlung und Agrarwesen in Sachsen (Forschungen zur deutschen Landeskunde, LXXVII), Remagen 1953
Kötzschke, R., Vogtei und Weichbild in der Oberlausitz zur Zeit der deutschen Wiederbesiedelung, in: Deutsche und Slawen im Mitteldeutschen Osten, 1961
Kowalenko, W., Bałtyk a Pomorze w historii kartografii (VII–XVI w) [Die Ostsee und Pommern in der Geschichte der Kartographie vom 7. bis zum 16. Jh.], in: Przegląd zachodni, 1954
Kowalski, W., Osterode in Ostpreußen, 1954
Krabbo, H., Die Stadtgründungen der Markgrafen Johann I. und Otto III. von Brandenburg, 1200–1267, in: Archiv für Urkundenforschung, 1912
Kriedte, P., Die Herrschaft der Bischöfe von Włocławek in Pommerellen, Von den Anfängen bis zum Jahre 1409, in: Veröffentlichungen des Max-Planck-Instituts für Geschichte, 1974
Krenzlin, A., Die Kulturlandschaft des hannöverschen Wendlands, in: Forschungen zur deutschen Landeskunde, 1931
Krenzlin, A., Deutsche und slavische Siedlungen im inneren Havelland, in: Ausgrabungen und Funde, 1956
Krenzlin, A., Die Gestalt mittelalterlicher Kolonisationssiedlungen in der Mark Brandenburg, in: Deutsche Geographische Blätter, 1939
Krenzlin, A., Dorf, Feld und Wirtschaft im Gebiet der großen Täler und Platten östlich der Elbe, in: Forschungen zur deutschen Landeskunde, Remagen 1952
Krenzlin, A., Blockflur, Langstreifenflur und Gewannflur als Ausdruck agrarischer Wirtschaftsformen in Deutschland, in: Géographie et histoire agraire, Nancy 1959
Krenzlin, A., Das hannoversche Wendland als Zentrum der Rundlinge, in: Lüneburger Blätter, 1968–1969
Kroeschell, K. A., Rodungssiedlung und Stadtgründung, in: Blätter für deutsche Landesgeschichte, 1954
Krollmann, Ch., Die Besiedlung Ostpreußens durch den Deutschen Orden, in: VSWG, 1928
Krüger, B., Die Kietzsiedlungen im nördlichen Mitteleuropa. Beiträge der Archäologie zu ihrer Altersbestimmung und Wesensdeutung, Deutsche Akad. der Wissenschaften zu Berlin, Sektion für Vor- und Frühgeschichte, 1962
Kubinyi, A., Die Anfänge Ofens, Gießen 1972
Kubinyi, A., Budapest im Mittelalter, in: Cahiers bruxellois, 1975
Kubinyi, A., Zur Frage der deutschen Siedlungen im Mittleren Teil des Königreichs Ungarn (1200–1541), in: Die deutsche Ostsiedlung des Mittelalters, 1975
Kuhn, W., Siedlungsgeschichte Oberschlesiens, Würzburg 1954
Kuhn, W., Planung in der deutschen Ostsiedlung, in: Historische Raumforschung, 1956

Kuhn, W., Ritterorden als Grenzhüter des Abendlandes, in: Ostdeutsche Wissenschaft, 1959
Kuhn, W., Flämische und fränkische Hufe als Leitformen der mittelalterlichen Ostsiedlung, in: Hamburger Mittel- und Ostdeutsche Forschungen, 1960
Kuhn, W., Die Besiedlung des Zobtengebietes, in: Schlesien, 1960
Kuhn, W., Ostsiedlung und Bevölkerungsdichte, in: Ostdeutsche Wissenschaft, 1960
Kuhn, W., Bauernhofgrößen in der mittelalterlichen Nordostsiedlung, in: Hamburger Mittel- und Ostdeutsche Forschungen, 1962
Kuhn, W., Der Haken in Altpreußen, in: Studien zur Geschichte des Preußenlandes. Fs. f. E. Keyser, Marburg 1963
Kuhn, W., Der Pflug als Betriebseinheit in Altpreußen, in: Zs. f. Ostforschung, 1963
Kuhn, W., Der Löwenberger Hag und die Besiedlung der schlesischen Grenzwälder, in: Schlesien, 1963
Kuhn, W., Die Entstehung der deutschrechtlichen Stadt Płock, in: Zs. f. Ostforschung, 1964
Kuhn, W., Die Siedlerzahlen der deutschen Ostsiedlung, in: Studium Sociale, 1964
Kuhn, W., Die deutschrechtlichen Städte in Schlesien und Polen in der ersten Hälfte des 13. Jahrhunderts, Marburg 1968
Kuhn, W., Die Erschließung des südlichen Kleinpolen im 13. und 14. Jahrhundert, in: Zs. f. Ostforschung, 1968
Kuhn, W., Die Stadtdörfer der mittelalterlichen Ostsiedlung, in: Zs. f. Ostforschung, 1971
Kuhn, W., Beiträge zur schlesischen Siedlungsgeschichte, München 1971
Kuhn, W., Die Gründung von Kreuzburg im Rahmen der schlesischen Siedlungsgeschichte, in: Beiträge zur schlesischen Siedlungsgeschichte, 1971
Kuhn, W., Die Entstehung des mittelalterlichen schlesischen Kraftfeldes, in: Beiträge zur schlesischen Siedlungsgeschichte, 1971
Kuhn, W., Die Erschließung des Frankensteiner Gebietes in Niederschlesien im 13. Jahrhundert, in: Fs. f. W. Schlesinger, Bd. 1, Köln–Wien 1973
Kuhn, W., Die Städtegründungspolitik der schlesischen Piasten im 13. Jahrhundert, in: Archiv für schlesische Kirchengeschichte, 1974
Kuhn, W., Die deutschrechtliche Siedlung in Kleinpolen, in: Die deutsche Ostsiedlung des Mittelalters, 1975
Kuhn, W., Eine Jugend für die Sprachinselforschung, in: Jb. der schlesischen Friedrich-Wilhelms-Universität zu Breslau, 1982
Küchler, W., Das Bannmeilenrecht. Ein Beitrag der mittelalterlichen Ostsiedlung zur wirtschaftlichen und rechtlichen Verschränkung von Stadt und Land, Würzburg 1964
Labuda, G., Magdeburg i Poznań [Magdeburg und Posen], in: Roczniki Historyczne, 1938
Labuda, G., Geschichte der deutschen Ostkolonisation in den neueren westdeutschen Forschungen, in: Polish Western Affairs, 1961
Labuda, G., A historic Analysis of the German »Drang nach Osten«, in: Polish Western Affairs, 1964
Labuda, G., Urkunden über die Anfänge des Deutschen Ordens im Kulmerland und in Preußen in den Jahren 1226–1243, in: Die Geistlichen Ritterorden Europas, 1980
Lalik, T., Märkte des 12. Jahrhunderts in Polen, in: L'artisanat et la vie urbaine en Pologne, 1962
Lalik, T., Recherches sur les origines des villes en Pologne, in: Acta Poloniae historica, 1959
Lalik, T., Legnicka rezydencja Henryka Brodatego [Die Residenz Heinrichs des Bärtigen zu Liegnitz], in: Kwartalnik historii kultury materialnej, 1967
Lalik, T., *Sors et aratrum*. Contribution à l'histoire sociale de la grande propriété domaniale en Pologne et en Bohême au Moyen âge, in: Kwartalnik historii kultury materialnej, 1969
Lalik, T., La genèse du réseau urbain médiéval en Pologne, in: Acta Poloniae historica, 1976
Lange, O., Lokacja miast Wielkopolski właściwej na prawie niemieckim w wiekach średnich [Die städtischen Lokationen im eigentlichen Großpolen nach deutschem Recht im Laufe des Mittelalters], Lemberg 1925
Lavisse, E., Etudes sur l'histoire de la Prusse, Paris 1879

Lechner, K., Geschichte der Besiedlung und der ursprünglichen Grundbesitzverteilung des Waldviertels, in: Jb. f. Landeskunde von Niederösterreich, 1924
Lechner, K., Geschichte der Besiedlung des Wienerwaldes, Wien 1924
Lechner, K., Die Babenberger, Wien–Köln 1976
Leciejewicz, L., Early medieval sociotopographical Transformations in East Slawonic urban Settlements in the Light of Archeology, in: Acta Poloniae historica, 1976
Lehmann, R., Geschichte der Niederlausitz, Berlin 1963
Lehmann, R., Quellen zur Geschichte der Niederlausitz, Wien 1972
Lehr-Splawinski, T., Les bassins de l'Oder et de la Vistule, noyau de l'habitat primitif des Slaves, in: 5° Journées de synthèse historique: les fleuves et l'evolution des peuples, 1948, Paris 1950
Lehr-Splawinski, T., Neueres zur Frage nach der Herkunft der Slawen, in: Die Welt der Slawen, 1961
Leighly, J., The Towns of medieval Livonia, Univ. of California Publ. in Geography, 1939
Leipoldt, J., Die Geschichte der ostdeutschen Kolonisation im Vogtland, Plauen 1927
Lendl, E., Geographische Grundlagen, in: Die Deutschen und ihre östlichen Nachbarn, 1967
Lippert, W., Geschichte der 110 Bauerndörfer in der nördlichen Uckermark (Mitteldeutsche Forschungen 57), Köln 1968
Lipska, A., Der polnische Hochadel im 14. und der ersten Hälfte des 15. Jh.s und das Problem der Vereinigung Schlesiens mit Polen, in: Beiträge zur Geschichte Schlesiens, 1958
Loesch, H. von, Beiträge zur schlesischen Rechts- und Verfassungsgeschichte, Konstanz–Stuttgart 1964
Lotter, F., Die Konzeption des Wendenkreuzzugs, Sigmaringen 1977
Löwe, H., Salzburg als Zentrum literarischen Schaffens im 8. Jahrhundert, in: Mitt. der Gesellschaft für Salzburger Landeskunde, 1975
Löwe, H., Deutschland im fränkischen Reich, in: Br. Gebhardt, Handbuch der deutschen Geschichte, Bd. I, Stuttgart [9]1970
Lowmianski, H., Le problème du tournant de la culture du sol chez les Slaves à l'époque du haut Moyen âge, in: Ergon 1964
Lübisches Mittelalter, Lübeck 1959
Lucas, D., Der Anteil der Klöster Niederaltaich und Metten an der Kulturlandschaft des Bayerischen Waldes, in: Mitt. der Geog. Gesellschaft, München 1955
Lucht, D., Die Städtepolitik Herzog Barnims I. von Pommern (1220–1278), Graz–Köln 1965
Ludat, H., Die ostdeutschen Kietze, Bernburg 1936
Ludat, H., Zur Evolutionstheorie in der slawischen Geschichtsforschung am Beispiel der osteuropäischen Stadt, in: Gießener Abhandlungen zur Agrar- und Wirtschaftsforschung des europäischen Ostens, 1957
Ludat, H., Frühformen des Städtewesens in Osteuropa, in: Studien zu den Anfängen des europäischen Städtewesens, 1958
Ludat, H., Die Anfänge des Bistums Lebus, in: Deutsche-slawische Frühzeit, 1969
Ludat, H., An Elbe und Oder um das Jahr 1000, Köln–Wien 1971
Ludat, H., Die Namen der brandenburgischen Territorien, in: Deutschslawische Frühzeit, Köln 1969
Ludewig, A., Die Ausgrabungen in der Nicolaikirche zu Berlin, in: Jb. f. brandenburgische Landesgeschichte, 1955
Lukas, G., Die deutsche Politik gegen die Elbslawen vom Jahre 982 bis zum Ende der Polenkriege Heinrichs II., Diss. Halle 1940
Maas, W., Die Entstehung der Posener Kulturlandschaft. Beiträge zur Siedlungsgeographie, in: Deutsche Wissenschaftliche Zs. f. Polen, 1927
Maas, W., Mittelalterliche deutschrechtliche Kolonisation und Waldrodung in Kujawien, in: Deutsche Monatshefte in Polen, 1937
Maas, W., Siedlungen zwischen Warthe und Netze, Marburg 1976
Maas, W., Siedlungen an Obra, Bartsch, Prosna und oberer Wartha. Historische und Sozialgeographische Studien, 2 Bde., Marburg 1978

Mager, F., Der Wald in Altpreußen als Wirtschaftsraum, 2 Bde., Marburg 1960
Mailles, A., Les activités économiques des Cisterciens en Pologne, Diss. Univ. Bordeaux 1973
Maleczyński, K., Aus der Geschichte des schlesischen Bergbaus in der Epoche des Feudalismus, in: Beiträge zur Geschichte Schlesiens, 1958
Malyusz, E., Geschichte des ungarischen Volkstums, von der Landnahme bis zum Ausgang des Mittelalters, Budapest 1940
Manteuffel, T., Rola cystersów w Polsce wieku XII [Die Rolle der Zisterzienser in Polen im 12. Jh.], in: Przegląd historyczny, 1950
Manteuffel, T., La mission balte de l'Ordre de Cîteaux, in: La Pologne au Xe Congrès international des Sciences historiques, Warschau 1955
Maschke, E., Der Peterspfennig in Polen und der Deutsche Osten, Leipzig 1933
Maschke, E., Polen und die Berufung des Deutschen Ordens nach Preußen, Danzig 1934
Maschke, E., Burgund und der preußische Ordenstaat, in: Syntagma Friburgense, H. Aubin zum 70. Geburtstag, Lindau–Konstanz 1956
Maschke, E., Die Schäffer und Lieger des Deutschen Ordens in Preußen, in: Hamburger Mittel- und Ostforschungen, 1960
Masłowski, J., Kolonizacja wiejska na prawie niemieckim [Der Landesausbau nach deutschem Recht], Posen 1937
Matl, J., Der deutsche Anteil am Kulturaufbau Ost- und Südosteuropas, in: Ostdeutsche Wissenschaft, 1954
Maybaum, H., Die Entstehung der Gutsherrschaft im Nordwestlichen Mecklenburg, Stuttgart 1926
Mayer, J., Geschichte von Wiener Neustadt, Bd. 1, Wiener Neustadt 1924
Mayer, Th., Fredegar's Bericht über die Slawen, in: MÖIG, 1929
Mayer, Th., Die Besiedlung und politische Erfassung des Schwarzwaldes im Hochmittelalter, in: Mittelalterliche Studien, 1959
Mayer, Th., Der Staat der Herzöge von Zähringen, Freiburg 1955
Mayer, Th., Das österreichische Privilegium minus, in: Mittelalterliche Studien, 1959
Mayer, Th., Die mittelalterliche deutsche Kaiserpolitik und der deutsche Osten, in: Mittelalterliche Studien, 1959
Mayer, Th., Das Kaisertum und der Osten im Mittelalter, in: Mittelalterliche Studien, 1959
Mayer, Th., Bemerkungen und Nachträge zum Problem der freien Bauern, in: Mittelalterliche Studien, 1959
Mayer, Th., Aufgaben der Siedlungsgeschichte in den Sudetenländern, in: Mittelalterliche Studien, 1959
Mayhew, A., Rural Settlement and Farming in Germany, London 1973
Meibeyer, W., Die Rundlingsdörfer im östlichen Niedersachsen. Ihre Verbreitung, Entstehung und Beziehung zur Slawischen Siedlung in Niedersachsen, in: Braunschweiger Geogr. Studien, 1964
Meitzen, A., Urkunden schlesischer Dörfer zur Geschichte der ländlichen Verhältnisse und Flureinteilung insbesondere (Codex Diplom. Silesiae, Bd. 4), Breslau 1863
Mendl, B., Knihy pocto města Brna z let 1343–1346 [Die Rechnungsbücher der Stadt Brünn in den Jahren 1343–1346], Brünn 1935
Mentz, G., Adolf II. von Schauenburg, in: Westfälische Lebensbilder, 1935
Menzel, J. J., Stadt und Land in der schlesischen Weichbildverfassung, in: Die mittelalterliche Stadtbildung im südöstlichen Europa, Köln–Wien 1977
Menzel, J. J., Die schlesischen Lokationsurkunden des 13. Jahrhundert. Studien zur Siedlungs-, Rechts-, Wirtschaftsgeschichte einer ostdeutschen Landschaft im Mittelalter, Würzburg 1977
Millénaire du catholicisme en Pologne, Lublin 1969
Millenium diocesis Pragensis, 973–1973. Beiträge zur Kirchengeschichte Mitteleuropas im 9.–11. Jahrhundert, Wien 1974
Mittelstrass, O., Beiträge zur Siedlungsgeschichte Siebenbürgens im Mittelalter (Buchreihe der Südostdeutschen Hist. Kommission 6), München 1961

Mitzka, W., Die Ostbewegung der deutschen Sprache, in: Zs. f. Mundartforschung, 1944
Młynarska-Kaletynowa, M., Rozwój sieci miejskiej na Śląsku na przełomie XII–XIII i w XIII w. [Die Entwicklung des schlesischen Städtenetzes am Ende des 12. und im 13. Jh.], in: Kwartalnik historii kultury materialnej, 1980
Modrzewska, H., Osadnictwo jenieckie we wcześniejszym średniowieczu polskim [Siedlungen von Kriegsgefangenen in Polen im Mittelalter. Einige Anmerkungen über die Besiedlung durch Fremde], in: Kwartalnik historii kultury materialnej, 1963
Moreau, J., Die Welt der Kelten, Stuttgart 1958
Morelowski, M., Les rapports artistiques et culturels de la Pologne avec les pays situés entre la Meuse et la Seine, du XIe au XIVe siècle, in: Cahiers Pologne–Allemagne, 1960
Mortensen, H., Zur Entstehung der deutschen Dorfformen, in: Akad. der Wissenschaften in Göttingen, Phil. Hist. Klasse, 1946/1947
Mortensen, H., Über die Entstehung des ostdeutschen Großgrundbesitzes, in: Akad. der Wissenschaften in Göttingen, Phil. Hist. Klasse, 1955
Mortensen, H. u. G. Mortensen, Die Besiedlung des nordöstlichen Ostpreußens bis zum Beginn des 17. Jahrhunderts, Leipzig 1937
Mortensen, H., Probleme der mittelalterlichen deutschen Kulturlandschaft, in: Berichte zur Deutschen Landeskunde, 1958
Müller, A. von, Zur hochmittelalterlichen Besiedlung des Teltow. Stand eines mehrjährigen archäologisch-siedlungsgeschichtlichen Forschungsprogrammes, in: Die deutsche Ostsiedlung des Mittelalters, 1975
Müller, Ch., Germanen und Slawen in Deutschland, in: Berichte über den 2. intern. Kongreß für slawische Archäologie, 1970; Bd. 3, 1973
Müller-Mertens, E., Untersuchungen der Geschichte der brandenburgischen Städte im Mittelalter, in: Wissenschaftliche Zs. der Humboldt-Universität zu Berlin, Gesellschafts- und sprachwissenschaftliche Reihe, 1955–1956
Müller-Sternberg, R., Deutsche Ostsiedlung. Eine Bilanz für Europa, Bielefeld 1969
Münch, H., Geneza rozplanowania miast Wielkopolskich XIII i XIV w [Die Entstehung der Stadtpläne Großpolens, 13. u. 14. Jh.], Krakau 1946
Münch, H., Kraków do roku 1257 włącznie, in: Kwartalnik architektury i urbanistyki, 1958
Münch, H., Początki średniowiecznego układu miejskiego w Polsce ze szczególnym uwzględnieniem Śląska [Die Anfänge des Städtewesens in Polen, insbesondere in Schlesien] in: Kwartalnik architektury i urbanistyki, 1960
Neugebauer, W., Die Ausgrabungen in der Stadt Lübeck, in: Lübeckische Blätter, 1950
Neugebauer, W., Der Stand der Ausgrabungen in Alt-Lübeck, in: Zs. f. Lübeckische Geschichte, 1952
Niemeier, G., Frühformen der Waldhufen, in: Petermanns geogr. Mitteilungen, 1949
Niedermaier, P., Dorfkerne auf dem Gebiet der Sieben Stühle, in: Forschungen zur Volks- und Landeskunde, Bukarest 1973
Niessen, P., Geschichte der Neumark im Zeitalter ihrer Entstehung und Besiedlung, Landsberg 1905
Nitz, H. J., Zur Entstehung und Ausbreitung schachbrettartiger Grundrißformen ländlicher Siedlungen und Fluren, in: Göttinger geogr. Abhandlungen, 1972
Nitz, H. J., The Church as colonist: the Benedictine Abbey of Lorsch and planned Waldhufen Colonization in the Odenwald, in: J. of historical Geography, 1983
Nowak, Z., *Milites Christi de Prussia*. Der Orden von Dobrin und seine Stellung in der preußischen Mission, in: Die Geistlichen Ritterorden Europas, 1980
Olechnowitz, K. F., Rostock von der Stadtrechte-Bestätigung im Jahre 1218 bis zur bürgerlich-demokratischen Revolution 1848, Rostock 1968
Oprescu, G., Die Wehrkirchen in Siebenbürgen, Dresden 1961
Oettinger, K., Das Werden Wiens, Wien 1951
Palacky, F., Geschichte von Böhmen bis 1526, 5 Bde., Prag, 1836–1867
Panzram, B., Geschichtliche Grundlagen der ältesten schlesischen Pfarrorganisation, Breslau 1940

Paravicini, W., Die Preußenreisen des europäischen Adels, in: HZ 234 (1981)
Pasquier, F., Gaston Phoebus en Prusse (1357–1358), Foix 1893
Pelzer, H., Friedrichs I. von Hohenstaufen Politik gegenüber Dänemark, Polen und Ungarn, Diss. Münster, Leipzig 1906
Perlbach, M., Königsberg im Mittelalter, Göttingen 1878
Perrin, Ch. Ed., La société rurale allemande du Xe au XIIe siècle, in: Revue hist. de droit français et étranger, 1945
Perrin, Ch. Ed., Le servage en France et Allemagne, in: Xe Congrès international des Sciences historiques. Relazioni, Bd. III, Storia del Medioevo, Rom 1965
Perrin, Ch. Ed., A propos de la colonisation allemande de la Silésie, in: Revue hist. de droit français et étranger 1967
Peters, E., Das große Sterben des Jahres 1350 in Lübeck und seine Auswirkungen auf die wirtschaftliche und soziale Struktur der Stadt, in: Zs. des Vereins für lübeckische Geschichte, 1938
Petri, Fr., Flamen, Holländer und Friesen in der europäischen Marchenkolonisation des Mittelalters, in: Die deutsche Ostsiedlung des Mittelalters, 1975
Pfeiffer, P., Das Breslauer Patriziat im Mittelalter, Breslau 1929
Pfitzner, J., Besiedlungs-, Verfassungs- und Verwaltungsgeschichte des Breslauer Bistumsland, Reichenberg 1926
Pirchegger, H., Siedlungsgeschichtliche und staatsrechtliche Beziehungen der Steiermark zu Bayern, in: Zs. f. bayerische Landesgeschichte, 1939
Pirchegger, H., Die Untersteiermark in der Geschichte . . . Städte und Märkte (Buchreihe der Südostdeutschen historischen Kommission, Bd. 10), 1962
Planitz, H., Die deutsche Stadtgemeinde, in ZSRG GA, 1944
Planitz, H., Zur Geschichte der städtischen Meliorats, in: ZSRG GA, 1950
Pleiner, R., La sidérurgie dans les pays tchèques au Moyen âge, in: Revue d'histoire de la sidérurgie, 1962
Plessel, E., Ländliche Siedlungsformen Österreichs im Luftbild, Bad Godesberg 1969
Podwinska, Z., Origines et propagation de la charrue en territoire polonais, in: Ergon III (1960)
Podwinska, Z., Technika uprawyroli w Polsce sredniowiecznej [Die Technik der Bodenbestellung im mittelalterlichen Polen], Breslau 1962
Podwinska, Z., Zmiany form osadnictwa wiejskiego na Ziemiach polskich we wczesniysszym sredniowieczu. Zreb, wieś, opole [Die Veränderungen in den ländlichen Behausungen im frühmittelalterlichen Polen], Warschau 1971
Podwinska, Z., Structure et formes de l'habitat rural sur le territoire polonais depuis le VIe siècle jusqu 'au début du XIIIe, in: Kwartalnik historii Kultury materialnej, 1972
Podwinska, Z., Les villages sur les territoires polonais à l'époque du haut Moyen âge. Résultats des recherches archéologiques, in: Archaeologia polona, 1975
Polla, B., [Die verschwundenen ma. Dörfer der Zips (Slowakei)], Preßburg 1962
Posch, F., Siedlungsgeschichte der Oststeiermark, in: MIÖG 1961
Posch, F., Die deutsch-ungarische Grenzentwicklung im 10. und 11. Jahrhundert auf dem Boden der heutigen Steiermark, in: Südostforschungen 1963
Posch, F., Siedlungsgeschichte und Sozialgeschichte, in: Fs. f. W. Schlesinger, 1974
Posch, F., Zum Problem der ältesten deutschen Siedlungszentren im karantisch-steierischen Raum, in: Beiträge zur Wirtschafts- und Sozialgeschichte des Mittelalters. Fs. f. Herbert Helbig, Köln–Wien 1975
Poulik, J., Jižni Morava, země dávných Slovanů [Südmähren, Land der alten Slawen], Brünn 1948
Prange, W., Siedlungsgeschichte des Landes Lauenburg im Mittelalter (Quellen und Forschungen zur Geschichte Schleswig-Holsteins, 41), Neumünster 1960
Prange, W., Die 300 Hufen des Bischofs von Lübeck. Beobachtungen über die Kolonisation Ostholsteins, in: Aus Reichsgeschichte und Nordischer Geschichte. Fs. f. K. Jordan, Stuttgart 1972

Preidel, H., Die Anfänge der slawischen Besiedlung Böhmens und Mährens, 2 Bde., München 1954–1957
Prinz, F., Böhmen im mittelalterlichen Europa. Frühzeit, Hochmittelalter, Kolonisationsepoche. München 1984
Probszt, G. v., Die alten sieben niederungarischen Bergstädte im slowakischen Erzgebirge, Wien 1960
Probszt, G. v., Die niederungarischen Bergstädte, München 1966
Prox, A., Die Burgen des Burzenlandes, in: Neue Beiträge zur Siebenbürgischen Geschichte und Landeskunde, Köln–Graz 1962
Pudelko, J., Próba pomiarowej metody badania planów niektórych miast średniowiecznych w oparciu o zagadnienie działki [Versuch einer metrologischen Methode, um mittelalterliche Städte hinsichtlich ihres Bebauungsplans zu erforschen], in: Kwartalnik architektury i urbanistyki 1964
Püschel, A., Das Anwachsen der deutschen Städte in der Zeit der mittelalterlichen Kolonialbewegung, Berlin 1910
Quirin, H., Forschungsprobleme der Siedlungsgeschichte im Spiegel thematischer Kartographie, in: Blätter für deutsche Landesgeschichte, 1971
Quirin, H., Bemerkungen zur Siedlungsgeschichte des Teltow, in: Protokoll über die Arbeitstagung v. 1970 auf der Insel Reichenau, Nr. 160
Radler, L., Weinbau im Schweinitzer Land, in: Archiv für schlesische Kirchengeschichte, 1964
Reichert, F., Die Kuenringerstädte, in: Die Kuenringer, 1981
Reincke, H., Bevölkerungsprobleme der Hansestädte, in: Hansische Geschichtsblätter, 1951
Reincke, H., Das städtebauliche Wesen und Werden Hamburgs, in: Forschungen und Skizzen zur Geschichte Hamburgs, 1951
Reincke, H., Über Städtegründungen. Betrachtungen und Phantasien, in: Hansische Geschichtsblätter, 1957
Reincke, H., Kölner, Soester, Lübecker und Hamburger Recht in ihren gegenseitigen Beziehungen, in: Die Stadt des Mittelalters, Bd. 2, 1972
Reitel, F., Les Allemagnes (R. F. A. et R. D. A.), Paris 1980
Rempel, H., Zur Ostgrenze des Fränkischen Reiches Thüringer Anteils, in: Alt-Thüringen, 1952/53
Ribbe, W., Zur Ordenpolitik der Askanier: Zisterzienser und Landherrschaft im Elbe-Oder-Raum, in: Zisterzienser-Studien, 1975
Rittenbach, W., Über die Grenzen des Bistums Meissen, in: Jb. f. die Geschichte Mittel- und Ostdeutschlands, 1970
Rörig, F., Agrargeschichte und Agrarverfassung Schleswig-Holsteins, Vornehmlich Ostholsteins, in: Zs. des Vereins für Lübeckische Geschichte und Altertumskunde, 1912
Rörig, F., Lübeck. Ein Nachruf, in: Hansische Geschichtsblätter, 1942
Rörig, F., Heinrich der Löwe und die Gründung Lübecks, in: Deutsches Archiv für Geschichte des Mittelalters, 1937
Rösener, W., L'économie cistercienne en Allemagne occidentale (XIIe–XIVe s.), in: L'économie cistercienne. Geographie. Mutations (Flaran 3), Auch 1983
Rosin, R., Ziemia wieluńska w XII–XVI w. Studia z dziejów osadnictwa [Grund u. Boden von Wielun vom 12. zum 16. Jh. Studien über die Geschichte der Kolonisation], Łódź 1961
Rothert, H. F., Die Anfänge der Städte Oldenburg, Neustadt und Heiligenhafen, Neumünster 1970
Rutkowska-Płachcińska, A., Sądeczyzna w XII i XIV w. Przemiany gospodarcze i społeczne [Die Region Sącz im 12. und im 14. Jh. – die wirtschaftlichen und gesellschaftlichen Veränderungen], Breslau 1961
Sagrodski, T., L'influence de la tradition antique de la distribution de l'étendue sur le tracé des plans de villes créées au Moyen âge, in: Mélanges René Crozet, Poitiers 1966
Samsonowicz, H., Zagadnienia demografii historycznej regionu Hanzy w XIV–XV wieku

[Probleme der historischen Demographie im Hanseraum im 14. und 15. Jh.], in: Zapiski Historyczne 1963
Samsonowicz, H., Der Deutsche Orden und die Hanse, in: Die Geistlichen Ritterorden Europas, 1980
Saria, B., Die mittelalterliche deutsche Besiedlung in Krain, in: Gedenkschrift für Harold Steinacker, München 1966
Schich, W., Stadtwerdung im Raum zwischen Elbe und Oder im Übergang von der slawischen zur deutschen Periode, in: Germania Slavica, 1980
Schich, W., Die slawische Burgstadt und die frühe Ausbreitung des Magdeburger Rechts ostwärts der mittleren Elbe, in: Studien zur Geschichte des Sächsisch-magdeburgischen Rechts in Deutschland und Polen, Frankfurt 1980
Schier, Br., Die Besiedlung des Jenschken-Iser-Gaues, in: Jb. f. Ostdeutsche Volkskunde, 1972
Schildhauer, J., Die Sozialstruktur der Hansestadt Rostock von 1378 bis 1569, in: Hansische Studien, H. Sprömberg zum 70. Geburtstage, Berlin (O) 1961
Schindler, R., Hamburgs Frühzeit im Lichte der Ausgrabungen, in: Zs. des Vereins für hamburgische Geschichte, 1957
Schlenger, H., Formen ländlicher Siedlungen in Schlesien, Diss. Breslau 1930
Schlenger, H., Siedlungsbewegungen und Ortsnamenbildung, in: Actes du premier Congrès de toponymie et d'anthroponymie, Paris 1937
Schlesinger, W., Egerland, Vogtland, Pleißenland, in: Forschungen zur Geschichte Sachsens und Böhmens, 1937
Schlesinger, W., Die Anfänge der Stadt Chemnitz und anderer mitteldeutscher Städte, Weimar 1952
Schlesinger, W., Die geschichtliche Stellung der mittelalterlichen deutschen Ostbewegung, in: HZ 177 (1957)
Schlesinger, W., Die Verfassung der Sorben, in: Siedlung und Verfassung der Slawen, 1960
Schlesinger, W., Städtische Frühformen zwischen Rhein und Elbe, in: Studien zum europäischen Städtewesen 1965
Schlesinger, W., Stand, Probleme und Aufgaben der ostmitteldeutschen Landesgeschichte, in: Rheinische Vierteljahrsblätter, 1970
Schlesinger, W., Die mittelalterliche deutsche Ostbewegung und die deutsche Ostforschung, in: Deutsche und europäische Ostsiedlungsbewegung, 1964
Schlesinger, W., Die mittelalterliche Ostsiedlung im Herrschaftsraum der Wettiner und Askanier, in: Deutsche Ostsiedlung in Mittelalter und Neuzeit, Köln–Wien 1971
Schlesinger, W., Flemmingen und Kühren. Zur Siedlungsform niederländischer Siedlungen des 12. Jahrhunderts im mitteldeutschen Osten, in: Die deutsche Ostsiedlung des Mittelalters, 1974
Schlesinger, W., Kirchengeschichte Sachsens im Mittelalter, Bd. 2, Das Zeitalter der deutschen Ostsiedlung, 1100–1300, Köln–Graz 1962
Schlesinger, W., Zur Problematik der Erforschung der Deutschen Ostsiedlung, in: Die deutsche Ostsiedlung des Mittelalters, 1975
Schlüter, O., Deutsches Siedlungswesen, in: J. Hoops, Reallexikon der germanischen Altertumskunde, Bd. 1, 1912
Schlüter, O., Wald, Sumpf und Siedlungsland in Altpreußen vor der Ordenzeit, Halle 1921
Schmidt, E., Geschichte des Deutschtums im Lande Posen unter polnischer Herrschaft, Bromberg 1904
Schmidt, L., Die Ostgermanen, München 1933, Neuaufl. 1969
Schmidt, L., Die Westgermanen, München 1938, Neuaufl. 1970
Schmidt, R., Die Einsetzung der böhmischen Herzöge auf den Thron zu Prag, in: *Nationes.* Historische und philologische Untersuchungen zur Entstehung der europäischen Nationen im Mittelalter, Bd. 1, Sigmaringen 1978
Schmitz, A. M., Siedlungsverhältnisse Altdeutschlands als Voraussetzung für die Ostpolitik Ottos I., in: Rheinische Vierteljahrsblätter, 1940

Schneider, M., Europäisches Waldensertum im 13. und 14. Jahrhundert, Berlin 1981
Schöffel, J. S., Kirchengeschichte Hamburgs, Bd. 1, Hamburg 1929
Schömmel, H. R., Straßendörfer im Neckarland, Tübinger geogr. Studien, 1975
Schröder, K. H., L'ancienne extension de la viticulture dans le Nord-Est de l'Europe centrale. Un bilan de recherches récentes, in: Géographie historique des vignobles, Bd. II, Paris–Bordeaux 1978
Schuberth, H., Das Slawenproblem für das nördliche Oberfranken, Hof/Saale 1956
Schultze, J., Die Prignitz. Aus der Geschichte einer märkischen Landschaft, Köln–Graz 1956
Schultze, J., Die Mark Brandenburg, Bd. 1 (bis 1319), Berlin 1961
Schultze, J., Forschungen zur brandenburgischen und preußischen Geschichte. Ausgewählte Aufsätze, Berlin 1964
Schultze, J., Noch einmal »die Anfänge Berlins«, in: Jb. f. die Geschichte Mittel- und Ostdeutschland, 1971
Schultze, H. K., Die deutsche Ostsiedlung des Mittelalters. Bilanz und Aufgaben, in: Zs. f. Ostforschung, 1977
Schulz, W., Der Rundling Satemin, Hannoversches Wendland, in: Luftbildatlas Niedersachsen, 1967
Schulze, B., Der Anteil der Zisterzienser an der Ostdeutschen Kolonisation, besonders in Brandenburg, in: Jb. f. brandenburgische Landesgeschichte, 1951
Schulze, E. O., Die Kolonisierung und Germanisierung der Gebiete zwischen Saale und Elbe, Leipzig 1896
Schulze, H. K., Kietzesiedlungen, in: Historischer Handatlas von Brandenburg und Berlin, 1937
Schulz-Lüchow, W., Primäre und secundäre Rundlingsformen in der niederen Geest des Hannoverschen Wendlandes, in: Forschungen zur deutschen Landeskunde, 1936
Schumacher, B., Geschichte Ost- und Westpreußens, Würzburg ^{2}1957
Schwarz, E., Die Ortsnamen der Sudetenländer als Geschichtsquellen, München–Berlin 1931
Schwarz, E., Die Herkunft der Siebenbürger und Zipser Sachsen, Ostmitteldeutsche Rheinländer im Spiegel der Mundarten, in: Veröffentlichungen des Südostdeutschen Kulturwerkes, 1957
Schwarz, E., Die Geschichte der deutschen Besiedlung Böhmens und Mährens, in: Die Deutschen in Böhmen und Mähren, 1950
Schwarz, E., Das Vordringen der Slawen nach Westen, in: Südost-Forschungen, 1956
Schwarz, E., Wenden beim Landesausbau in Deutschland, in: Zeitschrift für Ostforschung, 1958
Schwarz, K., Bäuerliche »cives« in Brandenburg und benachbarten Territorien, in: Blätter für deutsche Landesgeschichte, 1963
Schwineköper, B., Die Anfänge Magdeburgs, in: Studien zum europäischen Städtewesen 1965
Sebicht, R., Die Cistercienser und die niederländische Kolonisation in der Goldenen Aue, in: Zs. des Harz-Vereins für Geschichte und Altertumskunde 1888
Seebach, G. H., Die Königspfalz Werla, Neumünster 1967
Seebach,G. H., Der Stand der Werla-Forschung, in: Château-Gaillard, Caen 1972
Seegrün, W., Das Erzbistum Hamburg in seinen älteren Papsturkunden, Köln–Wien 1976
Seidlmayer, M., Das mittelalterliche Kaisertum und die deutsche Ostkolonisation, in: Römische Quartalschrift für Christliche Altertumskunde und Kirchengeschichte, 1935
Siebenbürgen, Bd. 1, Bukarest, Institut für Rumänische Geschichte in Bukarest, 1943
Sieć miejska na ziemiach polskich [Das Städtenetz auf polnischem Boden im 13.–17. Jh.], in: Kwartalnik historii Kultury materialnej, 1980
Siedler, E. J., Märkischer Stadtbau im Mittelalter, Berlin 1914
Siedlung und Verfassung Böhmens in der Frühzeit, hg. F. Graus und H. Ludat, Wiesbaden 1967
Ślaski, K., Zasięg lasów Pomorza w ostatnim tysiącleciu [Die Wälder Pommerns in den letzten zehn Jahrhunderten], in: Przegląd Zachodni (Posen), 1951

Ślaski, K., Ethnic Changes in Western Pomerania, in: Acta Poloniae historica, 1962
Ślaski, K., Agrarstruktur und Agrarproduktion in Pommern vom Beginn der deutschrechtlichen Kolonisation, in: Zs. f. Agrargeschichte, 1968
Ślaski, K., North-Western Slavs in Baltic Sea Trade from the VIIIth to the XIIIth Century, in: J. of European economic History, 1979
Słownik starożytności słowiańskich [Enzyklopädie der slawischen Altertümer], Breslau 1962
Sos, A., Die slawische Bevölkerung Westungarns im 9. Jahrhundert, München 1973
Spangenberg, H., Die Bedeutung der Stadtsiedlung für die Germanisierung der ehemals slawischen Gebiete des deutschen Reichs, in: Jb. und Jahresbericht des Vereins für mecklenburgische Geschichte und Altertumskunde, 1935
Sprandel, R., Das Eisengewerbe im Mittelalter, Stuttgart 1968
Sprandel, R., Zur Erfassung der Vermögensverhältnisse in hansischen Städten anhand von Stadtbüchern, in: Protokolle von Tagungen des Instituts für vergleichende Städtegeschichte, 1975
Steinmann, P., Bauer und Ritter in Mecklenburg, Schwerin 1960
Stenzel, G. A., Geschichte Schlesiens, Bd. 1, Breslau 1853
Stoob, H., Die mittelalterliche Städtebildung im Karpatenbogen, in: Die mittelalterliche Städtebildung im Südöstlichen Europa, Köln–Wien 1977
Stoob, H., Stadtformen und städtisches Leben im späten Mittelalter, in: Stadtgestalt und Wandel bis zum industriellen Zeitalter, Köln 1979
Stosunki polsko-niemieckie w historiografii [Deutsch-polnische Beziehungen in der Historiographie], Posen 1974
Strahm, H., Die *area* in den Städten, in: Schweizer Beiträge zur allgemeinen Geschichte, 1945
Straka, G., Les débuts du christianisme chez les Tchèques, in: Revue d'histoire et de philosophie religieuses 1946
Stromer, W. von, Nürnberger Unternehmer im Karpatenraum. Ein oberdeutsches Buntmetall-Oligopol 1396–1412 in: Kwartalnik Historii Kultury materialnej, 1968
Strzelczyk, J., Z nowszych prac nad historią osadnictwa na dawnych terenach słowiańskich w Sakonii Dolnej [Neuere Arbeiten zur Geschichte der Kolonisation auf den alten slawischen Böden Niedersachsens], in: Kwartelnik Historii Kultury materialnej, 1967
Strzelczyk, J., Slowianie i Germanie w Niemczech środkowych we wczesnym średniowieczu [Slawen und Germanen in Mitteldeutschland während des frühen Mittelalters], Posen 1976
Studien zur Geschichte des Preußenlandes. Fs. f. Erich Keyser, hg. E. Bahr, Marburg 1963
Svoboda, H., Die Klosterherrschaft der Cistercienser in Ostdeutschland, Nürnberg 1930
Szekely, G., Le sort des agglomérations pannoniennes au début du Moyen âge et les origines de l'urbanisme en Hongrie, in: Annales Universitatis scientiarum Budapestinensis, sectio historica, 1961
Szekely, G., Wallons et Italiens en Europe centrale aux XIe–XVIe siècles, in: Annales Universitatis scientiarum Budapestinensis, sectio historica, 1964
Szekely, G., Le rôle de l'élément magyar et slave dans la formation de l'Etat hongrois, in: L'Europe aux IXe–XIe siècles, Warschau 1968
Szekely, G., Evolution de la structure et de la culture de la classe dominante laïque dans la Hongrie des Arpad, in: Acta historica Academiae scientiarum Hungaricae, 1969
Szekely, G., A Szekesfehervari Latinok es a Vallonok a Közepkori Magyarországon [Lateiner und Wallonen in Szekesfehervar im Ungarn des Mittelalters], in: Szekesfehervar Evszázadai, 1972
Szekely, G., Sprachgeschichte und Siedlungsgeschichte zur Frage der Ungarischen Sprachgrenze im 12. Jahrhundert, in: Annales Universitatis Scientiarum Budapestinensis, sectio linguistica, 1979
Szulc, H., Studies in the Silesian Village in the Light of Plans from the Beginning of the 19th Century, in: Kwartalnik historii Kultury materialnej, 1968
Tanase, M., Villes neuves en Transylvanie entre les XIIe–XIIIe siècles?, thèse 3° cycle, Univ. de Paris VIII, 1981

Teutsch, E. D., Geschichte der Siebenbürgen-Sachsen, Bd. 1. Von der ältesten Zeit bis 1699, Hermannstadt [3]1899
Timm, A., Studien zur Siedlungs- und Agrargeschichte Mitteldeutschlands, Köln–Graz 1956
Timm, A., Mittelalterliche Rodung und Kolonisation in mitteldeutscher Sicht, in: Hamburger mittel- und ostdeutsche Forschungen, 1963
Tintelnot, H., Die mittelalterliche Baukunst Schlesiens, Kitzingen 1951
Trawkowski, St., Zur Erforschung der deutschen Kolonisation auf polnischem Boden im 13. Jahrhundert, in: Analecta Poloniae historica, 1962
Trawkowski, St., Die Rolle der deutschen Dorfkolonisation und des deutschen Rechts in Polen im 13. Jahrhundert, in: Die deutsche Ostsiedlung des Mittelalters, 1975
Trotha, Ch., Entwicklung ländlicher Siedlungen im Kösliner Küstengebiet, in: Schriften des geogr. Instituts der Universität Kiel, 1933
Tuchert, H., Die Sprachreste der niederländischen Siedlungen des 12. Jahrhunderts, Neumünster 1944
Tumler, M., Der Deutsche Orden im Werden, Wachsen und Wirken bis 1400 mit einem Abriß der Geschichte des Ordens von 1400 bis zur neuesten Zeit, Wien 1955
Tumler, M., u. U. Arnold, Der Deutsche Orden. Von seinem Ursprung bis zur Gegenwart, Marburg[3] 1981
Tyc, T., Die Anfänge der dörflichen Siedlung zu deutschem Recht in Großpolen (1200–1333), Breslau 1930
Tymieniecki, K., Podgrodzia w północno-zachodniej Slowiałszczyżnie [Die Suburbia im slawischen Nordwesten und die ersten Gründungen nach deutschem Recht], in: Slavia occidentalis, 1922
Uhlirz, L., Die älteste Lebensbeschreibung des hl. Adalbert, Göttingen 1957
Ulbrich, K., Städte und Märkte in Kärnten, in: Wiener geogr. Studien, 1939
Unbegaun, B. O., La religion des anciens slaves, in: Les religions de l'Europe ancienne (coll. Mana), Bd. III, Paris 1948
Unverzagt, W., Landschaft, Burgen und Bodenfunde als Quellen nordostdeutscher Frühgeschichte, in: Deutsche Ostforschung, 1942
Urban, W., The Organization of Defense of the Livonian Frontier in the Thirteenth Century, in: Speculum 1973
Vajay, S. de, Der Eintritt des ungarischen Stämmebundes in die europäische Geschichte, 862–933, Mainz 1968
Valvajec, F., Geschichte der Kulturbeziehungen zu Südosteuropa, Bd. 1, München 1953
Van Werweke, H., Die Beziehungen Flanderns zu Osteuropa in der Hansezeit, in: Miscellanea medievalia, Genf 1968
Verhulst, A., Histoire du paysage rural de Flandre, Brüssel 1966
Vielrose, E., Die Bevölkerung Polens vom 10.–17. Jahrhundert, Magdeburg 1958
Vilfan, S., Die mittelalterliche Stadt zwischen Pannonien und Nordadria, in: Internationales kulturhistorisches Symposium »Mogesdorf«, Bd. 4, Szombathely 1974
Vilfan, S., Die deutsche Kolonisation nordöstlich der oberen Adria und ihre sozialgeschichtlichen Grundlagen, in: Die deutsche Ostsiedlung des Mittelalters, 1975
Viztig, J., Die polnischen Grunwaldfeiern der Jahre 1902 und 1910, in: Germania Slavica, 1981
Vuia, R., Le village roumain de Transylvanie et du Banat, in: La Transylvanie, Bukarest 1938
Wagner, E., Historisch-statistisches Ortsnamenbuch für Siebenbürgen, Köln–Wien 1977
Wattenbach, W., Die Germanisierung der östlichen Grenzmarken des deutschen Reichs, in: HZ, 1863
Watzl, P. H., Aus zwei verschollenen Privilegien-Büchern der Cisterce Heiligenkreuz von 1246 und 1251, in: Festarbeit zum Jahrgedächtnis des Todes Bernhards von Clairvaux, 1953
Weczerka, H., Das mittelalterliche und frühneuzeitliche Deutschtum im Fürstentum Moldau, München 1960

Weczerka, H., Das mittelalterliche Deutschtum diesseits und jenseits der Karpaten, in: Südostdeutsches Archiv, 1963
Weczerka, H., Die deutschrechtliche Stadt des Mittelalters und das Städtewesen in der Walachei und der Moldau, in Siebenbürgen als Beispiel europäischen Kulturaustausches, Köln–Wien 1975
Weczerka, H., Deutsche Siedlungen und Einflüsse deutschen Stadtrechts in den mittelalterlichen Fürstentümern Moldau und Walachei, in: Studien zum Deutschtum im Osten, 1982
Wegener, W., Böhmen-Mähren und das Reich im Hochmittelalter. Untersuchungen zur staats-rechtlichen Stellung Böhmens und Mährens im Deutschen Reich des Mittelalters, 919–1253, Köln–Graz 1959
Wehrmann, M., Geschichte von Pommern, Bd. 1, Gotha 1901–1903, ^{2}1919
Wehrmann, M., Kloster Kolbatz und die Germanisierung Pommerns, Teil 1, Pyritz 1905
Weinhold, P., Die Verbreitung und die Herkunft der Deutschen in Schlesien, Stuttgart 1887
Weise, E., Über die Herkunft Erzbischof Friedrichs I. von Bremen–Hamburg und Bischof Bertholds von Livland, in: Stader Jahrbuch, 1959
Weise, E., Begann die Holländersiedlung von 1106 an der Weser oder an der Elbe? in: Stader Jahrbuch, 1960
Wengert, H., Die Stadtanlagen der Steiermark, Graz 1932
Wenskus, R., Probleme einer kartographischen Darstellung der Ausbreitung deutschen Stadtrechts in den Städten des Ostens, in: Blätter für deutsche Landesgeschichte 1954
Wenskus, R., Der deutsche Orden und die nichtdeutsche Bevölkerung des Preußenlandes, mit besonderer Rücksicht der Siedlung, in: Die deutsche Ostsiedlung des Mittelalters, 1975
Wielgosz, Z., Początki wielkiej własności klasztornej cystersow w Lubiążu [Die Anfänge des großen Klosterbesitzes der Zisterzienser von Leubus], in: Roczniki historyczny, 1956
Wielgosz, Z., Wielka własność cysterska w osadnietwie pogranicza Śląska i Wielkopolski [Der zisterziensische Großgrundbesitz und die Kolonisation an den Grenzen Schlesiens und Groß-Polens], Posen 1964
Wiencke, E., Untersuchungen zur Religion der Westslawen, Leipzig 1940
Williams, D. H., East of Oder, in: Cîteaux, 1978
Wiswe, H., Die Bedeutung des Klosters Walkenried für die Kolonisierung der Goldenen Aue, in: Braunschweigisches Jb. 1950
Witte, H., Mecklenburgische Geschichte, Bd. 1, Wismar 1909
Wittram, R., Baltische Geschichte, 1180–1918, München 1954
Wippermann, W., Die Ostsiedlung in der deutschen Historiographie und Publizistik. Probleme, Methoden und Grundlinien der Entwicklung bis zum Ersten Weltkrieg, in: Germania Slavica, 1980
Wojciechowski, Z., Le patrice Boleslas le Vaillant, in: Revue belge de philologie et histoire, 1951
Wojłecki, D., Studien zur Personengeschichte des Deutschen Ordens im 13. Jahrhundert, Wiesbaden 1971
Wolf, S. A., Die slawische Westgrenze in Nord- und Mittel-Deutschland im Jahre 805, in: Die Welt der Slawen, 1957
Wopfner, H., Beiträge zur Bevölkerungsgeschichte der Österreichischen Länder, in: Fs. f. A. Dopsch, 1938
Wostry, W., Ein deutschfeindliches Pamphlet aus Böhmen aus dem 14. Jahrhundert, in: Mitt. d. Vereins für die Geschichte der Deutschen in Böhmen, 1915
Wirozumska, B., Fragmenty najstarszej księgi miejskiej Olkusza [Fragmente des ältesten Stadtbuchs von Olkusz], in: Małopolskie Studia historyczne, 1959
Wunder, H., Siedlungs- und Bevölkerungsgeschichte der Komturei Christburg (13. –16. Jh.), Wiesbaden 1968
Wyrobisz, A., Mining in Medieval and Modern Poland, in: J. of European economic History, 1976
Zaborski, B., Über Dorfformen in Polen und ihre Verbreitung, Breslau 1930

Zagiba, F., Die Anfänge der Christianisierung in Mähren und Slowakei, in: Zs. f. Ostforschung, 1962
Zatschek, H., Wie das erste Reich der Deutschen entstand. Staatsführung, Reichsgut und Ostsiedlung im Zeitalter der Karolinger, Prag 1940
Zbierski, A., The Early mediaeval Gdansk in the Light of recent Researches, in: L'artisanat et la vie urbaine en Pologne, 1962
Zientara, B., Kryzys agrarny w Marchii Wkrzańskiej w XIV wieku [Die Agrarkrise in der Uckermark im 14. Jh.], Warschau 1962
Zientara, B., A propos d'un ouvrage récent sur les Slaves et les Allemands en Brandebourg au XIIe siècle, in: Revue d'histoire ecclésiastique, 1967
Zientara, B., Die deutschen Einwanderer in Polen vom 12. bis zum 14. Jahrhundert, in: Die deutsche Ostsiedlung des Mittelalters, 1975
Zientara, B., Socio-economic and spacial Transformations of polish Towns during the Period of Location, in: Acta Polonia historica, 1976
Zientara, B., Les grandes migrations des XIIe–XIVe siècles en Europe du Centre-Est, in: Eighth International Economic History Congress, Budapest, Akademiai Kiado, Bd. 8, 1982
Zillich, H., Siebenbürgen. Ein abendländisches Schicksal, Königstein i.T. 1968
Zimmermann, F., Ostburgenland. Historisch-ethnographische Analyse der deutschen Besiedlungsgebiete Westungarns, in: Ethnos, 1974
Zimmermann, H., Kontinuität und Tradition. Die Bedeutung der drei slawischen Dörfer in der Dotationsurkunde für das Bistum Ratzeburg, in: Lauenburgische Heimat, 1973
Zycha, A., Über den Ursprung der Städte in Böhmen und die Städtepolitik der Přemysliden, Prag 1914

Abbildungsnachweis

W. Abel, Geschichte der deutschen Landwirtschaft vom frühen Mittelalter bis zum 19. Jahrhundert, Stuttgart 1962: 262 (nach Miller); J. Amstler, Geschichte der Stadt Graz, Enns 1969: 80; V. Aschenbrenner u.a. (Hg.), Die Deutschen und ihre östlichen Nachbarn, Frankfurt/Main 1974: 84 (nach W. Kuhn); H. Aubin u.a. (Hg.), Geschichte Schlesiens, Stuttgart 1961: 162, 173, 181; F. Benninghoven, Rigas Entstehung und der frühhansische Kaufmann, Hamburg 1961: 223; Bildarchiv Preußischer Kulturbesitz, Berlin: 213; R. Blohm, Die Hagenhufendörfer in Schaumburg-Lippe, Oldenburg 1943: 47; H. Boockmann, Der Deutsche Orden, München 1981: 226; L. Deike, Die Entstehung der Grundherrschaft in den Hollerkolonien an der Niederweser, Bremen 1959: 91; Drzwi Gnieźnieńskie. Dokumentacja Fotograficzna, Wrocław 1956: 56, 68; W. Ebert, Ländliche Siedelformen im deutschen Osten, Berlin 1937: 141; E. A. Gutkind, Urban Development in East-Central Europe, New York 1975: 145, 170, 171, 186, 211, 228, 231, 235, 289; Handbuch der historischen Stätten, Stuttgart 1958ff: Bd. 8 (Sachsen): 114, 116; Bd. 10 (Berlin/Brandenburg): 133; Bd. 13 (Schlesien): 183; Hansestadt Lübeck (Die schönen Bücher), Stuttgart 1960: 327; A. Hentzen und N. v. Holst (Hg.), Die Großen Deutschen im Bild, Berlin 1937: 53, 77, 78; J. Herrmann (Hg.), Die Slawen in Deutschland. Ein Handbuch, Berlin 1972: 27, 29, 31, 66, 67; W. Hess, Hessische Stadtgründungen des Landgrafen von Thüringen, Marburg 1966: 48; C. Higounet in: *L'Information historique* 1959: 276 (nach W. Hensel); R. Hootz (Hg.), Deutsche Kunstdenkmäler, München 1961ff: Bd. 6 (Hamburg/Schleswig-Holstein): 99, 101, 103; Bd. 13 (Mecklenburg): 138, 143, 281, 284; Bd. 14 (Mark Brandenburg/Berlin): 122, 132, 135, 136, 326; ders., Kunstdenkmäler in Österreich, Bd. 3 (Oberösterreich, Niederösterreich, Burgenland), München 1978: 34, 149, 153, 245, 325; ders., Kunstdenkmäler in Polen, Bd. 2 (Krakau und Südostpolen), München 1984: 205; ders., Kunstdenkmäler in der Tschechoslovakei, München 1979: 199; H. Jäger in: *Göttinger Geographische Abhandlungen*, Heft 8, 1951: 42; Karte des Deutschen Reiches, Großblatt 116, Reichsamt für Landesaufnahme 1941: 180; H. Keller, Die ostdeutsche Kolonialstadt des 13. Jahrhunderts und ihre südländischen Vorbilder, Wiesbaden 1979: 229, 279 (nach Dehio); R. Kötzschke, Ländliche Siedlung und Agrarwesen in Sachsen, Remagen 1953: 109, 111; A. Krenzlin, Die Kulturlandschaft des hannoverschen Wendlands, Bad Godesberg 1969: 127, 258; G. Lüdtke und L. Mackensen (Hg.), Deutscher Kulturatlas, Berlin 1928ff: 61, 75; W. Meibeyer, Die Verbreitung und das Problem der Entstehung von Rundlingen und Sackgassendörfern im östlichen Niedersachsen, Diss. Braunschweig 1964: 259; Reclams Kunstführer Österreich, 2 Bde., Stuttgart 1961: 155, 157, 158; Der Sachsenspiegel. Bilder aus der Heidelberger Handschrift, Leipzig 1934: 92, 248, 267; W. Schich in: *Germania Slavica* 1980: 129, 131; P. Schneider und E. v. Wolffeldt in: *Deutsche Erde*, Bd. 10, 1911: 224; H. Stoob (Hg.), Die mittelalterliche Städtebildung im südöstlichen Europa, Köln Wien 1977: 190, 192, 287; Süddeutscher Verlag Bilderdienst, München: 116, 184, 217, 293; H. Szulc in: *Kwartalnik Historii Kultury Materialnej* 1968: 178, 179; Michael Tanase, Paris: 197; Tausend Jahre Oberösterreich, Wels 1983: 160; Ullstein Bilderdienst, Berlin: 291, 319; Die Zisterzienser, Köln 1980: 44, 269,

CIP-Kurztitelaufnahme der Deutschen Bibliothek

Higounet, Charles:
Die deutsche Ostsiedlung im Mittelalter /
Charles Higounet. [Aus d. Franz. von Manfred Vasold]. – Berlin : Siedler, 1986.
ISBN 3-88680-141-1

Aus dem Französischen von Manfred Vasold
Redaktion: Anke Paravicini

Satz: Typobauer Filmsatz GmbH, Ostfildern
Reproduktionen: Decker & Wahl, Berlin
Druck: Gericke, Berlin
Buchbinder: Lüderitz & Bauer, Berlin
Printed in Germany
ISBN 3-88680-141-1